Johannes Friedrich DIEHL

Die Fortführung des Imperativs im Biblischen Hebräisch

Alter Orient und Altes Testament
Veröffentlichungen zur Kultur und Geschichte des Alten Orients
und des Alten Testaments

Band 286

Herausgeber

Manfried Dietrich • Oswald Loretz

2004
Ugarit-Verlag
Münster

Die Fortführung des Imperativs im Biblischen Hebräisch

Johannes Friedrich DIEHL

2004
Ugarit-Verlag
Münster

Diehl, Johannes Friedrich :
Die Fortführung des Imperativs im Biblischen Hebräisch
Alter Orient und Altes Testament Bd. 286

Herstellung: Hanf Buch und Mediendruck GmbH, Pfungstadt

Printed in Germany

ISBN 3-934628-19-2

Printed on acid-free paper

In Dankbarkeit
meinen Eltern Ludwig und Johanna Diehl
und
Diethelm Michel
gewidmet

Vorwort

Die vorliegende Untersuchung wurde im Wintersemester 2001/2002 vom Fachbereich Evangelische Theologie der Johannes Gutenberg-Universität Mainz als Dissertation angenommen. Für den Druck wurde die Arbeit durchgesehen und um neuere Literatur ergänzt.

Ohne die Anregung Prof. Dr. Diethelm Michels, meines Lehrers und väterlichen Freundes, wäre die vorliegende Arbeit nie entstanden. Als Diethelm Michel im Juli 1999 verstarb, übernahm dessen Kollege Prof. Dr. Wolfgang Zwickel sofort die Betreuung der Arbeit. Mein herzlicher Dank geht an ihn und Prof. Dr. Jan Christian Gertz für die Bereitschaft zum Korreferat.

Mein Dank gilt auch den Teilnehmern des Forschungsseminars "Hebraisticum" unter der Leitung Diethelm Michels, mit dessen "ständigen Mitgliedern" Dr. Achim Behrens, Anja A. Diesel, Dr. Reinhard G.Lehmann, Dr. Achim Müller und PD Dr. Andreas Wagner M.A. vieles durchdiskutiert wurde. Ihnen sei für ihre Freundschaft, ihr Durchhaltevermögen und ihre stets positive Kritik herzlich gedankt. Einige der Thesen wurden im gemeinsamen Doktorandenseminar der beiden theologischen Fachbereiche der Universität Mainz mit der Philosophisch-Theologischen Hochschule St. Georgen vorgestellt. Für die anregende Kritik der Thesen sei allen Teilnehmern herzlich gedankt.

Kritische Leser bei der Drucklegung waren stud. paed. André Böhm und stud. theol. Alexander Pangerl. Vielen Dank für die Hilfe. Ebenso gilt mein Dank Prof. Dr. Markus Witte, der mich bei der Drucklegung in jeder Hinsicht unterstützte.

Für die Aufnahme in die Reihe AOAT danke ich den Herren Prof. Dr. Manfried Dietrich und Prof. Dr. Oswald Loretz sehr herzlich.

Nicht zuletzt gilt mein Dank meiner Familie, ohne meine Eltern und Geschwister wäre die vorliegende Arbeit nicht möglich gewesen. Sie haben mit viel Geduld manches durchgestanden. Danke!

Bad Soden am Taunus, März 2004   Johannes Friedrich Diehl

Inhaltsverzeichnis

0. Einleitung

0.1 THEMA UND ZIEL DER ARBEIT

Gegenstand der vorliegenden Arbeit ist eine *transphrastische*[1] Betrachtung des Imperativs und seiner Fortführung. Gefragt wird also nicht nach Satzteilfolgeregeln – die Frage nach dem, was vor oder nach dem Imperativ im Satz selbst steht –,[2] sondern nach der Fortführung des Imperativs auf Satzreihen- bzw. Satzkettenebene.[3] Hier interessieren in erster Linie durch die Konjunktion ו *koordinierte* Satzketten.[4]

Es gibt im Alten Testament[5] 4.320 Imperative in 2.672 von insgesamt 23.213 Versen.[6] Dies ist ein Vorkommen von Imperativen in über 11,5% aller Verse des Alten Testaments. In einer Vielzahl dieser Stellen steht der Imperativ nicht isoliert, sondern leitet eine Satzkette ein und wird so – im Sinne der vorliegenden Arbeit – fortgeführt. Eine Durchsicht der großen Literaturberichte von Hospers/de Geus,[7] Irsigler,[8] Jenni,[9] Meyer,[10] Michel,[11] Müller,[12] Waldman[13] und der ZAH zeigt, daß über das Problem des Imperativs und seiner Fortführung kaum bzw. nicht ausführlich gearbeitet wurde.[14] Eine grundlegende Untersuchung des Imperativs und seiner Fortführung ist demnach von Nöten.

---

[1] Vgl. hierzu Bußmann (1990) Sp. 808a: "Transphrastische Analyse [engl. *phrase* ›Satz‹]. Satzübergreifende Analyse im Sinne der Textgrammatik. Gegenstand der T. A. [sc. Transphrastischen Analyse] sind grammatische Beziehungen zwischen Sätzen, z.B. bei Wiederaufnahme eines Ausdrucks durch Pronominalisierung."

[2] Es sei hier z.B. auf die Arbeiten von Groß (1996), ders. (2001), der die Satzteilfolgeregeln in Verbalsätzen in Prosatexten untersucht, und von Michel (2004), der die Satzteilfolgeregeln in Nominalsätzen untersucht, verwiesen.

[3] Zu den Begriffen "Satzkette" und "Satzreihe" vgl. unten Kap. 1.2.1.

[4] Vgl. auch das Schaubild in Andersen (1974) S. 104 zu diesen Satzkettentypen.

[5] Gemeint ist hier die Hebraica auf Grundlage der BHS.

[6] Diese Angaben wurden mit der Computerkonkordanz acCordance 2.1 von OakTree-Software ermittelt. Diese Statistik ist etwas verfälscht (z.B. durch die doppelte Zählung von Ketib und Qere, falls es sich jeweils um einen Imperativ handelt).

[7] Hospers/de Geus (1973) S. 176-211.

[8] Irsigler (1995) Sp. 69-81 (hier bes. Sp. 79ff.).

[9] Jenni (1985) S. 313-326; ders. (2000a) S. 1-37.

[10] Meyer (1957) Sp. 1126-1130.

[11] Michel (1985) S. 505-510.

[12] Müller (1998) Sp. 1412-1417 (hier bes. Sp. 1416f.).

[13] Waldman (1989) bes. S. 67-71.267ff.

[14] Vgl. zur Forschungslage auch Kap. 1.1.2 der vorliegenden Arbeit. Es sei hier aber auf die Arbeiten von Andersen und Irsigler verwiesen, die 'Sentence' bzw. 'Großsatzformen' untersuchen (vgl. Andersen [1974]; Irsigler [1977] S. 195-202; ders. [1984] S. 54-66; ders. [1993] S. 81-121, hier bes. S. 81-96).

0.2 METHODIK

Das Biblische Hebräisch zählt in linguistischem Sinne zu den toten Sprachen, zu den Sprachen also, die nicht mehr gesprochen werden.[1] Von daher gibt es keinen sogenannten *native speaker* – eine Person, die Biblisches Hebräisch als Muttersprache spricht – dem man eine Äußerung vorlegen und ihn nach deren Funktionen befragen kann. "Weder kompetente Sprecher des Neuhebräischen, noch Hebraisten oder Alttestamentler kommen dafür in Frage."[2] Man muß sich das Regelsystem dieser Sprache also auf analytischem Wege erschließen.[3] Dies geschieht, indem man einige bis viele Äußerungen/Sätze/grammatische Kategorien nebeneinanderstellt und vergleicht, um kleine Unterschiede festzustellen. Desweiteren stellt sich die Frage, wie die jeweilige Äußerung/grammatische Kategorie/der jeweilige Satz in den Kontext eingebaut ist, und welche Schlüsse aus dem Kontext auf die Funktion der Äußerung/der grammatischen Kategorie/des jeweiligen Satzes gezogen werden können. Ferner kann man diese Äußerungen/Sätze/grammatischen Kategorien mit anders lautenden Äußerungen/Sätzen/grammatischen Kategorien vergleichen und so ein Regelwerk erarbeiten.

Bei der vorliegenden Untersuchung wurde in einem ersten Arbeitsschritt eine Datenbank aufgebaut, in der *alle* mit einer Computerkonkordanz (acCordance 2.1[4]) ermittelten Sätze und Satzketten mit Imperativen aufgenommen wurden.[5] Diese wurden dann analysiert und in die verschiedenen Satzkettentypen eingeteilt, geordnet und die Kontexte untersucht. Ferner wurden diese Sätze und Satzkettenglieder auf ihre verschiedenen Funktionen hin befragt.

---

[1] Vgl. hierzu und zum folgenden z.B. Weippert (1990) S. 450f.

[2] Weippert (1990) S. 450.

[3] Vgl. Miller (1999) S. 187 zum Problem von Discourse Marker: "Because there are no audio recordings (or written transcriptions) of speech from the biblical era, the sociolinguistic issue can be approached only obliquely by comparison to the use of discourse markers in oral and written versions of spoken languages." Oder Richter (1978) S. 7f.: "Da es keinen die Operationen kontrollierenden 'Informanten' gibt, ist der Zugang mindestens zu den Regeln der Generation und Rezeption der Sprache erschwert; das gilt wohl abgeschwächt auch für die Regeln der Transformation. Aber selbst so selbstverständliche Größen wie 'Satz' und damit Satzgrenzen oder die Einteilung der Wortarten können nicht als unmittelbar gegeben angesehen, sondern müssen im Einzelnen nachgewiesen werden." — Vgl. auch Bobzin (1974) S. 33f.

[4] Vgl. OakTree Software (1996).

[5] Dies wurde bisher nicht unternommen. Alle Arbeiten, die sich mit dem Imperativ und seiner Fortführung beschäftigen (vgl. hierzu Kap. 1.1.2), bearbeiten lediglich eine Auswahl an Belegen.

Durch den Vergleich vieler gleicher Satzketten, durch Austauschprobe und Kontextanalyse[1] wurden dann Regeln erarbeitet, die in der vorliegenden Arbeit vorgestellt werden.

0.3 Verdeutlichung der Fragestellung an Gen 12,1-3

Die Fragestellung der vorliegenden Arbeit soll an Gen 12,1-3 deutlich gemacht werden. Bei diesem Text handelt es sich um einen der wenigen Texte, in dem alle grammatischen Kategorien nach Imperativ vorkommen, die in der vorliegenden Arbeit behandelt werden sollen. Daher ist er geeignet, die Fragestellung der vorliegenden Arbeit zu verdeutlichen.[2]

Der Text sei an dieser Stelle ohne Versangaben fortlaufend zitiert:

וַיֹּאמֶר יְהוָה אֶל־אַבְרָם לֶךְ־לְךָ מֵאַרְצְךָ וּמִמּוֹלַדְתְּךָ וּמִבֵּית אָבִיךָ אֶל־הָאָרֶץ
אֲשֶׁר אַרְאֶךָּ וְאֶעֶשְׂךָ לְגוֹי גָּדוֹל וַאֲבָרֶכְךָ וַאֲגַדְּלָה שְׁמֶךָ וֶהְיֵה בְּרָכָה וַאֲבָרֲכָה
מְבָרֲכֶיךָ וּמְקַלֶּלְךָ אָאֹר וְנִבְרְכוּ בְךָ כֹּל מִשְׁפְּחֹת הָאֲדָמָה

Es soll hier vorläufig auf eine Übersetzung verzichtet werden, da eine Übersetzung immer auch eine Paraphrase darstellt. Sie wird am Ende der Arbeit geboten.

Bei וַיֹּאמֶר יְהוָה אֶל־אַבְרָם handelt es sich um erzählende Rede, um die Einleitung des folgenden Imperativs und seiner Fortführung.[3] Der Imperativsatz lautet: לֶךְ־לְךָ מֵאַרְצְךָ וּמִמּוֹלַדְתְּךָ וּמִבֵּית אָבִיךָ אֶל־הָאָרֶץ אֲשֶׁר אַרְאֶךָּ. Auf diesen Imperativsatz folgt eine Kette aus drei syndetischen – d.h. hier durch ו angeschlossenen – Imperfekten: וְאֶעֶשְׂךָ, וַאֲבָרֶכְךָ und וַאֲגַדְּלָה. Hierbei handelt es sich der Form nach bei den ersten beiden

---

[1] Vgl. zu beiden Methoden unten Kap. 1.5.

[2] Der Text ist in literarkritischer Hinsicht sehr umstritten, denn es stellt sich die Frage ob und inwieweit der Text eine Brücke zwischen der Ur- und der Vätergeschichte bildet. – Vgl. z.B. die folgenden Arbeiten, die lediglich eine kleine Auswahl der zu Gen 12,1-3 erschienenen Literatur darstellen, zu den Problemen des Textes: Blum (1984) S. 349-381; Coats (1981) S. 31-41; Diedrich (1979) S. 25-35; Freedman (1952) S. 192-194; Grüneberg (2003) passim, bes. S. 142-152; Hoftijzer (1956) S. 6-30; Levin (1993) S. 131-137; Müller (1968) S. 557-571 (hier bes. S. 559-561); Muilenburg (1965) S. 387-398; von Rad (1987b) S. 174-178; Ruprecht (1979a) S. 171-188; ders. (1979b) S. 444-464; Scharbert (1964) S. 74-81; ders. (1973a) S. 1-14; Schmidt (1973/74) S. 135-151; Schottroff (1969) S. 36-44 (hier bes. S. 37-40); Schreiner (1962) S. 1-31 (hier bes. S. 2-8); van Seters (1975) S. 269-278; Steck (1971) S. 525-554; Vriezen (1973) S. 380-392; Weimar (1977) S. 44-51; Witte (1998) S. 192-205.282; Wolff (1973) 345-373; Zenger (1977) S. 39-62; und die Kommentare zur Stelle (hier ist besonders zu nennen: von Rad [1987a] zur Stelle). Weitere Literatur bei Westermann (1981) S. 163f.

Vielleicht kann die vorliegende Arbeit zur Lösung des einen oder anderen Problems beitragen (vgl. Kap. 7.3).

[3] Sein Gegenstück hat dieser Satz in v.4a: וַיֵּלֶךְ אַבְרָם כַּאֲשֶׁר דִּבֶּר אֵלָיו יְהוָה. Die erzählende Rede rahmt also die Kette, die hier im Vordergrund steht (vgl. Westermann [1981] S. 168: "Den Rahmen bilden V. 1a und V. 4a: Jahwe gebietet und Abraham führt aus, was Jahwe gebietet.").

Verben um indifferente Formen, sie können indikativisch oder als Kohortativ aufgefaßt werden.[1] וְאַגַּדְּלָה ist eindeutig ein syndetischer Kohortativ. Auf diese Reihe von Imperfekten bzw. Kohortativen folgt ein weiterer Imperativ וֶהְיֵה, dieser steht ebenfalls (allerdings nur indirekt) nach
dem Imperativ. Man kann hier also schon zwei Arten von Satzkettentypen unterscheiden. Einmal folgt auf den Imperativ ein syndetisches Imperfekt bzw. ein Kohortativ, ein anderes Mal ein Imperativ. Es stellt sich
die Frage nach dem Unterschied zwischen beiden Satzkettentypen.

Auf diesen Imperativ וֶהְיֵה folgt ein weiterer Kohortativ וַאֲבָרְכָה, der
durch ein Imperfekt fortgesetzt wird, dessen Objekt zwischen demselben
und dem vorausgehenden ו steht וּמְקַלֶּלְךָ אָאֹר.[2] Hier liegt bereits ein
dritter Typ der Fortführung des Imperativs vor und es stellt sich die
Frage, wie sich dieses letzte Imperfekt in der 1. pers. sg. zu dem vorausgehenden Kohortativ verhält, und wo der Unterschied zwischen beiden
Fortführungen (Kohortativ nach Imperativ einerseits und durch Objekt
[oder anderes] vom vorausgehenden ו getrenntes Imperfekt nach Imperativ andererseits) liegt.

Den Abschluß der Kette bildet das Perfectum consecutivum וְנִבְרְכוּ.
Auch dieses Perfectum consecutivum führt den Imperativ (indirekt) fort.
Es existiert also ein weiterer Satzkettentyp: Imperativ gefolgt von Per-
fectum consecutivum.

Man kann nun hier wie bei וֶהְיֵה und וּמְקַלֶּלְךָ אָאֹר einwenden, daß diese grammatischen Kategorien (Perfectum consecutivum, syndetischer Imperativ und ein durch
eine Einschiebung vom ו getrenntes Imperfekt) hier in Gen 12,1-3 nicht einen Imperativ *direkt* fortführen, es gibt aber ausreichend Belege von Stellen, wo dies der Fall
ist (vgl. hierzu die entsprechenden Kapitel der vorliegenden Arbeit). Gen 12,1-3
wurde hier gewählt, weil in diesem Text alle in der vorliegenden Arbeit zu untersuchenden grammatischen Kategorien nach einem Imperativ (hier לֶךְ-לְךָ) vorkommen.
Es gibt also vier verschiedene Arten, wie ein Imperativ unter der Fragestellung der vorliegenden Arbeit fortgeführt werden kann: 1. durch einen
weiteren Imperativ; 2. durch ein syndetisches Imperfekt bzw. einen Ko-

---

1   Ein suffigierter Kohortativ unterscheidet sich morphologisch nicht von einem suffi-
     gierten Imperfekt indikativ. Dementsprechend faßt Levin (1993) diese Formen als
     Kohortative auf (vgl. Levin [1993] S. 136 und Anm. 11). Diedrich (1979) faßt וְאֶעֶשְׂךָ
     als Kohortativ (mit Hinweis darauf, daß "bei den Verben III-ae *J* die um -*ā* (ה=) er-
     weiterte Kohortativform der PK [sc. Präformativkonjugation] mit der normalen
     Langform der PK zusammengefallen ist" [ebd. S. 28]), וַאֲבָרֶכְךָ hingegen als Indika-
     tiv auf (vgl. ebd. S. 27f.).
2   Nach Diedrich (1979) S. 30 liegt hier in Anlehnung an Bobzin (1974) ein *Mārē'* in
     'B-Form' vor, "um eine Handlung zu bezeichnen, die zu der in Satz 3a beschriebenen
     als parallel laufend angesehen wird, die somit also als eine 'notwendig geschehende,
     begleitende Handlung' angesehen wird". Scharbert (1973a) S. 2 will auch וּמְקַלֶּלְךָ
     אָאֹר als Kohortativ auffassen: "Mit diesem [sc. dem vorausgehenden Imperativ] sind
     durch *waw modale* zwei chiastisch verschränkte Verbalsätze im Kohartativ [sic!]
     verknüpft."

hortativ;[1] 3. durch ein durch eine Einschiebung vom vorausgehenden ו getrenntes Imperfekt oder 4. durch ein Perfectum consecutivum. Es ist zu fragen, wo die Unterschiede dieser Satzkettentypen liegen.

Um dies beantworten zu können, müssen die verschiedenen Funktionen der jeweiligen grammatischen Kategorien untersucht werden. In der vorliegenden Arbeit wird hierbei besonderes Augenmerk auf zwei Funktionsebenen gelegt: zum einen stellt sich die Frage nach den syntaktischen Funktionen, zum anderen stellt sich die Frage nach der Wertigkeit des in der grammatischen Kategorie zum Ausdruck kommenden Satzkettengliedes innerhalb der Satzkette. Beides soll hier kurz erläutert werden.

Bei der Frage nach der syntaktischen Funktion steht im Vordergrund, ob die grammatische Kategorie parataktisch oder implizit hypotaktisch zum vorausgehenden Imperativ aufzufassen ist. Auch dies kann man an Gen 12,1-3 verdeutlichen: So werden in der Literatur die Kohortative bzw. Imperfekte nach den Imperativen oft final/konsekutiv[2] aufgefaßt,[3]

---

[1]   Es stellt sich allerdings die Frage, ob hier überhaupt syndetische Imperfekta in Gen 12,1-3 vorliegen. So wohl Delitzsch (1887) S. 250; vgl. auch Steck (1971) S. 540 Anm. 41: "Zur Präzisierung der parataktischen Verknüpfung von *Imperativ und Indikativ* sind andere Konstruktionsparallelen in jahwistischen Verheißungsreden zu beachten (Gen 31₃; 32₁₀; umgekehrt 13₁₅₋₁₇)" (*Hervorhebung* von J. Diehl. Bei Gen 31,3 handelt es sich um eine indifferente Form וְאֶהְיֶה; in Gen 32,10 ist וְאֵיטִיבָה eindeutig Kohortativ [vgl. hierzu Kap. 3.1.1]). Anders van Seters (1975) S. 271 Anm. 57: "There is some question about the significance of the cohortative after an imperative. Here it expresses more than simple futurity and probably signifies strong intention or promise". Demgegenüber können die indifferenten Formen auch als Kohortative aufgefaßt werden. So wohl Vriezen (1973) S. 384: "[...], hingegen sind die Verheißungsworte der Verse 2 ff. durch *waw*-Kohortative mit Vers 1 verknüpft [...]."; vgl. auch Scharbert (1973a) S. 2. Nach Diedrich (1979) S. 30 handelt es sich bei den Sätzen 2a.c.3a in Anlehnung an Bobzin (1974) um *Ḥāmēṭ*, das eine 'einmalige, nicht notwendige Handlung' ausdrückt und wohl auslösend (DIREKTIV) zu verstehen ist.

   Der Frage, ob überhaupt syndetisches Imperfekt nach Imperativ stehen kann, oder ob in solchen Fällen nicht eher ein syndetischer Kohortativ oder Jussiv vorliegt, ist in der vorliegenden Arbeit nachzugehen (vgl. hierzu Orlinsky [1940/41] S. 371-382 und [1941/42] S. 191-205 u. 273-277).

[2]   Vgl. zu den Begriffen final/konsekutiv unten Kap. 2.4.2.2.

[3]   Vgl. z.B. Scharbert (1973a) S. 2 und die Übersetzung ebd. S. 8; ders. (1986) Sp. 127b.128a; die Übersetzung bei Schreiner (1962) S. 2; Wolff (1973) S. 351f. und Anm. 28; so wohl auch Steck (1971) S. 540 Anm. 41: "vielmehr wird zu einer Handlung aufgefordert, in deren Gefolge eine andere eintritt; diese im Zuge der Ausführung des Imperativs eintretende Folge unterstützt als vorweg verheißene also dessen Ausführung, sieht sie aber nicht als Bedingung". Müller (1968) S. 559 betont hingegen, daß das ו im Hebräischen bewußt mehrdeutig sei: "Es ist doch bezeichnend, daß die hebräische Sprache eine logisch strenge Verknüpfung der Satzglieder, wie sie etwa dem Griechischen, Lateinischen oder Deutschen eigen ist, auch nicht in entferntem Maße kennt. Das so überaus häufige ו [...] bezeichnet eine Fülle von

Vriezen schließt sogar ein konditionales Verständnis nicht aus,[1] und auch der zweite Imperativ[2] wird konsekutiv/final[3] verstanden, ebenso das Perfectum consecutivum[4].

Bei der Frage der Wertigkeit des Satzkettengliedes steht die Frage im Vordergrund, welches Satzkettenglied eines bestimmten Satzkettentyps die Hauptaussage der Äußerung darstellt.[5] Unterschiedliche Antworten auf diese Frage haben mehr oder minder große exegetische Folgen. Nach

---

Verknüpfungen; d. h. es läßt die Art des Zusammenhangs in den meisten Fällen, in denen wir sie gerne entschieden haben möchten, gerade völlig offen." Vgl. hierzu auch Kap. 6 der vorliegenden Arbeit.

[1] Vriezen (1973) S. 386: "Demgemäss muss angenommen werden, dass die Verheissungen konditional oder zumindest konsekutiv dem Befehl verbunden sind und erst nach der Ausführung des Auftrags gänzlich in Erfüllung gehen werden." (vgl. auch ebd. S. 387 die Übersetzung von v.3a: "so werde Ich segnen [...]".

[2] Nach Vriezen (1973) S. 387 ist "die Wiedergabe 'Sei ein Segen' irreführend, denn es handelt sich hier um einen für sich stehenden Satz, welcher durchaus einen paranätischen [sic!] Charakter haben würde." Der Imperativ sei vielmehr konsekutiv aufzufassen (vgl. ebd.). — Dieser Imperativ hat ebenfalls zu Irritationen bei einigen Auslegern geführt, so daß man hier teilweise zu וְהָיָה konjiziert (vgl. z.B. Diedrich [1979] S. 27; Gunkel [1977] S. 164; Speiser [1964] S. 85f.; die Übersetzung bei Muilenberg [1965] S. 391 mit Hinweis auf Speiser [vgl. ebd. Anm. 2]. Freedmann [1952] 193 will sogar ein Imperfekt lesen: "We suggest [...], that underlying the MT *whyh* was the form *waʾahyēhû*, the Hiphil prefix 1st s. with the 3rd m. s. suffix: 'and I will cause it to become a blessing'." — Gegen eine Konjektur sind z.B. Procksch [1924] S. 96; van Seters [1975] S. 271 Anm. 58; Schmidt [1973/74] S. 149 Anm. 23; Schreiner [1962] S. 4f.; Witte [1998] S. 193; Wolff [1973] S. 351f. Anm. 28).

[3] Vgl. z.B. Gunkel (1977) S. 164 (allerdings konjiziert Gunkel nach diesem Hinweis zu Perfekt); Holzinger (1898) S. 137; Levin (1993) S. 137; Vriezen (1973) S. 386f.: "Der 2. Vers wird wiederum mit einem abhängigen Satz abgeschlossen, der diesmal mit einem *waw*-Imperativ einsetzt: *wehjeh beraka*. Dieser Imperativsatz ist eine Fortsetzung der vorausgehenden Kohortativsätze, er bringt 'eine mit Sicherheit zu erwartende Folge' zum Ausdruck." Es wird hier in der Literatur oft auf Gesenius/Kautzsch (1909) §110*i* und Joüon (1947) §116*h* hingewiesen.

[4] Vgl. z.B. die Übersetzung bei Vriezen (1973) S. 388: "so dass mit dir alle Geschlechter der Erde sich segnen (oder: sich Segen erwünschen) werden"; die Übersetzung bei Wehmeyer (1970) S. 179; Wolff (1973) S. 352. Nach Levin (1993) S. 137 ist es Futur Indikativ; Scharbert (1964) S. 78 (vgl. auch ders. [1973a] S. 2): "Das *waw*-consecutivum deutet in der Regel die zeitliche oder – wie wahrscheinlich hier – die logische Folge an." (mit Hinweis auf Joüon [Rom 1947] S. 327-336). Dementsprechend bringt Scharbert (1964) S. 79 folgende Übersetzung des Perfectum consecutivum: "*Folglich* können unter Berufung auf dich alle Geschlechter der Erde Segen (zu) erlangen (suchen)." (*Hervorhebung* von J. Diehl); anders ders. (1973a) S. 8: "so *daß* dann unter Berufung auf dich sich Segen wünschen alle Stämme des Kulturlandes" (*Hervorhebung* von J. Diehl).

[5] So stellt z.B. Ruprecht (1979a) S. 171 die Frage: "Haben wir in xii 2-3 nur eine lose Aneinanderreihung von Verheißungen, oder läßt sich in diesem Stück ein inneres Gefüge erkennen?"

den Arbeiten von Rads[1] und Wolffs[2] repräsentiert das Perfectum consecutivum das wichtigste Kettenglied.[3] Nach Wolff drückt das Perfectum
consecutivum in v.3b das 'Kerygma des Jahwisten' aus.[4] Nach Vriezen
"sind die Verheißungsworte der Verse 2ff. durch *waw*-Kohortative mit
Vers 1 verknüpft u n d   z u g l e i c h   d i e s e m   V e r s   u n t e r g e o r d n e t"[5].
Damit würde der Imperativsatz in v.1 das Hauptgewicht der Satzkette
tragen. Dann kann aber in v.3b nicht das 'Kerygma des Jahwisten', wie
Wolff dies meint, vorliegen. Ludwig Schmidt hingegen betont, daß das
Perfectum consecutivum explizierenden Charakter hat und "somit lediglich V. 3a erläutern will"[6]. Dann trägt aber wohl v.3a das Gewicht der
Kette. Blum[7] klammert die Mehrungsverheißung in v.2 zunächst aus und
sagt, daß Jahwe Abraham segnet, und als Folge davon einen großen Namen erhält und so "(für andere) Abraham zum Paradigma eines Gesegne-
ten wird"[8]. Die Aussagen in v.3 explizieren dann diesen Segen in zwei
Aspekten. V.3a sei eine "Beistands- oder Schutzverheißung"[9]. Diese

---

[1] Vgl. von Rad (1987a) 116-118.121-123; (1987b) S. 174-178.
[2] Vgl. Wolff (1973) S. 345-373.
[3] Wolff (1973) S. 353 schreibt: "Hier [sc. v.3b] wird die Fünferreihe der imperfek-
     tisch-kohortativischen Konsekutivsätze durch einen perfektischen Konsekutivsatz
     abgelöst. Damit wird V. 3b als *die* Folge *der* Folgen (V. 2-3a) des Auszugs Abra-
     hams (V. 1) deutlich hervorgehoben; es ist die eigentliche und darum abschließend
     mit Perfektum zu konstatierende Folge. [...] Das syntaktische Gefälle der langen Pe-
     riode eilt also recht klar auf diesen Schlußsatz zu." So wohl auch Muilenburg (1965)
     S. 391 Anm. 2: "The stress of the whole pericope falls upon the last line, which, as is
     characteristic of Hebrew literary types, is extended in its length." (allerdings scheint
     Muilenburg hier den gesamten Vers 3 zu meinen); vgl. auch Wehmeyer (1970) S.
     177 mit Hinweis auf Wolff; Westermann (1981) S. 168 bemerkt: "Auf dieser Zusage
     [sc. vv.2f.] liegt der Ton; sie ist stark erweitert, so daß sie den einfachen Aufbau fast
     sprengt. [...] Die Sätze lassen eine Steigerung erkennen: Die Verheißung des Segens
     ist in V. 2 Abraham zugesagt, in V. 3a wirkt sie über Abraham hinaus an denen, mit
     denen er in Berührung kommt, und in V. 3b wirkt sie weiter in die ganze Mensch-
     heit." Allerdings bemerkt er später, daß וַאֲבָרְכָה die eigentliche Segensverheißung
     sei. Dies wirke sich darin aus, "daß Abraham für andere zum Segen wird" (ebd. S.
     172). Die beiden Teile in v.3 explizieren dann die "Auswirkung des Segens über
     Abraham" (ebd. S. 174).
[4] So Wolff (1973) S. 353 ausdrücklich: "Wenn wir vom literarischen Aufriß des Wer-
     kes angeleitet wurden, das Kerygma des Jahwisten in seiner eigenen Formulierung in
     Gen. 12,1-4a zu suchen, so legt die syntaktische Analyse uns also nahe, es in seiner
     exaktesten Gestalt in 12,3b zu vermuten."
[5] Vriezen (1973) S. 384 (H e r v o r h e b u n g von J. Diehl).
[6] Schmidt (1973/74) S. 138; ähnlich auch Scharbert (1964) S. 78: "Damit [sc. v.3a] ist
     eigentlich das für unser Thema Wesentliche schon gesagt. Der zweite Teil unseres
     Verses bringt demgegenüber nichts Neues mehr, ganz gleich, wie man ihn im einzel-
     nen deuten mag."
[7] Vgl. zum folgenden Blum (1984) S. 353-355.
[8] Blum (1984) S. 353.
[9] Blum (1984) S. 353.

werde "in der letzten Verheißung in einen universalen Horizont ausge-
weitet"[1]. Für v.2a gelte dann: "Die mehrfach variierte Segensverheißung
wird [...] offenbar in eine geschichtliche Perspektive gesetzt und nä-
herhin auf das *Volk* (Israel) bezogen."[2]

Der Aufsatz von Ruprecht[3] sei hier ausführlich dargestellt, da er eine detaillierte
Struktur der Gottesrede bietet. Ruprecht sieht in v.2 eine Begründung für den Befehl
in v.1. Der zweite Satz in v.2 וַאֲבָרֶכְךָ sei dem ersten וְאֶעֶשְׂךָ לְגוֹי גָּדוֹל und dritten
וַאֲגַדְּלָה שְׁמֶךָ übergeordnet.[4] In dem Imperativsatz וֶהְיֵה בְּרָכָה sieht er "eine Folge
des 'großen Namens'"[5]. וַאֲבָרֲכָה מְבָרֲכֶיךָ וּמְקַלֶּלְךָ אָאֹר hält Ruprecht für eine weitere Entfaltung des vorausgehenden Imperativs, v.3a "expliziert [...], in welchem
Sinne Abraham 'ein Segen sein' soll, nämlich als Gesegneter, von dem Segen ausgeht"[6]. V.3a ist aber gleichzeitig auch eine Begründung für "Abrahams Ruhm, seinen
'großen Namen'"[7]. Das Perfectum consecutivum bringt nach ihm nichts Neues, sondern expliziert das Vorausgegangene dergestalt, daß nun die genannt werden, die
Gegenstand des Segnens aus v.3a sind.

Abschließend bemerkt Ruprecht:

"Zusammenfassend läßt sich zum Aufbau von xii 2-3 sagen, daß wir zwei Teile haben. Im ersten Teil wird die Zusage 'ich will dich segnen' in zweifacher Weise entfaltet, im zweiten Teil wird die Folge daraus, 'du sollst ein Segen sein', ebenfalls in
zweifacher Weise entfaltet."[8]

Grüneberg[9] widmet ein Kapitel seiner Arbeit der Syntax von Gen 12,1-3.
Besonders interessant ist seine Fragestellung bezüglich des Verhältnisses
der einzelnen Teilsätze zueinander:

"At this point we must consider the relation to one another of a sequence of clauses
following an initial imperative. Do they describe parallel results/purposes of the
imperative, or mutually successive results/purposes? In other words, is the syntax of
the speech of Gen 12:1-3 'Go ... that a) I may make you a great nation, and b) I may
bless you, and c) I may make your name great, and ...'? Or is the structure 'Go ...
that I may make you a great nation, that (as a result of making you a great nation) I
may bless you, that (as a result of blessing) I may make your name great, that ...'? Or
might some of the clauses be parallel, others successive?"[10]

Zum Perfectum Consecutivum bemerkt er:

"Less clear is whether it is parallel to the previous clauses, or successive to them; that
is, whether it states a further result of the imperative logically on the same level as
the previous promises, if the greatest of them, or whether it is a result of the previous

---

1   Blum (1984) S. 353.
2   Blum (1984) S. 354.
3   Vgl. zum folgenden Ruprecht (1979a) S. 179-184.
4   Anders Wolff (1973) S. 353, der in diesem Satz ein "nachgetragenes Interpretament
    zum ersten Satz" sieht.
5   Ruprecht (1979a) S. 180 mit Hinweis auf Gesenius/Kautzsch (1909) §110*i*.
6   Ruprecht (1979a) S. 182.
7   Ruprecht (1979a) S. 182.
8   Ruprecht (1979a) S. 183f.
9   Grüneberg (2003) S. 142-152.
10 Grüneberg (2003) S. 147. — Für v.3ab kommt Grüneburg zu einer klaren Antwort.
    Durch die Inversion hält er die Übersetzung "and that I may bless those who bless
    you, while the one who abuses you I will curse" (ebd. S. 150) für die gegebene.

promises also (by becoming a great nation etc. Abraham takes on significance for other peoples)."[1]

Grüneberg zieht den unbefriedigenden Schluß: "Purely syntactic analysis, it seems, can carry us no further"[2].

Aus der sprachwissenschaftlichen Analyse, bes. aus der Frage, welches Satzkettenglied hier in Gen 12,1-3 besonderes Gewicht hat, ergeben sich demnach große theologische Implikationen.[3]

Auf die sonstigen Probleme des Textes sei hier kurz eingegangen:

Die literarkritischen Probleme werden hier aus den in Kap. 1.4 genannten Gründen nur kurz skizziert: Einige Ausleger nehmen in Gen 12,1-3 ein Wachstum an, so sei z.B. v.1 ursprünglich und vv.2-3 (vom Jahwisten) auf diesen Vers hinkomponiert,[4] Zenger reduziert den ursprünglichen jahwistischen Text auf vv.1a.2a.3b.4a;[5] Holzinger weist v.3b 'J[2]', vv.2.3a 'J[1]' zu.[6] Nach Diedrich gehören die Sätze 2a.c.3a-c zum ursprünglichen Kern der vv.2f.[7] Die Sätze 2c.d seien sekundäre Glossen.[8] Weimar[9] sieht in v.1 in וּמִמּוֹלַדְתְּךָ וּמִבֵּית אָבִיךָ eine "sekundäre Erweiterung"[10]. An diesen Imperativsatz (v.1) schließen sich nach Weimar die beiden ersten Kohortative (וְאֶעֶשְׂךָ

---

[1]   Grüneberg (2003) S. 151.

[2]   Grüneberg (2003) S. 152.

[3]   Auf die Beziehung zwischen Theologie und Sprachwissenschaft weist schon Martin Luther hin: "Es hat [...] die Sophisten betrogen die unzeitige Logica, das ist, sie haben die Grammatica odder rede kunst nicht zuvor angesehen, Denn wo man wil Logica wissen, ehe man die Grammatica kan, und ehe leren denn hoeren, ehe richten denn reden, da sol nichts rechts ausfolgen." (Luther [1528] S. 443); vgl. auch Weippert (1990) S. 450: "Seit etwa dreißig Jahren haben insbesondere Otto Rössler und, von ihm angeregt, Wolfgang Richter und seine Schüler die alttestamentliche Wissenschaft an die Binsenweisheit erinnert, daß für das Verständnis und die Interpretation sprachlicher Äußerungen die Kenntnis ihrer Grammatik unabdingbar ist." Vanoni (1991) S. 562 drückt den gleichen Sachverhalt so aus: "Und kritische Reflexion ist bei der Beschäftigung mit heiligen Schriften unerläßlich; sie steuert der Versuchung der Ausleger entgegen, die grammatische Beschreibung hermeneutischen Fragestellungen unterzuordnen."

[4]   So z.B. wohl Hoftijzer (1956) S. 14; Kilian (1966) S. 10-12.15; Ruprecht (1979a) S. 176; Scharbert (1973a) S. 8f.; van Seters (1975) S. 271 zumindest für v.2;

[5]   Vgl. Zenger (1977) S. 47f. Zenger führt als Argument an, daß zwischen v.3a und v.3b eine Spannung dergestalt bestehe, daß die "Universalität des Segens" (ebd. S. 47) von v.3b der "Partikularität von Segen und Fluch" (ebd.) in v.3a gegenübersteht. Ferner hebe sich der Imperativ in v.2, der eine Folge der vorausgehenden Kohortative darstelle, von diesen, die wiederum eine Folge des ersten Imperativs in v.1 darstellen, ab (vgl. ebd.). Zenger führt dann noch weitere "kompositions- und redaktionsgeschichtliche Erwägungen" (ebd.) an.

[6]   Vgl. Holzinger (1898) S. 137.

[7]   Vgl. Diedrich (1979) S. 27-30. Als ein Argument führt Diedrich (ebd. S. 28) an: "Die Sätze 2a, c, 3a sowie der durch den Chiasmus mit 3a verbundene Satz 3b weisen jeweils eine Ergänzung des Verbums [...] auf; weiterhin findet man in diesen Sätzen, sei es direkt am Verbum oder am Objekt, jeweils ein EPP [sc. enklitisches Personalpronomen] 2sg m."

[8]   Vgl. Diedrich (1979) S. 31f.

[9]   Vgl. zum folgenden Weimar (1977) S. 44-47.

[10]   Weimar (1977) S. 45 Anm. 128.

וַאֲבָרֶכְךָ גָּדוֹל לְגוֹי) aus v.2 an, worauf v.3b (וְנִבְרְכוּ בְךָ כֹּל מִשְׁפְּחֹת הָאֲדָמָה) unmittelbar folgt. Der Rest sei spätere Ergänzung, die auf 'Je' (jehowistische Geschichts-
darstellung) zurückgehe.[1] V.2b beziehe sich dabei auf Gen 11,4a, dementsprechend
sei Gen 12,2b als Gegenaussage zu 11,1-9 zu verstehen.[2]
In der Regel wird aber an einer Einheitlichkeit des Abschnitts festgehalten[3] und es
wird darauf hingewiesen, daß "die Abrahamsverheißung [...] als ein Schlüsseltext für
das jahwistische Geschichtswerk"[4] zu lesen sei.[5]
Ebenfalls nur am Rande erwähnt seien weitere Probleme des Textes, die für die vorliegende Arbeit nicht im Zentrum stehen. So stellt sich die Frage nach der Bedeutung
von ברך ni.[6] Verschiedene Lösungen sind hier angeboten worden:[7] passiv;[8] refle-
xiv[9] oder eine Mischung aus beidem[10]; es wird auch oft medial aufgefaßt (mit Ver-

---

[1] Vgl. Weimar (1977) S. 46 und Anm. 130.
[2] Weimar (1977) S. 46 Anm. 130.
[3] Vgl. auch Blum (1984) S. 353 Anm. 28, der die vv.2f. für einheitlich hält; Levin
     (1993) S. 136, der aber darauf hinweist, daß in v.3a eine "geprägte Formel verwendet
     ist" (ebd.); Procksch (1924) S. 96f., der 12,1-8 'J^av' zuweist; Vriezen (1973) S. 380;
     Westermann (1981) S. 167.171; Witte (1998) S. 193.
[4] Levin (1993) S. 134; ähnlich Müller (1968) S. 558: "Gen 12,1-3 bietet den Schlüssel
     des jahwistischen Geschichtswerkes, jenes ersten Versuchs eines umfassenden theo-
     logischen Entwurfs im alten Israel überhaupt."
[5] Vgl. vor allem die Arbeiten von von Rad (1987a) S. 116-118.121-123 (hier bes. S.
     118); (1987b) S. 174-178; Wolff (1973); nach Blum (1984) S. 299 sind die Verse
     zumindest "unbestreitbar in kompositioneller Funktion auf einen großen Kontext an-
     gelegt, ist hier doch der Anfang des Weges Abrahams programmatisch gestaltet".
     Witte (1998) S. 192ff. bestreitet einen Zusammenhang mit der jahwistischen Urge-
     schichte.
[6] Vgl. hierzu Blum (1984) S. 350ff.; Keller/Wehmeyer (1984) Sp. 364; Wehmeyer
     (1970) S. 176-186; den Forschungsüberblick bei Westermann (1981) S. 175f.
[7] Scharbert (1973b) Sp. 829 versucht eine Vermittlung der Positionen: "Passiver ('ge-
     segnet werden/Segen erfahren durch N. N.' [...]), medialer ('sich Segen verschaffen
     durch N. N.' [...]) und reflexiver Sinn ('sich unter Berufung auf N. N.' bzw. 'unter
     Hinweis auf das Glück des N. N. Segen wünschen' [...]) wurden in Erwägung gezo-
     gen. Diese Deutungen widersprechen einander nicht, wenn man bedenkt, daß in je-
     dem Fall *brk niph* eine Solidaritätserklärung zu N. N. bedeutet, auf Grund deren die
     Völker auf den Segen JHWHs rechnen können. Man wird in Analogie zu der Kon-
     struktion des *hitp* annähernd alle drei Sinngehalte einfangen können, wenn man etwa
     übersetzt: '... dann werden alle Völker der Erde sich unter deinem Namen/unter Be-
     rufung auf dich Segen zuschreiben.' Hätten die Tradenten das Passiv 'gesegnet wer-
     den/Segen erlangen' gemeint, dann hätten sie wohl das *pu* gewählt [...]."
[8] So z.B. Levin (1993) S. 137; von Rad (1987a) S. 123 läßt eine Entscheidung zwi-
     schen reflexiv und passiv offen, übersetzt aber passivisch (ebd. S. 121).
[9] So z.B. Delitzsch (1887) S. 250f.; Hoftijzer (1956) S. 9 Anm. 9; Muilenburg (1965)
     S. 392; van Seters (1975) S. 271 Anm. 59; Speiser (1964) S. 85f. tendiert zu einer re-
     flexiven Übersetzung.
[10] So z.B. Müller (1968) S. 561: "offenbar besteht zwischen Medium und Passiv für
     hebräisches Denken kein ausschließlicher Gegensatz: das Niph^al נִבְרְכוּ umfaßt
     beide"; Ruprecht (1979a) S. 182f.; Vriezen (1973) S. 388 mit Tendenz zu reflexiver
     oder reziproker Bedeutung, so auch Westermann (1981) S. 176.

weis auf die Verwandtschaft des Nif⁽ᶜ⁾al mit dem griechischen Medium).[1] Festzuhalten ist an dieser Stelle nur: Irgendwie erlangen hier die Völker Segen. Die Frage, ob sich die Völker nun diesen Segen wünschen, oder aber Abraham aktiv diesen Segen spendet, spielt hier nur am Rande eine Rolle, da es sich um Nuancen handelt, freilich Nuancen, die große exegetische Folgen haben.

Sehr umstritten ist auch die Datierung des Textes. Er wird in älteren Arbeiten in der Regel in die (frühe) Konigszeit datiert,[2] andere datieren in letzter Zeit später.[3]

0.4 AUFBAU DER ARBEIT

In Kap. 1 werden grundlegende Voraussetzungen für die Arbeit und ihre Methodik erläutert. Reine Imperativketten werden in Kap. 2, Imperativ gefolgt von Imperfekt (Kohortativ bzw. Jussiv) in Kap. 3, Imperativ gefolgt von Perfectum consecutivum in Kap. 4 untersucht. Kap. 5 widmet sich der Frage eines durch eine Einschiebung von ו getrennten Imperfekts nach Imperativ, Kap. 6 der Frage nach der impliziten Hypotaxe. In Kap. 7 folgt dann eine Zusammenfassung. In Kap. 8 schließt sich ein Literaturverzeichnis an, in Kap. 9 ein Belegstellenindex.

0.5 ZUM GEBRAUCH DER ARBEIT – ERKLÄRUNG VON ABKÜRZUNGEN UND SATZKETTENFORMELN

0.5.1 ZUM GEBRAUCH DER ARBEIT

In den Übersetzungen wird oft nicht nur die jeweilige Satzkette, die analysiert werden soll, wiedergegeben, sondern auch der Kontext der Satzkette mitübersetzt, um ein Verständnis der Satzkette zu erleichtern.

Ferner werden nicht immer bei den einzelnen Rubriken alle Belegstellen aufgeführt (so bes. bei den syntaktischen Funktionen). Bei morphologischen und statistischen Erwägungen wird hingegen auf Vollständigkeit des Belegmaterials geachtet.

Pausaformen werden in der Arbeit stets als Pausaformen (auch im laufenden Text) zitiert.

Grundlage der Untersuchung ist die Biblia Hebraica Stuttgartensia (BHS) bzw. acCordance von OakTree Software (1996) basierend auf dem Westminster Hebrew Morphology Text (1994).

---

[1] So z.B. Schmidt (1973/74) S. 138; Schreiner (1962) S. 7; Wehmeyer (1970) S. 178; Zenger (1977) S. 50f. Diedrich (1979) S. 29 und Anm. 22 verweist noch auf das 'passivum divinum'.

[2] Vgl. z.B. Muilenburg (1965) S. 390; Ruprecht (1979a) S. 185; Scharbert (1973a) S. 9; Schmidt (1973/74) S. 138.143ff.

[3] So z.B. Blum (1984) S. 355ff.; van Seters (1975) S. 271ff. datieren in die Exilszeit.

0.5.2 ABKÜRZUNGEN

a) Die biblischen Bücher:

Gen	Genesis (1. Mose)	Nah	Nahum
Ex	Exodus (2. Mose)	Hab	Habakuk
Lev	Leviticus (3. Mose)	Zeph	Zephania
Num	Numeri (4. Mose)	Hag	Haggai
Dtn	Deuteronomium (5. Mose)	Sach	Sacharia
Jos	Josua	Mal	Maleachi
Jdc	Judicum (Richter)	Ps	Psalm(en)
1-2Sam	1. und 2. Samuelbuch	Hi	Hiob
1-2Reg	1. und 2. Regum	Prv	Proverbia (Sprichwörter)
	(Königsbücher)	Ruth	Ruth
Jes	Jesaja	Cant	Canticum (Hoheslied)
Jer	Jeremia	Qoh	Qohelet/Ecclesiastes
Ez	Ezechiel		(Prediger)
Hos	Hosea	Thr	Threni (Klagelieder)
Joel	Joel	Est	Esther
Am	Amos	Dan	Daniel
Ob	Obadja	Esra	Esra
Jon	Jona	Neh	Nehemia
Mi	Micha	1-2Chr	1. und 2. Chronikbuch

b) Grammatische Siglen:

A	(in Satzkettenformel) Apodosis	pass.	passiv
akk.	Akkusativ	perf consec	Perfectum consecutivum
al.juss	mit לא verneinter Jussiv	perf	Perfekt
com	communis	pers.	Person
f.	feminin	pi.	Piᶜel
hi.	Hifᶜil	pl.	plural
hit.	Hitpaᶜel	prn	Pronomen
hof.	Hofᶜal	sf	Suffix
imp	Imperativ	sg.	singular
imperf consec	Imperfectum consecutivum	w	Waw copulativum
imperf	Imperfekt	w.imp	syndetischer Imperativ
ind	Indikativ	w.imperf	syndetisches Imperfekt
inf abs	Infinitivus absolutus		
inf cstr	Infinitivus constructus	w.juss	syndetischer Jussiv
inf	Infinitiv	w.kohort	syndetischer Kohortativ
juss	Jussiv		
kohort	Kohortativ	w.perf	syndetisches Perfekt
l.inf	Infinitiv mit ל	x	Variable für eine Erweiterung einer grammatischen Kategorie: x.imperf bedeutet, daß etwas vor das imperf tritt, was zum Satz gehört.
m.	maskulin		
ni.	Nifᶜal		
NS	Nominalsatz		
P	(in Satzkettenformel) Protasis		

c) Sonstige Abkürzungen

Abb.	Abbildung	o.a.	oder anderes
ähnl.	ähnlich	par.	parallel
Anm.	Anmerkung	q	Qere
App.	Apparat	S.	Seite
bes.	besonders	s.u.	siehe unten
bzw.	beziehungsweise	sc.	scilicet
c; cc	Kapitel (in biblischen Büchern)	sog.	sogenannt
		soz.	sozusagen
d.h.	das heißt	Sp.	Spalte
ders.	derselbe	Taf.	Tafel
ebd.	ebenda	tk	textkritisch problematisch
etc.	et cetera		
evtl.	eventuell	u.	und
f.; ff.	folgende(s)	u.a.	und andere; unter anderem
Jhdt. v. Chr.	Jahrhundert vor Christus		
		u.ä.	und ähnliches
Kap.	Kapitel	u.ö.	und öfter
Lit.	Literatur	u.U.	unter Umständen
m.E.	meines Erachtens	usw.	und so weiter
m.W.	meines Wissens	v; vv	Vers(e)
MT	Masoretischer Text	vgl.	vergleiche
NB	Nebenbemerkung	z.B.	zum Beispiel
Nr.	Nummer	z.	Zeile (in Ostraka)

0.5.3 SATZKETTENFORMELN

Satzkettenformeln werden in spitzen Klammern "<" und ">" dargestellt, wobei zwischen den Strichen "-" die einzelnen Satzkettenglieder beschrieben sind, hier aber nur die finiten Verbformen (bzw. inf) mit Konjunktionen, also "(w.)imp", "w.juss", "w.kohort", "perf consec", "$l^e ma^c an$ + imperf" usw. Hierbei gibt bei letztem Beispiel "$l^e ma^c an$ + imperf" *ein* Satzkettenglied an, daß aus der Konjunktion למען mit imperf besteht.

Die Satzkettenformel < imp - w.juss > beschreibt also eine Satzkette, in der einem imp ein mit ו angeschlossener juss folgt, < imp - perf consec > hingegen eine Satzkette, in der einem imp ein perf consec folgt.

"..." geben Platzhalter in Satzkettenformeln an, so kann z.B. in einer Satzkette der Form < imp - w.imp - ... > auf die zwei durch ו verbundenen imp ein (oder mehrere) Satzkettenglied(er) folgen, ohne daß dies näher spezifiziert wird.

1. Grundlegendes

1.1 GEGENSTAND DER ARBEIT UND FORSCHUNGSLAGE

1.1.1 GEGENSTAND DER ARBEIT

In der vorliegenden Arbeit interessieren – wie in der Einleitung bereits erwähnt – in erster Linie durch die Konjunktion ו *koordinierte* Satzketten,[1] also Imperativ gefolgt von syndetischem Imperativ (Kap. 2),[2] Imperativ gefolgt von syndetischem Kohortativ bzw. Jussiv[3] (Kap. 3) und Imperativ gefolgt von Perfectum consecutivum (Kap. 4).[4] Eine Sonderform zu < imp - perf consec >[5] und < imp - w.kohort/juss > stellt < imp - w.x.imperf > dar (Kap. 5). Auch asyndetisch verbundene Satzketten werden in die Untersuchung einbezogen, es hat sich allerdings gezeigt, daß solche nur in reinen Imperativketten vorliegen (Kohortativ und Jussiv sind nur in Ausnahmefällen asyndetisch an einen Imperativ angeschlossen,[6] Perfectum consecutivum ist *per definitionem* syndetisch mit dem vorausgehenden Satz verbunden). *Subordinierte* Satzketten werden nur in zwei Ausnahmefällen (< ʾim + x - imp > und < imp - lᵉmaᶜan + x >) betrachtet, da diese Art der Subordination bzw. Hypotaxe auch implizit bei den oben genannten Satzketten vorkommt (Kap. 6).[7]

Bußmann definiert den Imperativ für das Deutsche wie folgt:

> "Imperativ [lat. *imperāre* ›befehlen‹. – Auch: Befehl(sform)]. Teilkategorie des Modus des Verbs. Der I. drückt in seiner hauptsächlichen Verwendungsweise eine Handlungsaufforderung bzw. ein Handlungsverbot aus (*Komm hierher!* bzw. *Komm nicht hierher!*), übernimmt aber auch weitere Funktionen, z.B. in Konditionalgefügen (*Verlier Deinen Paß im Ausland, und du bist fürs erste geliefert*). Während im Nhd.

---

[1] Vgl. auch das Schaubild in Andersen (1974) S. 104 zu diesen Satzkettentypen.

[2] Hier interessieren auch asyndetische Imperativketten.

[3] Es hat sich im Laufe der Analyse gezeigt, daß syndetisches indikativisches Imperfekt nach Imperativ in einer Satzkette nicht vorkommt (vgl. Kap. 3.1).

[4] Asyndetisches Perfekt nach Imperativ in einer Satzkette ist sehr wahrscheinlich nicht belegt (vgl. Kap. 4.11).

[5] Zu diesen Satzkettenformeln vgl. oben Kap. 0.5.3; zu den Abkürzungen vgl. Kap. 0.5.2.

[6] So z.B. in poetischer Redeweise.

[7] Auf Fortführungen des Imperativs auf Satzebene wird nicht eingegangen.

Bei Nominalsätzen ist es einerseits unklar, ob der Nominalsatz den Imperativ auf Satzkettenebene fortführt, ferner ist ein Nominalsatz nach Imperativ sehr selten belegt (vgl. z.B. Gen 12,13; 42,18?; Ex 9,28; Num 18,2?; 2Sam 3,12?; 13,20; 15,20; 2Reg 6,13; Jer 49,11; Ez 20,7; Nah 2,10; Sach 10,1?; Ps 59,14; 60,13; 142,5; 149,1?; Cant 2,15; Qoh 12,12?; 2Chr 20,17. Ad Prv 24,14 vgl. S. 340 die Anm. zur Stelle).

In Jes 14,31 folgt ein Infinitvus absolutus zwei Imperativen, allerdings liegen hier wohl getrennte Äußerungen vor, ähnlich ist auch Nah 2,2 zu verstehen, wo Imperative auf einen Infinitvus absolutus folgen (vgl. zu den Belegen auch Gesenius/Kautzsch [1909] §113*bb*). In Ez 23,46; Am 4,4f.; Qoh 4,17 folgt ein syndetischer Infinitvus absolutus auf einen Imperativ und vertritt einen Imperativ. In Jes 37,30 schlägt das Qere einen syndetischen Imperativ vor.

[sc. Neuhochdeutschen] Indikativ und Konjunktiv über ein entwickeltes Formensys-
tem verfügen, hat der I. nur für die 2. Pers. Sg. und Pl. eigene Formen (*komm(e)* vs.
kommt!), für die anderen Personen gibt es verschiedene Konkurrenzformen (wie:
Kommen Sie! Laßt uns gehen!), verschiedene Zeitstufen (sowie Passiv) können nicht
gebildet werden. [...] In vielen Sprachen sind I.-Formen morphologisch besonders
einfach (typischerweise identisch mit dem Verbstamm); Verben, die häufig zu Aufforderungen verwendet werden (wie *kommen, gehen*) haben oft suppletive I.-Formen
[...]. Zu I.-Formen der 1. Person vgl. Adhortativ, der 3. Person Jussiv."[1]

Vieles von dem, was Bußmann hier für die Verwendung des Imperativs
im Deutschen schreibt, ist auf das Hebräische übertragbar: 1.) bildet der
Imperativ im Hebräischen eigene Formen aus und diese 2.) nur in der 2.
pers. sg. und pl.; 3.) bildet auch der hebräische Imperativ bis auf wenige
Ausnahmen kein Passiv;[2] 4.) treten in der 1. und 3. pers. Konkurrenzformen auf (Kohortativ und Jussiv);[3] 5.) können Imperative in sog. impliziten
ten Hypotaxen verwendet werden.[4] Allerdings kann im Hebräischen kein
verneinter Imperativ verwendet werden, hier muß auf den mit אַל verneinten Jussiv ausgewichen werden.[5]

---

[1]   Bußmann (1990) Sp. 325a. — Etwas anders Fries (1993) Sp. 257a.b: "Imperativ (lat.
      imperāre ›befehlen‹. Auch: Befehlsform) Teilkategorie des Modus. Das dt. Verbpa-
      radigma ist dadurch charakterisiert, daß es neben indikativ. und konjunktiv. Formen
      bei der 2. Pers. Sg. über eine eigenständige Form verfügt, z. B. Komm du mal her;
      Gib du mir mal das Buch. In ihrer Bedeutung und ihrem Funktionsspektrum stimmen
      Sätze mit diesen Verbformen überein mit bestimmten Satztypen. Insbesondere ist bei
      I.-Sätzen das Auftreten des Subj. in sytakt. Hinsicht fakultativ, in pragmat. Hinsicht
      markiert (nur unter spezif. pragmat. Bedingungen möglich). I.sätze verfügen im Dt.
      nur über ein eingeschränktes Vorfeld, d. h. nicht-adverbiale präverbale Konstituenten
      sind in I.sätzen stark markiert, z. B. Jetzt komm her! vs. Das Buch gib mir! In ent-
      sprechenden Sätzen treten nur spezif. Modalpartikeln auf, z. B. ›mal‹, betontes ›ja‹
      usw. Im Dt. existieren zum I.satz verschiedene Konkurrenzformen, vgl. Injunktiv,
      Adhortativ und Jussiv. Die Einordnung der Sie-Formen mit Verb-Spitzenstellung ist
      unklar, z. B. Stehen sie ja still! In ihrem Funktionsspektrum stimmen sie einerseits
      I.sätzen überein, andererseits auch mit Deklarativsätzen mit Verbspitzenstellung, z.
      B. Steht Peter aber still!, Bist du aber/ja still! usw."
[2]   Vgl. hierzu den folgenden Exkurs: Die Formenbildung des hebräischen Imperativs.
[3]   Vgl. hierzu besonders Kap. 3. — Vgl. z.B. auch Gesenius/Kautzsch (1909) §46a:
      "Die 3. Person wird durch das Imperfekt als Jussiv vertreten [...]." u.a.
[4]   Dieser Punkt wird durch die ganze Arbeit verfolgt.
[5]   Vgl. z.B. Gesenius/Kautzsch (1909) §46a u.a.

Exkurs: Die Formenbildung des Hebräischen Imperativs[1]

"Der I m p e r a t i v des Grundstamms entspricht der 2. Person des Imperfekts, jedoch ohne Präformativ und mit Murmelvokal zwischen dem 1. und 2. Radikal. Müßten (vor vokalischen Endungen) zwei Schwa mobile aufeinander folgen, so wird das erste […] zu i, das zweite zu Schwa medium."[2]

Mit dieser Beschreibung ist eigentlich fast alles gesagt, was die Formenbildung des hebräischen Imperativs angeht. Der Imperativ kommt nur in der 2. pers. f. und m.; sg. und pl. vor und wird beim starken Verb dadurch gebildet, daß das Präformativ des Imperfekts weggelassen wird (תִּכְתֹּב -> כְּתֹב), das Afformativ hingegen bleibt bestehen (תִּכְתְּבִי -> כְּתְבִי; תִּכְתְּבוּ -> כִּתְבוּ; תִּכְתֹּבְנָה -> כְּתֹבְנָה).[3] Dies gilt im Grunde auch für die anderen Verbalstämme. Allerdings mit der Einschränkung, daß im Nifʿal הִ, im Hitpaʿel הִתְ und im Hifʿil הַ das Präformativ des Imperfekts ersetzt.[4] Ferner muß im Hifʿil beachtet werden, daß die entsprechende Vokalisation des Jussiv, nicht des Indikativ, verwendet wird.[5] Im Qal tritt in der 2. pers. sg. f. und der 2. pers. pl. m. ein – unter den ersten Radikal.[6]

Es ist zu bemerken, daß auch im Hebräischen keine Imperative im Passiv gebildet werden. Ausnahmen sind die Reflexiva Nifʿal und Hitpaʿel.[7] Hierher gehören evtl.

---

[1] Vgl. zum folgenden z.B.: Bartelmus (1994) S. 93; Baumgartner (1957) §17d.fγ.g; Beyer (1969) S. 55-59; Blau (1976) §20.4; Gesenius/Rödiger (1872) §46; Gesenius/Kautzsch (1909) §46; Gibson (1994) §65f.; Grether (1955) §§28l.m.w.29e; Irsigler (1978) §14.2.3; Jenni (1981) S. 105; Joüon/Muraoka (1991) §48; Körner (1990) S. 128-130; Lambdin (1971) §102; Lambdin/von Siebenthal (1999) §102; Meyer (1969) §63; Seffer (1886) §30; Seow (1995) S. 237; Stähli (1992) S. 39; Steuernagel (1917) §32f; Strack/Jepsen (1930) §§42f.; Waltke/O'Connor (1990) §34.2.2.

[2] Jenni (1981) S. 105.

[3] Dies gilt für die Verben der u- und der a-Klasse (vgl. Gesenius/Kautzsch [1909] §46c; Bauer/Leander [1922] § 41c.d – vgl. auch Gesenius/Rödiger [1872] S. 101f.). — Gesenius/Rödiger (1872) §46 S. 101 Anm. 1 bemerkt hierzu: "Annehmlicher scheint es, den Imperat. als eine Verkürzung der 2. Person des Imperfect zu betrachten […]; aber es ist vielmehr wohl jede dieser drei Formen [sc. Imperfect, Imperativ und Infinitiv absol.] eine selbständige grammatische Bildung, und sie sind nicht eine aus der andern, sondern alle drei neben einander auf Grundlage der abstracten Verbalform […] entstanden." — Brockelmann (1956) §3 möchte den Imperativ aus einer Nominalform ableiten; Westermann (1989) S. 25f. hält ihn für älter als die Aussageformen. Die Entstehung des Imperativs ist allerdings umstritten (vgl. Waltke/ O'Connor [1990] §34.2.2 Anm. 9).

[4] Vgl. z.B. Seffer (1886) §30.2 und die Grammatiken.

[5] Vgl. Joüon/Muraoka (1991) §48a.

[6] In einigen Fällen findet sich aber auch ein – (vgl. Gesenius/Rödiger [1872] §46 S. 102; Gesenius/Kautzsch [1909] §46d). Dies geht wohl auf eine "Sing.-Grundform qŭṭŭl" (Gesenius/Kautzsch [1909] §46d) zurück. Das – ist analog zu den ursprünglichen i-Imperfekten zu sehen (vgl. ebd.). — Zu den Formen der schwachen Verben vgl. die Grammatiken.

[7] Vgl. Gesenius/Rödiger (1872) §46.1; Gesenius/Kautzsch (1909) §46a. — Nur in zwei Fällen (Ez 32,19; Jer 49,8 – vgl. Gesenius/Rödiger [1872] §46.1 Anm. 2; Gesenius/Kautzsch [1909] §46a Anm. 2) findet sich ein Imperativ im Hofʿal, der nach Gesenius/Rödiger (1872) §46.1 Anm. 2 und Gesenius/Kautzsch (1909) §46a Anm. 2 aber dem Reflexivum nahesteht.

auch Stellen wie Gen 42,16: וְאַתֶּם הֵאָסְרוּ, was im Deutschen nur durch eine Hilfskonstruktion wiedergegeben werden kann: *Ihr aber sollt gefesselt sein!*[1]

Gelegentlich wird an den Imperativ ein ה-Adhortativum angehängt: "[...] Als A d -
h o r t a t i v wird eine durch die Endung -ā verstärkte Form des Imperativs sing. m.
bezeichnet. Als erster Vokal erscheint hier jedoch nicht i, sondern å (Qames Cha-
tuph, aus u entstanden), wenn der Stammvokal (u >) ō ist [...]."[2] Nach Gese-
nius/Kautzsch drückt dieser Adhortativ Emphase aus,[3] Joüon/Muraoka erkennen keinen Unterschied zwischen der normalen Imperativform und dem Adhortativ.[4]
Bauer/Leander hingegen nehmen eine ursemitische Interjektion an.[5] Joosten[6] nimmt
nach Fassberg[7] an, daß sich die Bedeutung des Imperativs z.B. bei dem Verb הלך
qal ändere. So drücke der Imperativ לְכָה eine Bewegung zum Sprecher hin aus, während der Imperativ לֵךְ eine Bewegung vom Sprecher weg bezeichne. Analoges gelte
auch für andere Verben. Über Fassberg hinaus meint Joosten, "that the cases of 2ms
imperative taking a 3d sg suffix pronoun by means of *nun epentheticum* – *tᵉnænnû*
»give it« instead of simple *tᵉnehû* – are to be regarded as instances of the lengthened
2ms imperative, both on the level of morphology and on the level of function."[8]

1.1.2 FORSCHUNGSLAGE

Die Fortführung des Imperativs wurde bisher in der Literatur nicht ausführlich verhandelt.[9] Dennoch zeigen eine Reihe von Beiträgen, daß ein
Problembewußtsein vorhanden ist.

Gesenius/Kautzsch schreibt über den Imperativ im syntaktischen Teil
der Grammatik:

"Der Imperativ in logischer Abhängigkeit von einem vorangehenden Imperativ, Jussiv (resp. Kohortativ) oder Fragesatz dient zum Ausdruck der bestimmten Versicherung oder Verheißung, daß eine Handlung oder ein Zustand als die sichere Folge einer vorangegangenen Handlung eintreten werde. So namentlich:

---

[1] Vgl. hierzu Joüon/Muraoka (1991) §114*o*: "The imperative is sometimes found in
     cases where the execution of the order is not within the power of the person receiving
     the order [...]. These cases become understandable when one remembers that the im-
     perative, along with the jussive and cohortative, is essentially a form for expressing
     the speaker's will, wish or desire. Thus הֵאָסְרוּ [...] signifies: 'I want you to be incar-
     cerated.'"
[2] Jenni (1981) S. 105 — vgl. auch Gesenius/Kautzsch (1909) §48*i*.
[3] Vgl. Gesenius/Kautzsch (1909) §48*k*; Gibson (1994) §66 Anm. 1; Davidson (1901)
     §60 Rem. 1.
[4] Vgl. Joüon/Muraoka (1991) §114*m*: "In the 2nd pers. m.sg. the form with paragogic
     ה- has, in general, no appreciably different nuance from the usual form [...]." In
     §49*d* sprechen sie dieser Form eine 'honorific nuance' zu.
[5] Vgl. Bauer/Leander (1922) §41*d*: "Das -ā der Nebenform des M. Sg. dürfte die ur-
     sem. Interjektion *ā darstellen [...]".
[6] Vgl. Joosten (1999) S. 423-426.
[7] Vgl. Fassberg (1994) S. 13-35.
[8] Joosten (1999) S. 423f.; vgl. auch Revell (1989) S. 16. — Bauer/Leander sprechen
     bei diesen Belegen von einem 'alten energischen Imperativ' (vgl. Bauer/Leander
     [1922] §48*c*').
[9] Vgl. hierzu Kap. 0.1.

a) der Imperativ in Anlehnung (mit Waw copul.) an einen anderen Imperativ. In der Regel enthält dann der erste Imper. eine Bedingung, während der zweite den Erfolg ankündigt, den die Erfüllung der Bedingung haben wird. Zu dieser Ankündigung dient aber der Imperativ, weil ja tatsächlich auch dieser Erfolg vom Redenden gewollt oder gewünscht ist (vgl. *divide et impera*), z. B. Ge 42, 18: וֶֽחְיוּ עֲשֹׂו זֹאת *dieses tut und lebt*, d. h. so sollt ihr am Leben bleiben! [...]
Anm. 1. Ist die an einen Imper. angelehnte Verheißung oder Drohung in 3. Person auszusprechen, so steht statt des 2. Imper. natürlich der Jussiv [...]."[1]

Zwei Imperative, die aufeinander folgen, stehen demnach in einer engen Beziehung zueinander, wobei der zweite Imperativ eine Folge des ersten Imperativs darstellt.[2] Gesenius/Kautzsch weist ebenfalls darauf hin, daß Imperative einiger Verben als Interjektionen[3] gebraucht werden. Hierher gehört auch das Phänomen der sog. Formverben.[4] Die zweite oben genannte Beobachtung von Gesenius/Kautzsch, daß bei einem Personenwechsel zur 3. pers. hin der Jussiv eingesetzt wird, ist ebenfalls zu beachten, auch wenn diese Beobachtung lediglich in einer Anmerkung erwähnt wird.

Der Imperativ erfährt nach Gesenius/Kautzsch aber nicht nur durch einen zweiten Imperativ eine Fortführung, sondern auch durch Jussiv und Kohortativ.[5] Zum Kohortativ bemerkt Gesenius/Kautzsch:

"[...] der Kohortativ in Anlehnung an andere Modi, sowie in Bedingungssätzen, und zwar:
a) in Anlehnung (mit Waw copulativum [...]) an einen Imperativ oder Jussiv zum Ausdruck einer Absicht oder beabsichtigten Folge, z. B. Ge 27, 4: *bringe mir*, וְאֹכֵלָה *damit ich esse* (eig. *so will ich essen*) [...]."[6]

Ähnliches gilt für den Jussiv:

"[...] der Jussiv in Anlehnung an andere Modi, sowie in Bedingungssätzen:
a) in Anlehnung (mit Waw) an einen Imperativ oder Kohortativ als Ausdruck einer Absicht oder als Zusicherung eines eventuellen Geschehens, z. B. Ge 24, 51: *nimm sie und geh, damit sie ... werde* (וּתְהִי eig. *und sie werde*) [...]."[7]

Gesenius/Kautzsch unterscheidet aber von dieser Verwendung des Jussiv als logische Folge des Imperativs die Belege, "wo der Jussiv von dem vorherg. Imper. nicht logisch abhängig ist, sondern rein koordiniert ist".[8] Diese Unterscheidung ist grundlegend wichtig, denn Joüon/Muraoka

---

[1] Gesenius/Kautzsch (1909) §110*f.g.* — Imperativketten können demnach auch konditionale Satzgefüge ausdrücken. Vgl. aber z.B. Joüon/Muraoka (1991) §167*u* "The conditional clause is logically related to the consecutive clause with an imperatival protasis [...]."
[2] Vgl. Gesenius/Kautzsch (1909) §110*h*.
[3] Vgl. bes. Gesenius/Kautzsch (1909) §120*g*; Diehl (2000) (weitere Lit. ebd.).
[4] Vgl. hierzu S. 20 und 51.
[5] Orlinsky (1940-1942) versucht nachzuweisen, daß lediglich kohort und juss nach imp in einer Satzkette belegt sind.
[6] Gesenius/Kautzsch (1909) §108*d*.
[7] Gesenius/Kautzsch (1909) §109*f*.
[8] Gesenius/Kautzsch (1909) §109*f* Anm. 1.

bauen darauf ihre Unterscheidung von "direct" und "indirect volitive" auf (vgl. hierzu unten).

Ferner wird der Jussiv nach Gesenius/Kautzsch[1] in Bedingungssätzen verwendet, so auch nach einem Imperativ.

Neben Imperativ, Kohortativ und Jussiv kann aber ein Imperativ nach Gesenius/Kautzsch auch durch ein Perfectum consecutivum fortgeführt werden. So stehe das Perfectum consecutivum "zum Ausdruck *künftiger* Handlungen usw. als zeitliche oder logische Folge von Tempora oder Tempusäquivalenten, welche künftige Handlungen oder Begebenheiten ankündigen oder fordern"[2]. Dies gelte für Perfectum consecutivum nach Imperativ "sowohl bei gleichem, als bei verschiedenem Subjekt".[3]

Sehr oft drücke das Perfectum consecutivum in Anlehnung an andere Tempora eine zeitliche oder logische Folge aus,[4] so auch wohl nach einem Imperativ.[5]

Mit Hilfe von Imperativen und deren Fortführungen können nach Gesenius/Kautzsch Objektsätze,[6] Konditionalsätze,[7] Konzessivsätze[8] und Finalsätze[9] ausgedrückt werden.[10]

Ferner führt Gesenius/Kautzsch die 'Beiordnung des ergänzenden Verbalbegriffs im verbum finitum' an.[11] Hierunter ist u.a. das zu verstehen, was Jenni die sog. Formverben nennt.[1]

---

[1]   Vgl. Gesenius/Kautzsch (1909) §109*h*.

[2]   Gesenius/Kautzsch (1909) §112*p*.

[3]   Gesenius/Kautzsch (1909) §112*q*.

[4]   Vgl. Gesenius/Kautzsch (1909) §112*x*.

[5]   Vgl. Gesenius/Kautzsch (1909) §112*aa* mit Verweis auf Gen 17,11 (hier "als Explikativ zu einem vorhergehenden Gebot"). Niccacci drückt den Unterschied zwischen Imperativ, Jussiv und Kohortativ einerseits und Perfectum consecutivum andererseits nach Imperativ etwas klarer aus: "[...] it seems that the coordinated forms [sc. syndet. Imperativ, Kohortativ und Jussiv] express the volitive aspect of the action (often with a nuance of finality), while inverted forms [sc. Perfectum consecutivum] simply indicate a series of future actions." (Niccacci [1990] §61).

[6]   Vgl. Gesenius/Kautzsch (1909) §167*a*.

[7]   Vgl. Gesenius/Kautzsch (1909) §110*f*. Hier werden allerdings nur Imperativketten (oder Imperativ nach Kohortativ und Jussiv) genannt. Vgl. auch zum Konditionalsatz (Bedingungssatz) ebd. §159.

[8]   Vgl. Gesenius/Kautzsch (1909) §110*a.f*, §160*a*. Hier werden ebenfalls nur Imperativketten genannt.

[9]   Vgl. Gesenius/Kautzsch (1909) §165. Hier werden explizit folgende Fälle für Satzketten mit Imperativ genannt: "α) finales Imperf. (od. Jussiv?) mit ו [...] an einen Imper. [...]; β) eines Kohort. mit ו an Imper. [...]; γ) eines Jussiv mit ו an Imper. [...]; δ) eines Imper. mit ו an einen Jussiv, Kohort. oder Fragesatz [...]; ε) eines Perf. consec. [...] nach einem Imper. [...]." Finale Imperativketten werden nicht erwähnt.

[10] Es werden hier lediglich die Belege mit impliziten Hypotaxen aufgeführt, die Gesenius/Kautzsch referieren.

[11] Vgl. Gesenius/Kautzsch (1909) §120*d*.

Im Jahr 1897 erschien eine Kurzmitteilung von Mayer Lambert mit dem Titel "Sur la syntaxe de l'impératif en hébreu". Er trifft grundsätzlich folgende Aussage:

> "En général, quand le verbe d'une proposition est à un mode impératif (jussif, cohortatif), les propositions coordonées qui experiment soit la suite, soit la conséquence de la première proposition ont également leur verbe à l'impératif. Cette règle est observée, qu'il y ait changement de sujet ou non [...]"[2]

Nach Lambert wird aber ein Imperativ (oder Jussiv bzw. Kohortativ) nicht nur durch einen weiteren Imperativ (oder Jussiv bzw. Kohortativ) fortgeführt, sondern auch durch einen "indicatif"[3]: "Toutefois, comme l'indicatif futur joue aussi le rôle de l'impératif, il peut arriver qu'une proposition impérative soit suivie d'une proposition indicative."[4] Ferner macht er die Beobachtung, daß der "indicatif" meist in der zweiten Person nach Imperativ vorkommt, weniger häufig in der ersten oder dritten.[5] Lambert beschreibt die Funktionen beider Verbformen folgendermaßen: "Le verbe à l'impératif sert alors, en quelque sorte, de préambule au verbe qui est à l'indicatif"[6]. Ferner finde man den "indicatif" sehr oft dann, wenn er ein Detail des vorausgehenden Befehls darstelle,[7] oder er expliziert den vorausgehenden Imperativ.[8]

Wie bereits angedeutet unterscheiden Joüon/Muraoka generell zwischen zwei Arten von "volitive moods". Zum einen gibt es die "direct volitive moods"[9], zum anderen die "indirect volitive moods"[10]:

> "The volitive moods may be used without a Waw, or with a Waw which has the purely juxtaposing value of *and*. [...] In the indirect volitive the form is used with a Waw which logically has subordinating (final, i.e. indicating a purpose, or consecutive) value, e.g. *and (consequently)* (Latin: *ut*)."[11] Oder an anderer Stelle: "The volitive moods used with a purely juxtaposing ו are direct volitives [...]. When used

---

[1] Vgl. Jenni (1981) §23.3.3: "Öfters begegnet im Hebräischen die Zusammenstellung zweier Verben, von denen das erste als sog. Formverbum (relatives Verbum) nur eine spezielle Form der Haupthandlung angibt, welche durch das zweite Verbum ausgedrückt wird."

[2] Lambert (1897) S. 106.

[3] In den von Lambert angeführten Stellen handelt es sich bei dem "indicatif" entweder um perf consec oder um w.x.imperf (was ein perf consec vertreten kann, vgl. hierzu Kap. 5).

[4] Lambert (1897) S. 106.

[5] Vgl. Lambert (1897) S. 107f.

[6] Lambert (1897) S. 107.

[7] Vgl. Lambert (1897) S. 108.

[8] Vgl. Lambert (1897) S. 108.

[9] Vgl. hierzu Joüon/Muraoka (1991) §114.

[10] Vgl. hierzu Joüon/Muraoka (1991) §116.

[11] Joüon/Muraoka (1991) §114*a*.

with a ו expressing the notion of purpose or consecution, they are indirect or logically subordinate volitives [...]."[1]

Diese Unterscheidung hängt nach Joüon/Muraoka an zwei unterschiedlichen Verwendungsweisen der Konjunktion ו.[2] Allerdings könne nur aus dem Kontext geschlossen werden, welche Verwendungsweise im jeweiligen Fall vorliege.[3]

Niccacci nimmt ebenfalls die Unterscheidung von direkten und indirekten "volitives" auf, allerdings ist diese Unterscheidung anders begründet. Niccacci nennt diejenigen DIREKTIVE[4], die am Anfang einer Satzkette stehen "direct volitives" und diejenigen, die mit ו an diese angeschlossen werden "indirect volitives".[5]

Dieser hier dargestellten Linie folgen mit unterschiedlichen Schwerpunkten auch die gängigen Grammatiken,[6] vgl. z.B. Bergsträsser (1929) §10c.k.q; Blake (1951) §§24f., 34f., 36, 38f., 45f., 50c'; Blau (1976) §64; Brockelmann (1956) §§5b, 6a[7].d, 135c.d, 176c; Davidson (1901) §§60 Anm. 4, 64f.; Driver (1892) §§59-65;[8] Gibson (1994) §§86f.; Grether (1955) §83b.i; Jenni (1981) §§9.3.4.1[9]; 21.3.4; Kropat (1909) S. 19f.;

---

1 Joüon/Muraoka (1991) §116a. Vgl. auch Waltke/O'Connor (1990) §34.5 (mit Verweis auf Moran [1961] S. 64) u.a. (vor allem im englischsprachigen Raum erschienene Arbeiten).

2 Vgl. Joüon/Muraoka (1991) §115a: "From a logical point of view one may therefore distinguish between an *et* of pure juxtaposition and an *et* shaded with succession, consecution and purpose. We shall call the first *et* 'simple *et*' and the second one 'energic *et*'." Der Unterschied in der Verwendung des ו wird aber nur im Imperfectum consecutivum und in den eindeutigen Fällen des Perfectum consecutivum deutlich (vgl. ebd. §115c).

3 Vgl. Joüon/Muraoka (1991) §115c: Im Falle des Kohortativ, Jussiv und Imperativ gilt: "the difference between *et* of juxtaposition and *et* of purpose-consecution does not appear in the form. The only way to see whether the ו in that case is juxtaposing or final-consecutive is to use the context, syntax and also a comparison with Arabic".

4 Vgl. zum Begriff DIREKTIV Kap. 1.3.2.

5 Vgl. Niccacci (1990) §61; ähnlich Blau (1976) §64. Es sei hier noch auf eine weitere Definition der Begriffe "direct" und "indirect" hingewiesen. Blake (1951) §2 Anm. 1 definiert die Begriffe derart, daß "direct" DIREKTIVE in der zweiten, "indirect" in der ersten und dritten Person ausgedrückt werden.

6 Hier werden in der Regel nur die Kapitel der Grammatiken und Arbeiten zitiert, die sich ausdrücklich mit dem Imperativ und seiner Fortführung beschäftigen. Für weitere Literaturhinweise (bes. auch zu syndetischem Kohortativ und Jussiv und Perfectum consecutivum) vgl. die entsprechenden Hinweise in den anderen Kapiteln der vorliegenden Arbeit.

7 Brockelmann geht hier aber nur auf interjektional gebrauchten Imperativ vor Kohortativ ein (vgl. hierzu auch Diehl [2000] S. 113f. u. 121-123).

8 Allerdings bezieht sich Driver hier nicht explizit auf die Fortführung von Imperativen, sondern lediglich auf "The voluntative with Waw". Zum Perfectum consecutivum vgl. Driver (1892) §§114ff.

9 Jenni geht hier nur auf הלך imp vor Kohortativ ein. Hier ist sehr wahrscheinlich der interjektionale Gebrauch von הלך imp gemeint.

Lambdin (1971) §107; Lambdin/von Siebenthal (1999) §107; Meyer (1972) §§100.4*a.d*;101.6*a.b*;   108.3*a*;   122.2*b*;   Schneider (1993) §§48.3.4.4, 53.1.3.2; Seow (1995) S. 243f.; Strack (1911) §88*eβ*; Strack/ Jepsen (1930) §§42*u*, 68*d*; Waltke/O'Connor (1990) §§34.5.2, 34.6; Williams (1976) §§183-191.[1]

Niccacci spricht generell von folgenden Möglichkeiten der Fortführung von Imperativen bzw. DIREKTIVEN ganz allgemein: 1. andere DIREKTIVE (syndetischer Kohortativ, Imperativ und Jussiv) und 2. Perfectum consecutivum.[2] Zum Unterschied beider Möglichkeiten bemerkt Niccacci:

"The conclusion to be drawn is that a communication which begins with an impera-tive or other volitive form, continues with a weYIQTOL if the action is to presented as volitive also (unusually in the sense of intent); if, instead, the action is simply pre-sented as future (as successive or conclusive) weQATAL is used. Even though the semantic difference between intent and succession versus conclusion is often rather slim, the regular use of the two different constructions makes identification of the

---

[1]   Myhill (1998) S. 403ff. beschäftigt sich ebenfalls indirekt mit der Fortführung des Imperativs. Er vergleicht den Gebrauch von Aufforderungen im Biblischen Hebrä-isch und Englisch.

Ein Problem bei Myhill besteht allerdings darin, daß er zwischen den Funktio-nen des Perfekts mit futurischer Bedeutung (Perfectum consecutivum) und des Im-perfekts nicht unterscheidet (vgl. ebd. S. 403: "I will not systematically distinguish here between the functions of the Imperfect and Perfect forms when they are used in commands; it is, in fact, not at all clear what the functional difference between the Imperfect and the Perfect with future meaning is, [...].").

Nach Myhill ebd. S. 405f. wird der Imperativ dann verwendet, wenn die Durch-führung des Auftrags sofort oder in nächster Zukunft stattfindet. In anderen Fällen können andere grammatische Kategorien eingesetzt werden, dies muß aber nicht der Fall sein. Diese Fälle untersucht Myhill (ebd. S. 406ff.) dann gesondert, er nennt hier als Fortführung des Imperativs das Perfectum consecutivum und 'non-initial imper-fect'. In folgenden weiteren Fällen werden andere grammatische Kategorien einge-setzt: 1. wenn der Imperativ von einem Verb der Bewegung gebildet wird und die angeredete Person vom Sprecher weggeht (vgl. ebd. S. 408f.); 2. wenn ein Adjunkt oder anderes (dann aber mindestens 5 Wörter) auf den Imperativ folgt (vgl. ebd. S. 409-411; allerdings folgt nach Imperativ auch oft ein Perfectum consecutivum, ohne daß mindestens 5 Wörter dazwischen stehen, vgl. z.B. Jes 6,9; Ez 14,4; 21,33 u.ö.); 3. andere wenige Fälle (zeitliche Abfolge und Sprung im Thema; vgl. ebd. S. 411f.). Ferner werde der Imperativ dann gebraucht, wenn er eine Rede einleitet oder nach bestimmten Textmarkern wie עַתָּה steht (vgl. ebd. S. 412f.).

Es zeigt sich hingegen im Verlauf der vorliegenden Arbeit, daß in vielen Fällen der Wechsel von Imperativen zu anderen grammatischen Kategorien anders erklärt werden kann.

[2]   Vgl. Niccacci (1990) §61. — Vgl. auch Andersen (1974) S. 104-113. Andersen er-wähnt hier noch das w(.x).imperf (vgl. ebd. S. 104f.; zur Abkürzung vgl. Kap. 0.5.2). — Dies kommt mehr oder weniger stark auch in den anderen Arbeiten, die sich u.a. mit der Fortführung des Imperativs beschäftigen zum Ausdruck.

two functions fairly probable. This is how Hebrew can indicate modal nuances which modern languages express by the addition of 'want to, be able to, must', etc."[1]

Ähnliches und Weiterführendes ist bei Revell[2] zu lesen und ganz ähnlich wie bei Revell in einer schon bei Sedlmeier[3] erwähnten, unveröffentlichten wissenschaftlichen Hausarbeit von Schwanz[4].

Revell geht davon aus, daß eine Imperfektform am Anfang eines Satzes modal zu verstehen sei. Steht sie mitten im Satz, hat der Satz also nach Groß ein besetztes Vorfeld,[5] dann sei diese Form indikativisch aufzufassen.[6] Revell zieht dann den Schluß:

"Clearly, then, the *waw* consecutive perfect could only be a free variant of the modal imperfect, since it also begins its clause. It could, however, be a conditioned variant of the indicative imperfect; that is, it could have the grammatical function of representing a YQTL indicative verb in clause-initial position."[7]

Für die Fortführung von Imperativen gilt nach Revell:

"Where two imperatives are used in sequence, they often effectively represent a single command, which is expressed by the second of the two verbs, as where the first is a form of קום, הלך, or שוב, with merely hortatory value [ ] Even where the first of two imperatives is not merely hortatory, the second can often be understood as carrying the more significant component of the command. In contrast, a *waw* consecutive perfect used in sequence with an imperative typically represents an action to be taken as a consequence of carrying out the initial command represented by the imperative [...]."[8]

Ferner gilt:

"A modal form is used to present a forceful command, whether its force reflects the fact that, although not first in a series of commands, it is of major significance, or reflects the urgency of the situation, or the social or moral status of the speaker relative to the person adressed. The *waw* consecutive perfect (a YQTL indicative form) is used in the same context to present a command which is less forceful, whether the (relative) lack of force reflects the fact that the action to be taken is a later conse-

---

1   Niccacci (1990) §64.
2   Vgl. Revell (1989) S. 1-37, bes. S. 21-29.
3   Vgl. Sedlmeier (1990) S. 259 Anm. 112.
4   Schwanz, Birgit: Die Fortsetzung des Imperativs im Hebräischen, dargelegt insbesondere am Beispiel des Verbs הלך. Eine linguistisch-exegetische Studie mit beispielhaften Textinterpretationen. [Wissenschaftliche Hausarbeit zum ersten kirchlichen Examen vor der Evangelischen Kirche in Berlin-Brandenburg (Berlin-West) o. J. (1978?)]. Die Arbeit wurde von Diethelm Michel betreut und in verschiedenen Übungen des Hebraisticums an der Johannes Gutenberg - Universität Mainz vorgestellt. Diese nie veröffentlichte Arbeit von Birgit Schwanz liegt mir als Durchschrift aus dem Nachlaß von Diethelm Michel vor. Auf ähnliche Gedankengänge wird in der vorliegenden Untersuchung gegebenenfalls mit dem Vermerk "ähnl. Schwanz [1978]" aufmerksam gemacht.
5   Vgl. hierzu Groß (1996) passim.
6   Vgl. Revell (1989) S. 21; vgl. hierzu auch Niccacci (1987) S. 7ff.; ders. (1990) S. 94.
7   Revell (1989) S. 21. — Auch ein syndetisch angeschlossener Jussiv drückt nach Revell wohl die Haupthandlung aus, vgl. Revell (1989) S. 24 zu w.juss nach imp. Allerdings bringt Revell hier nur einen Beleg (1Reg 22,6).
8   Revell (1989) S. 22.

quence of action already forcefully commanded, or that it is not urgent, or that there is no wish to mark any difference of social or moral status between the speaker and the person adressed."[1]

Joosten faßt die Positionen von Niccacci[2] und Revell wie folgt zusammen:

"The recent researches of Niccacci and Revell have demonstrated more clearly than ever before that two tiers must be distinguished in the BH modal system. The first tier consists of the Short Form of the Prefix Conjugation (PCSF) together with the cohortative and the imperative, which forms have a marked tendency to take the first position in the clause. The function of these forms seems to have an affinity with what ist called 'intrinsic modality' in English grammar: the action is viewed as being in some way subject to human control. The second tier consists of $w^e q\bar{a}tal$, which is mechanically replaced by $yiqtol$ (the Long Form of the Prefix Conjugation, PCLF) whenever the verb cannot take the first position in the clause. The function of these forms reveals an affinity with 'extrinsic modality': the action is viewed as being subject to other factors than human control."[3]

Shulman geht in ihrer Untersuchung "Imperative and Second Person Indicative Forms in Biblical Hebrew Prose"[4] von ähnlichen Fragestellungen aus. Gegenstand ihrer Untersuchung sind die Imperativ- und Indikativformen im Pentateuch und den vorderen Propheten. Sie kommt zu folgendem Ergebnis:

"Imperative forms are used to present urgent, personal and more subjective commands. Therefore, they typically occur in interpersonal discourse. Indicative forms are used to present commands that the speaker perceives as not urgent, neither personal nor emotional. They convey the speaker's certain or confident knowledge that his command will be carried out. Therefore, they typically occur in contexts where a superior speaker presents instructions, laws and commandments."[5]

Die Indikativformen folgen Temporalsätzen oder gehen diesen voraus, die die Zeitangaben enthalten, wann die Aufforderung ausgeführt werden soll; in anderen Fällen stehen sie in Konditionalsätzen.[6] Für die Folge von Indikativformen nach Imperativen gilt:

"The sequence 'imperative + indicative' seems to function as a formal means to indicate the actions in a certain temporal order, implying, 'Do one action and then do the other(s).' The urgent command is presented by the imperative, whereas the indicative forms present the actions that must be performed after carrying out the action expressed by the imperative [...]."[7]

Außerdem drücke der Imperativ den "main, immediate command" aus, während Indikativformen "additional details, further qualifications and specifications about

---

[1] Revell (1989) S. 25.
[2] Joosten bezieht sich hier auf Niccacci (1987).
[3] Joosten (1992) S. 13.
[4] Shulman (2001) S. 271-287.
[5] Shulman (2001) S. 271. Zu den Imperativen vgl. bes. ebd. S. 275ff., zu den Indikativformen ebd. S. 278ff.
[6] Vgl. Shulman (2001) S. 279.
[7] Shulman (2001) S. 282.

the action expressed by the imperative"[1] repräsentierten. Hier kommt Shulman zu
ähnlichen – wenn nicht gleichen – Ergebnissen wie die vorliegende Arbeit.[2]
Anders ist die Sachlage bei Imperativketten oder Sequenzen von Imperativen.[3] Hier kommt Shulman zu dem Ergebnis, daß bei diesen Fällen
nicht klar auszumachen sei, welcher Imperativ den wichtigen Teil der
Aufforderung darstellt, da diese Folge keine formale Markierung zeige.[4]
Die vorliegende Arbeit kommt hier zu anderen Ergebnissen. In reinen
Imperativketten trägt in der Regel wohl der letzte Imperativ den Ton und
stellt das Ziel der Aufforderung dar.[5] Diese Satzketten brauchen deshalb
nicht formal markiert zu sein.

Ganz anderes ist hingegen bei Seffer[6] zu lesen. Seffer ist der Meinung,
daß nur das erste Verbum durch einen imp (bzw. kohort oder juss) ausgedrückt werden muß, die folgenden Verben könnten dann im einfachen
imperf, oder, wenn eine Folge beabsichtigt sei, im perf consec stehen.
Seffer schreibt sogar: "Gewöhnlich werden diese Modi des Wollens
durch mehrere Verba hintereinander nicht fortgesetzt"[7]. Allerdings macht
auch er folgende Einschränkung: "Die Modi des Wollens können auch
selbst mit dem ן consecutivum verbunden werden (der Form nach ein
blosses ן), und setzen dann also das Gewollte als Folge eines Vorherigen
(daher meistens durch 'dass' mit dem Konjunktiv zu übersetzen, als Angabe der Absicht, des Zwecks, der beabsichtigten Folge etc.)."[8]

1.2 "SATZ", "SATZKETTE", "SATZGEFÜGE" UND "SATZKETTENGLIED"
1.2.1 BEGRIFFSDEFINITIONEN
Es gibt unglaublich viele Definitionen darüber, was ein Satz sei.[9] Der
Begriff des Satzes wird in der Sprachwissenschaft und Sprachphilosophie
in verschiedenen Zusammenhängen unterschiedlich definiert.[10] Für die

---

[1]   Shulman (2991) S. 283.
[2]   Vgl. hierzu Kap. 4.3.
[3]   Vgl. hierzu Shulman (2001) S. 284-286.
[4]   Shulman schreibt ([2001] S. 284): "the emphasis is on the speaker's will that the
      addressee perform all the actions, not on the order in which they must be performed".
      Nur in einer kleinen Zahl von Fällen sei es möglich, eine Abfolge zu erkennen (vgl.
      ebd.). Für andere Belege gilt: "There are contexts in which the string of imperatives
      represents actions that will be carried out one following the other, but the ordering is
      not formally marked." (ebd. S. 285).
[5]   Vgl. hierzu Kap. 2.3.
[6]   Vgl. Seffer (1886) §112.
[7]   Seffer (1886) §112.
[8]   Seffer (1886) §113.
[9]   So hat z.B. Ries (1931) 141 Satzdefinitionen veröffentlicht, Seidel (1935) 83 weitere
      Definitionen.
[10] Vgl. Bünting/Bergenholtz (1995) S. 20.

vorliegende Arbeit haben sich die Definitionen von Bünting/Bergenholtz bewährt:

> "SATZ: allgemeiner Begriff für die obere Einheit der Syntax, als solche nicht näher definiert.
>
> EINFACHER SATZ: syntaktische Einheit bestehend aus genau einem Subjekt und einem Prädikat, welches ein finites Verb enthält, sowie eventuell weiteren Satzgliedern (Gleichordnungen im Subjekt und Prädikat sind möglich).
>
> ERWEITERTER SATZ: einfacher Satz, der durch adverbielle Bestimmungen und/oder Attribute erweitert ist.
>
> KURZSATZ (SATZELLIPSE): unvollständiger einfacher Satz, insofern ungrammatisch, aber in Texten häufig zu finden; Imperativsätze vom Typ *Komm her!* gehören nicht dazu.
>
> MATRIXSATZ (SATZGEFÜGE): Satzrahmen; übergeordnetes syntaktisches Muster, das Teilsätze in Über- und Unterordnung enthält.
>
> GLIEDSATZ: untergeordneter Teilsatz in einem Matrixsatz, steht an der Stelle mit gleicher Funktion eines nominalen oder adverbialen Satzgliedes. Für Gliedsätze können auch satzwertige Infinitive oder satzwertige Partizipien stehen.
>
> HAUPTSATZ: traditionelle unscharfe Bezeichnung für übergeordneten Teilsatz eines Matrixsatzes; die Bezeichnung wird auch für einfache oder erweiterte Sätze verwendet.
>
> [...]
>
> TRÄGERSATZ: übergeordneter Teilsatz in einem Matrixsatz.
>
> PERIODE (SATZREIHE): Verbindung aus zwei oder mehr Sätzen (einfachen Sätzen, Martixsätzen oder Kurzsätzen)."[1]

Jedoch ist eine kleine Modifikation nötig: Neben Perioden (Satzreihen) wird in der vorliegenden Arbeit auch von "Satzketten" gesprochen. Eine Satzkette besteht wiederum aus "Satzkettengliedern", eben 'aus zwei oder mehr Sätzen'. Ein solches "Satzkettenglied" kann ein "einfacher Satz", ein "erweiterter Satz", ein "Kurzsatz", ein "Gliedsatz" oder ein "Trägersatz" sein,[2] jedoch in der Regel kein Matrixsatz (Ausnahmen sind Matrixsätze mit Relativsätzen u.ä.). Hier liegt der Unterschied zu Bünting/Bergenholtz's Definition von Periode (Satzreihe). Diese Unterschei-

---

[1]   Bünting/Bergenholtz (1995) S. 32. — Zur Problematik der Definition des Begriffes "Satz" vgl. z.B. Ehlich (1999). — Bei Sätzen mit Imperativen ist das Subjekt implizit im imp enthalten. Man denke sich ein "Du" oder "Ihr" hinzu (vgl. Bünting/Bergenholtz [1995] S. 30). Der Imperativsatz gehört also in die Rubrik 'Einfacher Satz' (vgl. ebd.). — Zum Problem des Vokativ vgl. ebd. S. 73: "Ein besonderes 'Versatzstück' in Texten ist der VOKATIV, der Kasus der Anrede. Der Angeredete wird im undeklinierten Fall, also im Nominativ genannt. [...] Diese Anrede gehört nicht zum eigentlichen Satzmuster; sie ist kein Satzglied, weil sie keine Verbindung mit anderen Satzgliedern eingeht." Ähnlich Groß (1996) S. 48 für das Hebräische: "Auch Vokative, wo immer sie auftreten, werden aus der Beobachtung ausgeschieden, da sie nicht der 'Rektion' des Satzes unterliegen und die Abfolge der Konstituenten nicht beeinflussen."

[2]   In der vorliegenden Arbeit wird auf die Unterschiede zwischen einfachem Satz, erweitertem Satz und Kurzsatz (Satzellipse) nicht eingegangen. Diese Satzarten werden unter dem Begriff des Satzkettengliedes subsumiert.

dung ist nötig, da in der vorliegenden Arbeit zwischen sogenannten impliziten und expliziten Hypotaxen unterschieden wird.[1] Die Imperativkette Gen 42,18: זֹאת עֲשׂוּ וִֽחְיוּ *Dieses tut und lebt* stellt ein konditionales Satzgefüge dar, also *Tut dieses, so/dann werdet ihr leben*.[2] Nach der Bünting/Bergenholtzschen Definition läge dann aber keine Periode (Satzreihe), sondern ein *Matrixsatz* vor. Dies gilt allerdings nur auf der Ebene der Tiefenstruktur[3] (*Tut dieses, so werdet ihr leben*). Auf der Ebene der Oberflächenstruktur liegt nach Bünting/Bergenholtz eine *Periode* aus zwei koordinierten Sätzen vor (*Dieses tut und lebt*). Der Begriff *Satzkette* bezeichnet hingegen also eine Verbindung aus zwei oder mehr Sätzen auf der Ebene der Oberflächenstruktur, die auf der Ebene der Tiefenstruktur evtl. auch einen Matrixsatz darstellen.

1.2.2   ABGRENZUNG VON SATZKETTEN[4]

Im Gegensatz zu den heutigen indogermanischen *Schrift*sprachen (z.B. Hochdeutsch) stellt die Abgrenzung von Sätzen und Satzketten im Biblischen Hebräisch ein gewisses Problem dar, denn das Biblische Hebräisch kennt keine Satzzeichen.[5] In den heute *gesprochenen* Sprachen fällt die Abgrenzung von Äußerungseinheiten durch die Intonation relativ leicht, doch haben wir leider keine Tonbandaufnahmen eines native speakers des Biblisch Hebräischen, so daß wir bei der Abgrenzung von Sätzen und Satzketten auf die Intonation ebenfalls nicht zurückgreifen können.

a) Wechsel von erzählender zu direkter Rede
Die Abgrenzung von Satzketten mit Imperativen fällt dennoch relativ leicht, da Imperative nur in gesprochener Sprache, also wörtlicher Rede,

---

[1]   Vgl. hierzu unten Kap. 1.3.1.

[2]   Vgl. hierzu unten Kap. 2.4.2.1 S. 100ff.

[3]   Vgl. zu den Begriffen "Tiefenstruktur", "Oberflächenstruktur" Kap. 1.3.1.

[4]   Dieses Problem der Satzkettenabgrenzung kann hier nur angerissen und nicht in extenso behandelt werden.

[5]   Der *Satz* und die Abgrenzung desselben sind m.E. bisher Hauptgegenstand der Untersuchungen in diesem Bereich (vgl. hierzu z.B. Michel [1994] S. 215-224; ders. [2004]; W. Groß [1986] S. 50-72 [vgl. hier bes. den Haupttitel des Aufsatzes "Zum Problem der Satzgrenzen im Hebräischen" und die dementsprechende Fragestellung auf S. 50: "Wie fängt ein hebräischer Satz an? Wie ist der linke Satzrand gestaltet?"]; ders. [1987, vgl. bes. S. 3: "Daher gilt den Satzgrenzen besondere Aufmerksamkeit"]; ders. [1996] S. 1f.; ders. [2001]; Richter [1980] S. 7f. u.a.). Hier hat sich besonders Richter durch die Herausgabe der Biblia Transcripta (1991-1993) hervorgetan, die ja bekanntlich Satzgrenzen aufzeigt. Auf die Arbeiten bzw. Exkurse Irsiglers (vgl. Irsigler [1977] S. 195-202; ders. [1984] S. 54-66; ders. [1993] S. 81-121, hier bes. S. 81-96), die Großsatzformen zum Untersuchungsgegenstand haben, und Andersen (1974) wurde bereits oben hingewiesen. — Vgl. zur Problematik der Abgrenzung von Sätzen auch Andersen/Forbes (1992) S. 181-202, die Regeln für die computergestütze Abgrenzung von Sätzen aufstellen.

verwendet werden und nicht in Erzählungen. Hier können DIREKTIVE Sprechakte nur umschrieben werden durch indirekte Rede, z.B. Dtn 6,24 וַיְצַוֵּנוּ יְהוָה לַעֲשׂוֹת אֶת־כָּל־הַחֻקִּים הָאֵלֶּה לְיִרְאָה אֶת־יְהוָה אֱלֹהֵינוּ לְטוֹב לָנוּ כָּל־הַיָּמִים לְחַיֹּתֵנוּ כְּהַיּוֹם הַזֶּה *Da befahl Jahwe uns, jene ganzen Gesetze zu befolgen, um Jahwe, unseren Gott, zu fürchten, damit es uns gut gehe alle Tage unseres Lebens wie es heute der Fall ist.* Ein entsprechender Befehl in direkter Rede könnte wie folgt gelautet haben: *עֲשׂוּ אֶת־כָּל־הַחֻקִּים הָאֵלֶּה*.[1] Satzketten mit Imperativen sind also zumindest durch Anfang und Ende wörtlicher Rede begrenzt, so z.B. in Ex 4,4: וַיֹּאמֶר יְהוָה אֶל־מֹשֶׁה שְׁלַח יָדְךָ וֶאֱחֹז בִּזְנָבוֹ וַיִּשְׁלַח יָדוֹ וַיַּחֲזֶק בּוֹ וַיְהִי לְמַטֶּה בְּכַפּוֹ *Da sprach Jahwe zu Mose: Strecke deine Hand aus und ergreife sie[2] bei ihrem Schwanz. Da streckte er seine Hand aus und ergriff sie, und sie wurde zum Stab in seiner Handfläche.* Nach dem einleitenden erzählenden Satz (imperf consec) וַיֹּאמֶר יְהוָה אֶל־מֹשֶׁה beginnt die wörtliche Rede mit dem imp שְׁלַח, sehr oft steht z.B. auch לֵאמֹר[3] direkt vor dem Imperativsatz.[4] Das Ende der wörtlichen Rede wird ebenfalls durch imperf consec markiert וַיִּשְׁלַח, וַיַּחֲזֶק und וַיְהִי, die zur erzählenden Rede gehören. Das imperf consec וַיִּשְׁלַח nimmt den ersten Befehl wieder auf und stellt den Bericht der Durchführung dar, es kann den Imperativ also nicht fortsetzen im Sinne einer Satzkette.[5]

In einigen Fällen kann das Ende der Imperativ-Satzkette durch den Beginn einer weiteren wörtlichen Rede markiert sein,[6] so z.B. in 1Reg 18,14 וְעַתָּה אַתָּה אֹמֵר לֵךְ אֱמֹר לַאדֹנֶיךָ הִנֵּה אֵלִיָּהוּ וַהֲרָגָנִי ... *und nun sagst du: Geh, sage deinem Herrn: Siehe, Elia (ist da). Da wird er mich töten.* Der Nominalsatz וְעַתָּה אַתָּה אֹמֵר leitet hierbei die Imperativkette ein. Nach hinten wird die Imperativkette durch eine weitere wörtliche Rede begrenzt, die durch die Imperativkette eingeleitet wird: הִנֵּה אֵלִיָּהוּ.

---

[1] Miller (1999) S. 171 nimmt in Num 17,17 indirekte Rede an, dies macht aber keinen Sinn. Imperative können von der sprachpragmatischen Leistung als DIREKTIVE nicht in indirekter Rede stehen.

[2] Die Inkongruenz bei der Übersetzung ergibt sich daraus, daß im Hebräischen נָחָשׁ *Schlange* maskulin ist.

[3] Vgl. auch Andersen/Forbes (1992) S. 197, die u.a. folgende Regel für den Beginn eines Satzes anführen: "The quoting formula לֵאמֹר is usually followed immediately by the quoted speech."

[4] Vgl. z.B. Gen 1,22.

[5] In 1Sam 9,27 liegt m.E. der einzige Fall vor, wo ein imperf consec eine Imperativkette unterbricht: אֱמֹר לַנַּעַר וְיַעֲבֹר לְפָנֵינוּ וַיַּעֲבֹר וְאַתָּה עֲמֹד כַּיּוֹם וְאַשְׁמִיעֲךָ אֶת־דְּבַר אֱלֹהִים *Sage deinem Knecht, daß er vor uns hergehe – da ging er –, du aber bleib jetzt stehen, und ich will/daß ich dich hören lasse(n) das Wort Gottes.*

[6] Dies ist allerdings nur zu erwarten, wenn der imp von einem Verbum dicendi gebildet ist.

Die Äußerung insgesamt wird dann durch die erzählende Rede וַהֲרָגְנִי
begrenzt. Mit Satzzeichen würde der Text wie folgt aussehen:[1]

וְעַתָּה אַתָּה אֹמֵר: "לֵךְ, אֱמֹר לַאדֹנֶיךָ: 'הִנֵּה אֵלִיָּהוּ.'!", וַהֲרָגְנִי.

b) Andere Möglichkeiten für die Ermittlung von Satzkettengrenzen

Der Beginn einer Satzkette in wörtlicher Rede kann aber nicht nur durch
erzählenden Text, sondern auch durch bestimmte Partikel markiert sein.
Hier steht häufig das Text-Deiktikon[2] וְעַתָּה,[3] so z.B. Ex 33,5: וַיֹּאמֶר יְהוָה
אֶל־מֹשֶׁה אֱמֹר אֶל־בְּנֵי־יִשְׂרָאֵל אַתֶּם עַם־קְשֵׁה־עֹרֶף רֶגַע אֶחָד אֶעֱלֶה בְקִרְבְּךָ
וְכִלִּיתִיךָ וְעַתָּה הוֹרֵד עֶדְיְךָ מֵעָלֶיךָ וְאֵדְעָה מָה אֶעֱשֶׂה־לָּךְ Da sprach Jahwe
zu Mose: Sage zu den Israeliten: Ihr seid ein halsstarriges Volk. Ginge
ich einen Augenblick in deiner Mitte hinauf, so würde ich dich vertilgen.
Und nun: Lege deinen Schmuck ab von dir, dann will ich wissen, was ich
mit dir mache. Hier leitet וְעַתָּה eine neue Satzkette ein,[4] es faßt das
vorausgegangene zusammen.[5] וְעַתָּה verbindet so zwei Satzketten innerhalb wörtlicher Rede.[6] עַתָּה kann in diesem Sinne evtl. auch ohne ו verwendet werden, vgl. z.B. 1Sam 15,2f.:[7]

2 כֹּה אָמַר יְהוָה צְבָאוֹת פָּקַדְתִּי אֵת אֲשֶׁר־עָשָׂה עֲמָלֵק לְיִשְׂרָאֵל אֲשֶׁר־שָׂם לוֹ
בַּדֶּרֶךְ בַּעֲלֹתוֹ מִמִּצְרָיִם 3 עַתָּה לֵךְ וְהִכִּיתָה אֶת־עֲמָלֵק וְהַחֲרַמְתֶּם אֶת־כָּל־

---

[1] Allerdings ist bei diesem Beispiel zu beachten, daß der Vers selbst in wörtlicher
Rede steht, die in v. 9 beginnt und mit v.14 endet.

[2] Vgl. hierzu Richter (1980) S. 205f.

[3] Nach Brongers (1965) S. 290 steht וְעַתָּה nur in direkter Rede.

[4] Vgl. Schneider (1993) §54.1.1.4: "Auf וְעַתָּה als *Eröffnungs*- und *Übergangssignal*
folgt in der großen Mehrzahl aller Fälle eine Aufforderung [...]." (*Hervorhebung* von
J. Diehl). — Vgl. auch Groß (1996) S. 131: "עתה eröffnet stets den Satz. *Insofern
das Textdeiktikon Textteile, nicht nur einzelne Sätze scharnierartig miteinander verbindet, ist es bedeutungsmäßig gelegentlich von dem so eröffneten Satz etwas isoliert*; [...]." (*Hervorhebung* von J. Diehl.); Revell (1989) S. 19: "In these cases [sc.
eine modale Verbform (kohort, juss oder durch nachfolgendes א als modal gekennzeichnet) steht nach עתה], עתה introduces a new topic in a line of thought [...]."

[5] Vgl. z.B. Gibson (1994) S. 91: "[...] וְעַתָּה introduces a corollary of what has happen-
ed and leads to a fresh statement of intent, command, etc."; Schneider (1993) §54.1.1
(bes. 54.1.1.4, siehe die vorausgehende Anm.); Richter (1980) S. 206: "Das Text-
Deiktikon [...] gliedert Satzreihen. Der von ihm eingeleitete Satz (und die auf diesen
folgende Satzreihe) enthält Summe und Konsequenz der vorausgehenden Sätze
(w°-ᶜatta) [...]." — Vgl. auch Niccacci (1990) S. 101; Waltke/O'Connor (1990)
39.3.4f. u.a. — וְעַתָּה wird in Briefen dann verwendet, um den eigentlichen Briefcor-
pus einzuleiten, vgl. Brongers (1965) S. 296; Schwiderski (2000) S. 55-61 hier bes.
S. 56.

[6] Hier sind vor allem die Stellen zu nennen, die Brongers (1965) S. 294f. unter der
Rubrik Kohortativ einordnet: "Als ein Kohortativ fungiert wᵉᶜattāh vor allem in
denjenigen Stellen wo es einem Imperativ vorangeht. In den meisten Fällen kommt
die Übersetzung 'Auf!' oder 'Wohlauf', und in Gebeten 'Ach' oder 'Komm doch' in
Frage." (ebd. S. 294).

[7] Allerdings lesen hier einige Handschriften וְעַתָּה statt des עַתָּה, vgl. App. BHS.

אֲשֶׁר־לוֹ וְלֹא תַחְמֹל עָלָיו וְהֵמַתָּה מֵאִישׁ עַד־אִשָּׁה מֵעֹלֵל וְעַד־יוֹנֵק מִשּׁוֹר
וְעַד־שֶׂה מִגָּמָל וְעַד־חֲמוֹר

2 *So spricht Jahwe Zebaoth: Ich will ahnden, was Amalek Israel getan hat, als es ihm in den Weg trat,*[1] *als es von Ägypten heraufzog. 3 Nun: Geh und schlage Amalek, dergestalt daß*[2] *du alles, was ihm ist, der Vernichtung weihst und kein Mitleid mit ihm hast und von Mann bis Frau, von Kind bis Säugling, von Rind bis Schaf, von Kamel bis Esel tötest.*

עַתָּה kann aber auch in seiner Bedeutung als *nun* oder *jetzt* im Sinne von *zu diesem Zeitpunkt* verwendet werden, vgl. 2Chr 29,5: וַיֹּאמֶר לָהֶם
שְׁמָעוּנִי הַלְוִיִּם עַתָּה הִתְקַדְּשׁוּ וְקַדְּשׁוּ אֶת־בֵּית יְהוָה אֱלֹהֵי אֲבֹתֵיכֶם וְהוֹצִיאוּ
אֶת־הַנִּדָּה מִן־הַקֹּדֶשׁ *Da sprach er zu ihnen: Hört mir zu, ihr Leviten. Heiligt euch nun und heiligt das Haus Jahwes, des Gottes eurer Väter, und bringt das Unreine heraus aus dem Heiligen.* עַתָּה ist hier sicherlich nicht wie in den obigen Beispielen als makrosyntaktische Partikel, sondern in seiner eigentlichen Bedeutung *nun, jetzt* zu verstehen.[3] Dies gilt insbesondere dann, wenn עַתָּה nach dem imp steht, so z.B. in Jdc 9,38: וַיֹּאמֶר
אֵלָיו זְבֻל אַיֵּה אֵפוֹא פִיךָ אֲשֶׁר תֹּאמַר מִי אֲבִימֶלֶךְ כִּי נַעַבְדֶנּוּ הֲלֹא זֶה הָעָם
אֲשֶׁר מָאַסְתָּה בּוֹ צֵא־נָא עַתָּה וְהִלָּחֶם בּוֹ *Da sprach Sebul zu ihm: Wo ist denn dein Mund, mit dem du gesagt hast: Wer ist Abimelech, daß wir ihm dienen sollen. Ist nicht dies das Volk, das du verschmäht hast? Komm nun heraus und kämpfe gegen es!*

רַק ist ebenfalls eine Partikel, die auch vordere Satzkettengrenzen markieren kann (nicht muß).[4] So schreiben Waltke/O'Connor z.B. über die 'restrictive adverbs', zu denen sie auch רַק zählen: "they [s.c. restrictive adverbs] are often essentially negators of continuity between clauses, and they highlight the special status of the clause they occur in"[5].[6] רַק wird so in Jos 22,4f. verwendet:

---

[1] Vgl. zu dieser Übersetzung HALAT Sp. 1232b.

[2] Zu dieser Übersetzung des Perfectum consecutivum vgl. unten Kap. 4. Hier wird entgegen der deutschen Orthographie das Komma vor *dergestalt daß* gesetzt, um die Funktion des Perfectum consecutivum deutlicher zu machen, *dergestalt daß* ist als eine Konjunktion aufzufassen.

[3] Dies gilt auch für וְעַתָּה, so z.B. 2Sam 3,18: ... כִּי עָשׂוּ וְעַתָּה *Tut es jetzt, denn ...* (vgl. Brongers [1965] S. 291 zur Stelle).

[4] Nach Richter (1980) S. 192 gehört רַק wie אַךְ zu den 'gleichordnenden' Konjunktionen.

[5] Waltke/O'Connor (1990) 39.3.5.a. — Vgl. zu רַק und אַךְ auch Andersen (1974) S. 168ff. (bes. S. 177: "The exclusive particles raq and ʾak are inter-clause conjunctions in an exclusive sentence when the second clause restricts the scope of the first [...]. When this sentence relationship is not realized, raq or ʾak may be a restrictive modifier of the clause it is in.")

[6] Vgl. van der Merwe (1991) S. 303: "Quite a number of cases have been identified where *raq* precedes a sentence and the domain of *raq* can be only the sentence or the coordinated sentences following it [...]. These sentences are either appeals [...], statements [...] or wishes [...]. *raq* here introduces appeals, statements or wishes that

4 וְעַתָּה הֵנִיחַ יְהֹוָה אֱלֹהֵיכֶם לַאֲחֵיכֶם כַּאֲשֶׁר דִּבֶּר לָהֶם וְעַתָּה פְּנוּ וּלְכוּ לָכֶם
לְאָהֳלֵיכֶם אֶל־אֶרֶץ אֲחֻזַּתְכֶם אֲשֶׁר נָתַן לָכֶם מֹשֶׁה עֶבֶד יְהֹוָה בְּעֵבֶר הַיַּרְדֵּן
5 רַק שִׁמְרוּ מְאֹד לַעֲשׂוֹת אֶת־הַמִּצְוָה וְאֶת־הַתּוֹרָה אֲשֶׁר צִוָּה אֶתְכֶם מֹשֶׁה
עֶבֶד־יְהֹוָה לְאַהֲבָה אֶת־יְהֹוָה אֱלֹהֵיכֶם וְלָלֶכֶת בְּכָל־דְּרָכָיו וְלִשְׁמֹר מִצְוֹתָיו
וּלְדָבְקָה־בוֹ וּלְעָבְדוֹ בְּכָל־לְבַבְכֶם וּבְכָל־נַפְשְׁכֶם

4 וְעַתָּה *Jahwe, euer Gott, hat euren Brüdern Ruhe verschafft, wie er es
ihnen versprochen hat.* וְעַתָּה *Wendet euch und geht zu euren Zelten in
euer Erbland, das euch Mose, der Knecht Jahwes, gegeben hat jenseits
des Jordans.* 5 רַק *Achtet genau darauf, die Gebote und die Tora zu erfüllen, die euch Mose, der Knecht Jahwes, geboten hat, Jahwe, euren
Gott zu lieben, auf allen seinen Wegen zu gehen, seine Gebote zu bewahren, euch an ihn zu haften und ihm zu dienen mit eurem ganzen Herzen
und eurer ganzen Seele.*

Hier scheint רַק im Sinne eines 'restrictive adverb' eine neue Satzkette
einzuleiten.[1] Evtl. ist hier auch die Partikel אַךְ zu nennen.[2] In Gen 27,13
wirkt sie satzkettentrennend:[3] וַתֹּאמֶר לוֹ אִמּוֹ עָלַי קִלְלָתְךָ בְּנִי אַךְ שְׁמַע
בְּקֹלִי וְלֵךְ קַח־לִי *Da sprach seine Mutter zu ihm: Dein Fluch sei auf mir,
mein Sohn!* אַךְ *Höre auf meine Stimme und geh, hohle (es) mir.*[4]
Auch an הִנֵּה kann das Ende einer Satzkette mit imp erkannt werden,
so z.B. in Jdc 19,9: וַיֹּאמֶר לוֹ חֹתְנוֹ אֲבִי הַנַּעֲרָה הִנֵּה נָא רָפָה הַיּוֹם לַעֲרֹב

---

qualify preceding appeals or statements. With the use of *raq* the speaker/author indicates that these appeals, statements or wishes are true or applicable *only* if they are
accompanied by the statement or execution of the appeal following *raq*. In other
words *raq* marks particular, in fact the only, condition, X, in contrast to any other
possible conditions that hold for an appeal or statement, Y. [...] A l t h o u g h i n
t h e s e c a s e s *raq* d o e s n o t c o n n e c t t w o s e n t e n c e s t o c o n s t i t u t e
a c o o r d i n a t e d c o n s t r u c t i o n w h e r e e l l i p s i s m a y b e i n v o l v e d, i t
c o n n e c t s t w o s e n t e n c e s o f a s y n t a c t i c a l l y e q u a l s t a t u s t h a t
a r e r e l a t e d i n s o m e w a y. For this reason, *raq* may here also be described as
a restricting focus particle." (H e r v o r h e b u n g von J. Diehl).

[1]   Vgl. z.B. auch Ex 10,24.
[2]   Bei אַךְ ist die Sachlage nicht so deutlich wie bei רַק. In Jdc 10,15 kann die Partikel
      אַךְ in einer Imperativkette stehen: חָטָאנוּ עֲשֵׂה־אַתָּה לָנוּ כְּכָל־הַטּוֹב בְּעֵינֶיךָ אַךְ
      הַצִּילֵנוּ נָא הַיּוֹם הַזֶּה *Wir haben gesündigt. Mach mit uns, wie es dir gefällt* (wörtlich:
      entsprechend allem, was gut ist in deinen Augen), *nur errette uns doch heute.* Dann
      läge in עֲשֵׂה־אַתָּה לָנוּ כְּכָל־הַטּוֹב בְּעֵינֶיךָ אַךְ הַצִּילֵנוּ נָא הַיּוֹם הַזֶּה eine Satzkette vor,
      die genauso funktioniert wie eine durch ו verbundene Imperativkette, außer der Be-
      deutungsnuance (vgl. Waltke/O'Connor [1990] §39.3.5d; vgl.
      auch van der Merwe [1991] S. 307f.), die durch אַךְ ausgedrückt wird.
[3]   Vgl. hierzu Andersen [1974] S. 177: "In the case of ʾak, this function as a clause
      'adverb' is the ground for recognition an assertative or emphatic meaning, especially
      when it is *utterance-initial* and the clause is precative." (*Hervorhebung* von J. Diehl.)
      Andersen zählt hier unter anderem Gen 27,13 auf.
[4]   Waltke/O'Connor übersetzen: "Your curse be on me, my son, [and that being under-
      stood], *just* obey me." (Waltke/O'Connor [1990] 39.3.5.d Beispiel #9.) — Vgl. auch
      1Sam 1,23; 1Reg 17,13.

לִינוּ־נָא הִנֵּה חֲנוֹת הַיּוֹם לִין פֹּה וְיִיטַב לְבָבֶךָ וְהִשְׁכַּמְתֶּם מָחָר לְדַרְכְּכֶם וְהָלַכְתָּ לְאֹהָלֶךָ *Da sprach zu ihm sein Schwiegervater, der Vater der jungen Frau:* הִנֵּה נָא *der Tag hat sich geneigt, um Abend zu werden. Bleibt doch!* הִנֵּה *der Tag hat sich geneigt.*[1] *Bleibe hier, und dein Herz sei guter Dinge, dergestalt daß ihr euch morgen früh aufmacht auf euren Weg, und du zu deinem Zelt gehst.*[2]

Es gibt weitere Kriterien für die Abgrenzung von Satzketten, hier sei z.B. der Tempusmarker וְהָיָה[3], korrespondierende Perfekta (vgl. hierzu unten Kap 4.9) usw. genannt.[4]

Es lassen sich nun aber Satzkettengrenzen nicht immer klar bestimmen, so z.B. 2Sam 20,4: וַיֹּאמֶר הַמֶּלֶךְ אֶל־עֲמָשָׂא הַזְעֶק־לִי אֶת־אִישׁ־יְהוּדָה שְׁלֹשֶׁת יָמִים וְאַתָּה פֹּה עֲמֹד *Da sprach der König zu Amasa: Rufe in drei Tagen mir den Heerbann*[5] *Judas zusammen. Und du stelle dich hierher.* Liegt hier eine Satzkette oder zwei Äußerungen vor? Dieses Problem der Uneindeutigkeit stellt sich besonders in poetischen Texten (vgl. hierzu z.B. auch unten Kap. 2.3.2). In solchen Fällen gilt analog, was Richter als Arbeitshypothese in seiner Grundlegung einer hebräischen Grammatik für die Abgrenzung von Sätzen formulierte: "Eine vorläufige Probe, ob ein Satz vorliegt und welchen Umfang er hat, kann mit dem Inhaltswissen erfolgen, einem vorwissenschaftlichen Urteil. Dieses muß jedoch wissenschaftlich formalisiert werden, etwa durch das Urteil: Die isolierte Wortreihe erklärt sich als ein Bezugssystem von Gliedern, bildet also eine Einheit. Die derart gesammelten Belege liefern dann weitere Merkmale. Die Abgrenzung genügt, um eine hinreichende Anzahl von Sätzen zu erhalten, die als Modell einer Analyse dienen können."[6]

1.3   BEGRIFFE UND DEFINITIONEN

1.3.1   OBERFLÄCHEN- UND TIEFENSTRUKTUR

Die Generative Transformationsgrammatik nach Noam Chomsky hat die Begriffe "*Oberflächenstruktur*" und "*Tiefenstruktur*" geprägt.[7] Es sei hier auf diese Begriffe kurz eingegangen.

---

[1]   Dieser Satz ist evtl. eine Duplette (vgl. App. BHS).

[2]   Vgl. aber Ex 7,15f.; 8,16, wo הִנֵּה in eine Satzkette des Typs < imp - perf consec > eingeschoben ist und diese kommentierend unterbricht (vgl. hierzu S. 270 zu den Stellen).

[3]   Vgl. hierzu Bartelmus (1982) S. 218-223.

[4]   In Einzelfällen helfen bei der Satzkettenabgrenzung auch die textgraphischen Markierungen der Qumran-Handschriften (vgl. hierzu z.B. Steck [2000], Lit. ebd. S. 89f.) weiter. Allerdings ist diese Einteilung zu undifferenziert.

[5]   Zur Übersetzung vgl. HALAT Sp. 266a.

[6]   Richter (1980) S. 8.

[7]   Vgl. Bußmann (1990) Sp. 801b-806b. — Finley (1989) S. 1-13 versucht anhand dieses Modells darzustellen, wie die einzelnen Arten von Aufforderungen im weite-

"Sie fahren mit Abstand am besten"[1]; – dieser Satz kann auf mindestens zwei verschiedene Weisen verstanden werden. Entweder soll ausgesagt werden, daß der Adressat dieser Äußerung unter einer Menge von Autofahrern bei weitem der beste ist, oder es soll ausgesagt werden, daß der Adressat dann am besten/sichersten fährt, wenn er genügend Abstand zu seinem Vordermann einhält.[2]

An diesem Beispiel kann man sehr schön die Unterscheidung von Oberflächen- und Tiefenstruktur deutlich machen. Dieser in seiner Oberflächenstruktur realisierte Satz "Sie fahren mit Abstand am besten" kann zwei Tiefenstrukturen repräsentieren. Dieses Phänomen kann man nun nicht nur auf semantischer, sondern auch auf syntaktischer Ebene beobachten. Der Satz "Es regnet und Karl wird naß" kann auf mindestens vier verschiedene Weisen verstanden werden: 1. parataktisch/koordiniert: "Es regnet und Karl wird naß". Die anderen Möglichkeiten sind implizit hypotaktisch: 2. "Es regnet, so daß Karl naß wird"; 3. "Weil es regnet, wird Karl naß"; 4. "Wenn es regnet, wird Karl naß"[3] usw. D. h. der in seiner Oberflächenstruktur parataktische/koordinierte Satz "Es regnet und Karl wird naß" kann mindestens auch drei verschiedene implizite Hypotaxen repräsentieren: 1. konsekutiv, 2. kausal und 3. konditional.

---

sten Sinne, die auf der Ebene der Tiefenstruktur vorliegen bzw. gemeint sind, auf der Ebene der Oberflächenstruktur realisiert werden.

[1]   Beispiel aus von Polenz (1988) S. 58

[2]   "1. *'Sie fahren mit Abstand am besten'*
Die zwei Tiefenstrukturen/Lesarten dieser syntaktisch zweideutigen Oberflächen-struktur können normalsprachlich disambiguiert/vereindeutigt werden dadurch, daß man für jede von ihnen nahezu äquivalente/gleichwertige und explizitere Paraphra-sen/Umformulierungen nachweist. Für die erste (in der konkreten Kommunikations-situation primär geeignete) Lesart 2 gibt es mindestens folgende (zunehmend ein-deutige) Paraphrasen:
2a: *Mit Abstand fahren Sie am besten.* (vielleicht auch zweideutig wie 1)
2b: *Sie fahren am besten mit Abstand.*
2c: *Am besten fahren Sie mit Abstand.*
2d: *daß sie am besten mit Abstand fahren.*
2e: *Abstand haltend fahren Sie am besten.*
2f: *Wenn Sie Abstand halten, fahren Sie am besten.*
Hier haben wir die lexikalische Zweideutigkeit von *fahren* noch nicht berücksichtigt (1. 'autofahren', 2. 'Erfolg haben'). Für die zweite, die hintergründige Lesart 3, die sprachspielerisch mitgemeint ist, finden sich mindestens folgende eindeutige Para-phrasen:
3a: *Mit Abstand am besten fahren Sie.*
3b: *Sie fahren weitaus am besten.*
3c: *Die Art, wie Sie fahren, ist, mit Abstand von den anderen, die beste.*" (von Polenz [1988] S. 58f.)

[3]   Im Deutschen kann man diese Hypotaxe auch durch Umstellung der Wortfolge errei-chen: "Regnet es, wird Karl naß". Dies gilt auch bei allgemeingültigen Aussagen: "Scheint die Sonne, wird der Wein gut".

Auf der Ebene der Tiefenstruktur gibt es also neben der einfachen parataktischen Auffassung noch mindestens drei weitere, implizit hypotaktische.

Dies gilt auch im Hebräischen, wie an Gen 42,18 deutlich wird: זֹאת עֲשׂוּ וִחְיוּ. Dieser Satz kann auf verschiedene Weisen wiedergegeben werden. Die wörtliche Übersetzung wäre *Dieses tut und lebt!* Diese auf der Oberfläche koordinierte Satzkette kann aber in der Tiefenstruktur auch eine implizite Hypotaxe (also Subordination) ausdrücken. Die Satzkette ist dann entweder final/konsekutiv:[1] *Dieses tut, daß/damit ihr lebt/leben könnt!* oder konditional:[2] *Dieses tut, so werdet ihr leben!* Gerade nach dem Imperativ ist die implizite Hypotaxe ein oft verwendetes Stilmittel.[3]

1.3.2   DIE SPRECHAKTTHEORIE

Da die Begriffe "DIREKTIV" oder "REPRÄSENTATIV" usw. des öfteren in der vorliegenden Arbeit verwendet werden, sei kurz auf die Sprechakttheorie von Austin und Searle eingegangen.

Bis in die sechziger Jahre hat John L. Austin seine "Sprechakttheorie" entwickelt.[4] Austin ging zunächst von der sog. "Performativ/konstativ-Distinktion" aus, in der er zwischen performativer Rede und konstativer Rede unterscheidet. Er wendet sich mit dieser Unterscheidung gegen die Meinung, etwas Sagen bedeute lediglich etwas Feststellen.[5] Es gibt neben solcher konstativer Rede eben auch Äußerungen, die nicht konstativ sind, z.B.:

"a. 'Ja (sc. ich nehme die hier anwesende XY zur Frau)'
b. 'Ich taufe dieses Schiff auf den Namen »Queen Elizabeth«' als Äußerung beim Wurf der Flasche gegen den Schiffsrumpf.
c. 'Ich vermache meine Uhr meinem Bruder' als Teil eines Testaments.
d. 'Ich wette einen Fünfziger, daß es morgen regnet'."[6]

Für diese Äußerungen gilt nach Austin:

"A. Sie beschreiben, berichten, behaupten überhaupt nichts; sie sind nicht wahr oder falsch;
B. das Äußern des Satzes ist, jedenfalls teilweise, das Vollziehen einer Handlung, die man ihrerseits *gewöhnlich* nicht als 'etwas sagen' kennzeichnen würde."[7]

Austin nennt dann notwendige Bedingungen, bei deren Nichterfüllen die performativen Äußerungen nicht glücken:

---

[1]   Nach Joüon/Muraoka (1991) §116f "consecutive".
[2]   So wohl Gesenius/Kautzsch (1909) §110f; Williams (1976) §190; Gibson (1994) §§86.123; Meyer (1972) §100.4d; Bergsträsser (1929) §10k.
[3]   So wird z.B. die explizite Hypotaxe (final/konsekutiv) mit לְמַעַן sehr selten (nur ca. 30mal) nach Imperativ verwendet (vgl. Kap 6.2.2).
[4]   Vgl. Austin (1989). — Vgl. zum folgenden auch Wagner (1997) S. 7-17.
[5]   Vgl. Austin (1989) S. 35.
[6]   Austin (1989) S. 28f.
[7]   Austin (1989) S. 28.

"(A.1) Es muß ein übliches konventionales Verfahren mit einem bestimmten konventionalen Ergebnis geben; zu dem Verfahren gehört, daß bestimmte Personen unter bestimmten Umständen bestimmte Wörter äußern.
(A.2) Die betroffenen Personen und Umstände müssen im gegebenen Fall für die Berufung auf das besondere Verfahren passen, auf welches man sich beruft.
(B.1) Alle Beteiligten müssen das Verfahren korrekt
(B.2) und vollständig durchführen.
(Γ.1) Wenn, wie oft, das Verfahren für Leute gedacht ist, die bestimmte Meinungen oder Gefühle haben, oder wenn es der Festlegung eines der Teilnehmer auf ein bestimmtes späteres Verhalten dient, dann muß, wer am Verfahren teilnimmt und sich so darauf beruft, diese Meinungen und Gefühle wirklich haben, und die Teilnehmer müssen die Absicht haben, sich so und nicht anders zu verhalten,
(Γ.2) und sie müssen sich auch so verhalten."[1]

Hier sieht Austin zunächst ein Unterscheidungskriterium zwischen konstativer Rede einerseits und performativer Rede andererseits. Konstative Rede, also z.B. Feststellungen, kann wahr oder falsch sein, performative Rede hingegen nicht, diese kann glücken oder eben nicht glücken. Aber auch Feststellungen können glücken oder verunglücken, genügen also den von Austin aufgestellten Regeln A.1 - Γ.2. Und: performative Rede muß den Tatsachen entsprechen.[2]

Austin gelingt es nicht, genaue Kriterien zur Unterscheidung von performativer und konstativer Rede zu finden,[3] und kommt zu dem Schluß: "Es ist also an der Zeit, die Frage ganz neu anzugehen. Wir wollen allgemeiner untersuchen, in wie verschiedener Weise etwas Sagen etwas Tun bedeuten kann; in wie verschiedener Weise wir etwas tun, indem wir etwas sagen."[4] Austin geht nun davon aus, daß etwas Sagen *immer* bedeutet, etwas zu tun, und entwickelt seine Theorie der Sprechakte.

"In der Theorie der Sprechakte unterscheidet Austin drei Dimensionen des Gebrauchs eines Satzes: Wenn man etwas sagt, so vollzieht man simultan mehrere Akte:
A) einen lokutionären Akt, indem man 'etwas sagt'; dieser Akt ist unterteilt in:
a) den phonetischen Akt (es werden gewisse Geräusche/Laute geäußert, die von der Art sind, wie sie von der Phonetik beschrieben werden)
b) den phatischen Akt (es werden Geräusche/Laute von bestimmter Gestalt geäußert, die zu einem bestimmten Vokabular gehören und in der Konstruktion einer bestimmten Grammatik stehen)
c) den rhetischen Akt (wenn ein im phatischen Akt benutztes Gebilde so gebraucht wird, daß mehr oder weniger genau festliegt, wovon die Rede ist [=reference], und mehr oder weniger genau etwas festliegt, was darüber gesagt wird [=sense], so liegt die Bedeutung [=meaning] fest);
B) einen illokutionären Akt, indem ich den lokutionären Akt auf eine bestimmte Weise und mit einer bestimmten Intention gebrauche; eine Äußerung besitzt damit eine bestimmte illokutionäre Rolle, z.B. kann sie eine FESTSTEL-

---

[1]   Austin (1989) S. 37.
[2]   Vgl. Austin (1989) S. 75-76.
[3]   Vgl. Wagner (1997) S. 9-11.
[4]   Austin (1989) S. 110.

LUNG, ERMAHNUNG, EINSETZUNG sein u.ä.; welche illokutionäre Rolle eine Äußerung hat, hängt von dem Verwendungskontext (Situation, Intention usw.) ab; C) einen perlokutionären Akt, wenn eine Äußerung eine bestimmte Wirkung hervorgebracht hat."[1]

John L. Searle hat die Theorie der Sprechakte modifiziert[2] und in einem Aufsatz[3] folgende Klassifizierung von Sprechakten vorgeschlagen:

REPRÄSENTATIVA:
"Bei den Mitgliedern der Klasse der Repräsentative ist die Absicht oder der Zweck, einen Sachverhalt (wahr oder falsch, richtig oder unrichtig) darzustellen. [...] Typische Exemplare dieser Gattung sind Feststellungen, Behauptungen, Vorhersagen, Explikationen, Klassifikationen, Diagnosen und Beschreibungen."[4]

DIREKTIVA:
"Bei diesen besteht die illokutionäre Absicht darin, daß der Sprecher mit ihnen mehr oder minder eindringlich versucht, den Hörer dazu zu bewegen, etwas zu tun. Die folgenden Beispiele machen das deutlich: Anordnungen, Befehle, Bitten, Weissagungen, Gebete, Anträge, Gesuche und Ratschläge."[5]

KOMMISSIVA:
"Die illokutionäre Absicht eines Kommissives ist es, den Sprecher auf einen zukünftigen Lauf der Dinge zu verpflichten. Beispiele sind Versprechen, Gelübde, Gelöbnisse, Drohungen, Wetten, Anerbieten, Verträge, Garantien."[6]

EXPRESSIVA:
"Die illokutionäre Absicht der Mitglieder dieser Klasse ist es, eine psychische Einstellung des Sprechers zu dem Sachverhalt auszudrücken, der im propositionalen Inhalt gekennzeichnet ist. [...] Einige der häufigsten Exemplare sind Bedankungen, Beglückwünschungen, Entschuldigungen, Beileidsbezeugungen, Klagen und Willkommensheißungen."[7]

DEKLARATIVA:
"Die definierende Eigenschaft dieser Klasse ist, daß der gelungene Vollzug eines ihrer Mitglieder Übereinstimmung zwischen dem propositionalen Inhalt und der Wirklichkeit herbeiführt. Gelungener Vollzug garantiert, daß der propositionale Inhalt der Welt entspricht. [...] Beispiele sind Krieg erklären, exkommunizieren, ein Paar trauen, schenken, vermachen, ernennen, abdanken, kündigen, entlassen."[8]

1.3.3 SYNTAKTISCHE, PRAGMATISCHE UND WERTIGKEITS-FUNKTIONEN VON SATZKETTENGLIEDERN

Jede grammatische Kategorie – und damit jedes Satzkettenglied – übt auf verschiedenen Ebenen verschiedene Funktionen aus. Drei Ebenen werden in dieser Arbeit in erster Linie betrachtet, es handelt sich hier um die

---

[1] Wagner (1997) S. 11f. nach Austin (1989) S. 110-125.
[2] Vgl. Searle (1992).
[3] Vgl. Searle (1973) S. 113-125. — Die Klassifizierung wird hier nach Wagner (1997) S. 21 zitiert.
[4] Searle (1973) S. 117.
[5] Searle (1973) S. 117.
[6] Searle (1973) S. 117.
[7] Searle (1973) S. 117.
[8] Searle (1973) S. 117.

syntaktische Ebene, die Wertigkeitsebene und die sprachpragmatische Ebene. Letztere, auf die im vorangehenden Kapitel (1.3.2) eingegangen wurde, spielt in der vorliegenden Arbeit eine untergeordnete Rolle,[1] die beiden anderen Ebenen werden besonders beachtet.

Unter "syntaktischer" Funktion werden in der vorliegenden Arbeit die Funktionen angesprochen, die das Satzkettenglied auf syntaktischer Ebene ausübt. So kann syndetisch angeschlossener Kohortativ, Imperativ und Jussiv parataktisch oder hypotaktisch dem vorausgehenden Satzkettenglied beigeordnet sein.

Der Begriff der Wertigkeit soll ausdrücken, ob ein Satzkettenglied die Hauptaussage (im Falle von Imperativ, Kohortativ und Jussiv Hauptaufforderung) darstellt oder einem anderen Satzkettenglied unter- bzw. vor- oder nachgeordnet ist. Der Begriff der Wertigkeit wird auch in der Valenzgrammatik gebraucht, er bezeichnet hier "die Fähigkeit eines Lexems (z.B. eines Verbs, Adjektivs, Substantivs), seine syntaktische Umgebungen vorzustrukturieren, indem es anderen Konstituenten im Satz Bedingungen bezüglich ihrer grammatischen Eigenschaften auferlegt."[2]

---

[1]   In der Regel ist bei Imperativen und Jussiven davon auszugehen, daß sie sprachpragmatisch in die Klasse der DIREKTIVE einzuordnen sind. Dies gilt auch oft für Kohortative in der 1. pers. pl. Kohortative in der 1. pers. sg sind evtl. auch unter die Klasse der KOMMISIVA zu rechnen. Eine genaue Untersuchung ist von Nöten und kann hier nicht geleistet werden (es sei auf die Arbeit von Wagner [1997] verwiesen). Es ist diesen drei grammatischen Kategorien (Kohortativ, Imperativ und Jussiv) eigen, daß sie mit Sprechaktklassen geradezu identifiziert werden, was für andere grammatische Kategorien so nicht möglich ist. Dies zeigt sich für die genannten Kategorien schon daran, daß sie von vielen Grammatiken als "Modi" bezeichnet werden (vgl. z.B. Davidson [1901] S. 86; Gibson [1994] S. 80: "The Moods. Imperative, Jussive and Cohortative"; Schneider [1993] §26.2, der unter die 'sogenannten Modi' Jussiv, Kohortativ, Adhortativ ["Imperativ mit He cohortativum" (ebd.)] und Nun Paragogicum rechnet, der Imperativ findet sich unter §26.1; Seffer [1886] §30f. redet von den "3 Modi des Wollens (Jussiv, Imper., Cohort)" einerseits und den "Modi des ̄ consecutivum" andererseits; Williams [1976] S. 34f.).

      Es lassen sich aber nicht alle Imperative, Kohortative und Jussive in die Klasse der DIREKTIVE (oder auch KOMMISSIVE) einordnen. Westermann (1989) hat gezeigt, daß der imp sprachpragmatisch ganz verschiedene Handlungen ausdrücken kann: "Die Aufforderungen gliedern sich nach ihrer Art, ihrem Charakter: Zu der allgemeinen Aufforderung tritt die Bitte (der Vorschlag, das Angebot). Verschärfung der Aufforderung sind Forderung und Befehl. Eine Aufforderung eigener Art ist die Mahnung. Zur gegebenen Aufforderung gehören Gewährung, Freigabe (Erlaubnis), Gewährung einer Bitte, aber auch Einladung, Verabschiedung und Willkommen (Segen)." (Ebd. S. 15; vgl. auch Gesenius/Kautzsch [1909] §110*aa-cc*, der dem Imperativ folgende sprachpragmatische Funktionen zuordnet: eigentlicher Befehl, Ermahnung, Bitte, ironische Aufforderung, Konzessiv, Zulassung, Zusage, Verheißung, Drohung).

[2]   Bußmann (1990) Sp. 824b.

1.4 SYNCHRONIE, DIACHRONIE, TEXT- UND LITERARKRITIK

Der (alttestamentliche) Kanon, wie er uns heute vorliegt, ist über mehrere Jahrhunderte entstanden, und die Einzelteile wurden von verschiedenen Autoren aus unterschiedlichen Regionen verfaßt. Dies stellt die Hebraistik vor einige Schwierigkeiten, denn man hat damit zu rechnen, daß sich Sprache im Verlauf der Jahrhunderte verändert, so z.B. das Fehlen des Narrativs bei Qohelet und im Mischna-Hebräischen.[1] Dies wird in der Hebraistik auch nie bestritten. Unzweifelhaft gab es auch verschiedene Dialekte, was die berühmte Stelle Jdc 12,6 וַיֹּאמְרוּ לוֹ אֱמָר־נָא שִׁבֹּלֶת וַיֹּאמֶר סִבֹּלֶת וְלֹא יָכִין לְדַבֵּר כֵּן *Da sprachen sie zu ihm: Sage doch Schibbolet! Da sagte er Sibbolet, denn nicht konnte er es so sagen* belegt. Hier ist deutlich ein Unterschied zwischen Dialekten zu greifen.[2]

Dies sind die beiden prominentesten Beispiele, um deutlich zu machen, daß das Biblische Hebräisch nicht synchron, sondern diachron (bzw. synchron, aber in Dialekten unterschieden) zu betrachten ist. Es wird sogar die Frage gestellt, ob das Biblische Hebräisch überhaupt eine gesprochene Sprache war.[3]

Dementsprechend wird immer wieder gefordert, das Biblische Hebräisch diachron zu untersuchen und nicht synchron, so z.B. auch Weippert:

"Das bedeutet, daß eine synchronische Grammatik des Althebräischen, die auf dem gesamten Alten Testament (eventuell unter Einbeziehung der Inschriften) beruhte, nicht geschrieben werden kann. Möglich erscheint nur eine diachronische Grammatik, es sei denn, man beschränkte sich auf die synchronische Beschreibung des sprachlichen Regelsystems einzelner literarischer Einheiten, Quellen, Ergänzungs-schichten, Redaktionen, Glossen usw."[4]

Eine solche Forderung nach diachroner Betrachtung des Biblischen Hebräisch birgt aber wiederum andere Probleme, die die alttestamentliche Wissenschaft betreffen, denn sie stellt die Frage nach dem Verhältnis von Literarkritik und Grammatik. Vanoni bestimmt dieses Verhältnis folgendermaßen: "Die Grammatik hat als *unabdingbare Voraussetzung* der Literarkritik zu gelten."[5] Es bleibt zu fragen, ob diese Verhältnisbestimmung uneingeschränkte Gültigkeit hat. Für den von Vanoni untersuchten Bereich (1Reg 11f.) mag dies zutreffend sein. Generalisiert werden darf diese Verhältnisbestimmung nach Weippert jedoch nicht, wenn er gerade die grammatische Arbeit an 'literarischen Einheiten, Quellen, Ergänzungsschichten, Redaktionen, Glossen usw.'[6] fordert. Die Literarkritik

---

[1] Sehr schön sieht man die Veränderung von Sprache z.B. bei Kropat (1909), der die Syntax der Chronik mit der der Königebücher vergleicht und Unterschiede herausarbeitet (vgl. die Zusammenfassung ebd. S. 72-75).

[2] Vgl. z.B. Young (1993) u.a.

[3] Vgl. hierzu z.B. Knauf (1990); North (1999); Ullendorff (1977) S. 16f. u.a.

[4] Weippert (1990) S. 450f.

[5] Vanoni (1984) S. 270 (*Hervorhebung* von J. Diehl).

[6] Vgl. oben.

kann ebensogut 'unabdingbare Voraussetzung' der Grammatik sein. Dies gilt ja gerade bei der diachronen Betrachtung.

> Literarkritik und Grammatik bedingen sich gegenseitig. Die Sprachforschung kann Kriterien erarbeiten, die Texte und Textabschnitte als früh oder spät klassifizieren und so der Literarkritik Arbeitskriterien an die Hand geben. Andererseits kann der literarkritische Erweis verschiedener Schichten, Redaktionen und Quellen wiederum dem Grammatiker verschiedene Sprachstadien erschließen. Hierbei sei auf die Gefahr des Zirkelschlusses hingewiesen, der darin besteht, aus literarkritischen Erwägungen Schlüsse für die Grammatik zu ziehen und die daraus gezogenen Folgerungen wiederum für die Literarkritik fruchtbar zu machen oder umgekehrt.
>
> Erschwert wird diese ganze Verhältnisbestimmung noch dadurch, daß bei Redaktionen evtl. auch Sprachangleichungen stattgefunden haben. Ferner stellt sich die Frage, ob nicht auch bei der 'Endredaktion' des Kanon Sprachangleichungen stattgefunden haben.[1]

Diese Verhältnisbestimmung birgt ein weiteres Problem, auf das Weippert selbst hinweist:

> "Wer die literaturgeschichtliche Diskussion der letzten Jahrzehnte innerhalb der alttestamentlichen Wissenschaft auch nur oberflächlich verfolgt hat, wird sofort erkennen, daß der Realisierung einer solchen diachronen althebräischen Grammatik beträchtliche Hemmnisse im Wege stehen. Das Hauptproblem ist die relative oder absolute Datierung wesentlicher Teile des alttestamentlichen Textcorpus, die in den letzten Jahrzehnten stark in Bewegung geraten ist, ohne daß die Aussicht auf einen baldigen Konsens wenigstens in den Grundzügen besteht. Für die Grammatik ist es aber relevant, ob etwa Textgruppen, deren Entstehung man vor zwei Generationen im 10. Jahrhundert ansetzte, heute in das 8. oder gar erst das 5. Jahrhundert datiert werden."[2]

Diesen Bedenken Weipperts ist zuzustimmen. Dann stellt sich aber die Frage, wie denn eine diachrone Betrachtung der althebräischen Sprache erfolgen kann. Weippert verweist hier auf das Inschriften-Material, das durch archäologischen Kontext und Paläographie relativ genau datiert werden könne.[3] Eine solche Untersuchung hat z.B. Schüle[4] jetzt vorgelegt.

Dementsprechend wurde bei der vorliegenden Arbeit das Inschriftenmaterial berücksichtigt.[5]

> In folgenden Zeilen kommen nach Renz[1] in Inschriften Imperative vor: Arad(6):3,2.7; Arad(6):4,1.2.3; Arad(6):5,2; Arad(6):6,2; Arad(6):7,8f.; Arad(6):9,1;

---

[1] Aus diesen und den von Weippert (vgl. unten) genannten Gründen wird in der vorliegenden Arbeit auf literarkritische Erwägungen nur im Ausnahmefall eingegangen.

[2] Weippert (1990) S. 452. So auch schon Michel (1977) S. 4: "Die Einteilung in verschiedene je für sich synchronisch zu untersuchende Sprachstufen könnte also nur nach umfangreichen literarkritischen Vorarbeiten geschehen, die beim augenblicklichen Stand der Forschung kaum zu allgemein akzeptierten Ergebnissen führen dürften."

[3] Vgl. Weippert (1990) S. 452.

[4] Vgl. Schüle (2000).

[5] Vgl. Kap. 2.5 und 4.7 u.ö.

Arad(6):10,4 (2x); Arad(6):11,4 (2x); Arad(6):12,1.2.5; Arad(6):13,3.4; Arad(6): 14,4; Arad(6):17,1f.5.6; Arad(6):18,4; Arad(6):62,1.2; Jer(6):7,5.8; Lak(6):1.2,6; Lak(6):1.3,4.21; Lak(6):1.6,5; Lak(6):1.9,3.4; Lak(6):1.13,1; Lak(6):1.21,4; Arad(7): 88,2; Qud(7):2,1 (2x); BLay(7):2,1 (2x); BLay(7):3,1; Arad(8):60,4; Sam(8):3,2 (2x); Arad(8):71,1; KAgr(9):8,1; KAgr(9):9,1f.

Allerdings liegen in diesen Belegen nicht immer Satz*ketten* mit Imperativen vor, oft sind auch nur einzelne Imperativ*sätze* belegt, so Arad(6):6; Arad(6):14 (hier geht in z.2 ein Infinitivus absolutus in der Bedeutung eines Imperativs voraus, der wohl eine Satzkette mit dem folgenden Imperativ bildet); Lak(6):1.2; Lak(6):1.3; Lak(6):1.6; Lak(6):1.21; Arad(7):88; BLay(7):3; Arad(8):60; Arad(8):71; KAgr(9): 8; KAgr(9):9.

Allerdings sind diese Belege nicht sehr zahlreich, so daß *allein* auf der Basis dieser Belege keine Schlüsse für die hier behandelte Fragestellung gezogen werden können.

Eine diachrone Betrachtungsweise des gesamten Bestandes des Alten Testaments erweist sich also als äußerst schwierig. Andererseits sind die inschriftlichen Belege für den Untersuchungsgegenstand der vorliegenden Arbeit nicht repräsentativ, so daß eine synchrone Betrachtung des Sprachmaterials des Biblischen Hebräisch in der vorliegenden Arbeit bei allen Schwierigkeiten vorgezogen wurde.

Diese Grundentscheidung hat sich als unproblematisch erwiesen, denn die gemachten Beobachtungen und gefundenen Regeln lassen sich auf den ganzen Sprachbestand anwenden, so auch für die althebräischen Inschriften. Dies gilt aber mit einer Ausnahme, auf die bereits Revell hingewiesen hat: der Gebrauch des Perfectum consecutivum nach Imperativ tritt im späten Hebräisch (Revell nennt hier Dan, Esra und Neh)[2] in den Hintergrund.[3]

Nach Revell gilt: "In the form of the language represented by Daniel, Ezra, and Nehemiah, then, modal forms are still generally restricted to initial position in the clause, and indicative forms to medial position, but it is clear that the contrast in form and position no longer marks any semantic distinction."[4] Diese Situation könnte, so

---

[1]   Ich bin hier Herrn Dr. Johannes Renz zu großem Dank verpflichtet, der mir einen Ausdruck sämtlicher in seiner Datenbank vorhandener Stellen mit Imperativen in den althebräischen Inschriften zugänglich gemacht hat. — Es sind hier nur die Belege aufgeführt, die Renz eindeutig als Imperativ bestimmt. So kommt in Arad(6):1 in Zeile 4 כתב vor, das Renz aber eher als Infinitivus absolutus deutet (Vgl. Renz [1995a] S. 355 Anm. 5). In Arad(6):61,1 könnte in שׁלחו evtl. auch in Imperativ vorliegen. MHas(7):1,12ff. ist zu unsicher, um in die vorliegende Untersuchung einbezogen zu werden (vgl. Renz [1995a] S. 328f.), der Imperativ ist hier ergänzt (vgl. ebd.). — In Mur(7):1,2 kommt ein verneinter Jussiv in der 2. Person vor, das entspricht einem verneinten Imperativ; allerdings liegt hier nur eine Äußerung mit einem verneinten Imperativ vor, keine Satzkette.

[2]   Vgl. Revell (1989) S. 31.

[3]   Vgl. Revell (1989) S. 31f. Ähnlich sieht dies wohl auch Brockelmann, wenn er schreibt: "Im *älteren Hebr.* aber hält sich auch nach einem Imp. das Perf. in seiner älteren futurischen Bedeutung [...]." (Brockelmann [1913] §304c.)

[4]   Revell (1989) S. 30f.

Revell, auch schon für andere Textkorpora gegolten haben. Dies führt zu folgendem Problem: "Thus שׁוב עמי ואשׁתחוה (with an imperfect in modal position 1 Sam. 15:25) and [sic![1]] שׁוב עמי והשׁחויתי (with a YQTL indicative, 1 Sam. 15:30) could carry exactly the same message 'Return with me and I will worship' (although they could show a shift from modal to indicative to express greater politeness/humility [...])."[2] Die von Revell genannten Beispiele 1Sam 15,25.30 eignen sich aber gerade *nicht*, um seine These zu erhärten. V.25 geht voraus, daß die Israeliten nicht auf Jahwe gehört haben und den Bann an Amalek nicht vollständig vollstreckt haben, sondern Tiere für ein Opfer für Jahwe verschont hatten. Saul bittet Samuel daraufhin, mit ihm zusammen umzukehren, um Jahwe anzubeten. Aus der vorhergehenden Diskussion, daß Jahwe Gehorsam und keine Opfer wolle, wird klar, daß es nicht primär darum geht, daß Samuel mit Saul umkehrt, sondern, daß Saul Jahwe anbeten will. Der syndetische Kohortativ trägt demnach das Gewicht der Satzkette, wie dies in Kap. 3 erwiesen wird. In v.30 ist die Sachlage hingegen eine andere. In vv.26-29 weigert sich Samuel mit Saul umzukehren. Dies veranlaßt Saul zu der eindrücklichen Bitte, doch noch mit ihm umzukehren. Daß Saul Jahwe anbeten will, tritt hier in den Hintergrund, da es zunächst darum geht, Samuel zum Mitgehen zu bewegen. Dementsprechend wird ein Perfectum consecutivum verwendet, das nach den Untersuchungen in Kap. 4 der vorliegenden Arbeit nicht das Gewicht einer Satzkette trägt, sondern spezifiziert. 1Sam 15,25.30 lassen sich also nach den in Kap. 3 und 4 der vorliegenden Arbeit gefundenen Regeln hervorragend erklären.

Vergleicht man ferner die Satzketten mit Imperativen in Chr mit den Parallelen in Reg und Sam, dann kommt der Verdacht auf, daß Chr an einigen Stellen bewußt einen syndetischen Kohortativ bzw. Jussiv einsetzt, wo in den Parallelen ein Perfectum consecutivum steht, so z.B. 1Chr 21,2 (w.kohort) par. 2Sam 24,2 (perf consec); 2Chr 18,14 (w.juss) par. 1Reg 22,12 (perf consec). Gerade an 2Chr 18 par. 1Reg 22 wird dies deutlich, da in 2Chr 18,25f. par. 1Reg 22,26f. ein perf consec in beiden Texten steht.[3] Die Chr übernimmt also an einigen Stellen das perf consec, an anderen Stellen ersetzt Chr ein perf consec durch w.kohort/juss im selben Text. Dies spricht gegen eine willkürliche Änderung. In der Regel behält Chr perf consec bzw. w.kohort/juss bei; perf consec: 1Chr 14,14 par. 2Sam 5,23; 1Chr 17,4 par. 2Sam 7,5; 1Chr 19,5 par. 2Sam 10,5; 1Chr 21,10 par. 2Sam 24,12[4]; 2Chr 18,25f. par. 1Reg 22,26f.[5]; w.kohort/juss: 1Chr 19,13 par. 2Sam 10,12; 1Chr 21,10 par. 2Sam 24,12; 2Chr 10,4 par. 1Reg 12,4; 2Chr 16,3 par. 1Reg 15,19; 2Chr 18,5 par. 1Reg 22,6. In einer Parallele wird in der Chr der imp durch ein perf consec ersetzt: 2Chr 18,33 (perf consec) par. 1Reg 22,34 (imp). Bei der sehr großen Übereinstimmung der Texte sind die Abweichungen sicherlich nicht zufällig.

Eine vorschnelle diachrone Betrachtung kann also zu verfälschten Ergebnissen führen. Zunächst muß, wie Michel dies fordert, die "grammatische Darstellung einer

---

[1] Der Originaltext lautet: וְהִשְׁתַּחֲוֵיתִי.

[2] Revell (1989) S. 31. — Vgl. zu der Auffassung, Perfectum consecutivum sei als 'YQTL indicative' aufzufassen, Revell (1989) S. 21: "It [sc. perf consec] could, however, be a conditioned variant of the indicative imperfect; that is, it could have the grammatical function of representing a YQTL indicative verb in clause-initial position."

[3] Allerdings mit Wechsel von Plural nach Singular.

[4] Hier allerdings mit Infinitivus absolutus.

[5] Allerdings mit Wechsel von Plural nach Singular.

Sprache [...] einmal synchronisch als Darstellung eines Sprachsystems oder einer Sprachschicht geschehen, dann erst kann die diachronische (historische) Darstellung als zweiter Schritt folgen."[1]

Ein weiteres Problem sei in diesem Zusammenhang angeschnitten. Neben geschichtlich bedingtem unterschiedlichen Sprachgebrauch und unterschiedlichen Dialekten ist auf einen weiteren Unterschied im Biblischen Hebräisch aufmerksam zu machen, der in der vorliegenden Arbeit Beachtung findet. Dies ist der Unterschied zwischen poetischer und erzählender Rede (Poesie und Prosa). Es hat sich im Verlauf der Untersuchung gezeigt, daß man zwischen beiden Formen von Rede klar trennen muß.[2] Die Einteilung in erzählende Rede und poetische Rede erfolgt in der vorliegenden Arbeit aus arbeitsökonomischen Gründen nach den Entscheidungen der Herausgeber der BHS, die sich im Schriftbild derselben niederschlagen.

Was die Textkritik anbelangt, so kann ähnliches gesagt werden wie bei dem Verhältnis von Literarkritik und Grammatik. Textkritik und Grammatik können sich gegenseitig bedingen. Es sei hier auf die 'Grundsatzfrage' Zubers verwiesen, der schreibt: "Wie weit dürfen und sollen *Sprachforschung* und *Textforschung* – letzteres hier als Text- und Literarkritik – miteinander vermengt werden? Für den orthodoxen Linguisten steht es außer Frage: er hat den Text so zu nehmen, wie er da steht."[3] Dementsprechend werden textkritisch fragwürdige Belege nicht in die Untersuchung einbezogen.

1.5 ANALYSEMETHODEN

Das Biblische Hebräisch ist, wie oben (Kap. 0.2) bereits gesagt, eine im linguistischen Sinne tote Sprache. D.h. man findet heute keinen *native speaker* mehr, der Biblisches Hebräisch spricht, und dem man bestimmte Äußerungen vorlegen und ihn fragen kann, wie diese zu verstehen sind. Man muß also mit anderen Methoden arbeiten, um einen *native speaker* zu ersetzen.

Dies kann man auf unterschiedliche Art und Weise tun, wie dies bereits in Kap. 0.2 beschrieben wurde. Hier sollen nun zwei Analyseverfahren kurz vorgestellt werden, die bei der vorliegenden Arbeit verwendet werden. Zum einen ist dies die Austauschprobe, zum anderen die Kontextanalyse.

---

[1]   Michel (1977) S. 2.
[2]   Vgl. z.B. Gosling (1998) S. 403-410, bes. S. 403-405 (weitere Literatur ebd.); Knauf (1990) S. 11 Anm. 2, der hier von "Dialekten" spricht; Weippert (1990) S. 451 u.a.
[3]   Zuber (1986) S. 20.

1.5.1   AUSTAUSCHPROBE

Bußmann beschreibt die Austauschprobe wie folgt:

"Ersatzprobe [engl. *exchange/substitutional test.* - Auch: Austauschprobe, Ersetzungsprobe, Kommutationstest, Substitution]. Experimentelles Analyseverfahren der strukturellen Linguistik zur Ermittlung von Elementen, die zur gleichen grammatischen Kategorie gehören. Man ersetzt ein Element in einem Satz durch ein anderes Element (wobei der Rest des Satzes konstant gehalten wird) und überprüft, ob der neue Satz grammatisch oder ungrammatisch ist bzw. ob eine (und wenn welche) Informationsänderung durch den Elementaustausch bewirkt wird. Was in gleicher syntaktischer Position austauschbar ist, gehört zur gleichen Konstituentenklasse. So kann man in dem Satz *Seine Familie lebt seit Generationen in Amerika* die Konstituente *seine Familie* ersetzen durch *er/Hans/der Mann mit der dunklen Vergangenheit/der Abgeordnete, der parteilos ist*, und gewinnt durch diesen Elementaustausch die Klasse der Elemente, die in Subjektposition treten können. Allgemein gilt: Was paradigmatisch austauschbar ist, gehört zur gleichen grammatischen Kategorie. Die E., die der Klassifizierung sprachlicher Elemente aller Beschreibungsebenen dient, besteht aus zwei Verfahrensschritten: (a) Tilgung und (b) Adjunktion."[1]

Zwei Bemerkungen sind hier anzufügen:

1.) Nach Bußmann wird die Methode auf Sätze angewendet. In der vorliegenden Arbeit wird diese Methode auf Satzketten angewendet. Es wird also nicht nach der Funktion einzelner Satzteile gefragt, sondern nach der Funktion von Satzkettengliedern in einer Satzkette.

2.) Der Hebraist kann während der Analyse nicht entscheiden, ob eine Satzkette bzw. ein Satzkettenglied in einer Satzkette *ungrammatisch* ist. Es sei hier noch einmal auf Zuber verwiesen: "Für den orthodoxen Linguisten steht es außer Frage: er hat den Text so zu nehmen, wie er da steht."[2] D.h. der Hebraist hat zunächst davon auszugehen, daß jeder Satz, jede Satzkette, die er analysiert, grammatisch ist. Wovor der Hebraist sich auch zu hüten hat, ist der Versuch, Sätze und Satzketten nach seinem eigenen Sprachempfinden selbst zu bilden. D.h., der Hebraist darf nur von dem in der biblischen Textüberlieferung und dem Inschriftenmaterial vorliegenden Sprachgebrauch ausgehen. Die Austauschprobe kann m.E. nicht dazu verwendet werden, zu eruieren, welche Sätze bzw. Satzketten *ungrammatisch* sind, sondern wo die *Unterschiede* zwischen den verschiedenen Realisierungsformen von Sätzen und Satzketten liegen.

In diesem Sinne wird die Austausch- oder Ersatzprobe in der vorliegenden Arbeit angewendet.

1.5.2   KONTEXTANALYSE

Als zweite Methode wird die 'Kontextanalyse' angewendet. In der vorliegenden Arbeit wird sehr stark nach der *Wertigkeit* eines Satzkettengliedes

---

[1]   Bußmann (1990) Sp. 222a. — Vgl. auch Schöneck (1993) S. 72b-73a.
[2]   Zuber (1986) S. 20.

gefragt, d.h. es steht die Frage im Vordergrund, ob und wenn ja, welches Satzkettenglied in einer Satzkette den Ton derselben trägt.

In erzählenden Texten werden oft Aufträge in wörtlicher Rede erteilt, und in erzählender Rede wird die Durchführung dieser Aufträge berichtet. Allerdings werden nicht immer alle Bestandteile des Auftrags in den Bericht der Durchführung übernommen. Sehr oft sind es nur bestimmte Bestandteile des Auftrags. In diesem Fall ist aber davon auszugehen, daß die wichtigen Bestandteile des Auftrags in den Bericht der Durchführung aufgenommen werden, weniger wichtige Bestandteile des Auftrags bleiben unerwähnt. Als Beispiel sei hier Jer 36,15 angeführt: *Da sprachen sie zu ihm:* שֵׁב נָא וּקְרָאֶנָּה בְּאָזְנֵינוּ *Setz dich doch und lies vor unseren Ohren.* Dieser Auftrag, diese Satzkette, besteht aus zwei Teilen, dem ersten Teil שֵׁב נָא *Setz dich doch* und dem zweiten Teil וּקְרָאֶנָּה בְּאָזְנֵינוּ *und lies vor unseren Ohren.* Es stellt sich nun die Frage, welcher imp hier das Wichtige aussagt. Ist es wichtig, daß Baruch sich hinsetzt, oder ist es wichtig, daß Baruch vor den Ohren der Oberen liest? Hier, so würde man wahrscheinlich auf den ersten Blick sagen, ist es wichtig, daß Baruch liest, nicht, daß er sich hinsetzt. Dementsprechend wird im Bericht der Durchführung auch nur der letzte imp aufgenommen, denn an den oben genannten Auftrag schließt die Erzählung unmittelbar an mit וַיִּקְרָא בָרוּךְ בְּאָזְנֵיהֶם *Da las Baruch vor ihren Ohren.* Davon, daß er sich hinsetzt, ist keine Rede mehr. Die Aufforderung שֵׁב נָא *Setz dich doch* scheint also eine untergeordnete Rolle zu spielen. Sie gibt nur die Voraussetzung für den Hauptauftrag an.

In der Kontextanalyse wird also auf die Berichte der Durchführung (oder Antworten der Beauftragten) geachtet und analysiert, wie diese Berichte (oder Antworten) gestaltet sind.

2. Imperativketten

Die häufigste Fortführung des imp auf Satzkettenebene besteht in einem weiteren imp. Allein für Imperativketten mit lediglich zwei imp (ohne sonstige Fortführungen außer כ-Sätzen) liegt die Zahl der Belege bei über 450.

2.1 ASYNDETISCHE UND SYNDETISCHE IMPERATIVKETTEN

Betrachtet man nun diese Imperativketten, so fällt auf, daß es Imperativketten der Form < imp - imp > und solche der Form < imp - w.imp > gibt, anders ausgedrückt: Es gibt syndetisch und asyndetisch verbundene Imperative. Es stellt sich dann die Frage, ob es eine Regel gibt, wann ein solches ו steht und wann nicht, und, welche Funktion es ausübt.[1] Waw copulativum kann z.B. eine hypotaktische Imperativkette markieren (vgl. Kap. 2.4.2), muß dies aber nicht, wie in Prv 23,7 אֱכֹל וּשְׁתֵה *iß und trink* deutlich wird. Kann man darüber hinaus etwas über den Gebrauch des Waw in Imperativketten sagen? Joüon/Muraoka schreiben z.B. "In the **imperative** we very often find the asyndetic construction when the second verb follows immediately; in other words, we find the type לֵךְ אֱמֹר *go, say* (= *go to say*) far more often than לֵךְ וֶאֱמֹר [...]. This construction is especially common when the first verb denotes a physical movement."[2]

Im folgenden sollen nun Imperativketten in erzählenden Texten[3] untersucht werden, die entweder asyndetisch oder syndetisch verbunden sind.

2.1.1 ASYNDETISCHE IMPERATIVKETTEN

Es zeigt sich, daß in asyndetischen Imperativketten in erzählenden Texten[4] der erste Imperativ immer intransitiv gebraucht wird und auch sonst

---

[1] Niccacci (1990) S. 125 bemerkt z.B.: "If we consider WAW, for example, it is clearly 'neutral' in the sense that it tells us nothing about the syntactic character of the connection it creates, whether it is coordinating (parataxis) or subordinating (hypotaxis). On the other hand, sometimes the WAW is missing and yet no change results." Niccacci bezieht sich hier allerdings auf die Frage nach Parataxe oder Hypotaxe.

[2] Joüon/Muraoka (1991) §177e. Nach Meyer (1972) §108.3.a gilt: "Asyndetische Parataxe erfolgt unter formaler oder sinngemäßer Kongruenz beider Verben; sie ist besonders häufig beim Imp. [...]."; Gesenius/Kautzsch (1909) §110h scheinen etwas ratlos: "Spr 20, 13 ist der (verheißende) zweite Imperativ asyndetisch angefügt; anderwärts finden sich zwei Imperative asyndetisch nebeneinandergestellt, wo man Unterordnung des zweiten unter den ersten erwarten sollte [...]."

[3] Es wird hier auf erzählende Texte rekurriert, da es sich im Laufe der Untersuchung gezeigt hat, daß asyndetisch verbundene Imperativketten in poetischer Rede oft analog syndetischer Imperativketten gebraucht werden (vgl. unten).

[4] In poetischer Rede kann das ו wegfallen (vgl. unten).

keine Erweiterungen hat (außer einem ausführlichen Vokativ und נא).[1] Es seien zunächst hier listenartig einige Belege vorgeführt. Allen diesen Belegen ist gemeinsam, daß der erste imp weder ein Objekt noch sonstige Erweiterungen trägt.

Jos 10,24: *Als sie jene Könige herausgeführt hatten zu Josua, rief Josua alle Männer Israels und sprach zu den Feldherren, die mit ihm gezogen waren:* קִרְבוּ שִׂימוּ אֶת־רַגְלֵיכֶם עַל־צַוְּארֵי הַמְּלָכִים הָאֵלֶּה *Nähert euch, legt eure Füße auf die Nacken dieser Könige! Da näherten sie sich und legten ihre Füße auf ihre Nacken.*

1Sam 20,36: *Da sprach er zu seinem Diener:* רֻץ מְצָא נָא אֶת־הַחִצִּים אֲשֶׁר *Lauf, such doch die Pfeile, die ich schieße. Als der Diener lief, schoß er den Pfeil, um den Knaben zu überholen*[2].

2Reg 5,23: *Da sprach Naaman:* הוֹאֵל קַח כִּכָּרַיִם *Tu mir den Gefallen, nimm zwei Talente! Und er bedrängte ihn und schnürte zwei Talente Geld in zwei Beutel und zwei Ersatzkleider und gab es seinen beiden Dienern, und sie trugen es vor ihm.*

Gen 19,14: *Da ging Lot hinaus und redete mit seinen Bräutigamen, die seine Töchter nehmen wollten, und sprach:* קוּמוּ צְּאוּ מִן־הַמָּקוֹם הַזֶּה כִּי *Auf, zieht aus von diesem Ort, denn Jahwe wird diese Stadt zerstören. Es war aber wie ein Scherz in den Augen der Bräutigame.*

Gen 43,2 (ähnl. Gen 44,25): *Als das Getreide zum Essen zu Ende war, das sie aus Ägypten gebracht hatten, da sprach ihr Vater zu ihnen:* שֻׁבוּ שִׁבְרוּ־לָנוּ מְעַט־אֹכֶל *Kehrt um, kauft uns ein wenig Getreide zum Essen!*

Ex 8,21: *Da rief der Pharao Mose und Aaron und sprach:* לְכוּ זִבְחוּ לֵאלֹהֵיכֶם בָּאָרֶץ *Geht, opfert eurem Gott im Land!*

Die bisher vorgeführten Stellen waren parataktisch aufzufassen,[3] aber auch bei hypotaktischen Satzketten trägt der erste imp, wenn er asyndetisch an den folgenden angeschlossen ist, keine Erweiterung (außer evtl. einem Vokativ oder נא).

Ex 9,19: וְעַתָּה שְׁלַח הָעֵז אֶת־מִקְנְךָ וְאֵת כָּל־אֲשֶׁר לְךָ בַּשָּׂדֶה *Und nun: Sende hin, bringe in Sicherheit dein Vieh und alles, was du auf dem Feld hast. Alle Menschen und (alles) Vieh, das gefunden wird auf dem Feld, und das nicht im Haus versammelt ist, wird, wenn der Hagel auf es herabkommt, sterben.*

---

[1] Bei der folgenden Untersuchung wird bei ראה, יבה, הלך, קום und בוא nicht zwischen Interjektionen und begriffswörtlichen imp unterschieden (vgl. hierzu Diehl [2000]), da nicht inhaltliche Kriterien zugrunde gelegt werden.

[2] Übersetzung nach Gesenius/Buhl (1915) Sp. 559b.

[3] Man könnte diese Stellen evtl. auch implizit hypotaktisch als final/konsekutive Satzverhältnisse auffassen. Dies ist deshalb der Fall, da in einer Imperativkette der letzte imp der Kette den Ton trägt, also die Hauptaussage, den Zweck, darstellt (vgl. hierzu Kap. 2.3.1, zur impliziten Hypotaxe in Imperativketten vgl. Kap. 2.4.2).

Die vorgenannten Stellen waren in der Regel parataktische Stellen. Ex 9,19 kann auch implizit hypotaktisch aufgefaßt werden: *Sende hin, um dein Vieh zu verwahren.* Dann läge ein final/konsekutives Satzverhältnis vor.[1] Es braucht aber auch hier kein ו zu stehen, wenn der erste imp intransitiv gebraucht wird. Analoges gilt für Dtn 1,21: *Siehe, Jahwe, dein Gott, gibt das Land vor dich.* עֲלֵה רֵשׁ כַּאֲשֶׁר *Ziehe hinauf, nimm es in Besitz, wie Jahwe, der Gott deiner Väter, zu dir geredet hat! Fürchte dich nicht und sei nicht mutlos!* Hier kann man auch übersetzen: *Zieh hinauf, um es in Besitz zu nehmen.*

Allen diesen Stellen ist gemeinsam, daß jeweils der erste imp der Imperativkette weder ein Objekt trägt, also intransitiv gebraucht wird, noch weitere adverbielle Bestimmungen (der Zeit, des Ortes usw.) folgen. Es gibt in erzählenden Texten keine Stelle, in der der erste imp transitiv gebraucht wird oder eine adverbielle Bestimmung folgt und kein ו steht. Lediglich ein ausführlicher Vokativ (oder נא) ist belegt. Aber ein zweites ist zu beobachten: Während in Imperativketten der Form < imp - w.imp > eine Reihe von verschiedenen Verben den ersten imp bilden können, gilt dies für Imperativketten der Form < imp - imp > für ca. 25 Verben. Diese sind – in erzählenden Texten:[2]

הלך Gen 27,13*; 37,14*; 42,19*; 45,17*; Ex 4,19; 5,11[3].18*; 8,21; 10,8.24; 12,31f.*; 19,24*; 32,7.34 (mit עתה); 33,1; Num 22,6 (mit עתה); 22,11 (mit עתה); 22,17[4]; 23,7* (2x)[5]; Dtn 5,30; Jos 2,1; Jdc 9,10.12 (nach Qere); 9,14; 18,2; 1Sam 3,9; 9,3*; 15,6*; 20,21.40; 23,22*; 26,19; 2Sam 3,16; 14,21; 18,21; 24,1; 1Reg 2,29; 14,7; 15,19*; 18,1*.8.11.14; 19,15*.20; 20,22*; 2Reg 1,2*.6*; 4,3f.*.7*; 5,5*; 8,10; 22,13; Jes 21,6p; 22,15p; 26,20*p; 55,1*p; Jer 12,9*p;

---

[1] In Kap. 2.4.2.2 wird diese Stelle demnach auch unter den final/konsekutiven Hypotaxen eingeordnet.

[2] Erweiterte Nuklei, z.B. der Form < imp - imp - w.imp - imp > (vgl. Ex 12,31) oder < imp - imp - w.perf > (vgl. 1Reg 17,9) werden mit einem Stern (*) nach der Versangabe markiert (nicht markiert sind Fortführungen wie כִּי oder פֶּן). Falls gebundene oder poetische Rede hier aufgeführt wird, werden die entsprechenden Stellen mit einem *p* nach der Versangabe markiert. — In diese Liste gehört evtl. auch פְּנֵה (vgl. Jer 49,8p) und נוּד (vgl. Jer 49,30, allerdings hier mit Erweiterung מְאֹד).

[3] Mit vorangestelltem Vokativ.

[4] Hier ist der erste imp mit ו an die vorausgehende Äußerung in v.16 angeschlossen; Satzkettenformel: < w.imp - imp >.

[5] Hier liegt ein schöner Fall vor: לְכָה אָרָה־לִּי יַעֲקֹב וּלְכָה זֹעֲמָה יִשְׂרָאֵל *Geh, verfluche mir Jakob, (und) geh, verwünsche mir Israel.* Hier trägt der syndetisch angeschlossene imp, der wiederum asyndetisch vor einem weiteren imp steht, ebenfalls keine Erweiterung. — Zur Form זֹעֲמָה vgl. Gesenius/Kautzsch (1909) §64c.

36,19; Ez 3,1*.4*.10f.; Hos 1,2p; 3,1[1]; Am 7,12*.15; Sach 6,7p; Ps
34,12p; 46,9f.p; 66,16*p; Prv 6,3*p; 9,5*p; Qoh 9,7*p; Ruth 1,8;
Est 4,16*; Neh 8,10*; 1Chr 21,2*; 2Chr 16,3*; 34,21

קום Gen 13,17; 19,14.15; 21,18*; 27,19*.43*; 28,2*[2]; 31,13* (mit
עתה); 35,1*; 43,13*; 44,4*; Ex 12,31f.*; 32,1; Num 22,20*; Dtn
2,24*; 9,12; 10,11*; Jos 1,2 (mit עתה); 7,13*; 8,1*[3]; Jdc 7,9; 8,20;
1Sam 16,12; 23,4; 2Sam 13,15; 19,8* (mit עתה); 1Reg 14,12;
17,9*; 19,5.7; 21,7*.15.18f.*; 2Reg 1,3*; Jes 21,5p; 23,12?; 60,1p;
Jer 13,4*.6*; 49,28b*p.31p; Ez 3,22*; Jon 1,2*.6; 3,2*; Mi 6,1*p;
Ps 3,8p; 10,12p; 82,8p; Cant 2,13p; Neh 9,5

בוא Gen 19,34*; Ex 6,11*; Jdc 9,15*; 2Sam 13,11; 1Reg 17,13; 20,33;
2Reg 10,25*; Jes 23,12p; 30,8*p (mit עתה); Ez 3,24; 39,17*; Joel
1,13p; 4,13p; 2Chr 25,8?[4]

שוב Gen 43,2; 44,25; Jos 5,2*; 1Sam 3,5.6; Jer 36,28; Ruth 1,12

עלה Dtn 1,21* (vgl. oben); 2Sam 24,18; 1Reg 18,41*.43.44

חלל Dtn 2,24* 31*

נוס Jer 48,6p; 49,8*p[5].30*p

יאל[6] 2Reg 5,23; Hi 6,28p (mit עתה)

ירד Ex 19,21; 1Sam 6,21

מהר Gen 18,6[7]; 19,22; Jdc 9,48[8]; Est 6,10*

נשא 2Reg 9,25.26 (mit עתה)

סבב 2Sam 18,30; Cant 2,17p

קרב Lev 10,4; Jos 10,24

רוץ 1Sam 20,36; Sach 2,8

שים Hi 17,3p[9]

שמע 2Sam 20,16*?; 2Reg 19,16*? par. Jes 37,17*?[10]; Jer 31,7c*p[1]; Dan
9,19?[2]

---

[1] עוד ist hier m.E. zur Redeeinleitung zu ziehen, anders Jeremias (1983) S. 52 Anm. 1:
"'noch einmal' ist grammatisch auch auf das Reden Jahwes beziehbar, aber inhaltlich
eher auf das folgende ausgerichtet […]."

[2] Die imp werden evtl. auch durch w.juss und perf consec fortgeführt (vgl. S. 315 zur
Stelle).

[3] ראה imp leitet hier eine neue Äußerung ein.

[4] Evtl. gehört auch עשׂה in diese Liste.

[5] Volz (1928) zur Stelle verweist bei der Form הַעְמִיקוּ auf Gesenius/Kautzsch (1909)
§63o; in הָפְנוּ liegt ein interessanter imp hof. vor; Holladay (1989) Sp. 370b bemerkt
hierzu: "The vocalization of M הָפְנוּ, the hopᶜal stem, meaning perhaps 'be turned
back', but the vocalization הַפְנוּ, the hiphᶜil stem, is preferable […]."

[6] Joüon/Muraoka (1991) §177d bemerken: "Thus with הוֹאִיל to begin, to condescend,
in the imperative we find the Waw three times: Jdg 19.6; 2Sm 7.29; 2Kg 6.3; twice
with no Waw: 2Kg 5.23; Job 6.28; […]."

[7] Hier ist das Objekt des zweiten imp vor diesen gezogen.

[8] Hier ist das Objekt des zweiten imp vor diesen gezogen.

[9] Die Stelle ist textkritisch unsicher (vgl. Bobzin [1974] S. 245).

[10] Es handelt sich hierbei um eine sehr komplexe Satzkette (vgl. unten S. 110).

שׁלח   Ex 9,19 (mit עתה); 1Reg 18,19 (mit עתה)

חרשׁ   Jdc 18,19*

יצב   2Chr 20,17

יצא   Ex 17,9*

נבט   Ps 13,4p

נגשׁ   2Sam 1,15

סור   Ruth 4,1

פצח   Jes 52,9p

שׁפל   Jer 13,18p

Es fällt auf, daß hier zum einen die imp auftauchen, die auch als Interjektion verwendet werden können,[3] zum anderen werden einige dieser Verben als sog. Formverben[4] verwendet.[5]

---

[1]   Jer 31,7c ist poetische Redeweise. In dieser kann ein ו zwischen zwei imp fehlen. שׁמע kommt aber m.W. nur hier als erster imp einer Imperativkette ohne nachfolgendes ו vor, deshalb wurde die Stelle hier aufgenommen. Es stellt sich aber die Frage, ob שׁמע zu den hier aufgeführten Verben gehört. Analoges gilt für Ps 13,4; Jes 52,9 und Jer 13,18.

[2]   Nach dieser Stelle wäre auch סלח in diese Liste einzuordnen, wahrscheinlich liegt hier aber nicht eine Satzkette, sondern zwei Äußerungen vor.

[3]   Vgl. hierzu bes. Diehl (2000), weitere Lit. ebd. Dort sind alle Belege von imp der Verben ראה, יהב, הלך, קום und בוא untersucht. Es zeigt sich, daß die imp הלך, קום und בוא vor syndetisch und asyndetisch angeschlossenen imp als Interjektion verwendet werden können, bei syndetischen Imperativketten ist dies aber seltener der Fall (vgl. ebd. S. 117-120). Dies gilt allerdings nur dann, wenn die imp dieser Verben keine Erweiterungen tragen (vgl. ebd. S. 115-117). — Zu קום vgl. speziell Dobbs-Allsopp (1995) S. 31-54.

[4]   Vgl. hierzu auch Jenni (1981) §23.3.3 (vgl. auch Davidson [1901] S. 113f.; Gesenius/Kautzsch [1909] §120g; Joüon/Muraoka [1991] §177b-d).

[5]   Vgl. auch Gesenius/Kautzsch (1909) §120d: "Sehr häufig findet nicht [...] Unterordnung, sondern *Beiordnung* des ergänzenden Verbalbegriffs im *verbum finitum* [...] statt, und zwar entweder: a) so, daß das zweite Verb in genau entsprechender Form [...] dem ersten durch ו (ן,) koordiniert ist. In der Regel bringt auch hier [...] erst das zweite Verb den Hauptbegriff, das erste [...] die Näherbestimmung des Modus der Handlung [...]." Vgl. auch Dobbs-Allsopp (1995) S. 41: "The two verbs function as a single semantic unit where the main idea of the sentence is indicated by the second verb, and in cases involving phasal aspect, the specific aspectual nuance by the first verb." Dies gilt allerdings nach Dobbs-Allsopp ebd. für mit ו verbundene Satzketten. — Richter bemerkt hierzu: "In (2) [sc. imp/ kohort/juss gefolgt von (w.)imp/(w.)kohort/ (w.)juss/perf consec] sind die Basen der beiden Verben verschieden, die erste ist oft semantisch festgelegt ('Bewegungsverb') und desemantisiert; die Konjugationsarten sind eingeschränkt; die Wortfolge ist fest. Insofern könnte man von einer regelhaften Formation sprechen. [...]" (Richter [1979] S. 44f.).

Andersen (1974) S. 56f. ordnet diese imp unter die Rubrik 'exclamation' ein:

"The juxtaposition of two imperative or cohortative verbs which command the first of a series of actions results in an apposition complex that could be called a VERB PHRASE, that is, a phrase consisting of closely knit verbs and functioning as

Erklärungsbedürftige Stellen:

a) Belege mit zwei Äußerungen:

In einigen Belegen liegt nicht eine Satzkette mit zwei asyndetisch verbundenen imp vor, sondern zwei getrennte Äußerungen, so in 1Sam 9,24:
*Da hob der Koch die Keule und das, was über ihr ist, auf, legte sie vor
Saul und sprach: Siehe, das Übriggebliebene!* שִׂים־לְפָנֶיךָ אֱכֹל כִּי *Lege
(es) vor dich! Iß, denn für diese Zeit ist es für dich aufbewahrt worden,
als ich das Volk rief. Da aß Saul mit Samuel an diesem Tag.* In der Regel
folgt auf einen imp, der asyndetisch an den folgenden angeschlossen ist,
kein Objekt oder eine adverbielle Bestimmung des Ortes etc. Hier scheint
dies aber der Fall zu sein. Auf שִׂים folgt לְפָנֶיךָ. Das folgende אֱכֹל ist
dann asyndetisch angeschlossen. M.E. liegt hier aber keine Satzkette,
sondern es ist von zwei Äußerungen auszugehen.

Ähnlich ist dies auch in 1Sam 1,23: *Da sprach zu ihr Elkana, ihr
Mann:* אֹתוֹ עֲשִׂי הַטּוֹב בְּעֵינַיִךְ שְׁבִי עַד־גָּמְלֵךְ *Tu, was gut ist in deinen Augen! Bleibe bis du ihn entwöhnt hast. Gewiß wird Jahwe seine Rede auf-
richten. Da blieb die Frau und stillte ihren Sohn, bis sie ihn entwöhnt
hatte.* Auch hier liegen wohl zwei Äußerungen vor.[1] עֲשִׂי הַטּוֹב בְּעֵינַיִךְ
(und Abwandlungen) ist eine eigenständige Redewendung, die aber auch
innerhalb von Satzketten stehen kann; vgl. Gen 16,6; 19,8; Jdc 10,15[2];
19,24; 2Sam 19,28.38; Jer 26,14.

1Sam 14,7 ist textkritisch unsicher: עֲשֵׂה כָּל־אֲשֶׁר בִּלְבָבְךָ נְטֵה לָךְ. Die
Wendung נְטֵה לָךְ ist so nicht verständlich.[3]

Dies gilt auch für Ex 10,28: *Da sprach zu ihm der Pharao:* לֵךְ מֵעָלַי
הִשָּׁמֶר לְךָ אַל־תֹּסֶף[4] רְאוֹת פָּנַי כִּי *Geh von mir! Hüte dich, mein Angesicht
noch einmal zu sehen, denn an dem Tag, an dem du mein Angesicht
siehst, wirst du sterben.* Auch hier scheinen zwei Äußerungen vorzulie-

---

a single predicator. The first verb is typically one of movement, usually derived from
bwᵓ *come*, hlk *walk*, yṣᵓ, *go out*, yrd *go down*, qwm, *stand up*, šwb, *return (do it
again)*, šlḥ *send.* [...]
The first verb becomes semantically empty, functioning merely as a hortatory
particle. [...]
It is token of the exclamatory function of the first verb that
it rarely receives additional clause elements, exept for nāᵓ;
nothing intervenes between the two verbs.
A further indication of the drift of the first imperative verb to the role of an
exclamation is seen in the fact that the masculine singular form may be used for all
numbers and genders, especially the long intensive form." (Hervorhebung von J.
Diehl). Allerdings ist nicht davon auszugehen, daß alle der oben aufgeführten Belege
unter die Rubrik 'exclamation' einzuordnen sind.

1   Vgl. z.B. die Übersetzung bei Revell (1989) S. 22f.: "Do what you think best. Stay
     here ...'"
2   Vgl. S. 32 Anm. 2 zur Stelle.
3   Vgl. App. BHS und Delitzsch (1920) Nr. 44b zur Stelle.
4   Hier ist wahrscheinlich אַל zu lesen (vgl. App. BHS).

gen. So übersetzt auch die Einheitsübersetzung. Die Handlung des Weg-
gehens ist getrennt zu sehen von der Handlung des Sich-Hütens. Auf
letzterem liegt allerdings der Ton der gesamten Sprechhandlung.

Ein Sonderfall liegt dann vor, wenn zweimal der gleiche imp verwen-
det wird,[1] so in Ez 34,2: בֶּן־אָדָם הִנָּבֵא עַל־רוֹעֵי יִשְׂרָאֵל הִנָּבֵא וְאָמַרְתָּ
אֲלֵיהֶם לָרֹעִים *Menschensohn, weissage gegen die Hirten Israels! Weis-*
sage, dergestalt daß du zu ihnen, zu den Hirten, sagst: .... Hier liegt nicht
eine Satzkette, sondern zwei verschiedene Äußerungen vor.

In Ez 24,3 liegen ebenfalls zwei Äußerungen vor, denn eine Wiederholung des ersten imp wäre auch hier anders nicht zu erklären, es sei
denn als Stilmittel[2]: *Lege dem widerspenstigen Haus einen Maschal vor*
und sage zu ihnen: So spricht mein Herr Jahwe: שְׁפֹת הַסִּיר שְׁפֹת וְגַם־יְצֹק
בּוֹ מָיִם *Stell den Topf auf den Herd! Stell ihn auf den Herd, und dann*
gieß Wasser hinein.

Ebenfalls verschiedene Äußerungen liegen sehr oft dann vor, wenn
ein imp zwei syndetisch verbundenen imp folgt, so z.B. in Dtn 31,19:
וְעַתָּה כִּתְבוּ לָכֶם אֶת־הַשִּׁירָה הַזֹּאת וְלַמְּדָהּ אֶת־בְּנֵי־יִשְׂרָאֵל שִׂימָהּ בְּפִיהֶם
לְמַעַן תִּהְיֶה־לִּי הַשִּׁירָה הַזֹּאת לְעֵד בִּבְנֵי יִשְׂרָאֵל *Und nun: Schreibt euch*
dieses Lied auf, und lehrt[3] es die Söhne Israels. Legt es in ihren Mund,
damit dieses Lied für mich zum Zeugen wird unter den Söhnen Israels.
Hier leitet der imp שִׂימָהּ wohl eine eigenständige Äußerung ein. Weitere
Belege: Ez 9,7[4]?; 45,9[5].

b) Stellen mit Interjektionen[6]
Bei Belegen mit imp, die als Interjektion verwendet werden, kann das
Obj. des zweiten imp vor den als Interjektion gebrauchten, ersten imp gezogen werden, so in 2Sam 7,3 *Da sprach Natan zum König:* כֹּל אֲשֶׁר
בִּלְבָבְךָ לֵךְ עֲשֵׂה כִּי *Alles, was in deinem Herzen ist: geh, tu's, denn*
Jahwe ist mit dir. כֹּל אֲשֶׁר בִּלְבָבְךָ ist hier eindeutig Objekt zu עֲשֵׂה, nicht
zu לֵךְ. לֵךְ ist hier eine Interjektion, kein begriffswörtlicher imp. Dies gilt
auch für Ez 20,39: *Ihr aber, Haus Israels, so spricht Jahwe, mein Herr:*
אִישׁ גִּלּוּלָיו לְכוּ עֲבֹדוּ *Jeder seinem Götzen: Geht, dient.* Auch hier ist
אִישׁ גִּלּוּלָיו kein Objekt zu לְכוּ, sondern zu עֲבֹדוּ. לְכוּ ist hier lediglich
eine Interjektion und damit kein begriffswörtlicher imp. Die Stelle ist
allerdings textkritisch äußerst fragwürdig.[7]

---

[1] Vgl. hierzu Kap. 2.6.1. — Hier werden nur erzählende Texte angeführt.
[2] Vgl. unten Kap. 2.6.1.
[3] Zur sg./pl.-Problematik vgl. App. BHS.
[4] Vgl. allerdings zur Stelle App. BHS.
[5] Evtl. ist die Stelle auch unter Kap. 2.3.1.3.a (vgl. S. 83) einzuordnen.
[6] Vgl. hierzu Diehl (2000).
[7] Eine ausführliche Diskussion hierzu bietet Sedlmeier (1990) S. 57-62.

c) Nukleus < imp - imp - w.imp >[1]

In Jdc 19,30 liegt eine Satzkette mit der Satzkettenformel < imp - imp - w.imp > vor: *Und es geschah: Alle, die es sahen, sagten: Nichts wie dieses ist geschehen, und haben wir seit den Tagen, als Israel aus Ägypten heraufgezogen ist, bis auf diesen Tag gesehen:* שִׂימוּ־לָכֶם עָלֶיהָ עֻצוּ וְדַבֵּרוּ *Legt die Sache vor euch[2]! Beratet und sprecht!* In der Regel trägt in diesem Nukleus der erste imp keine Erweiterung, wenn er asyndetisch an den folgenden imp angeschlossen ist; vgl. z.B.:[3] Gen 18,6[4]; 21,18; 28,2[5]; 31,13; 37,14; Dtn 2,24; 2Sam 19,8; 1Reg 18,41; 2Reg 1,3; 4,7; Jer 13,6; 36,28; Jon 1,2; 3,2 und 2Chr 20,17. In Jdc 19,30 allerdings ist die Sachlage anders. Der erste imp שִׂימוּ trägt die Erweiterung לָכֶם עָלֶיהָ. Dies legt die Vermutung nahe, daß auch hier zwei Äußerungen vorliegen. Ähnlich dürfte dies im zweiten Fall dieser Art sein (2Sam 14,30): *Da sprach er zu seinen Knechten:* רְאוּ חֶלְקַת יוֹאָב אֶל־יָדִי וְלוֹ־שָׁם שְׂעֹרִים לְכוּ [וְהַצִּיתוּהָ][6] בָאֵשׁ *Seht den Feldbesitz Joabs neben meinem, dort auf ihm hat er Gerste. Geht und zündet es mit Feuer an. Da zündeten die Knechte Abschaloms den Feldbesitz mit Feuer an.* Hier ist deutlich, daß der gesamte Sprechakt aus zwei Äußerungen besteht. Die erste Äußerung besteht aus רְאוּ mit Objekt. Die zweite Äußerung aus den beiden imp לְכוּ וְהַצִּיתוּהָ בָאֵשׁ.

d) Komplexere Stellen

In Ex 32,27 kommen insgesamt vier imp vor: *Da sprach er zu ihnen: So spricht Jahwe, der Gott Israels:* שִׂימוּ אִישׁ־חַרְבּוֹ עַל־יְרֵכוֹ עִבְרוּ וָשׁוּבוּ מִשַּׁעַר לָשַׁעַר בַּמַּחֲנֶה וְהִרְגוּ אִישׁ־אֶת־אָחִיו וְאִישׁ אֶת־רֵעֵהוּ וְאִישׁ אֶת־קְרֹבוֹ *Jeder gürte sein Schwert um seine Lenden! Geht hin und her von einem Tor zum anderen Tor des Lagers, und jeder töte seinen Bruder, jeder*

---

1   Hierher gehört evtl. auch Jes 7,11: שְׁאַל־לְךָ אוֹת מֵעִם יְהוָה אֱלֹהֶיךָ הַעְמֵק שְׁאָלָה אוֹ הַגְבֵּהַּ לְמָעְלָה Allerdings ist die Stelle umstritten: Oswalt (1986) S. 202 Anm. 1 bemerkt: "The verbs *haʿmēq* and *hagbēah* may be imperatives or infinitives in the Hiphil stem. *šeʾālâ* may be an emphatic imperative 'ask!' or more probably a locative of 'Sheol' with the original long *a* preserved in pause. In that case, taking the verbs as infinitives, a literal rendering would be: 'Ask ... making deep to Sheol, making high to the heights.'" – Vgl. zur Stelle auch Watts (1985) S. 96 Anm. 11.a; Wildberger (1980) S. 267.

2   Die Wendung שִׂים ל עַל im imp. kommt nur hier vor.

3   Hier werden nur Stellen in erzählender Rede angeführt, da in poetischer bzw. gebundener Redeweise andere Regeln für den Gebrauch des ו gelten. — Teilweise folgen noch weitere Satzkettenglieder.

4   Hier ist das Objekt des zweiten imp vor diesen gezogen.

5   Die imp werden evtl. noch in vv.2ff. durch w.juss, perf consec und w.x.imperf fortgeführt. Der Prohibitiv in v.1 gehört m.E. nicht zur Satzkette, da v.2 asyndetisch angeschlossen ist.

6   So das Qere (vgl. auch Gesenius/Kautzsch [1909] §71). Die BHS druckt bis zur zweiten Auflage יהציתוה, ab der dritten Auflage והציתוה ab.

seinen Freund und jeder seinen Nächsten. Evtl. stellt hier die Aufforderung שִׂימוּ אִישׁ־חַרְבּוֹ עַל־יְרֵכוֹ eine selbständige Äußerung dar.

In Ez 24,10f. stellen die ersten beiden imp wohl auch selbständige
Äußerungen dar, oder das ו vor dem vierten imp gilt auch für die
vorausgehenden imp: הַרְבֵּה הָעֵצִים הַדְלֵק הָאֵשׁ הָתֵם הַבָּשָׂר וְהַרְקַח 10
הַמֶּרְקָחָה וְהָעֲצָמוֹת יֵחָרוּ 11 וְהַעֲמִידֶהָ עַל־גֶּחָלֶיהָ רֵקָה לְמַעַן תֵּחַם וְחָרָה
נְחֻשְׁתָּהּ וְנִתְּכָה בְתוֹכָהּ טֻמְאָתָהּ תִּתֻּם חֶלְאָתָהּ 10 *Mehre das Holz! Brenn das
Feuer! Mach das Fleisch gar und gieße die Brühe weg (?)*[1]*, daß die
Knochen anbrennen, 11 stelle (den Topf?) leer auf die Glut, damit er
warm wird und sein Erz glüht und in ihm seine Unreinheit zerschmilzt
(und) sein Rost abgeht.*

2.1.2 SYNDETISCHE IMPERATIVKETTEN

Als Ergebnis des vorausgehenden Kapitels wurde festgehalten, daß in
Imperativketten der Form < imp - imp > – also in asyndetischen Imperativketten – der erste imp intransitiv gebraucht wird und keinerlei Erweiterungen hat (außer einem Vokativ und נָא). Ferner wurde festgestellt, daß
wohl nur ca. 25 Verben belegt sind, die als erste imp in solchen Imperativketten dienen. Diese Beobachtungen sind nicht umkehrbar, denn es
kann ein imp mit einem ו an einen ihm folgenden imp angeschlossen
werden, auch wenn er keine Erweiterung trägt (vgl. Gen 12,19). Nach
Gesenius/Kautzsch wird in solchen Fällen oft "das pronominale Objekt
[...] da, wo es aus dem Zusammenhang der Rede leicht ergänzt werden
kann, überaus häufig weggelassen [...]; persönliches Objekt ist z. B. aus-
gelassen [Gen] 12,19. [...]"[2].

Hier werden nun alle imp in erzählender Rede aufgelistet, die vor einem weiteren,
syndetisch angeschlossenen imp in einer Satzkette stehen. Die Buchstaben hinter der
Versangabe kennzeichnen das Vorkommen des imp im Vers, nicht in der Satzkette:
Gen 1,28c meint den dritten imp in v.28. Mit * sind die imp gekennzeichnet, denen
die Erweiterung vorausgeht.
Mit Erweiterung des imp: Gen 1,28c.28d; 9,7c; 12,19a; 13,14a; 14,21a; 15,5a; 16,9a;
17,1a; 18,4a; 18,6b*; 19,2a; 21,18b; 22,2a.2b; 23,8a; 24,12a; 27,3a.3b.3c.4a.7a.
9a.13a.43a; 28,2b; 29,7a; 31,12a.13b.32a; 34,8a.10b; 35,1b.1c.2a; 37,14b; 38,8a.8b;
42,2a.18a*.33a.33b*; 43,13a*.16a.16b; 44,1a; 45,17d.18a; Ex 2,9a; 4,4a; 7,9b.19b;
8,1b.12b; 10,17a; 12,21b.31b.32a; 14,16a.16b; 16,33a.33b; 17,5a.5b.9a.14a; 23,21a;
24,12a; 32,2a.12a.27c; Lev 9,2a.7a.7b; 10,12a; Num 3,40a; 14,25a*; 16,6b.7a.16a;
17,11a.11b.11c.11d.17a; 20,8a.25a.25b; 21,8a; 23,1a.13a.29a; 25,4a; 27,12a;
31,17a.17b*; Dtn 1,40a; 3,27a.27b.27c.28a; 4,9a; 5,27a; 10,1a; 26,15a; 31,14a.19a;
32,49a.49b.50a; Jos 1,7a*?.11a; 3,6a.9a; 4,2a.5a; 5,2a; 6,22a; 7,19a.19b; 8,1a; 9,11a;
10,4a.6a.6b.18a.22a; 18,8b.8c; 22,19a; 24,14a.14b.14c.23a; Jdc 6,20a.20b; 7,24a;
9,29a.32a.38b?.54a; 16,5a.26a.28a; 17,10a; 18,19b.19c; 19,8a.24a; 1Sam 7,3a.3b;

---

[1]   So nach Vorschlag HALAT Sp. 1203a: "וְהָרֵק הַמֶּרְקָ֑ק" (vgl. auch App. BHS). Die
      Bedeutung der Wendung ist unklar (nach Gesenius/Buhl [1915] Sp. 774a evtl. *ko-
      chen* oder *umrühren*).

[2]   Gesenius/Kautzsch (1909) §117*f* S. 380.

9,3a; 14,38a; 15,25a.30a; 16,1a; 17,17a; 18,17a; 23,22a; 28,8a; 31,4a; 2Sam 1,9a;
2,21a.21b; 3,31a.31b; 7,25a(*); 11,8a.25a; 12,28a.28b; 13,5a.7a.17a; 17,16a; 20,4a.
6a; 24,2a; 1Reg 2,31a; 3,25a; 12,5a; 13,6a.7a.15a; 18,25a.25b.34a; 20,24b; 21,9a.9b;
22,12a.26a.27a.34a; 2Reg 1,3b; 2,20a; 4,7b.26a.29a.29b.38a; 8,8a; 9,1a.1b.17a.34a;
10,6a.16a; 17,13a; 18,25a.31a.31b.31c; 19,16a.16c.29a*.29c; 25,24a; Jes 8,1a;
36,10a.16a.16b.16c; 37,17a.17c; Jer 7,12a.21a(*).29a; 13,4a.6b; 18,11a; 22,3a;
25,5a; 26,13a; 27,12a.12b.17a; 29,5a.5c.6a.6b.6c.7a.28a.28c; 32,25a; 35,15a;
36,14a(*).28b; 39,12a; 40,5a.9a.10a.10b; 42,20a; Ez 2,8b; 3,1b.10a(*).10b*;
6,2a.11a.11b; 9,5a.7a; 10,2a.2b; 12,3a; 13,17a; 14,6c; 16,52b*?; 18,31a; 20,19a*.
19b*.19c; 21,2a.2b.7a.7b; 24,10c; 25,2a; 28,21a; 29,2a; 32,18a; 35,2a; 37,16a.16b.
16c; 38,2a; 40,4a.40b*; 43,11a; 44,5a.5b; 45,9a*; Am 7,12b; Jon 1,2b.12a; 3,2b;
Sach 5,5a; Hi 1,11a; 2,5a.9a; 42,8a; Ruth 3,15a; 4,11a; Est 4,16b; 6,10b; 8,8a; Dan
9,17a.18a.18c.23a; 10,11a; 12,4a; Esra 10,11a.11b; Neh 3,36a.36b; 4,8*; 8,10b.10c.
15a; 13,22a(*); 1Chr 10,4a; 21,2b; 22,19a; 28,8a*.9a; 29,18a; 2Chr 18,11a.25a.26a;
20,20b; 24,5a; 28,11a; 29,5b; 30,8a.8b; 35,3b.4a.5a.6a.
Ohne Erweiterung des imp:[1] Gen 1,22a.22b.28a.28b; 9,1a.1b.7a; 19,2b; 24,51a;
27,19b.26a; 34,10a; 35,2b.11a; 42,33c; 45,9a; 49,2a.2b; 50,6a; Ex 10,11b; 12,21a;
25,40a; 32,27b?[2]; Num 23,18a; Dtn 1,40a; 1,7a.7b.8b; 2,13a.24b.24f; 3,28b; 9,23a;
27,9a, 31,6a.7a.23a; Jos 1,6a.9a.18a; 6,7a; 7,2a; 10,25a; 18,8a; 22,4a; Jdc 8,21a;
10,14a; 19,6a.6b.30b; 1Sam 4,9a; 6,7a; 12,16a.17a; 14,17a.38b; 16,11a; 20,31a;
22,17a.18a; 23,22c.23a.27a; 24,12c; 25,17a; 29,7a; 2Sam 7,29a; 13,28c; 14,2a;
15,19a.20a.22a; 17,21a; 19,8b; 24,13a?; 1Reg 1,13a; 18,41b.44c; 20,7a.22b.22c;
21,10b; 22,15a.22a; 2Reg 4,24a; 5,7a.13a; 6,3a.13a; 7,14a; 8,1a.1b?; 10,23a; 14,10a;
16,7a; 19,16d.29b; Jes 7,4a; 37,17d; Jer 7,29b; 25,27a.27b.27c; 29,5b.28b; 36,15a;
Ez 8,9a; 14,6b; 18,30a.32a; 33,30a; 36,32a; 38,7a; 39,17b; Dan 9,19c; 10,19a; Esra
8,29a; 10,4b; Neh 7,3a[3]; 1Chr 22,13a.16a; 22,19b; 28,10b.20a.20b; 2Chr 18,14a.21a;
19,7a.11a; 20,17b; 29,5a.31a; 35,6b.

Es zeigt sich, daß Stellen der Form < imp - w.imp > mit Erweiterungen
(Objekt, adverbielle Ergänzungen usw.) des ersten imp wesentlich häufiger vorkommen als ohne.

2.1.3   POETISCHE REDE

Bisher wurden nur Imperativketten untersucht, die in erzählenden Texten
gestanden haben. Es wurde festgestellt, daß imp im ersten Satzkettenglied mit Erweiterungen (Objekt, adverbielle Ergänzungen usw.) einen
syndetisch angeschlossenen imp fordert. In poetischer Rede ist die
Sachlage eine etwas andere. Man kann generell zwei Arten von Stellen
unterscheiden: zum einen kann der Parallelismus membrorum die Funktion eines ו übernehmen (z.B. Jes 48,16; vgl. unten), zum anderen liegt
häufig nicht eine Satzkette, sondern zwei Äußerungen vor, die – der
Funktion des Parallelismus membrorum gemäß – ein Argument von zwei
Seiten betrachten (z.B. Jes 41,21 und 40,3; vgl. unten).[4]

---

[1]   Hier werden auch imp aufgeführt, nach denen lediglich ein Vokativ (oder נא) steht.
[2]   Evtl. trägt der imp die Erweiterung mit dem folgenden imp zusammen.
[3]   Zur Form des zweiten imp vgl. Gesenius/Kautzsch (1909) §53*m*.
[4]   Bartelmus (1994) S. 199f. bemerkt zu Syndese und Asyndese: "Betrachtet man die
      Texte unter diesem Gesichtspunkt genauer, so zeigt sich, daß Asyndese redundant

In Jes 48,16 übernimmt der Parallelismus membrorum die Funktion des וֹ: קִרְבוּ אֵלַי שִׁמְעוּ־זֹאת *Naht euch mir (und) höret dies! Nicht habe ich von Anfang an im Verborgenen geredet. Von der Zeit an, an der es geschieht, bin ich dort. – Und nun sendet mich mein Herr Jahwe – und sein Geist.* Durch die Erweiterung אֵלַי verlangt der imp קִרְבוּ einen syndetischen Anschluß an שִׁמְעוּ־זֹאת. Da diese Aufforderung aber im Parallelismus membrorum steht, kann das וֹ fehlen. Es handelt sich jedoch um *eine* Äußerung, nicht um *zwei.* In v.14 steht eine ähnliche Äußerung, hier mit וֹ verbunden: הִקָּבְצוּ כֻלְּכֶם וּשְׁמָעוּ *Versammelt euch alle und hört, wer jenes unter ihnen verkündigt hat.*

Es sei hier noch auf zwei weitere Stellen (Ps 61,2; Prv 7,24) hingewiesen, an denen deutlich wird, daß eine rhetorische Figur die Funktion von וֹ übernehmen kann. In beiden Stellen liegt eine ähnliche Äußerung vor, einmal asyndetisch, einmal syndetisch verbunden. Prv 7,24 lautet: וְעַתָּה בָנִים שִׁמְעוּ־לִי וְהַקְשִׁיבוּ לְאִמְרֵי־פִי *Und nun: Söhne, hört auf mich und merkt auf die Worte meines Mundes!* Hier trägt שִׁמְעוּ das Objekt לִי. Regelgerecht wird der zweite imp הַקְשִׁיבוּ mit וֹ an den ersten angebunden. Dies ist in Ps 61,2 nicht der Fall: שִׁמְעָה אֱלֹהִים רִנָּתִי הַקְשִׁיבָה תְּפִלָּתִי *Höre, Gott, mein lautes Flehen, merke auf auf mein Gebet!* Hier liegt eine asyndetisch verbundene Imperativkette vor, obwohl ebenfalls der erste imp der Kette ein Objekt regiert, also transitiv gebraucht ist. Dies würde ein וֹ fordern. Es scheint allerdings die stilisierte Redefigur die Funktion des וֹ zu übernehmen. Diese Stellen sind also unter den syndetischen Imperativketten mit "virtuellem" וֹ in poetischer Rede einzuordnen. Wann in einer solchen Redefigur ein וֹ steht und wann nicht, wo also der genaue Unterschied zwischen Prv 7,24 und Ps 61,2 liegt, kann bisher m.E. nicht erklärt werden.

In Jes 41,21 ist die Sachlage eine andere: קָרְבוּ רִיבְכֶם יֹאמַר יְהוָה הַגִּישׁוּ עֲצֻמוֹתֵיכֶם יֹאמַר מֶלֶךְ יַעֲקֹב *Bringt euren Rechtsstreit vor! spricht Jahwe. Bringt eure Beweise vor! spricht der König Jakobs.* Hier liegen eindeutig zwei Äußerungen vor.

---

praktisch nur in poetischen Texten – also in 'Rede' – vorkommt (vgl. z.B. Ps 113), wenn dort Syndese auch nicht ausgeschlossen ist (vgl. Ps 9,8-11 neben Ps 9,2b-4.12). In wenigen Fällen, wo Asyndese in erzählenden Kontexten vorkommt, liegt entweder ein absoluter Textanfang (so Ijob 1,1; Gen 6,9) oder Textverderbnis vor, oder aber der Erzähler begibt sich außerhalb der Erzählebene und kommentiert das erzählte Geschehen aus dem Blickwinkel seiner Gegenwart bzw. seiner Leser (so Gen 13,12; Jos 8,35); im letztgenannten Fall spricht man von 'explikativer Asyndese', einem Phänomen, das strukturell der Apposition auf der Wortebene entspricht. M. a. W. das – relativ – zuverlässigste Mittel zur Unterscheidung von 'Rede' und 'Erzählung' stellt die Untersuchung von Texten nach den Kriterien Syndese und Asyndese dar. Die Vermutung, daß im Hebräischen die Unterscheidung von 'Rede' und 'Erzählung' mehr der Syntax bzw. dem Lexikon überlassen geblieben ist, hat sich somit in gewisser Weise bewahrheitet." (Ebd. S. 200).

Dies wird dadurch deutlich, daß beide Aufforderungen durch יֹאמַר begrenzt werden. Durch die Begrenzung durch יֹאמַר gehört die Stelle
eigentlich nicht hierher, da keine Satzkette der Form < imp - imp > vorliegen kann. Der Fall wurde dennoch hier aufgenommen, weil dadurch
die folgende Stelle klarer wird (Jes 40,3):

קוֹל קוֹרֵא

בַּמִּדְבָּר פַּנּוּ   דֶּרֶךְ יְהוָה

יַשְּׁרוּ בָּעֲרָבָה   מְסִלָּה לֵאלֹהֵינוּ

*Eine Stimme ruft: In der Wüste bereitet einen Weg für Jahwe! Ebnet in
der Steppe eine Straße für unseren Gott!*

Durch die Erweiterungen בַּמִּדְבָּר und דֶּרֶךְ יְהוָה fordert der erste imp,
wenn eine einzige Äußerung vorläge, ein ו vor dem folgenden imp יַשְּׁרוּ.
Es liegt hier mit Sicherheit kein Wertigkeitsgefälle der imp, wie in Jes
48,16 vor. Schon von daher erhebt sich der Verdacht, daß es sich hierbei
um zwei Äußerungen handeln könnte. Auf dem Hintergrund von Jes
41,21 erhärtet sich dieser.

Betrachtet man nun alle asyndetischen Imperativketten mit zwei imp
(Satzkette: < imp - imp >) in poetischer Rede ohne irgendwelche weiteren Zusätze (z.B. perf consec, al.juss usw.),[1] dann fällt auf, daß entweder
kein Objekt und keine Erweiterung außer einem Vokativ auf den ersten
imp folgt, oder daß beide imp in verschiedenen Gliedern des Parallelismus membrorum stehen.[2] Diese Fälle seien nun aufgelistet:[3]

a) Imperative in unterschiedlichen Gliedern des Parallelismus membrorum
Gen 4,23; Dtn 32,7; Jes 1,10; 10,30 (tk); 12,4aγ.b; 21,2; 23,6; (29,9[tk]);
30,10; 40,3; 41,21; 48,16.20; 55,6; Jer 2,23; 4,16[4]; 20,13; 48,17.19;

---

[1] Auf komplexere Belege mit mehr als zwei asyndetischen imp in poetischen Texten
    wird hier nicht eingegangen. Vgl. hierzu z.B. Jes 47,2f.; 52,2; 62,10 u.ö.

[2] Zumindest bei "gleichwertigen Imperativen" (vgl. unten Kap. 2.3.2) liegen bei imp,
    die in verschiedenen Kola stehen, oft zwei Äußerungen vor. Daraus folgt, daß die
    imp nicht syndetisch verbunden sein müssen, da sie nicht in einer Satzkette stehen.
    Stehen aber beide imp in einer Satzkette, also in einem Kolon eines Parallelismus
    membrorum, und trägt der erste imp eine Erweiterung (Objekt, adv. Bestimmungen),
    dann muß zwischen diesem imp und dem folgenden ein ו stehen. Wenn nun zwei imp
    im Parallelismus membrorum als *einer* Satzkette stehen und der erste eine Erweite-
    rung (Objekt, adv. Bestimmung) trägt, also in erzählenden Texten ein ו gefordert
    wäre, dann übernimmt wohl der Parallelismus membrorum diese Funktion.

[3] Hier sind auch die Stellen aufgelistet, in denen keine asyndetischen Imperativketten
    vorliegen, sondern zwei Äußerungen (vgl. auch unten Kap. 2.3.2.a).

[4] Unklar ist das הֵנָּה, das auf den ersten imp folgt. Holladay (1986) Sp. 141b bemerkt:
    "Vocalization הִנֵּה for M הֵנָּה 'behold' [...].''; Bright (1965) S. 29 Anm. a-a "Heb. 'to
    the nations. Behold.' cannot be correct, but proposed emendations are all conjectur-

(49,3[1]); 50,(14).15; 51,11; Ez 24,4; Hos 5,8; 10,12; Nah 2,1; Zeph 2,3; Sach 9,9[2]; Ps 2,10; 5,2.9; 25,4; 31,17; 33,2.3; 35,1; 40,14; 47,2; 49,2[3]; 51,3; 54,4; 55,10; 58,7; 61,2; 62,9; 66,2; 68,33; 78,1; 80,2-3; 81,2; 82,3.4; 84,9; 94,2; 100,2[4]; 103,22; 105,4; 106,4; 119,37[5].149.159; 141,1.3; 147,7.12; Hi 33,32; Prv 4,20; 6,21; 7,3; Cant 2,5.14; 1Chr 16,11[6].23[7].

b) Asyndetische Imperative

Jdc 5,3; Jes 21,5 (im p.m.); 21,6; 22,15; 23,12[8]; 52,9; 55,1; 60,1; Jer 13,18; 48,6; 49,31; Hos 1,2; Joel 1,13aγ; 4,13; Ps 3,8 (im p.m.); 10,12; 13,4a[9]; 34,12; 46,9; 82,8; Hi 6,28[10]; 17,3 (tk)[11]; Cant 2,13?[12].17.

c) Unklare Stellen

In Ps 86,1 steht kein ו, obwohl die beiden imp in einem Kolon stehen: הַטֵּה־יְהוָה אָזְנְךָ עֲנֵנִי כִּי־עָנִי וְאֶבְיוֹן אָנִי *Neige, Jahwe, dein Ohr! Antworte mir! Denn ich bin elend und arm.* Vor עֲנֵנִי ist eigentlich ein ו gefordert. LXX und Peschitta scheinen ein ו gelesen zu haben.[13] Ähnliches gilt für

---

al." Weitere Vorschläge bei Carroll (1986) S. 165. Nötscher (1934) S. 61: "In V. 16 lies vielleicht haggīdū bīhūdāh; M: 'den Völkern; siehe'; ferner wohl ṣārim, vgl. G und Jes 1,8; M: 'Wächter.'" Volz (1928) S. 52: "M ist sachlich und in der Form unmöglich. Ich lese הַזְכִּירוּ הַגִּידוּ בִיהוּדָה: die Unglückspost kommt von Nord nach Süd, von Dan über Ephraim nach Juda und Jerusalem.". Ähnlich auch Rudolph (1968) S. 34: "M allenfalls: 'meldet von den Völkern: sie sind da'. Ich lese הַזְהִירוּ לְבִנְיָמִין; Benjamin ist graphisch und sachlich besser als Juda [...]."

1 Es handelt sich hierbei um eine sehr komplexe Stelle.
2 מאד ist als Erweiterung anzusehen.
3 Mit זאת als Erweiterung.
4 In v.3 beginnt m.E. eine neue Äußerung.
5 In v.38 beginnt m.E. eine neue Äußerung.
6 In v.12 beginnt m.E. eine neue Äußerung.
7 In v.24 beginnt m.E. eine neue Äußerung.
8 Hier steht das Objekt des zweiten imp vor dem ersten. – Evtl. liegt hier mit dem folgenden Satz גַּם־שָׁם לֹא־יָנוּחַ לָךְ ein konditionales Satzgefüge vor (vgl. Friedrich [1884] S. 80).
9 In v.4b beginnt m.E. eine neue Äußerung.
10 In v.29 beginnt m.E. eine neue Äußerung.
11 Vgl. Bobzin (1974) S. 245.
12 Nach Ketib.
13 Vgl. App. BHS.

Prv 20,13: *Liebe nicht Schlaf, damit du nicht verarmst!* פְּקַח עֵינֶיךָ שְׂבַע־
לֶחֶם *Öffne deine Augen, so wirst du satt an Brot* (wörtlich: *werde satt an Brot*). Auch hier wird ein וֹ vor שְׂבַע gefordert.[1]

Weiterer Beleg: Ps 17,6b.

Auch in Jes 12,4a ist ein וֹ zu erwarten: הוֹדוּ לַיהוָה קִרְאוּ בִשְׁמוֹ *Lobt Jahwe, ruft seinen Namen an.* Allerdings verzeichnet hier App. BHS keine Textvariante, oder es liegen verschiedene Äußerungen vor (so wahrscheinlich v.4b). So auch in Nah 2,10a.[2]

d) Imperativketten mit drei asyndetischen Imperativen

Bei Imperativketten mit drei imp besteht oft das Problem der Abgrenzung. Es ist oft unklar, ob eine Satzkette oder verschiedene Äußerungen vorliegen, so z.B. in Jes 32,9: נָשִׁים שַׁאֲנַנּוֹת קֹמְנָה שְׁמַעְנָה קוֹלִי בָּנוֹת
בֹּטְחוֹת[3] הַאְזֵנָּה אִמְרָתִי *Ihr stolzen Frauen, auf, höret meine Stimme! Ihr sicheren Töchter, nehmt zu Ohren meine Worte!* Hier dient der imp קֹמְנָה als Interjektion. Es stellt sich aber die Frage, ob קֹמְנָה Interjektion für die *beiden* folgenden imp ist, also double duty Funktion hat, oder nur für שְׁמַעְנָה. Ähnliches gilt auch für Jer 12,9: *Mein Besitz ist für mich wie der bunte Vogel, umringt von Raubvögeln.* לְכוּ אִסְפוּ כָּל־חַיַּת הַשָּׂדֶה הֵתָיוּ
לְאָכְלָה *Auf, sammelt euch, alles Lebende des Feldes, kommt[5], um zu fressen.* לְכוּ kann hier entweder Interjektion zu אִסְפוּ oder zu beiden imp sein.

In Ps 6,5 stellt שׁוּבָה wohl eine eigenständige Äußerung dar,[6] bei den beiden anderen imp ersetzt der Parallelismus membrorum das וֹ:
שׁוּבָה יְהוָה חַלְּצָה נַפְשִׁי   הוֹשִׁיעֵנִי לְמַעַן חַסְדֶּךָ *Kehre um, Jahwe! Rette meine Seele (und) hilf mir um deiner Loyalität willen!*

In Ps 28,4 faßt der letzte imp die beiden vorausgehenden imp zusammen: תֶּן־לָהֶם כְּפָעֳלָם וּכְרֹעַ מַעַלְלֵיהֶם כְּמַעֲשֵׂה יְדֵיהֶם תֵּן לָהֶם הָשֵׁב גְּמוּלָם
לָהֶם *Gib ihnen entsprechend ihrem Tun und entsprechend ihren bösen Handlungen! Nach den Taten ihrer Hände gib ihnen! Laß auf sie zurückkehren ihre Tat!* Hier liegen entweder zwei asyndetisch verbundene untergeordnete[7] imp vor (2 mal תֵּן); es folgt dann ein tontragender imp הָשֵׁב. Oder es liegen drei eigene Äußerungen vor.

Weitere Belege mit drei imp in poetischer bzw. gebundener Redeweise: Ps 17,1; 69,19; 74,22; 100,4; 105,1.2; 1Chr 16,8.9 u.ö.

---

[1]   Vgl. App. BHS.
[2]   Vgl. auch S. 110 zur Stelle.
[3]   Vgl. hierzu App. BHS.
[4]   Evtl. ist hier auch ni. zu lesen (vgl. App. BHS).
[5]   Wenige Handschriften lesen wohl אָתָיוּ *kommt* statt הֵתָיוּ *bringt* (vgl. App. BHS).
[6]   Auch wenn nur eine Satzkette vorliegt, ist dies unproblematisch, da יְהוָה ein Vokativ ist und so kein וֹ gefordert ist.
[7]   Vgl. hierzu Kap. 2.3 Wertigkeitsgefälle.

2.1.4   Ergebnis: Asyndetische und syndetische Imperativketten
Es hat sich gezeigt, daß imp in erzählender Rede immer dann syndetisch verbunden werden, wenn der einem anderen imp vorausgehende imp eine Erweiterung trägt. Dies gilt hingegen nicht für einen Vokativ. In poetischer Rede kann das ו ausfallen, dies gilt wohl allerdings nur in verschiedenen Gliedern des Parallelismus membrorum.

2.2   Die Funktionen von Imperativketten (Literaturübersicht)[1]
In Kap. 1.1.2 wurde die Forschungslage des imp und seiner Fortführung bereits dargestellt. Hier sei nun auf reine Imperativketten eingegangen.[2]

Nach Gesenius/Kautzsch stehen zwei imp, die aufeinander folgen, in einer engen Beziehung zueinander, wobei der zweite imp die Folge des ersten imp darstellt.[3] Ferner gilt im Falle der Beiordnung in syndetischen Satzketten: "In der Regel bringt auch hier [...] erst das zweite Verb den Hauptbegriff, das erste (so namentlich שׁוּב, יָסַף, הוֹסִיף) die Näherbestimmung des Modus der Handlung."[4] Dies gilt auch für imp, was die von Gesenius/Kautzsch angeführten Beispiele zeigen.[5] Bei der Beiordnung in asyndetischen Satzketten sind die imp der Verben קוּם und הלך vor Verben der Bewegung sehr oft als Interjektionen aufzufassen.[6] Andere Verben werden zur Umschreibung von bestimmten Handlungen verwendet, so z.B. das Verb שׁוּב, um eine wiederholte Handlung auszudrücken.[7] Dies gilt auch für Imperativketten.[8]

Auch in den anderen Grammatiken wird die an Gesenius/Kautzsch dargestellte Linie verfolgt.[9]

---

[1]   Es wird hier nur auf reine Imperativketten eingegangen. Zu anderen Fragen vgl. oben Kap. 1.1.2 und unten Kap. 3.2 und 4.2.

[2]   Auf in Kap. 1.1.2 ausführlich dargestellte Positionen wie die Unterscheidung von 'direct' und 'indirect volitives' bei Joüon/Muraoka (1991) §§114.116 u.a. wird hier nicht mehr eingegangen.

[3]   Vgl. Gesenius/Kautzsch (1909) §110*f*.

[4]   Gesenius/Kautzsch (1909) §120*d*. — Hier klingt bereits an, was Revell (1989) S. 22 formuliert: "Even where the first of two imperatives is not merely hortatory, the second can often be understood as carrying the more significant component of the command."

[5]   Vgl. Gesenius/Kautzsch (1909) §120*d*.

[6]   Vgl. Gesenius/Kautzsch (1909) §120*g*. — Allerdings gilt dies nach Diehl (2000) S. 117-120 nicht nur für asyndetische, sondern in einigen Fällen auch für syndetische Imperativketten und für בוֹא. — Weitere Lit. bei Diehl (2000) S. 102 Anm. 5.

[7]   Vgl. Gesenius/Kautzsch (1909) §120*g*. Jenni (1981) §23.3.3 spricht hier von den sog. 'Formverben'.

[8]   Vgl. die Beispiele bei Gesenius/Kautzsch (1909) §120*g*.

[9]   So z.B. Davidson (1901) §64: "The imper. with simple vav following another imper. expresses the certain *effect* of the first, or it may be its *purpose*. The first imper. in this case virtually expresses a condition which carries with it the second as a conse-

In der Regel stehen die syntaktischen Funktionen von Imperativketten im Vordergrund der Betrachtungen, hier sind in erster Linie die syntaktischen Funktionen Implizite Hypotaxe (final/konsekutiv) und (konditional) zu nennen.[1]

2.3 DIE WERTIGKEITSFUNKTION IN IMPERATIVKETTEN

Betrachtet man reine Imperativketten auf ihr Aussagegefälle hin, so fällt auf, daß in manchen Imperativketten die imp gleichwertig sind. So z.B. in Prv 23,7 וּשְׁתֵה אֱכֹל *Iß und trink!, spricht er zu dir, aber sein Herz ist nicht bei dir.* In dieser Stelle stehen die beiden imp וּשְׁתֵה אֱכֹל *iß und trink* gleichwertig nebeneinander. Es ist keine unterschiedliche Gewichtung zwischen beiden imp zu sehen. Keiner der beiden imp bildet die Voraussetzung für die Durchführung des anderen imp. Man kann sie austauschen.

Betrachtet man hingegen andere Imperativketten, so ist die Sachlage eine andere, so z.B. Gen 12,19:? *Wozu hast du gesagt: Sie ist meine Schwester, so daß ich sie mir zur Frau nahm. Und nun: Siehe, deine Frau:* קַח וָלֵךְ *Nimm (sie) und geh!* In dieser Stelle sind die beiden imp קַח וָלֵךְ *nimm (sie) und geh* keineswegs gleichwertig. Der Kontext der Stelle zeigt, daß der Ton hier nicht darauf liegt, daß Abram Sarai nimmt, sondern daß er (eiligst) weggeht. Im Gegenteil, Abram muß zuerst seine Frau wieder an sich nehmen und dann weggehen. Abram hat ja den Pharao vorher glauben gemacht, Sarai sei seine Schwester, damit man ihn nicht um ihretwillen umbringe, weil sie so schön an Gestalt sei. Diese beiden imp sind also nicht austauschbar.

Es ist deutlich, daß es einerseits Imperativketten mit gleichwertigen imp gibt, es gibt aber ebenso Imperativketten in denen ein imp gewichtiger ist als ein anderer. Dies führt zu folgenden Fragen: Liegen bei Imperativketten in der Regel eher gleichwertige imp vor oder gibt es mehr Stellen mit Wertigkeitsgefälle? In welcher Textsorte kommt die eine oder andere Variante häufiger vor? Wenn unterschiedlich gewichtige imp in Imperativketten vorliegen, welcher imp trägt dann in der Satzkette den Ton?

Im ersten Teil dieses Kapitels sollen solche Imperativketten betrachtet werden, die ein Wertigkeitsgefälle ausweisen (Kap. 2.3.1). Es zeigt sich, daß in Imperativketten in der Regel der letzte imp der Kette den Ton derselben trägt, in weit weniger Fällen liegen gleichwertige imp vor (diese Fälle werden in Kap. 2.3.2 behandelt).

---

quence."; Gibson (1994) §86; Grether (1955) §83*i.l*; Lambdin (1971) §107; Lambdin/von Siebenthal (1999) §107.
[1] Vgl. hierzu Kap. 2.4.2; Lit. ebd.
[2] Ähnlich Schwanz [1978] (vgl. hierzu oben S. 24 Anm. 4).

2.3.1   Wertigkeitsgefälle in Imperativketten

In diesem Kapitel werden Imperativketten mit Wertigkeitsgefälle untersucht. Dabei steht die Frage im Vordergrund, welcher der imp den Ton
der Satzkette trägt. Man kann anhand der beiden in Kap. 1.5 genannten
Methoden "Austauschprobe" und "Kontextanalyse" erweisen, daß in Imperativketten mit Wertigkeitsgefälle stets der letzte imp, nie der erste imp
der Satzkette den Ton trägt.

2.3.1.1   Austauschprobe

Bei der Austauschprobe werden Imperativketten mit gleichen Lexemen
aber unterschiedlicher Lexemfolge verglichen und die jeweiligen Ketten
auf ihr Aussagegefälle hin befragt. Grundlage sind hier alle Verben, die
mindestens 40mal im imp im Alten Testament vorkommen.[1]

a) הלך - לקה[2]

Es gibt wesentlich mehr als die hier aufgeführten Stellen mit הלך und
לקה, allerdings werden diese Stellen oft durch ein perf consec oder
w.kohort/juss fortgeführt oder הלך imp wird als Interjektion gebraucht.
Der Klarheit halber werden diese Stellen hier aber nicht aufgeführt (vgl.
z.B.: לקה <- הלך Gen 24,51; Ex 12,32; Jos 9,11; 2Reg 9,1; Hi 42,8 –
הלך <- לקה Gen 27,9; Ex 5,11).

i) לקח <- הלך

In Jer 13,6 erhält der Prophet den Auftrag, an den Euphrat zu gehen und
einen Gürtel, den er vorher dort versteckt hat, wiederzuholen: קוּם לֵךְ
פְּרָתָה וְקַח מִשָּׁם אֶת־הָאֵזוֹר אֲשֶׁר *Auf[3], geh an den Euphrat, und hole von*
dort den Gürtel, den ich dir dort zu verbergen befohlen habe. Hier ist das
Gehen die Voraussetzung für das Holen des Gürtels. So wird auch im
Bericht der Durchführung (v.7) sehr starkes Gewicht auf den Gürtel ge-
legt: וָאֵלֵךְ פְּרָתָה וָאֶחְפֹּר וָאֶקַּח אֶת־הָאֵזוֹר מִן־הַמָּקוֹם אֲשֶׁר־טְמַנְתִּיו שָׁמָּה *Da*
ging ich an den Euphrat und grub und nahm den Gürtel von dem Ort, an
dem ich ihn verborgen hatte.

    Ein ähnlicher Fall liegt in Hos 1,2 vor: לֵךְ קַח־לְךָ אֵשֶׁת זְנוּנִים וְיַלְדֵי
זְנוּנִים כִּי *Geh[4], nimm dir eine hurerische Frau und hurerische Kinder,*

---

[1] Belege mit den Verben הלך, קוּם und בוא werden nur dann aufgenommen, wenn
     keine Interjektionen vorliegen.
[2] Zum Teil ähnlich Schwanz [1978] (vgl. hierzu oben S. 24 Anm. 4).
[3] קוּם ist hier evtl. als Interjektion aufzufassen (vgl. Diehl [2000] S. 120: hier wird der
     Beleg unter denjenigen aufgenommen, bei denen der imp sowohl als Interjektion als
     auch begriffswörtlich aufgefasst werden kann) und beeinflußt die Analyse nicht.
[4] Jeremias (1983) S. 24 faßt לֵךְ als Interjektion auf, der imp wird aber im Bericht der
     Durchführung (v.3) aufgenommen, so daß er hier wohl begriffswörtlich aufzufassen
     ist (vgl. auch Diehl [2000] S. 120).

denn .... Auch hier liegt der Ton eindeutig auf dem zweiten imp. Hosea soll nicht in erster Linie hingehen, sondern das Wichtige an diesem Befehl ist, daß Hosea sich eine Frau nimmt. Es ist also wahrscheinlich, das bei den hier genannten Imperativketten der Folge לקח <- הלך der letzte imp den Ton trägt.

ii) הלך <- לקח

Wie bereits erwähnt, sind die imp in Gen 12,19 nicht gleichwertig, sondern der letzte imp trägt den Ton: *Wozu hast du gesagt: Sie ist meine Schwester, so daß ich sie mir zur Frau nahm. Und nun: Siehe, deine Frau:* קַח וָלֵךְ *Nimm (sie) und geh!* Der Kontext in v.20 zeigt, daß es dem Pharao in erster Linie darauf ankommt, daß Abram und Sarai sein Land verlassen: וַיְצַו עָלָיו פַּרְעֹה אֲנָשִׁים וַיְשַׁלְּחוּ אֹתוֹ וְאֶת־אִשְׁתּוֹ וְאֶת־כָּל־אֲשֶׁר־לוֹ *Da befahl der Pharao wegen ihm Männer, und sie schickten ihn und seine Frau und alles, was ihm war, weg.* Wichtig ist also, daß Abram geht. Auf dem zweiten imp liegt demnach der Ton der Satzkette.

Ähnliches gilt für Jer 36,14: *Da schickten die ganzen Obersten Jehudi, den Sohn Netanjas, den Sohn Schelemjas, des Sohnes Kuschis, zu Baruch, um auszurichten:* הַמְּגִלָּה אֲשֶׁר קָרָאתָ בָּהּ בְּאָזְנֵי הָעָם קָחֶנָּה בְיָדְךָ וָלֵךְ *Die Buchrolle, aus der du vor dem Volk gelesen hast, nimm in deine Hand und komm.* Baruch soll den Oberen aus seiner Schriftrolle vorlesen, die ihm Jeremia diktiert hat. Mit diesem Befehl zitieren sie Baruch zu sich. Das Nehmen der Schriftrolle ist die Voraussetzung für das Kommen. Wichtig ist aber zunächst, daß Baruch kommt, der zweite imp trägt also den Ton.

iii) Es zeigt sich demnach, daß jeweils der letzte imp in Imperativketten, die aus zwei imp bestehen, den Ton trägt. Dies gilt unabhängig davon, ob die Lexemfolge לקח <- הלך oder הלך <- לקח vorliegt. Es stellt sich nun die Frage, ob dies auch für andere Lexemfolgen gilt. Wenn dies der Fall ist, dann trägt in Imperativketten mit zwei imp wohl in der Regel der zweite imp den Ton.

b) יצא - בוא
i) בוא <- יצא

In Neh 8,15 trägt der letzte imp den Ton der Äußerung: צְאוּ הָהָר וְהָבִיאוּ עֲלֵי־זַיִת וַעֲלֵי־עֵץ שֶׁמֶן וַעֲלֵי הֲדַס וַעֲלֵי תְמָרִים וַעֲלֵי עֵץ עָבֹת לַעֲשֹׂת סֻכֹּת כַּכָּתוּב *Geht hinaus auf den Berg und bringt Ölbaumlaub und Laub vom wilden Ölbaum und Myrtenlaub und Palmenlaub und Laub von dicht belaubten Bäumen, um Laubhütten zu bauen, wie es geschrieben steht.* Wichtig ist hier nicht, daß man hinaus auf die Berge geht, sondern daß man Laub holt, um Laubhütten zu bauen. Es trägt also der zweite imp den Ton.

ii) בּוֹא -> יָצָא

In Jos 6,22 liegt die umgekehrte Lexemfolge vor: *Da sprach Josua zu den beiden Männern, die das Land auskundschafteten:* בֹּאוּ בֵית־הָאִשָּׁה הַזּוֹנָה וְהוֹצִיאוּ מִשָּׁם אֶת־הָאִשָּׁה וְאֶת־כָּל־אֲשֶׁר־לָהּ *Geht in das Haus der hurerischen Frau, und führt von dort die Frau und alles, was (zu) ihr gehört, heraus, wie ihr es geschworen habt.* Auch hier trägt der zweite imp den Ton, denn wichtig ist ja nicht, daß die Boten zu Rahab gehen, sondern daß sie sie und ihre Familie aus dem Haus holen, bevor die Stadtmauer von Jericho einstürzt.

iii) Bei diesem Lexempaar trägt also ebenfalls der letzte imp einer Imperativkette den Ton, unabhängig von der Lexemfolge (und dem jeweiligen Verbstamm).

c) שׁוּב - הָלַךְ[1]

i) שׁוּב -> הָלַךְ

In 1Reg 12,5 schickt Rehabeam Bittsteller mit folgender Äußerung weg: לְכוּ עֹד שְׁלֹשָׁה יָמִים וְשׁוּבוּ אֵלָי *Geht bis zum dritten Tag[2], und kommt dann wieder zu mir.* Wichtig ist hier, daß die Bittsteller nach drei Tagen wiederkommen, denn dann wird Rehabeam ihnen antworten. Daß die Bittsteller weggehen, ist nur die Voraussetzung dafür. In Prv 3,28 wird folgender Ratschlag gegeben: *Sage nicht zu deinem Nächsten*[3]: לֵךְ וָשׁוּב *Geh und komm wieder, morgen will ich es dir geben!, und du hast (das Erbetene).* Hier liegt der Ton wohl auch auf dem zweiten imp bzw. dem folgenden w.x.imperf,[4] denn das Ziel ist es ja, daß der Bittsteller am nächsten Tag wiederkommt und dann das Erbetene erhält.

In 2Sam 14,21 wird Joab geschickt, Abschalom zurückzuholen: *Da sprach der König zu Joab: Siehe, ich will diese Sache tun,* וְלֵךְ הָשֵׁב אֶת־הַנַּעַר אֶת־אַבְשָׁלוֹם *und geh, bringe den Knaben, Abschalom, zurück.* Auch hier trägt der letzte imp den Ton.[5] Wichtig ist nicht, daß Joab zu Abschalom hingeht, sondern daß er ihn zu David zurückbringt. Allerdings wird שׁוּב hier im hi. gebraucht.

In folgenden Belegen ist הָלַךְ imp als Interjektion aufzufassen: Ex 4,19; 2Sam 3,16; 1Reg 19,20; Ruth 1,8?[6].

---

1   Zum Teil ähnlich Schwanz [1978] (vgl. hierzu oben S. 24 Anm. 4).
2   Nach Richter (1980) S. 171 und Anm. 535 gehört עֹד zum ersten imp. Evtl. ist statt עֹד auch עַד zu lesen (vgl. App. BHS). Beide Lesarten betreffen die hier vorliegende Fragestellung nicht.
3   Mit Qere und einigen Textzeugen ist hier wahrscheinlich sg. zu lesen, vgl. auch Plöger (1984) S. 41.
4   Vgl. S. 317 zur Stelle.
5   Vgl. S. 76 zur Stelle.
6   Vgl. Diehl (2000) S. 119.

ii) שׁוּב <- הלך

In Ruth 1,12 liegt die umgekehrte Lexemfolge vor: שֹׁבְנָה בְנֹתַי לֵכְןָ כִּי *Kehrt um, meine Töchter, und geht, denn ….* Im Gegensatz zu v.8 לֵכְנָה שֹׁבְנָה אִשָּׁה לְבֵית אִמָּהּ *Geht/wohlan,*[1] *kehrt um, eine jede in das Haus ihrer Mutter* ist hier die Lexemfolge umgekehrt. Durch diese Umkehrung wird die Bitte Noomis eindringlicher. Orpa und Ruth sollen umkehren und (endlich) gehen.[2]

d) שׁלח und לקח
i) לקח <- שׁלח

In 1Sam 16,11 beauftragt Samuel Isai, David holen zu lassen: שִׁלְחָה וְקָחֶנּוּ כִּי *Schicke hin und lasse ihn holen, denn wir werden uns nicht hinsetzen bis er hierher kommt.* In שִׁלְחָה וְקָחֶנּוּ trägt der letzte imp eindeutig den Ton. Es kommt nicht darauf an, daß Isai jemanden zu David hinschickt, sondern daß er ihn holen läßt.

Analoges gilt für 1Sam 20,31: *Denn alle Tage, an denen der Sohn Isais auf der Erde lebt, wirst du und deine Herrschaft nicht bestand haben.* וְעַתָּה שְׁלַח וְקַח אֹתוֹ אֵלַי כִּי *Und nun: Schicke und bring ihn zu mir*[3], *denn er ist ein Sohn des Todes.* Hier ist die Sachlage die gleiche wie in 1Sam 16,11. Wichtig ist nicht, daß jemand zu David geschickt wird, sondern daß er geholt wird, der letzte imp trägt also den Ton.

ii) לקח <- שׁלח

In 2Reg 9,17 liegt die umgekehrte Lexemfolge vor: *Als aber der Wächter, der auf dem Turm in Jesreel stand, die Menge sah, als Jehu kam, da sprach er: Ich sehe eine Menge. Da sprach Joram:* קַח רַכָּב וּשְׁלַח לִקְרָאתָם וְיֹאמַר הֲשָׁלוֹם *Nimm einen Reiter und schicke (ihn) ihnen entgegen, damit er frage: Ist es Friede?* Hier liegt im Gegensatz zu den beiden 1Sam-Stellen nicht der Ton darauf, daß jemand gebracht werden soll, sondern darauf, daß ein Reiter Jehu entgegengeschickt werden soll. Es trägt also auch hier der letzte imp – bzw. hier wohl eher der w.juss וְיֹאמַר (vgl. Kap. 3.4) – den Ton der Satzkette.[4]

---

[1] Es ist nicht klar, ob hier הלך imp als begriffswörtlicher imp oder Interjektion aufzufassen ist (letzteres halte ich für wahrscheinlicher).

[2] In dem ganzen Kapitel wird allerdings mit der Wurzel שׁוב gespielt. הלך taucht als imp nur in vv.8.12 auf, nicht als imp in vv.16.19, שׁוב imp. in vv.8.11.12.15, nicht als imp in vv.6.10.15.16. — Evtl. liegen in v.12 auch verschiedene Äußerungen vor, vgl. S. 87 zur Stelle.

[3] Hier liegt wohl eine implizite Hypotaxe vor: *um ihn zu mir zu bringen.*

[4] Vgl. S. 171 zur Stelle.

e) קוּם - עֲלֵה

i) עֲלֵה <- קוּם

In Jer 49,31 ergeht folgende Aufforderung: קוּמוּ עֲלוּ אֶל־גּוֹי שְׁלֵיו יוֹשֵׁב לָבֶטַח *Auf, zieht hinauf gegen ein ruhiges Volk, das in Sicherheit wohnt; Ausspruch Jahwes, ….* קוּמוּ ist hier eine Interjektion.[1] Das Gewicht der Äußerung liegt auf עֲלוּ *zieht hinauf,* also auf dem letzten imp. Die Lexemfolge kommt auch in Gen 35,1; Jos 8,1; 2Reg 1,3; Jer 49,28 vor. In den ersten drei Stellen liegt ein begriffswörtlicher imp vor, allerdings stehen in Gen 35,1; Jos 8,1; 2Reg 1,3 komplexere Satzketten. In Jer 49,28 liegt ebenfalls eine Interjektion vor.

ii) עֲלֵה <- קוּם

Die umgekehrte Lexemfolge steht in 2Sam 24,18: *Da kam Gad an diesem Tag zu David und sprach zu ihm:* עֲלֵה הָקֵם לַיהוָה מִזְבֵּחַ בְּגֹרֶן [אֲרַוְנָה]² הַיְבֻסִי *Zieh hinauf, errichte für Jahwe einen Altar auf der Tenne Araunas, des Jebusiters.* Hier ist die Sachlage eine andere als in Jer 49,31. Hier ist das Hinaufgehen die Voraussetzung dafür, Jahwe einen Altar zu errichten. Also auch hier trägt der letzte imp den Ton. קוּם steht hier allerdings im hi.

f) לְקַח - בּוֹא

i) בּוֹא <- לְקַח

In 1Reg 20,33 gibt Ahab den Auftrag, seinen Bruder zu ihm herauszuführen: בֹּאוּ קָחֻהוּ *Geht hinein, bringt ihn.* Wichtig ist hier nicht, daß die Männer zu Ben-Hadad hingehen, sondern daß sie ihn bringen sollen.

ii) לְקַח <- בּוֹא

In 2Reg 10,6 liegt die umgekehrte Lexemfolge vor: *Da schrieb er [sc. Jehu] in einem zweiten Brief an sie [sc. die Fürsten, Ältesten und Erzieher]: Wenn ihr für mich seid und auf meine Stimme hört,* קְחוּ אֶת־רָאשֵׁי אַנְשֵׁי³ בְּנֵי־אֲדֹנֵיכֶם וּבֹאוּ אֵלַי כָּעֵת מָחָר יִזְרְעֶאלָה *dann nehmt die Köpfe der Männer der Söhne eurer Herren, und kommt⁴ morgen um diese Zeit zu mir nach Jesreel.* Hier liegt die umgekehrte Lexemfolge wie in 1Reg 20,33 vor. Aber auch hier trägt der letzte imp den Ton. Man soll die Köpfe der Männer der Söhne nicht nur nehmen, sondern sie nach Jesreel schicken (vgl. die Durchführung in v.7 mit שָׁלַח).

---

1 Vgl. Diehl (2000) S. 119. — Hier wird ein Beleg mit Interjektion angeführt, da die Belege mit begriffswörtlichen imp komplexere Satzketten enthalten.

2 So das Qere.

3 אַנְשֵׁי ist hier wahrscheinlich zu streichen (vgl. App. BHS).

4 Nach LXX u.a. ist hier wohl hi. *bringt* zu lesen.

g) Ergebnis
Bei der Austauschprobe hat sich gezeigt, daß bei allen Imperativketten, die nicht aus gleichwertigen imp bestehen, immer der zweite bzw. letzte imp den Ton trägt.[1] Die Lexemfolge hat darauf keine Auswirkung, scheinbar auch dann nicht, wenn die Lexeme in unterschiedlichen Stämmen vorliegen. Helfmeyer bemerkt zum Wertigkeitsgefälle von Satzketten ganz allgemein: "Wenn z.B. Jakob sagt 'Ich will hingehen und ihn (Josef) sehen, bevor ich sterbe' (Gen 45,28), liegt das Schwergewicht der Aussage auf der Absicht Jakobs, Josef zu sehen [...]. In diesen Fällen zeigt sich nicht die Umständlichkeit des Hebräers, sondern seine Vorliebe für die detaillierte Darstellung, die dem menschlichen Handeln und Verhalten gerechter wird als unsere verkürzte Ausdrucksweise. Nach hebräischer Auffassung nimmt der Mensch einen Anlauf, legt er einen Weg zurück, bevor er zur Haupthandlung kommt; bevor er etwas unternimmt, geht er hin, hat er es vor, wünscht er es, plant er es. Die Haupthandlung erscheint so als Ziel auf einem Weg, sie wird vorbereitet und tritt nicht plötzlich auf [...]."[2]

2.3.1.2 KONTEXTANALYSE
Bei der Kontextanalyse wird davon ausgegangen, daß im Bericht der Durchführung einer Aufforderung diejenigen imp aufgenommen werden, auf die es beim Auftrag ankommt. In diesem Kap. wird dabei die unterschiedliche Art und Weise des Berichts der Durchführung, ob nun alle oder nur bestimmte imp und wie sie im Bericht der Durchführung aufgenommen werden, beachtet.[3]

a) Bericht der Durchführung des letzten Imperativs
Am klarsten sind die Belege, in denen lediglich der letzte imp im Bericht der Durchführung aufgenommen wird. Hier trägt eindeutig der letzte imp der Imperativkette den Ton derselben, vgl. z.B. Jer 36,15: שֵׁב נָא וּקְרָאֶנָּה בְּאָזְנֵינוּ וַיִּקְרָא בָרוּךְ בְּאָזְנֵיהֶם *Setz dich doch und lies vor unseren Ohren. Da las Baruch vor ihren Ohren.* Wichtig ist nicht, daß Baruch sich hinsetzt, sondern daß er liest. Dementsprechend wird im Bericht der Durchführung auch nur der letzte imp aufgenommen, der erste hingegen nicht.

---

[1]   Vgl. auch Gesenius/Kautzsch (1909) §110*f* u.a. — Ähnlich Schwanz [1978] (vgl. hierzu oben S. 24 Anm. 4).
[2]   Helfmeyer (1977) Sp. 418.
[3]   Belege mit zwei imp, bei denen der erste imp eine Interjektion ist, werden hier in der Regel nicht berücksichtigt, da der zweite imp per definitionem den Ton der Äußerung trägt. Ebenfalls nicht berücksichtigt werden Belege, in denen die Geschichte einen anderen Verlauf nimmt, als den in der Aufforderung geplanten (vgl. 2Sam 20,4f.).

Dies gilt auch für 2Reg 6,3[1] הוֹאֶל נָא וְלֵךְ אֶת־עֲבָדֶיךָ וַיֹּאמֶר אֲנִי אֵלֵךְ *Tu (uns) doch den Gefallen und geh mit deinen Knechten. Da sprach er: Ich will gehen.* Zum Kontext: Die Schüler von Elisa wollen einen größeren Raum bauen, wozu sie Holz brauchen, das sie holen wollen. Sie fordern Elisa auf, mitzukommen.

Der Imperativ לֵךְ trägt hier den Ton der Satzkette, was der Bericht der Durchführung bzw. die Antwort וַיֹּאמֶר אֲנִי אֵלֵךְ zeigt.

הוֹאֶל kommt fünfmal als imp im Biblischen Hebräisch vor und ist immer mit einem weiteren imp verbunden: Jdc 19,6; 2Sam 7,29; 2Reg 5,23; 6,3; Hi 6,28.

In Ruth 3,15 wird ebenfalls nur die Durchführung des letzten imp berichtet: הָבִי הַמִּטְפַּחַת אֲשֶׁר־עָלַיִךְ וְאֶחֳזִי־בָהּ וַתֹּאחֶז בָּהּ *Nimm das Tuch, das du um dir hast, und ergreife es. Da ergriff sie es und er maß sechs (Maß) Gerste ab und legte es auf sie und ging in die Stadt.* Auch hier trägt der letzte imp den Ton der Imperativkette.

Ebenso in 2Chr 29,31: *Da hob Hiskia an und sprach: Nun: Ihr habt eure Hände für Jahwe gefüllt.* גֹּשׁוּ וְהָבִיאוּ זְבָחִים וְתוֹדוֹת לְבֵית יְהוָה *Nähert euch und bringt Schlachtopfer und Dankopfer zum Haus Jahwes.* Im Bericht der Durchführung wird lediglich der letzte imp aufgenommen: וַיָּבִיאוּ הַקָּהָל זְבָחִים וְתוֹדוֹת וְכָל־נְדִיב לֵב עֹלוֹת *Da brachte die Versammlung Schlachtopfer und Dankopfer, und alle, deren Herz bereitwillig war, Brandopfer.*

Entsprechend ist Dan 10,11 zu deuten: *Daniel, liebenswerter Mann,* הָבֵן בַּדְּבָרִים אֲשֶׁר אָנֹכִי דֹבֵר אֵלֶיךָ וַעֲמֹד עַל־עָמְדֶךָ כִּי *Merke auf die Worte, die ich mit dir rede, und bleib auf deinem Platz stehen, denn ich bin jetzt zu dir gesandt.* Im Bericht der Durchführung wird lediglich der letzte imp aufgenommen: וּבְדַבְּרוֹ עִמִּי אֶת־הַדָּבָר הַזֶּה עָמַדְתִּי מַרְעִיד *(Und) als er mit mir dieses Wort redete, da stand ich bebend.*

Aber auch wenn die Imperativkette aus mehr als zwei imp besteht, trägt der letzte imp den Ton der Satzkette, so in 2Reg 9,1: *Elisa, der Prophet, rief einen der Prophetenjünger und sprach zu ihm:* חֲגֹר מָתְנֶיךָ וְקַח פַּךְ הַשֶּׁמֶן הַזֶּה בְּיָדֶךָ וְלֵךְ רָמֹת גִּלְעָד *Gürte deine Hüften und nimm diesen Krug Öl in deine Hand und geh nach Ramot-Gilead.* In vv.2f. folgen korrespondierende perf (vgl. Kap. 4.9). In v.4 steht der Bericht der Durchführung: וַיֵּלֶךְ הַנַּעַר הַנַּעַר הַנָּבִיא רָמֹת גִּלְעָד *Da ging der Knabe, der Prophetenjünger, nach Ramot-Gilead.* In vv.5ff. wird dann auf die korrespondierenden perf in vv.2f. Bezug genommen. Der Ölkrug spielt dabei eine gewisse Rolle, denn Jehu soll gesalbt werden. In der Imperativkette in v.1 ist es aber zunächst wichtig, nach Ramot-Gilead zu gehen.

---

[1] Ähnlich Schwanz [1978] (vgl. hierzu oben S. 24 Anm. 4).

In Jer 13,4 קַח אֶת־הָאֵזוֹר אֲשֶׁר קָנִיתָ אֲשֶׁר עַל־מָתְנֶיךָ וְקוּם לֵךְ פְּרָתָה וְטָמְנֵהוּ שָׁם בִּנְקִיק הַסָּלַע *Nimm den Gürtel, den du gekauft hast, und der um deiner Hüfte ist, und mach dich auf, geh an den Euphrat und verberge ihn dort in einer Felsspalte* werden im Bericht der Durchführung (v.5) die letzten beiden imp aufgenommen: וָאֵלֵךְ וָאֶטְמְנֵהוּ בִּפְרָת כַּאֲשֶׁר צִוָּה יְהוָה אוֹתִי *Da ging ich hin und versteckte ihn am Euphrat, wie Jahwe mir befohlen hatte.* Hier trägt demnach auch der letzte imp den Ton der Äußerung, denn auch das Hingehen an den Euphrat ist neben dem Nehmen und dem Sich-Aufmachen eine Voraussetzung für das Verbergen.

In Ex 32,12ff. ist zwischen der ersten Imperativkette (v.12) und deren Bericht der Durchführung (v.14) eine weitere Imperativkette (v.13) gestellt: 12 *Wozu sollen die Ägypter sagen: Zum Unheil hat er sie herausgeführt, um sie in den Bergen zu töten und sie vom Erdboden zu vertilgen?* שׁוּב מֵחֲרוֹן אַפֶּךָ וְהִנָּחֵם עַל־הָרָעָה לְעַמֶּךָ *Kehre um von der Glut deines Zornes und habe Mitleid wegen des Unheils deines Volkes.* Im Bericht der Durchführung v.14 wird lediglich der letzte imp aufgenommen: וַיִּנָּחֶם יְהוָה עַל־הָרָעָה אֲשֶׁר דִּבֶּר לַעֲשׂוֹת לְעַמּוֹ *Da hatte Jahwe Mitleid wegen des Unheils, das er seinem Volk anzutun gesagt hatte.* Hier trägt also auch der letzte imp den Ton der Satzkette.

Zwischen der Imperativkette in v.12 und dem Bericht der Durchführung (v.14) steht aber eine weitere, selbständige Imperativkette (v.13): זְכֹר לְאַבְרָהָם לְיִצְחָק וּלְיִשְׂרָאֵל עֲבָדֶיךָ אֲשֶׁר נִשְׁבַּעְתָּ לָהֶם בָּךְ וַתְּדַבֵּר אֲלֵהֶם *Denke doch an Abraham und Isaak und Israel, deine Knechte, denen du bei dir geschworen hast und zu ihnen gesagt hast: Ich will euren Samen so zahlreich machen wie die Sterne am Himmel ….* Diese Imperativkette führt die vorausgehende Kette nicht im Sinne einer Satzkette fort, sondern stellt eine eigenständige Satzkette dar. Dies zeigt sich schon daran, daß der imp nicht durch ו an die vorhergehende Satzkette angeschlossen ist. Der letzte imp in v.12 trägt eine Erweiterung, von daher müßte der folgende imp in v.13 syndetisch an v.12 angeschlossen sein, wenn es sich um *eine* Satzkette handelt.

In Dtn 2,13; 2Sam 3,16; 1Reg 19,20.(21) und Sach 6,7[1] ist der erste imp als Interjektion aufzufassen und kann demnach nicht den Ton der Satzkette tragen. Dementsprechend wird er auch im Bericht der Durchführung nicht aufgenommen. Als Beispiel sei hier Dtn 2,13 angeführt: עַתָּה קֻמוּ וְעִבְרוּ לָכֶם אֶת־נַחַל זָרֶד וַנַּעֲבֹר אֶת־נַחַל זָרֶד *Nun: Auf, geht über den Bach Sered. Da gingen wir hinüber über den Bach Sered.*

---

[1]   Vgl. Diehl (2000) S. 118f. zu den Stellen.

Weitere Belege:[1] Ex 16,33.(34); Jos 22,4.(6)?; 1Sam 9,24.(24)[2]; 16,12. (13); 2Sam 15,22.(22); 1Reg 19,5.(6); Ez 9,7.(7); Dan 10,19.(19)?[3].

b) Bericht der Durchführung aller Imperative
i) Bericht der Durchführung aller Imperative mit gleichem Lexem
Bisher wurden Belege angeführt, in denen jeweils vom letzten imp der Satzkette die Durchführung berichtet wurde. Jetzt sollen Belege angeführt werden, in denen von allen oder zumindest von den meisten imp die Durchführung berichtet wird.

a) Bericht der Durchführung in der syntaktischen Form < imperf consec - l.inf >
In Gen 50,6.7a werden im Bericht der Durchführung beide imp aufgenommen: 6 *Da sprach der Pharao:* עֲלֵה וּקְבֹר אֶת־אָבִיךָ כַּאֲשֶׁר *Zieh hinauf, um deinen Vater zu begraben* (wörtlich: *und begrabe deinen Vater*), *wie er dich schwören ließ.* 7 וַיַּעַל יוֹסֵף לִקְבֹּר אֶת־אָבִיו *Da zog Joseph hinauf, um seinen Vater zu begraben.* Trotzdem läßt sich auf Grund der Syntax der Stelle sagen, welcher imp den Ton trägt. Gesenius/Kautzsch schreiben zur Syntax des inf cstr: "Ausgehend von dem Grundbegriff des לְ, d. i. der *Richtung auf etwas hin*, dienen die Infinitive mit לְ zum Ausdruck der verschiedenartigsten Zweck- und Zielbestimmungen [...]."[4] Wenn l.inf die Zweck- oder Zielbestimmung einer Handlung im Bericht der Durchführung von imp angibt, dann trägt der dazugehörige imp der Satzkette den Ton. D.h. hier in Gen 50,6 וּקְבֹר, der letzte imp der Satzkette.

Zum Kontext: Jakob ist in Ägypten gestorben und hatte zu Lebzeiten verfügt, in der Höhle Machpela begraben zu werden. Joseph möchte ihm diesen Wunsch erfüllen.

Ein analoger Fall liegt in 1Reg 18,41.42 vor: 41 *Da sprach Elia zu Ahab:* עֲלֵה אֱכֹל וּשְׁתֵה כִּי *Zieh hinauf, iß und trink, denn Getöse von Regen (ist zu hören).* 42 וַיַּעֲלֶה אַחְאָב לֶאֱכֹל וְלִשְׁתּוֹת *Da zog Ahab hinauf, um zu essen und zu trinken* .... Hier tragen die *beiden gleichwertigen* imp אֱכֹל וּשְׁתֵה den Ton der Satzkette. Der vorausgehende imp עֲלֵה ist diesen untergeordnet.

In Gen 42,2.3 wird ebenfalls die Durchführung beider imp berichtet: 2 *Da sprach er: Siehe, ich habe gehört, daß es in Ägypten Getreide gibt.* רְדוּ־שָׁמָּה וְשִׁבְרוּ־לָנוּ מִשָּׁם וְנִחְיֶה וְלֹא נָמוּת *Zieht dorthin hinab und kauft uns von dort Getreide, damit wir leben und nicht sterben.* 3 וַיֵּרְדוּ אֲחֵי־

---

[1] Der Bericht der Durchführung wird in Klammern angegeben.
[2] Hier liegen zwei Äußerungen vor.
[3] Hier liegt das Stilmittel des doppelten Imperativs (vgl. Kap. 2.6.1) vor.
[4] Gesenius/Kautzsch (1909) §114f S. 362. — Vgl. auch Kap. 6.2.3.

יוֹסֵף עֲשָׂרָה לִשְׁבֹּר בָּר מִמִּצְרָיִם 3 *Da gingen zehn Brüder Josephs hinab,* *um Getreide von Ägypten zu kaufen.* Zum Kontext: In Kanaan herrscht Hungersnot. Joseph hat in Ägypten Vorräte anlegen lassen, um das Volk in den berühmten sieben Hungerjahren ernähren zu können. Hier weist der l.inf auf den imp וְשִׁבְרוּ. Allerdings müßte hier nach den Untersuchungen in Kap. 3 der w.kohort den Ton der Äußerung tragen.[1] Dies gilt aber nur dann, wenn die Erzählung nicht einen anderen Verlauf als geplant nimmt (vgl. auch S. 163 zur Stelle).

Ähnliche Belege:
1Reg 21,15.16: 15 *Es geschah, als Isebel hörte, daß Nabot gesteinigt* *worden und gestorben war, da sprach Isebel zu Ahab:* קוּם רֵשׁ אֶת־כֶּרֶם נָבוֹת הַיִּזְרְעֵאלִי אֲשֶׁר *Steh auf, nimm den Weinberg Nabots, des Jesreeli-* *ters, der ihn dir nicht für Geld geben wollte, in Besitz, denn Nabot lebt* *nicht mehr, sondern ist tot. 16 Und es geschah, als Ahab hörte, daß Na-* *bot tot war,* וַיָּקָם אַחְאָב לָרֶדֶת אֶל־כֶּרֶם נָבוֹת הַיִּזְרְעֵאלִי לְרִשְׁתּוֹ *da stand* *Ahab auf, um zum Weinberg Nabots, des Jesreeliters, hinabzugehen und* *ihn in Besitz zu nehmen.*

2Reg 18,25 (par. Jes 36,10 mit kleinen Abweichungen): עַתָּה הֲמִבַּלְעֲדֵי יְהוָה עָלִיתִי עַל־הַמָּקוֹם הַזֶּה לְהַשְׁחִתוֹ יְהוָה אָמַר אֵלַי עֲלֵה עַל־ הָאָרֶץ הַזֹּאת וְהַשְׁחִיתָה *Nun, bin ich etwa ohne den Willen Jahwes hinauf-* *gegangen an diesen Ort, um ihn zu zerstören? Jahwe hat zu mir gesagt:* *Geh an diese Stelle und zerstöre sie.* NB: Hier wird der Bericht der Durchführung vorweggenommen.

Weiterer Beleg: 2Chr 29,5.(12-15)[2].

β) Bericht der Durchführung durch imperf consec
Neben dem Bericht der Durchführung von imp mit der Form < imperf consec - l.inf > werden beide (oder alle) imp im Bericht der Durchführung auch mit imperf consec aufgenommen. Auch diese Art des Berichts der Durchführung von imp kann Licht auf die Frage werfen, welcher Imperativ der Äußerung den Ton trägt, so z.B. in 1Sam 22,18: *Da sprach* *der König zu Doëg:* סֹב אַתָּה וּפְגַע בַּכֹּהֲנִים *Tritt du herzu und falle über* *die Priester her.* Der Bericht der Durchführung lautet folgendermaßen: וַיִּסֹּב [וַיִּדֹּאֵג][3] הָאֲדֹמִי וַיִּפְגַּע־הוּא בַּכֹּהֲנִים וַיָּמֶת בַּיּוֹם הַהוּא שְׁמֹנִים וַחֲמִשָּׁה

---

[1]   Bzw. die gleichwertigen Satzkettenglieder וְנִחְיֶה וְלֹא נָמוּת (vgl. auch S. 163 zur Stelle).

[2]   Evtl. wird hier der imp-Satz וְהוֹצִיאוּ אֶת־הַנִּדָּה מִן־הַקֹּדֶשׁ *und bringt das Abscheuli-* *che aus dem Heiligen* durch (v.15) וַיָּבֹאוּ כְמִצְוַת־הַמֶּלֶךְ בְּדִבְרֵי יְהוָה לְטַהֵר בֵּית יְהוָה *und sie gingen entsprechend dem Befehl des Königs auf die Worte Jahwes hin hinein,* *um das Haus Jahwes zu reinigen* im Bericht der Durchführung aufgenommen.

[3]   So das Qere.

אִישׁ נֹשֵׂא אֵפוֹד בָּד *Da trat Doëg, der Edomiter, herzu und fiel über die Priester her, und es starben an diesem Tag 85 Männer, die das linnene Ephod trugen.* Hier wird die Durchführung beider imp jeweils mit imperf consec berichtet. Das zweite imperf consec wird dann durch einen Konsekutivsatz fortgeführt, der zeigt, daß der letzte imp eindeutig den Ton der Äußerung trägt, denn im Bericht der Durchführung wird dieser Teil der Äußerung erweitert durch: וַיָּמֻת בַּיּוֹם הַהוּא שְׁמֹנִים וַחֲמִשָּׁה אִישׁ נֹשֵׂא אֵפוֹד בָּד. Es liegt hier also so etwas Ähnliches vor, wie beim Bericht der Durchführung mit < imperf consec - l.inf >. Der Ton liegt demnach auf dem Erschlagen, nicht auf dem Hingehen.

Ähnlich gelagert ist auch 2Sam 1,9.10: 9 *Da sprach er zu mir:* עֲמָד־נָא עָלַי וּמֹתְתֵנִי כִּי *tritt doch zu mir und töte mich, denn ein Schauder hat mich gepackt, aber mein Leben ist noch ganz in mir.* Im Bericht der Durchführung (v.10) werden beide imp durch imperf consec aufgenommen: ... וָאֶעֱמֹד עָלָיו וַאֲמֹתְתֵהוּ כִּי יָדַעְתִּי כִּי לֹא יִחְיֶה אַחֲרֵי נִפְלוֹ *Da trat ich zu ihm und tötete ihn, denn ich wußte, daß er nach seinem Fall nicht mehr leben könnte ....* Kontext: Saul wird beim Kampf gegen die Philister verwundet und bittet einen Amalekiter, ihn zu töten. Auch hier trägt der letzte imp eindeutig den Ton der Äußerung, dies zeigt der כִּי-Satz im Bericht der Durchführung, der וּמֹתְתֵנִי als tontragenden imp ausweist.

Ähnliche Stellen:
Jos 6,22.23: 22 *Da sprach Josua zu den beiden Männern, die das Land auskundschafteten:* בֹּאוּ בֵּית־הָאִשָּׁה הַזּוֹנָה וְהוֹצִיאוּ מִשָּׁם אֶת־הָאִשָּׁה וְאֶת־כָּל־אֲשֶׁר־לָהּ *Geht in das Haus der hurerischen Frau, und führt von dort die Frau und alles, was (zu) ihr gehört, heraus, wie ihr es ihr geschworen habt.* Im Bericht der Durchführung werden die beiden imp durch Narrative aufgenommen: 23 וַיָּבֹאוּ הַנְּעָרִים הַמְרַגְּלִים וַיֹּצִיאוּ אֶת־רָחָב וְאֶת־אָבִיהָ וְאֶת־אִמָּהּ וְאֶת־אַחֶיהָ וְאֶת־כָּל־אֲשֶׁר־לָהּ וְאֵת כָּל־מִשְׁפְּחוֹתֶיהָ הוֹצִיאוּ וַיַּנִּיחוּם מִחוּץ לְמַחֲנֵה יִשְׂרָאֵל 23 *Da gingen die Knechte, die Kundschafter, hinein und führten Rahab und ihren Vater und ihre Mutter und ihre Brüder und alles, was ihr gehörte, hinaus, und ihr ganzes Geschlecht brachten sie hinaus, und sie ließen sie sich außerhalb des Lagers Israels niederlassen.* Auch hier ist das Hineingehen nur die Voraussetzung für das Herausführen.

In 2Sam 17,21 wird David aufgefordert, schnell über den Jordan zu fliehen: קוּמוּ וְעִבְרוּ מְהֵרָה אֶת־הַמַּיִם כִּי־כָכָה יָעַץ עֲלֵיכֶם אֲחִיתֹפֶל *Macht euch auf und geht schnell über das Wasser, denn so hat Ahitofel gegen euch geraten.* Im Bericht der Durchführung (v.22) werden die imp ebenfalls durch Narrative wiedergegeben: וַיָּקָם דָּוִד וְכָל־הָעָם אֲשֶׁר אִתּוֹ וַיַּעַבְרוּ אֶת־הַיַּרְדֵּן *Da machte sich David und das ganze Volk, das bei ihm war, auf und sie gingen über den Jordan.* Der Ton der Satzkette liegt auf dem Hinübergehen, das Sich-Aufmachen ist nur die Voraussetzung dafür.

In 1Reg 18,43 gibt Elia seinem Diener folgenden Auftrag: עֲלֵה־נָא הַבֵּט דֶּרֶךְ־יָם *Geh doch hinauf, blicke den Weg zum Meer.* Im Bericht der Durchführung werden beide imp durch Narrative aufgenommen: וַיַּעַל וַיַּבֵּט *Da ging er hinauf und schaute ....* Auch hier ist nicht das Hinaufgehen das Zentrale, sondern das Schauen.

In 2Reg 8,1 gibt Elisa einer Frau folgenden Auftrag: קוּמִי וּלְכִי [אַתְּ][1] וּבֵיתֵךְ וְגוּרִי בַּאֲשֶׁר תָּגוּרִי כִּי־קָרָא יְהוָה לָרָעָב וְגַם־בָּא אֶל־הָאָרֶץ שֶׁבַע שָׁנִים *Mach dich auf und geh, du und dein Haus, und laß dich als Gast nieder, wo du dich als Gast niederlassen kannst, denn Jahwe hat eine Hungersnot gerufen, und sie wird sieben Jahre ins Land kommen.* Im Bericht der Durchführung (v.2) werden beide imp durch Narrative aufgenommen: וַתָּקָם הָאִשָּׁה וַתַּעַשׂ כִּדְבַר אִישׁ הָאֱלֹהִים וַתֵּלֶךְ הִיא וּבֵיתָהּ וַתָּגָר בְּאֶרֶץ פְּלִשְׁתִּים שֶׁבַע שָׁנִים *Da machte sich die Frau auf und tat entsprechend dem Wort des Gottesmannes, und sie ging, sie und ihr Haus, und ließ sich als Gast bei den Philistern sieben Jahre nieder.* Hier ist ebenfalls nicht das Sich-Aufmachen und Losgehen das Zentrale, sondern das Niederlassen.

Gen 43,11-13:[2] ... 11 קְחוּ מִזִּמְרַת הָאָרֶץ בִּכְלֵיכֶם וְהוֹרִידוּ לָאִישׁ מִנְחָה מְעַט צֳרִי וּמְעַט דְּבַשׁ נְכֹאת וָלֹט בָּטְנִים וּשְׁקֵדִים 12 וְכֶסֶף מִשְׁנֶה קְחוּ בְיֶדְכֶם וְאֶת־הַכֶּסֶף הַמּוּשָׁב בְּפִי אַמְתְּחֹתֵיכֶם תָּשִׁיבוּ בְיֶדְכֶם אוּלַי מִשְׁגֶּה הוּא 13 וְאֶת־אֲחִיכֶם קָחוּ וְקוּמוּ שׁוּבוּ אֶל־הָאִישׁ *11 Nehmt vom besten Ertrag des Landes in eure Säcke und bringt zu dem Mann ein Geschenk hinab: ein wenig Balsam [?], ein wenig Honig, Ladanumharz und Ladanum [?], Pistazien und Mandeln, 12 und das Doppelte an Geld nehmt in eure Hände, dergestalt daß[3] ihr das Geld, das ihr in der Öffnung eurer Säcke wieder mitgebracht habt, zurückbringt in euren Händen, – vielleicht war es ein Versehen – 13 und euren Bruder nehmt und macht euch auf, kehrt zu dem Mann zurück.* Der Bericht der Durchführung (v.15) lautet folgendermaßen: וַיִּקְחוּ הָאֲנָשִׁים אֶת־הַמִּנְחָה הַזֹּאת וּמִשְׁנֶה־כֶּסֶף לָקְחוּ בְיָדָם וְאֶת־בִּנְיָמִן וַיָּקֻמוּ וַיֵּרְדוּ מִצְרַיִם וַיַּעַמְדוּ לִפְנֵי יוֹסֵף *Da nahmen die Männer dieses Geschenk, und das Doppelte an Geld nahmen sie in ihre Hände und Benjamin, und machten sich auf, und sie gingen hinab nach Ägypten und traten vor Joseph.* Auch hier trägt der letzte imp שׁוּבוּ den Ton der Satzkette in vv.11-13. Die anderen imp geben lediglich die Voraussetzung an, die erfüllt werden muß, bis die Söhne nach Ägypten gehen können. Eine andere Möglichkeit wäre, die imp וְהוֹרִידוּ und שׁוּבוּ als zwei parallele

---

[1] So das Qere.
[2] Vgl. zur Stelle auch Andersen (1974) S. 108-110. Andersen teilt die Aufforderung in zwei Teile: 'Preparation' vv.11-13a und 'Return' v.13b (vgl. ebd. S. 110).
[3] Vgl. hierzu S. 322 zur Stelle.

tontragende imp anzunehmen, allerdings lägen dann wohl statt einer zwei Satzketten vor: *Nehmt ... und bringt hinab! Nehmt ... und macht euch auf, kehrt zurück.* Der Bericht der Durchführung in v.15 legt aber näher, hier (vv.11-13) insgesamt *eine* Satzkette mit *einem* tontragenden imp שובו zu sehen.

Weitere Belege:[1] Gen 27,26.(27); Ex 8,1.(2); 32,2.(3); Lev 10,4.(5); Dtn 32,49f.(34,1ff.)[2]; Jos 3,6.(6); 5,2.(3); 7,2.(2); 10,24.(24); Jdc 9,32.(34)[3]; 9,38.(39); 2Sam 13,5.(6); 1Reg 14,12.(17); 18,19.(20); 19,7.(8); 2Reg 8,10.(14); Jer 36,28.(32)[4]; 40,5.(6); Ez 8,9.(10); 9,5.(8)[5]; Hos 1,2.(3); Jon 3,2.(3-4); Ruth 4,1.(1); Est 8,8.(9-10); Neh 8,15.(16).

ii) Bericht der Durchführung des letzten Imperativs mit anderer Wurzel
Sehr oft werden imp im Bericht der Durchführung aber nicht mit gleichem, sondern verwandtem Lexem aufgenommen. Als Beispiel diene hier Gen 31,13.17f.[6] Hier berichtet Jakob von der Aufforderung Jahwes, in sein Land zurückzukehren (die eigentliche Aufforderung steht in v.3): עַתָּה קוּם צֵא מִן־הָאָרֶץ הַזֹּאת וְשׁוּב אֶל־אֶרֶץ מוֹלַדְתֶּךָ ... 13 *Nun; Mach dich auf, geh aus diesem Land, und kehr zurück in das Land deiner Jugend.* Der Bericht der Duchführung steht in vv.17f.: 17 וַיָּקָם יַעֲקֹב וַיִּשָּׂא אֶת־בָּנָיו וְאֶת־נָשָׁיו עַל־הַגְּמַלִּים 18 וַיִּנְהַג אֶת־כָּל־מִקְנֵהוּ וְאֶת־כָּל־רְכֻשׁוֹ אֲשֶׁר רָכָשׁ מִקְנֵה קִנְיָנוֹ אֲשֶׁר רָכַשׁ בְּפַדַּן אֲרָם לָבוֹא אֶל־יִצְחָק אָבִיו אַרְצָה כְּנָעַן 17 *Da machte sich Jakob auf und hob seine Söhne und seine Frauen auf die Kamele 18 und trieb seinen ganzen Viehbesitz und seine ganze Habe, die er erworben hatte, sein Hab [und] Gut, das er erworben hatte in Paddan-Aram, um zu Isaak, seinem Vater, ins Land Kanaan zu gehen.* In dieser Stelle wird die Durchführung des ersten imp mit einem imperf consec von derselben Wurzel des imp im Auftrag durchgeführt. Nicht so

---

[1] Der Bericht der Durchführung wird in Klammern angegeben.

[2] Allerdings gehören die Texte evtl. unterschiedlichen Schichten an, vgl. Noth (1960) S. 19 und Anm. 61; Kratz (2000) S. 134f.

[3] In v.33 folgt der Tempusmarker והיה (vgl. hierzu Kap. 4.10).

[4] Es liegt hier eine Imperativkette mit drei imp vor, der erste imp wird im Bericht der Durchführung nicht aufgenommen. In v.29 folgt ein w.x.imperf, das eine neue Satzkette einleiten könnte. Deshalb wurde der Beleg hier aufgenommen. Führt das w.x.imperf die Imperativkette fort, dann wäre die Stelle in Kap. 5 aufzunehmen. — Vgl. auch S. 236 zur Stelle.

[5] Hier wird im Bericht der Durchführung der imp וְהַכּוּ nicht durch ein imperf consec, sondern durch וַיְהִי כְּהַכּוֹתָם aufgenommen. Es handelt sich aber hierbei nicht um den direkten Bericht der Durchführung. In Ez 9,5ff. wird aber deutlich, daß es um das Erschlagen der Menschen geht. Vv.5f.8 bilden m.E. eine Klammer um v.7. Die Aufforderung in v.7 soll zuerst ausgeführt werden.

[6] Nach Levin (1993) S. 237ff. gehören die Verse allerdings zu unterschiedlichen Schichten.

der letzte imp. Hier wechselt das Verb von שׁוב nach בוא. Solch ein
Wechsel zwischen Verben kommt öfters vor und ist nichts Unge-
wöhnliches. Interessant ist aber auch, daß der mittlere imp durch zwei
imperf consec im Bericht der Durchführung ersetzt wird. Wichtig ist an
dieser Stelle allerdings die Feststellung, daß im Bericht der Durchführung der Ton auf dem l.inf liegt. D.h. für die Imperativkette, daß der
letzte imp eindeutig den Ton trägt. Zentral ist nicht, daß Jakob sich aufmacht, sondern daß er zu Isaak ins Land Kanaan kommt.

Das wird auch an der eigentlichen Auffoderung in v.3 deutlich, hier
steht nur der imp שׁוב.

In Ex 4,4 ergeht an Mose folgender Auftrag: *Da sprach Jahwe zu
Mose:* שְׁלַח יָדְךָ וֶאֱחֹז בִּזְנָבוֹ *Strecke deine Hand aus und ergreife* [die
Schlange] *bei ihrem Schwanz.* Der Bericht der Durchführung lautet:
וַיִּשְׁלַח יָדוֹ וַיַּחֲזֶק בּוֹ וַיְהִי לְמַטֶּה בְּכַפּוֹ *Da streckte er seine Hand aus und
ergriff sie, und sie wurde zum Stab in seiner Handfläche.* Bei dieser
Stelle ist nicht das Ausstrecken der Hand das Wichtige, sondern das Er-
greifen der Schlange. Erst dadurch kann sie zum Stab in der Hand des
Mose werden. Der letzte imp trägt also auch hier den Ton.

In 1Sam 14,17 gibt Saul folgenden Auftrag: פִּקְדוּ־נָא וּרְאוּ מִי הָלַךְ
מֵעִמָּנוּ *Sucht doch und seht: Wer ist von uns weggegangen?* Der Bericht
der Durchführung lautet: וַיִּפְקְדוּ וְהִנֵּה אֵין יוֹנָתָן וְנֹשֵׂא כֵלָיו *Da suchten sie,
und siehe, Jonatan und sein Waffenträger waren nicht da.* Auch hier trägt
der letzte imp deutlich den Ton. Wichtig ist nicht, daß das Volk sucht.
Wichtig ist, daß herausgefunden wird, wer fehlt. Dies zeigt der Bericht
der Durchführung deutlich.

Ähnliche Stellen:
2Sam 14,21.23: 21 *Da sprach der König zu Joab: Siehe, ich will diese
Sache tun,* וְלֵךְ הָשֵׁב אֶת־הַנַּעַר אֶת־אַבְשָׁלוֹם *und geh, bringe den Knaben,
Abschalom, zurück.* Der Bericht der Durchführung (v.23) lautet: וַיָּקָם
יוֹאָב וַיֵּלֶךְ גְּשׁוּרָה וַיָּבֵא אֶת־אַבְשָׁלוֹם יְרוּשָׁלָם *Da machte sich Joab auf und
ging nach Geschur und brachte Abschalom nach Jerusalem.* Wichtig ist
in der Äußerung Davids nicht, daß sich Joab nach Geschur aufmachen
soll. Sinn und Zweck der ganzen Erzählung, in der diese Äußerung steht,
ist, daß Abschalom wieder nach Jerusalem zurückkehrt.

Num 17,17.21f.: דַּבֵּר אֶל־בְּנֵי יִשְׂרָאֵל וְקַח מֵאִתָּם מַטֶּה מַטֶּה 17 *Rede mit den
Israeliten und nimm von ihnen einen Stab,*[1] *einen Stab pro (Groß-) Familie. Von allen ihren Fürsten für ihre (Groß-)Familien zwölf Stäbe. Den*

---

[1]   Miller (1999) S. 171 nimmt hier indirekte Rede an. M.E. irrt Miller hier, ein imp
      kann per definitionem nicht in indirekter Rede stehen.

Namen eines Mannes sollst du auf seinen Stab schreiben.[1] Der Bericht der Durchführung (vv.21f.) lautet: וַיְדַבֵּר מֹשֶׁה אֶל־בְּנֵי יִשְׂרָאֵל וַיִּתְּנוּ 21 אֵלָיו כָּל־נְשִׂיאֵיהֶם מַטֶּה לְנָשִׂיא אֶחָד מַטֶּה לְנָשִׂיא אֶחָד לְבֵית אֲבֹתָם שְׁנֵים עָשָׂר מַטּוֹת וּמַטֵּה אַהֲרֹן בְּתוֹךְ מַטּוֹתָם 22 וַיַּנַּח מֹשֶׁה אֶת־הַמַּטֹּת לִפְנֵי יְהוָה בְּאֹהֶל הָעֵדֻת *21 Da redete Mose mit den Söhnen Israels, und alle ihre Fürsten gaben ihm für einen Fürsten einen Stab, je einen Stab für einen Fürsten für eine (Groß-)Familie, zwölf Stäbe, wobei der Stab Aarons in der Mitte ihrer Stäbe war. 22 Und Mose legte die Stäbe vor Jahwe in die Stiftshütte.*

1Sam 16,11.12: *Da sprach Samuel zu Isai: Sind das alle Knaben? Da sprach er: Der kleinste ist noch übrig; siehe, er weidet das Kleinvieh. Da sprach Samuel zu Isai:* שִׁלְחָה וְקָחֶנּוּ כִּי *Schicke hin und lasse ihn holen, denn wir werden uns nicht hinsetzen bis er hierher kommt.* Der Bericht der Durchführung folgt in v.12: וַיִּשְׁלַח וַיְבִיאֵהוּ *Da schickte er (hin) und ließ ihn holen.* Auch hier trägt der zweite imp den Ton der Imperativ-kette.[2]

2Sam 24,18:[3] *Da kam Gad an diesem Tag zu David und sprach zu ihm:* עֲלֵה הָקֵם לַיהוָה מִזְבֵּחַ בְּגֹרֶן [אֲרַוְנָה]‏[4] הַיְבֻסִי *Zieh hinauf, errichte für Jahwe einen Altar auf der Tenne Araunas, des Jebusiters.* Der Bericht der Durchführung findet sich in vv.19-25,[5] hier interessieren aber in er-ster Linie die vv.19.25: וַיַּעַל דָּוִד כִּדְבַר־גָּד כַּאֲשֶׁר צִוָּה יְהוָה 25 ... וַיִּבֶן 19 ... שָׁם דָּוִד מִזְבֵּחַ לַיהוָה *19 Da ging David entsprechend dem Wort Gads hinauf, wie ihm Jahwe befohlen hatte .... 25 Und David baute dort für Jahwe einen Altar.*

1Reg 18,8:[6] *Da sprach er [sc. Elia] zu ihm: Ja:* לֵךְ אֱמֹר לַאדֹנֶיךָ הִנֵּה אֵלִיָּהוּ *Geh, sage zu deinem Herrn: Siehe, Elia (ist da).* Der Bericht der Durchführung folgt in v.16:[7] וַיֵּלֶךְ עֹבַדְיָהוּ לִקְרַאת אַחְאָב וַיַּגֶּד־לוֹ *Da ging Obadja Ahab entgegen und verkündete es ihm.*

Weitere Belege:[8] Jdc 8,21.(21); 9,54.(54); 1Sam 23,4.(5); 2Sam 1,15.(15); 18,30.(30); 1Reg 12,5.(5-14); 20,33.(33)?[1]; 2Reg 10,6.(7); 22,13.(14); Jer 13,6.(7)[2]; 36,14.(14); 2Chr 34,21.(22).

---

1   Der juss führt nicht die vorausgehende Satzkette fort, da er asyndetisch steht (vgl. hierzu Kap. 3.8), sondern leitet eine neue Satzkette ein.
2   Vgl. auch oben S. 66 zur Stelle.
3   Vgl. auch S. 67 zur Stelle.
4   So das Qere.
5   Kratz (2000) S. 193 schreibt die vv.18-25 bis auf v.20a Dtr[G] zu, sie sind also literar-kritisch einheitlich.
6   Vgl. auch vv.11.14, wo diese Aufforderung zitiert wird.
7   Kratz (2000) S. 192 rechnet die Verse Nachträgen aus Dtr[S] zu. (Vgl. zur Stelle auch ebd. S. 171).
8   Der Bericht der Durchführung wird in Klammern angegeben.

iii) Bericht der Durchführung des ersten Imperativs mit anderer Wurzel

Es kristallisiert sich als Regel heraus, daß immer der letzte imp einer Äußerung den Ton trägt. Es stellt sich aber die Frage, ob nicht doch der erste imp den Ton trägt, wenn dieser im Bericht der Durchführung durch eine andere Wurzel aufgenommen wird. Dies ist allerdings nicht der Fall, wie die folgenden Belege zeigen, so z.B. in 2Reg 9,34: פִּקְדוּ־נָא אֶת־ הָאֲרוּרָה הַזֹּאת וְקִבְרוּהָ כִּי *Seht doch nach dieser Verfluchten und begrabt sie, denn sie ist eines Königs Tochter.* Der Bericht der Durchführung folgt in v.35: וַיֵּלְכוּ לְקָבְרָהּ וְלֹא־מָצְאוּ בָהּ כִּי אִם־הַגֻּלְגֹּלֶת וְהָרַגְלַיִם וְכַפּוֹת הַיָּדָיִם *Da gingen sie, um sie zu begraben, aber sie fanden nichts von ihr außer dem Schädel und den Füßen und den Flächen der Hände.* Hier wird die Durchführung des ersten imp mit הלך berichtet, während der dazugehörige imp von פקד gebildet ist. Der l.inf in der Durchführung zeigt deutlich, daß der Ton des Befehls auf dem letzten imp liegt. Der Wechsel von פקד zu הלך beim ersten imp bleibt also ohne Auswirkungen.

Ähnliches gilt für Ex 2,9[3]: *Da sprach die Tochter des Pharaos zu ihr* [sc. Moses Mutter]: הֵילִיכִי אֶת־הַיֶּלֶד הַזֶּה וְהֵינִקִהוּ לִי וַאֲנִי אֶתֵּן אֶת־שְׂכָרֵךְ *Trage dieses Kind weg und stille es für mich, und ich will deinen Lohn dafür geben.* Der Bericht der Durchführung lautet: וַתִּקַּח הָאִשָּׁה הַיֶּלֶד וַתְּנִיקֵהוּ *Da nahm die Frau das Kind und stillte es.* Voraus geht folgende Frage (v.7): *Da sprach seine* [sc. Moses] *Schwester zu der Tochter des Pharao:* הַאֵלֵךְ וְקָרָאתִי לָךְ אִשָּׁה מֵינֶקֶת מִן הָעִבְרִיֹּת וְתֵינִק לָךְ אֶת־הַיָּלֶד *Soll ich hingehen und für dich eine Säugamme rufen von den Hebräerinnen, daß sie dir das Kind stillt?* Aus diesem Vers wird deutlich, daß es in Ex 2,7-9 um die Frage geht, von wem Mose gestillt wird,[4] auch wenn es indirekt darum geht, wie Mose zu seiner Mutter kommt. Daß der imp וְהֵינִקִהוּ den Ton der Satzkette trägt, zeigt der Satz וְתֵינִק לָךְ אֶת־הַיָּלֶד, denn w.juss hat oft eine ähnliche Bedeutung wie l.inf, er hat oft finalen Charakter.[5] D.h. er zeigt das Ziel bzw. den Zweck der Äußerung an.

Wenn es in Ex 2,7-9 vordergründig darum geht, wie Mose gestillt wird, oder wer Mose stillt, dann trägt in v.9 folgerichtig der letzte imp, eben וְהֵינִקִהוּ, den Ton.

---

[1]   Der Bericht der Durchführung von בֹּאוּ קָחֻהוּ *Geht, bringt ihn* lautet: וַיֵּצֵא אֵלָיו בֶּן־ הֲדַד *Da kam Ben-Hadad zu ihm heraus.*

[2]   Vgl. oben S. 63 zur Stelle.

[3]   Das w.x.imperf vertritt hier ein perf consec und trägt nicht den Ton der Satzkette (vgl. auch Kap. 5.3.4).

[4]   Ähnlich Schwanz [1978] (vgl. hierzu oben S. 24 Anm. 4).

[5]   Vgl. z.B. Gesenius/Kautzsch (1909) §165*a* u.a.

Ähnliche Belege:

1Sam 3,5: Eli schickt Samuel mit folgender Aufforderung weg: שׁוּב שְׁכָב *Kehr um, leg dich schlafen.* Der Bericht der Durchführung folgt unmittelbar: וַיֵּלֶךְ וַיִּשְׁכָּב *Da ging er und legte sich schlafen.*

1Sam 6,21:[1] *Die Philister haben die Lade Jahwes zurückgebracht.* רְדוּ הַעֲלוּ אֹתוֹ אֲלֵיכֶם *Kommt herab, holt sie zu euch herauf.* Der Bericht der Durchführung folgt in 7,1: וַיָּבֹאוּ אַנְשֵׁי קִרְיַת יְעָרִים וַיַּעֲלוּ אֶת־אֲרוֹן יְהוָה וַיָּבִאוּ אֹתוֹ אֶל־בֵּית אֲבִינָדָב בַּגִּבְעָה *Da kamen die Männer von Kirjat-Jearim und holten die Lade Jahwes herauf und brachten sie in das Haus Abinadabs auf dem Hügel.*

Weitere Belege:[2] Ex 17,9.(10); Lev 8,2f.(4); Dtn 9,12.(15); Jos 10,22.(23); Jdc 7,24.(24); 2Sam 13,17.(18); 2Reg 5,13.(14).

iv) alle imp mit anderer Wurzel

Bei manchen Belegen werden alle imp mit anderen Lexemen im Bericht der Durchführung aufgenommen, diese Belege können aber hier nicht zur Analyse herangezogen werden, da nicht klar ist, ob es sich wirklich um Berichte der Durchführung der Aufforderung oder nur um den Fortgang der Erzählung handelt.

Folgende Belege sind zu nennen:[3] Gen 13,17.(18); Ex 5,11.(12); Jos 4,2f.(4f.).

c) Breiter Bericht der Durchführung des letzten Imperativs

Neben dem direkten Bericht der Durchführung von imp gibt es auch den indirekten oder breiten Bericht der Durchführung von imp. Diese Stellen sind problematisch, weil die Durchführung eines imp nicht direkt berichtet wird, sondern in einem größeren Zusammenhang.[4]

Als Beispiel diene Gen 22,2: *Da sprach er:* קַח־נָא אֶת־בִּנְךָ אֶת־יְחִידְךָ אֲשֶׁר־אָהַבְתָּ אֶת־יִצְחָק וְלֶךְ־לְךָ אֶל־אֶרֶץ הַמֹּרִיָּה וְהַעֲלֵהוּ שָׁם לְעֹלָה עַל אַחַד הֶהָרִים אֲשֶׁר אֹמַר אֵלֶיךָ *Nimm deinen Sohn, deinen einzigen, den du liebst, den Isaak, und geh in das Land Morija, und opfere ihn dort als Brandopfer auf einem der Berge, den ich dir sagen werde.* Es ist jedem, der den Verlauf der Geschichte kennt, sofort einsichtig, daß der letzte imp den Ton der Äußerung trägt, denn die Geschichte lebt von der Aufforderung an Abraham, Isaak zu opfern. Im Bericht der Durchführung (v.3) werden aber nur die beiden ersten imp direkt aufgenommen: וַיַּשְׁכֵּם אַבְרָהָם בַּבֹּקֶר וַיַּחֲבשׁ אֶת־חֲמֹרוֹ וַיִּקַּח אֶת־שְׁנֵי נְעָרָיו אִתּוֹ וְאֵת יִצְחָק בְּנוֹ

---

[1] Vgl. zur Stelle auch S. 244 zur Stelle.
[2] Der Bericht der Durchführung wird in Klammern angegeben.
[3] Der Bericht der Durchführung wird in Klammern angegeben.
[4] Vgl. zum folgenden auch Kap. 4.3.2.

וַיַּשְׁכֵּם אַבְרָהָם בַּבֹּקֶר וַיַּחֲבֹשׁ אֶת־חֲמֹרוֹ וַיִּקַּח אֶת־שְׁנֵי נְעָרָיו אִתּוֹ וְאֵת יִצְחָק בְּנוֹ וַיְבַקַּע עֲצֵי עֹלָה וַיָּקָם וַיֵּלֶךְ אֶל־הַמָּקוֹם אֲשֶׁר־אָמַר־לוֹ הָאֱלֹהִים *Da machte sich Abraham früh am Morgen auf, sattelte seinen Esel und nahm seine zwei Diener und Isaak, seinen Sohn, mit sich und spaltete Holz für ein Brandopfer und machte sich auf und ging an den Ort, den Gott ihm gesagt hatte.* Nach der bisherigen Analyse müßten demnach die beiden imp קַח und וְלֶךְ־לְךָ den Ton der Äußerung tragen, doch die Durchführung des letzten imp wird breit berichtet: vv.4-19 (allerdings kommt es nicht zur Opferung Isaaks).

Bei der Analyse von Belegstellen mit perf consec, das einem imp syntaktisch untergeordnet ist (vgl. unten Kap. 4.3), gibt es nun ebenfalls breite Berichte der Durchführung eines solchen perf consec, dieses trägt aber sicherlich nicht den Ton der Äußerung. Dies wird schön an Jdc 7,10-11a deutlich: 10 *Wenn du dich fürchtest, (allein) hinabzugehen,* רֵד אַתָּה וּפֻרָה נַעַרְךָ אֶל־הַמַּחֲנֶה 11 וְשָׁמַעְתָּ מַה־יְדַבֵּרוּ *dann geh, du und Pura, dein Diener, hinab zum Lager, 11 daß/damit du hörst, was sie reden, dann werden deine Hände stark werden ....*[1] Der Ton der Äußerung liegt eindeutig auf dem imp רֵד, was schon das vorausgehende וְאִם־יָרֵא אַתָּה לָרֶדֶת zeigt. Im Bericht der Durchführung wird aber der imp direkt (v.11) aufgenommen: וַיֵּרֶד הוּא וּפֻרָה נַעֲרוֹ אֶל־קְצֵה הַחֲמֻשִׁים אֲשֶׁר בַּמַּחֲנֶה *Da ging er mit Pura, seinem Diener, hinab bis an den Rand der zum Kampf Gerüsteten, der am Lager war.* Die Durchführung des perf consec hingegen wird breit in den vv.13-15 berichtet.

Belege mit breitem Bericht der Durchführung können also hier nicht zur Analyse herangezogen werden, die folgenden Belege werden aber der Vollständigkeit halber angeführt.

2Sam 13,7: David beauftragt Tamar, Amnon eine Krankenspeise zuzubereiten: *Da schickte David zu Tamar ins Haus:* לְכִי נָא בֵּית אַמְנוֹן אָחִיךְ וַעֲשִׂי־לוֹ הַבִּרְיָה *Geh doch in das Haus Amnons, deines Bruders, und mache ihm dort die Krankenspeise.* Der Bericht der Durchführung folgt ab v.8: 8 וַתֵּלֶךְ תָּמָר בֵּית אַמְנוֹן אָחִיהָ וְהוּא שֹׁכֵב וַתִּקַּח אֶת־הַבָּצֵק [וַתָּלָשׁ][2] וַתְּלַבֵּב לְעֵינָיו וַתְּבַשֵּׁל אֶת־הַלְּבִבוֹת *Da ging Tamar in das Haus Amnons, ihres Bruders, während dieser lag, und machte einen Teig und knetete und bereitete Kuchen vor seinen Augen und backte Kuchen.*

Der erste imp wird im Bericht der Durchführung wörtlich aufgenommen *Da ging Tamar hin ...*, der Bericht der Durchführung des zweiten imp ist hingegen indirekt und sehr breit (vgl. vv.8ff.), er trägt aber sicherlich den Ton der Satzkette.

2Reg 16,7: *Da schickte Ahas Boten zu Tiglat-Pileser, dem König von Assur: Dein Knecht und dein Sohn bin ich –* עֲלֵה וְהוֹשִׁעֵנִי מִכַּף מֶלֶךְ־אֲרָם

---

[1]   Das w.x.imperf וְאַחַר תֶּחֱזַקְנָה יָדֶיךָ vertritt hier ein perf consec (vgl. hierzu Kap. 5.3).

[2]   So das Qere.

וּמְכַּף מֶלֶךְ יִשְׂרָאֵל הַקּוֹמִים עָלָי *Zieh herauf und hilf mir aus der Hand des König von Aram und aus der Hand des Königs von Israel, die sich gegen mich aufgemacht haben.* Der Bericht der Durchführung folgt in v.9: וַיִּשְׁמַע אֵלָיו מֶלֶךְ אַשּׁוּר וַיַּעַל מֶלֶךְ אַשּׁוּר אֶל־דַּמֶּשֶׂק וַיִּתְפְּשֶׂהָ וַיַּגְלֶהָ קִירָה וְאֶת־רְצִין הֵמִית *Da hörte der König Assurs auf ihn, und der König Assurs zog herauf gegen Damaskus und eroberte es und führte es nach Kir ins Exil, und Rezin tötete er.* Auch hier wird lediglich die Durchführung des ersten imp wörtlich berichtet. Die Durchführung des letzten imp wird breiter berichtet, anstatt eines *und half ihm aus der Hand des Königs von Aram ...* heißt es hier *und der König Assurs zog herauf gegen Damaskus und eroberte es und führte es nach Kir ins Exil, und Rezin tötete er.* Der letzte imp trägt den Ton der Äußerung.

2Reg 7,14: *Da nahmen sie zwei Wagen mit Pferden, und der König schickte sie hinter dem Lager der Aramäer nach:* לְכוּ וּרְאוּ *Geht und seht (nach)!* Der Bericht der Durchführung folgt in v.15: וַיֵּלְכוּ אַחֲרֵיהֶם עַד־הַיַּרְדֵּן וְהִנֵּה כָל־הַדֶּרֶךְ מְלֵאָה בְגָדִים וְכֵלִים אֲשֶׁר־הִשְׁלִיכוּ אֲרָם [בְּחָפְזָם]¹ וַיָּשֻׁבוּ הַמַּלְאָכִים וַיַּגִּדוּ לַמֶּלֶךְ *Da gingen sie hinter ihnen her bis an den Jordan und siehe, der ganze Weg war voll mit Kleidern und Geräten, die die Aramäer weggeworfen hatten bei ihrer Flucht. Da kehrten die Boten zurück und brachten dem König Nachricht.* Hier trägt ebenfalls der zweite imp den Ton der Satzkette.

Weitere Belege:² Gen 43,16.(17ff.); Ex 32,1.(2-4); Lev 9,7.(8ff.); Jos 10,6.(7ff.); 2,1.(1ff.); 2Sam 18,21.(22-32); 2Reg 4,38.(39ff.)?; Ez 3,1.(2ff.)³; 10,2.(2-7)⁴.

d) Vorläufiges Ergebnis
Der Bericht der Durchführung von imp zeigt, daß bei zwei oder mehr imp in einer Satzkette immer der letzte imp den Ton der Satzkette trägt. Dies scheint sich als Regel herauszukristallisieren, wenn man sich alle Stellen mit mehreren imp anschaut.

Allerdings gibt es auch einige wenige Ausnahmen.

e) Bericht der Durchführung des mittleren Imperativs
In 1Sam 15,6 wird die Durchführung des mittleren imp berichtet: *Da sprach Saul zu den Kenitern:* לְכוּ סֻרוּ רְדוּ מִתּוֹךְ עֲמָלֵקִי פֶּן *Geht, weicht, steigt hinab aus der Mitte Amaleks, damit ich dich mit ihm nicht weg-*

---

¹ So das Qere.
² Der Bericht der Durchführung wird in Klammern angegeben.
³ Vgl. zur Stelle auch S. 265.
⁴ Der letzte imp וְזָרַק עַל־הָעִיר *und streue sie über die Stadt* wird nur andeutungsweise im Bericht der Durchführung (v.7) aufgenommen: וַיֵּצֵא ... *und er ging hinaus.*

räume[1], *weil du Loyalität an den ganzen Söhnen Israels erwiesen hast, als sie aus Ägypten heraufzogen.* Der Bericht der Durchführung lautet: וַיָּסַר קֵינִי מִתּוֹךְ עֲמָלֵק *Da wichen die Keniter aus der Mitte Amaleks.* Hier wird nicht, wie zu erwarten gewesen wäre, die Durchführung des letzten, sondern des mittleren imp berichtet. Es gibt m.E. keine befriedigende Erkärung für diesen Fall, er ist m.W. der einzige dieser Art. Eine mögliche Erklärung wäre, daß hier nicht eine Satzkette, sondern verschiedene Äußerungen vorliegen: *Auf, weicht! Kommt herab von den Amalekitern.* Der imp לְכוּ wäre dann aber als Interjektion aufzufassen.[2]

f) Problematische Belege

Es sei hier auf zu erklärende Belege eingegangen.

1Sam 20,36 רֻץ מְצָא נָא אֶת־הַחִצִּים אֲשֶׁר אָנֹכִי מוֹרֶה *Lauf, such doch die Pfeile, die ich schieße.* Der Bericht der Durchführung lautet: הַנַּעַר רָץ וְהוּא־יָרָה הַחֵצִי לְהַעֲבִרוֹ *Als der Diener lief, schoß er den Pfeil, um ihn zu überholen*[3]. Hierbei handelt es sich nur scheinbar um eine Stelle, bei der nur die Durchführung des ersten imp berichtet wird. Das Suchen der Pfeile ist das Zentrale der weiteren Erzählung. Es handelt sich also hierbei um eine Stelle, in der die Durchführung des letzten imp breit berichtet wird. Die Stelle gehört also eigentlich unter 2.3.1.2.c.

2Reg 2,20: *Da sprach er* [sc. Elisa]: קְחוּ־לִי צְלֹחִית חֲדָשָׁה וְשִׂימוּ שָׁם מֶלַח *Holt mir eine neue Schüssel und tut Salz dort hinein.* Der Bericht der Durchführung lautet: וַיִּקְחוּ אֵלָיו 21 וַיֵּצֵא אֶל־מוֹצָא הַמַּיִם וַיַּשְׁלֶךְ־שָׁם מֶלַח וַיֹּאמֶר 20 *Da brachten sie zu ihm* 21 *und er ging hinaus zur Wasserquelle und warf dort Salz hinein und sprach:* .... Hier wird im Bericht der Durchführung lediglich gesagt, daß sie ihm (die Schale, das Salz) brachten. Nicht berichtet wird, daß sie das Salz in die Schale taten. Dies spricht allerdings nicht dagegen, daß auch hier der letzte imp den Ton der Satzkette trägt, denn das Salz ist das Wichtige im Fortgang der Handlung, nicht die Schale.

In zwei Belegen wird der letzte imp im Bericht der Durchführung nicht aufgenommen, dennoch ist es sehr wahrscheinlich, daß er den Ton der Aufforderung trägt. Es handelt sich um 2Sam 19,8 und Jer 40,10.

In 2Sam 19,8 fordert Joab David auf, zu seinen Knechten zu reden, nachdem sie für ihn gesiegt haben: וְעַתָּה קוּם צֵא וְדַבֵּר עַל־לֵב עֲבָדֶיךָ כִּי *Und nun: Steh auf, komm heraus und rede deinen Knechten freundlich zu, denn* .... Im Bericht der Durchführung (v.9) wird lediglich gesagt: וַיָּקָם הַמֶּלֶךְ וַיֵּשֶׁב בַּשָּׁעַר וּלְכָל־הָעָם הִגִּידוּ לֵאמֹר הִנֵּה הַמֶּלֶךְ יוֹשֵׁב בַּשָּׁעַר

---

1   Vgl. zur Übersetzung Gesenius/Buhl (1915) Sp. 55b und zur Form Gesenius/Kautzsch (1909) §68*h*.

2   Anders Diehl (2000) S. 120.

3   Übersetzung nach Gesenius/Buhl (1915) Sp. 559b.

וַיָּבֹא כָל־הָעָם לִפְנֵי הַמֶּלֶךְ *Da stand der König auf und setzte sich ins Tor,
und dem ganzen Volk verkündete man: Siehe, der König sitzt im Tor. Da
kam das ganze Volk vor den König.* David hat sicherlich auch etwas zum
Volk gesagt.

In Jer 40,10 ist die Sachlage ähnlich: ... וְאַתֶּם אִסְפוּ יַיִן וְקַיִץ וְשֶׁמֶן
וְשִׂמוּ בִּכְלֵיכֶם וּשְׁבוּ בְּעָרֵיכֶם אֲשֶׁר־תְּפַשְׂתֶּם ... *ihr aber sammelt Wein,
Sommerobst und Öl, und legt es in eure Gefäße und bleibt in euren
Städten, die ihr innehabt.* Im Bericht der Durchführung (v.12) wird der
letzte imp nicht aufgenommen:[1] וַיָּשֻׁבוּ כָל־הַיְּהוּדִים מִכָּל־הַמְּקֹמוֹת אֲשֶׁר
נִדְּחוּ־שָׁם וַיָּבֹאוּ אֶרֶץ־יְהוּדָה אֶל־גְּדַלְיָהוּ הַמִּצְפָּתָה וַיַּאַסְפוּ יַיִן וְקַיִץ הַרְבֵּה
מְאֹד *Da kamen alle Judäer zurück von allen Orten, an die sie vertrieben
worden waren, und kamen ins Land Juda zu Gedalja nach Mizpa und
sammelten sehr viel Wein und Sommerobst.* Dies setzt allerdings voraus,
daß die Zurückgekehrten auch bleiben.

2.3.1.3 IMPERATIVKETTEN DER FORM < IMP - W.IMP - IMP > UND < IMP - IMP - W.IMP >

a) Imperativketten der Form < imp - w.imp - imp >

An Imperativketten der Form < imp - w.imp - imp [- *kî*] > kann verdeutlicht werden, daß auch in längeren Imperativketten der letzte imp den
Ton trägt. Hier werden der erste und der zweite imp der Kette durch ein ו
verbunden und so als untergeordnete imp gekennzeichnet, an die der
letzte imp als tontragender imp asyndetisch angeschlossen ist.[2] Durch die
Asyndese entsteht eine Art Absatz im lokutionären Akt, der anzeigt, daß
nun das Wichtige folgen wird.

---

[1] Die Stelle muß im Zusammenhang mit vv.9f. gesehen werden (vgl. S. 173 zur
Stelle).

[2] Ähnlich liegt der Fall auch dann, wenn der zweite imp als sog. Formverb oder Interjektion (vgl. Kap. 2.1.1) zu verstehen ist.

Beispiele[1]:

Gen 27,13: *Da sprach seine Mutter zu ihm: Dein Fluch (sei) auf mir,
mein Sohn.* אַךְ שְׁמַע בְּקֹלִי וְלֵךְ קַח־לִי *Höre auf meine Stimme und geh,
hohle (es) mir.* Rebekka schickt Jakob, ihr zwei Ziegenböckchen zu
bringen, um für Isaak ein Essen zuzubereiten, mit dem Jakob sich den
Erstgeburtssegen erschleichen soll. Als Jakob etwas einwendet, schickt
sie ihn mit dieser Aufforderung erneut weg. Es ist deutlich, daß hier der
letzte imp den Ton trägt.[2] Wichtig ist nicht, daß Jakob weggeht, sondern
daß er zwei Böcklein holt. Dies zeigt der Bericht der Durchführung in
v.14: וַיֵּלֶךְ וַיִּקַּח וַיָּבֵא לְאִמּוֹ *Da ging er, nahm (sie) und brachte (sie)
seiner Mutter.* Der letzte, tontragende imp wird deutlich von den beiden
anderen abgesetzt, da er asyndetisch angeschlossen ist. Dies gilt auch für
Ez 3,1:[3] *Da sprach er zu mir: Menschensohn, was du findest, das iß!*
אֱכוֹל אֵת־הַמְּגִלָּה הַזֹּאת וְלֵךְ דַּבֵּר אֶל־בֵּית יִשְׂרָאֵל *Iß diese Buchrolle und
wohlan/ geh[4], rede zum Haus Israel.* Das Essen der Schriftrolle und das
Hingehen sind die Voraussetzung für das Reden zum Haus Israel.
    Weitere Belege[5]: Gen 29,7; Ex 17,9; Jos 5,2; 8,1 u.ö.

---

[1] Auch hier werden nur Beispiele aus erzählender Rede aufgeführt. In poetischer oder
     gebundener Redeweise sind Äußerungen sehr unklar abzugrenzen. Num 23,18 diene
     als Beispiel: *Da hob er seinen Spruch an und sprach:* קוּם בָּלָק וּשֲׁמָע הַאֲזִינָה עָדַי
     בְּנוֹ צִפֹּר *Auf Balak, höre! Höre mir aufmerksam zu, Sohn Zippors.* Mit dieser
     Äußerung beginnt der zweite Bileamspruch, der im Parallelismus membrorum mit
     Doppeldreierrhythmus gehalten ist (vgl. Noth [1982] S. 162). In beiden Versteilen
     v.23bα und v.23bβ fordert Bileam Balak auf, auf ihn zu hören. Beide Äußerungen
     beleuchten – wie für den Parallelismus membrorum typisch – den gleichen Gegen-
     stand aus zwei verschiedenen Blickwinkeln. Von daher liegt die Vermutung nahe,
     daß hier zwei Äußerungen vorliegen.
        Es gibt aber auch Stellen in poetischen Texten, die analog zu den Äußerungen
     in erzählender Rede laufen. Beispiel Ps 48,13: סֹבּוּ צִיּוֹן וְהַקִּיפוּהָ סִפְרוּ מִגְדָּלֶיהָ *Um-
     kreist Zion und wandelt um ihn herum, zählt seine Türme.* Hier liegt evtl. nur eine
     Äußerung mit Satzkettenformel < imp - w.imp - imp > vor. Auch hier trägt dann der
     letzte imp den Ton, denn es kommt darauf an, die Türme Zions zu zählen.
        Weitere Beispiele für poetische oder gebundene Redeweise mit einer oder zwei
     Äußerungen: Jes 45,20; 46,8; 66,10; Jer 2,12 (tk); 6,26; 48,20; Hos 14,3; Joel 1,13;
     Ps 26,2; 30,11; 119,154. In manchen der Belege folgen in den sich anschließenden
     Versen weitere Satzketten mit imp, die aber neue Äußerungen einleiten.
[2] Ähnlich Schwanz [1978] (vgl. hierzu oben S. 24 Anm. 4).
[3] Im Bericht der Durchführung vv.2ff. wird der letzte imp nur indirekt in v.4 aufge-
     nommen. Er trägt dennoch den Ton der Satzkette. — Der vorausgehende imp אֱכוֹל
     in v.1a gehört nicht zur Satzkette. — Zu Ez 2,3-3,11 gesamt vgl. S. 264ff.
[4] Es ist m.E. unklar, ob der imp hier als begriffswörtlicher imp oder als Interjektion zu
     deuten ist. Diehl (2000) S. 124 deutet den imp als begriffswörtlichen imp, allerdings
     mit Fragezeichen.
[5] Hierher gehört auch Ez 9,7, dieser Vers ist allerdings textkritisch unsicher. — In Gen
     27,43ff. folgt in v.44f. ein untergeordnetes perf consec.

b) Imperativketten der Form < imp - imp - w.imp >
Bei Imperativketten der Form < imp - imp - w.imp > können die beiden
letzten imp den Ton der Äußerung tragen. So z.B. in 1Reg 18,41:[1] *Da*
sprach Elia zu Ahab: עֲלֵה אֱכֹל וּשְׁתֵה כִּי *Zieh hinauf, iß und trink, denn*
Getöse von Regen (ist zu hören).
      Weitere Belege:[2] Jer 47,6; Prv 6,3; 9,5; Jer 4,8; Ez 44,5f.[3]; Qoh 9,7
u.ö.

2.3.1.4 ERGEBNISSE DER UNTERSUCHUNG VON IMPERATIVKETTEN MIT ZWEI IMPERATIVEN UND IMPERATIVKETTEN DER FORM < IMP - W.IMP - IMP > BZW. < IMP - IMP - W.IMP >

Es hat sich gezeigt, daß in Imperativketten mit zwei imp, in denen ein
Wertigkeitsgefälle vorliegt, stets der letzte imp den Ton trägt. Dies er-
wies sowohl die Austauschprobe als auch die Kontextanalyse. Nicht
belegt sind Imperativketten, in denen der erste imp den Ton der Satzkette
trägt.
      Die Austauschprobe hat ergeben, daß der letzte imp zweier imp stets
den Ton unabhängig von der Lexemfolge trägt (dies gilt auch dann, wenn
bei der Austauschprobe die gleichen Lexeme mit unterschiedlichen Verb-
stämmen gebraucht werden). Mit Hilfe der Kontextanalyse konnte dieser
Befund gestützt werden.

2.3.2 GLEICHWERTIGE IMPERATIVE

Neben Imperativketten mit Wertigkeitsgefälle gibt es aber auch Imperativketten mit gleichwertigen imp. Hingegen gibt es keine Imperativketten, in denen der erste imp den Ton der Äußerung trägt, was die vorausgehende Untersuchung in Kap. 2.3.1 gezeigt hat. Wie in Kap. 2.3 erwähnt, ist das Kriterium für gleichwertige imp, daß sie ausgetauscht werden können, ohne daß sich die Aussagerichtung der Äußerung ändert.
Dies ist in Prv 23,7 der Fall: אֱכֹל וּשְׁתֵה *iß und trink!* Es macht keinen
Unterschied in der Aussagerichtung, wenn man sagt: שְׁתֵה וְאֱכֹל *Trink

---

[1]   Vgl. auch oben S. 71 zur Stelle.
[2]   Hierher gehört evtl. auch Jer 40,5: וְשֻׁבָה אֶל־גְּדַלְיָה בֶן־אֲחִיקָם בֶּן־שָׁפָן אֲשֶׁר הִפְקִיד
      מֶלֶךְ־בָּבֶל בְּעָרֵי יְהוּדָה וְשֵׁב אִתּוֹ בְּתוֹךְ הָעָם אוֹ אֶל־כָּל־הַיָּשָׁר בְּעֵינֶיךָ לָלֶכֶת לֵךְ
      Kehre um zu Gedalja, dem Sohn Ahikams, des Sohnes Schafans, den der König Ba-
      bels über die Städte Judas zur Aufsicht bestellt hat, und bleibe bei ihm in der Mitte
      des Volkes, oder wohin auch immer es recht ist, in deinen Augen zu gehen, da geh. —
      In Jes 30,8 trägt der w.juss den Ton der Satzkette.
[3]   Hier liegt allerdings eine Satzkette der Form < imp - w.imp - w.imp - perf consec -
      ... > vor. Dennoch scheinen die beiden letzten imp gleichwertig und tontragend zu
      sein und der erste eine Art Vorbedingung darzustellen. — Vgl. zur Stelle auch S.
      242.

und iß! Das klingt zwar ungewohnt, aber es besteht kein Wertigkeitsgefälle zwischen den beiden imp.

Anders liegt der Fall, wenn man zwei imp hat, in denen ein Wertigkeitsgefälle vorliegt, also der letzte imp den Ton trägt. In Gen 12,19 sagt
z.B. der Pharao zu Abram, nachdem die Lüge Abrams, Sarai sei seine
Schwester, aufgedeckt wurde: וְעַתָּה הִנֵּה אִשְׁתְּךָ קַח וָלֵךְ *Und nun: siehe,
deine Frau. Nimm (sie) und geh!* Hier soll Abram seine Frau wieder
nehmen und dann weggehen. Die Aussagerichtung würde eindeutig verändert, wenn der Pharao sagen würde: לֵךְ וְקַח *Geh und nimm (sie)!* Dann
müßte Abram zu Sarai gehen und sie mitnehmen. Diese imp sind also
eindeutig nicht austauschbar.

Hier sollen nun weitere Stellen mit gleichwertigen imp – zunächst in
erzählenden Texten[1] – aufgeführt werden.

In der Regel werden hier Belege mit zwei imp aufgeführt. Komplexere Satzketten werden nur selten berücksichtigt.

Es werden hier zunächst *asyndetisch* verbundene Imperativketten untersucht, sowohl in erzählenden Texten als auch in poetischer Rede. Dann
werden *syndetische* Imperativketten untersucht, ebenfalls in erzählenden
Texten und in poetischer Rede.

Diese Differenzierung ist deshalb nötig, weil es sich gezeigt hat, daß
asyndetische Imperativketten nur nach ganz bestimmten Regeln gebildet
werden können. Desweiteren gelten in poetischer Rede etwas andere Regeln, was den Gebrauch des ו angeht (vgl. zu beidem oben Kap. 2.1).

a) Gleichwertige Imperative in asyndetisch verbundenen Imperativketten
i) Erzählende Rede
Bei der Untersuchung aller Imperativketten, die aus zwei imp bestehen,
ergibt sich, daß in erzählender Rede scheinbar *nie* zwei gleichwertige
imp asyndetisch nebeneinanderstehen. Bei Imperativketten der Form
< imp - imp > handelt es sich immer um Imperativketten mit Wertigkeits-
gefälle. Lediglich drei Stellen scheinen dagegen zu sprechen, es handelt
sich um 1Sam 15,6 und Ruth 1,8.12. Allerdings zeigt sich auch hier bei
näherem Hinsehen, daß ein Wertigkeitsgefälle vorliegt.

In Ruth 1 scheinen הלך imp und שוב imp austauschbar, denn in v.8
kommen sie in der Lexemfolge הלך -> שוב vor, in v.12 hingegen umgekehrt.[2] Allerdings ist das nur oberflächlich betrachtet der Fall: v.8: *Da
sprach Noomi zu ihren beiden Schwiegertöchtern:* לֵכְנָה שֹּׁבְנָה אִשָּׁה
לְבֵית אִמָּהּ *Geht/wohlan, kehrt um, jede in das Haus ihrer Mutter.* V.12:

---

[1]   Bei poetischer Rede ist es oft schwierig, zu unterscheiden, wann eine Äußerung mit
      zwei imp und wann zwei Äußerungen vorliegen (vgl. unten).
[2]   Vgl. auch S. 66 zur Stelle.

שֹׁבְנָה בְנֹתַי לֵכְן כִּי *Kehrt um, meine Töchter, geht, denn ich bin zu alt, um einem Mann zu gehören ...*.

In v.8 handelt es sich bei dem ersten imp wahrscheinlich um eine Interjektion. Dies legt Ruth 1,11 nahe, dort wird nur ein imp (שֹׁבְנָה) gebraucht. V.12 schließt diesen ersten Redegang Noomis mit ihren Schwiegertöchtern ab. Orpa verläßt sie daraufhin (v.14). V.12 kann man evtl. folgendermaßen paraphrasieren: *Kehrt um, meine Töchter – geht endlich!* Auf jeden Fall handelt es sich nicht um gleichwertige imp. Im ersten Fall (v.8) stellt der erste imp eine Interjektion dar, im zweiten Fall (v.12) handelt es sich vielleicht um eine eigenständige Äußerung.

1Sam 15,6: *Da sprach Saul zu den Kenitern:* לְכוּ סֻּרוּ רְדוּ מִתּוֹךְ עֲמָלֵקִי פֶּן *Geht, weicht, steigt hinab aus der Mitte Amaleks, damit ich dich mit ihm nicht wegräume[1], weil du Loyalität an allen Söhnen Israels erwiesen hast, als sie aus Ägypten heraufzogen.* Es stellt sich hier die Frage, wie viele Äußerungen vorliegen. לְכוּ kann eine Interjektion sein. Dafür spricht, daß dieser imp im Bericht der Durchführung nicht erwähnt wird.[2] Lediglich die Durchführung von סֻּרוּ wird berichtet, dies aber mit der adverbiellen Bestimmung des Ortes des dritten imp (רְדוּ): וַיָּסַר קֵינִי מִתּוֹךְ עֲמָלֵק. Evtl. sind die letzten beiden imp – סֻּרוּ und רְדוּ – ebenfalls als eigene Äußerungen aufzufassen.

ii) Poetische Rede

In erzählender Rede kommen asyndetisch verbundene Imperativketten der Form < imp - imp > mit gleichwertigen imp nicht vor. Anders ist die Sachlage in poetischer Rede. Hier scheinen sehr häufig gleichwertige, asyndetisch verbundene imp vorzukommen. Allerdings kann man hier nicht unterscheiden, ob zwei Äußerungen oder eine Satzkette vorliegen. Man kann aber davon ausgehen, daß hier im Parallelismus membrorum zwei Äußerungen zu sehen sind.[3] Dies soll an einigen Stellen verdeutlicht werden, so z.B. Gen 4,23: *Da sprach Lamech zu seinen Frauen:* עָדָה וְצִלָּה שְׁמַעַן קוֹלִי נְשֵׁי לֶמֶךְ הַאֲזֵנָּה אִמְרָתִי *Ada und Zilla, hört meine*

---

[1] Vgl. zur Übersetzung Gesenius/Buhl (1915) Sp. 55b und zur Form Gesenius/Kautzsch (1909) §68h.

[2] Vgl. oben S. 81.

[3] Allerdings sehe ich hier ein weiteres Problem: Betrachtet man den Gebrauch des ו in poetischer Redeweise in Imperativketten, so fällt auf, daß dann, wenn zwei imp in einem Kolon stehen, dieselben Regeln für den Gebrauch des ו gelten wie in erzählenden Texten (vgl. oben Kap. 2.1.3). Stehen hingegen beide imp in unterschiedlichen Kola des Parallelismus membrorum, so müssen beide imp nicht unbedingt syndetisch verbunden werden, wenn der erste imp eine Erweiterung oder ein Objekt trägt; in erzählenden Texten ist dies gefordert. Dies verwundert auch nicht weiter, denn zumindest bei gleichwertigen imp scheint nicht eine Äußerung vorzuliegen, sondern zwei. Läge eine Satzkette vor, dann übernähme wohl der Parallelismus membrorum die Funktion des ו.

Stimme! Ihr Frauen Lamechs, hört aufmerksam, was ich sage! .... Mit diesem Vers beginnt das "Schwertlied"[1] des Lamech. עָדָה וְצִלָּה שְׁמַעַן קוֹלִי נְשֵׁי לֶמֶךְ הַאֲזֵנָּה אִמְרָתִי ist bewußt im Parallelismus membrorum gebaut und stellt nicht eine Satzkette, sondern zwei Äußerungen dar. Dies wird schon an den unterschiedlichen Vokativen und Objekten deutlich, wenn auch beides inhaltlich jeweils das gleiche meint.

Der gleiche Sachverhalt liegt in Jdc 5,3 vor: שִׁמְעוּ מְלָכִים הַאֲזִינוּ רֹזְנִים *Hört, ihr Könige! Hört aufmerksam zu, ihr Fürsten!* Auch hier werden unterschiedliche Vokative verwendet, woraus man auf zwei Äußerungen im Parallelismus membrorum schließen kann.

In Jes 30,10 liegen ebenfalls zwei Äußerungen vor: דַּבְּרוּ־לָנוּ חֲלָקוֹת חֲזוּ מַהֲתַלּוֹת *Redet zu uns glatte Worte! Schaut Täuschungen!* Daß hier zwei parallele Äußerungen vorliegen, macht auch das vorausgehende deutlich: אֲשֶׁר אָמְרוּ לָרֹאִים לֹא תִרְאוּ וְלַחֹזִים לֹא תֶחֱזוּ־לָנוּ נְכֹחוֹת ... *die sprechen zu den Sehern: Nicht sollt ihr sehen! und zu den Schauenden: Schaut uns nicht Gerades.* Auch hier liegen zwei getrennte, verneinte Aufforderungen vor.

Ein ähnlicher Fall ist Cant 2,14: יוֹנָתִי בְּחַגְוֵי הַסֶּלַע בְּסֵתֶר הַמַּדְרֵגָה הַרְאִינִי אֶת־מַרְאַיִךְ הַשְׁמִיעִינִי אֶת־קוֹלֵךְ כִּי *Meine Taube in den Felsklüften, im Schutz der Bergstraße, laß mich deine Gestalt sehen. Laß mich deine Stimme hören. Denn deine Stimme ist süß und deine Gestalt ist lieblich.* Eingeleitet werden diese beiden Äußerungen durch einen Vokativ. Die angeredete "Taube" soll a) ihre Gestalt zeigen, und b) ihre Stimme hören lassen. Hier handelt es sich nicht um gleichgewichtige Imperative wie *Iß und trink!*, sondern um zwei Äußerungen die nebeneinander stehen. Allerdings werden die beiden Äußerungen im כִּי-Satz verbunden, denn in ihm wird auf beide Äußerungen Bezug genommen.

Weitere Belege mit zwei Äußerungen:
    Dtn 32,7a[2]; Jes 1,10; 10,30 (tk); 12,4 (2x); 21,2; 23,6; 30,11a; 40,3; 41,21; 48,20; 55,6; Jer 20,13; 50,15; 51,11 (tk); Hos 5,8; Sach 9,9; Nah 2,1; Ps 2,10; 5,2.9; 17,6; 25,4; 31,17; 33,2.3[3]; 35,1; 40,14; 47,2; 48,14; 49,2; 51,3; 54,4; 58,7; 62,9; 66,2; 68,5.33; 78,1; 81,2; 82,3.4; 84,9; 94,2; 98,4[4]; 100,2; 105,4 par. 1Chr 16,11; 119,37.149; 141,3; 147,7.12; Cant 2,5; Prv 4,20; 6,21; 7,3; Hi 40,13[5]; 1Chr 16,23 u.ö.

Daneben können gleichwertige, asyndetische imp in einer Satzkette in poetischer Rede stehen, so wohl in Jes 52,9: פִּצְחוּ רַנְּנוּ יַחְדָּו חָרְבוֹת

---

[1]   Vgl. von Rad (1987a) zur Stelle.
[2]   In v.7b beginnt m.E. eine neue Äußerung.
[3]   Hier folgt ein inf unmittelbar auf den zweiten imp.
[4]   Hier liegt in v.4b eine Satzkette mit drei imp vor.
[5]   Allerdings hat der Vers eine Fortführung in v.14.

... יְרוּשָׁלָ͏ִם כִּי *Freut euch, jubelt zusammen, Trümmerhaufen Jerusalems, denn ....* Bei dieser Stelle handelt es sich um eine der Stellen, in denen zwei asyndetisch verbundene imp nebeneinander im selben Kolon stehen. Vielleicht liegt hier eine Satzkette mit zwei gleichwertigen imp vor. Zu פצח und רנן vgl. noch Jes 44,23; 49,13; 54,1; Ps 98,4 (in den meisten dieser Belege liegen zwei Äußerungen vor).

Weitere Belege: Jer 2,23?; 4,16?; 48,6?; Hos 10,12?; Ps 61,2?; Cant 5,1. Doch auch diese Stellen können durchaus als verschiedene Äußerungen aufgefasst werden.

b) Gleichwertige Imperative in syndetisch verbundenen Imperativketten
i) Erzählende Rede
Im Gegensatz zu den asyndetischen Imperativketten in erzählender Rede kommen hier, bei syndetisch verbundenen Imperativketten, gleichwertige imp sehr wohl vor. Doch gilt auch hier, daß das Vorkommen nicht sehr häufig ist. Als Beispiel diene Ez 3,10: *Da sprach er zu mir:* בֶּן־אָדָם אֶת־כָּל־דְּבָרַי אֲשֶׁר אֲדַבֵּר אֵלֶיךָ קַח בִּלְבָבְךָ וּבְאָזְנֶיךָ שְׁמָע *Menschensohn, alle meine Worte, die ich mit dir rede, nimm dir zu Herzen und mit deinen Ohren höre sie.* In קַח בִּלְבָבְךָ וּבְאָזְנֶיךָ שְׁמָע *... nimm sie zu Herzen und mit deinen Ohren höre sie* liegt sicherlich kein Wertigkeitsgefälle vor, sondern beide imp sind gleichwertig zu verstehen.[1]

Ähnlich ist wohl auch Ez 36,32 zu verstehen: *Nicht wegen euch tue ich das, – Ausspruch Jahwes – das werde euch kund.* בּוֹשׁוּ וְהִכָּלְמוּ מִדַּרְכֵיכֶם בֵּית יִשְׂרָאֵל *Schämt euch und seid beschämt wegen eurer Wege, Haus Israel.* Nach HALAT ist כלם parallel zu בוש zu verstehen "sich beschimpft fühlen, sich schämen, ‖ בוש"[2] mit Hinweis auf Stolz: "Der Bedeutungsumfang des Verbs [sc. בוש] kommt in den Parallelausdrücken zur Geltung, die teilweise objektiven, teilweise subjektiven Aussagecharakter haben: *klm* [...]"[3]. Schon von daher legt es sich nahe, daß diese Imperativkette gleichwertige imp enthält.

Ebenfalls gleichwertig sind die imp sicherlich in Ruth 4,11: *Da sprach das ganze Volk, das im Tor war, und die Ältesten: Zeugen! Jahwe mache die Frau, die in dein Haus kommt, wie Rahel und wie Lea, die beide das Haus Israel gebaut haben,* וַעֲשֵׂה־חַיִל בְּאֶפְרָתָה וּקְרָא־שֵׁם בְּבֵית לָחֶם *und sei stark in Efrata und tritt als Namengeber auf in Bethlehem.* Efrata und

---

1   Das zeigt wahrscheinlich schon der Chiasmus. Allerdings werden die imp in v.11 durch weitere imp und perf consec fortgeführt. Hier liegt dann ein Wertigkeitsgefälle vor, vgl. hierzu S. 266 und zu Ez 2,3-3,11 gesamt S. 264ff.
2   HALAT Sp. 457b.
3   Stolz (1984) Sp. 270.

Bethlehem sind Synonyme.[1] וַעֲשֵׂה־חַיִל בְּאֶפְרָתָה וּקְרָא־שֵׁם בְּבֵית לָחֶם sind demnach gleichwertige imp-Sätze.[2]

Num 3,40[3] ist evtl. auch gleichwertig zu verstehen: *Da sprach Jahwe zu Mose:* פְּקֹד כָּל־בְּכֹר זָכָר לִבְנֵי יִשְׂרָאֵל מִבֶּן־חֹדֶשׁ וָמָעְלָה וְשָׂא אֵת מִסְפַּר שְׁמֹתָם *Mustere alle erstgeborenen Männer unter den Söhnen Israels vom einen Monat Alten an aufwärts, und erhebe die Zahl ihrer Namen.* Nach Schottroff sind die imp in Num 3,40 gleichwertig: "Mit über 100 Belegen, von denen 75 auf das Partp. pass. (plur.) *peqūdīm* »Gemusterte« entfallen, ist unter den Vorkommen des Qal die der Heeres- und Verwaltungspraxis zugehörige technische Bed. »mustern« außerordentlich stark vertreten. [...] In dieser Verwendung ist *pqd* Wechselbegriff zu *nś' rōš* »die Zahl, Summe aufnehmen, zählen« (Ex 30,12; Num 1,2.49; 26,2; vgl. auch das gleichbedeutende *nś' mispār* in Num 3,40) [...]."[4]

Bei anderen Stellen ist es unklar, ob gleichwertige Imperativketten vorliegen oder solche mit Wertigkeitsgefälle, so z.B. in 1Chr 28,8: שִׁמְרוּ וְדִרְשׁוּ כָּל־מִצְוֹת יְהוָה אֱלֹהֵיכֶם לְמַעַן *Bewahrt und forscht (in) alle(n) Gebote(n) Jahwes, eures Gottes, damit ihr das gute Land in Besitz nehmen könnt und es für eure Kinder nach euch als Erbschaft auf ewig hinterlaßt.* Hier könnten beide imp (שִׁמְרוּ וְדִרְשׁוּ) als gleichwertig aufgefaßt werden. Oder ist das Bewahren die Voraussetzung für das Suchen/Forschen?

Neh 13,22: *Ich sagte den Leviten, daß sie sich reinigen sollten und kommen, die Tore zu bewachen, um den Sabbattag zu heiligen.* גַּם־זֹאת זָכְרָה־לִּי אֱלֹהַי וְחוּסָה עָלַי כְּרֹב חַסְדֶּךָ *Auch wegen diesem gedenke meiner, mein Gott, und erbarme dich über mich nach deiner großen Loyalität.* Sind hier זָכְרָה־לִּי אֱלֹהַי und וְחוּסָה עָלַי כְּרֹב חַסְדֶּךָ gleichwertig?

Weitere Belege: Gen 14,21[5]; 2Reg 10,23?; Jer 26,13?; Ez 38,7?; Esra 8,29; 2Chr 18,26.

ii) Poetische Rede
Bei syndetisch verbundenen imp in poetischer Rede gibt es sowohl echte Imperativketten als auch imp in zwei Äußerungen, wie dies bei den oben genannten, asyndetisch verbundenen imp in poetischer Rede der Fall ist.

---

1 Vgl. Schmoldt (1992) Sp. 115b.
2 In v.12 folgt ein w.juss, der ebenfalls als gleichwertig mit den imp aufzufassen ist.
3 Es folgt in v.41 ein perf consec, das den imp untergeordnet ist (vgl. den Bericht der Durchführung vv.42f.).
4 Schottroff (1984) S. 472.
5 Aufgrund des Chiasmus (vgl. Andersen [1974] S. 134 zur Stelle) ist wohl von gleichwertigen imp auszugehen. Allerdings zählt dieses Argument nicht immer, vgl. z.B. Ex 17,5 (wichtig ist hier wohl das Nehmen des Stabes).

a) Syndetisch verbundene Imperative in einer Äußerung

Als Beispiel für syndetisch verbundene, gleichwertige imp in einer Äußerung diene hier Jes 12,6: צַהֲלִי וָרֹנִּי יוֹשֶׁבֶת צִיּוֹן כִּי *Juble und preise, du Bewohnerin Zions, denn groß ist der Heilige Israels in deiner Mitte.* צַהֲלִי וָרֹנִּי sind zwei gleichwertige imp in einer Satzkette. Ein Wertigkeitsgefälle ist nicht zu erkennen. וָרֹנִּי ist nicht das Ziel der Aufforderung, sondern drückt das gleiche aus wie צַהֲלִי.

So ist auch Ps 26,11 aufzufassen: *Ich gehe in meiner Unschuld.* פְּדֵנִי וְחָנֵּנִי *Errette mich und sei mir gnädig.* פְּדֵנִי וְחָנֵּנִי sind wohl gleichwertige imp in einer Äußerung.

β) Syndetisch verbundene Imperative in zwei Äußerungen

Oft liegen aber auch in diesen Fällen zwei Äußerungen vor, so z.B. in Jes 51,4: הַקְשִׁיבוּ אֵלַי עַמִּי וּלְאוּמִּי אֵלַי הַאֲזִינוּ כִּי *Merkt auf mich, mein Volk, und meine Nation, hört mir aufmerksam zu, denn Tora geht von mir aus und …*[1].

Hier stehen die beiden syndetisch verbundenen imp in zwei verschiedenen Kola des Parallelismus membrorum. Darüber hinaus sind beide Kola chiastisch gebaut. Dies spricht dafür, daß zwei Äußerungen vorliegen. Der Sachverhalt wird, wie für den Parallelismus membrorum typisch, von zwei Seiten aus betrachtet. Ein Handlungsfortschritt oder ein Wertigkeitsgefälle zwischen beiden imp ist nicht zu erkennen, beide imp sind also gleichwertig.

γ) Schwer entscheidbare Stellen

In einigen Fällen ist nicht zu entscheiden, ob eine Satzkette mit gleichwertigen imp oder zwei Äußerungen vorliegen, so z.B. in Jes 56,1: *So spricht Jahwe:* שִׁמְרוּ מִשְׁפָּט וַעֲשׂוּ צְדָקָה כִּי *Bewahrt das Recht und tut Gerechtigkeit*stat, *denn nahe ist meine Hilfe, um zu kommen, und meine Gerechtigkeit*stat, *um offenbar zu werden.* שִׁמְרוּ מִשְׁפָּט וַעֲשׂוּ צְדָקָה kann m.E. sowohl als eine Satzkette verstanden werden als auch als zwei Äußerungen. Deutlich ist jedoch, daß kein Wertigkeitsgefälle vorliegt. Allerdings kommt die Wendung nur in dieser Lexemfolge vor, was u.U. gegen die Austauschbarkeit spricht (vgl. auch Ez 20,19 und 2Chr 19,7).

Jes 1,2: שִׁמְעוּ שָׁמַיִם וְהַאֲזִינִי אֶרֶץ כִּי *Hört, ihr Himmel, und Erde, höre aufmerksam zu, denn Jahwe redet.* Auch hier fällt die Entscheidung schwer, ob eine oder zwei Äußerungen vorliegen. Allerdings sind auch hier die imp gleichwertig.

---

[1] Der folgende Versteil ist textkritisch schwierig (vgl. App. BHS; Gesenius/Buhl [1915] Sp. 745b zu רגע II.; HALAT Sp. 1109 zu רגע). Da dieser Versteil für die hier zu leistende Analyse unwichtig ist, wird auf eine Diskussion verzichtet.

δ) Weitere Belegstellen für syndetisch verbundene imp, die als gleichwertig aufgefaßt werden können:[1]
Jes 29,9 (2x); 33,13; 40,2?[2]; 42,18; 47,5; 49,1; 63,15; 66,10[3]; Jer 4,4; 5,20[4]; 12,3; 18,19[5]?; 31,7a; 46,14[6]; Joel 1,2; 2,23; Ps 4,5?[7]; 7,2f.; 25,5?.16; 27,11; 30,5; 34,9; 37,5?; 51,11.12; 59,3.12?; 66,8; 80,3?; 81,3; 84,10; 86,6; 99,5.9; 119,29?.132; 142,5[8]; 144,7f.[9]; 144,11; Hi 13,6; 22,21?.22?; 33,1; Prv 4,24; 7,24; 19,20?; 20,16?; 27,13?; Qoh 11,10; Thr 4,21; Sach 2,14; Hab 2,2; Cant 8,14? u.ö.

c) Ergebnis:
Gleichwertige imp scheinen sehr häufig im Parallelismus Membrorum vorzukommen, weniger in erzählenden Texten. Daß gleichwertige imp häufig im Parallelismus membrorum vorkommen, verwundert nicht sehr, ist es doch das Anliegen des Parallelismus membrorum, einen gleichen Sachverhalt von zwei Seiten zu beleuchten.[10] In erzählenden Texten scheint in der Regel ein Wertigkeitsgefälle zwischen den imp vorzuliegen.

Insgesamt kommen gleichwertige imp gegenüber Imperativketten mit Wertigkeitsgefälle eher selten vor.

2.3.3   EXKURS: REDEWENDUNGEN
An Redewendungen kann man den Unterschied zwischen gleichwertigen imp und Imperativketten mit Wertigkeitsgefällen ebenfalls deutlich machen. Auch hier gilt das Kriterium der Austauschbarkeit. Sind zwei imp austauschbar wie z.B. bei ראה und ידע, dann liegen wohl gleichwertige imp vor. Sind sie aber nicht austauschbar wie bei חזק und אמץ, dann liegt wohl ein Wertigkeitsgefälle vor.[11]

---

1   Hier wird nicht berücksichtigt, ob nur eine oder zwei Äußerungen vorliegen. Ferner werden in der Regel nur Stellen mit lediglich zwei imp aufgenommen.
2   Evtl. liegt hier auch ein Wertigkeitsgefälle vor.
3   Vielleicht liegt hier auch eine Satzkette des Typs < imp - w.imp - imp> vor.
4   Mit לאמר.
5   Hier liegt evtl. ein Wertigkeitsgefälle vor. Das, was die Widersacher sagen, wird in v.18 zitiert. Von daher könnte der letzte imp den Ton tragen.
6   Hier liegt eine komplexe Satzkette vor.
7   Evtl. liegt hier auch ein Wertigkeitsgefälle vor.
8   Zur Form des ersten imp vgl. Gesenius/Kautzsch (1909) §53*m*.
9   Vgl. hier die letzten beiden imp in v.7.
10 Dies gilt wahrscheinlich nicht für den synthetischen Parallelismus. Der synthetische Parallelismus beabsichtigt ja eine Steigerung in seinen Aussagen auf ein Ziel hin. Somit liegt m.E. ein Wertigkeitsgefälle vor.
11 Vgl. hierzu auch Shulman (2001) S. 285, die aber kein Wertigkeitsgefälle in Redewendungen sieht, da in diesen Fällen ein Hendiadyoin vorläge.

a) Gleichwertige Imperativketten

Ein sehr schönes Beispiel, an dem die Austauschbarkeit der imp von רָאה und יָדע deutlich wird, ist 1Sam 23,22f.: 22 לְכוּ־נָא הָכִינוּ עוֹד וּדְעוּ וּרְאוּ אֶת־מְקוֹמוֹ אֲשֶׁר תִּהְיֶה רַגְלוֹ מִי רָאָהוּ שָׁם כִּי אָמַר אֵלַי עָרוֹם יַעְרִם הוּא 23 וּרְאוּ וּדְעוּ מִכֹּל הַמַּחֲבֹאִים אֲשֶׁר יִתְחַבֵּא שָׁם וְשַׁבְתֶּם אֵלַי אֶל־נָכוֹן וְהָלַכְתִּי אִתְּכֶם ... 22 *Geht doch, haltet euch weiter bereit und erkennt und seht seinen Ort, an dem sein Fuß ist. Wer hat ihn dort gesehen, denn man hat mir gesagt, er sei sehr listig? 23 Und seht und erkennt alle Schlupf-winkel, wo er sich verbirgt, dergestalt daß[1] ihr zu mir zurückkehrt, wenn ihr sicher seid, und ich mit euch ziehe ....*

Es liegt hier insgesamt eine sehr komplexe Äußerung vor. Es gibt m.E. zwei Möglichkeiten, die Stelle zu verstehen: a) לְכוּ־נָא הָכִינוּ sind den folgenden imp וּדְעוּ וּרְאוּ und וּרְאוּ וּדְעוּ, die die tontragenden imp der Satzkette darstellen, vorgeordnet. Das syntaktische Verhältnis zwischen diesen imp kann ein implizit-hypotaktisches (final/konsekutiv) sein.[2] לְכוּ־נָא kann ferner eine Interjektion sein.[3] Fortgeführt werden die imp durch zwei perf consec, die diese spezifizieren.[4] b) Es liegt nicht eine Satzkette, sondern zwei Äußerungen vor, und וּרְאוּ וּדְעוּ markiert einen Neueinsatz.[5]

Wichtig ist hier aber nicht die Frage, ob hier eine Satzkette oder zwei Äußerungen vorliegen, sondern ob רָאה und יָדע gleichwertige imp sind. Beide imp scheinen hier austauschbar zu sein, denn die Aussage der Wendung scheint nicht geändert zu sein, egal, welcher imp zuerst ge-nannt wird. Problematisch ist hingegen bei dieser Stelle, daß einige Handschriften auch in v.23 die Folge וּדְעוּ וּרְאוּ haben.

Weitere Stellen für die Folge רָאה imp. -> יָדע imp.: Jer 5,1; 2,23[6].

Weitere Stellen für die Folge יָדע imp. -> רָאה imp.: 1Sam 24,12; 25,17; 2Sam 24,13; 1Reg 20,7; 2Reg 5,7, mit ו vor beiden imp: 1Sam 12,17; 14,38; 1Reg 20,22; Jer 2,19.

b) Imperativketten mit Wertigkeitsgefälle

i) חִזְקוּ וְאִמְצוּ bzw. חֲזַק וֶאֱמָץ

Bei den Verben חָזק und אָמץ ist die Sachlage eine etwas andere als bei יָדע und רָאה. חָזק imp und אָמץ imp kommen nicht in unterschiedlicher Folge vor, sondern werden immer in gleicher Folge verwendet. Dabei kann die Wendung allein stehen (Jos 1,18), als tontragende imp auf einen anderen imp folgen (vgl. Dtn 3,28), es kann ein כִּי (vgl. Dtn 31,7.23; Jos

---

1 Zu dieser Übersetzung vgl. unten Kap. 4.4.
2 Vgl. hierzu Kap. 2.4.2.2.
3 Allerdings wird im Bericht der Durchführung וַיֵּלְכוּ erwähnt.
4 Zur Wertigkeit des perf consec nach imp vgl. Kap. 4.3.
5 So z.B. die EÜ.
6 Die imp sind asyndetisch verbunden (vgl. auch S. 89).

1,6) oder eine andere Erweiterung (vgl. Jos 1,7: ‏מְאֹד לִשְׁמֹר לַעֲשׂוֹת כְּכָל־‏
‏הַתּוֹרָה אֲשֶׁר‏) angeschlossen sein, und die Wendung kann durch verneinte
Jussive eingeleitet (vgl. Jos 10,25) oder fortgeführt werden (vgl. Dtn
31,6; Jos 1,9; 1Chr 22,13; 28,20[1]; 2 Chr 32,7), wobei in der Regel
‏אַל־תִּירָא וְאַל־תֵּחַתּ/אַל־תִּירָא וְאַל־תֵּחָת‏ steht[2]. In Jes 35,3 und Nah 2,2
tragen beide imp Erweiterungen.

Gemeinsam ist aber allen Stellen, daß die Folge ‏חֲזַק וֶ(אֱמָץ)‏ bzw. ‏חִזְקוּ‏
‏וְ(אִמְצוּ)‏ nie vertauscht wird. Von daher kann man den Schluß ziehen, daß
hier nicht gleichwertige imp vorliegen, sondern eine Imperativkette mit
Wertigkeitsgefälle.

ii) ‏שְׂאוּ וּרְאוּ‏ oder ‏שְׂאִי וּרְאִי‏ bzw. ‏שָׂא וּרְאֵה‏ und ‏שׁוּבוּ וְהֵיטִיבוּ‏
‏שׁוּבוּ וְהֵיטִיבוּ‏ kommt zweimal vor (Jer 18,11 und 35,15), wobei die Folge
‏שׁוּבוּ וְהֵיטִיבוּ‏ nicht geändert wird. Ob man hier aber von einer Redewendung reden kann, erscheint mir wegen der wenigen Belege als zweifelhaft.

Die Folge ‏נשא‏ imp und ‏ראה‏ imp kann ebenfalls nicht ausgetauscht
werden, vgl. z.B. Gen 13,14: ‏שָׂא נָא עֵינֶיךָ וּרְאֵה מִן־הַמָּקוֹם אֲשֶׁר־אַתָּה שָׁם‏
‏צָפֹנָה וָנֶגְבָּה וָקֵדְמָה וָיָמָּה‏ *Erhebe doch deine Augen und sieh von dem Ort,*
an dem du bist, nach Norden, Süden, Osten und Westen. Weitere Belege
für diese Wendung: Gen 31,12; Dtn 3,27; Jes 40,26; 49,18; 60,4; Jer 3,2;
13,20; Sach 5,5. Ps 25,18 ist die einzige Stelle mit umgekehrter Lexemfolge, allerdings sind hier nicht wie in den vorgenannten Stellen die Augen das Objekt zu ‏נשא‏ imp: ‏רְאֵה עָנְיִי וַעֲמָלִי וְשָׂא לְכָל־חַטֹּאותָי‏ *Sieh mein*
Elend und meine Mühsal, und vergib mir meine ganzen Sünden.

2.3.4 IMPERATIVKETTEN MIT ZWEI IMPERATIVEN MIT WERTIGKEITSGE-FÄLLE

a) Imperativketten mit syndetisch verbundenen Imperativen
i) in erzählender Redeweise
Gen 12,19; 13,14; 15,5; 16,9; 24,12[3]; 27,26; 31,12.32; 42,18; 50,6; Ex
4,4; 8,1; 10,11; 17,14; 32,12; Lev 9,2[4]; 10,12[5]; Num 14,25; 21,8;
23,13.29; 27,12; Dtn 1,8.40; 2,13; 9,23; 26,15; 27,9; Jos 1,11; 3,6.9; 7,2;
10,22; 24,23; Jdc 7,24; 8,21; 9,29.32.38; 10,14; 1Sam 12,16; 14,17;
16,1.11; 18,17; 20,31; 22,17.18; 23,4.27; 28,8; 2Sam 1,9; 11,8.25;
13,5.7.17.28; 15,19.20.22; 17,16.21; 1Reg 3,25; 12,5; 13,15; 18,34;

---

[1] Zwischen den beiden imp und den verneinten juss steht ein weiterer imp.
[2] Ausnahmen: Dtn 31,6 ‏אַל־תִּירְאוּ וְאַל־תַּעַרְצוּ‏ und Jos 1,9 ‏אַל־תִּירָא וְאַל־תֵּחָת‏.
[3] Evtl. gleichwertige imp.
[4] In v.3 folgt ein w.x.imperf, das die Satzkette evtl. spezifizierend fortführt.
[5] In vv.13ff. folgt eine durch perf consec eingeleitete Satzkette, die die Imperativkette
     spezifiziert (vgl. hierzu Kap. 4.3).

20,24[1]; 22,22.34; 2Reg 2,20; 4,26.38; 5,13; 6,3; 7,14; 9,34; 10,16; 14,10; 16,7; 17,13; 18,25; Jes 8,1[2]; 36,10; Jer 7.12.21; 25,5[3]; 36,14.15; Ez 2,8; 8,9; 9,5; 18,31; 32,18; 33,30; Sach 5,5; Hi 1,11; 2,5.9; 5,27; Ruth 3,15; Est 8,8; Dan 9,17?.18 (2x); 9,23[4]; 10,11; 12,4[5]; Esra 10,4; Neh 4,8; 1Chr 28,9.10; 29,18[6]; 2Chr 18,21; 19,7[7]; 20,20; 28,11; 29,31.

ii) in poetischer bzw. gebundener Redeweise[8]
Jes 2,10; 8,9[9]; 26,19; 34,16; 40,26; 45,22; 48,14; 49,18; 55,3; 58,1; 60,4; Jer 2,27; 3,2; 6,6; 13,20; 46,3.11; 48,17[10].18[11].19a; 51,45; Ez 32,19[12]; Am 3,9 (2x); 3,13; 5,4[13].6; Mi 2,10; 4,13; Zeph 2,1f.; Ps 4,2.6; 25,18; 34,15 (2x); 37,3 (2x); 46,11; 59,5; 66,5; 71,11; 76,12; 79,11f.; 85,5; 119,108.153; 134,2; Prv 4,4; 7,2; Cant 2,10; 3,11; Qoh 7,14?; Thr 1,18?.

a) Imperativketten mit asyndetisch verbundenen imp[14]
i) in erzählender Redeweise
Gen 13,17; 19,14.22; 43,2; 44,25; Ex 4,19; 5,11; 8,21; 9,19; 10,8.24; 32,1.7.34; 33,1; Lev 10,4; Num 22,6.11.17; 23,7 (2x)[15]; Dtn 1,21; 5,30; 9,12; Jos 1,2; 2,1; 10,24; Jdc 7,9; 8,20; 9,10.12.14; 18,2; 1Sam 3,5.6.9; 6,21; 16,12; 20,21.36.40; 23,4; 26,19; 2Sam 1,15; 3,16; 7,3; 13,11.15; 18,21.30; 24,1.18; 1Reg 2,29; 14,7.12[16]; 18,8.11.14.19.43.44; 19,5.7;

---

1   In v.25 beginnt entweder eine neue Satzkette mit w.x.imperf, oder der w.kohort trägt den Ton der gesamten Kette.
2   In v.2 folgt ein syndetischer kohort, der zu konjizieren ist (vgl. App. BHS).
3   In v.6 folgen zwei w.x.imperf, die wahrscheinlich eine eigenständige Äußerung darstellen, denn die imp drücken ein konditionales Verhältnis aus (vgl. S. 101 zur Stelle).
4   Hier ist der erste imp durch וֹ eingeleitet.
5   Mit וְאַתָּה eingeleitet. וְאַתָּה markiert hier einen Neuanfang.
6   Evtl. handelt es sich hierbei auch um gleichwertige imp.
7   Evtl. gleichwertige imp.
8   Hier werden nur Stellen berücksichtigt, die sehr wahrscheinlich ein Wertigkeitsgefälle haben. Es ist oft sehr schwer, in poetischer oder gebundener Rede zu entscheiden, ob gleichwertige imp, imp mit Wertigkeitsgefälle oder zwei Äußerungen vorliegen (vgl. auch Kap. 2.3.2).
9   Vgl. S. 105 zur Stelle.
10 Evtl. ist die Stelle auch unter asyndetische Satzketten einzuordnen, wenn וְכֹל יֹדְעֵי שְׁמוֹ zum ersten imp gehört (so die Masoreten).
11 Nach Qere וּשְׁבִי.
12 Hier ist auf den ungewöhnlichen imp im hof. hinzuweisen (vgl. z.B. Joüon/Muraoka [1991] §48a): וְהָשְׁכְּבָה.
13 In v.5 folgt eine eigenständige Satzkette, da die imp in v.4 final/konsekutiv zu verstehen sind (vgl. S. 99 zur Stelle).
14 Es werden hier auch Stellen aufgeführt, in denen der erste imp eine Interjektion ist, denn auch hier besteht ein Wertigkeitsgefälle.
15 Die beiden Ketten sind mit וֹ verbunden.
16 Eingeleitet durch וְאַתְּ. וְאַתְּ nimmt den Befehl von v.7 wieder auf.

20,33; 21,15; 2Reg 5,23; 8,10; 9,25.26; 22,13; Ez 3,24; Am 7,15; Jon 1,6; Sach 2,8; 6,7; Hi 6,28; Ruth 1,8.12; 4,1; Neh 9,5; 2Chr 34,21.

ii) in poetischer bzw. gebundener Redeweise
Jes 21,6; 22,15; 23,12; 48,16; 60,1; Jer 13,18; 48,19b[1]; 49,31; Hos 1,2; Joel 4,13; Ps 3,8; 13,4a[2]; 34,12; 46,9; 82,8; Prv 20,13;[3] Cant 2,17.

2.3.5 IMPERATIVKETTEN AUS DREI UND MEHR IMPERATIVEN MIT WERTIGKEITSGEFÄLLE[4]

Bei Imperativketten mit zwei imp hat sich deutlich gezeigt, daß – zumindest in erzählender Rede – der letzte imp (oder die letzten imp bei gleichwertigen tontragenden imp[5]) in der Regel den Ton der Satzkette trägt. Dies ließ sich auch für Imperativketten mit drei imp zeigen (vgl. Kap. 2.3.1.3). Im folgenden werden weitere Belege für Imperativketten mit mehreren imp aufgeführt, in denen jeweils der letzte imp den Ton trägt:

< imp - imp (- l.inf) > Dtn 2,31; 2Sam 7,29.
< imp - imp - pän > Gen 19,15; Ex 19,21[6].
< imp - imp - w.imp > Gen 18,6; 21,18; 31,13; 37,14; Dtn 2,24 (2x); 2Sam 19,8; 1Reg 18,41[7]; 2Reg 1,3; 4,7; Jes 26,20[8]; Jer 13,6; 36,28[9]; 47,6p; Jon 1,2; 3,2; Qoh 9,7p[10]; Est 6,10; 2Chr 20,17.
< imp - imp - w.imp - w.imp > Gen 35,1[11]; Jdc 18,19; Neh 8,10[12].
< imp - w.imp - imp > vgl. oben Kap. 2.3.1.3.

---

[1] Evtl. liegen hier zwei Äußerungen vor.
[2] In v.4b folgt eine neue Äußerung.
[3] Vgl. aber App. BHS.
[4] Da es sich bei Imperativketten mit zwei imp gezeigt hat, daß die Untersuchung von Imperativketten in poetischer Rede schwierig ist, wird hier nur erzählende Rede berücksichtigt. Falls doch poetische Rede aufgelistet wird, wird diese mit einem *p* nach der Versangabe gekennzeichnet. Ferner werden auch zu komplexe Satzketten nicht aufgeführt.
[5] Vgl. S. 85 2.3.1.3.b.
[6] Es folgt ein w.x.imperf in v.22, vgl. S. 327 zur Stelle.
[7] Die letzten beiden imp sind evtl. gleichwertig (vgl. hierzu auch Kap. 2.3.2).
[8] Der folgende im beginnt eine neue Äußerung.
[9] Evtl. folgt in v.29 ein w.x.imperf. Dieses kann aber auch eine eigenständige Äußerung einleiten.
[10] Die letzten beiden imp sind evtl. gleichwertig (vgl. hierzu auch Kap. 2.3.2).
[11] Hier trägt der letzte imp deutlich den Ton, was die vv.2-3.4-7 zeigen. In vv.2f. gibt Jakob die Aufforderung an sein Haus und seine Leute weiter, in vv.4-7 wird dann die Durchführung des Auftrags berichtet. Wichtig ist das Errichten des Altars, denn dadurch erhält Bethel nach dieser Erzählung sein Gewicht.
[12] Evtl. sind die letzten drei imp gleichwertig. Es folgt ein w.al.juss, der wahrscheinlich den Ton der Satzkette trägt (vgl. S. 117 zur Stelle).

< imp - w.imp - w.imp > Gen 22,2; 34,10; 38,8[1]; 43,16; Ex 12,21[2]; 16,23[3]; Num 16,6f.; Dtn 1,7; 3,27; Jos 7,19; 10,6[4]; Jdc 6,20; 2Sam 2,21; 3,31; 2Reg 4,29; 8,1; 9,1; Jer 15,15p; 27,12; 31,10p; 40,10; 49,14p; Ez 6,11; 10,2[5]; 14,6[6]; 40,4; Ps 37,27p; Hi 35,5p; 40,11p?; Esra 10,11; 2Chr 29,5.

< imp - w.imp - imp - imp > 1Sam 9,3.

< imp - w.imp - imp - w.imp > Jer 13,4.

< imp - w.imp - imp - w.imp - w.imp > 2Reg 19,16 par. Jes 37,17[7].

Ein letzter Beleg (Num 17,11) mit insgesamt fünf syndetisch verbundenen imp sei noch angeführt: *Da sprach Mose zu Aaron:* קַח אֶת־הַמַּחְתָּה וְתֶן־עָלֶיהָ אֵשׁ מֵעַל הַמִּזְבֵּחַ וְשִׂים קְטֹרֶת וְהוֹלֵךְ מְהֵרָה אֶל־הָעֵדָה וְכַפֵּר עֲלֵיהֶם כִּי־ *Nimm die Kohlepfanne und lege Feuer vom Altar auf sie und lege Räucherwerk darauf und bring sie schnell zur Volksversammlung und bewirke für sie Sühne, denn herausgegangen ist der Zorn von Jahwe, die Plage hat angefangen.* Hier wird eine Imperativkette aus insgesamt fünf imp gebildet, Satzkettenformel: < imp - w.imp - w.imp - w.imp - w.imp >. Deutlich trägt auch hier der letzte imp den Ton. Wichtig ist, daß das Volk entsühnt wird, denn die Plage hat im Volk schon begonnen (begründendes כִּי). Das Nehmen der Pfanne usw. ist nur die Voraussetzung für das Entsühnen.

Weiterer Beleg für fünf syndetische imp: Lev 9,7[8].

2.3.6 Ergebnis: Wertigkeitsfunktion

Es zeigt sich, daß es in erzählender gegenüber poetischer Rede vergleichsweise wenig gleichwertige imp gibt. Imperativketten mit Wertigkeitsgefälle sind dagegen sehr häufig anzutreffen. Imperativketten, in denen der erste imp den Ton der Kette trägt, sind nicht belegt. Dies ließ sich durch Austauschprobe und Kontextanalyse zeigen.

---

1 Vanoni (1991) S. 568 Anm. 34 diskutiert u.a. hierzu die Möglichkeit eines 'satzweisenden' ו.

2 In v.22ff. folgen weitere perf consec, die m.E. eine eigene Äußerung einleiten. Eine andere Möglichkeit wäre, daß diese perf consec den letzten im in v.21 spezifizieren.

3 Der letzte imp trägt den Ton, die beiden vorausgehenden imp sind gleichwertig.

4 Evtl. sind die beiden letzten imp gleichwertig.

5 Vgl. oben Kap. 2.3.1.2.c die Anm. zur Stelle.

6 Hier tragen die letzten beiden imp den Ton der Satzkette (die letzten beiden imp sind gleichwertig, da sie erstens lexematisch identisch sind und zweitens ein Chiasmus vorliegt).

7 Vgl. hierzu auch Kap. 2.6.2.a.

8 Vgl. S. 112 zur Stelle.

2.4 SYNTAKTISCHE FUNKTIONEN IN IMPERATIVKETTEN

Nachdem die Wertigkeitsfunktion von Imperativketten behandelt wurde, ist nun auf die syntaktischen Funktionen von Imperativketten einzugehen. In der Oberflächenstruktur[1] sind Imperativketten des Typs < imp - (w.)imp > parataktisch, in der Literatur wurde aber schon oft die Beobachtung gemacht, daß Imperativketten in ihrer Tiefenstruktur implizite Hypotaxen ausdrücken können.[2]

2.4.1 SYNTAKTISCHE FUNKTION: PARATAXE

Viele der bisher behandelten Belege sind wohl auch in der Tiefenstruktur parataktisch aufzufassen.[3] Das gilt für gleichwertige Imperativketten, wie Prv 23,7: אֱכֹל וּשְׁתֵה *Iß und trink.* Hierher gehören sicherlich die meisten Imperativketten mit gleichwertigen imp. Aber auch Imperativketten mit Wertigkeitsgefälle sind parataktisch aufzufassen, so z.B. Gen 12,19: *Wozu hast du gesagt: Sie ist meine Schwester, so daß ich sie mir zur Frau nahm. Und nun: Siehe, deine Frau:* קַח וָלֵךְ *Nimm (sie) und geh.* In beiden Fällen ist nicht von einer impliziten Hypotaxe auszugehen.

Allerdings ist bei Imperativketten mit Wertigkeitsgefälle oft nicht klar auszumachen, ob nun in der Tiefenstruktur eine implizite Hypotaxe vorliegt oder nicht. Das Problem ergibt sich daraus, daß der zweite (bzw. letzte) imp den Ton der Satzkette trägt und damit letztlich den beabsichtigten Zweck oder die Folge der Aufforderung angibt, dementsprechend schreiben schon Gesenius/Kautzsch: "Der Imperativ in logischer Abhängigkeit von einem vorausgehenden Imperativ, Juss (resp. Kohortativ) oder Fragesatz dient zum Ausdruck der bestimmten Versicherung oder Verheißung, daß eine Handlung oder ein Zustand *als sichere Folge einer vorausgehenden Handlung eintreten werde.*"[4] Sehr oft können Imperativketten mit Wertigkeitsgefälle dementsprechend auch final/konsekutiv aufgefaßt werden (vgl. hierzu die in Kap. 2.4.2.2 aufgeführten Belege, die sehr oft auch in der Tiefenstruktur lediglich parataktisch aufgefaßt werden könnten).

2.4.2 SYNTAKTISCHE FUNKTION: IMPLIZITE HYPOTAXE

Viele Imperativketten sind hypotaktisch zu verstehen, dies wurde in der Literatur schon oft beobachtet.[5] Im Grunde kann man zwei syntaktische Funktionen in der Literatur unterscheiden: zum einen wird darauf hingewiesen, daß Imperativketten finale/konsekutive Satzverhältnisse ausdrük-

---

[1] Zum Begriff der Oberflächen- und Tiefenstruktur vgl. Kap. 1.3.1.
[2] Vgl. Kap. 2.4.2.
[3] Vgl. z.B. auch Gibson (1994) §86.
[4] Gesenius/Kautzsch (1909) §110*f* (*Hervorhebung* von J. Diehl).
[5] Auf Gesenius/Kautzsch (1909) §110*h* wurde bereits verwiesen; vgl. auch Davidson (1901) §64; Gibson (1994) §86.

ken können,[1] zum anderen konditionale.[2] Gesenius/Kautzsch weisen noch auf ironischen/konzessiven Gebrauch hin.[3]

Daß der *native speaker* implizite Hypotaxen als solche verstanden hat, wird für Imperativketten an Am 5,4 deutlich: *Denn so spricht Jahwe zum Haus Israel:* דִּרְשׁוּנִי וִחְיוּ.[4] In diesem ersten Beispiel[5] stehen zwei imp in der Oberflächenstruktur der Äußerung zwar parataktisch nebeneinander. Inhaltlich soll aber sicherlich nicht ausgesagt werden: "a) Sucht mich, b) lebt." oder "Sowohl: sucht mich, als auch: lebt!" (es liegen erhebliche Schwierigkeiten vor, diese Stelle parataktisch zu übersetzen, da man im Deutschen automatisch eine implizite Hypotaxe hört bzw. liest). Sondern es liegt hier eine implizite Hypotaxe vor: "Wenn ihr mich sucht, dann werdet ihr leben!" (konditional) oder "Suchet mich, damit/so daß ihr lebt" (final/konsekutiv).

D.h., in der Oberflächenstruktur Parataxe schwingt scheinbar in der Tiefenstruktur auch eine (implizite) Hypotaxe mit, die konditional oder final/konsekutiv ist. Bußmann schreibt allgemein über diese Funktion der Imperative: "Der I. [sc. Imperativ] drückt in seiner hauptsächlichen Verwendungsweise eine Handlungsaufforderung bzw. ein Handlungsverbot aus [...], übernimmt aber auch weitere Funktionen, z.B. in Konditional-

---

[1] Vgl. z.B. Driver (1892) §§150-152, bes. §152; Ewald (1870) §347*a*; Jenni (1981) §21.3.4; Joüon/Muraoka (1991) §116*f*; Richter (1980) S. 201; Schneider (1993) §53.1.3.2; Seffer (1886) §113; Williams (1976) §§187.189.

[2] Vgl. z.B. Blake (1951) §50*c'*; indirekt Brockelmann (1956) §176*c*; Davidson (1901) §132*b*; Driver (1892) §§150-152, bes. §152; Ewald (1870) §347*b*; Ferguson (1882) S. 41-43.73; Friedrich (1884) §§132f.; Gibson (1994) §123; indirekt Grether (1955) §83*i*; Joüon/Muraoka (1991) §167*u*; van Leeuwen (1973) S. 17 (allerdings eignet sich das Beispiel Am 5,4 gerade nicht für den Nachweis eines konditionalen, sondern eher eines final/konsekutiven Satzverhältnisses [vgl. unten zur Stelle]); Meyer (1972) §§100.4*d*, 122.2*b*; Richter (1980) S. 201f.; Williams (1976) §190.

[3] Vgl. Gesenius/Kautzsch (1909) §110*h* – vgl. auch Davidson (1901) §64; Meyer (1972) §100.4*d*.

[4] Die Satzkette wird in v.5 evtl. mit verschiedenen w.x.imperf fortgeführt. M.E. vertreten diese w.x.imperf in diesem Fall perf consec und sind dem letzten imp in v.4 untergeordnet. So faßt dies wohl Rudolph (1971) S. 189 auf: "4 [...] 'Suchet mich, so werdet ihr leben'. 5 Aber (das heißt) nicht: suchet Bethel (auf) oder: kommt zum Gilgal oder: geht nach Beerseba hinüber! [...]" Er bemerkt zu den Verneinungen אַל und לֹא (ebd. Anm 5a): "Ein sachlicher Unterschied zwischen אַל und לֹא [...] ist hier nicht zu erkennen [...]." Man kann aber auch erwägen, ob im ersten w.x.imperf ein verneinter imp vorliegt (al.juss 2. pers.) und die w.x.imperf diesen als gleichwertige Satzkettenglieder fortführen. Diese würden dann den Ton der Satzkette tragen. Eine dritte Möglichkeit wäre, daß v.5 hier eine eigenständige Satzkette darstellt.

Diese Problematik betrifft aber nicht die hier verhandelte Frage der impliziten Hypotaxe.

[5] Vgl. auch v.6: דִּרְשׁוּ אֶת־יְהוָה וִחְיוּ פֶּן.

gefügen (*Verlier Deinen Paß im Ausland, und du bist fürs erste geliefert*)."[1]

Solchen impliziten Hypotaxen stehen explizite Hypotaxen gegenüber, wie z.B. Am 5,14, einige Verse nach v.4, zeigt: דִּרְשׁוּ־טוֹב וְאַל־רָע לְמַעַן תִּחְיוּ *Sucht Gutes und nicht Schlechtes, damit ihr lebt*. Hier liegt im Gegensatz zu v.4 eine explizite Hypotaxe vor, weil man den finalen Charakter der Äußerung ganz deutlich machen will.[2] Von daher legt sich der Verdacht nahe, daß auch v.4 final/konsekutiv zu deuten ist.[3]

2.4.2.1 SYNTAKTISCHE FUNKTION: IMPLIZITE HYPOTAXE (KONDITIONAL)

Wie in Kap 2.3.1 dargelegt, trägt in Imperativketten mit Wertigkeitsgefälle immer der letzte imp den Ton, er stellt also das Ziel der Handlung dar. Nach Bußmann erläutern Konditionalsätze "die Bedingung, unter der der im Hauptsatz bezeichnete Sachverhalt zutrifft, sie werden durch Konjunktionen (*wenn, falls, insofern*) eingeleitet: *Falls es morgen regnet, müssen wir auf die Bergtour verzichten*."[4] In hebräischen Imperativketten mit zwei imp übernimmt nun der erste imp analog zum deutschen Konditionalsatz die Funktion der Protasis, während der tontragende imp die Funktion der Apodosis repräsentiert.

Dies soll an den folgenden Beispielen verdeutlich werden: Gen 42,18[5]: *Da sprach Joseph zu ihnen am dritten Tag:* זֹאת עֲשׂוּ וִחְיוּ *Tut dieses, so werdet ihr leben* (wörtlich: *und lebt*). זֹאת עֲשׂוּ ist hier die Bedingung für das Lebenkönnen, also die Protasis in einem konditionalen Satzgefüge. Deutlich ist aber, daß die Äußerung als ganze DIREKTIV ist.

---

[1]   Bußmann (1990) Sp. 325a.

[2]   Sehr wahrscheinlich trägt der folgende w.juss den Ton der Satzkette, vgl. zur Stelle auch S. 197.

[3]   So wohl auch Andersen/Freedman (1989) S. 507: "The catchword *dirŝû* is picked up in 5:14 with the object *ṭôb*, but with essentially the same comment, *lĕmaᶜan tiḥyû*, 'so that you may live.'" Die vv.4.14 gehören literarkritisch evtl. zur selben Schicht, so z.B. Deissler (1981) S. 114: "Es ist kein genügender Grund zu finden, diese Verse [sc. 14f.] als nachträglichen Kommentar der Amosschule zu [4f] zu betrachten."; vgl. auch Rudolph (1971) S. 191ff. Anders evtl. Weiser (1956) S. 161: "Die Anspielung auf einen eigenen Satz der Hörer V.14 legt die Vermutung nahe, daß dieser Spruch aus der Diskussion hervorgegangen ist." Jeremias (1995) S. 65 rechnet bei den vv.(6.)14f. mit 'jüngeren Prophetenworten'. V.14f. biete "die Auslegung des Gotteswortes von V. 4b" (ebd. S. 71).

[4]   Bußmann (1990) Sp. 403b.

[5]   Dieses Beispiel ist das in der Literatur am meisten zitierte Beispiel für Imperativketten, die ein konditionales Satzverhältnis ausdrücken, vgl. z.B. Bergsträsser (1929) S. 50; Davidson (1901) §§64, 132*b*; Friedrich (1884) S. 80; Gesenius/Kautzsch (1909) §110*f*; Meyer (1972) S. 48; Williams (1976) §190. – Nach Joüon/Muraoka (1991) §116*f* liegt konsekutive Funktion vor, sie bemerken aber später: "The conditional clause is logically related to the consecutive clause with an imperatival protasis." (ebd. §167*u* mit Hinweis auf Gen 42,18); ähnlich Gibson (1994) §86.

Die Brüder Josephs werden nicht vor die Wahl gestellt, sondern sie sollen das Verlangte natürlich tun.[1]

Jer 25,5[2] ist ebenfalls konditional zu verstehen: שׁוּבוּ־נָא אִישׁ מִדַּרְכּוֹ הָרָעָה וּמֵרֹעַ מַעַלְלֵיכֶם וּשְׁבוּ עַל־הָאֲדָמָה אֲשֶׁר *Kehrt um, jeder von seinem bösen Weg und von euren bösen Taten, so werdet ihr im Land bleiben* (wörtlich: *und bleibt im Land*), *das Jahwe euch und euren Vätern von Ewigkeit zu Ewigkeit gegeben hat.* Auch hier ist der konditionale Charakter der Äußerung deutlich: nur wenn die Israeliten von ihren bösen Wegen und Taten umkehren, können sie im Land bleiben. Insgesamt liegt aber auch hier ein DIREKTIV vor. Die Adressaten der Äußerung sollen ja nicht wirklich vor die Wahl gestellt werden, von ihren bösen Wegen und Taten zu weichen, sondern es wird ihnen befohlen.

Analoges gilt für Prv 4,4: *Dein Herz halte meine Worte.* שְׁמֹר מִצְוֹתַי וֶחְיֵה *Bewahre meine Gebote, so wirst du leben* (wörtlich: *und lebe*). Der konditionale Charakter der Stelle ist deutlich: *Nur wenn du meine Gebote bewahrst, wirst du leben!* Allerdings ist auch hier, wie in den vorausgehenden Stellen der DIREKTIVE Charakter der Äußerung deutlich. Natürlich soll der Adressat die Gebote bewahren, er wird also nicht vor eine echte Alternative gestellt.[3]

Eine klassische Stelle ist auch 2Reg 5,13: *Da näherten sich seine Diener, redeten mit ihm und sprachen: Mein Vater, hätte der Prophet eine große Sache zu dir gesagt, hättest du sie nicht getan? Wievielmehr, wenn er zu dir sagt:* רְחַץ וּטְהָר *bade, so wirst du rein* (wörtlich: *und werde rein*)? Das Baden ist hier die Bedingung für das Reinwerden. Es handelt sich hierbei also auch um ein konditionales Satzverhältnis. Aber auch hier ist der DIREKTIVE Charakter der Äußerung nicht zu übersehen.

Hier ist evtl. auch Gen 17,1 zu nennen: *Als Abram 99 Jahre alt war, erschien Jahwe dem Abram und sprach zu ihm: Ich bin El-Schaddai:* הִתְהַלֵּךְ לְפָנַי וֶהְיֵה תָמִים *Wandle vor mir, so wirst du fehlerfrei sein* (wörtlich: *und sei fehlerfrei*).[4]

---

[1] Vgl. hierzu Kap. 6. Donhauser (1986) S. 173f. bemerkt zu Recht für das Deutsche: "Die Frage, die allerdings bleibt, ist, ob hier für den Imperativ selbst ein Funktionswert 'Bedingung' oder 'Kondition' angesetzt werden kann oder ob die konditionale Interpretation nicht doch erst über die Koordination mit den entsprechenden Aussagesätzen zustande kommt." Vgl. hierzu Kap. 6.1.

[2] Vgl. auch die Anm. auf S. 95 zur Stelle.

[3] Vgl. hierzu unten Kap. 6.1.

[4] Vgl. Gunkel (1977) S. 265: "wandle vor mir, so wirst du unsträflich sein"; Gesenius/Kautzsch (1909) §110*f*; Strack (1894) S. 54f.; Zimmerli (1976) S. 65: "wandle vor mir und sei untadelig (oder: Wenn du vor mir wandelst, dann bist du untadelig).". Westermann (1981) S. 303 übersetzt parataktisch: "wandle vor mir und sei ganz!"; vgl. auch die Übersetzungen bei Heinisch (1930) S. 237; von Rad (1987a) S. 153; Speiser (1964) S. 122. Westermann bemerkt aber dann ([1981] S. 311): "Es ist nicht sehr wichtig, ob man den Imperativ als solchen übersetzt oder als Folge 'dann wirst

Ein besonders schönes Beispiel für konditionale Imperativketten stellt Jes 36,16-18 mit seiner Parallele 2Reg 18,31-33 dar. Beide Texte sind aber nur scheinbar parallel, denn sie haben einen Unterschied, auf den hier hingewiesen werden soll. Jes 36,16ff.: 16 *Hört nicht auf Hiskia! Denn so spricht der König Assurs:* עֲשׂוּ־אִתִּי בְרָכָה וּצְאוּ אֵלַי וְאִכְלוּ אִישׁ־ גַּפְנוֹ וְאִישׁ תְּאֵנָתוֹ וּשְׁתוּ אִישׁ מֵי־בוֹרוֹ *Kapituliert vor mir und kommt zu mir heraus, so wird jeder von seinem Weinstock und von seinem Feigenbaum essen und von dem Wasser seiner Zisterne trinken* (wörtlich: *und eßt ... und trinkt ...*), 17 *bis ich komme und euch in ein Land wie euer Land hole* .... Der konditionale Charakter der Äußerung ist deutlich. Bei den letzten beiden imp "eßt ... und trinkt ..." handelt es sich um gleichwertige imp.[1] Beide imp stellen also die tontragenden imp, das Ziel der Satzkette, dar und repräsentieren so die Apodosis des konditionalen Satzverhältnisses. Die Protasis besteht in dieser Äußerung ebenfalls aus zwei Imperativen: *Kapituliert ... und kommt ... heraus.*

In 2Reg 18,31f. ist die Sachlage allerdings eine etwas andere: 31 *Hört nicht auf Hiskia, denn so spricht der König Assurs:* עֲשׂוּ־אִתִּי בְרָכָה וּצְאוּ אֵלַי וְאִכְלוּ אִישׁ־גַּפְנוֹ וְאִישׁ תְּאֵנָתוֹ וּשְׁתוּ אִישׁ מֵי־בוֹרוֹ 32 עַד־בֹּאִי וְלָקַחְתִּי אֶתְכֶם אֶל־אֶרֶץ כְּאַרְצְכֶם אֶרֶץ דָּגָן וְתִירוֹשׁ אֶרֶץ לֶחֶם וּכְרָמִים אֶרֶץ זֵית יִצְהָר וּדְבַשׁ וִחְיוּ וְלֹא תָמֻתוּ וְאַל־תִּשְׁמְעוּ אֶל־חִזְקִיָּהוּ כִּי *Kapituliert vor mir und kommt zu mir heraus, so wird jeder von seinem Weinstock und von seinem Feigenbaum essen und von dem Wasser seiner Zisterne trinken* (wörtlich: *und eßt ... und trinkt ...*), 17 *bis ich komme und euch in ein*

---

du unsträflich sein' (so mit vielen Übersetzern die Züricher Bibel). [...] Damit deutlich wird, daß der Imperativ hier in Gn 17,1 noch zum Gebot gehört, ist es wohl besser, ihn imperativisch zu übersetzen, wobei dieser Imperativ auch im Deutschen eine Folge aus dem ersten Imperativ durchaus einschließen kann." Allerdings werden die imp in v.2 durch w.kohort, die den Ton der Satzkette tragen (vgl. Kap. 3.4), fortgesetzt. Letzteres zeigen die vv.4ff. in denen es um die Mehrungsverheißung geht. Dementsprechend übersetzt Wenham (1994) S. 14 die w.kohort final/konsekutiv: "[1] [...] *Walk in my presence and be blameless,* [2]*so that I may make my covenant between me and you, and multiply you exeedingly.*"; vgl. auch Hamilton (1990) S. 458.

[1] Es sei hier angemerkt, daß ... עַד־בֹּאִי וְלָקַחְתִּי אֶתְכֶם אֶל־אֶרֶץ כְּאַרְצְכֶם (v.17) nicht die vorausgehenden imp in der hier untersuchten Art und Weise fortführt (es handelt sich nicht um eine Fortführung auf Satzketten-, sondern auf Satzebene, was der inf wahrscheinlich macht, der dann durch ein perf consec fortgeführt wird), sondern eine Zeitangabe darstellt *bis ich komme und euch mitnehme in ein Land wie euer Land* .... Anders versteht dies Zuber (1986) S. 9 (hier für die Parallele 2Reg 18,32), er will den inf auf Satzebene zu den vorausgehenden imp ziehen, das perf consec aber auf Satzkettenebene die imp fortführen lassen: "וְלָקַחְתִּי v32 weist die geforderte Akzentverschiebung auf und folgt - wenn wir wohl zurecht das עַד בֹּאִי zum vorangehenden Vers rechnen - auch mit der nötigen consecutio auf die Imperative von v31: 'eßt und trinkt, bis ich komme. *Dann* werde ich euch nehmen ...'." Dann würde das perf consec den Funktionen von perf consec nach imp entsprechen (vgl. hierzu unten Kap. 4). פֶּן in v.18 führt wohl אַל־תִּשְׁמְעוּ אֶל־חִזְקִיָּהוּ in v.16 fort und nicht die Imperativkette.

Land wie euer Land hole, ein Land von Getreide und Most, ein Land von Brot und Weinbergen, ein Land von Ölbäumen und Honig, und ihr werdet leben und müßt nicht sterben (wörtlich: *und eßt ... und trinkt ... und lebt ...*), *und hört nicht auf Hiskia, denn ....* Hier ist ebenfalls der konditionale Charakter der Äußerung deutlich, allerdings ist diese Stelle gegenüber Jes 36,16ff. erweitert worden. Eine relativ klare Erweiterung liegt in v.32 mit אֶרֶץ זֵית יִצְהָר וּדְבַשׁ vor. Syntaktisch problematischer ist die Erweiterung וִחְיוּ וְלֹא תָמֻתוּ. Zwei Möglichkeiten bestehen: 1. Die Apodosis des konditionalen Satzgefüges wird erweitert. So z.B. in der Einheitsübersetzung:[1] "Trefft mit mir ein Abkommen, und ergebt euch! Dann kann jeder von euch [...] essen und [...] trinken, [...]. So werdet ihr am Leben bleiben und nicht umkommen. [...]" 2. Die Apodosis in Jes 36 wird in 2Reg 18 zur Protasis zugefügt und an deren Stelle wird eine neue Apodosis eingeführt, nämlich וִחְיוּ וְלֹא תָמֻתוּ *dann werdet ihr leben und müßt nicht sterben.* Dann gilt: Jerusalem ist eine belagerte Stadt, die Judäer sollen nach der Aufforderung des Rabschaken nun kapitulieren und ein ganz normales Leben führen, erst wenn dies der Fall ist, dann sollen sie am Leben bleiben. D.h., das "normale" Leben ist noch kein Versprechen, sondern die Voraussetzung für das Am-Leben-Bleiben.

Ferner wird hier וְאַל־תִּשְׁמְעוּ אֶל־חִזְקִיָּהוּ angefügt, also ein verneinter imp[2], der in dieser Stelle wohl den Ton der Äußerung trägt.[3] In Jes 36,18 steht statt dessen ein פֶּן-Satz: פֶּן־יַסִּית אֶתְכֶם חִזְקִיָּהוּ לֵאמֹר *daß/damit nicht Hiskia euch verführe, indem er sagt: ....*

Weitere Belege mit der syntaktischen Funktion Implizite Hypotaxe (konditional):[4] Jer 27,12; 35,15[5]; 51,45?; Ez 18,32; Prv 6,(1-)3?; 7,2[6]; 20,13; 2Chr 20,20 u.ö.

2.4.2.2 SYNTAKTISCHE FUNKTION: IMPLIZITE HYPOTAXE (FINAL/KONSEKUTIV)

Imperativketten können neben konditionalen Satzverhältnissen auch konsekutive oder finale Satzverhältnisse ausdrücken. Bußmann definiert konsekutive Satzverhältnisse folgendermaßen: "[lat. *cōnsēcūtiō* ›Folge‹]

---

1   Vgl. auch Jenni (1981) §21.3.4, der hier allerdings ein konsekutives Satzverhältnis annimmt.
2   Vgl. hierzu unten Kap. 2.7.
3   Der w.al.juss ist hier eine Wiederaufnahme des אַל־תִּשְׁמְעוּ אֶל־חִזְקִיָּהוּ aus v.31.
4   Weitere Belege auch bei Friedrich (1884) S. 80f.
5   Hier steht ein w.al.juss (verneinter imp; vgl. unten Kap. 2.7) vor dem tontragenden imp. — Das w.x.perf in v.15b führt nicht die Satzkette fort, sondern v.15aα (bis לֵאמֹר).
6   Interessant ist hier, daß das zweite Objekt des ersten imp nach dem zweiten imp steht. Zur besonderen Form des 2. imp vgl. z.B. Gesenius/Kautzsch (1909) §75n u.a.

[...]. K. [sc. Konsekutivsätze] erläutern die Folgen, die sich aus dem im Hauptsatz bezeichneten Geschehen ergeben. Sie werden durch Konjunktionen wie *daß, so daß*, eingeleitet: *Sie war so heiser, daß sie ihr Konzert absagen mußte.*"[1] Zum Finalsatz schreibt sie: "[lat. *finālis* ›das Ende betreffend‹]. [...] F. drücken Ziel und Zweck des im Hauptsatz bezeichneten Sachverhalts aus, sie werden durch Konjunktionen *damit, daß* eingeleitet und sind durch Infinitivkonstruktionen (in der Regel mit *um ... zu*) paraphrasierbar: *Er hörte auf zu rauchen, damit er Geld spare/um Geld zu sparen.*"[2]

Bei expliziten Hypotaxen ist deutlich, wann ein finales bzw. ein konsekutives Satzverhältnis vorliegt. Bei impliziten Hypotaxen ist dies äußerst schwierig zu entscheiden, da keine Marker vorhanden sind und der finale oder konsekutive Charakter der Äußerung aus dem Inhalt bzw. Zusammenhang erschlossen werden muß.[3] Aus diesem Grund werden hier beide Satzverhältnisse zusammen verhandelt.[4]

Am 5,4 wurde bereits genannt,[5] in Gen 38,8 wird die syntaktische Funktion Implizite Hypotaxe (final/konsekutiv) ebenfalls deutlich: *Da sprach Juda zu Onan:* בֹּא אֶל־אֵשֶׁת אָחִיךָ וְיַבֵּם אֹתָהּ וְהָקֵם זֶרַע לְאָחִיךָ *Geh zur Frau deines Bruders und vollziehe mit ihr die Leviratsehe, so daß/damit du deinem Bruder Nachkommen schaffst* (wörtlich: *und schaffe deinem Bruder Nachkommen*).

Die folgenden Belege können ebenfalls final/konsekutiv aufgefaßt werden.

Dtn 1,8: *Siehe, hiermit gebe ich das Land vor euch:* בֹּאוּ וּרְשׁוּ אֶת־ הָאָרֶץ אֲשֶׁר *Zieht hinein, um das Land in Besitz zu nehmen,* (wörtlich: *und nehmt das Land in Besitz*), *von dem Jahwe euren Vätern Abraham, Isaak und Jakob geschworen hat, es ihnen und ihrem Samen nach ihnen zu geben. Das Hineinziehen in das Land ist die Voraussetzung dafür, es in Besitz zu nehmen, d.h. es zu erobern. Das Verhältnis der beiden imp ist aber nicht ein konditionales. Es soll nicht ausgesagt werden: Wenn du in das Land kommst, dann nimm es in Besitz,* vielmehr ist der Sinn: *Zieh in das Land, um es in Besitz zu nehmen.*

---

[1] Bußmann (1990) Sp. 410b.

[2] Bußmann (1990) Sp. 242b.

[3] Es sei hier auf Joüon/Muraoka (1991) §168*a* verwiesen: "The final clause and the consecutive clause are closely related to each other; Hebrew does not make any strict distinction between them, and quite often we may not be sure about the precise nuance [...]."

[4] Der Unterschied zwischen finalen und konsekutiven Satzverhältnissen ist nicht so groß wie bei final/konsekutiven Satzverhältnissen einerseits und konditionalen Satzverhältnissen andererseits (dies sieht man z.B. im Deutschen daran, daß für konsekutive *und* finale Satzverhältnisse die Konjunktion *daß* verwendet werden kann).

[5] Vgl. S. 99.

Dtn 9,23: עֲלוּ וּרְשׁוּ אֶת־הָאָרֶץ אֲשֶׁר *Zieht hinauf, um das Land, das ich euch gebe, in Besitz zu nehmen* (wörtlich: *und nehmt das Land in Besitz, das …*).

Gen 50,6[1]: *Da sprach der Pharao:* עֲלֵה וּקְבֹר אֶת־אָבִיךָ כַּאֲשֶׁר *Zieh hinauf, um deinen Vater zu begraben* (wörtlich: *und begrabe deinen Vater*), *wie er dich schwören ließ.*

Num 27,12: *Da sprach Jahwe zu Mose:* עֲלֵה אֶל־הַר הָעֲבָרִים הַזֶּה וּרְאֵה אֶת־הָאָרֶץ אֲשֶׁר *Geh hinauf auf das Gebirge Abarim dort, um das Land, das ich den Söhnen Israels gebe, zu sehen* (wörtlich: *und sieh …*). Falls hier eine implizite Hypotaxe vorliegt, so ist sie final/konsekutiv aufzufassen.[2]

Weitere Belege für die syntaktische Funktion Implizite Hypotaxe (final/konsekutiv):[3]

asyndetische Imperativketten:[4] Ex 9,19; Dtn 1,21; 1Reg 18,19 u.ö.

syndetische Imperativketten:[5] Jos 7,2; 1Sam 20,31; 2Sam 17,16; Dan 9,23 u.ö.

2.4.2.3 SYNTAKTISCHE FUNKTION: IMPLIZITE HYPOTAXE (KONZESSIV)

Wie in Kap 2.4.2 erwähnt, weisen einige Grammatiken Imperativketten auch konzessive[6] Funktion zu, hier wird Jes 8,9 genannt: רֹעוּ עַמִּים וָחֹתּוּ וְהַאֲזִינוּ כֹּל מֶרְחַקֵּי־אָרֶץ הִתְאַזְּרוּ וָחֹתּוּ הִתְאַזְּרוּ וָחֹתּוּ *Erhebt, ihr Völker, den Kriegsruf[7], und seid (doch) mutlos. Und hört aufmerksam zu, alle, die ihr in fernen Ländern seid. Rüstet euch, und seid (doch) mutlos. Rüstet euch und seid (doch) mutlos.*

---

[1] Vgl. auch S. 71 zur Stelle.

[2] In v.13 folgen korrespondierende perf (vgl. hierzu Kap. 4.9).

[3] Bei Stellen mit בוא, קוּם, הלך ist es schwierig zu entscheiden, ob diese imp nun Interjektionen sind (vgl. Diehl [2000]) oder die Protasis eines Finalsatzes darstellen. Deshalb werden diese Stellen hier nicht aufgeführt. Hier sind nur Stellen mit den genannten imp aufgeführt, die eindeutig finalen oder konsekutiven Charakter haben.

Es sei hier nocheinmal auf die grundsätzliche Schwierigkeit hingewiesen, die darin besteht, implizite Hypotaxen (final/konsekutiv) von Parataxen zu unterscheiden, da in Imperativketten der letzte imp den Ton der Satzkette trägt (wenn nicht gleichwertige imp vorliegen) und dieser das Ziel der Aufforderung darstellt. Von daher können sehr viele Imperativketten als final/konsekutiv aufgefaßt werden.

[4] Zwischen erzählender und poetischer Rede wird hier nicht unterschieden, da dies scheinbar keine Auswirkung auf die syntaktische Funktion Implizite Hypotaxe (final/konsekutiv) der Äußerungen hat.

[5] Es werden hier nur Stellen aufgeführt, die deutlich final/konsekutiv sind. Uneindeutige Fälle werden hier nicht aufgenommen.

[6] So ausdrücklich Meyer (1972) §100.4d: "Er [sc. imp] steht auch konzessiv" mit Verweis auf Jes 8,9.

[7] Vgl. hierzu HALAT Sp. 1125b.

2.5 DIE INSCHRIFTLICHEN BELEGE

Auf die wenigen Imperativketten in Inschriften sei nun eingegangen.[1]

In Arad(6):4,1-3 liegt eine syndetische Imperativkette vor: אל *1* *An* אלישב תן לכתים ש *2* מן *1* חתם ושלחנו ו *3* יין <Bat> *1* תן להם:
ʾElyāšīb: Gib den Kittäern 1 (Mal) Öl. Versiegle und schicke es. Und 1 Bat Wein gib ihnen. In חתם ושלחנו liegt wohl eine eigenständige Imperativkette vor. In dieser Satzkette trägt der letzte imp den Ton. Das Versiegeln ist nur die Voraussetzung für das Verschicken. Der folgende imp ist m.E. davon abzusetzen, was hier daran sichtbar wird, daß er ein neues Objekt (Wein gegenüber Öl) einführt.

In Arad(6):7,1-8 liegt ebenfalls eine syndetische Imperativkette vor, allerdings geht dieser ein inf abs voraus, der wie oben der imp תן sehr wahrscheinlich ebenfalls eine eigenständige Äußerung darstellt: אל *1* אלישב וע *2* ת : נתן : לכתים *3* לעשרי ב *1* לחד *4* ש : עד הששה *5* לחדש <Bat> *1* וֹ וֹ וֹ [וֹ] *6* כתבתה לפניך : ב *7* שנים לחדש : בעש *8* רי : ושמן ח *9* [חם ושלחנו . .] *An ʾElyāšīb: Und nun: Gib den Kittäern für den zehnten am Ersten des Monats bis zum Sechsten des Monats 3 Bat, dergestalt daß/wobei du es vor dir am Zweiten des Monats im zehnten aufschreibst. Und versiegle Öl und schick es ihnen.* Auch hier trägt der letzte imp den Ton der Satzkette ושמן חתם ושלחנו. Es kommt auf das Schicken an.[2]

Weiterer Beleg: Arad(6):13,3f.[3]

In Arad(6):17,1-7[4] kommt die Imperativkette mit umgekehrter Lexemfolge vor: אל *1* נחם : ו[ע]ת : ו]בא ביתה א *2* ב ביתה : אלישב *3* בן אשיהו : ולקח *4* ת : משם : *1* שמן : ו *5* שלח : להם : [ו]מהרה : ו *6* חתם : אתה בח *7* תמך *An Naḥūm. [Und] nun: Geh in das Haus ʾElyāšībs, des Sohnes ʾEšyāhûs, dergestalt daß du von dort 1 (Krug?) Öl nimmst, und schicke ihnen schnell und versiegle es mit deinem Siegel.* Hier liegt ein Adressatenwechsel (in der Regel wird ʾElyāšīb in den Belegen mit imp angesprochen, nicht Naḥūm) vor, es soll mit einem anderen Siegel gesiegelt werden als sonst (in z.6f. wird das Siegel Naḥūms ausdrücklich erwähnt). Dies erklärt die umgekehrte Lexemfolge.

---

[1]　Die Belege werden nach Renz (1995a) zitiert. – In Arad(6):62,1f. steht wohl zweimal der imp שלח, es ist nur der erste imp und das ח des zweiten imp vorhanden, der Rest (bis auf zwei Striche) fehlt (vgl. Renz [1995b] Taf. XLVIII Nr. 3). Jer(6):7 ist ebenfalls zu beschädigt (vgl. Renz [1995b] Taf. XLIX Nr. 1). Bei BLay(7):2,1 ist die Deutung umstritten (vgl. Renz [1995a] S. 248). Falls aber zwei imp vorliegen, handelt es sich um zwei verschiedene Äußerungen.

[2]　Zur vorausgehenden Satzkette < inf abs - perf consec > vgl. unten Kap. 4.7 S. 292 zur Stelle.

[3]　Dieses Ostrakon ist allerdings stark beschädigt, so daß vieles ergänzt werden muß (vgl. Renz [1995b] Taf. XLIV Nr. 1).

[4]　Vgl. zum Folgenden auch Renz (1995a) S. 380-382.

Ebenfalls eine syndetische Imperativkette liegt in Arad(6):12,1-5 vor:
‎*1* ‎[אל אלי]שׁב : קׁ[ח] שׁמׁן 1 וׄ[..] 2 [..] קׁמׁח : ותׁן : א[תם] 3 לקוׄ[ן]סׁענל‏
‎מהרה : צ[ן..] 4 [..][אלבׁ][..]צׁן[..] 5 סׁ[..שׁ][..] ותׁן‎¹ [..] א 6 ת הלחם :‏
‎[...] 7 [..]אילׁ [.] וׁבׁ *An ʾElyāšīb: Nimm 1 Mal Öl und ... 2 Mal Mehl und
gib sie schnell*² *an Qausānāl ... und gib ... das Brot und ....* Leider ist der
Text sehr unleserlich. Deutlich ist jedoch, daß zumindest der zweite imp
in Zeile 2 den Ton der Äußerung trägt. Falls die Satzkette in den folgenden Zeilen fortgesetzt wird, könnte der dritte imp in Zeile 5 mit dem
zweiten imp in Zeile 2 gleichwertig und so beide tontragend sein. Doch
ist dies wegen der Textverderbnis nicht zu entscheiden.

Die anderen inschriftlichen Belege von zwei (oder mehr) aufeinanderfolgenden imp weisen asyndetische imp auf. Sehr oft liegen hier keine Imperativketten, sondern eigenständige Äußerungen vor.

In Arad(6):11,4³ folgen zwei imp unmittelbar aufeinander: ‎*1* אל‏
‎[..]אלישב 2 ועׁת נתן לכתׁ‏‎ם 3 [מאתך] <Bat> 1 יין 4 מׁלׁא קׁח וׁ[..]‏
‎חמׁיׄהו[ן]מ 5 *An ʾElyāšīb: Und nun: Gib den Kittäern [von dir] 2 Bat
Wein. Fülle, nimm ... von [Nᵉ]ḥemyāhû.* Hier folgen die beiden imp מלא
und קח ganz den oben gefundenen Regeln entsprechend asyndetisch
aufeinander. Da der erste imp keine Erweiterung trägt, braucht hier kein ו
zu stehen.

In Arad(6):10,1-6 kommt eine ähnliche Imperativfolge wie in
Arad(6):4 und 7 vor. Hier in 10,1-6 stehen die imp allerdings asynde-
tisch:⁴ ‎*1* ‎[אל אלי]שׁב : ועׁת : נתׁן ל כתׁים 2 [ןיי] <Bat> 1 1 1 1 [לח]ם 3‏
‎.[בׁתׁים א[ן] 4 1 [ח]תׁם : לבן עבדיהו שׁ[לח] 5 לכתׁים יׄ[..] 6 [...] *[An
ʾElyā]šīb: Und nun: [Gib den Kitt]äern 4 Bat Wein, [Bro]t [...] ein 1 Mal
Öl. [Ver]siegle (es) für den Sohn ᶜAbdīyāhûs. Sch[icke] (es) an die
Kittäer ...* M.E. liegt hier nicht eine Satzkette vor; es sind vielmehr zwei
Äußerungen. Anders als in Arad(6):4 und 7 sind hier die beiden imp
(חתם und שלח) mit unterschiedlichen Präpositionalphrasen weitergeführt.
Dies könnte ein Indiz dafür sein, daß hier zwei Äußerungen vorliegen.

In Lak(6):1.9,3-9 liegen deutlich zwei Äußerungen vor: ‎*3* ‎וׁ[ע]אׁת תׁן‏
‎לחם : 10 ו 4 יׄ[י]ׁן : 1 1 השׁב : 5 אׁ[תם] עדבך : ד 6 בר ב :‏‎ Auf der Rückseite ist folgendes zu lesen: ‎*7* יד : שׁלׁמׁיהו : א 8 שׁר : נעשה : מ 9 חׁר :‏
*Und nun: Gib 10 Brot(e) und 2 Mal Wein. Antworte deinem Knecht
durch Šelemyāhû, was wir morgen tun sollen.* Hier führt der zweite imp
den ersten sicherlich nicht auf Satzkettenebene fort, sondern leitet eine
eigenständige Äußerung ein.

---

¹ Der imp ist nicht sicher, vgl. Renz (1995a) S. 373 Anm. b.
² Vgl. hierzu Renz (1995a) S. 373 Anm. 3.
³ Vgl. hierzu auch Renz (1995a) S. 372. Die beiden imp מלא und קח sind textlich
   unsicher, vgl. ebd. Anm. 3.
⁴ Zu den Ergänzungen vgl. Renz (1995a) S. 370f.

Als letzter inschriftlicher Beleg sei hier Sam(8):3,2 angeführt: [..]וֹ הַקְשֵׁב : הרעם :: ברך 2 *Baruch, weide sie. Sei aufmerksam und ....* Auch hier scheinen zwei Äußerungen vorzuliegen,[1] allerdings ist dies nicht sicher zu sagen, da die Zeile nach dem zweiten imp abbricht.

2.6 EXKURS: IMPERATIVKETTEN ALS STILMITTEL
In poetischer Rede begegnen öfters zwei identische imp hintereinander. Es sei hier die Rede vom "Stilmittel des doppelten Imperativs". Diese Stellen werden in Kap. 2.6.1 aufgeführt.

Neben dem Stilmittel des doppelten Imperativs gibt es aber auch einige andere Stellen, in denen komplexe Satzketten vorliegen, deren Satzkettenglieder wiederum aus Ketten bestehen. Einige solcher Stellen werden in Kap. 2.6.2 besprochen.

2.6.1 STILMITTEL DES DOPPELTEN IMPERATIVS
a) Zwei aufeinanderfolgende, identische Imperative zur besonderen Betonung
In der Regel werden dann zwei aufeinanderfolgende, identische imp verwendet, wenn eine besondere Betonung erzielt werden soll.[2] Die prominenteste Stelle ist sicherlich Jes 40,1: נַחֲמוּ נַחֲמוּ עַמִּי *Tröstet, tröstet mein Volk, spricht euer Gott.* Dieser Satz steht am Anfang der deuterojesajanischen Textschicht. Nach Westermann "kommt dem Ruf 'Tröstet mein Volk' eine den ganzen Prolog bestimmende Bedeutung zu".[3] Nach ihm stellt die "Verdoppelung des Rufes am Anfang: 'Tröstet, tröstet mein Volk!' [...] eine für die Verkündigung Deuterojesajas wichtige Stileigentümlichkeit dar: die Verdoppelung als Ausdruck der Dringlichkeit. Sie begegnet ähnlich bei Imperativen wie 51,9: 'Wach auf, wach auf!' oder 51,17: 'Raff dich auf! Raff dich auf!' und 52,1 [...]."[4]

Diese Stileigentümlichkeit ist aber nicht nur für 'Deuterojesaja' typisch, sondern begegnet auch in anderen Texten des Alten Testaments. So z.B. in Hi 19,21: חָנֻּנִי חָנֻּנִי אַתֶּם רֵעָי כִּי *Erbarmt euch über mich, erbarmt euch über mich, ihr, meine Freunde, denn die Hand Gottes hat mich angetastet.* Auch hier wird der imp zwecks Verdeutlichung oder Dringlichkeit verdoppelt.

Weitere Belege: Jdc 5,12 (2x); 2Sam 20,16; Jes 62,10 (2x); Ez 33,11; Ps 137,7; Prv 30,15; Cant 7,1 (2x); Dan 10,19.

---

[1] Nach den Ergebnissen aus Kap. 2.1 müßte dann, wenn eine Imperativkette vorliegen würde, der zweite imp syndetisch angeschlossen sein.
[2] Irsigler faßt diese als 'Großsatz' auf, vgl. ders. (1993) S. 81-84.
[3] Westermann (1986) S. 31.
[4] Westermann (1986) S. 31.

Sehr oft wird auch ein Vokativ zwischen die verdoppelten imp geschoben, so z.B. in Ps 57,2: כִּי חָנֵּנִי אֱלֹהִים חָנֵּנִי *Erbarme dich meiner, Gott, erbarme dich meiner, denn bei dir sucht meine Seele Zuflucht, und im Schatten deiner Flügel berge ich mich, bis das Unglück vorüber geht.* Im Gegensatz zu Hi 19,21, wo der Vokativ den imp folgt, steht hier der Vokativ zwischen den imp.

Es kann auch ein Objekt zwischen die imp treten, so in Jdc 5,23: אוֹרוּ מֵרוֹז אָמַר מַלְאַךְ יְהוָה אֹרוּ אָרוֹר יֹשְׁבֶיהָ כִּי *Verflucht Meros, spricht der Bote Jahwes, verflucht. Verflucht ihre Einwohner, denn ....*
Weitere Belege: Jdc 4,18; 1Reg 18,37; Ps 90,17[1]; 123,3 u.ö.

Ferner kann eine andere Erweiterung, z.B. eine präpositionale Gruppe, zwischen die imp treten,[2] so in Ps 59,14: כַּלֵּה בְחֵמָה כַּלֵּה וְאֵינֵמוֹ *Vertilge (sie) mit Zorn, vertilge, daß sie nicht mehr existieren.*
Weitere Belege:[3] Ez 11,4; 37,9; Hos 2,4f.; Ps 47,7.

Einen Sonderfall stellt hier Hos 9,14 dar: תֵּן־לָהֶם מַה־תִּתֵּן יְהוָה תֵּן־לָהֶם רֶחֶם מַשְׁכִּיל וְשָׁדַיִם צֹמְקִים *Gib ihnen, Jahwe, was du ihnen geben kannst,[4] gib ihnen einen unfruchtbaren Mutterleib und vertrocknende Brüste.* Hier ist מַה־תִּתֵּן zwischen die imp geschoben.

An manchen Stellen werden auch zwei aufeinanderfolgende, identische imp als Stilmittel für Spott eingesetzt, so in 2Reg 2,23: *Da ging er* [sc. Elisa] *von dort hinauf nach Bethel. Als er auf dem Weg hinaufging, da kamen kleine Knaben aus der Stadt heraus und verspotteten ihn und sprachen zu ihm:* עֲלֵה קֵרֵחַ עֲלֵה קֵרֵחַ *Komm herauf, Kahlkopf, komm herauf, Kahlkopf.* Hier verspotten einige Knaben Elisa, als er nach Bethel geht, mit zwei aufeinanderfolgenden, identischen imp. Ähnlich ist wohl auch 2Sam 16,7 zu verstehen: *So sprach Schimi bei seinem Fluchen:* צֵא אִישׁ הַדָּמִים וְאִישׁ הַבְּלִיָּעַל צֵא *Geh hinaus, geh hinaus, Mörder und Nichtsnutz.*

b) Zwei aufeinanderfolgende, identische Imperative mit verschiedenen Vokativen und/oder Objekten[5]
In einigen Fällen werden zwei aufeinanderfolgende, identische imp mit verschiedenen Vokativen verbunden, so z.B. in Ps 57,9: עוּרָה כְבוֹדִי

---

[1]   Hier geht beiden imp das gleiche Objekt voraus, nach dem ersten imp steht eine präpositionale Wendung.

[2]   Dann liegen aber oft zwei Äußerungen vor (vgl. z.B. Ez 34,2).

[3]   Hier sind auch Belege mit synthetischem Parallelismus zu nennen, wie Ps 29,1f.; 96,1f.7f.; 1Chr 16,28f. u.ö.

[4]   Übersetzung nach Jeremias (1983) S. 119.

[5]   Es stellt sich hierbei die Frage, ob eine Satzkette oder zwei Äußerungen vorliegen.

עוּרָה הַנֵּבֶל וְכִנּוֹר *Wach auf, meine Seele*[1]*, wach auf, Harfe und Kasten-leier*[2]*. Ich will das Morgenrot wecken.*

Weitere Belege: Hag 2,4[3]; Ps 24,7?[4]; 24,9[5]; 103,22[6] u.ö.

Es können auch verschiedene Objekte vorliegen, so z.B. in Nah 2,10: בֹּזּוּ כֶסֶף בֹּזּוּ זָהָב *Raubt Silber, raubt Gold.*

Weitere Belege: Zeph 2,3; Prv 4,7[7].

In Prv 8,5 tragen beide imp unterschiedliche Vokative und Objekte: הָבִינוּ פְתָאיִם עָרְמָה וּכְסִילִים הָבִינוּ לֵב *Gebt acht, ihr Einfältigen, auf Klugheit, und ihr Toren, gebt acht auf Verstand.*

In Nah 3,15 tragen die imp verschiedene präpositionale Wendungen: *Dort wird dich das Feuer fressen, das Schwert wird dich ausrotten, es wird dich fressen wie die Heuschrecke (frißt).* הִתְכַּבֵּד כַּיֶּלֶק הִתְכַּבְּדִי כָּאַרְבֶּה *Sei so zahlreich wie die Heuschrecke, sei so zahlreich wie die Wanderheuschrecken.*[8]

Das Stilmittel des doppelten Imperativs wird, wie bereits erwähnt, eingesetzt, um etwas besonders eindringlich zu machen.

2.6.2   BESONDERE STRUKTUREN

Nachdem das Stilmittel des doppelten Imperativs dargelegt wurde, sollen nun noch einige komplexe Satzketten betrachtet werden.

a) Jes 37,17 (par.[9] 2Reg 19,16)[10]

הַטֵּה יְהוָה אָזְנְךָ וּשְׁמָע פְּקַח יְהוָה עֵינֶךָ וּרְאֵה וּשְׁמַע אֵת כָּל־דִּבְרֵי סַנְחֵרִיב אֲשֶׁר *Neige, Jahwe, dein Ohr und höre, öffne, Jahwe, deine Augen und sieh, und höre alle Worte Sanheribs, die er gesandt hat, um den lebendigen Gott zu verschmähen.* Hier werden zuerst zwei Imperativketten parallel aufgebaut: פְּקַח יְהוָה עֵינֶךָ וּרְאֵה und הַטֵּה יְהוָה אָזְנְךָ וּשְׁמָע. Beide Ketten sind identisch nebeneinandergestellt: zuerst steht ein imp gefolgt von Vokativ und Objekt, dann folgt ein zweiter syndetisch angeschlossener imp. Beide Ketten scheinen unverbunden nebeneinander zu stehen. Sie bestehen jeweils aus einem vorbereitenden und einem tontragenden

---

[1]   Vgl. zu dieser Übersetzung Gesenius/Buhl (1915) Sp. 333af.
[2]   So HALAT Sp. 461a.
[3]   Mit eingeschobenem נְאֻם־יְהוָה.
[4]   Imp der gleichen Wurzel in unterschiedlichen Verbalstämmen, vgl. aber v.9.
[5]   Vgl. v.7 und App. BHS zur Stelle (vgl. auch Delitzsch [1920] Nr. 99b).
[6]   Neben dem ersten Vokativ trägt hier der imp noch eine präpositionale Wendung.
[7]   Vor dem zweiten imp steht eine präpositionale Wendung.
[8]   Allerdings liegt hier ein Wechsel von m. nach f. vor (vgl. auch App. BHS).
[9]   Mit kleinen Abweichungen.
[10] Ein Fall mit einer ganz ähnlichen Struktur liegt in Jer 2,10 vor (vgl. auch S. 301 zur Stelle).

imp (das Neigen der Ohren ist die Voraussetzung für das Hören, das Öffnen der Augen ist die Voraussetzung für das Sehen). Jedoch *scheinen*
beide Ketten nur unverbunden nebeneinanderzustehen, denn durch den
fünften imp וּשְׁמַע erweisen sich beide Ketten als diesem imp untergeordnet. Das Aufregende dabei ist, daß der tontragende imp der gesamten
Äußerung den tontragenden imp der ersten Kette wieder aufnimmt und
fortführt.

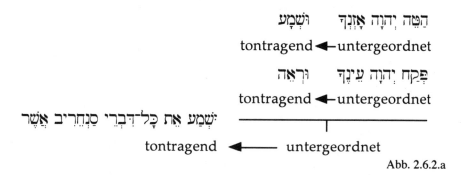

Abb. 2.6.2.a

Anders ist die Sachlage in Dan 9,18, denn dort fehlt der fünfte imp: הַטֵּה
אֱלֹהַי אָזְנְךָ וּשֲׁמָע [פְּקַח]¹ עֵינֶיךָ וּרְאֵה שֹׁמְמֹתֵינוּ וְהָעִיר אֲשֶׁר *Neige, mein
Gott, dein Ohr und höre, öffne deine Augen und sieh unsere Verwüstun-
gen an und die Stadt, über die dein Name gerufen ist ...*. Hier trägt der
imp וּרְאֵה deutlich den Ton der Satzkette, denn Gott soll sich ja in erster
Linie die Verwüstungen ansehen.

b) Jes 62,10
Ein ähnlicher Fall liegt in Jes 62,10 vor, hier allerdings mit asyndetischen
Imperativketten und jeweils zwei doppelten imp: עִבְרוּ עִבְרוּ בַּשְּׁעָרִים פַּנּוּ
דֶּרֶךְ הָעָם סֹלּוּ סֹלּוּ הַמְסִלָּה סַקְּלוּ מֵאֶבֶן הָרִימוּ נֵס עַל־הָעַמִּים *Geht hin-
durch, geht durch die Tore, bereitet den Weg für das Volk, schüttet auf,
schüttet den Weg auf, räumt die Steine weg, richtet ein Zeichen auf über
den Völkern.* Falls hier eine Satzkette und nicht verschiedene Äußerungen vorliegen, gilt folgendes: Es stehen zwei aufeinanderfolgende, identische imp nebeneinander (עִבְרוּ עִבְרוּ). Sie bilden die untergeordneten imp
zu פַּנּוּ. Entsprechend folgen wieder zwei aufeinanderfolgende, identische
imp (סֹלּוּ סֹלּוּ) als untergeordnete imp zu סַקְּלוּ. Beide Imperativketten
sind wiederum dem letzten imp des ganzen Imperativkettengefüges untergeordnet: הָרִימוּ. Dieser Fall ist also analog zu Jes 37,17 zu verstehen,
diesmal mit asyndetischen imp.

---

¹   So das Qere, das Ketib lautet פְּקָחָה.

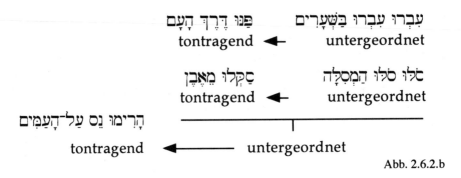

Abb. 2.6.2.b

c) Jes 52,11

Anders ist die Sachlage in Jes 52,11: סוּרוּ סוּרוּ צְאוּ מִשָּׁם טָמֵא אַל־תִּגָּעוּ צְאוּ מִתּוֹכָהּ הִבָּרוּ נֹשְׂאֵי כְּלֵי יְהוָה *Weicht, weicht, geht heraus von dort, berührt nichts unreines, geht heraus aus ihrer Mitte, reinigt euch, die ihr die Geräte Jahwes tragt.* Hier stehen zwei identische imp סוּרוּ סוּרוּ vor zwei anderen asyndetisch angeschlossenen Imperativketten. Auch hier sind diese beiden Imperativketten identisch aufgebaut: erster imp (beide Male צְאוּ) - adverbielle Bestimmung des Ortes (מִשָּׁם und מִתּוֹכָהּ) - zweiter imp (טָמֵא אַל־תִּגָּעוּ[1] und הִבָּרוּ). Das Subjekt aller imp wird nachgereicht (נֹשְׂאֵי כְּלֵי יְהוָה). סוּרוּ סוּרוּ stellt so eine Art 'untergeordnete' Imperativkette zu den darauffolgenden Imperativketten dar, die als 'tontragende' Imperativketten gleichwertig sind.

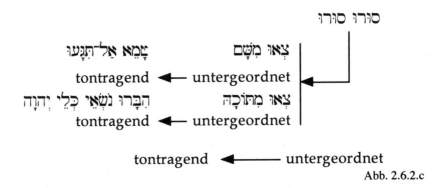

Abb. 2.6.2.c

d) Lev 9,7

Ähnlich ist auch Lev 9,7 zu verstehen: *Da sprach Mose zu Aaron:* קְרַב אֶל־הַמִּזְבֵּחַ וַעֲשֵׂה אֶת־חַטָּאתְךָ וְאֶת־עֹלָתֶךָ וְכַפֵּר בַּעַדְךָ וּבְעַד הָעָם וַעֲשֵׂה אֶת־קָרְבַּן הָעָם וְכַפֵּר בַּעֲדָם כַּאֲשֶׁר צִוָּה יְהוָה *Nähere dich dem Altar, und bereite dein Sündopfer und dein Brandopfer und entsühne dich und das Volk[2], und bereite die Opfergabe des Volkes und entsühne sie, wie Jahwe*

---

[1] Al.juss stellt die Verneinung des imp dar (vgl. hierzu Kap. 2.7).
[2] Die LXX übersetzen hier τοῦ οἴκου σου, was etwas glatter erscheint.

befohlen hat. Hier ist der imp קְרַב den folgenden beiden Imperativketten untergeordnet, die aus den imp וַעֲשֵׂה und וְכַפֵּר bestehen. In diesen beiden Ketten trägt jeweils der letzte imp der jeweiligen Kette den Ton.

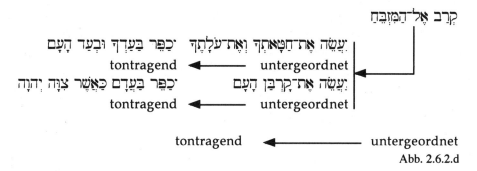

Abb. 2.6.2.d

e) Jos 24,14

וְעַתָּה יְראוּ אֶת־יְהוָה וְעִבְדוּ אֹתוֹ בְּתָמִים וּבֶאֱמֶת וְהָסִירוּ אֶת־אֱלֹהִים אֲשֶׁר עָבְדוּ אֲבוֹתֵיכֶם בְּעֵבֶר הַנָּהָר וּבְמִצְרַיִם וְעִבְדוּ אֶת־יְהוָה *Und nun: Fürchtet Jahwe und dient ihm mit Aufrichtigkeit und Wahrheit, und entfernt die Götter, denen eure Väter jenseits des Stromes und in Ägypten gedient haben, und dient Jahwe.* Hier liegt eine syndetische Imperativkette mit vier imp vor. Der zweite imp ist dabei dem ersten übergeordnet und der vierte dem dritten. Dadurch, daß der vierte und zweite imp identisch sind, und der vierte imp nicht die Erweiterungen des zweiten trägt,[1] trägt dieser wohl den Ton der Satzkette.

2.7 VERNEINTER IMPERATIV: AL.JUSS 2. PERS.

Im Gegensatz zum Deutschen kann der imp im Hebräischen nicht verneint werden. Wenn der native speaker im Hebräischen verneinte imp ausdrücken will, muß er auf die Hilfskonstruktion אַל mit juss 2. pers. ausweichen.[2] In diesem Kapitel sollen nun die Belege betrachtet werden, in denen אַל + juss 2. pers. einem imp folgt.[3] Im Mittelpunkt des Interesses steht dabei die Frage, ob sich Satzketten des Typs < imp - w.al.juss >[4]

---

[1]   Im zweiten Imperativsatz werden die präpositionalen Wendungen בְּתָמִים וּבֶאֱמֶת hinzugefügt, sie explizieren das Dienen. Diese Wendungen fehlen beim vierten imp.

[2]   Vgl. z.B. Gesenius/Kautzsch (1909) §64a und die anderen Grammatiken.

[3]   Es werden nicht alle Belege mit אַל + juss 2. pers. betrachtet, sondern nur diejenigen, die auf einen imp folgen, da sich die vorliegende Arbeit mit der Fortführung des imp beschäftigt.

[4]   Es hat sich im Laufe der Analyse gezeigt, daß asyndetisch angeschlossener al.juss den imp nicht auf Satzkettenebene fortführt, sondern eine eigenständige Äußerung einleitet (vgl. Kap. 2.7.3 und 3.8).

genauso verhalten, wie Satzketten des Typs < imp - (w.)imp >, was zu erwarten ist, wenn אַל + juss 2. pers. wirklich verneinte imp darstellt.

2.7.1 WERTIGKEITSFUNKTION (AUSSAGEGEFÄLLE)

Bei der Untersuchung von Imperativketten hat sich ergeben, daß in der Regel in erzählenden Texten der letzte imp der Kette den Ton derselben trägt, nur in Ausnahmefällen liegen gleichwertige imp vor. Nie trägt jedoch der erste imp den Ton der Kette. Es stellt sich die Frage, ob dies auch für Satzketten des Typs < imp - w.al.juss > gilt. Zunächst seien Satzketten mit Wertigkeitsgefälle aufgeführt, dann Satzketten mit gleichwertigen Satzkettengliedern.

a) Satzketten mit Wertigkeitgefälle

In Joel 2,17, einem Beleg in poetischer Rede, zeigt die Kontextanalyse, daß hier ein Wertigkeitsgefälle besteht und w.al.juss den Ton der Satzkette trägt: *Zwischen Vorhalle und Altar sollen die Priester, die Jahwe bedienen, weinen und sprechen:* חוּסָה יְהוָה עַל־עַמֶּךָ וְאַל־תִּתֵּן נַחֲלָתְךָ לְחֶרְפָּה לִמְשָׁל־בָּם גּוֹיִם *Erbarme dich, Jahwe, über dein Volk und gib nicht dein Eigentum der Schande preis, daß die Völker Spottverse auf sie sagen. Wozu sollen sie unter den Völkern sagen: Wo ist ihr Gott?* In vv.18f. wird diese Aufforderung folgendermaßen aufgenommen: 18 וַיְקַנֵּא יְהוָה לְאַרְצוֹ וַיַּחְמֹל עַל־עַמּוֹ 19 וַיַּעַן יְהוָה וַיֹּאמֶר לְעַמּוֹ הִנְנִי שֹׁלֵחַ לָכֶם אֶת־הַדָּגָן וְהַתִּירוֹשׁ וְהַיִּצְהָר וּשְׂבַעְתֶּם אֹתוֹ וְלֹא־אֶתֵּן אֶתְכֶם עוֹד חֶרְפָּה בַּגּוֹיִם 18 *Da eifert[1] Jahwe für sein Land und hat Mitleid mit seinem Volk. 19 Und Jahwe wird antworten und zu seinem Volk sagen: Siehe, ich werde zu euch Getreide, Most und Öl schicken, und ihr sollt an ihm genug haben und ich will euch nicht mehr der Schande unter den Völkern preisgeben.* Der Satz וְלֹא־אֶתֵּן אֶתְכֶם עוֹד חֶרְפָּה בַּגּוֹיִם nimmt die Aufforderung וְאַל־תִּתֵּן נַחֲלָתְךָ לְחֶרְפָּה לִמְשָׁל־בָּם גּוֹיִם deutlich auf und erweist den w.al.juss als das tontragende Satzkettenglied der Aufforderung.

In 1Reg 3,26 wird sowohl der imp als auch w.al.juss wieder aufgenommen: בִּי אֲדֹנִי תְּנוּ־לָהּ אֶת־הַיָּלוּד הַחַי וְהָמֵת אַל־תְּמִיתֻהוּ *Bitte, mein Herr, gebt ihr das Kind lebend und tötet es nicht.* Salomo nimmt diese Bitte in seiner Antwort (v.27) auf: תְּנוּ־לָהּ אֶת־הַיָּלוּד הַחַי וְהָמֵת לֹא תְמִיתֻהוּ *Gebt ihr das Kind lebend und tötet es nicht. Sie ist die Mutter.* Hier vertritt das w.x.imperf wohl ein w.juss.[2] Die figura etymologica zeigt in

---

[1]   Zu dieser Übersetzung für das imperf consec vgl. Joüon/Muraoka (1991) §112h Anm. 1. Groß (1976) S. 185 führt die Stelle nicht im Register auf, vgl. aber ebd. S. 164 Punkt (4) 'genereller Sachverhalt der Gegenwart, und zwar nur in stilistischer Verwendung als Erfahrungssatz'.

[2]   Vgl. unten Kap. 5.2.1 zu 1Reg 3,27 S. 310.

beiden Fällen, daß das w.x.imperf bzw. der w.al.juss den Ton der Satzkette trägt.[1]

In Jdc 13,4 ist folgende Aufforderung zu lesen: וְעַתָּה הִשָּׁמְרִי נָא וְאַל־
תִּשְׁתִּי יַיִן וְשֵׁכָר וְאַל־תֹּאכְלִי כָּל־טָמֵא כִּי 5 ... *Und nun: Hüte dich, daß du
nicht Wein und berauschendes Getränk trinkst und nichts unreines ißt, 5
denn ....* Diese Aufforderung wird in vv.13f. wiederum zitiert:[2] וַיֹּאמֶר 13
מַלְאַךְ יְהוָה אֶל־מָנוֹחַ מִכֹּל אֲשֶׁר־אָמַרְתִּי אֶל־הָאִשָּׁה תִּשָּׁמֵר 14 מִכֹּל אֲשֶׁר־יֵצֵא
מִגֶּפֶן הַיַּיִן לֹא תֹאכַל וְיַיִן וְשֵׁכָר אַל־תֵּשְׁתְּ וְכָל־טֻמְאָה אַל־תֹּאכַל כֹּל אֲשֶׁר־
צִוִּיתִיהָ תִּשְׁמֹר 13 *Da sprach der Engel Jahwes zu Manoach: Vor allem,
was ich der Frau gesagt habe, soll sie sich hüten. 14 Von allem, was aus
der Rebe des Weines herauskommt, soll sie nicht essen, und Wein und
berauschendes Getränk soll sie nicht trinken, und alles Unreine darf sie
nicht essen. Alles, was ich ihr geboten habe, soll sie beachten.*[3] Hier tragen wohl ebenfalls in der Aufforderung in v.4 die w.al.juss den Ton der
Satzkette, denn diese werden fast wörtlich in v.14 aufgenommen. V.13
ist hier lediglich als Einleitung zu verstehen.

In Gen 37,22 fordert Ruben seine Brüder auf, Joseph am Leben zu las-
sen: *Da sprach Ruben zu ihnen:* אַל־תִּשְׁפְּכוּ־דָם הַשְׁלִיכוּ אֹתוֹ אֶל־הַבּוֹר הַזֶּה
אֲשֶׁר בַּמִּדְבָּר וְיָד אַל־תִּשְׁלְחוּ־בוֹ *Vergießt kein Blut. Werft ihn in diese Zisterne, die in der Wüste ist, und legt nicht Hand an ihn!, damit er ihn aus
ihrer Hand rette und ihn zu seinem Vater zurückbrächte.* Die Brüder gehen auf diesen Vorschlag ein (vv.23f.): וַיְהִי כַּאֲשֶׁר־בָּא יוֹסֵף אֶל־אֶחָיו 23
וַיַּפְשִׁיטוּ אֶת־יוֹסֵף אֶת־כֻּתָּנְתּוֹ אֶת־כְּתֹנֶת הַפַּסִּים אֲשֶׁר עָלָיו 24 וַיִּקָּחֻהוּ וַיַּשְׁלִכוּ
אֹתוֹ הַבֹּרָה וְהַבּוֹר רֵק אֵין בּוֹ מָיִם 23 *Als Joseph zu seinen Brüdern kam,
da zogen sie Joseph seinen Rock aus, den bunten Rock*[4]*, den er anhatte,
24 und sie nahmen ihn und warfen ihn in die Zisterne, wobei die Zisterne
leer war; kein Wasser war in ihr.* Hier ist wichtig, was im Bericht der
Durchführung *nicht* berichtet wird. In v.20 geht voraus, daß die Brüder
Joseph erst töten und dann in eine Zisterne werfen wollen. Nachdem Ruben sie aber in v.21 und v.22 eindringlich aufgefordert hat, Joseph nicht

---

[1]   Shulman (2000) S. 175 bemerkt zu dem unterschiedlichen Gebrauch der Verneinungen in 1Reg 3,26f.: "The use of different verbal forms reflects the difference in the
speaker's attitude and perception of the situation. The utterances have different illo-
cutionary force, they are used to perform different speech-acts. The mother's utterance is a humble, personal and emotional request in which she expresses her strong
will. The King's utterance is used to announce a verdict. It is a command, a perma-
nent ruling of a judge. Indirectly it is used to express the king's will, but this is not
the primary function of the utterance."

[2]   Das Kapitel ist allerdings literarkritisch evtl. uneinheitlich (vgl. z.B. Kratz [2000] S.
213 Anm. 118).

[3]   Entweder liegt hier ein selbständiger Satz vor (so die Übersetzung), oder das
x.imperf ersetzt ein perf consec (vgl. hierzu Kap. 3.8.2) und spezifiziert die vorausgehenden Satzkettenglieder.

[4]   Der Ausdruck כְּתֹנֶת הַפַּסִּים ist unklar, vgl. HALAT Sp. 892a.

zu töten und nicht Hand an ihn zu legen, werfen sie Joseph lebend in eine
Zisterne und töten ihn bekanntlich nicht. Der verneinte juss trägt also in
v.22 den Ton der Satzkette.

In Jer 39,12 befiehlt Nebukadnezzar wegen Jeremia: קָחֶ֫נּוּ וְעֵינֶ֫יךָ שִׂים
Nimm עָלָיו וְאַל־תַּעַשׂ לוֹ מְא֫וּמָה רָע כִּי אִם כַּאֲשֶׁר יְדַבֵּר אֵלֶ֫יךָ כֵּן עֲשֵׂה עִמּוֹ
ihn und lege deine Augen auf ihn und tu ihm nicht irgend etwas Böses,
sondern wie er zu dir sagt, so sollst du ihm tun. Der Bericht der Durchführung lautet: 13 וַיִּשְׁלַח נְבוּזַרְאֲדָן רַב־טַבָּחִים וּנְבוּשַׁזְבָּן רַב־סָרִיס וְנֵרְגַל
שַׂר־אֶצֶר רַב־מָג וְכֹל רַבֵּי מֶלֶךְ־בָּבֶל 14 וַיִּשְׁלְחוּ וַיִּקְחוּ אֶת־יִרְמְיָ֫הוּ מֵחֲצַר
הַמַּטָּרָה וַיִּתְּנוּ אֹתוֹ אֶל־גְּדַלְיָ֫הוּ בֶּן־אֲחִיקָם בֶּן־שָׁפָן לְהוֹצִאֵ֫הוּ אֶל־הַבָּ֫יִת וַיֵּ֫שֶׁב
בְּתוֹךְ הָעָם 13 *Da schickte Nebusaradan, der Oberste der Leibwache, und*
Nebuschasban, der Oberste der Eunuchen, und Nergal-Sarezer, der
oberste מָג[1]*, und alle Obersten des Königs von Babel, 14 und sie schick-*
ten hin und holten Jeremia aus dem Wachthof und gaben ihn Gedalja,
dem Sohn Ahikams, des Sohnes Schafans, um ihn nach Hause heraus zu
bringen. Da wohnte er unter dem Volk. Auch hier ist wichtig, was nicht
berichtet wird: Nebuschasban tut Jeremia kein Leid, sondern erfüllt den
Befehl des Königs voll und ganz. Allerdings wird nicht berichtet, daß
Jeremia gefragt wird, wie mit ihm verfahren werden soll. Dennoch sind
m.E. der w.al.juss und der letzte imp עֲשֵׂה gleichwertig und tragen den
Ton der Satzkette in v.12.

In 2Reg 18,26[2] wird der Rabschake gebeten, doch bitte nicht Judäisch,
sondern Aramäisch zu sprechen: דַּבֶּר־נָא אֶל־עֲבָדֶ֫יךָ אֲרָמִית כִּי שֹׁמְעִים
אֲנָ֫חְנוּ וְאַל־תְּדַבֵּר עִמָּ֫נוּ יְהוּדִית בְּאָזְנֵי הָעָם אֲשֶׁר עַל־הַחֹמָה *Rede doch mit*
deinen Knechten Aramäisch, denn wir verstehen es, und rede nicht mit
uns Judäisch vor den Ohren des Volkes, das auf der Mauer ist. Es soll
unter allen Umständen verhindert werden, daß der Rabschake Judäisch
spricht, denn das Volk auf der Mauer soll ihn nicht verstehen. Das ist das
Wichtige an dieser Bitte. In v.27 geht der Rabschake auf diesen Einwand
ein und sagt, er sei gerade zu den Männern auf der Mauer geschickt. In
v.28 heißt es dann: וַיַּעֲמֹד רַב־שָׁקֵה וַיִּקְרָא בְקוֹל־גָּדוֹל יְהוּדִית וַיְדַבֵּר וַיֹּ֫אמֶר
Da stellte sich der Rabschake hin und rief mit lauter Stimme auf Judäisch
und redete und sprach: .... Der Rabschake tut also genau das Gegenteil
von dem, was von ihm erbeten wird. Der w.al.juss trägt demnach den
Ton der Aufforderung in v.26.

In 2Chr 15,7 wird der w.al.juss im Bericht der Durchführung (v.8)
breiter berichtet (allerdings positiv ausgedrückt): וְאַתֶּם חִזְקוּ וְאַל־יִרְפּוּ
יְדֵיכֶם כִּי ... *Ihr aber seid mutig, und eure Hände sollen nicht sinken,*
denn es gibt einen Lohn für euer Tun. In v.8 werden sowohl der imp als
auch der w.al.juss (hier allerdings ins Positive verkehrt und breiter

---

1   Nach HALAT Sp. 515a.b: "Beamten- und Offizierstitel".
2   In Jes 36,11 liegt eine Parallele vor.

berichtet) aufgenommen: הִתְחַזַּק [[]][1] הָאֵלֶּה וְהַנְּבוּאָה הָאֵלֶּה וַיַּעֲבֵר הַשִּׁקּוּצִים מִכָּל־אֶרֶץ יְהוּדָה וּבִנְיָמִן וּמִן־הֶעָרִים אֲשֶׁר לָכַד מֵהַר אֶפְרָיִם וַיְחַדֵּשׁ אֶת־מִזְבַּח יְהוָה אֲשֶׁר לִפְנֵי אוּלָם יְהוָה *Als Asa diese Worte hörte und die Prophezeiung [], da faßte er Mut und schaffte alles Abscheuliche aus dem ganzen Land Juda und Benjamin und aus allen Städten, die er einge-nommen hatte auf dem Gebirge Ephraim, und er erneuerte den Altar Jahwes, der vor der Vorhalle Jahwes stand.* Asa hat demnach die Hände nicht sinken lassen, sondern im Gegenteil die Erneuerungen angepackt. Demnach trägt also auch in v.7 w.al.juss den Ton der Satzkette.

In Neh 8,10 trägt der w.al.juss wahrscheinlich ebenfalls den Ton der Satzkette:[2] *Da sprach er zu ihnen:* לְכוּ אִכְלוּ מַשְׁמַנִּים וּשְׁתוּ מַמְתַקִּים וְשִׁלְחוּ מָנוֹת לְאֵין נָכוֹן לוֹ כִּי־ קָדוֹשׁ הַיּוֹם לַאֲדֹנֵינוּ וְאַל־תֵּעָצֵבוּ כִּי *Geht, eßt Fettes und trinkt Süßigkeiten und schickt Portionen an den, der nichts für sich bereitet hat, denn der Tag ist für unseren Herrn heilig, und seid nicht bekümmert, denn die Freude Jahwes ist euer Schutz.* Der Bericht der Durchführung lautet (v.12): וַיֵּלְכוּ כָל־הָעָם לֶאֱכֹל וְלִשְׁתּוֹת וּלְשַׁלַּח מָנוֹת *Da ging das ganze Volk,* וְלַעֲשׂוֹת שִׂמְחָה גְדוֹלָה כִּי הֵבִינוּ בַּדְּבָרִים אֲשֶׁר הוֹדִיעוּ לָהֶם *um zu essen und zu trinken und Portionen zu verschicken und ein großes Freudenfest zu machen, denn sie verstanden die Worte, die ihnen kundgetan worden waren.* In v.11 wird der w.al.juss noch einmal aufgenommen: וְהַלְוִיִּם מַחְשִׁים לְכָל־הָעָם לֵאמֹר הַסּוּ כִּי הַיּוֹם קָדֹשׁ וְאַל־תֵּעָצֵבוּ *Und die Leviten beruhigten das ganze Volk: Still, denn der Tag ist heilig. Seid nicht bekümmert.* Im Bericht der Durchführung (v.12) wird der w.al.juss zwar nicht aufgenommen, aber er wird in v.11 wörtlich wiederholt.

Die Kontextanalyse zeigt demnach, daß auch bei verneinten DIREKTIVEN, also w.al.juss, in Satzketten mit vorausgehendem imp das letzte Satzket-tenglied den Ton der Satzkette trägt.[3]

Es sollen nun hier noch einige weitere Belege von Satzketten des Typs < imp - w.al.juss > mit Wertigkeitsgefälle angeführt werden. So trägt w.al.juss in Jer 17,21 den Ton der Satzkette: הִשָּׁמְרוּ בְּנַפְשׁוֹתֵיכֶם וְאַל־תִּשְׂאוּ מַשָּׂא בְּיוֹם הַשַּׁבָּת וַהֲבֵאתֶם בְּשַׁעֲרֵי יְרוּשָׁלִָם 22 וְלֹא־תוֹצִיאוּ מַשָּׂא מִבָּתֵּיכֶם בְּיוֹם הַשַּׁבָּת וְכָל־מְלָאכָה לֹא תַעֲשׂוּ וְקִדַּשְׁתֶּם אֶת־יוֹם הַשַּׁבָּת כַּאֲשֶׁר צִוִּיתִי אֶת־אֲבוֹתֵיכֶם 21 *... Hütet euch, wenn euch euer Leben lieb ist, und tragt am Sabbattag keine Last, dergestalt daß ihr sie durch die Tore Jerusa-lems bringt, 22 dergestalt daß ihr keine Last aus euren Häusern am Sab-battag bringt, dergestalt daß ihr keine Arbeit tut, daß/damit ihr den Sab-battag heiligt, wie ich (es) euren Vätern befohlen habe.* Hier trägt der

---

1   עֹדֵד הַנָּבִיא paßt hier so nicht, vgl. App. BHS; Delitzsch (1920) Nr. 157; Dillard (1987) S. 114 Anm. 15:8.a; Goettsberger (1939) S. 269; Williamson (1982) S. 269.

2   Ähnlich Schwanz (1978) (vgl. hierzu oben S. 24 Anm. 4).

3   Dies gilt allerdings nur dann, wenn nicht gleichwertige Satzkettenglieder vorliegen. Demgegenüber sind Satzketten des Typs < imp - w.al.juss >, in denen der imp den Ton der Satzkette trägt, nicht belegt.

w.al.juss den Ton der Satzkette. Die perf consec und w.x.imperf spezifizieren diese.[1]

Dtn 21,8: כַּפֵּר לְעַמְּךָ יִשְׂרָאֵל אֲשֶׁר־פָּדִיתָ יְהוָה וְאַל־תִּתֵּן דָּם נָקִי בְּקֶרֶב
עַמְּךָ יִשְׂרָאֵל וְנִכַּפֵּר לָהֶם הַדָּם *Schaffe Sühne für dein Volk Israel, das du,*
Jahwe, errettet hast, und lege nicht das unschuldige Blut unter dein Volk
Israel, dergestalt daß für sie das Blut gesühnt wird. Hier trägt ebenfalls
der w.al.juss den Ton der Satzkette.[3]

Weitere Belege:[4] Dtn 9,27[5]; Jos 10,18f.; 2Reg 18,31f.[6]; Jes 6,9p (2x);
Jer 4,3p?; 5,10p? (tk); 29,6?; Ps 4,5p; 103,2p?; 119,116p?; 119,133p?;
143,1f.p; Hi 11,14p?[7]; Prv 5,7p?; 8,33p?; Neh 13,14.

b) Satzketten mit gleichwertigen Satzkettengliedern
In vielen Fällen liegen auch gleichwertige Satzkettenglieder vor. Das gilt
vor allem für poetische Texte, dies ist aber auch für erzählende Rede zu
belegen. Ein sehr schönes Beispiel hierfür ist Prv 6,20: נְצֹר בְּנִי מִצְוַת
אָבִיךָ וְאַל־תִּטֹּשׁ תּוֹרַת אִמֶּךָ *Halte, mein Sohn, das Gebot deines Vaters,*
und verwirf nicht die Mahnung deiner Mutter. Hier liegt kein Wertigkeitsgefälle, sondern zwei gleichwertige Satzkettenglieder vor. Vgl. auch
Prv 1,8; 23,22[8].

In Jer 9,3 liegen sicherlich auch gleichwertige Satzkettenglieder vor:
אִישׁ מֵרֵעֵהוּ הִשָּׁמֵרוּ וְעַל־כָּל־אָח אַל־תִּבְטָחוּ כִּי *Hütet euch jeder vor seinem*
Freund, und vertraut nicht auf alle Brüder, denn alle Brüder betrügen,
und alle Freunde gehn, um zu verleumden. Hier sind die Satzkettenglieder ebenfalls als gleichwertig aufzufassen, was auch der כ-Satz belegt,
der die vorausgehenden Satzkettenglieder chiastisch aufnimmt.

Die vorgenannten Belege stammen alle aus poetischen Texten, doch
auch in erzählender Rede sind gleichwertige Satzkettenglieder in Satz-

---

[1]   Vgl. zur Stelle auch unten S. 318. — וְקִדַּשְׁתֶּם übt hier allerdings die syntaktische
      Funktion Implizite Hypotaxe (final/konsekutiv) aus.
[2]   Vgl. zu dieser Form Gesenius/Kautzsch (1909) §55k und Bauer/Leander (1922) §38s.
[3]   Das perf consec übt die syntaktische Funktion Implizite Hypotaxe (Spezifikation)
      oder (final/konsekutiv) aus und ist dem vorausgehenden w.al.juss untergeordnet (vgl.
      hierzu Kap. 4.3 und 4.4).
[4]   Belege, bei denen nicht ganz klar ist, ob ein Wertigkeitsgefälle oder gleichwertige
      Satzkettenglieder vorliegen, werden mit einem Fragezeichen ("?") hinter der Versan-
      gabe gekennzeichnet. Belege mit poetischer Rede werden mit einem *p* hinter der
      Versangabe gekennzeichnet. — In 2Chr 30,6f. leitet der w.al.juss in v.7 m.E. eine ei-
      genständige Satzkette ein, denn die Satzkette des Typs < imp - w.juss > in v.6 stellt
      ein in sich geschlossenes, konditionales Satzgefüge dar.
[5]   Nach Septuaginta Minuskel-Handschrift(en) und dem Targum Pseudo-Jonathan ist
      wohl ein ו zu ergänzen.
[6]   Vgl. oben S. 102 zur Stelle.
[7]   Bobzin (1974) S. 180f. hält diesen Vers wohl für einen späteren Einschub.
[8]   Hier liegt allerdings ein imperf, kein juss vor: וְאַל־תָּבוּז.

ketten des Typs < imp - w.al.juss > belegt, so z.B. Jer 22,3: *So spricht Jahwe:* עֲשׂוּ מִשְׁפָּט וּצְדָקָה וְהַצִּילוּ גָזוּל מִיַּד עָשׁוֹק וְגֵר יָתוֹם וְאַלְמָנָה אַל־תֹּנוּ אַל־תַּחְמֹסוּ וְדָם נָקִי אַל־תִּשְׁפְּכוּ בַּמָּקוֹם הַזֶּה *Übt Recht und Gerechtig-keitstat und rettet den Beraubten aus der Hand des Bedrückers, und den Fremdling, die Waise und die Witwe bedrückt nicht (und)[1] behandelt (sie) nicht gewalttätig und vergießt kein unschuldiges Blut an diesem Ort.*

Hier ist auch Ez 20,7 zu nennen: אִישׁ שִׁקּוּצֵי עֵינָיו הַשְׁלִיכוּ וּבְגִלּוּלֵי מִצְרַיִם אַל־תִּטַּמָּאוּ *Jeder werfe das Abscheuliche vor seinen Augen weg und an den Götzen Ägyptens verunreinigt euch nicht. Ich bin Jahwe euer Gott!*

Der Bericht der Durchführung (v.8) lautet hier: וַיַּמְרוּ־בִי וְלֹא אָבוּ לִשְׁמֹעַ אֵלַי אִישׁ אֶת־שִׁקּוּצֵי עֵינֵיהֶם לֹא הִשְׁלִיכוּ וְאֶת־גִּלּוּלֵי מִצְרַיִם לֹא עָזָבוּ *Sie waren aber widerspenstig gegen mich und wollten nicht auf mich hören. Sie warfen das Abscheuliche vor ihren nicht Augen weg, und die Götzen Ägyptens wollten sie nicht verlassen.*

Weitere Belege für gleichwertige Satzkettenglieder:[2] 2Sam 14,2f.?; Sach 8,16f.p; Ps 55,2p; 69,17f.p?; Prv 3,5p; 5,8ff.p; 19,18p?; 23,23p; 25,9f.p?; Qoh 11,6p.

2.7.2　Syntaktische Funktion: Implizite Hypotaxe

Bei reinen Imperativketten hat es sich ergeben, daß diese in ihrer Tiefen-struktur nicht nur Parataxen, sondern auch implizite Hypotaxen ausdrük-ken können. Wenn eine solche implizite Hypotaxe vorliegt, dann handelt es sich meistens um Satzketten mit final/konsekutivem oder konditiona-lem Charakter. Dies gilt auch für Satzketten des Typs < imp - w.al.juss >.[3]

a) Syntaktische Funktion: Implizite Hypotaxe (final/konsekutiv)

In Jdc 13,4 ist die syntaktische Funktion Implizite Hypotaxe (fi-nal/konsekutiv) deutlich, denn man kann diese Satzkette mit expliziten Hypotaxen vergleichen: וְעַתָּה הִשָּׁמְרִי נָא וְאַל־תִּשְׁתִּי יַיִן וְשֵׁכָר וְאַל־תֹּאכְלִי כָּל־טָמֵא 5 כִּי ... *Und nun: Hüte dich, daß du nicht Wein und be-rauschendes Getränk trinkst und nichts unreines ißt, 5 denn .... Die*

---

[1] Einige Handschriften schließen diesen al.juss mit ו an (vgl. App. BHS), dann setzt er die vorausgehende Satzkette fort.

[2] Belege, bei denen nicht ganz klar ist, ob gleichwertige Satzkettenglieder oder ein Wertigkeitsgefälle vorliegt, werden mit einem Fragezeichen ("?") hinter der Versan-gabe gekennzeichnet. Belege mit poetischer Rede werden mit einem *p* hinter der Versangabe gekennzeichnet.

[3] Zu Satzketten des Typs < imp - w.al.juss > mit final/konsekutivem Charakter bemerkt allerdings Gesenius/Kautzsch (1909) §109*g*: "2 Chr 35,21 ist ein negativer Finalsatz mit וְאַל־ an einen Imperativ angelehnt (*stehe ab von Gott ..., daß er dich nicht verderbe!*). In der Regel erfolgt jedoch die Anknüpfung negativer Absichtssätze an den regierenden Satz mit וְלֹא und nachfolg. Imperf. [...]."

Wendung mit expliziter Hypotaxe … הִשָּׁמֶר לְךָ פֶּן *Hüte dich, daß du nicht* … ist sehr oft belegt, als Beispiel sei hier Gen 24,6 genannt:[1] הִשָּׁמֶר לְךָ פֶּן־תָּשִׁיב אֶת־בְּנִי שָׁמָּה *Hüte dich, daß du nicht deinen Sohn dorthin zurückbringst.* Was Jdc 13,4 von den Belegen mit expliziter Hypotaxe unterscheidet, ist das fehlende לְךָ.

b) Syntaktische Funktion: Implizite Hypotaxe (konditional)
In Ps 4,5 liegt eine Satzkette des Typs < imp - w.al.juss > mit konditionalem Charakter vor: רִגְזוּ וְאַל־תֶּחֱטָאוּ *Ereifert ihr euch, so versündigt euch nicht.*[2] Wörtlich übersetzt: *Ereifert euch und sündigt nicht.*

c) Syntaktische Funktion: Implizite Hypotaxe (adversativ)
In Jos 22,19 scheint ein adversatives Satzverhältnis vorzuliegen: וְאַךְ אִם־טְמֵאָה אֶרֶץ אֲחֻזַּתְכֶם עִבְרוּ לָכֶם אֶל־אֶרֶץ אֲחֻזַּת יְהוָה אֲשֶׁר שָׁכַן־שָׁם מִשְׁכַּן יְהוָה וְהֵאָחֲזוּ בְּתוֹכֵנוּ וּבַיהוָה אַל־תִּמְרֹדוּ וְאֹתָנוּ [אַל]־[3]תִּמְרֹדוּ בִּבְנֹתְכֶם לָכֶם מִזְבֵּחַ מִבַּלְעֲדֵי מִזְבַּח יְהוָה אֱלֹהֵינוּ *Wenn euer Landbesitz unrein ist, dann geht hinüber in das Land, das Jahwes Besitz ist, dort wohnt er in der Wohnung Jahwes, und macht euch bei uns ansässig. Aber seid nicht widerspenstig gegen Jahwe und seid nicht wiederspenstig gegen uns, indem ihr euch einen Altar baut, abgesehen von dem Altar Jahwes, unseres Gottes.*

d) Satzketten des Typs < imp - w.al.juss > können also analog zu reinen Imperativketten ebenfalls implizite Hypotaxen ausdrücken.

2.7.3   ASYNDETISCH ANGESCHLOSSENER AL.JUSS 2. PERS.
In vielen Belegen kommt al.juss asyndetisch nach imp vor. Es stellt sich hierbei die Frage, ob Satzketten des Typs < imp - al.juss > oder eigenständige Äußerungen vorliegen.

---

[1]   Die weiteren Belege sind: Gen 31,24; Ex 34,12; Dtn 4,9 (mit einem weiteren imp von שמר); 4,23; 6,12; 8,11; 11,16; 12,13.19.30; 15,9.

[2]   Die EÜ übersetzt ebenfalls konditional. Kraus (1989a) S. 166 konjiziert: Die Schwierigkeiten "lassen sich – ohne Eingriff in den Wortbestand – am besten durch eine Umstellung in der Wortfolge klären: durch Austausch von רגזו und אמרו בלבבכם. Das Motiv zu einer wahrscheinlich vorgefallenen Umsetzung von אמרו בלבבכם vor עַל־מִשְׁכַּבְכֶם wäre erklärbar mit dem Hinweis darauf, daß die Vorstellung vom 'Sinnen auf dem Lager' sehr naheliegend war [...]." Dahood (1966) S. 22 übersetzt adversativ: "Be disquieted, but do not sin, [...]."; ähnlich Craigie (1983) S. 77: "Tremble, but don't sin!". Weiser (1987) S. 80 übersetzt: "Zittert und sündiget nicht". Gunkel (1926) S. 15 übersetzt: "Ihr mögt grollen 'im Herzen', nur sündiget nicht!" und schreibt ebd. S. 17: "Die zuerst stehenden Imperative enthalten eine 'spöttische Konzession' [...]. Beim nächtlichen Liegen auf dem Bette treten die traurigen Gedanken ans Herz [...]."

[3]   Vgl. App. BHS.

a) In erzählender Rede

Folgt ein al.juss asyndetisch auf einen imp, so scheinen imp und al.juss oft gleichwertig zu sein, ein Wertigkeitsgefälle ist hier meistens nicht zu erkennen. Dies ist ein erster Hinweis darauf, daß hier wahrscheinlich keine Satzketten, sondern eigenständige Äußerungen vorliegen, denn gleichwertige asyndetische imp sind in erzählender Rede nicht belegt[1] und al.juss 2. pers. ist als verneinter imp aufzufassen, der asyndetisch auf einen anderen imp folgt, so z.B. in Ex 16,29: *Seht: Jahwe hat euch den Sabbat gegeben, darum gibt er euch am sechsten Tag Brot für zwei Tage.* שְׁבוּ אִישׁ תַּחְתָּיו אַל־יֵצֵא אִישׁ מִמְּקֹמוֹ בַּיּוֹם הַשְּׁבִיעִי *Jeder bleibe an seiner Stelle. Keiner gehe von seinem Ort am siebten Tag.* Hier ist der imp und der al.juss als gleichwertig aufzufassen, sie sind austauschbar, denn ein Handlungsfortschritt ist nicht zu erkennen.[2] Dementsprechend liegen hier sehr wahrscheinlich zwei Äußerungen vor.

Hier ist auch Gen 45,9 zu nennen: רְדָה אֵלַי אַל־תַּעֲמֹד *Komm herab zu mir. Säume nicht* (wörtlich: *Bleibe nicht stehen*). Auch hier sind die beiden Glieder wohl austauschbar und damit gleichwertig, und es liegen so zwei verschiedene Äußerungen vor.[3]

Ein zweites Argument ist bei den beiden oben genannten Stellen zu beachten: echte asyndetische Imperativketten liegen in erzählender Rede nur dann vor, wenn der erste imp keine Erweiterung außer einem Vokativ (oder נא) trägt. Es zeigt sich aber, daß bei asyndetischem al.juss nach imp der imp in der Regel eine Erweiterung trägt. Auch von daher legt sich der Verdacht nahe, daß hier nicht Satzketten des Typs *< imp - al.juss > vorliegen, sondern jeweils zwei (bzw. mehrere) eigenständige Äußerungen. Die entsprechenden Belege seien hier aufgeführt:[4]

Belege mit Erweiterungen des imp: Gen 19,8[5].17; 45,9; Ex 16,29; 19,15; 23,21; Dtn 1,21; Jos 1,7?; 7,19?; Jdc 4,18; 18,9[6]; 1Sam 22,23; 2Sam 13,20[7]; 2Reg 1,15; 4,3f.; Jer 26,2; 38,25; Ez 2,8; Est 6,10; 2Chr 20,17.

Belege ohne Erweiterungen des imp: Dtn 9,7?; 31,6; Jos 1,9; 1Sam 20,38; 2Reg 4,24; Jes 7,4; Dan 9,19; 1Chr 22,13; 28,20; 2Chr 32,7.[8]

---

[1] Vgl. Kap. 2.3.2.a.i. (S. 86f.)

[2] Der Bericht der Durchführung (v.30) lautet: וַיִּשְׁבְּתוּ הָעָם בַּיּוֹם הַשְּׁבִעִי *Da ruhte das Volk am siebten Tag.*

[3] In v.10 folgt ein perf consec, das evtl. den al.juss fortführt.

[4] In Dtn 9,7; Jos 1,7; 7,19 ist evtl. ו zu ergänzen (vgl. App. BHS), deshalb sind die Stellen in den folgenden Listen mit "?" versehen.

[5] Hier steht vor dem al.juss רַק (vgl. hierzu oben Kap. 1.2.2).

[6] Mit begründendem כִּי nach imp.

[7] Mit asyndetischem NS zwischen imp und al.juss.

[8] Bis auf 1Sam 20,38; 2Reg 4,24; Dan 9,19 handelt es sich hier bei den al.juss um Beteuerungen der Art ... אַל־תִּירָא *Fürchte dich nicht* ... und ... אַל־תַּעֲרֹץ *Laß dich nicht erschrecken* ....

Beleg, bei dem eine andere grammatische Kategorie (perf consec) zwischen imp und al.juss steht: Jos 10,19.

Eine genauere Betrachtung einiger dieser Belege zeigt, daß Satzketten des Typs < imp - al.juss > hier nicht vorliegen.

In Gen 19,8 wird durch רַק deutlich, daß al.juss eine eigenständige Äußerung darstellt, denn רַק kann Satzkettenenden markieren:[1] *Siehe, ich habe zwei Töchter, die keinen Mann kennen.* אוֹצִיאָה־נָּא אֶתְהֶן אֲלֵיכֶם וַעֲשׂוּ לָהֶן כַּטּוֹב בְּעֵינֵיכֶם רַק לָאֲנָשִׁים הָאֵל אַל־תַּעֲשׂוּ דָבָר כִּי *Ich will sie euch herausgeben, und tut mit ihnen, was gut ist in euren Augen.* רַק *jenen Männern tut nichts, denn deshalb kamen sie in den Schatten meines Hauses*[2].

In Dtn 1,21 steht ein כַּאֲשֶׁר-Satz zwischen den imp und dem al.juss: עֲלֵה רֵשׁ כַּאֲשֶׁר דִּבֶּר יְהוָה אֱלֹהֵי אֲבֹתֶיךָ לָךְ אַל־תִּירָא וְאַל־תֵּחָת *Zieh hinauf, um es zu erobern, wie Jahwe, der Gott deiner Väter, zu dir geredet hat. Fürchte dich nicht und sei nicht mutlos.*[3] Evtl. sind dementsprechend auch die anderen Belege, in denen durch אַל־תִּירָא oder ähnliches Mut zugesprochen wird, so aufzufassen: Dtn 31,6; Jos 1,9[4]; Jdc 4,18[5]; 1Sam 22,23; 2Reg 1,15[6]; Jes 7,4; 1Chr 22,13; 28,20; 2Chr 20,17; 32,7.

In Jer 38,25 leitet der al.juss wohl ein konditionales Satzgefüge ein: הַגִּידָה־נָּא לָנוּ מַה־דִּבַּרְתָּ אֶל־הַמֶּלֶךְ אַל־תְּכַחֵד מִמֶּנּוּ וְלֹא נְמִיתֶךָ וּמַה־דִּבֶּר אֵלֶיךָ הַמֶּלֶךְ *Verkünde uns doch: Was hast du zum König geredet, – verbirg dich nicht vor uns, so wollen wir dich nicht töten. – und was hat der König zu dir geredet?* Hier ist der al.juss mit folgendem w.x.imperf zwischen die beiden Fragen nach dem imp eingeschoben.

In 2Reg 4,3f. ist der al.juss wohl erläuternd eingeschoben: 3 *Da sprach er:* לְכִי שַׁאֲלִי־לָךְ כֵּלִים מִן־הַחוּץ מֵאֵת כָּל־[שְׁכֵנָיִךְ][7] כֵּלִים רֵקִים אַל־תַּמְעִיטִי 4 וּבָאת וְסָגַרְתְּ הַדֶּלֶת בַּעֲדֵךְ וּבְעַד־בָּנַיִךְ וְיָצַקְתְּ עַל כָּל־הַכֵּלִים הָאֵלֶּה וְהַמָּלֵא תַּסִּיעִי *Geh, erbitte dir draußen Gefäße von allen deinen Nachbarn, d.h. leere Gefäße – borge nicht wenig*[8] *– 4 und dann geh hinein und versperre durch Schließen der Türe den Zugang zu dir*[9] *und dei-*

---

[1] Vgl. hierzu Kap. 1.2.2.
[2] Wörtlich: *meines Gebälkes.*
[3] In v.26 wird die "negative Durchführung" berichtet: וְלֹא אֲבִיתֶם לַעֲלֹת וַתַּמְרוּ אֶת־פִּי יְהוָה אֱלֹהֵיכֶם *Aber ihr wolltet nicht hinaufziehen und ward widerspenstig gegen den Mund Jahwes, eures Gottes.*
[4] Hier mit עָרַץ.
[5] Hier wird dementsprechend im Bericht der Durchführung lediglich der imp aufgenommen.
[6] Hier wird dementsprechend im Bericht der Durchführung lediglich der imp aufgenommen.
[7] So das Qere.
[8] Vgl. zu dieser Übersetzung Gesenius/Buhl (1915) Sp. 444a.
[9] Vgl. zu dieser Übersetzung Gesenius/Buhl (1915) Sp. 105b.

nen Söhnen, und gieße in alle diese Gefäße, und das volle trage weg. Im Bericht der Durchführung (vv.5f.) wird dementsprechend der al.juss nicht aufgenommen.

Weitere Belege für verschiedene Äußerungen: Gen 19,17; Ex 19,15; 23,21[1]; Dtn 9,7[2]; Jos 1,7?[3]; 7,19?[4]; 10,19; Jdc 18,9[5]; 2Sam 13,20[6]; Jer 26,2?; Est 6,10[7]?; Dan 9,19?.

In anderen, allerdings wenigen Fällen scheint der al.juss die imp auf Satzkettenebene fortzuführen,[8] so evtl. in 2Reg 4,24: *Da sattelte sie die Eselin und sprach zu ihrem Diener:* נְהַג וָלֵךְ אַל־תַּעֲצָר־לִי לִרְכֹּב כִּי אִם־אָמַרְתִּי לָךְ *Treibe und geh, (und) halte mich nicht ab vom Reiten, außer wenn ich es dir sage.* Allerdings gilt dann hier, daß der al.juss wohl den Ton der Aufforderung trägt.[9] Das Kind der Frau ist gestorben, und sie will bei Elisa Hilfe holen, d.h. sie hat es eilig, was auch v.22 וְאָרוּצָה ... עַד־אִישׁ הָאֱלֹהִים וְאָשׁוּבָה *... und ich will zum Mann Gottes laufen und zurückkehren* zeigt. Vgl. auch 1Sam 20,38.[10]

In einigen Fällen ist es schwer zu entscheiden, ob eine Satzkette oder zwei Äußerungen vorliegen, so z.B. in Ez 2,8: וְאַתָּה בֶן־אָדָם שְׁמַע אֵת אֲשֶׁר־אֲנִי מְדַבֵּר אֵלֶיךָ אַל־תְּהִי־מֶרִי כְּבֵית הַמֶּרִי *Du aber, Menschensohn, höre, was ich dir sage, (und) sei nicht widerspenstig wie das widerspenstige Haus.* Hier ist es m.E. schwer zu entscheiden, ob eine Satzkette oder zwei eigenständige Äußerungen vorliegen. Entweder sind beide Glieder gleichwertig, oder der al.juss trägt den Ton.

---

[1] Im Bericht der Durchführung (v.22) wird der zweite imp direkt, der al.juss evtl. indirekt aufgenommen.

[2] Andersen (1974) S. 44 ordnet die Stelle unter "Antithesis in Apposition" (ebd. S. 43) ein. — Evtl. ist hier aber ein ו zu ergänzen, vgl. App. BHS.

[3] Evtl. ist hier ein ו zu ergänzen, vgl. App. BHS.

[4] Evtl. ist hier ein ו zu ergänzen, vgl. App. BHS. Im Bericht der Durchführung (v.20) wird der al.juss nicht aufgenommen.

[5] Hier wird im Bericht der Durchführung (vv.11f.) lediglich der w.kohort aufgenommen, was auch dafür spricht, daß hier verschiedene Äußerungen vorliegen.

[6] Hier steht ein asyndetischer, begründender NS zwischen dem imp und dem al.juss.

[7] Im Bericht der Durchführung (v.11) werden lediglich die imp aufgenommen. Der zweite imp wird entsprechend dem in vv.7-9 Geforderten breiter aufgenommen.

[8] Dies gilt auch für Belege, bei denen der vorausgehende imp eine Erweiterung trägt.

[9] Ähnlich Schwanz [1978] (vgl. hierzu oben S. 24 Anm. 4).

[10] Die Stelle ist eher analog zu 2Reg 4,24 als zu Gen 45,9 zu sehen, denn auch hier geht es darum, daß etwas schnell geschieht.

b) In poetischer Rede

In poetischer Rede ist die Sachlage dadurch erschwert, daß z.B. in reinen Imperativketten der Parallelismus membrorum die Funktion des ו übernehmen kann.[1] Dies gilt evtl. auch für asyndetischen al.juss nach imp, was man an Prv 4,15 zeigen kann: פְּרָעֵהוּ אַל־תַּעֲבָר־בּוֹ שְׂטֵה מֵעָלָיו וַעֲבוֹר *Laß ihn* [sc. *den Weg der Bösen*] *unbeachtet (und) geh nicht auf ihm. Weiche von ihm und geh vorüber.* שְׂטֵה פְּרָעֵהוּ אַל־תַּעֲבָר־בּוֹ und מֵעָלָיו וַעֲבוֹר bilden hier die beiden Glieder eines Parallelismus membrorum. In beiden Gliedern wird im Grunde dasselbe ausgesagt. שְׂטֵה מֵעָלָיו וַעֲבוֹר ist dabei syndetisch zu einer Satzkette verbunden, was die Vermutung nahe legt, daß פְּרָעֵהוּ אַל־תַּעֲבָר־בּוֹ ebenfalls als Satzkette aufzufassen ist.

In Ps 44,24 ist nach Septuaginta, Peschitta, Symmachus u.a.[2] wohl ein ו gefordert: הָקִיצָה [וְ]אַל־תִּזְנַח *Wache auf. Wozu schläfst du, mein Herr?* לָנֶצַח *Wache auf* [*und*] *verwirf uns nicht auf Dauer.* Hier liegt wahrscheinlich ebenfalls eine Satzkette vor, bei der das letzte Satzkettenglied, der (w.)al.juss, den Ton der Kette trägt. Diese Satzkette steht in einem Kolon.

Zwei weitere Belege, in denen nach App. BHS ein ו textkritisch zu ergänzen sein könnte, sind Ps 19,14; 39,13. In diesen beiden Belegen führt der al.juss jeweils ein neues Kolon ein (in 39,13 steht noch eine präpositionale Wendung vor der Verneinung).

Weitere Belege für Satzketten des Typs < imp - al.juss > in poetischer Rede, bei denen imp und al.juss in verschiedenen Kola stehen:[3] Jes 16,3?; 52,11; 65,5; Jer 51,6[4]; Ps 10,12?; 39,9?; Prv 24,21.

Weitere Belege für Satzketten des Typs < imp - al.juss > in poetischer Rede, bei denen imp und al.juss in einem Kolon stehen: Jer 4,6; 13,15; 14,21[5]; 51,50; Hi 36,21[6]; 40,32?[7]; Prv 4,13; Thr 4,15?.

---

[1]   Vgl. hierzu oben Kap. 2.1.3.

[2]   Vgl. App. BHS.

[3]   Da die Einteilung der Belege nicht zwingend ist, weil es keine klaren Kriterien gibt, wann eine Satzkette und wann verschiedene Äußerungen vorliegen, werden hier Belege, bei denen m.E. nicht ganz klar ist, ob eine Satzkette oder zwei getrennte Äußerungen vorliegen, mit einem Fragezeichen nach der Versangabe markiert. Dies gilt auch für die anderen Belegstellenlisten in diesem Kapitel.

[4]   Hier übt der al.juss evtl. die syntaktische Funktion Implizite Hypotaxe (final/konsekutiv) aus.

[5]   Imp und al.juss tragen dasselbe Subjekt: זְכֹר אַל־תָּפֵר בְּרִיתְךָ אִתָּנוּ ... *Gedenke an deinen Bund mit uns (und) brich ihn nicht.*

[6]   Vgl. oben Jdc 13,4 (S. 119 zur Stelle).

[7]   Nach Bobzin (1974) S. 505 liegt hier ein 'Bedingungssatzgefüge' bzw. ein 'Interdependenzsatz' vor.

In vielen Fällen liegen aber auch zwei getrennte Äußerungen vor, was an Jes 43,6 deutlich wird, weil hier zwei verschiedene Adressaten angeredet sind: אָמַר לַצָּפוֹן תֵּנִי וּלְתֵימָן אַל־תִּכְלָאִי הָבִיאִי בָנַי מֵרָחוֹק וּבְנוֹתַי מִקְצֵה הָאָרֶץ *Ich spreche zum Norden: Gib, und zum Süden: Halte nicht zurück. Bring meine Söhne von fern und meine Töchter vom Ende der Erde.* Hier liegt eindeutig keine Satzkette vor, denn die einzelnen Äußerungen sind durch erzählende Rede begrenzt.[1]

Ein weiterer Beleg für getrennte Äußerungen ist Jes 51,7: שִׁמְעוּ אֵלַי יֹדְעֵי צֶדֶק עַם תּוֹרָתִי בְלִבָּם אַל־תִּירְאוּ חֶרְפַּת אֱנוֹשׁ וּמִגִּדֻּפֹתָם אַל־תֵּחָתּוּ *Hört auf mich, die ihr Gerechtigkeit kennt, du Volk, in deren Herzen meine Tora ist. Fürchtet nicht die Schmähung der Menschen und erschreckt nicht vor ihren Hohnreden.* Hier leitet der erste al.juss deutlich eine eigene Satzkette ein. Der vorausgehende imp שִׁמְעוּ ist die Aufforderung zum Hören des Redeteils, der mit dem al.juss hier beginnt. Der al.juss steht hier am Anfang eines Kolons.

In Jes 35,4 stehen imp und al.juss im selben Kolon, dennoch handelt es sich m.E. um getrennte Äußerungen: *Sagt zu den furchtsamen Herzen:* חִזְקוּ אַל־תִּירָאוּ *Faßt Mut. Fürchtet euch nicht. Siehe, euer Gott. ...*

Weitere Belege für getrennte Äußerungen in poetischer Rede, bei denen imp und al.juss in verschiedenen Kola stehen: Jes 22,4; 54,2?[2]; Jer 50,2?; Ps 37,7.8; 59,6; Prv 4,5; 30,8; Thr 2,18.

Weitere Belege für getrennte Äußerungen in poetischer Rede, bei denen imp und al.juss in einem Kolon stehen: Jes 40,9; 58,1?; Jer 50,14.

2.7.4 Ergebnis: Verneinter Imperativ: al.juss 2. Pers.

Es hat sich erwiesen, daß Satzketten des Typs < imp - w.al.juss > die gleichen Eigenschaften haben wie reine Imperativketten. In beiden Satzkettentypen tragen in der Regel die letzten Satzkettenglieder den Ton der Satzkette (in weniger Fällen liegen gleichwertige Satzkettenglieder vor), und diese Satzkettentypen können implizite Hypotaxen ausüben.

Steht al.juss hingegen asyndetisch nach einem imp, so führt er diesen in der Regel nicht auf Satzkettenebene fort, sondern leitet eine eigenständige Äußerung ein. Dies gilt zumindest für erzählende Rede. In poetischer Rede ist die Sachlage eine etwas andere, weil hier ein ו ausgefallen sein kann oder der Parallelismus membrorum die Funktion desselben übernimmt.

---

1   Vgl. hierzu oben Kap. 1.2.2.

2   Zum w.x.imperf וִירִיעוֹת מִשְׁכְּנוֹתַיִךְ יַטּוּ vgl. auch Dahood (1977) S. 383f., der hier einen 'yiphil imperative' sehen will. — Vgl. auch App. BHS.

2.8 ERGEBNIS: IMPERATIVKETTEN

In reinen Imperativketten trägt in der Regel der letzte imp der Kette den Ton derselben. In einigen Fällen können auch gleichwertige imp vorliegen. Der erste imp einer Imperativkette trägt in keinem Fall den Ton der Kette. Diese Ergebnisse lassen sich auch auf Satzketten des Typs < imp - w.al.juss > übertragen. Bei asyndetisch angeschlossenem al.juss liegen sehr oft verschiedene Äußerungen vor.

Auf der Ebene der syntaktischen Funktionen sind Imperativketten und deren Äquivalent < imp - w.al.juss > in der Tiefenstruktur sehr oft parataktisch, sie können aber auch Implizite Hypotaxen ausdrücken, meistens Satzverhältnisse mit konditionalem oder final/konsekutivem Charakter.

Was Syndese/Asyndese in reinen Imperativketten angeht, so bleibt festzuhalten, daß zumindest in erzählenden Texten immer ein ו stehen muß, wenn der einem anderen imp vorausgehende imp eine Erweiterung trägt, bei einem Vokativ (und wohl auch נא) ist das ו nicht gefordert.

3. Imperfekt nach Imperativ

3.1 SYNDETISCHES IMPERFEKT NACH IMPERATIV

Syndetisches Imperfekt, also ein mit einfachem ‎וֹ an einen imp ange-
schlossenes imperf, kommt in Satzketten mit Imperativen nach diesen ca.
460 Mal vor.[1] Diese Stellen sollen hier untersucht werden.

Zwei Beobachtungen sind grundlegend für den Gebrauch des syndetischen Imperfekts nach einem imp. Zum einen hat Orlinsky[2] festgestellt,
daß es wohl lediglich juss und kohort nach einem imp gibt, nie einen ind.
Zum anderen beobachtete Johnson, daß w.imperf (fast) ausschließlich in
der 1. und 3. Pers. nach einem imp belegt sind.[3] Im folgenden soll nun
zunächst diesen Beobachtungen nachgegangen werden.

3.1.1 INDIKATIV, KOHORTATIV UND JUSSIV NACH EINEM IMPERATIV

Wie bereits erwähnt, hat Orlinsky[4] herausgearbeitet, daß nach einem imp
generell ein juss oder kohort folgt, nicht ein ind.[5] Allerdings macht Orlinsky viele textkritische Operationen, um zu dieser These zu gelangen,
denn er betrachtet die Stellen nur unter morphologischen Gesichtspunkten.[6] Dennoch läßt sich diese These erhärten.

---

1   Nach Johnson kommt w.imperf 602mal nach imp vor (vgl. Johnson [1979] S. 58),
    allerdings werden in der vorliegenden Arbeit im Gegensatz zu Johnson nur w.imperf
    berücksichtigt, die in Satzketten mit imp vorkommen (nicht berücksichtigt sind auch
    Stellen, in denen der imp und das w.imperf durch ein asyndetisches imperf unterbro-
    chen sind). Johnson berücksichtigt bei seiner Statistik sogar Fälle wie Gen 13,9, wo
    das w.imperf in einem Konditionalsatzgefüge mit ‎אִם nach einem imp steht (vgl.
    ebd.). Er bemerkt aber: "Da die Formen nicht immer in unmittelbarer Verbindung
    miteinander stehen und oft andere Formen dazwischen eingeschoben werden, ist es
    nicht immer klar, wie die Anzahl dieser Belegstellen [sc. perf consec und w.imperf
    nach imp] begrenzt werden soll." (ebd.). Generell besteht bei Johnson das Problem,
    daß er nicht zwischen ind, juss und kohort unterscheidet (vgl. auch Joüon/Muraoka
    [1991] S. 381 Anm. 1).
2   Vgl. Orlinsky (1940/41) S. 371-382; (1941/42) S. 191-205.273-277.
3   Vgl. Johnson (1979) S. 58.60.
4   Vgl. Orlinsky (1940/41) S. 371-382; (1941/42) S. 191-205.273-277.
5   Für konditionale Satzgefüge vgl. auch Friedrich (1884) S. 79 mit Hinweis auf Driver:
    "Dass die vorkommenden Imperfektformen des Folgesatzes [nach imp] auch soweit
    sie nicht direkt als Jussive oder Kohortative kenntlich sind, doch als solche aufzufas-
    sen sind, hat Driver [...] [vgl. Driver (1892)] §151 sehr wahrscheinlich gemacht."
    mit der Einschränkung Anm. 2: "Dass immerhin einige dieser Imperfektformen
    wirkliche Imperfecta sind, soll damit nicht geleugnet werden, *ein als solches unbe-
    dingt erkennbares habe ich bei einfacher Verbindung mit Vav. nicht gefunden.*"
    (*Hervorhebung* von Diehl).
6   Mit Recht weisen Joüon/Muraoka auf folgendes hin: "the 70 cases in his section II B
    are rather unconvincing and in many other cases he is compelled to resort to textual
    emendations and to adopt variant readings" (Joüon/Muraoka [1991] S. 381 Anm. 1).

Zunächst seien alle von mir gefundenen Stellen mit w.imperf nach einem imp aufgelistet:[1]

2. + 3. Pers:[2]

Jussiv: Gen 24,51; Ex 8,4a; 9,22; 10,12a.17.21a; 32,10a; Num 17,2.25 (tk); 21,7; 25,4; Dtn 32,7a[3]; Jdc 6,30; 1Sam 5,11; 7,3; 28,22b; 29,4; 1Reg 13,6.18b; 21,2a.10b; 2Reg 5,10[4]; Jes 30,8; 55,3a; Jer 38,20b; Hos 2,4; Am 5,14?; Mi 1,2[5]; Mal 3,10; Ps 27,14; 31,25; 45,12?[6]; Hi 21,2; Prv 20,22; 1Chr 21,23; 22,16; 2Chr 19,11; 30,6.8.
Indikativ: 1Reg 15,19; 2Reg 6,17; Dan 12,13a; 2Chr 16,3.
Belege mit Nun energicum:[7] Prv 4,6b.8; 9,8; Hi 12,7a.8a.

---

[1] Die Liste trennt sowohl nach Vorkommen der 1. pers. einerseits und der 2. und 3. pers. andererseits als auch nach morphologischen Gesichtspunkten. Buchstaben hinter den Versangaben bezeichnen das erste, zweite etc. Vorkommen eines w.imperf in einem Vers nach einem imp (weitere w.imperf, die nicht in einer Satzkette mit imp stehen, werden nicht aufgeführt); der Vermerk (tk) weist auf eine textkritisch unsichere Stelle hin, der Vermerk (q) auf Qere. Es wird lediglich der Vers angegeben, in dem sich das w.imperf befindet, nicht die ganze Satzkette; Bsp. Gen 24,2-4: Die Satzkette geht über alle drei Verse, das w.imperf befindet sich in v.3. — Verba ע"ו mit Stammvokal ā (z.B. בוא) werden unter indifferenten Formen aufgeführt (vgl. hierzu auch Richter [1978] S. 99f.), auch wenn defektive Schreibweise auf einen juss weist. Defektive Schreibweise überwiegt bei w.imperf dieser Verben nach einem imp. Pleneschreibung liegt für בוא m.W. lediglich vor in Jer 9,16f. (3. pers. f. pl.) und Ps 24,7 (3. pers. m. sg.) mit fast wörtlicher Parallele in v.9 mit defektiver Schreibweise. In Ps 24,7.9 wird das w.imperf m.E. als juss gebraucht. Es legt sich daher die Vermutung nahe, daß Pleneschreibung nicht zwingend auf indikativischen Gebrauch hinweist, vgl. auch Gesenius/Kautzsch [1909] §72t: "Im *Jussiv* findet sich neben der Form יָקֹם [...] auch יָקוֹם [...] mit inkorrekter *Plene*schreibung [...]." (Vgl. auch Richter [1978] S. 99f.). Das Umgekehrte gilt ebenfalls nach Bauer/Leander: "Wenn das ō des Voll-Aorist defektiv geschrieben wird, gleicht die Form also dem Kurz-Aorist." (Bauer/Leander [1922] S. 66* Anm. 1). — Nicht aufgenommen wurden Stellen, in denen auf den imp zunächst ein asyndetisches imperf folgt. Diese Stellen finden sich im Kap. 3.8.

[2] In einigen Ausnahmefällen ist auch die 2. pers. belegt (vgl. hierzu Kap. 3.1.2).

[3] In Dtn 32,7 liegt eine ungewöhnliche Form vor: וְיַגֵּדְךָ. Bauer/Leander bemerken hierzu: "3. M. Sg. (m. Suff.) יַגֵּדְךָ Dt 327, ein poetisch erhaltener Archaismus, mit älterer Drucklage und ohne das sekundäre ī [...]" (Bauer/Leander [1922] S. 367). Vgl. auch Gesenius/Kautzsch (1909) §60f.g.

[4] Es geht hier aber nicht ein imp, sondern ein als imp gebrauchter inf abs voraus. Allerdings ist der Gebrauch des inf als imp umstritten, vgl. Hospers (1991) S. 97-102; Watts (1962) S. 141-145. Dahmen (1995) S. 62ff. betrachtet die Belege des inf abs in der Funktion eines imp unter redaktionsgeschichtlicher Fragestellung.

[5] Evtl. liegen hier verschiedene Äußerungen und nicht eine Satzkette vor.

[6] Sehr wahrscheinlich hängt das w.imperf in v.12 nicht von den imp in v.11 ab, sondern beginnt eine neue Äußerung (nach Gesenius/Kautzsch [1909] §109h zur Stelle steht der w.juss in der Protasis eines Konditionalsatzgefüges. Anders Gibson [1994] S. 107, nach Gibson liegt hier wohl ein finales Satzgefüge vor).

[7] Stellen mit Nun energicum werden ebenfalls gesondert aufgeführt, da nach Joüon/Muraoka ein Suffix mit Nun energicum an einem Jussiv nicht zu erwarten ist (vgl. Joüon/Muraoka [1991] S. 172). — Nach Meyer lebt der Energ. *yaqtulan*, also

Indifferente Formen:[1] Gen 23,9; 24,60; 27,29; 28,3a.3b; 30,3a; 31,37; 38,24; 42,16a.16b.20; Ex 2,20; 4,23; 5,1; 6,11; 7,16.19.26; 8,4c.16; 9,1.13; 10,3.7.12b.21b; 11,2; 14,2a.2b.15.16.26; 25,2; Lev 22,2; 24,2; Num 5,2; 10,35a.35b; 13,2; 18,2a.2b; 19,2; 31,3; Dtn 10,11a.11b; 32,1b; 32,7b; Jos 4,16; 18,4b.4c.4d.4e; Jdc 9,7.19; 14,15; 16,25; 19,6.9; 1Sam 9,27a; 17,8; 25,8a[2].8b; 2Sam 7,26; 16,11; 1Reg 2,17; 5,20; 13,18a; 18,27.37; 21,7.10a; 22,6; 2Reg 4,41.42.43; 6,20.22a.22b.22c; 9,17; 17,27a.27b.27c; 19,19; 22,4.5a(q); 22,5b; 25,24; Jes 2,3b[3]; 8,10; 13,2; 26,2; 37,20; 55,2; Jer 9,16a.16b.17a.17b.17c.19; 15,1; 18,21; 26,13; 29,6; 38,20a; 40,9; 42,3; 46,9(tk); 48,6[4]; Ez 13,11(tk); 21,19; 37,9; 43,11; Am 5,24; 9,1; Jon 1,12; Mi 4,2b[5].6,1; Sach 11,1; 13,7; Mal 1,9; Ps 5,12a; 24,7.9; 37,4.34; 45,5; 59,14; 83,17; 86,17a.17b; 109,27; 119,41; 144,5a.5b.6a.6b; Hi 12,7b.8b; 13,13b?[6]; 14,6?[7]; Prv 3,10.22; 4,10; 9,9a.9b; 16,3; 22,10a.10b; 29,17a.17b; 31,31; Qoh 11,9; Est 5,14; Dan 1,12a.13a; 12,13b; Neh 9,5[8]; 1Chr 17,24a.24b; 21,22; 2Chr 18,5.14.

---

eine Langform, in suffigierten Verben mit Nun energicum fort (vgl. Meyer [1969] S. 103).

1   Hier sind ebenfalls Formen wie וַיּוֹסֶף לָקַח aufgenommen. Wenn auf eine Tonsilbe mit langem Sere eine zweite Tonsilbe folgt, so wird das Sere zu Segol enttont. D.h. der juss יוֹסֵף wird zu יוֹסֶף. Allerdings kann man den Umkehrschluß unter Umständen nicht uneingeschränkt ziehen, denn es gilt nach Bauer/Leander (1922) §14j': "Danach wird auch oft ein ĭ in dieser Stellung zu ǽ. So vor den Suffixen -kā́, -kæm (-kǽn), — nach Analogie der freien Form vor Maqqef — [...]; ferner im Waw-Aorist Qal der Verba ו"פ; ע"י; ע"ע und einiger Verba פ"א, sowie im Waw-Aorist Hifˤil der Verba ע"ו und ע"ע — nach Analogie des Kurz-Aor. vor Maqqef — [...]." Wenn also ĭ bei Enttonung zu ǽ verkürzt werden kann, dann könnte in יוֹסֶף evtl. auch ein imperf ind vorliegen. Eine entsprechende Stelle ist mir allerdings nicht bekannt. Es handelt sich hierbei um folgende Stellen: Jdc 14,15; Jer 42,3; Hi 12,7b; Prv 9,9b. — Evtl. gehört in die Liste der indifferenten Formen noch Thr 1,21b, allerdings nur mit Konjektur (vgl. Kraus [1960] S. 23; Bartelmus [1982] S. 171 Anm. 180; App. BHS — nach Kaiser [1992] S. 117 Anm. 32 ist der Text hingegen beizubehalten).

2   Kuhr [1929] S. 59 scheint die Form וַיַּגִּידוּ als imperf und nicht als indifferente Form anzusehen (vgl. auch ebd. S. 57). Die Form ist hingegen indifferent und das Verb kann durchaus jussivische Bedeutung haben (vgl. S. 150 zur Stelle).

3   Es ist unklar, ob der kohort vom imp oder dem vorausgehenden w.imperf v.3b abhängt. Der imp ist deutlich Interjektion (vgl. Diehl [2000] S. 122).

4   Die Stelle ist unklar, da die Bedeutung von עֲרוֹעֵר nicht unumstritten ist (vgl. HALAT Sp. 835b-836a).

5   Es ist unklar, ob der kohort vom imp oder dem vorausgehenden w.imperf v.2b abhängt. Der imp ist deutlich Interjektion (vgl. Diehl [2000] S. 122).

6   Vielleicht leitet das w.imperf in Hi 13,13b eine neue Äußerung ein, vgl. die für diese Fragestellung allerdings etwas unscharfe Übersetzung von Bobzin (1974) S. 198:
      "Wendet euch schweigend von mir ab, damit ich rede,
      komme über mich, was wolle!"

7   Die Stelle ist textkritisch umstritten (vgl. App. BHS und Bobzin [1974] S. 206).

8   Es liegt hier ein Adressatenwechsel vor. Evtl. ist darin ein Indiz dafür zu sehen, daß hier zwei Äußerungen vorliegen (vgl. auch das Schriftbild der BHS: Wechsel von Prosa zu Poesie).

1. Pers:

Kohortativ:[1] Gen 11,3a.3b; 12,2c.3a; 17,2a; 18,5; 19,5; 22,5b; 23,4.13; 24,56; 27,4.7a.25; 29,27 (tk); 30,25.26.28; 32,10; 34,12; 35,3a; 42,34; 43,8a.8b; 44,21; 45,18?;[2] 47,16; 49,1; Ex 8,4b; 9,28?; 14,12; 20,19; 24,12; 33,5; Num 9,8; 11,13; 21,16; 22,19; 23,3; Dtn 5,31; 31,28a.28b; 32,1a; Jdc 1,3; 11,6; 16,28; 18,5; 19,11a.13.28; 20,13b; 1Sam 9,5.9; 11,3.14a; 12,7; 14,1.6.12; 15,16; 17,10.44; 26,11; 28,7a.7b.22a; 2Sam 14,7b (tk); 14,32; 15,14; 17,5; 20,16; 20,21; 1Reg 13,7; 18,1; 21,2b; 2Reg 4,22a.22b; 5,5; 6,19; 7,4.9a.9b; 18,23?[3]; Jes 1,18; 2,3c?[4]; 2,5; 36,8[5]; 41,22a.22b[6].23; 49,20; 51,23; 55,3b; Jer 4,5; 6,5b; 7,3; 8,14b; 17,14b; 18,18a; 31,18; 33,3b; 46,16; 51,10; Hos 6,1; 14,3; Obad 1,1; Jon 1,7a.7b; Mi 4,2c[7]; Mal 3,7; Ps 2,8; 34,4; 39,14; 41,11; 50,7a.7b; 66,16; 80,4.8.20; 81,9; 90,14a.14b; 119,18.27.34a.73. 88.115.117a.117b[8].125.134.146; Hi 10,20(q/tk)[9]; 13,13a; 15,17?[10]; Prv 27,11; Dan 1,12b; Neh 6,2.7; 1Chr 19,13; 21,2; 2Chr 1,10a.10b.

Indikativ: Dtn 10,2; Jdc 16,26; 19,11b; 1Sam 7,5; 11,14b; 2Sam 10,12; 1Reg 11,21; 2Reg 6,13a; Jer 8,14a; 35,11; 40,4; 51,9; Ez 2,1; Sach 1,3; Ps 90,12.

Belege mit Nun energicum: Gen 26,3b; 37,27; Dtn 31,14; Jdc 4,22; 7,4; 14,13; 19,22; 1Sam 9,26; 11,1; 12,10; 1Reg 12,4; 2Reg 6,28.29; Jer 20,10; 33,3a; 48,2; Ps 119,33.34b; Hi 36,2; 2Chr 10,4.

Indifferente Formen: Gen 12,2a.2b; 17,2b; 22,5a; 24,3.14.49; 26,3a; 27,7b.9.21; 30,3b; 31,3; 35,3b.3c; 37,13.20a.20b; 42,2; 43,8c; 47,19a.19b; 48,9; Ex 3,10; 17,2; 32,10b.10c; 33,13? (tk)[11]; Num 16,21 (tk)[12]; 17,10; Dtn 1,13; 4,10; 9,14a.14b.14c; Jos 10,4; 18,4a; Jdc 18,9; 20,13a; 1Sam 9,27b; 11,12; 15,25; 20,11; 30,15; 2Sam 13,10; 14,7a; 24,12; 1Reg 17,10; 2Reg 6,13b; Jes 2,3a; Jer 6,4.5a; 17,14a; 18,18b;

---

[1] Bei den Verba ל"א wird das ה-Kohortativum in der Regel (בוא trägt das ה-Kohortativum) nicht geschrieben (vgl. z.B. Joüon/Muraoka [1991] S. 374 Anm. 1), deshalb sind diese Belege bis auf בוא bei den indifferenten Formen verzeichnet. — In Jes 8,1f. folgt ebenfalls im MT ein syndetischer Kohortativ auf eine Imperativkette. Dieser Kohortativ ist allerdings zu konjizieren, da hier die Erzählung wohl weitergeht.

[2] Evtl. stellt der w.kohort einen Neueinsatz dar (vgl. z.B. die Übersetzung bei Hamilton [1995] S. 582; Speiser [1964] S. 337; Westermann [1982] S. 153; EÜ). Falls nicht, trägt wahrscheinlich der imp וְאֹכְלָה den Ton der Satzkette (so evtl. Wenham [1994] S. 416.429).

[3] Vielleicht leitet das w.imperf eine neue Äußerung ein (vgl. Jes 36,8).

[4] Es ist unklar, ob der kohort vom imp oder dem vorausgehenden w.imperf v.3b abhängt. Der imp ist deutlich Interjektion (vgl. Diehl [2000] S. 122).

[5] Vielleicht leitet das w.imperf eine neue Äußerung ein (vgl. 2Reg 18,23).

[6] Hier liegt ein Chiasmus vor. Das w.imperf geht dem imp voraus. Dies wird aus der Parallelität zum vorausgehenden Satzgefüge deutlich.

[7] Es ist unklar, ob der kohort vom imp oder dem vorausgehenden w.imperf v.3b abhängt. Der imp ist deutlich Interjektion (vgl. Diehl [2000] S. 122).

[8] Zur Stelle vgl. Gesenius/Kautzsch (1909) §75l.

[9] Diese Stelle ist textkritisch fragwürdig, vgl. z.B. Bobzin (1974) S. 171; Delitzsch (1920) Nr. 10.b und 103a und App. BHS. Imp sind hier nur nach dem Qere belegt.

[10] Die Stelle ist etwas unklar, da zwischen dem imp und w.imperf ein w.x.perf steht. Wahrscheinlich ist hier zu konjizieren: nach Bobzin (1974) ist das ו vor dem kohort zu streichen. Dann läge hier aber ein w.x.imperf vor (vgl. Kap. 4.8.1).

[11] Die LXX lesen für den imp הוֹדִעֵנִי נָא אֶת־דְּרָכֶךָ ἐμφάνισόν μοι σεαυτόν.

[12] Die Punktation וְאֲכַלֶּה ist zu ändern in וַאֲכַלֶּה (vgl. App. BHS und Num 17,10).

31,6; Am 4,1; Mi 4,2a; Hag 1,8a; Ps 81,11; 83,5; 119,42.116.144; Hi 33,33; 38,3[1]; Cant 7,1; Dan 1,12c; Neh 2,17; 1Chr 21,10.22.
An drei Stellen ist das Ketib ind, das Qere kohort: Hag 1,8b; Ruth 4,4 und Thr 5,21.

Es scheinen also bei den eindeutigen Formen kohort und juss gegenüber ind zu überwiegen. Dies spricht für die These Orlinskys.[2] Grundsätzlich problematisch sind die drei Vorkommen von ind der Verba tertiae infirmae. Es handelt sich um die Stellen 1Reg 15,19 par. 2Chr 16,3[3] und 2Reg 6,17. Hier liegt eine nicht apokopierte Verbform vor, was morphologisch auf einen ind hinweist. Die Langform וְיַעֲלֶה in 1Reg 15,19 regt Groß zu der Vermutung an, es läge hier im w.imperf eine zukünftige Aussage und kein finales Satzgefüge vor.[4] Er bemerkt weiter "Der althebräische Sprecher mußte die Formen *tir[r]aʾā̄, yaʿlā̄* als Nicht-Jussive und Nicht-Kohortative, somit als Langform der Präfixkonjugation und daher in der Funktion des Injunktivs verstehen."[5] Diese Sicht ist allerdings nicht zwingend, denn nach Joüon/Muraoka gilt bei den Verba ל"ה: "the full form is often used instead of the apocopated form, [...], especially in pause, e.g. 2Kg 6.17 וְיִרְאֶה and in pre-pause [...]."[6] In 1Reg 15,19

---

1 In 40,7 kommt die gleiche Redewendung ohne ו vor.

2 Qimron vertritt die These, daß die Kurzform bei der 2. und 3. pers. imperf bei w.imperf am ו hängt: "specifically, that the imperfect of verbs of the ל"י and middle weak type, as well as all *hifʿil* verbs, when employed with *waw*, will have the predominant tendency to take short forms regardless of wether the *waw* is consecutive or conjunctive. Moreover, it is the *waw* that triggers the short form. There are a number of exceptions, but hardly enough to affect the validity of this thesis." (Qimron [1986/87] S. 151). Allerdings sind Langformen doch oft belegt, vgl. die Listen ebd. S. 154-156.158. Qimron betont aber, daß nach imp sehr wahrscheinlich ein "optativer" Gebrauch des w.imperf vorliegt, und kein indikativischer: "Usages considered optative are of two main groups: a) Expressing desire, command, wish, negative wish etc. [...]; b) In a sentence connected by *waw* to a preceding sentence denoting a command, etc. [...], or coming after a protasis, an interrogative, etc. [...]." (ebd. S. 152). Dementsprechend schließt Qimron Fälle, in denen ein w.imperf auf einen imp, kohort oder juss folgt, bei seiner Untersuchung aus (vgl. ebd. S. 153). Dies ist aber genau der Untersuchungsgegenstand der vorliegenden Arbeit.

3 Kropat (1909) S. 20 nimmt ein einfaches imperf mit ו-copulativum nach imp an. Er führt als Belegstellen neben 2Chr 16,3 par. 1Reg 15,19 auch 2Chr 10,4 par. 1Reg 12,4; 2Chr 18,5 par. 1Reg 22,6, 2Chr 30,6.8 an. Bei letzteren handelt es sich um juss יָשֹׁב; in 2Chr 10,4 par. 1Reg 12,4 liegen wahrscheinlich kohort mit sf+nun energic. (es handelt sich hierbei m.E. um eine Absichtserklärung: *wir wollen dir dienen*) vor: וְנַעַבְדֶךָ; bei 2Chr 18,5 par. 1Reg 22,6 handelt es sich um indifferente Formen: וְיִתֵּן. Lediglich die Belege 2Chr 16,3 par. 1Reg 15,19 legen einen ind nahe.

4 Vgl. Groß (1976) S. 41.

5 Groß (1976) S. 41 Anm. 91.

6 Joüon/Muraoka (1991) S. 376 Anm. 1. — Vgl. auch Gesenius/Kautzsch (1909) §75*t*; Waltke/O'Connor (1990) S. 566: "The longer form is more common before a pausal form or in pausa (e.g., וְתֵרָאֶה, Gen 1:9; and וְיִרְאֶה, 2 Kgs 6:17)."; Niccacci (1990) S. 76: "For the most part [sc. imperf], though, such a distinction [sc. zwischen ind und

par. 2Chr 16,3 stehen die Formen vor einer anderen Pausaform,[1] können nach Joüon/Muraoka also neben 1Reg 6,17 ebenfalls als juss aufgefaßt werden.[2]

Problematisch scheinen auch suffigierte w.imperf mit Nun energicum, denn ein Nun energicum ist nach Joüon/Muraoka u.a. nach einem juss nicht zu erwarten.[3] Ganz anders sieht dies Lambert[4]. Er ist der Meinung, "que le futur impératif [sc. juss] a le daguesch presque toujours à la 3e personne [...]"[5] und nennt u.a. Prv 4,6^6.8^7; 9,8 und Hi 12,7f.[1], also die

---

juss] is not clear from morphology. Even then, it is not always rigorously followed even where the distinction is possible."

[1] Vgl. Gen 1,9, was von Waltke/O'Connor (1990) S. 566 als Beispiel angeführt wird.

[2] 1Reg 15,19 par. 2Chr 16,3 können also durchaus als final/konsekutive (zu dieser Funktion vgl. unten Kap. 3.5.2) Satzgefüge aufgefaßt werden. — Revell (1989) S. 18 bemerkt zu 1Reg 15,19 und 2Reg 6,17 (u.a.): "A third person indicative form is used where a jussive form is expected".

[3] Vgl. Joüon/Muraoka (1991) §61: "The use of the forms without energic נ is typical for the future joined to the inversive Waw, and also the jussive, whether preceded by the prohibitive אַל or not." — Vgl. auch Revell (1989) S. 16: "Consequently it is highly probable that the use of H form suffixes reflects the original absence of a final vowel; the use of N form suffixes, the original presence of such a vowel. If so, the use of the N form suffix marks 2m.s. and 3m./f.s. imperfect forms as YQTL indicative" aber Revell bemerkt weiter: "and shows that they characteristically occur within a clause, in contrast to modal forms, which characteristically begin a clause." In Poesie hingegen gelten nach Revell andere Regeln. Die hier zu behandelnden Stellen Prv 4,6.8; 9,8 und Hi 12,7f. sind aber alle 'clause initial' und gehören zu poetischer Rede. — Meyer (1969) S. 102f. sieht hier Überreste des alten energicus. So auch Rainey (1986) S. 11: "[...] the imperfects with energic *nun* before the suffix are survivals of the indicative energic with *-un(n)a* found in the Canaanite of the Armarnah letters"; vgl. auch Muraoka (1975) S. 68ff.

[4] Vgl. Lambert (1903) S. 178-183.

[5] Lambert (1903) S. 182. — Diese Sicht wird durch das Ugaritische gestützt: "Nach indikativischem Hauptsatz steht im Finalsatz die indikativische PK^L [Präformativ-konjugation-Langform] (mit Nachzeitigkeitsnuance); nach volitivischen Hauptsatz steht im Finalsatz entweder PK^{K}v [Präformativkonjugation-Kurzform mit volitivischer Funktion {Jussiv}] oder – vornehmlich bzw. nur in der ersten Person – die PK^{K}e [erweiterte Präformativkonjugation-Kurzform {Kohortativ}]. Die genannten Verbalmodi können durch Energikusmorpheme erweitert sein (*sicher nachweisbar ist dies jedoch nur im Zusammenhang mit volitivischen Formen*)." (Tropper [2000] S. 910 — *Hervorhebung* von J. F. Diehl).

[6] Vgl. zur Stelle auch Rössler (1977) S. 38f., der hier die "Folge Imperativ - Jussiv" annimmt; Muraoka (1975) S. 64 führt die Stelle auf, meint aber wohl nicht die sf 2. pers. m., sondern 3. pers. f. — Eine ähnliche Gedankenfolge liegt in Jes 55,2 vor, hier wird die Apodosis aber mit einem imp gefolgt von einem w.juss ausgedrückt (daß hier ein juss vorliegt, wird durch den vorausgehenden imp deutlich): שִׁמְעוּ שָׁמוֹעַ אֵלַי וְאִכְלוּ־טוֹב וְתִתְעַנַּג בַּדֶּשֶׁן נַפְשְׁכֶם *Hört doch auf mich, so eßt Gutes, und eure Seele möge sich laben an Fett.*

[7] Bergsträsser (1929) §10m faßt וְיֹאִבְךָ als imperf ind auf, das aber zum Ausdruck einer Aufforderung gebraucht wird.

oben genannten Stellen, als Beispiele hierfür.[2] Es ist zu beachten, daß alle Belege in Pausa und zudem in poetischen Texten[3] stehen. Juss ist neben imperf mit assimiliertem nun energicum belegt, Bsp.: Num 6,25: יָאֵר יְהוָה פָּנָיו אֵלֶיךָ וִיחֻנֶּךָּ *Es lasse Jahwe sein Angesicht über dir leuchten und erbarme sich deiner.*[4]

Als einzige problematische Stelle bleibt Dan 12,13: וְאַתָּה לֵךְ לַקֵּץ וְתָנוּחַ וְתַעֲמֹד לְגֹרָלְךָ לְקֵץ הַיָּמִין. וְתָנוּחַ ist morphologisch ein ind. Allerdings könnte ein Punktierungsfehler vorliegen. Einige Kommentare

---

[1] Bobzin (1974) S. 186f. ordnet die Form וְתֵרֶד (2x, in v.7 könnte וְתֵרֶד allerdings sekundär sein, vgl. ebd.) als finales Ḥameṭ ein, das nach ebd. S. 37 ein Spezialfall des auslösenden Ḥameṭ (dies ist nach Bobzin ebd. "gewöhnlich Jussiv") ist.

[2] Vgl. auch die Argumentation weiter unten zu Prv 9,9. Ist die Auffassung von וְיוֹסֶף als juss in Prv 9,9 richtig (vgl. Gesenius/Kautzsch [1909] §109h; Bergsträsser [1929] §26e, die וְיוֹסֶף als Jussiv mit Nesiga יוֹסֶף לְקַח auffassen), dann gilt wegen der Parallelität der Aussageart (konditionale Satzketten) auch für Prv 9,8, daß hier wohl ein juss vorliegt. Dann sind aber auch Prv 4,6.8 jussivisch aufzufassen. — Es ist auffällig, daß nur Suffixe der 2. pers. m. mit Nun-energicum am juss/imperf nach imp auftauchen. Im Zweifelsfall mag auch gelten, was Muraoka (1975) S. 65 zu möglichen Ausnahmen schreibt: "In the case of the first three [sc. Jes 49,7; Ps 81,8; Prv 7,15] and the last two [sc. Hi 36,18 (es handelt sich wohl nur um ein Beispiel)] examples one cannot fail to remark that the distinction depends solely on the vocalisation; in other words, in these five cases the Massoretic scholars' pointing may be at fault. Even if one concedes that in these particular cases they did not point wrongly contrary to the reading tradition, it is a well-known fact that some writers of late Biblical books were not always conversant with all the niceties of classical distinction."

[3] Hier sind nach Muraoka (1975) S. 66 Ausnahmen wohl zulässig (vgl. auch S. 140 Anm. 3): "In addition to the intrinsic ambiguity between 'indicative' and 'volitive', which certainly could have led to blurring the distinction between the two alternative forms, one must surely make allowance for poetic licence as well."

[4] Muraoka, der seine Untersuchung auf Fälle mit durch אַל verneinten juss und imperf consec beschränkt (vgl. [1975] S. 63f.), bemerkt hierzu (S. 66): "However, once we cast our net wide enough to include cases which lie beyond these confines, namely cases of affirmative jussive and indicative, we begin to tread on uncertain ground, and one should not be surprised to find real exceptions in a greater number. And perhaps not only we, but Biblical writers themselves might occasionally have felt a measure of uncertainty in this regard. This uncertainty stems chiefly from two factors. Firstly, the logical distinction between 'volitive' (jussive) and 'indicative' (simple future) could be a very thin one indeed. Secondly, a number of phonological developments in Hebrew brought about the neutralisation of originally distinctive morphemic features." Joüon/Muraoka (1991) §114g Anm. 1 bemerken zu dieser Stelle: "As in the case of the cohortative […], a distinction must be made between the (syntactical) *jussive mood* and the *jussive form*. In many cases the jussive form cannot be seen […]; thus in the sacerdotal blessing (Nu 6.24 - 26), out of six **jussives**, only two have an explicit jussive form." (**Hervorhebung** von J. Diehl); vgl. hierzu auch Blake (1951) §2 und Anm. 2. Waltke/O'Connor (1991) §34.2.1 bemerken ebenfalls zur Stelle: "In such a situation all the verbs are to be taken as jussives." Jagersma (1982) S. 131-136 versucht hingegen nachzuweisen, daß es sich in Num 6,24-26 generell um indikativisch aufzufassende Verbformen handelt.

scheinen וְתָנוּחַ als w.juss aufzufassen.[1] Es liegt hier bereits ein spätes Sprachstadium vor (הַיָּמִין ist ein Aramaismus).[2]

Bei den kohort ist die Sachlage eine etwas andere. Hier taucht bei suffigierten Formen das Nun energicum relativ häufig auf, doch gilt auch hier nach Lambert, daß ein Suffix mit Nun energicum keine Seltenheit am kohort ist.[3] So steht in Jer 33,3 z.B. ein syndetischer kohort mit ה-kohortativum nach einem suffigierten kohort mit Nun-energicum. קְרָא אֵלַי וְאֶעֱנֶךָּ וְאַגִּידָה לְךָ ... *Rufe mich an, so will ich dir antworten und dir kundtun Großes und schwer Verständliches, was du nicht kennst.* In Ps 119,34 steht ein w.kohort vor einem suffigierten syndetischen kohort mit Nun-energicum: הֲבִינֵנִי וְאֶצְּרָה תוֹרָתֶךָ וְאֶשְׁמְרֶנָּה בְכָל-לֵב *Belehre mich, daß ich deine Tora halte und sie mit meinem ganzen Herzen bewahre.* Stellen mit suffigiertem w.imperf mit Nun-energicum in der 1. pers. müssen also den indifferenten Formen zugeteilt werden.

Ähnlich ist die Sachlage auch bei den ind.[4] Denn sehr oft hat eine Form, die morphologisch ein ind ist, kohortative Bedeutung.[5] Deutlich

---

[1] So z.B. Baldwin (1978) S. 210: "*You shall rest*"; Goettsberger (1928) S. 90: "Und du, geh zum Ende und ruhe! Dann erhebe dich zu deinem Lose am Ende der Tage."; Goldingay (1989) S. 275: "But you may go your way and rest. You will rise to your destiny on the final day."; Hammer (1976) S. 118 nach der New English Bible: "But go your way to the end and rest, and you shall arise to your destiny at the end of the age."; Hartman/Di Lella (1978) S. 261: "As for you, go your way and take your rest, for you will rise for your reward at the end of the days."; Porteous (1962) S. 124: "Aber geh deinen Weg und ruhe im Grabe, und du sollst erstehen zu dem dir zugeteilten Los am Ende der Tage." — Anders Lebram (1984) S. 122: "Du aber, Daniel, geh dem Ende entgegen! Du wirst ruhen und am Ende der Tage zu deinem Los auferstehen."; Haag (1993) S. 83: "Wörtlich: »Du wirst ruhen und auf(er)stehen zu deinem Los am Ende der Tage«". Beide trennen aber die Satzkette in zwei Äußerungen.

[2] Vgl. z.B. Hartman/Di Lella (1978) S. 315f.; Gesenius/Kautzsch (1909) §87*e*; Joüon/Muraoka (1991) §90*c* u.a.

[3] Vgl. Lambert (1903) S. 181f. — Vgl. auch Joüon/Muraoka (1991) §61*f*. Ähnlich sieht dies auch Revell (1989) S. 15f. Zur Entstehung vgl. z.B. Huehnergard (1988) S. 22f.; Rainey (1986) S. 12, der die Form hier nicht auf einen Energicus zurückführt, sondern sagt: "The lengthened form of the cohortative in -ā has attracted to itself the heavier forms of the accusative suffixes."; Joosten (1999) S. 424 mit Hinweis auf Revell.

[4] Die entsprechenden Formen bei den Verba ל"ה sind bei indifferenten Stellen eingeordnet, denn hier sind ind und kohort morphologisch (bis auf wenige Ausnahmen) nicht zu unterscheiden (vgl. Gesenius/Kautzsch [1909] §75*l*). Analoges gilt für die Verba ל"א bis auf בוא (vgl. Joüon/Muraoka [1991] S. 374 Anm. 1; Revell [1989] S. 17 und Anm. 17).

[5] Vgl. z.B. Joüon/Muraoka: "Strictly speaking, a distinction must be made between the (syntactical) *cohortative mood* and the *cohortative form*. Sometimes, indeed, the syntax clearly indicates the cohortative mood even though the form is not cohortative." (Joüon/Muraoka [1991] §114*b* Anm. 1). So auch Bergsträsser (1929) §10*o*, ähnl. Gesenius/Kautzsch (1909) §107*n*; Revell (1989) S. 17f.

wird die kohortativische Bedeutung dort, wo der vermeintliche ind neben einem kohort steht,[1] so z.B. Jdc 19,11; 1Sam 11,14 und Jer 8,14[2]:

Jdc 19,11[3]: לְכָה־נָּא וְנָסוּרָה אֶל־עִיר־הַיְבוּסִי הַזֹּאת וְנָלִין בָּהּ *Wohlan*[4], *laßt uns einkehren in dieser jebusitischen Stadt und in ihr übernachten.*

1Sam 11,14[5]: לְכוּ וְנֵלְכָה הַגִּלְגָּל וּנְחַדֵּשׁ שָׁם הַמְּלוּכָה *Wohlan, laßt uns nach Gilgal gehen und dort das Königtum erneuern.*

Jer 8,14[6]: הֵאָסְפוּ וְנָבוֹא אֶל־עָרֵי הַמִּבְצָר וְנִדְּמָה־שָּׁם *Versammelt euch, da- mit wir in befestigte Städte kommen und dort vernichtet werden, denn ...*

In allen diesen Fällen hat der ind die gleiche Funktion wie der kohort.

In Hag 1,8; Ruth 4,4 und Thr 5,21 steht das Ketib im ind, das Qere im kohort. Warum die Masoreten hier deutlich zwischen ind und kohort un- terscheiden, ist m.E. unklar.[7]

Folgende Stellen werden von Grammatiken[8] kohortativisch aufgefaßt: 2Sam 10,12[9]; Jer 40,4[10] und Sach 1,3[11]. 1Reg 11,21 שַׁלְּחֵנִי וְאֵלֵךְ אֶל־ אַרְצִי *schicke mich, und ich will in mein Land gehen* wird von Gese- nius/Kautzsch unter finales Imperfekt (also ind) untergeordnet,[12] aller- dings kommt die Wendung in Gen 24,56 שַׁלְּחוּנִי וְאֵלְכָה לַאדֹנִי und 30,25 שַׁלְּחֵנִי וְאֵלְכָה אֶל־מְקוֹמִי וּלְאַרְצִי mit kohort vor, ist also auch kohortati- visch aufzufassen.

Dtn 10,2; Jdc 16,26; 1Sam 7,5; 2Reg 6,13; Jer 35,11; 51,9; Ez 2,1 und Ps 90,12 können ebenfalls kohortativisch aufgefasst werden:

---

[1] Bergsträsser (1929) §10o bemerkt hierzu: "Auch im Sinne des Kohortativs steht nicht selten a) das einfache Imperfekt – auch abgesehen von den Verben ל"ה [...] – und zwar b) auch neben Kohortativen. [...] *Dabei ist zu beachten, daß vielleicht in einem Teile der Fälle in der Tat Kohortativ gemeint und nur die Endung defektiv geschrieben war; dies nimmt das Kere an Rut 4,4. KL. 5,21.*" (*Hervorhe- bung von J. Diehl*).

[2] Allerdings handelt es sich hier bei וְנָבוֹא um ein Verbum ל"א, bei denen das ה-co- hortativum ausfallen kann, בוא hingegen trägt im kohort ein ה-cohortativum (vgl. Joüon/Muraoka (1991) §114b Anm. 1; Waltke/O'Connor (1990) §34.1d).

[3] Vgl. auch Gesenius/Kautzsch (1909) §107n; Bergsträsser (1929) §10o.

[4] Der imp ist hier als Interjektion aufzufassen (vgl. Diehl [2000] S. 122).

[5] Vgl. auch Bergsträsser (1929) §10o.

[6] Vgl. Bergsträsser (1929) §10o.

[7] Vgl. zu diesen Fällen auch Orlinsky (1941/42) S. 201f. und Bergsträsser (1929) §10o.

[8] Zu Rate gezogen wurden Bauer/Leander (1922); Bergsträsser (1929); Gesenius/ Kautzsch (1909); Joüon/Muraoka (1991); Gibson (1994); Jenni (1981); Meyer (1969-1982); Richter (1978-1980); Schneider (1993); Waltke/O'Connor (1990).

[9] Vgl. Bergsträsser (1929) §10o mit Verweis auf die Parallelstelle 1Chr 19,13 mit kohort.

[10] Vgl. Bergsträsser (1929) §10o.

[11] Joüon/Muraoka (1991) §116b konjiziert zu kohort.

[12] Vgl. Gesenius/Kautzsch (1909) §165a.

Dtn 10,1f.[1]: פְּסָל־לְךָ שְׁנֵי־לוּחֹת אֲבָנִים כָּרִאשֹׁנִים וַעֲלֵה אֵלַי הָהָרָה וְעָשִׂיתָ
לְּךָ אֲרוֹן עֵץ 2 וְאֶכְתֹּב ... *Behaue dir zwei Tafeln aus Stein wie die ersten
und steig herauf zu mir auf den Berg – und mache dir auch einen Kasten
aus Holz –, 2 damit ich auf die Tafeln die Worte schreibe,[2] ....* Das
w.imperf drückt eine Willenskundgabe aus, leistet also das, was ein
kohort leistet.[3]

1Sam 7,5: קִבְצוּ אֶת־כָּל־יִשְׂרָאֵל הַמִּצְפָּתָה וְאֶתְפַּלֵּל בַּעַדְכֶם אֶל־יְהוָה
Sammelt ganz Israel in Mizpa, so will ich für euch Jahwe bitten. Eine
analoge Stelle liegt in Gen 49,1: הֵאָסְפוּ וְאַגִּידָה לָכֶם *Versammelt euch,
daß/damit ich euch verkünde ....* Allerdings kommt der Auftrag nicht mit
dem gleichem Lexem vor.[4] Dennoch scheinen die beiden w.imperf (ind
einerseits, kohort andererseits) die gleiche syntaktische Funktion Implizite Hypotaxe (final/konsekutiv)[5] und sprechakttheoretische Funktion
DIREKTIV auszuüben. Hier ist wohl auch Ez 2,1 einzuordnen: עֲמֹד עַל־
רַגְלֶיךָ וַאֲדַבֵּר אֹתָךְ *Stell dich auf deine Füße, daß/damit ich mit dir rede.*
Ähnlich wohl auch Ps 90,12: לִמְנוֹת יָמֵינוּ כֵּן הוֹדַע וְנָבִא לְבַב חָכְמָה *Zu
zählen unsere Tage, so lehre, auf daß/damit wir ein Herz von Weisheit
einbringen.* Ähnlich auch Jdc 16,26: הַנִּיחָה אוֹתִי וַהֲמִשֵׁנִי [וַהֲמִישֵׁנִי][6] אֶת־[7]
הָעַמֻּדִים אֲשֶׁר הַבַּיִת נָכוֹן עֲלֵיהֶם וְאֶשָּׁעֵן עֲלֵיהֶם *Verlasse mich und laß mich
nach den Säulen tasten, auf denen das Haus befestigt ist, damit ich mich
auf sie stütze.*

2Reg 6,13: לְכוּ וּרְאוּ אֵיכֹה הוּא וְאֶשְׁלַח וְאֶקָּחֵהוּ *Geht und seht, wo er
ist, daß/damit ich hinsende und ihn holen lasse.* Eine vergleichbare Stelle
mit w.kohort liegt vor in 1Sam 28,7: בַּקְּשׁוּ־לִי אֵשֶׁת בַּעֲלַת־אוֹב וְאֵלְכָה
אֵלֶיהָ וְאֶדְרְשָׁה־בָּהּ *Sucht mir eine Frau, eine Totenbeschwörerin,
daß/damit ich zu ihr gehe und bei ihr Auskunft einhole.* In beiden Stellen
besteht der Auftrag darin, jemanden zu suchen (allerdings mit unterschiedlichen Ausdrücken), mit einem w.kohort bzw. w.imperf wird dann
der Zweck des Auftrags angegeben.

In Jer 35,11 בֹּאוּ וְנָבוֹא יְרוּשָׁלַם *Wohlan, laßt uns nach Jerusalem
kommen vor dem Heer der Chaldäer und dem Heer der Aramäer* ist der
imp als Interjektion verwendet. Betrachtet man alle Stellen,[8] in denen die

---

[1] In Ex 34,1 liegt eine ähnliche Äußerung mit perf consec nach imp vor (vgl. zu beiden
     Stellen auch S. 285).
[2] In final/konsekutiver Funktion ist der Kohortativ als DIREKTIV im Deutschen nur sehr
     schwer kenntlich zu machen. Dies gilt auch für die folgenden Belege.
[3] Vgl. z.B. Gesenius/Kautzsch (1909) §107*n*.
[4] Vgl. auch Num 21,16 (evtl. auch Dtn 31,28).
[5] Die Funktion Implizite Hypotaxe (konsekutiv/final) scheint typisch zu sein für einen
     syndetischen kohort nach einem imp (vgl. unten Kap. 3.5.2; — weitere Belege ebd.).
     Vgl. auch Gesenius/Kautzsch (1909) §108*d* u.a.
[6] So das Qere.
[7] So das Ketib.
[8] Hier werden keine Belege berücksichtigt, die indifferente Formen haben.

imp qal von קוּם, בּוֹא und הלך als Interjektion gebraucht werden, so ist dies die einzige Stelle, an der allein ein ind vorkommt. Alle anderen Stellen haben kohort[1] oder einen kohort neben einem ind[2]. Von daher legt sich die Vermutung nahe, daß Jer 35,11 ebenfalls kohortativisch aufzufassen ist.

Ein weiteres Indiz für die Annahme, es handle sich bei den ind ebenfalls um kohort oder zumindest kohortativisch gebrauchte imperf, ist das Zahlenverhältnis. Syndetischer kohort kommt mit 145 Belegen wesentlich häufiger vor als ein syndetischer ind mit lediglich ca. 15 Belegen.

Bei den Stellen, die morphologisch als juss bzw. kohort oder ind zu unterscheiden sind, hat sich gezeigt, daß nach einem imp lediglich syndetische juss (bis auf Dan 12,13) oder kohort bzw. kohortativisch gebrauchte imperf vorliegen. Echte ind kommen nicht vor.

Diese Beobachtung legt den Schluß nahe, daß bei den indifferenten Formen davon ausgegangen werden muß, daß diese ebenfalls jussivische bzw. kohortativische Bedeutung haben.[3]

3.1.2 PERSONENWECHSEL

Eine zweite Beobachtung ist wichtig. Johnson bemerkt, daß w.imperf in erster Linie in der 1. und 3. pers. nach imp vorkommen, kaum in der 2. pers.[4] Er nennt als Stellen mit der zweiten Pers. imperf: Jer 48,6[5]; Ps 144,5 und 2Chr 20,20.[6] Desweiteren sind zu nennen: Ps 144,6a.6b und Dan 12,13 (2x).[7] Syndetisches imperf in der 2. pers. taucht also insge-

---

1   Vgl.: Jdc 19,13; 1Sam 9,5.9; 14,1.6; 2Sam 15,14; 2Reg 5,5?; 7,4.9; Jes 1,18; 2,5; Jer 18,18; 46,16; 51,10; Hos 6,1; Ob 1; Jon 1,7.

2   Vgl.: Jdc 19,11; 1Sam 11,14; Jes 2,3; Jer 6,5; Mi 4,2.

3   Vgl. Waltke/O'Connor (1990) §34.6a im Gefolge Orlinskys: "Where a prefix-conjugation form is not morphologically marked in such a context [sc. juss und kohort nach imp], it may be taken as having jussive [...] or cohortative [...] force [...]."

4   Vgl. Johnson (1979) S. 58. Nach der Statistik ebd. S. 56 kommt syndetisches imperf, juss oder kohort insgesamt nur 59 Mal in der 2. pers. vor. Nach Revell (1989) S. 14 handelt es sich hierbei bis auf 2Reg 19,25 par. Jes 37,26 (die wahrscheinlich textkritisch fragwürdig sind [vgl. App. BHS]; nach BHS handelt es sich hierbei ebenfalls um einen poetischen Text) ausnahmslos um poetische, prophetische Belege oder Belege später Prosa. — Auch Joüon/Muraoka (1991) §116f Anm. 1 weisen auf diesen Umstand hin. — Ähnlich Schwanz [1978] (vgl. hierzu oben S. 24 Anm. 4).

5   Jer 48,6 ist evtl. textkritisch fragwürdig (vgl. App. BHS. Anders HALAT Sp. 835b-836a).

6   Vgl. Johnson (1979) S. 60 — Johnson (ebd.) hält eine Abhängigkeit von 2Chr 20,20 von Jes 7,9 für möglich. Evtl. erklärt sich an dieser Stelle so der w.juss. Außerdem liegen in 2Chr 20,20 zwei Satzketten vor, eine < imp - w.juss >, die zweite regelmäßig < imp - w.imp >. Dies spricht dafür, daß imp und juss in 2. pers. austauschbar sind.

7   Evtl. liegt auch in Num 17,25 w.juss in der 2. pers. vor.

samt nur sieben Mal nach einem imp auf; das Vorkommen ist demnach gegenüber der 1. und 3. pers. äußerst gering.[1]

Johnson deutet diesen Befund wie folgt: "Bei einem Befehl ist es natürlich, die 2. Person mit w^eperf weiter anzureden, da die selbständige Initiative des Angeredeten hier kaum hervortritt. Bei der 1. und 3. Person dagegen geschieht nach dem Imperativ (der ja in der 2. Person spricht) ein Personenwechsel, und eine Initiative wird oft vorausgesetzt."[2]

Leider unterscheidet Johnson nicht zwischen ind, kohort und juss.[3] Da bei morphologisch eindeutigen Formen nur juss und kohort (bzw. kohortativisch gebrauchtes imperf) syndetisch an einen imp anschließen (vgl. Kap. 3.1.1), kann man die Deutung Johnsons präzisieren. Juss und kohort sind Formen, die Aufforderungen ausdrücken,[4] also die gleiche oder zumindest eine ähnliche sprechakttheoretische Funktion wie der imp haben. Dann ist es aber nur logisch, wenn ein Personenwechsel vorliegt und eine Form, die eine Aufforderung ausdrückt, syndetisch an einen imp angeschlossen werden soll, w.kohort bzw. w.juss zu verwenden. Liegt kein Personenwechsel vor, so wird ein (w.)imp verwendet. Insofern erklärt sich, daß die 2. pers. – juss syndetisch an imp angeschlossen – so selten vorkommt.[5]

3.1.3 DEUTUNG DER BISHER GEMACHTEN BEOBACHTUNGEN

Nach imp kommen nur syndetische kohort (oder kohortativisch gebrauchte imperf)[6] oder juss bei den morphologisch eindeutigen Formen vor, also nur Formen, die Aufforderungen ausdrücken; echte ind liegen nicht vor.[7] Ferner kommt die 2. pers. (fast) nie vor (bis auf die sechs oben genannten Ausnahmen).

Dies führt zu folgender Deutung: Soll ein imp durch eine grammatische Kategorie, die Aufforderungscharakter besitzt, in der 1. oder 3. pers.

---

[1] Inschriftlich ist syndetisches imperf nach imp nur einmal belegt, hier in Qud (7) 2,1 (2x), allerdings ist das Ostrakon beschädigt und nur schwer lesbar (vgl. Renz [1995b] Taf, XLI Nr. 1). Wenn ein syndetisches imperf nach imp vorliegt, dann auch hier wahrscheinlich in der 2. pers.: וֹתֶן‍עצֹר 3 וֹתֶעצֹר 2 [א]ֹ מֹלֹא מֹלֹא 1 "fülle, fülle, und du sollst verschließen, und du sollst ver[schlie]ßen." (Übersetzung von Renz [1995a] S. 339).

[2] Johnson (1979) S. 58.

[3] Vgl. Joüon/Muraoka (1991) §116a Anm. 1: "B. Johnson's Study, *Hebräisches Perfekt und Imperfekt mit vorangehendem w^e* (Lund, 1979), is marred by the author's failure to distinguish between the different formal categories of the prefix conjugation ...".

[4] Vgl. z.B. Joüon/Muraoka (1991) §114; Niccacci (1990) S. 88 u.a.

[5] Vgl. auch Joüon/Muraoka(1991) §114g: "Apart from this case [sc. al.juss 2. pers. als verneinter imp] the jussive of the 2nd pers. is rare [...]".

[6] Im folgenden wird das kohortativisch gebrauchte imperf unter kohort subsumiert.

[7] Eine Ausnahme bildet Dan 12,13 (vgl. oben).

fortgeführt werden, so wird w.kohort für die 1. pers., w.juss für die 3. pers. verwendet.[1] Hierbei handelt es sich wohl um die sprechakttheoretische Grundfunktion von w.juss und w.kohort nach imp. Auf syntaktischer Ebene haben w.kohort und w.juss noch weitere Funktionen nach einem imp (vgl. Kap. 3.5).

3.2 FUNKTIONEN VON W.IMPERF NACH IMP (LITERATURÜBERSICHT)

Die oben dargestellte Beobachtung, ein imp werde lediglich durch syndetischen kohort bzw. juss fortgeführt, nicht jedoch durch ein syndetisches imperf ind, wurde in der Literatur über Orlinsky[2] hinaus und in Gefolge dessen[3] schon verschiedentlich angedeutet. So bemerkt schon Kuhr im Bezug auf finale imperf nach imp u.a.:

"Wie die [...] gebrauchten affirmativen Imperfektformen zu beurteilen sind, läßt sich nicht mit voller Sicherheit ausmachen. In den Fällen, wo eine Unterscheidung durch die Form möglich ist, findet sich im affirmativen Finalsatz fast stets reiner Kohortativ oder Jussiv, nur für die I. pers. steht gelegentlich auch reines Impf. [...]. Man wird also wohl von diesen unzweifelhaften Begehrungsformen aus zum mindesten die (formal) indifferenten Impf.-Formen zu den kohortativischen bzw. jussivischen Finalsätzen zu stellen haben. Aber auch für die wenigen reinen Impff. der I. pers. wird im allgemeinen dasselbe Urteil zutreffen, indem die Wahl eines reinen Impf. statt Koh. mit הָ– einfach auf der [...] allmählichen Verwischung des Bedeutungsunterschiedes zwischen Impf. und Begehrungsformen beruhen dürfte [...]."[4]

Ähnlich sieht dies auch Brockelmann, der betont: "Der Nachsatz zu einem imp. steht im Jussiv oder Kohortativ"[5]. Niccacci u.a. generalisieren weiter, indem sie annehmen, daß satzeinleitendes imperf immer DIREKTIV zu verstehen ist.[6] Dann ist aber ein w.imperf nach Niccacci u.a. nach imp *immer* als w.kohort bzw. w.juss aufzufassen.

---

1 Vgl. z.B. auch Bergsträsser (1929) §10*a* ganz allgemein zu kohort, imp und juss: Es "dient der Kohortativ für die 1. Pers., der Imper für die 2. Pers. affirmativ und der Jussiv für die 2. Pers. negativ und für die 3. Pers." — Schwanz [1978] (vgl. hierzu oben S. 24 Anm. 4) deutet anders. Nach ihr steht das imperf 3. pers. modal mit finaler Funktion nach imp (Belege nach Schwanz: Gen 24,51; Dtn 10,11; 1Reg 15,19; 2Reg 17,27; Jes 55,3; 2Chr 16,3), das imperf in 1. pers. sg. ebenfalls modal (meist gleichwertig) mit final/kausaler Funktion, imp vor imperf 1. pers. pl. ist als Interjektion aufzufassen, auch wenn der Begriff 'Interjektion' nicht fällt.

2 Orlinsky (1940/41) S. 371-382; (1941/42) S. 191-205.273-277.

3 So z.B. Blau (1976) §64; Waltke/O'Connor (1990) S. 577.

4 Kuhr (1929) S. 38f.; vgl. auch ebd. S. 47 Anm. 1.

5 Brockelmann (1956) S. 134. Brockelmann behandelt in §135 syndetische Sätze.

6 Vgl. Niccacci (1990) S. 75-81. Auf S. 94f. formuliert Niccacci abschließend seine Thesen: "1. A YIQTOL which comes first in the sentence is always jussive whereas indicative YIQTOL always comes in second position [...].
2. The weYIQTOL is always a(n indirect) volitive form. It can be a coordinated construction when it continues a direct volitive in the same person [...], or it can be a dependent construction of purpose (and so equivalent to a final clause), especially when preceded by an imperative [...]." (Vgl. auch ders. [1987] S. 7-9.)

Ferner wird betont, daß der juss selten in der 2. pers. belegt ist,[1] Johnson betont darüber hinaus, daß w.imperf generell in der 2. pers. nicht sonderlich oft belegt ist (nach Johnson gibt es lediglich 59 Belege in 2. pers. von insgesamt 1340 Belegen).[2]

Imp, juss und kohort werden (vor allem in der englischsprachigen Literatur) oft als '(volitive) moods' bezeichnet. Dabei stehe der kohort für die 1. pers., der imp für die 2. pers. und der juss für die 3. und verneinte 2. pers.[3]

Eine große Rolle spielen in der Literatur auch die syntaktischen Funktionen von w.kohort/juss, besonders auch nach anderen DIREKTIVEN. Kelly[4] hat dem "imperfect with simple Waw" einen Aufsatz gewidmet, in dem er folgende Funktionen unterscheidet: 1. koordiniert (Parataxe);[5] 2. 'result' (evtl. konditional),[6] 3. 'purpose' (final/konsekutiv),[7] 4. 'intensive'/ 'synonymous'.[8] Zuvor bemerkt Kelly aber:

> "A large number of the cases of imperfect found with simple waw are voluntative imperfects (jussives and cohortatives), and, further, very often follow voluntatives (jussives, cohortatives and imperatives). Hence it is quite probable that the voluntative imperfect was the normal form, with a simple waw, of course, used to continue another voluntative, when not in the simple sequential sense, which would require a consecutive form."[9]

Ähnlich sieht dies wohl auch Blau (1976) S. 86, wenn er bemerkt: "[...] *wəyaqṭl* (as contrasted with *wayyqṭl*) is used, as a rule, as a jussive [...]". So auch Revell (1989) S. 14: "In addition, imperfect forms appear to be marked as having modal or indicative value by their position in the clause. A modal imperfect begins its clause; an indicative imperfect stands within its clause." In diese Richtung geht wohl auch Schneider (1993) S. 230: "Imperfekt am Satzanfang hat in unabhängigen oder durch 1 verbundenen Sätzen jussivische Funktion [...]."

[1] Vgl. z.B. Driver (1892) S. 55 Anm.; Joüon/Muraoka (1991) §114g.

[2] Vgl. Johnson (1979) S. 56.

[3] So z.B. Joüon/Muraoka (1991) §114a: "§114. Direct volitive moods (cohortative, jussive, imperative)
     The volitive moods are the imperative and two forms which are modifications of the future indicative yiqtol."; Niccacci (1990) S. 88: "As is well known, there are three volitive forms in Hebrew: the cohortative ('EQTeLA) for the first person, the imperative for the second, the jussive (קֹטֵל) for the third." Vgl. auch Gibson (1994) S. 80-83 u.a.

[4] Vgl. Kelly (1920) S. 1-23.

[5] Vgl. Kelly (1920) S. 3.

[6] Vgl. Kelly (1920) S. 3.

[7] Vgl. Kelly (1920) S. 3f.

[8] Vgl. Kelly (1920) S. 4. Kelly bemerkt hierzu (ebd.): "[...] to these three general usages after verbs, may be added a fourth, which seems to be more frequently found after forms not distinctivley voluntative."

[9] Kelly (1920) S. 2.

Auf die syntaktische Funktion Implizite Hypotaxe (final/konsekutiv) wird sehr oft in der Literatur hingewiesen, es seien nur Joüon/Muraoka zitiert, die hier von den sog. 'indirect volitives' sprechen:

"The volitive moods used with a purely juxtaposing ⅂ are direct volitives [...]. When used with a ⅂ expressing the notion of purpose or consecution, they are indirect or logically subordinate volitives [...]. Note that the indirect volitive can express purpose as well as consecution: the exact nuance can only be derived from the context."[1]

Ferner kann w.kohort/juss aber auch die syntaktische Funktion Implizite Hypotaxe (konditional)[2] oder Implizite Hypotaxe (Objektsatz)[3] ausdrücken.

3.3 ZUR SPRECHAKTTHEORETISCHEN FUNKTION VON W.JUSS UND W.KOHORT NACH IMP

Es hat sich bei den morphologisch eindeutig bestimmbaren Formen gezeigt, daß nach imp lediglich syndetische juss in der 3. pers. und kohort in der 1. pers. vorkommen. Von daher legt sich die Vermutung nahe, daß syndetisches imperf, also w.kohort bzw. w.juss, nach imp dann eintritt, wenn ein Personenwechsel vorliegt, also nicht eine reine Imperativkette verwendet werden kann. Von daher haben w.juss und w.kohort beide Aufforderungscharakter. Nach Searle drückt die Sprechaktklasse der DIREKTIVA Aufforderungen aus: "Bei diesen besteht die illokutionäre Absicht darin, daß der Sprecher mit ihnen mehr oder minder eindringlich versucht, den Hörer dazu zu bewegen, etwas zu tun. Die folgenden Beispiele machen das deutlich: Anordnungen, Befehle, Bitten, Weissagungen, Gebete, Anträge, Gesuche und Ratschläge."[4] Zu dieser Klasse der DIREKTIVA gehören m.E. auch Selbstaufforderungen, Willenskundgebungen, Wünsche[5] u.ä. W.juss bzw. w.kohort haben sprechaktktheo-

---

1   Joüon/Muraoka (1991) §116a. Vgl. auch Bartelmus (1982) S. 171 Anm. 180; ders. (1994) S. 105; Blau (1971) S. 133; Davidson (1901) §65; Driver (1892) S. 64f.; Gesenius/Kautzsch (1909) §165a; Gibson (1994) §§87.126; Grether (1955) §83b; Jenni (1981) §21.3.4; Kropat (1909) S. 20; Kuhr (1929) S. 46f.; Lambdin (1971) S. 119; Lambdin/von Siebenthal (1999) S. 119; Richter (1980) S. 201 und Anm. 756 (weitere Lit.); Schneider (1993) §53.1.3.2; Seffer (1886) §113; Strack/Jepsen (1930) S. 111 (vgl. die dort angeführten Beispiele); Waltke/O'Connor (1990) §39.2.2; Williams (1976) §§181.187. Brockelmann (1956) §176c spricht ganz allgemein von einer Folge: "So wird auch an einen Imperativ die sich aus dem Befehl ergebende Folge als Nachsatz mit ⅂ angeknüpft". Brockelmann bringt sowohl final/konsekutive, als auch konditionale Beispiele.
2   Vgl. z.B. (evtl.) Joüon/Muraoka (1991) §167; Kuhr (1929) S. 56 und Anm. 2; Strack/Jepsen (1930) S. 111 (vgl. die dort angeführten Beispiele).
3   Vgl. z.B. Blau (1976) §105.1; Joüon/Muraoka (1991) §177j.
4   Searle (1973) S. 117 (vgl. auch Kap. 1.3.2).
5   Wünsche könnte man auch in die Klasse der EXPRESSIVA einordnen. Diese sind nach Searle (1973) S. 117 wie folgt definiert: "Die illokutionäre Absicht der Mitglieder dieser Klasse ist es, eine psychische Einstellung des Sprechers zu dem Sachverhalt

retisch nach der oben genannten Vermutung Aufforderungscharakter, denn es ist anzunehmen, daß beim imp sprechakttheoretisch ebenfalls die Grundfunktion DIREKTIV vorliegt, weil der Sprecher den Hörer dazu bewegen will, etwas zu tun.[1] Für kohort und juss ist die Definition Searles dahingehend zu erweitern, daß man besser vom Adressaten der Äußerung spricht. Der Adressat wäre im Falle des kohort nicht nur das Gegenüber des Sprechers in der 2. pers., also ein "Du", sondern auch der Sprecher selbst. Im Falle des juss in der 3. pers. muß man zu den Adressaten auch eine Person in der 3. pers. rechnen, die evtl. beim Aussprechen der Äußerung nicht anwesend ist. Es muß also deutlich zwischen Adressat und Hörer unterschieden werden. Adressat einer Äußerung können demnach mehr Personen sein als Hörer.

Ferner ist an dieser Stelle auf die Schwierigkeit von direkten und indirekten Sprechakten hinzuweisen. Es liegt z.B. bei reinen Imperativketten, die auch in der Tiefenstruktur die syntaktische Funktion Parataxe aufweisen, meist ein DIREKTIV vor. Dies gilt nicht so bei Imperativketten, die in der Tiefenstruktur die syntaktische Funktion Implizite Hypotaxe (konditional) zeigen. Hier liegen oft auch indirekte Sprechakte vor,[2] die REPRÄSENTATIVEN Charakter haben, auch wenn sie auf der Ebene der Oberflächenstruktur DIREKTIV sind. Auf diese Schwierigkeit muß bei der folgenden Analyse geachtet werden (vgl. hierzu vor allem Kap. 6.1).

Es ist im Deutschen sehr schwierig, ein DIREKTIV in der 1. und 3. pers. auszudrücken, denn das Deutsche hat keine grammatischen Kategorien, die DIREKTIVE außerhalb der 2. pers. in der Hauptfunktion[3] ausdrücken.

---

auszudrücken, der im propositionalen Inhalt gekennzeichnet ist. [...] Einige der häufigsten Exemplare sind Bedankungen, Beglückwünschungen, Entschuldigungen, Beileidsbezeugungen, Klagen und Willkommensheißungen."

[1] Allerdings wäre hier eine gesonderte Untersuchung von Nöten, denn ein imp repräsentiert sprachpragmatisch nicht nur die Funktion DIREKTIV, sondern er kann auch Wünsche, Segnungen usw. ausdrücken. Vgl. hierzu oben Kap. 1.3.2 und 1.3.3. Dies gilt so sicherlich auch für w.juss und w.kohort.

[2] Vgl. hierzu Wagner (1997) S. 36-44.

[3] Die Begriffe der Haupt-, Neben- und Leerlauffunktion gehen auf Koschmieder zurück (vgl. z.B. Koschmieder [1945] S. 8-11). Groß definiert Haupt-, Neben- und Leerlauffunktion nach Koschmieder folgendermaßen:
"(1) Es existiert ein sprachliches Zeichen, das dieses Gemeinte bezeichnet, ich verwende dafür dieses Zeichen und gebrauche es so in seiner Hauptfunktion; z.B. Bezeichnendes: deutsches Präsens, Bezeichnetes: aktuelle Gegenwart.
(2) Es gibt ein sprachliches Zeichen, das dieses Gemeinte bezeichnet, ich verwende aber nicht dieses, sondern ein anderes.
Das nennt KOSCHMIEDER Nebenfunktion; z.B. Bezeichnendes: deutsches Präsens für Gemeintes: Befehl, wofür in Hauptfunktion Imperativ gebräuchlich ist. Die Wahl von Nebenfunktionen ist nicht willkürlich, sondern in jeder Sprache durch den üblichen Sprachgebrauch festgelegt; sie schließt immer stilistische Wirkungen ein.

Diese Problematik verschärft das oben angerissene Problem. Für die 3. pers. wird dabei z.B. auf das Verb *sollen* ausgewichen: יֵלֵךְ *er soll gehen* (oder auf den Konjunktiv: *er gehe*). Für die 1. pers. z.B. auf das Hilfsverb *wollen*: אֵלְכָה *ich will gehen*, נֵלְכָה *wir wollen gehen*. Die 1. pers. kohort kann im Deutschen in die 2. pers. mit dem Hilfsverb *lassen* und prn 1. pers. akk. transformiert werden: אֵלְכָה *laß mich gehen;*[1] נֵלְכָה *laß(t) uns gehen*. Es werden also grammatische Kategorien verwendet, die KOMMISSIVE oder andere Sprechakte ausdrücken und in einer Nebenfunktion DIREKTIVE darstellen. Von daher tritt zumindest beim kohort sg. oft der Charakter des DIREKTIVS in der Übersetzung in den Hintergrund. Noch komplizierter wird die Sachlage, wenn die Satzkette eine implizite Hypotaxe darstellt. Sehr oft liegt dann neben dem direkten Sprechakt (der durch die Oberflächenstruktur, Parataxe, repräsentiert wird) auch ein indirekter Sprechakt vor (der durch die Tiefenstruktur, eben implizite Hypotaxe, repräsentiert wird).

a) Austauschprobe

Um die oben genannte Vermutung, w.kohort bzw. w.juss werden bei einem Personenwechsel zur 1. bzw. 3. pers. eingesetzt, zu bestätigen, sollen nun Satzketten der Form < imp - (w.)imp > und < imp - w.kohort/juss > mit gleicher Lexemfolge miteinander verglichen werden.

Es wurden die Kombinationen aller Verben überprüft, die mindestens 30mal im imp belegt sind.[2] Diese sind: דבר, ברך, בוא, אמר, אכל, אזן, סור, נתן, נשא, נגד, ישע, לקח, ישב, ירד, ירא, יהב, ידע, חזק, זכר, הלל, הלך, עבר, עלה, קום, קרא, ראה, שים, שוב, שלח, שמע und שמר. Ferner wurde die Lexemfolge חזק -> אמץ untersucht.

Zunächst werden die Satzketten < imp - (w.)imp > und < imp - w.juss > verglichen, dann < imp - (w.)imp > und < imp - w.kohort >. Nur am Rande berücksichtigt werden hier Stellen, in denen zwischen die beiden Lexeme ein weiterer imp, juss oder kohort tritt, vgl. z.B. die Lexemfolge לקח -> אמר in Hos 14,3[3] mit w.imp וְשׁוּבוּ und 2Reg 9,17[1]

---

(3) Es gibt gar kein Zeichen, das dieses Gemeinte bezeichnet. Da ich mich aber sprachlich verständigen will, verwende ich notgedrungen ein sprachliches Zeichen, das an sich etwas ganz anderes bezeichnet; der Gesprächspartner muß das, was ich mit diesem sprachlichen Zeichen zwar nicht bezeichne, aber meine, aus dem Kontext verstehen; z.B. Bezeichnendes: deutsches Präsens für Gemeintes: Koinzidenz oder allgemeingültigen Sachverhalt. Dies nennt KOSCHMIEDER Leerlauffunktion." (Groß [1976] S. 10).

1 Allerdings wird dies erst bei der 1. pers. pl. nach einem imp deutlich.

2 Allerdings wurden aus technischen Gründen keine Belege berücksichtigt, in denen die Satzketten über Versgrenzen hinausgehen.

3 קְחוּ עִמָּכֶם דְּבָרִים וְשׁוּבוּ אֶל־יְהוָה אִמְרוּ אֵלָיו *Nehmt mit euch (diese) Worte und kehrt um zu Jahwe; sprecht zu ihm; ...* (hier liegen wahrscheinlich verschiedene Äußerungen vor, vgl. Anm. 2 S. 274).

ebenfalls mit w.imp וְשָׁלַח. Desweiteren werden Stellen nicht berücksichtigt, in denen imp der Verben הלך, קוּם oder בוא als Interjektionen vor
einem kohort verwendet sind, vgl. z.B. Hos 6,1: לְכוּ וְנָשׁוּבָה אֶל־יְהוָה
Wohlan, laßt uns zu Jahwe zurückkehren, ...[2]

Bei reinen Imperativketten läßt sich eine Redewendung nachweisen,
die auch bei < imp - w.juss > vorkommt. Es handelt sich um die Redewendung חֲזַק וֶאֱמָץ *Sei mutig und stark.*[3] Diese Redewendung kommt in
Ps 27,14 und 31,25 außerhalb von Imperativketten mit Personenwechsel
vor. So Ps 31,25 חִזְקוּ וְיַאֲמֵץ לְבַבְכֶם כָּל־הַמְיַחֲלִים לַיהוָה *Seid mutig und*
euer Herz soll stark werden, alle die auf Jahwe harren. Im Grunde liegt
hier kein echter Personenwechsel vor, denn לְבַבְכֶם ist ein Teil der
Adressaten der Aufforderung. So auch in Ps 27,14: קַוֵּה אֶל־יְהוָה חֲזַק
וְיַאֲמֵץ לִבֶּךָ וְקַוֵּה אֶל־יְהוָה *Harre auf Jahwe! Sei mutig und dein Herz soll*
stark sein und harre auf Jahwe![4] Auch hier liegt kein echter Personenwechsel vor. In beiden Fällen drückt der w.juss ein DIREKTIV analog
der Redewendung חֲזַק וֶאֱמָץ mit zwei imp aus. Der imp וֶאֱמָץ kann also
auch mit einem Personenwechsel durch den syndetischen juss
וְיַאֲמֵץ (לִבֶּךָ/לְבַבְכֶם) ausgedrückt werden.

In Prv 4,10 liegt die Lexemfolge לקח <- שמע in einer Imperativkette
vor: שְׁמַע בְּנִי וְקַח אֲמָרָי וְיִרְבּוּ לְךָ שְׁנוֹת חַיִּים *Höre, mein Sohn, und nimm*
meine Worte (an), so/dann sollen viel werden für dich die Jahre des Le-
bens.[5] Die Protasis dieses konditionalen Satzgefüges besteht aus einer
Imperativkette mit DIREKTIVEM Charakter.[6] In Jer 9,19 liegt die gleiche
Lexemfolge vor, allerdings mit der Satzkette < imp - w.juss >: כִּי־שְׁמַעְנָה
נָשִׁים דְּבַר־יְהוָה וְתִקַּח אָזְנְכֶם דְּבַר־פִּיו וְלַמֵּדְנָה בְנוֹתֵיכֶם נֶהִי וְאִשָּׁה רְעוּתָהּ
קִינָה *Ja, hört, ihr Frauen, das Wort Jahwes, und euer Ohr soll*
(an)nehmen die Rede seines Mundes, und lehrt (w.imp) eure Töchter ein
Klagelied und eine Frau ihre Freundin Wehklage. Hier liegt wie bei der
oben genannten Redewendung kein echter Personenwechsel vor. Es ist
deutlich, daß die Satzkette < imp - w.juss > die gleiche sprechakttheoreti-

---

1   קַח רֶכֶב וּשְׁלַח לִקְרָאתָם וְיֹּאמֶר הֲשָׁלוֹם *Nimm einen Reiter und schick (ihn) ihnen*
     entgegen, damit er frage (wörtlich: *und er soll fragen*): *Ist es Friede?*
2   Vgl. Diehl (2000) S. 121-123.
3   Vgl. Kap. 2.3.3.b.i S. 93.
4   Nach Wolff steht וְיַאֲמֵץ לִבֶּךָ in Ps 27,14 synonym zu *Mut gewinnen* (vgl. Wolff
     [1984] S. 68-95, hier bes. 75).
5   In Gen 27,13 liegt eine ähnliche Lexemfolge vor: *Dein Fluch, mein Sohn, sei auf mir,*
     אַךְ שְׁמַע בְּקֹלִי וְלֵךְ קַח־לִי *Gehorche nur meiner Stimme und geh, bring (es) mir.*
     Allerdings steht hier וְלֵךְ zwischen den beiden imp, so daß die Stelle nicht ganz ver-
     gleichbar ist mit Jer 9,19.
6   Die Apodosis stellt ein w.juss dar, der zwar eigentlich ein DIREKTIV ausdrückt, es
     liegt hier aber insgesamt ein indirekter Sprechakt vor. Der w.juss hat dann neben
     dem DIREKTIVEN auch REPRÄSENTATIVEN Charakter.

sche Funktion DIREKTIV hat wie die Protasis < imp - w.imp > der oben zitierten Äußerung.

In 1Sam 20,31 liegt eine Imperativkette mit Lexemfolge לקח <- שׁלח vor: וְעַתָּה שְׁלַח וְקַח אֹתוֹ אֵלַי *Und nun: Schicke und bring ihn zu mir,*[1] *denn er ist ein Kind des Todes.*[2] Dieser Stelle ist Gen 42,16 vergleichbar mit der Satzkette < imp - w.juss >: שִׁלְחוּ מִכֶּם אֶחָד וְיִקַּח אֶת־אֲחִיכֶם *Schickt von euch einen, der hole euren Bruder, ihr aber sollt gefesselt sein* (imp). Hier liegt im Gegensatz zu den vorgenannten Lexemfolgen bei der Satzkette < imp - w.juss > ein echter Personenwechsel vor. Der DIREKTIVE Charakter der gesamten Satzkette ist dennoch klar und deutlich mit 1Sam 20,31 vergleichbar. Neben dieser sprechakttheoretischen Funktion DIREKTIV existiert hier aber auf syntaktischer Ebene die Funktion Implizite Hypotaxe (final/konsekutiv), denn eigentlich wäre die Stelle wohl wie folgt zu übersetzen: *Schickt einen von euch, daß/damit er euren Bruder hole.* Hier soll es aber zunächst darum gehen, die Funktion DIREKTIV als sprechakttheoretische Grundfunktion des w.juss in der Satzkette < imp - w.juss > zu erweisen.

Die Lexemfolge אזן <- שׁמע kommt in einer Imperativkette in Jes 28,23, im Satzkettentyp < imp - w.juss > in Dtn 32,1 vor. Dtn 32,1: הַאֲזִינוּ הַשָּׁמַיִם וַאֲדַבֵּרָה וְתִשְׁמַע הָאָרֶץ אִמְרֵי־פִי *Hört aufmerksam zu, ihr Himmel, ich will reden*[3]*, und die Erde höre die Worte meines Mundes.* Allerdings ist in diese Satzkette ein w.kohort eingeschoben. Dennoch ist Jes 28,23 vergleichbar: הַאֲזִינוּ וְשִׁמְעוּ קוֹלִי *Hört aufmerksam zu und hört meine Stimme.* In beiden Belegen ist der DIREKTIVE Charakter der Äußerung deutlich. In beiden ergeht die Aufforderung, zu hören. In Dtn 32,1 an zwei verschiedene Adressaten (Himmel und Erde), in Jes 28,23 an denselben Adressaten.

Die Lexemfolge נשׂא <- בוא kommt in Ps 24,7.9 (< imp - w.juss >) und Ps 96,8 (vgl. 1Chr 16,29 – < imp - w.imp >) vor. Ps 96,8: *Bringt Jahwe die Ehre seines Namens.* שְׂאוּ־מִנְחָה וּבֹאוּ לְחַצְרוֹתָיו *Bringt ein Geschenk und kommt in seine Vorhöfe!* Hier ist der DIREKTIVE Charakter der Satzkette deutlich, er tritt aber in Ps 24,9 in den Hintergrund: שְׂאוּ שְׁעָרִים רָאשֵׁיכֶם וּשְׂאוּ פִּתְחֵי עוֹלָם וְיָבֹא מֶלֶךְ הַכָּבוֹד *Erhebt, ihr Tore, eure Köpfe, und ihr Tore der Ewigkeit, erhebt (euch)*[4]*, daß/damit*[5] *der König der Ehre komme.* Der w.juss übt hier die syntaktische Funktion Implizite Hypotaxe (final/konsekutiv) aus, dennoch ist die Funktion DIREKTIV auch hier im w.juss vorhanden, der König der Ehren *soll/möge* einziehen.

---

[1] Hier liegt wohl eine implizite Hypotaxe vor: *um ihn zu mir zu bringen.*
[2] Die gleiche Lexemfolge in einer Imperativkette liegt auch in 1Sam 16,11 vor.
[3] Evtl. ist der w.kohort kausal zu verstehen (vgl. S. 202 zur Stelle).
[4] Vgl. v.7 וְהִנָּשְׂאוּ.
[5] Die EÜ übersetzt hier kausal: "denn es kommt der König der Herrlichkeit".

Ebenfalls deutlich wird der DIREKTIVE Charakter der Satzkette < imp -
w.juss > bei der Lexemfolge דבר <- לקח in Num 17,17 und Ex 25,2[1].
Num 17,17 mit Satzkette < imp - w.imp >: דַּבֵּר אֶל־בְּנֵי יִשְׂרָאֵל וְקַח
מֵאִתָּם מַטֶּה *Rede mit den Israeliten und nimm von ihnen einen Stab.* Ex
25,2 mit Satzkette < imp - w.juss >: דַּבֵּר אֶל־בְּנֵי יִשְׂרָאֵל וְיִקְחוּ־לִי תְּרוּמָה
Rede mit den Israeliten, (und) sie sollen für mich eine Abgabe nehmen.
Allerdings hat hier der w.juss wohl eine besondere syntaktische Funktion
Implizite Hypotaxe (Objektsatz)[2], aber der DIREKTIVE Charakter bleibt
durch den Vergleich mit Num 17,17 deutlich.

Der Vergleich von Imperativketten mit Satzketten des Typs < imp -
w.juss > bestätigt die oben genannte Vermutung, daß in Äußerungen, in
denen ein DIREKTIV ausgedrückt werden soll, dann, wenn ein Personenwechsel von der 2. zur 3. pers. vorliegt, w.juss für (w.)imp eintritt. Dies
soll nun auch für Personenwechsel von der 2. zur 1. pers. nachgewiesen
werden. Hier tritt w.kohort für (w.)imp ein
    In Gen 12,19 (< imp - w.imp >) und 1Sam 26,11 (< imp - w.kohort >)
liegt die Lexemfolge לקח <- הלך vor. Gen 12,19: וְעַתָּה הִנֵּה אִשְׁתְּךָ קַח
וָלֵךְ *Und nun: Siehe, deine Frau! Nimm (sie) und geh!* 1Sam 26,11:
וְעַתָּה קַח־נָא אֶת־הַחֲנִית אֲשֶׁר (Qere) מְרַאֲשֹׁתָיו וְאֶת־צַפַּחַת הַמַּיִם וְנֵלֲכָה לָּנוּ
*Und nun: Nimm doch den Speer, der an seinen Häuptern ist, und den
Wasserkrug, und lass uns gehen![3]* Der DIREKTIVE Charakter beider
Satzketten ist deutlich, in Gen 12,19 geht die Aufforderung an eine
Person in der 2. pers. sg., in 1Sam 26,11 ist dies zunächst auch der Fall,
doch dann wird eine Gruppe in der 1. pers. pl. angesprochen und
aufgefordert, zu gehen.
    Gleiches gilt für die Lexemfolge קום <- הלך[4] in Cant 2,10 (< imp -
w.imp >) und Jdc 19,28 (< imp - w.kohort >). Cant 2,10[5]: קוּמִי לָךְ רַעְיָתִי
יָפָתִי וּלְכִי־לָךְ *Steh auf, meine Geliebte, meine Schöne, und komm!* Hier
wird eine Person in der 2. pers. aufgefordert, aufzustehen und zu kommen. Ähnlich ist dies in Jdc 19,28, allerdings wird hier zunächst eine

---

[1] Vgl. auch Num 19,2. — Nicacci (1990) S. 90 schreibt zu Ex 25,2: "The volitive force
     of weYIQTOL in Exod. 25.2a is confirmed from a comparison with the parallel,
     35,4b-5, where an imperative replaces the weYIQTOL".
[2] Ad Funktion Implizite Hypotaxe (Objektsatz) vgl. unten Kap. 3.5.4.
[3] Der DIREKTIVE Charakter des w.kohort kann im Deutschen, wie oben bereits be-
     schrieben, kaum deutlich ausgedrückt werden, da das Deutsche keine grammatische
     Kategorie kohort hat. Es muß so auf andere grammatische Kategorien ausgewichen
     werden, mit denen man Selbstaufforderungen ausdrücken kann. Eine Möglichkeit
     wäre auch die Übersetzung *wir wollen gehen.*
[4] Die Lexemfolge קום <- הלך kommt sehr häufig vor, allerdings ist קום imp dann oft
     eine Interjektion.
[5] Allerdings ist die Stelle textkritisch nicht ganz eindeutig, לך wird auch als imp לך
     oder לכי gedeutet (vgl. App. BHS).

Person in der 2. pers. aufgefordert, aufzustehen, dann findet ein Personenwechsel statt, und eine Gruppe wird in der 1. pers. pl. aufgefordert, zu gehen: קוּמִי וְנֵלֵכָה *Steh auf*[1] *und laß uns gehen.* Der DIREKTIVE Charakter der Satzkette < imp - w.kohort > ist auch hier deutlich.

Ein kohort in der 1. pers. sg. liegt in 1Sam 28,22 vor: וְעַתָּה שְׁמַע־נָא גַם־אַתָּה בְּקוֹל שִׁפְחָתֶךָ וְאָשִׂמָה לְפָנֶיךָ פַּת־לֶחֶם *Und nun: Höre auch du auf die Stimme deiner Magd, und laß mich/ich will vor dich legen einen Happen Brot, und iß* (w.imp), *und es sei* (w.juss) *in dir Kraft, daß du auf deinem Weg gehen kannst.* Hier liegt im w.kohort eine (Selbst-)Aufforderung vor. Allerdings kann hier auch ein indirekter Sprechakt vorliegen, denn der w.kohort kann eine Apodosis eines Konditionalsatzgefüges in der Tiefenstruktur repräsentieren: *Höre auf deine Magd, so will ich ....*[2] Dies gilt auch für die nun dargestellten Belege. Die gleiche Lexemfolge שׁמע <- שִׂים kommt in Ez 40,4 in einer Imperativkette vor: בֶּן־אָדָם רְאֵה בְעֵינֶיךָ וּבְאָזְנֶיךָ שְׁמַע וְשִׂים לִבְּךָ לְכֹל אֲשֶׁר־אֲנִי מַרְאֶה אוֹתָךְ *Menschensohn: Sieh mit deinen Augen und mit deinen Ohren höre, und lege dein Herz auf alles, was ich dir zeige, ...* Leider ist diese Stelle nicht eindeutig mit 1Sam 28,22 vergleichbar, aber auch bei dieser Imperativkette ist der DIREKTIVE Charakter deutlich.

Ähnlich ist dies auch bei der Lexemfolge נתן <- בוא in 2Chr 30,8 und 1,10. In 2Chr 30,8 liegt eine Imperativkette vor: *Nun seid nicht hartnäkkig wie eure Väter.* תְּנוּ־יָד לַיהוָה וּבֹאוּ לְמִקְדָּשׁוֹ אֲשֶׁר *Gebt Jahwe die Hand und kommt in sein Heiligtum, das er geheiligt hat auf Ewigkeit, und dient* (w.imp) *Jahwe, eurem Gott, so kehre* (w.juss)[3] *sich von euch die Glut seines Zornes.* Dieser Imperativkette תְּנוּ וּבֹאוּ ist die Satzkette עַתָּה חָכְמָה וּמַדָּע תֶּן־לִי וְאֵצְאָה לִפְנֵי הָעָם־הַזֶּה וְאָבוֹאָה כִּי in 2Chr 1,10 vergleichbar: *Nun: Weisheit und Einsicht gib mir, und ich will herausgehen vor diesem Volk und hereinkommen, denn wer kann dieses, dein großes Volk richten?* Hier liegt wohl die syntaktische Funktion Implizite Hypotaxe (final/konsekutiv) vor.[4] Daneben hat die Äußerung

---

[1] Hier liegt keine Interjektion vor, denn die Angeredete liegt auf dem Boden (vgl. Diehl [2000] S. 122 zur Stelle).

[2] Dann tritt der DIREKTIVE Charakter des w.kohort in den Hintergrund. Der kohort bekommt dann auch KOMMISSIVEN oder REPRÄSENTATIVEN Charakter. Müller (1968) S. 559 faßt den Kohortativ auf syntaktischer Ebene kausal auf: "Und nun, höre doch (שְׁמַע־נָא) auch du auf die Stimme deiner Magd; d e n n ich will einen Bissen Brot vor dich legen (וְאָשִׂימָה) ..." (ebd. S. 560).

[3] Zu dieser Funktion des w.juss nach einem imp vgl. unten Kap. 3.5.3.

[4] Vgl. v.11: ... וַתִּשְׁאַל־לְךָ חָכְמָה וּמַדָּע אֲשֶׁר תִּשְׁפּוֹט אֶת־עַמִּי אֲשֶׁר הִמְלַכְתִּיךָ עָלָיו *sondern du hast dir Weisheit und Erkenntnis ausgebeten, damit du mein Volk richten kannst, über das ich dich zum König eingesetzt habe.* אֲשֶׁר *leitet oft Finalsätze ein* (vgl. Kap. 6.2.2).

DIREKTIVEN Charakter.[1] Auch bei der Lexemfolge נתן <- הלך ist zu beobachten, daß bei einem Personenwechsel von der 2. zur 1. pers. ein
Wechsel von imp zu kohort stattfindet.[2] In 2Sam 20,21 liegt eine Satzkette des Typs < imp - w.kohort > vor: תְּנוּ־אֹתוֹ לְבַדּוֹ וְאֵלְכָה מֵעַל הָעִיר
Gebt ihn allein (heraus), und ich will von der Stadt abziehen. וְאֵלְכָה
drückt hier eine Absicht aus, die DIREKTIVEN Charakter hat. Voraus geht
in einem imp die Bedingung, die zu erfüllen ist. Es liegt hier also neben
der sprechakttheoretischen Funktion DIREKTIV die syntaktische Funktion
Implizite Hypotaxe (konditional) vor: *Gebt ihn allein (heraus), so will
ich von der Stadt abziehen.*[3]

Evtl. ist hier auch die Lexemfolge חזק <- חזק zu nennen. In Dan 10,19
kommt die Wendung חֲזַק וַחֲזָק vor. Die Stelle ist aber textkritisch nicht
ganz sicher. Die Wendung [4]חֲזַק וְנִתְחַזַּק *Sei stark, und laßt uns uns als
stark erweisen für unser Volk und die Städte unseres Gottes, und Jahwe
tue, was gut ist in seinen Augen* kommt in 2Sam 10,12 par. 1Chr 19,13
vor. Der DIREKTIVE Charakter letzterer Wendung ist deutlich, denn Joab
versucht hier seinem Bruder (und sich?) Mut zuzusprechen.

In 1Reg 18,1 und Jdc 4,22 liegt die Lexemfolge ראה <- הלך vor.
1Reg 18,1: לֵךְ הֵרָאֵה אֶל־אַחְאָב *Geh, zeige dich Ahab; ich will Regen
geben* (w.kohort) *auf die Erdoberfläche.*[5] Die gleiche Lexemfolge mit der
Satzkette < imp - w.kohort > liegt in Jdc 4,22 vor: לֵךְ וְאַרְאֶךָּ אֶת־הָאִישׁ
אֲשֶׁר *Geh,*[6] *und ich will dir den Mann zeigen, den du suchst.* Hier ist nicht
zuletzt durch den Vergleich mit 1Reg 18,1 der DIREKTIVE Charakter der
Satzkette deutlich.[7]

---

[1] Hier liegt evtl. auch ein indirekter Sprechakt vor, der KOMMISSIVEN oder EX-
     PRESSIVEN Charakter hat.
[2] Leider habe ich keine reine Imperativkette mit dieser Lexemfolge gefunden, aber die
     Verben בוא und הלך sind hier vergleichbar.
[3] Hier gilt analoges wie bei 2Chr 1,10. Wenn ein indirekter Sprechakt vorliegt, dann
     tritt der DIREKTIVE Charakter des w.kohort in den Hintergrund. Joab stellt dann ent-
     weder fest (REPRÄSENTATIV) oder legt sich selbst darauf fest (KOMMISSIV), von der
     Stadt abzuziehen, wenn die gestellte Bedingung erfüllt ist. Man muß allerdings zwi-
     schen Oberflächenstruktur und Tiefenstruktur auf syntaktischer Ebene unterscheiden
     (vgl. hierzu auch Kap. 1.3.1). Auf der Ebene der Oberflächenstruktur liegt hier eine
     Parataxe mit zwei grammatischen Kategorien vor, die DIREKTIVE ausdrücken. In der
     Tiefenstruktur liegt hier wahrscheinlich eine implizite Hypotaxe vor, bei der der
     w.kohort eben KOMMISSIVEN oder DIREKTIVEN Charakter hat.
[4] Mit folgendem w.x.imperf.
[5] Der w.kohort ist evtl. kausal aufzufassen.
[6] Es liegt hier ein begriffswörtlicher imp vor (vgl. Diehl [2000] S. 123).
[7] Hier gilt auch das für 2Sam 20,21 Gesagte.

b) Weitere Belegstellen

Es seien nun hier weitere Stellen vorgeführt, die (fast) ausschließlich die sprechakttheoretische Funktion DIREKTIV und die syntaktische Funktion Parataxe ausüben. Zunächst werden Stellen mit juss, dann mit kohort behandelt.

i) < imp - w.juss >

In Jdc 9,19 kommt das gleiche Lexem einmal im imp, einmal im juss vor: *Wenn ihr heute in Treue und Aufrichtigkeit an Jerubbaal und an seinem Haus gehandelt habt,* שִׂמְחוּ בַּאֲבִימֶלֶךְ וְיִשְׂמַח גַּם־הוּא בָּכֶם *dann freut euch über Abimelech, und er freue sich über euch.* Hier steht die Satzkette < imp - w.juss > innerhalb eines Konditionalsatzgefüges mit אִם. Es liegt ein echter Personenwechsel zwischen dem imp und dem w.juss vor. Dennoch bleibt der DIREKTIVE Charakter des w.juss deutlich.[1]

Kein echter Personenwechsel liegt in 1Chr 21,23 vor: קַח־לָךְ וְיַעַשׂ אֲדֹנִי הַמֶּלֶךְ הַטּוֹב בְּעֵינָיו *Nimm für dich, und es mache mein Herr, der König, was gut ist in seinen Augen.* Der Adressat der Satzkette ist in beiden Äußerungsabschnitten dasselbe Subjekt, nur einmal in der 2., einmal in der 3. pers. angeredet. Der DIREKTIVE Charakter des w.juss bleibt allerdings deutlich. So ist wohl auch Qoh 11,9 zu verstehen שְׂמַח בָּחוּר בְּיַלְדוּתֶיךָ וִיטִיבְךָ לִבְּךָ בִּימֵי בְחוּרוֹתֶךָ וְהַלֵּךְ בְּדַרְכֵי לִבְּךָ וּבְמַרְאֵי עֵינֶיךָ *Freue dich, Jüngling, in (an?) deiner Jugend, laß deinem Herzen wohlsein in (an?) deinen Jugendtagen! Geh, wohin dein Herz dich weist und deine Augen dich locken!*[2] An der Übersetzung Michels wird deutlich, daß hier kein echter Personenwechsel vorliegt, es bleibt der Jüngling bzw. eben dessen Herz in der 3. pers. angeredet, wörtlich also:

---

[1] Ähnlich ist auch Jdc 9,7 zu deuten: שִׁמְעוּ אֵלַי בַּעֲלֵי שְׁכֶם וְיִשְׁמַע אֲלֵיכֶם אֱלֹהִים *Hört auf mich, ihr Bürger Sichems, damit Gott auf euch hört* (wörtlich: *und Gott möge auf euch hören*). Der juss drückt bei dieser Stelle m.E. die "Zusicherung eines eventuellen Geschehens" (Gesenius/Kautzsch [1909] §109f) aus. Es liegt hier wohl die syntaktische Funktion Implizite Hypotaxe (final/konsekutiv) vor (vgl. auch Waltke/ O'Connor [1990] S. 563 zur Stelle). — Vielleicht ist in diesem Zusammenhang auch Neh 9,5 zu nennen:

קוּמוּ בָּרֲכוּ אֶת־יְהוָה אֱלֹהֵיכֶם מִן־הָעוֹלָם עַד־הָעוֹלָם וִיבָרְכוּ שֵׁם כְּבוֹדֶךָ וּמְרוֹמַם עַל־כָּל־בְּרָכָה וּתְהִלָּה

Auf, lobet Jahwe, euren Gott, von Ewigkeit zu Ewigkeit! Sie sollen den Namen deiner Herrlichkeit loben, der erhoben ist über allem Lobpreis und Ruhm.
Allerdings scheint hier nicht eine Satzkette vorzuliegen, sondern zwei getrennte Äußerungen (wobei unklar ist, ob מִן־הָעוֹלָם עַד־הָעוֹלָם zur ersten oder zur zweiten Äußerung gehört [vgl. Schriftbild der BHS]).

[2] Übersetzung nach Michel (1988) S. 166. V.9b ist nach Michel ebd. S. 167 eine "orthodoxe Glosse".

es mache dich dein Herz fröhlich. Im Grunde genommen wird hier die gleiche Aussage mit zwei verschiedenen Wendungen gemacht.[1]

W.juss übernimmt also die gleiche Funktion in der 3. pers., wie der imp in der 2. Dies gilt auch für die folgenden Stellen:

Gen 20,7: וְעַתָּה הָשֵׁב אֵשֶׁת־הָאִישׁ כִּי־נָבִיא הוּא וְיִתְפַּלֵּל בַּעַדְךָ וֶחְיֵה *Und nun: Gib die Frau des Mannes zurück, denn er ist ein Prophet, so soll er für dich bitten, und du sollst leben.*[2]

Gen 24,51: *Siehe: Rebekka (ist) vor dir.* קַח וָלֵךְ וּתְהִי אִשָּׁה לְבֶן־אֲדֹנֶיךָ *Nimm (sie) und geh, und sie sei die Frau des Sohnes deines Herrn, wie Jahwe geredet hat.*

Gen 24,60: *Da segneten sie Rebekka und sprachen zu ihr:* אֲחֹתֵנוּ אַתְּ הֲיִי לְאַלְפֵי רְבָבָה וְיִירַשׁ זַרְעֵךְ אֵת שַׁעַר שֹׂנְאָיו *Du bist unsere Schwester. Werde zu Tausenden von Zehntausenden, und dein Same soll in Besitz nehmen das Tor seiner Feinde.*

Gen 27,29: *Völker sollen dir dienen und Nationen sollen sich nieder-werfen vor dir!* הֱוֵה גְבִיר לְאַחֶיךָ וְיִשְׁתַּחֲווּ לְךָ בְּנֵי אִמֶּךָ *Sei ein Herr für deine Brüder, und die Söhne deiner Mutter sollen sich niederwerfen vor dir! Wer dich verflucht, der wird verflucht sein, und wer dich segnet, der wird gesegnet sein.*

Hierher gehört auch die in Dtn 32,7; 1Sam 25,8 und Hi 12,7f. vor-kommende Wendung. Dtn 32,7: שְׁאַל אָבִיךָ וְיַגֵּדְךָ זְקֵנֶיךָ וְיֹאמְרוּ לָךְ *Frage doch deinen Vater, und er soll es dir verkünden, deine Greise, die sollens dir sagen.* Auf die besondere Form וְיַגֵּדְךָ wurde bereits oben[3] hingewiesen, es liegt hier ein juss vor, der DIREKTIVE Charakter ist deut-lich. Durch den Personenwechsel von der 2. zur 3. pers. wird ein w.juss statt imp eingesetzt. Demnach sind auch die beiden anderen Stellen so zu deuten. 1Sam 25,8: שְׁאַל אֶת־נְעָרֶיךָ וְיַגִּידוּ לָךְ וְיִמְצְאוּ הַנְּעָרִים חֵן בְּעֵינֶיךָ *Frage deine Diener, und sie sollen es dir verkündigen, und die Diener sollen Gnade finden in deinen Augen.* So auch Hi 12,7f.: וְאוּלָם 7 שְׁאַל־נָא בְהֵמוֹת וְתֹרֶךָּ וְעוֹף הַשָּׁמַיִם וְיַגֶּד־לָךְ 8 אוֹ שִׂיחַ לָאָרֶץ וְתֹרֶךָּ וִיסַפְּרוּ לְךָ דְּגֵי הַיָּם 7 *Nichtsdestoweniger frage doch das Vieh, das soll es dir zeigen, und die Vögel des Himmels, die sollen es dir verkündigen, 8 oder [das Gewürm*[4]*] der Erde, das soll es dir zeigen, und es sollen dir's er-zählen die Fische des Meeres.* Es ist hier im Vergleich der Stellen deut-lich, daß Lambert recht hat, wenn er sagt, daß suffigierte juss Nun ener-gicum tragen können.[5]

---

1   Zum Teil ähnlich Schwanz [1978] (vgl. hierzu oben S. 24 Anm. 4).
2   Es sei hier darauf hingewiesen, daß der w.imp וֶחְיֵה das tontragende Element der Satzkette ist.
3   Vgl. S. 128 die Anm. zur Stelle.
4   Vgl. Gesenius/Buhl (1915) Sp. 783a; HALAT Sp. 1231a schlägt חַיָּה vor, ebenso Bobzin (1974) S. 187: "[חַיַּת הָ]אָרֶץ".
5   Vgl. Lambert (1903) S. 182.

Weitere Belegstellen:[1] Ps 119,40f.; Prv 31,31; 1Chr 22,16; 2Chr 19,11
u.ö.

Auch, wenn der w.juss andere syntaktische Funktionen ausübt, bleibt
die sprechakttheoretische Funktion DIREKTIV bestehen. So z.B. für die
syntaktische Funktion Implizite Hypotaxe (final/konsekutiv)[2] Ex 9,22:
... נְטֵה אֶת־יָדְךָ עַל־הַשָּׁמַיִם וִיהִי בָרָד בְּכָל־אֶרֶץ מִצְרָיִם *Recke deine Hand
gegen den Himmel, daß/damit Hagel auf ganz Ägypten sei, über den
Menschen und über dem Vieh und über allen Kräutern des Feldes im
Land Ägypten.* Hier liegt deutlich ein w.juss mit DIREKTIVER Bedeutung
vor, der gleichzeitig die syntaktische Funktion Implizite Hypotaxe
(final/konsekutiv) ausübt. So auch Ex 32,10: וְעַתָּה הַנִּיחָה לִּי וְיִחַר־אַפִּי
בָהֶם וַאֲכַלֵּם וְאֶעֱשֶׂה אוֹתְךָ לְגוֹי גָּדוֹל *Und nun: Laß mich in Ruhe, daß/
damit mein Zorn über ihnen entbrenne, und ich sie vertilge, aber dich
will ich zu einem großen Volk machen.* Der w.juss וְיִחַר ist DIREKTIV zu
verstehen *mein Zorn soll entbrennen,* übt aber auch die syntaktische
Funktion Implizite Hypotaxe (final/konsekutiv) aus.

Weitere Belegstellen für w.juss mit der Funktion Implizite Hypotaxe
(final/konsekutiv) nach einem imp: Ex 8,4;[3] 10,12.21; 1Sam 5,11; 1Reg
13,18[4]; Jes 30,8; Hos 2,4f.; Mal 3,10 u.ö.

Alle diese Stellen sind mit reinen Imperativketten zu vergleichen
(s.o.), die ebenfalls die Funktion Implizite Hypotaxe (final/konsekutiv)
ausüben (vgl. Kap. 2.4.2.2 und 3.5.2).

Analoges gilt für die syntaktische Funktion Implizite Hypotaxe (konditional).[5] So z.B. Jes 55,3: שִׁמְעוּ וּתְחִי נַפְשְׁכֶם וְאֶכְרְתָה לָכֶם בְּרִית עוֹלָם
חַסְדֵי דָוִד הַנֶּאֱמָנִים *Hört, so soll eure Seele leben, und ich will einen ewigen Bund der bleibenden Loyalität Davids mit euch schließen.*[6] Hier liegt
ein analoger Fall zu Gen 42,18, einer reinen Imperativkette mit der
Funktion Implizite Hypotaxe (konditional) vor: זֹאת עֲשׂוּ וִחְיוּ *Dieses tut,
so werdet ihr leben* wörtlich: *und lebt!* Der w.juss in Jes 55,3 ist parallel

---

[1] Es sei hier auch auf 1Sam 25,24 verwiesen, wo ein w.juss einem imp vorausgeht:
     וּתְדַבֶּר־נָא אֲמָתְךָ בְּאָזְנֶיךָ וּשְׁמַע אֵת דִּבְרֵי אֲמָתֶךָ *Es rede* oder: *Laß reden deine Magd
     vor deinen Ohren, und höre die Worte deiner Magd.* Auch hier ist der voluntative
     Charakter der Satzkettenglieder deutlich.
[2] Es werden hier lediglich zwei Stellen exemplarisch behandelt, da die syntaktische
     Funktion Implizite Hypotaxe (final/konsekutiv) weiter unten (Kap. 3.5.2) ausführlich
     behandelt wird.
[3] Hier ist der letzte w.juss gemeint.
[4] Vgl. S. 177 zur Stelle.
[5] Es wird hier lediglich eine Stelle exemplarisch behandelt, da die syntaktische Funk-
     tion Implizite Hypotaxe (konditional) weiter unten (Kap. 3.5.3) ausführlich behandelt
     wird.
[6] Übersetzung nach EÜ: "Neigt euer Ohr mir zu, und kommt zu mir, hört, dann werdet
     ihr leben. Ich will einen ewigen Bund mit euch schließen gemäß der beständigen
     Huld, die ich David erwies."

zum w.imp וֶחְיוּ in Gen 42,18 zu sehen. Der DIREKTIVE Charakter des w.juss ist also deutlich.[1]

Weitere Belegstellen: Jer 38,20; 2Chr 30,6[2].8 u.ö.

Es ist also festzuhalten, daß auch bei der Funktion Implizite Hypotaxe (final/konsekutiv) oder (konditional) bei einem Personenwechsel zur 3. pers. w.juss analog zum imp verwendet wird.

ii) < imp - w.kohort >

Es wurden bisher nur Satzketten des Typs < imp - w.juss > behandelt, aber auch bei kohort im Plural läßt sich die sprechakttheoretische Funktion DIREKTIV nachweisen. So z.B. 1Sam 17,10: *Da sprach der Philister: Ich habe heute das Heer Israels verhöhnt:* תְּנוּ־לִי אִישׁ וְנִלָּחֲמָה יָחַד *Gebt mir einen Mann, und wir wollen miteinander kämpfen.* Der DIREKTIVE Charakter des w.kohort im Anschluß an den imp ist deutlich. Der w.kohort drückt eine Aufforderung sowohl an den von den Israeliten ausgewählten Soldaten als auch an Goliath selbst aus.[3]

So ist auch Jer 51,9 zu verstehen: *Wir (wollten) Babel heilen, aber es (konnte) nicht geheilt werden.* עִזְבוּהָ וְנֵלֵךְ אִישׁ לְאַרְצוֹ כִּי *Verlaßt[4] es, und laßt uns jeder in sein Land gehen, denn ....* Der DIREKTIVE Charakter des w.kohort ist deutlich.

In Ps 34,4 ist der Aufforderungscharakter beider Verbformen ebenfalls deutlich: גַּדְּלוּ לַיהוָה אִתִּי וּנְרוֹמְמָה שְׁמוֹ יַחְדָּו *Achtet mit mir Jahwe groß, (und) wir wollen zusammen seinen Namen preisen.* Die Aufforderung ergeht hier zunächst an eine 2. pers. pl., sodann an eine 1. pers. pl. Der DIREKTIVE Charakter der einzelnen Satzkettenglieder ist deutlich.

Cant 7,1: שׁוּבִי שׁוּבִי הַשּׁוּלַמִּית שׁוּבִי שׁוּבִי וְנֶחֱזֶה־בָּךְ *Kehr dich um und um, Schulammit, kehr dich um und um, (und) wir wollen dich schauen.* Hier drückt der w.kohort einen Wunsch aus, ist also wahrscheinlich ebenfalls DIREKTIV.

Auch für w.kohort im sg. lassen sich weitere Belegstellen anführen.[5] So wird in Ps 81,11 die sprechakttheoretische Funktion DIREKTIV deutlich: הַרְחֶב־פִּיךָ וַאֲמַלְאֵהוּ *Mache deinen Mund weit auf, (und) ich will ihn füllen.* Bezeichnenderweise übersetzt hier die Lutherbibel "laß mich ihn

---

[1] Allerdings liegt hier auch ein indirekter Sprechakt vor, Gott verpflichtet sich auf einen zukünftigen Sachverhalt (KOMMISSIV) oder er stellt lediglich fest, daß er einen Bund schließen will (REPRÄSENTATIV).

[2] V.7 leitet m.E. eine eigenständige Satzkette ein.

[3] Evtl. liegt hier außerdem die syntaktische Funktion Implizite Hypotaxe (final/konsekutiv) vor: *damit wir miteinander kämpfen.*

[4] Die LXX hat allerdings keinen imp, sondern ἐγκαταλίπωμεν αὐτήν.

[5] Es sei hier noch einmal auf die oben genannten Übersetzungsschwierigkeiten hingewiesen.

füllen"[1], verlegt also das DIREKTIV in die 2. pers. So ist wohl auch 1Sam 9,26 zu verstehen: קוּמָה וַאֲשַׁלְּחֶךָ *Steh auf, (und) ich will dich geleiten.* In beiden Äußerungen könnte auch ein final/konsekutives Satzgefüge vorliegen: Ps 81,11 *Mache deinen Mund weit auf, daß/damit ich ihn fülle* (wörtlich: *und ich will ihn füllen*); 1Sam 9,26 *Steh auf, daß/damit ich dich geleite* (wörtlich: *und ich will dich geleiten*). Dennoch bleibt die sprechakttheoretische Funktion DIREKTIV beider Verbformen deutlich.

In 2Reg 6,19 kommt dasselbe Lexem הלך einmal im imp, einmal im kohort vor. *Da sprach Elisa zu ihnen: Das ist nicht der Weg und nicht die Stadt.* לְכוּ אַחֲרַי וְאוֹלִיכָה אֶתְכֶם אֶל־הָאִישׁ אֲשֶׁר *Folgt mir, und ich will euch zu dem Mann bringen, den ihr sucht.* Beide Verbformen drücken hier eine Aufforderung aus.[2] Neben der sprechakttheoretischen Funktion DIREKTIV wird aber hier auch die syntaktische Funktion Implizite Hypotaxe (konditional) deutlich: *Wenn ihr mir folgt, will ich euch zu dem Mann bringen ....*[3]

In Jdc 7,4 folgt ein w.kohort im Singular auf einen imp. Der Aufforderungscharakter beider Verbformen ist deutlich: *Das Volk ist noch zu zahlreich.* הוֹרֵד אוֹתָם אֶל־הַמַּיִם וְאֶצְרְפֶנּוּ לְךָ שָׁם *Führe sie ans Wasser, (und) ich will sie für dich dort prüfen.* Hier wechselt die Anrede von der 2. zur 1. pers.

Wenn der kohort die syntaktische Funktion Implizite Hypotaxe (konditional) ausübt, liegen sehr oft indirekte Sprechakte vor.[4] So z.B. in Jer 31,18: *Ich habe Ephraim wehklagen gehört: Du hast mich gezüchtigt, und ich habe mich züchtigen lassen wie ein Jungstier, der nicht abgerichtet ist.* הֲשִׁיבֵנִי וְאָשׁוּבָה *Bekehre mich, so will ich mich bekehren, denn ....* Hier verpflichtet sich der Sprecher auf einen zukünftigen Sachverhalt (KOMMISSIV) oder er stellt fest, daß ein Sachverhalt eintreffen wird (REPRÄSENTATIV).[5] So ist wohl auch 1Sam 14,12 zu verstehen: עֲלוּ אֵלֵינוּ

---

[1] Luther (1984).

[2] Allerdings übersetzt die EÜ hier indikativisch: "Ich werde euch zu dem Mann führen, den ihr sucht." Die EÜ läßt also den kohort unübersetzt. Dennoch liegt hier ein kohort mit DIREKTIVEM Charakter vor, vgl. z.B. Joüon/Muraoka (1991) S. 374 §114b zum kohort allgemein: "The volitive nuance is often very weak and does not always need to be translated."

[3] Das Problem an den vorgenannten Stellen ist, daß hier indirekte Sprechakte vorliegen. Auf der Ebene der Oberflächenstruktur wird ein DIREKTIV ausgedrückt, auf der Ebene der Tiefenstruktur liegt jedoch die sprechakttheoretische Funktion KOMMISSIV oder REPRÄSENTATIV vor.

[4] Der DIREKTIVE Charakter tritt dann in den Hintergrund.

[5] Dies gilt aber nur auf der Ebene der Tiefenstruktur, in der Oberflächenstruktur liegen DIREKTIVE vor.

וְנוֹדִיעָה אֶתְכֶם דָּבָר *Kommt herauf zu uns, so[1] wollen wir euch etwas kundtun!*

Ähnlich ist dies bei der Funktion Implizite Hypotaxe (final/konsekutiv). Als Beispiel diene hier Gen 19,5: *Da riefen sie Lot und sprachen zu ihm: Wo sind die Männer, die die(se) Nacht zu dir gekommen sind?* הוֹצִיאֵם אֵלֵינוּ וְנֵדְעָה אֹתָם *Bring sie zu uns heraus, daß/damit wir mit ihnen verkehren!* Hier drückt der imp einen Wunsch, ein Gesuch, eine Bitte aus, ist also DIREKTIV. Der w.kohort drückt eine Selbstaufforderung aus, ist also ebenfalls DIREKTIV. Aber er repräsentiert auch die Funktion Implizite Hypotaxe (final/konsekutiv). Somit liegt auch ein indirekter Sprechakt vor und der w.kohort hat REPRÄSENTATIVEN Charakter. Ein weiteres Beispiel ist Gen 43,8: שִׁלְחָה הַנַּעַר אִתִּי וְנָקוּמָה וְנֵלֵכָה וְנִחְיֶה וְלֹא נָמוּת גַּם־אֲנַחְנוּ גַם־אַתָּה גַּם־טַפֵּנוּ *Schicke doch den Knaben mit mir, daß/damit wir uns aufmachen und gehen* (wörtlich: *und wir wollen uns aufmachen und gehen*), *damit wir leben und nicht sterben* (wörtlich: *und wir wollen leben und nicht sterben*) *sowohl wir als auch du, als auch unsere Kinder.*[2] Der DIREKTIVE Charakter der w.kohort ist deutlich, sie drücken Wünsche aus, aber sie üben auch die syntaktische Funktion Implizite Hypotaxe (final/konsekutiv) aus.

Weitere Beispiele zur Funktion Implizite Hypotaxe (final/konsekutiv) und (konditional) vgl. unten, Kap. 3.5.2 und 3.5.3.

c) Zusammenfassung
Am Anfang dieses Kapitels wurde die Vermutung geäußert, daß dann, wenn ein Personenwechsel eintritt, also keine reinen Imperativketten verwendet werden können, syndetisches imperf als w.kohort für die 1. pers. und w.juss für die 3. pers. für den entsprechenden imp eintritt. Als sprechakttheoretische Grundfunktion wurde die Funktion DIREKTIV angenommen. Diese Vermutung hat sich durch den Vergleich von reinen Imperativketten mit Satzketten des Typs < imp - w.imperf > mit gleichen Lexemfolgen bestätigt. Satzketten des Typs < imp - w.kohort > bzw.

---

[1] Allerdings könnte hier auch bloße Parataxe vorliegen (vgl. S. 206 zur Stelle).

[2] Vgl. auch Kuhr (1929) S. 52 Anm. 1 zur Stelle: "Von dem Imp. שְׁלְחָה sind die beiden Kohh. ותקומה ונלכה abhängig [...], denen ihrerseits als Finalsatz ונחיה ולא נמות untergeordnet ist [...]; also 'schicke den Knaben mit mir, daß wir aufbrechen, damit wir leben und nicht sterben'. An sich ist freilich auch die Auffassung möglich, daß ונחיה ולא ומות den beiden ersten Kohh. koordiniert ist ('..., damit wir aufbrechen und leben ...') und im allgemeinen dürfte für eine Verbindung mehrerer Kohh. reine Koordination das Wahrscheinlichere sein [...]. In diesem Falle ist aber der logische Einschnitt zwischen den beiden ersten Kohh. und dem folgenden so deutlich (vgl. auch die Akzentuation), daß die Annahme auch psychologisch-grammatischer Abhängigkeit nicht zu gewagt sein dürfte."

< imp - w.juss > entsprechen also in dieser Funktion den reinen Imperativketten.

Es stellt sich nun die Frage, welche syntaktischen Funktionen w.kohort und w.juss neben dieser sprechakttheoretischen Funktion ausüben können (die Funktion Implizite Hypotaxe [final/konsekutiv] und [konditional] wurde bereits genannt, es soll nun auf beide Arten dieser Funktion weiter eingegangen werden) und ob w.kohort bzw. w.juss nach imp ebenfalls den Ton der Kette tragen, wenn sie als letztes Glied in einer Satzkette mit imp vorkommen, dies ist ja bei reinen Imperativketten der Fall. Dort trägt immer der letzte imp den Ton, es sei denn, es liegen gleichwertige Imperativketten vor. Der erste imp in einer Imperativkette trägt nie den Ton der Satzkette.

3.4 DIE WERTIGKEITSFUNKTION IN SATZKETTEN DES TYPS < IMP - W.KOHORT/JUSS >

Es hat sich in Kap. 3.3 gezeigt, daß Satzketten des Typs < imp - w.kohort/juss > dann eingesetzt werden, wenn ein Personenwechsel von der 2. zur 1. bzw. 3. pers. stattfindet. Bei reinen Imperativketten wurde gezeigt (Kap. 2.3), daß der letzte imp einer Imperativkette in der Regel den Ton der Kette trägt. Es stellt sich nun die Frage, ob auch bei Satzketten des Typs < imp - w.kohort/juss > ebenfalls das letzte Satzkettenglied den Ton der Kette trägt, oder ob eine Verschiebung, verursacht durch den Personenwechsel, stattfindet. Dies soll mit Hilfe der Kontextanalyse erarbeitet werden.[1] Es soll also gefragt werden, welches Satzket-

---

[1]   Nicht berücksichtigt werden Satzketten des Typs < imp - w.kohort/juss - imp >. Diese Satzketten fallen eher unter den Typ 'Imperativketten', da hier ein imp das letzte Satzkettenglied bildet, und daher davon ausgegangen werden muß, daß der imp den Ton der Satzkette trägt. (Ähnlich Schwanz [1978] [vgl. hierzu oben S. 24 Anm. 4]). Als Beispiel sei hier Ex 3,10 angeführt: וְעַתָּה לְכָה וְאֶשְׁלָחֲךָ אֶל־פַּרְעֹה וְהוֹצֵא אֶת־עַמִּי בְנֵי־יִשְׂרָאֵל מִמִּצְרָיִם *Und nun: Wohlan/Geh, (und) ich will dich zum Pharao schicken, und führe mein Volk, die Israeliten, aus Ägypten.* In der anschließenden (rhetorischen) Frage Moses werden dann lediglich die beiden imp aufgenommen: מִי אָנֹכִי כִּי אֵלֵךְ אֶל־פַּרְעֹה וְכִי אוֹצִיא אֶת־בְּנֵי יִשְׂרָאֵל מִמִּצְרָיִם *Wer bin ich denn, daß ich zum Pharao gehe, und daß ich die Israeliten aus Ägypten herausführe?* In v.12 wird dann sogar nur der letzte imp aufgenommen: בְּהוֹצִיאֲךָ אֶת־הָעָם מִמִּצְרַיִם תַּעַבְדוּן אֶת־הָאֱלֹהִים עַל הָהָר הַזֶּה *Wenn du das Volk aus Ägypten herausgeführt hast, werdet ihr auf diesem Berg Gott dienen.*

Ebenfalls nicht berücksichtigt werden Stellen, in denen der imp als Interjektion verwendet wird, denn es liegt kein begriffswörtlicher imp vor und der w.kohort trägt automatisch den Ton der Satzkette. Als Beispiel sei hier 1Sam 11,14 genannt: לְכוּ וְנֵלְכָה הַגִּלְגָּל וּנְחַדֵּשׁ שָׁם הַמְּלוּכָה *Wohlan, laßt uns nach Gilgal gehen und dort das Königtum erneuern.* Im Bericht der Durchführung (v.15) wird erwartungsgemäß der imp nicht aufgenommen: וַיֵּלְכוּ כָל־הָעָם הַגִּלְגָּל וַיַּמְלִכוּ שָׁם אֶת־שָׁאוּל לִפְנֵי יְהוָה בַּגִּלְגָּל וַיִּזְבְּחוּ־שָׁם זְבָחִים שְׁלָמִים לִפְנֵי יְהוָה *Da ging das ganze Volk nach Gilgal, und*

tenglied im Bericht der Durchführung aufgenommen wird und welches nicht. Wird lediglich der imp aufgenommen, so trägt dieser sehr wahrscheinlich den Ton der Satzkette, denn die folgenden Satzkettenglieder bleiben im Bericht der Durchführung unerwähnt. Wird lediglich w.kohort bzw. w.juss aufgenommen, so trägt dieser wohl den Ton, denn der imp bleibt im Bericht der Durchführung unerwähnt. Sehr häufig werden beide Satzkettenglieder aufgenommen, in diesen Fällen ist analog zu reinen Imperativketten davon auszugehen, daß das letzte Satzkettenglied den Ton der Satzkette trägt.[1]

3.4.1   Im Bericht der Durchführung wird der w.kohort bzw. der w.juss aufgenommen

In 1Sam 30,15f. wird lediglich die Durchführung des w.kohort berichtet:
הִשָּׁבְעָה לִּי בֵאלֹהִים אִם־תְּמִיתֵנִי וְאִם־תַּסְגִּרֵנִי בְּיַד־אֲדֹנִי וְאוֹרִדְךָ אֶל־הַגְּדוּד
הַזֶּה *Schwöre mir bei Gott, daß du mich (nicht) tötest und (nicht) auslieferst in die Hand meines Herrn, so will ich dich hinunterführen zu die-*

---

sie machten dort Saul zum König vor Jahwe in Gilgal und schlachteten dort Schelamimopfer vor Jahwe.
    Ebenfalls nicht berücksichtigt werden Stellen, in denen die Durchführung der Aufforderung nur indirekt berichtet wird. So z.B. 1Reg 15,19: לֵךְ הָפֵרָה אֶת־בְּרִיתְךָ אֶת־בַּעְשָׁא מֶלֶךְ־יִשְׂרָאֵל וְיַעֲלֶה מֵעָלָי *Wohlan, breche deinen Bund mit Bascha, dem König Israels, daß/damit er von mir abziehe.* Der Bericht der Durchführung (v.20) lautet folgendermaßen: וַיִּשְׁמַע בֶּן־הֲדַד אֶל־הַמֶּלֶךְ אָסָא וַיִּשְׁלַח אֶת־שָׂרֵי הַחֲיָלִים אֲשֶׁר־לוֹ עַל־עָרֵי יִשְׂרָאֵל וַיַּךְ אֶת־עִיּוֹן וְאֶת־דָּן וְאֵת אָבֵל בֵּית־מַעֲכָה וְאֵת כָּל־כִּנְרוֹת עַל כָּל־אֶרֶץ נַפְתָּלִי *Da hörte Ben-Hadad auf König Asa und schickte seine Heerführer gegen die Städte Israels und schlug Ijon und Dan und Abel-Bet-Maacha, das ganze Kinneret, das ganze Land Naftali.* Hier wird weder der imp noch der w.kohort im Bericht der Durchführung direkt aufgenommen. Ähnlich auch 2Reg 6,13: לְכוּ וּרְאוּ אֵיכֹה הוּא וְאֶשְׁלַח וְאֶקָּחֵהוּ וַיֻּגַּד־לוֹ לֵאמֹר הִנֵּה בְדֹתָן *Geht und seht, wo er ist, daß/damit ich hinsende und ihn holen lasse. Da wurde ihm verkündet: Siehe (er ist) in Dotan.* Auch hier wird die Durchführung der Aufforderung nur indirekt (wenn überhaupt) berichtet.
    Nicht berücksichtigt werden auch Stellen, in denen die Durchführung des letzten Satzkettengliedes nicht berichtet werden kann, weil die Geschichte einen anderen Verlauf nimmt. In Gen 38,24 fordert Juda, daß seine Schwiegertochter verbrannt werde, weil sie Hurerei getrieben habe und schwanger geworden ist: הוֹצִיאוּהָ וְתִשָּׂרֵף *Führt sie hinaus, daß/damit sie verbrannt werde.* Im Bericht der Durchführung (v.25) wird lediglich aufgenommen, daß Tamar hinausgeführt wird: הִוא מוּצֵאת. Verbrannt wird sie allerdings nicht, denn sie wurde von Juda selbst schwanger. Ein ähnlicher Fall liegt z.B. auch in Ex 9,28 mit Bericht der Durchführung in v.33 vor.
    Es sei hier ferner darauf hingewiesen, daß es unterschiedliche Arten von Berichten der Durchführung gibt. So kann die Durchführung mit den gleichen oder mit unterschiedlichen Lexemen berichtet werden. Ferner kann ein Satzkettenglied im Bericht der Durchführung breit aufgenommen sein. Auf diese Unterschiede wird in der folgenden Untersuchung nicht mehr explizit hingewiesen – in Kap. 2.3.1.2 wurde dies breit dargestellt.

[1]   Vgl. hierzu Kap. 2.3.1.

ser Räuberbande (v.15). Der Bericht der Durchführung (v.16) lautet: וַיֹּרִדֵהוּ *Da führte er ihn hinunter.* Auf den imp הִשָּׁבְעָה scheint hier kein Wert gelegt zu werden, denn im Bericht der Durchführung wird der Schwur nicht erwähnt. Es trägt hier also der w.kohort wohl den Ton der Satzkette. Wichtig ist, daß David herabgeführt wird, nicht, daß er schwört.

Ähnlich ist 2Reg 6,19[1] zu verstehen: *Da sprach Elisa zu ihnen: Dies ist nicht der Weg und dies ist nicht die Stadt!* לְכוּ אַחֲרַי וְאוֹלִיכָה אֶתְכֶם אֶל־הָאִישׁ אֲשֶׁר תְּבַקֵּשׁוּן וַיֵּלֶךְ אוֹתָם שֹׁמְרוֹנָה *Folgt mir, und[2] ich will euch zu dem Mann bringen, den ihr sucht. Da brachte er sie nach Samaria.* Die Aramäer liegen mit Israel im Krieg. Jeden Hinterhalt, den die Aramäer legen wollen, verrät Elisa dem König von Israel. Der König der Aramäer schickt deshalb eine Abordnung, um Elisa zu holen und ihn so mundtot zu machen. Als die Männer dann zu Elisa kommen, lockt er sie mit der oben genannten Äußerung nach Samaria.

Hier wird wie in 1Sam 30,15f. im Bericht der Durchführung der imp nicht aufgenommen. Wichtig ist also nicht, daß die Männer Elisa folgen sollen, das wird allem Anschein nach vorausgesetzt, sondern daß er sie führen will.

In Num 23,3 fordert Bileam Balak auf, beim Brandopfer stehen zu bleiben, während er selbst weggeht: הִתְיַצֵּב עַל־עֹלָתֶךָ וְאֵלְכָה אוּלַי יִקָּרֵה יְהוָה לִקְרָאתִי וּדְבַר מַה־יַּרְאֵנִי וְהִגַּדְתִּי לָךְ וַיֵּלֶךְ שֶׁפִי *Stelle dich zu deinem Brandopfer, und ich will (weg)gehen. Vielleicht begegnet mir Jahwe. Das Wort, das er mir zeigt, werde ich dir verkünden. Da ging er auf einen kahlen Hügel.* Auch hier tritt der vorausgehende imp etwas in den Hintergrund. So sieht dies wohl auch Noth: "Die Hauptsache ist, daß Bileam nunmehr eine Gottesbegegnung sucht, um Weisungen zu empfangen für das, was er sagen soll. Das geschieht neben der laufenden Opferhandlung und abseits von ihr auf einer 'kahlen Höhe', wo Bileam allein auf einem hochgelegenen, dem Himmel näheren Punkt die Begegnung erwartet und empfängt. In seiner Anrede an Gott nimmt er zwar auf das Opfer Bezug (V. 4b); aber es ist doch wohl die Absicht von E, den Offenbarungs-empfang Bileams von dem Opfer Balaks ein wenig zu distanzieren."[3]

Deutlich wird dieses Wertigkeitsgefälle auch in 2Reg 6,28: תְּנִי אֶת־בְּנֵךְ וְנֹאכְלֶנּוּ הַיּוֹם וְאֶת־בְּנִי נֹאכַל מָחָר *Gib deinen Sohn, damit wir ihn*

---

1 Vgl. auch S. 153 zur Stelle.
2 Sehr wahrscheinlich übt der w.kohort hier die syntaktische Funktion Implizite Hypotaxe (konditional) aus.
3 Noth (1982) S. 160. — Auch wenn die Existenz von E heute umstritten ist, bleibt doch die Beobachtung, daß der Erzähler "den Offenbarungsempfang Bileams von dem Opfer Balaks ein wenig" distanzieren will. Ähnlich drückt dies Davies (1995) S. 255 aus: "[...] and to regard Balaam's departure to a 'bare height' as a reflection of his desire to be alone in order to receive a communication from God."

heute essen, und meinen Sohn wollen wir morgen essen. Die Durchführung dieser grausigen Aufforderung wird wie folgt berichtet: וַנְּבַשֵּׁל אֶת־ בְּנִי וַנֹּאכְלֵהוּ *Da kochten wir meinen Sohn und aßen ihn.* Wie dieser Bericht der Durchführung zeigt, liegt der Ton nicht darauf, daß der Sohn gegeben wird, sondern darauf, daß er gegessen werden soll. [1]

In 1Sam 9,27 wird ebenfalls die Durchführung eines w.juss berichtet: אֱמֹר לַנַּעַר וְיַעֲבֹר לְפָנֵינוּ וַיַּעֲבֹר וְאַתָּה עֲמֹד כַּיּוֹם וְאַשְׁמִיעֲךָ אֶת־דְּבַר אֱלֹהִים *Sage deinem Knecht, daß er vor uns hergehen soll – da ging er –, du aber bleib jetzt stehen, und ich will/daß ich dich hören lasse(n) das Wort Gottes.* Hier ist lediglich die erste Satzkette von Bedeutung: אֱמֹר לַנַּעַר וְיַעֲבֹר לְפָנֵינוּ, deren Durchführung mit וַיַּעֲבֹר berichtet wird. Dementsprechend trägt nicht der imp den Ton der Kette, sondern der w.juss, der hier einen Objektsatz (vgl. hierzu unten Kap. 3.5.4) repräsentiert.[2]

Ebenfalls ein Objektsatz liegt in Num 5,2 vor: צַו אֶת־בְּנֵי יִשְׂרָאֵל וִישַׁלְּחוּ מִן־הַמַּחֲנֶה כָּל־צָרוּעַ וְכָל־זָב וְכֹל טָמֵא לָנָפֶשׁ *Befiehl den Israeliten, daß sie aus dem Lager alle Aussätzigen, alle an (Eiter-?)Fluss Leidenden und alle durch Berührung eines Toten unrein Gewordenen wegschicken.*[3]

Beim folgenden v.3a מִזָּכָר עַד־נְקֵבָה תְּשַׁלֵּחוּ אֶל־מִחוּץ לַמַּחֲנֶה תְּשַׁלְּחוּם *Von Männern bis Frauen sollt ihr wegschicken, nach draußen vor das Lager sollt ihr sie schicken* handelt es sich wohl um einen späteren Zusatz, dies zeigt der Wechsel von der 3. zur 2. pers., der an dieser Stelle schwerlich paßt.[4] Die Satzkette geht also mit וְלֹא יְטַמְּאוּ אֶת־מַחֲנֵיהֶם אֲשֶׁר אֲנִי שֹׁכֵן בְּתוֹכָם *damit sie nicht ihr Lager unrein machen, wo ich in eurer Mitte wohne* weiter. Es handelt sich hierbei um eine Spezifizierung des vorgenannten Auftrags, וְלֹא יְטַמְּאוּ hat die gleiche Funktion wie ein perf consec und trägt daher nicht den Ton der Äußerung.[5] Der Auftrag selbst besteht in der Satzkette < imp - w.juss >.

Die Durchführung des Auftrags wird dann in v.4 berichtet: וַיַּעֲשׂוּ־כֵן בְּנֵי יִשְׂרָאֵל וַיְשַׁלְּחוּ אוֹתָם אֶל־מִחוּץ לַמַּחֲנֶה כַּאֲשֶׁר דִּבֶּר יְהוָה אֶל־מֹשֶׁה כֵּן עָשׂוּ בְּנֵי יִשְׂרָאֵל *Die Israeliten taten so und schickten sie nach draußen vor das Lager. Wie Jahwe zu Mose geredet hatte, so machten es die Israeliten.* Demnach trägt also auch in oben genannter Satzkette der w.juss den Ton, nicht der imp.

Grundsätzlich problematisch an den beiden letztgenannten Stellen ist, daß es sich um Satzketten mit Objektsätzen handelt. Die imp sind an einen Befehlsübermittler gerichtet, der Objektsatz gibt den Befehl erst an, den die eigentlichen Adressaten desselben ausführen sollen. Von daher

---

[1] Das w.x.imperf vertritt hier wohl ein perf consec, vgl. S. 313 zur Stelle.

[2] Allerdings kann es sich bei וַיַּעֲבֹר um einen Textfehler handeln, denn der Narrativ fehlt in einigen Handschriften (vgl. App. BHS).

[3] Vgl. zur Stelle auch unten S. 198.

[4] Vgl. Davies (1995) S. 44; Noth (1982) S. 43: "Der Doppelsatz in V. 3a fällt durch die Verwendung der 2. pers. aus dem Rahmen und erweist sich dadurch als Zusatz."

[5] Vgl. hierzu unten Kap. 5.3.1. — Im jetzigen Kontext leitet v.3a eine eigenständige Satzkette ein (vgl. Kap. 3.8). Dann würde das folgende w.x.imperf dieses Satzkettengliedes (v.3a) weiterführen und nicht den vorausgehenden imp.

ist es nur logisch, daß im Bericht der Durchführung lediglich der w.juss, nicht aber der imp aufgenommen wird. Dies macht es aber wiederum nur wahrscheinlicher, daß diese w.juss auch vom native speaker als Objektsätze erkannt wurden.[1]

In 1Sam 11,3 wird der w.kohort im Bericht der Durchführung mit anderem Lexem aufgenommen: הֶ֣רֶף לָ֡נוּ שִׁבְעַ֣ת יָמִים֩ וְנִשְׁלְחָ֨ה מַלְאָכִים֙ בְּכֹ֣ל גְּב֣וּל יִשְׂרָאֵ֔ל *Laß uns sieben Tage in Ruhe, damit wir Boten in das ganze Gebiet Israels schicken. Wenn dann kein Retter für uns da ist, kommen wir zu dir heraus.* In v.4 wird die Durchführung des w.kohort mit anderem Lexem berichtet: וַיָּבֹ֤אוּ הַמַּלְאָכִים֙ גִּבְעַ֣ת שָׁא֔וּל וַיְדַבְּר֥וּ הַדְּבָרִ֖ים בְּאָזְנֵ֣י הָעָ֑ם *Da kamen die Boten nach Gibea-Saul und redeten die Worte vor den Ohren des Volkes.* Der w.kohort trägt demnach den Ton, nicht der imp; es liegt allerdings vom Auftrag zum Bericht der Durchführung ein Lexemwechsel von שלח zu בוא vor.

In 1Reg 13,7 versucht Jerobeam, einen Mann Gottes mit dem Versprechen eines Geschenkes zu überreden, mit in sein Haus zu kommen: בֹּֽאָה־אִתִּ֤י הַבַּ֙יְתָה֙ וּֽסְעָ֔דָה וְאֶתְּנָ֥ה לְךָ֖ מַתָּֽת *Komm mit mir ins Haus und stärke dich, (und) ich will dir ein Geschenk geben.* Daraufhin entgegnet der Mann Gottes in v.8: אִם־תִּתֶּן־לִ֙י אֶת־חֲצִ֣י בֵיתֶ֔ךָ לֹ֥א אָבֹ֖א עִמָּ֑ךְ וְלֹא־אֹ֣כַל לֶ֗חֶם וְלֹֽא אֶשְׁתֶּה־מַּ֙יִם֙ בַּמָּק֣וֹם הַזֶּֽה *Wenn du mir die Hälfte deines Hauses (= das halbe Königreich!) geben würdest, würde ich nicht mit dir gehen und kein Brot essen und kein Wasser trinken an diesem Ort.* Aus dieser Entgegnung wird deutlich, daß es sich bei dem w.kohort der oben genannten Aufforderung um das tontragende Satzkettenglied handelt. Der אִ֣ישׁ הָאֱלֹהִ֔ים versteht sofort die gemeinte 'Bestechung'.

2Sam 14,32 ist ein uneindeutiger Fall. הִנֵּ֣ה שָׁלַ֣חְתִּי אֵלֶ֣יךָ לֵאמֹר֩ בֹּ֨א הֵ֜נָּה וְאֶשְׁלְחָ֨ה אֹתְךָ֤ אֶל־הַמֶּ֙לֶךְ֙ לֵאמֹ֔ר ... *Siehe, ich habe zu dir geschickt: Komm hierher, denn[2] ich will dich zum König schicken: Wozu[3] bin ich von Geschur hierher gekommen. Es wäre gut für mich, wenn ich noch dort wäre. Nun möchte ich das Angesicht des Königs sehen. Wenn an mir Schuld ist, soll er mich töten.* Darauf folgt v.33: וַיָּבֹ֤א יוֹאָב֙ אֶל־הַמֶּ֣לֶךְ וַיַּגֶּד־ל֔וֹ *Da ging Joab zum König und verkündete (es) ihm.*

Die Stelle ist aus mehreren Gründen schwierig. Zum einen handelt es sich bei v.33 nicht direkt um die Durchführung des in v.32 genannten Auftrags, denn dieser Auftrag, der früher schon an Joab erging, wird hier nur zitiert. Voraus geht, daß Abschalom Joab zweimal rufen läßt, wohl mit diesem Auftrag ... בֹּ֣א הֵ֗נָּה וְאֶשְׁלְחָ֥ה אֹתְךָ֛ אֶל־הַמֶּ֖לֶךְ לֵאמֹ֑ר. Joab

---

[1] Vgl. hierzu Kap. 3.5.4.
[2] Wahrscheinlich liegt hier die Funktion Implizite Hypotaxe (kausal) vor (vgl. unten Kap. 3.5.5.c).
[3] Vgl. zu dieser Übersetzung Michel (1997).

kommt nicht, und Abschalom läßt daraufhin Joabs Feld in Brand stecken, worauf dieser endlich kommt.

Zum anderen ist unklar, wo die Äußerungsgrenzen des von Joab dem König Auszurichtenden liegen. Es gibt mehrere Möglichkeiten. Erstens kann die Äußerung לָמָּה בָּאתִי מִגְּשׁוּר טוֹב לִי עֹד אֲנִי־שָׁם וְעַתָּה אֶרְאֶה פְּנֵי הַמֶּלֶךְ וְאִם־יֶשׁ־בִּי עָוֹן וֶהֱמִתָנִי umfassen.[1] Dann sollte Joab dies alles dem König ausrichten. Zweitens könnte die Äußerung nur aus לָמָּה בָּאתִי מִגְּשׁוּר טוֹב לִי עֹד אֲנִי־שָׁם וְעַתָּה אֶרְאֶה פְּנֵי הַמֶּלֶךְ bestehen, dann wäre וְאִם־יֶשׁ־בִּי עָוֹן וֶהֱמִתָנִי an Joab und nicht an den König gerichtet. Drittens könnte die Äußerung nur aus לָמָּה בָּאתִי מִגְּשׁוּר bestehen und der ganze Rest wäre an Joab gerichtet. Stoebe übersetzt: "Absalom erklärte Joab: 'Siehst du, ich habe nach dir geschickt mit der Bitte, komm her, daß ich dich zum König senden und fragen lassen kann, warum ich eigentlich aus Gesur hergekommen bin; es wäre für mich wirklich besser, wenn ich noch dort wäre. Aber nun möchte ich endlich das Angesicht des Königs sehen. Findet sich eine Schuld an mir, dann soll er mich töten.'"[2] Stoebe übersetzt also als indirekte Rede.

Dennoch ist deutlich, daß der w.kohort den Ton der Satzkette בֹּא הֵנָּה וְאֶשְׁלְחָה אֹתְךָ אֶל־הַמֶּלֶךְ לֵאמֹר trägt, denn daß Joab kommt, ist nur die Voraussetzung für den Sendungsauftrag.

2Reg 19,19[3]: וְעַתָּה יְהוָה אֱלֹהֵינוּ הוֹשִׁיעֵנוּ נָא מִיָּדוֹ וְיֵדְעוּ כָּל־מַמְלְכוֹת הָאָרֶץ כִּי אַתָּה יְהוָה אֱלֹהִים לְבַדֶּךָ *Und nun: Jahwe, unser Gott, befreie uns doch aus seiner* [sc. Sanheribs] *Hand, daß/damit alle Königreiche der Erde erkennen, daß du, Jahwe, allein Gott bist.* Auch hier trägt der w.juss den Ton der Satzkette. Voraus geht eine Botschaft Sanheribs an Hiskia des Inhalts, daß Hiskia sich nicht auf Israels Gott verlassen soll, das habe anderen Staaten auch nichts genützt. Hiskia betet daraufhin zu Jahwe. In diesem Gebet geht es darum, daß Gott der alleinige Gott sei (v.15): יְהוָה אֱלֹהֵי יִשְׂרָאֵל יֹשֵׁב הַכְּרֻבִים אַתָּה־הוּא הָאֱלֹהִים לְבַדְּךָ *Jahwe, Gott Israels, der thront über den Cherubim: Du bist allein der Gott.* Ähnlich in v.18: וְנָתְנוּ אֶת־אֱלֹהֵיהֶם בָּאֵשׁ כִּי לֹא אֱלֹהִים הֵמָּה ... *sie haben ihre Götter ins Feuer geworfen, aber diese waren keine Götter.* Es geht also in dem Abschnitt um das Gottsein Jahwes. Dies legt die Vermutung nahe, daß auch in v.19 der w.juss den Ton der Satzkette trägt. Die Rettung Judas הוֹשִׁיעֵנוּ נָא מִיָּדוֹ ist nur die Voraussetzung für diese Erkenntnis der Völker.

---

[1]   So die Übersetzung bei Anderson (1989) S. 184; McCarter (1984) S. 337; evtl. auch Hertzberg (1968) S. 271; Leimbach (1936) S. 183; Stolz (1981) S. 249.
[2]   Stoebe (1994) S. 350.
[3]   In Jes 37,20 liegt eine Parallele vor.

Diese hier behandelten Stellen legen die Vermutung nahe, daß analog zu reinen Imperativketten auch bei Satzketten des Typs < imp - w.kohort/ juss > das letzte Satzkettenglied den Ton der Satzkette trägt.

Leider läßt sich dies für Satzketten des Typs < imp - w.kohort/juss > nicht so stringent erweisen wie für reine Imperativketten, denn es gibt auch Satzketten, in denen der imp und nicht der w.kohort bzw. w.juss im Bericht der Durchführung aufgenommen wird. Diese Stellen sollen nun behandelt werden.

3.4.2   IM BERICHT DER DURCHFÜHRUNG WIRD DER IMP AUFGENOMMEN

Hier werden Satzketten des Typs < imp - w.kohort/juss > behandelt, bei denen im Bericht der Durchführung lediglich der imp aufgenommen wird und so dieser wohl den Ton der Satzkette trägt.

In 1Sam 7,3f.[1] wird der w.juss nicht im Bericht der Durchführung aufgenommen: אִם־בְּכָל־לְבַבְכֶם אַתֶּם שָׁבִים אֶל־יְהוָה הָסִירוּ אֶת־אֱלֹהֵי הַנֵּכָר מִתּוֹכְכֶם וְהָעַשְׁתָּרוֹת וְהָכִינוּ לְבַבְכֶם אֶל־יְהוָה וְעִבְדֻהוּ לְבַדּוֹ וְיַצֵּל אֶתְכֶם מִיַּד פְּלִשְׁתִּים Wenn ihr mit eurem ganzen Herzen zu Jahwe Umkehrende seid, so entfernt die fremden Götter aus eurer Mitte und die Astarten, und richtet eure Herzen auf Jahwe und dient ihm allein, dann soll/möge er euch retten aus der Hand der Philister. Im Bericht der Durchführung (v.4) werden lediglich die imp aufgenommen: וַיָּסִירוּ בְּנֵי יִשְׂרָאֵל אֶת־ הַבְּעָלִים וְאֶת־הָעַשְׁתָּרֹת וַיַּעַבְדוּ אֶת־יְהוָה לְבַדּוֹ Da entfernten die Israeliten die Baale und die Astarten und dienten Jahwe allein. Im unmittelbaren Kontext wird die Rettung vor den Philistern nicht mehr erwähnt. Von daher legt sich der Schluß nahe, daß hier in v.3 die imp bzw. der letzte imp der Imperativkette den Ton der Äußerung trägt.

In vv.5f. erfolgt erneut eine Aufforderung an die Israeliten: קִבְצוּ אֶת־ כָּל־יִשְׂרָאֵל הַמִּצְפָּתָה וְאֶתְפַּלֵּל בַּעַדְכֶם אֶל־יְהוָה Sammelt ganz Israel in Mizpa, so will ich für euch Jahwe bitten. Auch hier folgt der Bericht der Durchführung direkt in v.6: וַיִּקָּבְצוּ הַמִּצְפָּתָה וַיִּשְׁאֲבוּ־מַיִם וַיִּשְׁפְּכוּ לִפְנֵי יְהוָה וַיָּצוּמוּ בַּיּוֹם הַהוּא וַיֹּאמְרוּ שָׁם חָטָאנוּ לַיהוָה וַיִּשְׁפֹּט שְׁמוּאֵל אֶת־בְּנֵי יִשְׂרָאֵל בַּמִּצְפָּה Da versammelten sie sich in Mizpa und schöpften Wasser und gossen es vor Jahwe und fasteten an diesem Tag und sprachen dort: Wir haben uns vor Jahwe verfehlt. Und so richtete Samuel die Israeliten in Mizpa. Auch hier wird nur der imp im Bericht der Durchführung aufgenommen, so daß wohl קִבְצוּ den Ton der Satzkette trägt. Davon, daß Samuel für die Israeliten beten will, ist allerdings indirekt die Rede.[2]

---

1   Vgl. auch S. 196 zur Stelle.
2   Erst ab v.7 wird sowohl auf das Rettende Handeln Jahwes (v.10) als auch auf das Beten (זעם) Samuels (vv.8f.) Bezug genommen. — Kratz (2000) S. 177 sieht in vv.3f jüngere Bearbeitungsspuren; vv.5-17 hält er für eine der früheren Bearbeitungen der cc.1-14. Wenn Kratz recht hat damit, daß die vv.3f. spätere Bearbeitungen sind, dann trägt aber evtl. doch der w.kohort in vv.5f. den Ton der Äußerung, denn in

In Ex 33,5f. wird ebenfalls nur die Durchführung des imp berichtet: וְעַתָּה הוֹרֵד עֶדְיְךָ מֵעָלֶיךָ וְאֵדְעָה מָה אֶעֱשֶׂה־לָּךְ *Und nun: Lege ab deinen Schmuck von dir, dann will ich wissen, was ich mit dir mache.* Im Bericht der Durchführung (v.6) heißt es: וַיִּתְנַצְּלוּ בְנֵי־יִשְׂרָאֵל אֶת־עֶדְיָם מֵהַר חוֹרֵב *Da entledigten sich die Israeliten ihres Schmuckes am Berg Horeb.* Der w.kohort aus v.5 wird nicht mehr aufgenommen, und demnach scheint der imp den Ton der Satzkette zu tragen.[1]

In den zuvor behandelten Stellen scheinen also die imp den Ton der Aufforderung in Satzketten des Typs < imp - w.kohort/juss > zu tragen. Bei den folgenden Stellen lassen sich Gründe anführen, warum der w.kohort bzw. w.juss den Ton der Satzkette trägt, auch wenn er nicht (unmittelbar) im Bericht der Durchführung aufgenommen ist.

In 1Reg 17,10 fordert Elia eine Witwe auf, ihm etwas Wasser zum Trinken zu bringen: קְחִי־נָא לִי מְעַט־מַיִם בַּכְּלִי וְאֶשְׁתֶּה *Bring mir doch ein wenig Wasser in einem Gefäß, damit ich trinke.* Im Bericht der Durchführung (v.11) wird nur der imp aufgenommen: וַתֵּלֶךְ לָקַחַת וַיִּקְרָא אֵלֶיהָ וַיֹּאמַר *Als sie ging, um (es) zu holen, da rief er sie und sprach zu ihr: Bring mir doch (auch) einen Bissen Brot in deiner Hand.* Hier scheint also auch der imp den Ton der Äußerung zu tragen. Allerdings handelt es sich nicht um einen echten Bericht der Durchführung, denn Elia schließt eine zweite Aufforderung an die erste an, bevor diese erfüllt ist.[2]

In 2Sam 13 stellt sich Amnon auf Anraten eines Freundes krank, um Tamar in sein Haus zu locken: sie solle ihm Essen zubereiten, er wolle von ihrer Hand essen (vv.1-8). Tamar bereitet ihm etwas zu. Dies lehnt er

---

v.10 wird ja auf das rettende Handeln Jahwes Bezug genommen. — Vgl. zur Literarkritik auch McCarter (1980) S. 148-151.

[1] Auch mit Hilfe der Literarkritik ist dieses Problem nicht zu lösen. Noth (1984) S. 209 schreibt zu vv.4-6: "Nur scheinbar handelt es sich in V. 5. 6 um eine Variante zu V. 4; denn in Wirklichkeit geht der in V. 5 mitgeteilte Befehl Jahwes dahin, daß der Schmuck nicht nur nicht angelegt, sondern überhaupt weggeworfen werden soll. Und so 'entledigten sich', 'befreiten sich' die Israeliten 'sogleich am Horeb' […] von ihrem Schmuck. Das soll im Sinne einer aufrichtigen und dauernden Buße der Israeliten verstanden werden, so daß Jahwe nun doch 'etwas für sie tun kann' (V. 5 b β). Was er 'tun kann', wird freilich zunächst nicht gesagt. Nach dem überlieferten Bestand des Kapitels bezieht sich diese Andeutung auf das im folgenden Stück behandelte Zelt als Ort der Begegnung zwischen Gott und Mose bzw. Volk und damit als eine Gelegenheit der göttlichen Gegenwart, die mehr ist als die Anwesenheit des 'Boten' und die dem bußfertigen Volk nunmehr gewährt wird." Scharbert (1989) S. 125 weist die vv.1-6 einem 'Tradenten aus der dtr Schule' zu. Vgl. zur Literarkritik auch Durham (1987) S. 435. Die vv.6f. werden einheitlich gesehen, zwischen vv.4.5 werden allerdings Brüche angenommen. Levin (1993) S. 367 hält 33,3b-6* für einen Zusatz (vgl. auch Gertz [2000] S. 265, der 33,1-6 als "sehr jungen Nachtrag" bezeichnet).

[2] Bei vv.10b-11a handelt es sich evtl. um einen späteren Zusatz zur Erzählung (vgl. Würthwein [1984] S. 206 Anm. 4).

aber zunächst ab und verlangt, daß alle Anwesenden (außer Tamar) hinausgehen (v.9). Dann fordert er Tamar auf, ihm die Krankenspeise in seine Kammer zu bringen (v.10): הָבִיאִי הַבִּרְיָה הַחֶדֶר וְאֶבְרֶה מִיָּדֵךְ *Bringe die Speise in die Schlafkammer, damit[1] ich von deiner Hand esse.* Im Bericht der Durchführung wird der imp aufgenommen: וַתִּקַּח תָּמָר אֶת־הַלְּבִבוֹת אֲשֶׁר עָשָׂתָה וַתָּבֵא לְאַמְנוֹן אָחִיהָ הֶחָדְרָה *Da nahm Tamar die Kuchen, die sie gemacht hatte, und brachte sie zu Amnon, ihrem Bruder, in die Kammer.* Hier wird der w.kohort וְאֶבְרֶה aus v.10a nicht aufgenommen und es entsteht der Eindruck, das Wichtige würde durch den imp ausgedrückt. In v.11 hingegen wird der w.kohort indirekt aufgenommen durch einen l.inf: וַתַּגֵּשׁ אֵלָיו לֶאֱכֹל וַיַּחֲזֶק־בָּהּ *Als sie ihm (die Speisen) zum Essen darreichte, ergriff er sie und sagte zu ihr: Auf, schlafe mit mir, meine Schwester.* Der l.inf לֶאֱכֹל stellt ein finales Satzglied dar, gibt also den Zweck an, warum etwas getan wird. Von daher liegt der Ton des Auftrags in v.10 aber auf dem w.kohort. Dies wird umso deutlicher, wenn man die Situation genau betrachtet. Amnon will mit Tamar schlafen. Für ihn ist es also wichtig, daß sie in sein Schlafzimmer kommt. Von daher hätte der imp das Gewicht. Tamar hingegen darf aber nicht merken, daß es Amnon nicht um die Krankenspeise, sondern darum geht, daß sie in die Schlafkammer kommt. Der w.kohort muß also den Ton der Aufforderung tragen, der imp ist nur eine zu erfüllende Voraussetzung. Dies wird durch eine Satzkette des Typs < imp - w.kohort > ausgedrückt.

In Gen 42,2f. werden im Bericht der Durchführung lediglich die imp aufgenommen: *Siehe, ich habe gehört, daß es in Ägypten Getreide gibt.* רְדוּ־שָׁמָּה וְשִׁבְרוּ־לָנוּ מִשָּׁם וְנִחְיֶה וְלֹא נָמוּת *Zieht dorthin hinab und kauft uns von dort Getreide, damit wir leben und nicht sterben.* Im Bericht der Durchführung, der in v.3 unmittelbar folgt, werden nur die imp aufgenommen: וַיֵּרְדוּ אֲחֵי־יוֹסֵף עֲשָׂרָה לִשְׁבֹּר בָּר מִמִּצְרָיִם *Da zogen zehn Brüder Josephs hinab, um Getreide in Ägypten zu kaufen.* Der w.kohort (und das w.x.imperf)[2] wird im Bericht der Durchführung nicht aufgenommen. Die Aufnahme des w.kohort im Bericht der Durchführung würde nur Sinn machen, wenn der Getreidekauf in Ägypten problemlos von Statten gehen würde,[3] aber das ist bekanntlich nicht der Fall. Es wird der Getreidekauf in der folgenden Geschichte breit entfaltet. Der Getreidekauf ist in der Geschichte der Anfang zur Versöhnung von Joseph mit seinen Brüdern. Dennoch gibt der w.kohort und das folgende w.x.imperf den Zweck des Auftrags an (syntaktische Funktion Implizite Hypotaxe [final/konsekutiv]), denn vom Standpunkt des Auftraggebers Jakob/Israel

---

[1] Evtl. kann hier auch die Funktion Implizite Hypotaxe (kausal) vorliegen (vgl. unten Kap. 3.5.5.c zur Stelle).

[2] Vgl. hierzu unten S. 306 und S. 309 zur Stelle.

[3] Es wäre dann ein Bericht der Gestalt *"Da zogen sie hinab nach Ägypten, um Getreide zu kaufen, und konnten so leben."* zu erwarten.

ist das Wichtige zu überleben. Für ihn ist es das Zentrale. Nach Ägypten hinabzuziehen ist (nur) die Voraussetzung dafür. Von daher ist anzunehmen, daß auch hier der w.kohort (und das folgende w.x.imperf) den Ton der Satzkette trägt.[1]

In Gen 26,3 ergeht folgende Aufforderung an Isaak: גּוּר בָּאָרֶץ הַזֹּאת וְאֶהְיֶה עִמְּךָ וַאֲבָרְכֶךָ כִּי *Bleibe als Gast in diesem Lande, so will ich mit dir sein und dich segnen, denn* .... In v.6 steht ein Bericht der Durchführung: וַיֵּשֶׁב יִצְחָק בִּגְרָר *Da blieb Isaak in Gerar*. Nach diesem Bericht müßte der imp den Ton der Äußerung tragen. Allerdings ist die Quellenlage in Gen 26,1-6 unklar,[2] so daß die Stelle hier nicht direkt herangezogen werden kann.

In ihrem *jetzigen* Kontext (vv.1-6) allerdings kann man den Eindruck gewinnen, als läge der Ton des Auftrags auf dem w.kohort: In v.2 ergeht die Aufforderung an Isaak, nicht nach Ägypten zu ziehen, sondern sich in einem Land, das ihm gezeigt werde, niederzulassen (שְׁכֹן). Diese Aufforderung wird in v.3a dahingehend erweitert, daß Isaak dann von Gott gesegnet werde. In vv.3b-5 erfolgt – durch כִּי eingeleitet – der Inhalt dieser Segnung. Dieser Segen nimmt breiten Raum ein. Von daher legt sich der Schluß nahe, daß die Segnungsabsicht – also die w.kohort – das Wichtige an dieser Satzkette ist. V.6 schließt dann den ersten Erzählgang, die Einleitung der Ahnfrauenerzählung, ab.

Isaak fordert Esau in Gen 27,3f. auf, ihm ein Essen zuzubereiten, und er wolle dann Esau segnen:[3]

---

[1]   Ganz anders stellt sich dies in einer Satzkette mit perf consec dar (vgl. unten Kap. 5.3.1). In Num 4,19 kommt ein ähnlicher Fall vor: וְזֹאת עֲשׂוּ לָהֶם וְחָיוּ וְלֹא יָמֻתוּ בְּגִשְׁתָּם אֶת־קֹדֶשׁ הַקֳּדָשִׁים *dieses tut ihnen, daß/damit sie leben und nicht sterben, wenn sie sich dem Hochheiligen nähern: Aaron und seine Söhne sollen hingehen, dergestalt daß sie sie einsetzen, einen jeden zu seinem Dienst und seinem (Anteil am) Tragen,* .... Hier liegt nicht der Ton auf dem untergeordneten perf consec וְחָיוּ, sondern auf dem imp וְזֹאת עֲשׂוּ (vgl. unten S. 306 und S. 317 zur Stelle). Das perf consec gibt eher die Näherbestimmung an, warum der imp ausgeführt werden soll. Dies zeigt sich auch daran, daß das וְזֹאת kataphorisch auf den Auftrag an Aaron und seine Söhne אַהֲרֹן וּבָנָיו יָבֹאוּ וְשָׂמוּ אוֹתָם אִישׁ אִישׁ עַל־עֲבֹדָתוֹ וְאֶל־מַשָּׂאוֹ *Aaron und seine Söhne sollen hingehen, dergestalt daß sie sie einsetzen, einen jeden zu seinem Dienst und seinem (Anteil am) Tragen* hinweist (vgl. hierzu auch Ehlich [1979] S. 383-419 [bes. 409ff. u. 411 zur Stelle]).

[2]   Vgl. z.B. Levin (1993) S. 201-206. Nach Weimar (1977) S. 79-89, hier bes. 89, bilden die vv.6.7a.b*.8a.b*.9 den Grundbestand der Erzählung in Gen 26,1-11. Eine 'erste redaktionelle Bearbeitung' sei in den vv.1aα.b.2aα.3α.7bβγ.8b* (wahrscheinlich meint Weimar hier statt v.3α [so S. 89] aber v.3a [vgl. ebd. S. 81f.]), eine zweite Schicht in den vv.2aβ.b.10 zu finden, jünger seien die vv.1aβ.3b-5. D.h. aber, daß nach Weimar der Bericht der Durchführung vor dem eigentlichen Befehl vorgelegen hat, und beide in verschiedenen Schichten der Erzählung stehen (vgl. ebd. S. 84f.).

[3]   Zur Quellenlage von c.27 vgl. S. 346.

3 וְעַתָּה שָׂא־נָא כֵלֶיךָ תֶּלְיְךָ וְקַשְׁתֶּךָ וְצֵא הַשָּׂדֶה וְצוּדָה לִּי צָיִד¹ 4 וַעֲשֵׂה־לִי
מַטְעַמִּים כַּאֲשֶׁר אָהַבְתִּי וְהָבִיאָה לִּי וְאֹכֵלָה בַּעֲבוּר תְּבָרֶכְךָ נַפְשִׁי בְּטֶרֶם
אָמוּת

3 Und nun: Nimm dein Gerät, dein Wehrgehänge und deinen Bogen, und geh hinaus auf's Feld und jage mir ein Wildbret, 4 und mache mir Leckerbissen wie ich es liebe, und bring (sie) mir, daß/damit ich esse, damit dich meine Seele segne, bevor ich sterbe.

Im Bericht der Durchführung werden nur die imp aufgenommen (v.5): וַיֵּלֶךְ עֵשָׂו הַשָּׂדֶה לָצוּד צַיִד לְהָבִיא *Da ging Esau auf's Feld, um ein Wildbret zu jagen und es zu bringen.* Der w.kohort wird hingegen nicht erwähnt. Von daher kann man annehmen, daß die imp (bzw. der letzte imp וְהָבִיאָה) den Ton der Aufforderung tragen. Die Durchführung des w.kohort kann aber nicht direkt (d.h. als imperf consec) berichtet werden, da Jakob Esau ja zuvor kommt und Isaak betrügt.[2]

Die oben genannte Aufforderung kommt in ähnlicher Weise auch noch einmal in v.25 vor: הַגִּשָׁה לִּי וְאֹכְלָה מִצֵּיד בְּנִי לְמַעַן תְּבָרֶכְךָ נַפְשִׁי *Reiche es mir, daß/damit ich von dem Wildbret esse, mein Sohn, damit dich meine Seele segnet.* Hier erfolgt im Bericht der Durchführung auch die Aufnahme des w.kohort: וַיַּגֶּשׁ־לּוֹ וַיֹּאכַל וַיָּבֵא לוֹ יַיִן וַיֵּשְׁתְּ *Da brachte er (es) ihm, und er aß. Er brachte ihm auch Wein, und er trank.* Der Segen wird daraufhin breit in vv.26f. berichtet. Von daher liegt auf dem w.kohort der Ton der Satzkette des Typs < imp - w.kohort >.

Kompliziert wird die Analyse allerdings durch die Tatsache, daß in beiden Satzketten das letzte Glied durch eine explizite Hypotaxe (final) gebildet wird, in v.4 בַּעֲבוּר תְּבָרֶכְךָ נַפְשִׁי, in v.25 לְמַעַן תְּבָרֶכְךָ נַפְשִׁי.[3] Diese Satzkettenglieder bilden die eigentlichen Höhepunkte der Äußerungen. Von daher tragen diese beiden Aufforderungen (vv.3f.25) nicht viel für die hier behandelte Fragestellung aus.

In Jdc 11,6[4] bitten die Ältesten Gileads Jiftach, zu kommen und mit ihnen gegen die Ammoniter zu kämpfen: לְכָה וְהָיִיתָה לָּנוּ לְקָצִין וְנִלָּחֲמָה

---

¹   So das Qere.
²   Der w.kohort könnte hier höchstens ebenfalls durch einen l.inf von אכל hi. *um (es) ihm zu essen zu geben* wiedergegeben werden.
³   Vgl. unten S. 345 zu den Belegen in Gen 27.
⁴   Die hier interessierenden Passagen in Jdc 11 gehören (bis auf wenige, für die vorliegende Untersuchung zu vernachlässigende Ausnahmen) wahrscheinlich zur Grundschicht, vgl. z.B. Becker (1990) S. 222, der die vv.1a.3.4(?).5b-8.9aα.b.10-11a zur 'älteren Überlieferung' zählt; etwas anders Kratz (2000) S. 212, der die vv.1a.3.5b.6-8.11a zum Grundbestand rechnet und im Rest des Abschnitts vv.1-11 mit deuteronomistischen Ergänzungen rechnet. Die literarkritische Analyse der vv.1-11 ist allerdings umstritten, vgl. z.B. Zwickel (1996) S. 755 Anm. 22. Auf endredaktioneller Ebene ergeben sich allerdings keine Schwierigkeiten im Sprachgebrauch, so daß auf eine literarkritische Scheidung verzichtet werden kann.

בִּבְנֵי עַמּוֹן *Komm, d.h. sei unser Feldherr,*[1] *damit wir gegen die Ammoni-*
ter kämpfen (können). Hier trägt m.E. der w.kohort den Ton der Äußerung. Allerdings wird dieser im Bericht der Durchführung (v.11) nicht
mehr aufgenommen: וַיֵּלֶךְ יִפְתָּח עִם־זִקְנֵי גִלְעָד וַיָּשִׂימוּ הָעָם אוֹתוֹ עֲלֵיהֶם
לְרֹאשׁ וּלְקָצִין וַיְדַבֵּר יִפְתָּח אֶת־כָּל־דְּבָרָיו לִפְנֵי יְהוָה בַּמִּצְפָּה *Da ging Jif-*
tach mit den Ältesten Gileads, und das Volk setzte ihn zum Haupt über
sich und zum Feldherrn. Da redete Jiftach alle seine Worte vor Jahwe in
Mizpa. Von daher trägt wohl das perf consec den Ton der Aufforderung.
Allerdings steht zwischen der Aufforderung in v.6 und dem Bericht der
Durchführung in v.11 eine Verhandlung zwischen den Ältesten Gileads
und Jiftach. In v.6 wird Wert darauf gelegt, daß Jiftach überhaupt *kommt*
und vor allen Dingen *kämpft.* Daß Jiftach kommt, ist die Voraussetzung
dafür, daß die Leute von Gilead gegen die Ammoniter kämpfen können.
Die Ältesten machen Jiftach, den man zuvor vertrieben hatte, aber unter-
schwellig (perf consec) bereits das Angebot, daß er dann ihr Feldherr
sei.[2] Sie können dieses Angebot aber nicht betonen, denn dann haben sie
keinerlei Verhandlungsreserve mehr. Jiftach verweist in v.7 darauf, daß
er vertrieben wurde, und nun, da die Einwohner Gileads in Bedrängnis
seien, man ihn zurückholen wolle. Die Ältesten gehen darauf ein (v.8):
לָכֵן עַתָּה שַׁבְנוּ אֵלֶיךָ וְהָלַכְתָּ עִמָּנוּ וְנִלְחַמְתָּ בִּבְנֵי עַמּוֹן וְהָיִיתָ לָּנוּ לְרֹאשׁ
לְכֹל יֹשְׁבֵי גִלְעָד *Darum nun sind wir zu dir zurückgekommen, daß du mit*
uns gehst und gegen die Ammoniter kämpfst und für uns das Haupt über
alle Einwohner Gileads seist. Die Ältesten Gileads konkretisieren und
erweitern nun hier ihr vorher nur angedeutetes Angebot, Jiftach nicht nur
zum Feldherren, sondern zum Haupt über alle Einwohner Gileads zu
machen. Dieses Angebot, ihn zum Haupt über die Einwohner Gileads zu
machen, steht nun im Vordergrund. Jiftach seinerseits versucht nun in v.9
die Ältesten Gileads darauf festzulegen אִם־מְשִׁיבִים אַתֶּם אוֹתִי לְהִלָּחֵם
בִּבְנֵי עַמּוֹן וְנָתַן יְהוָה אוֹתָם לְפָנַי אָנֹכִי אֶהְיֶה לָכֶם לְרֹאשׁ *Wenn ihr mich zu-*
rückbringt, um gegen die Ammoniter zu kämpfen, und Jahwe sie vor mich
gibt, dann bin ich euer Haupt? Die Ältesten Gileads gehen darauf mit
einem Schwur ein (v.10): יְהוָה יִהְיֶה שֹׁמֵעַ בֵּינוֹתֵינוּ אִם־לֹא כִדְבָרְךָ כֵּן נַעֲשֶׂה
Jahwe ist ein Ohrenzeuge zwischen uns: Entsprechend deinem Wort wer-
den wir gewiß tun. Darauf folgt der oben genannte Bericht der Durchführung v.11. Es liegt also hier in Jdc 11 ein schönes Beispiel für eine Verhandlung vor, in der das Angebot bis zum Vertragsabschluß immer weiter gesteigert wird.[3] Zunächst wird Jiftach aufgefordert, zu kommen, um
gegen die Ammoniter zu kämpfen. Es wird bereits am Rande das Ange-

---

[1]   Das perf consec hat nach imp spezifizierenden Charakter. Vgl. hierzu Kap. 4.
[2]   Zum Teil ähnlich Schwanz [1978] (vgl. hierzu oben S. 24 Anm. 4).
[3]   Vgl. hierzu auch Zwickel (1996) S. 756f., der den Unterschied zwischen qṣyn und rʾš
      untersucht.

bot gemacht, ihn zum Feldherrn zu machen. In der zweiten Verhand-
lungsrunde wird dieses Angebot dann in den Vordergrund gestellt und
erweitert, bis es schließlich zum Vertragsabschluß kommt.

In 1Reg 18,1 wird Elia von Jahwe aufgefordert, sich Ahab zu zeigen: לֵךְ הֵרָאֵה אֶל־
אַחְאָב וְאֶתְּנָה מָטָר עַל־פְּנֵי הָאֲדָמָה *Geh, zeige dich Ahab, (und)*[1] *ich will Regen ge-*
ben auf die Erdoberfläche. In v.2 folgt dann der Bericht der Durchführung: וַיֵּלֶךְ
אֵלִיָּהוּ לְהֵרָאוֹת אֶל־אַחְאָב *Da ging Elia, um sich Ahab zu zeigen.* Im Bericht der
Durchführung sind also nur die imp aufgenommen, nicht der w.kohort. Dies spräche
dafür, daß die imp (bzw. der letzte imp) der Aufforderung den Ton derselben tragen.
Allerdings ist einzuwenden, daß hier sehr wahrscheinlich literarkritische Brüche
vorliegen.

Während v.2a nach Würthwein[2] in eine vordeuteronomistische Konzeption gehört,
ist v.1 einem Deuteronomisten (DtrP) zuzuweisen, der theologisiert: "Diese vordtr
Komposition wurde zunächst von einem DtrP bearbeitet, der die Wortereignisformel
'Und das Wort Jahwes geschah zu Elija' als Gliederungselement gebrauchte und dadurch Elija zu einem ganz von *Jahwe geleiteten Propheten* macht. Zugleich gibt
er eine vorlaufende Interpretation der jeweils folgenden Szenen:
Elija soll an den Kerit bzw. nach Sarepta, um dort auf *Jahwes Be-*
fehl – durch Raben bzw. eine Witwe – versorgt zu werden und
schließlich zu Ahab, 'weil *Jahwe* Regen geben will'. Die Interpretation
ist mit einer ausgesprochenen Theologisierung verbunden, indem Jahwe als der eigentlich Wirkende herausgestellt wird."[3]; Kratz sieht in vv.1aα.2a einen Überliefe-
rungskern. Der ganze Rest wäre dann spätere Ergänzung und kann hier demnach in
die Untersuchung nicht einbezogen werden, da der Bericht der Durchführung schon
vorgelegen hat.[4] Nach Jones ist v.2a "a continuation of the drought narrative of v.
1".[5] Seebaß hingegen hält die vv.1.2b für einheitlich.[6]

V.1 ist also nach Würthwein (und ähnlich auch nach Kratz) nachträglich vor v.2a
gesetzt worden. Der Bericht der Durchführung war also vor dem eigentlichen Auftrag vorhanden. Von daher spricht der Bericht der Durchführung nicht dagegen, daß
der w.kohort den Ton der Äußerung trägt. Wichtig ist für den Deuteronomisten, daß
Jahwe Regen geben will.

In Ex 24,12 erhält Mose den Auftrag, zu Jahwe auf den Berg zu steigen,
um die Gesetzestafeln entgegenzunehmen: עֲלֵה אֵלַי הָהָרָה וֶהְיֵה־שָׁם
וְאֶתְּנָה לְךָ אֶת־לֻחֹת הָאֶבֶן *Steig herauf zu mir auf den Berg und bleibe*
dort, (und) ich will dir die Steintafeln geben .... Sowohl in v.13b וַיַּעַל
מֹשֶׁה אֶל־הַר הָאֱלֹהִים als auch in v.15a וַיַּעַל מֹשֶׁה אֶל־הָהָר *Da stieg Mose*
auf den Berg (Gottes) wird die Durchführung des ersten imp berichtet.
Die Durchführung des w.kohort wird nicht berichtet. Von daher legt sich
die Vermutung nahe, daß hier der imp den Ton der Aufforderung trägt,

---

1   Der w.kohort ist hier wahrscheinlich kausal aufzufassen.
2   Vgl. Würthwein (1984) S. 210f.
3   Würthwein (1984) S. 211 (Hervorhebung von J. Diehl).
4   Vgl. Kratz (2000) S. 170.
5   Jones (1984) S. 312.
6   Vgl. Seebaß (1973) S. 134.

nicht der w.kohort. Allerdings ist der Komplex Ex 24,12ff. literarkritisch uneinheitlich,[1] so daß die Stelle hier nicht herangezogen werden kann.

In Num 13,2 ergeht folgender Auftrag an Mose: שְׁלַח־לְךָ אֲנָשִׁים וְיָתֻרוּ אֶת־אֶרֶץ כְּנַעַן אֲשֶׁר־אֲנִי נֹתֵן לִבְנֵי יִשְׂרָאֵל *Schicke Männer aus, daß/damit sie das Land Kanaan, das ich den Israeliten gebe, auskundschaften, ...* In v.3 folgt der Bericht der Durchführung: וַיִּשְׁלַח אֹתָם מֹשֶׁה מִמִּדְבַּר פָּארָן עַל־פִּי יְהוָה *Da schickte Mose sie von der Wüste Paran auf das Geheiß Jahwes hin aus ....* Hier wird also nur der imp aufgenommen. Das spräche dafür, daß der imp den Ton der Aufforderung trägt. Es folgt dann im jetzigen Kontext eine Liste der ausgeschickten Personen. In v.17 wird der Bericht der Durchführung wieder aufgenommen und auch die Durchführung des w.juss berichtet: וַיִּשְׁלַח אֹתָם מֹשֶׁה לָתוּר אֶת־אֶרֶץ כְּנַעַן *Als Mose sie schickte, das Land Kanaan auszukundschaften, da sprach er zu ihnen: Geht da hinauf durch den Negeb, dergestalt daß ihr auf den Berg geht.*[2] Nach Noth sind die vv.2bβ.3b.4-16 aber ein sekundärer Zuwachs. Dafür spräche auch die Tatsache, "daß in V. 17aα der Anfang von V. 3a wiederholt und damit der fallengelassene Erzählungsfaden wieder aufgenommen wird".[3] Allerdings ist die Zuordnung von v.3a

---

[1] Nach Noth (1984) S. 203 schließt v.12b über 31,18 an c.32 an, vv.12a.13b bilden hingegen die Brücke zu c.34: "Die Aussagen über die Tafeln sind an den Stellen, an denen sie vorkommen, merkwürdig verschieden. Das Ursprünglichste ist gewiß die Tradition, daß Mose selbst auf dem Berge auf Befehl Gottes sich zwei Steintafeln zurechtgehauen und dann auch selbst beschriftet habe (so 34,1.28). Nach 31,18 hingegen wurden sie ihm von Gott 'gegeben', und ebenso lautet es in 24,12b; daraus geht zugleich hervor, daß 24,12b (und dazu gehört dann auch 24,13a.14.15a) als Einleitung der Sonderüberlieferung von Kap. 32 anzusehen ist, während wir in 24,12a. 13b die literarische Brücke zu Kap. 34 zu suchen haben." Levin (1993) bemerkt (S. 367): "Im *Schlußabschnitt* der vorderen Sinaiperikope 24,12-14.18b JE bildet 24,18b den vorjahwistischen Grundbestand, wie die Wiederaufnahme 34,28a J[R] belegt. Er hat ursprünglich als Fortsetzung der Gottesbergszene an 19,2b-3a angeschlossen. Der Aufstiegsbefehl V.12a der, bevor V.9-11 eingeschoben wurden, auf V. 8 gefolgt ist, leitet von der Verpflichtung 24,3.(4-8) auf die Gottesbergszene V.18b (und deren Fortsetzung in Ex 34*) zurück, vergleiche das Ziel וֶהְיֵה־שָׁם 'und sei dort' mit dem Bericht וַיְהִי מֹשֶׁה בָהָר 'Und Mose war auf dem Berg'. Zusammen mit der Ausführung V.13b ist er die rückwärtige Klammer für den Einbau des Dekalogs. Noch später werden die Gesetzestafeln in V. 12b eingeführt [...]." Zu v.12b schreibt er später S. 369: "Es [sc. das Motiv der Gesetzestafeln] hat seinen Ursprung wohl darin, daß in 24,12b die Aufzeichnung der Worte Jahwes als Bundesurkunde (vgl. 24,4.8) auf Jahwe selbst zurückgeführt wird. Die Ankündigung wird in 31,18a in die Tat umgesetzt." Kratz (2000) S. 143 stellt ebenfalls 24,12b mit Ex 31,18 und 32-34 zusammen. Scharbert (1989) S. 100 will Ex 24,12-15a über v.18bc an 32,1 anschließen lassen.

[2] Zur Übersetzung des perf consec vgl. unten Kap. 4.

[3] Noth (1982) S. 92.

umstritten.[1] Im ursprünglichen Text (vv.1-2a.17-18a) wird demnach die Durchführung sowohl des imp als auch des w.juss berichtet (v.17), der w.juss wird durch einen l.inf mit gleichem Lexem aufgenommen. Dies spricht dafür, daß der w.juss den Ton der Satzkette trägt, denn l.inf ist final zu verstehen und gibt somit den Zweck oder die beabsichtigte Folge an.

In Num 21,7 bittet das Volk Mose, stellvertretend für es Jahwe anzuflehen, damit dieser die Schlangen von dem Volk nehme: הִתְפַּלֵּל אֶל־יְהוָה וְיָסֵר מֵעָלֵינוּ אֶת־הַנָּחָשׁ *Tue Fürbitte bei Jahwe, daß er von uns die Schlange entferne.* Im Bericht der Durchführung (ebenfalls v.7) wird nur der imp aufgenommen: וַיִּתְפַּלֵּל מֹשֶׁה בְּעַד הָעָם *Da bat Mose für das Volk.* Der w.juss wird nicht direkt aufgenommen. Aber die Durchführung des w.juss wird sozusagen breit berichtet, denn Mose soll eine Schlange machen und sie aufstellen, daß jeder, der gebissen wird, sie ansieht und geheilt wird. Von daher wird die Durchführung des w.juss breit berichtet. Der w.juss trägt also den Ton der Äußerung.

In Jon 1,12 fordert Jona die Schiffsbesatzung auf, ihn ins Meer zu werfen: שָׂאוּנִי וַהֲטִילֻנִי אֶל־הַיָּם וְיִשְׁתֹּק הַיָּם מֵעֲלֵיכֶם כִּי *Nehmt mich und werft mich ins Meer, und[2] das Meer soll ruhig werden über euch, denn ich weiß, daß wegen mir dieser große Sturm auf euch (gekommen) ist.* Dies tut die Schiffsbesatzung zuerst nicht, versucht, an Land zu kommen (v.13), und bittet dann Jahwe um Vergebung, daß sie es doch tut (v.14). Dann folgt der Bericht der Durchführung (v.15): וַיִּשְׂאוּ אֶת־יוֹנָה וַיְטִלֻהוּ אֶל־הַיָּם וַיַּעֲמֹד הַיָּם מִזַּעְפּוֹ *Da nahmen sie Jona und warfen ihn ins Meer, und das Meer kam zum Stehen von seinem Wüten.* Das Wichtige ist, daß das Meer wieder ruhig wird. Von daher trägt der letzte imp der Satzkette den Ton. Allerdings weist die Frage der Besatzung, was man tun solle, damit das Meer ruhig wird (v.11), in eine andere Richtung: מַה־נַּעֲשֶׂה לָּךְ וְיִשְׁתֹּק הַיָּם מֵעָלֵינוּ *Was sollen wir tun, damit das Meer über uns ruhig wird?* In der Antwort Jonas geben die ersten beiden imp darauf Antwort. Allerdings steht im gesamten Text das Ruhigwerden des Meeres im Vordergrund.

Es hat sich bisher anhand der Kontextanalyse gezeigt, daß der w.kohort bzw. w.juss in Satzketten des Typs < imp – w.kohort/juss > den Ton der Äußerung trägt. Dies ließ sich allerdings nicht so stringent erweisen wie

---

[1]   Nach Levin (1993) S. 375 gehören die vv.1-2a.17-18a.21.25-26(bis פרא).32abα zu p^G.

[2]   Der w.juss übt entweder die syntaktische Funktion Implizite Hypotaxe (final/konsekutiv) oder (konditional) aus (vgl. Kap. 3.5.7).

bei reinen Imperativketten. Es gibt einige (allerdings wohl wenige)[1] Stellen, in denen wahrscheinlich der imp und nicht der w.kohort bzw. w.juss den Ton der Äußerung trägt.

3.4.3 Im Bericht der Durchführung werden sowohl imp als auch w.kohort bzw. w.juss aufgenommen

Bei der Analyse der Berichte der Durchführung, in denen einerseits der imp, andererseits der w.kohort bzw. w.juss aufgenommen wird, hat sich gezeigt, daß der w.kohort bzw. w.juss den Ton der Satzkette trägt. Es gibt auch Stellen, in denen die Durchführung sowohl des imp als auch des w.kohort bzw. w.juss berichtet wird. Hier ist ebenfalls anzunehmen, daß das letzte Satzkettenglied den Ton der Satzkette trägt. Es seien einige Beispiele angeführt.

In Jdc 16,25 wird Simson aus dem Gefängnis gerufen, um die Philister zu unterhalten: קִרְאוּ לְשִׁמְשׁוֹן וִישַׂחֶק־לָנוּ *Ruft nach Simson, damit er uns unterhalte.* Im Bericht der Durchführung wird diese Satzkette aufgenommen: וַיִּקְרְאוּ לְשִׁמְשׁוֹן מִבֵּית הָאֲסִירִים[2] וַיְצַחֵק לִפְנֵיהֶם *Da riefen sie Simson aus dem Haus der Gefangenen* [Ketib], *und er trieb kurzweil vor ihnen.* Hier liegt der Ton auf dem w.juss. Die Fürsten der Philister wollen von Simson unterhalten werden; daß er gerufen wird, ist nur die Voraussetzung dafür.

In 1Sam 9,26 weckt Samuel Saul mit dem Angebot, ihn zu begleiten: קוּמָה וַאֲשַׁלְּחֶךָּ *Steh auf, daß/damit ich dich geleite.* Im Bericht der Durchführung wird Wert darauf gelegt, daß *beide* miteinander hinausgehen: וַיָּקָם שָׁאוּל וַיֵּצְאוּ שְׁנֵיהֶם הוּא וּשְׁמוּאֵל הַחוּצָה *Da stand Saul auf, und beide gingen hinaus – er und Samuel – nach draußen.* Hier trägt also der w.kohort den Ton der Aufforderung.

In 2Reg 6,17[3] hat ein Schüler Elisas Angst vor dem Heer der Aramäer, die die Stadt belagern. Elisa tröstet ihn damit, daß ihr Heer größer sei als jenes. Dann bittet Elisa Gott folgendermaßen: פְּקַח־נָא אֶת־עֵינָיו וְיִרְאֶה *Öffne doch seine Augen, daß/damit er sehe.* Im Bericht der Durchführung wird die Satzkette wie folgt aufgenommen: וַיִּפְקַח יְהוָה אֶת־עֵינֵי הַנַּעַר וַיַּרְא וְהִנֵּה הָהָר מָלֵא סוּסִים וְרֶכֶב אֵשׁ סְבִיבֹת אֱלִישָׁע *Da öffnete Jahwe die Augen des Knaben, und er sah. Und siehe, der Berg war voll von Pferden und Wagen aus Feuer rings um Elisa.* Wichtig ist hier, daß der Schüler Elisas sehen kann. Daß Jahwe ihm die Augen

---

[1] In den meisten der vorgenannten Stellen konnte gezeigt werden, daß der w.kohort/juss den Ton der Äußerung trägt, obwohl er im Bericht der Durchführung nicht aufgenommen wurde.

[2] So das Ketib, das Qere lautet: הָאֲסוּרִים.

[3] Zur literarkritischen Frage von 2Reg 6,8-23 und der folgenden beiden Stellen vgl. Jones (1984) S. 422-424; Würthwein (1984) S. 304-307 u.a.

öffnet, ist (nur) die Voraussetzung dafür. Der w.juss[1] trägt also den Ton der Aufforderung.

Ebenso ist 2Reg 6,20 zu verstehen, wo ein ähnlicher Sachverhalt vorliegt. Elisa führt einige Aramäer, die verblendet sind und nicht recht bemerken, was mit ihnen geschieht, nach Samaria. Dort bittet Elisa: יְהוָה פְּקַח אֶת־עֵינֵי־אֵלֶּה וְיִרְאוּ *Jahwe, öffne ihre Augen, daß/damit sie sehen.* Diese Satzkette wird im Bericht der Durchführung so aufgenommen: וַיִּפְקַח יְהוָה אֶת־עֵינֵיהֶם וַיִּרְאוּ וְהִנֵּה בְּתוֹךְ שֹׁמְרוֹן *Da öffnete Jahwe ihre Augen, und sie sahen. Und siehe, (sie waren) mitten in Samaria.* Auch hier liegt der Ton der Aufforderung auf dem w.juss, nicht auf dem imp. Das Öffnen der Augen ist in diesem Beispiel ebenfalls (nur) die Voraussetzung für das Sehen. Wichtig ist, daß die Aramäer nun erkennen, wo sie hingebracht wurden: in das Lager ihrer Feinde.

2Reg 6,22:[2] שִׂים לֶחֶם וָמַיִם לִפְנֵיהֶם וְיֹאכְלוּ וְיִשְׁתּוּ וְיֵלְכוּ אֶל־אֲדֹנֵיהֶם *Setze ihnen Brot und Wasser vor, daß sie essen und trinken, und sie sollen dann[3] zu ihrem Herrn gehen.* Elisa antwortet hier auf die Frage des Königs, ob er die Leute schlagen (töten) soll. Als Alternative hierzu zeigt Elisa auf, daß der König von Samaria die Aramäer wieder zurückschicken soll, was dieser auch tut (v.23): וַיִּכְרֶה לָהֶם כֵּרָה גְדוֹלָה וַיֹּאכְלוּ וַיִּשְׁתּוּ וַיְשַׁלְּחֵם וַיֵּלְכוּ אֶל־אֲדֹנֵיהֶם *Da wurde ihnen ein großes Gastmahl abgehalten, und sie aßen und tranken, und er entließ sie, und sie gingen zu ihren Herren.* Im Bericht der Durchführung wird also die gesamte Satzkette aufgenommen. Durch die Alternative *töten* oder *zurückkehren lassen* wird aber deutlich, daß hier der letzte w.juss in der Aufforderung den Ton trägt.

In 2Reg 9,17 schickt Joram Jehu einen Boten entgegen: קַח רַכָּב וּשְׁלַח לִקְרָאתָם וְיֹאמַר הֲשָׁלוֹם *Nimm einen Reiter und schicke ihn ihnen entgegen, damit er frage: Ist es Friede?* Im Bericht der Durchführung (v.18) wird die ganze Satzkette aufgenommen, allerdings werden die beiden imp in וַיֵּלֶךְ zusammengefaßt: וַיֵּלֶךְ רֹכֵב הַסּוּס לִקְרָאתוֹ וַיֹּאמֶר כֹּה־אָמַר הַמֶּלֶךְ הֲשָׁלוֹם *Da ritt (wörtlich: ging) der Reiter ihm entgegen und sagte: So spricht der König: Ist es Friede?* Joram möchte wissen, ob Jehu in friedlicher Absicht kommt. Einen Reiter Jehu entgegen zu schicken, ist (nur) Mittel zum Zweck.[4]

In Jes 51,23 werden die Peiniger Israels zitiert: שְׁחִי וְנַעֲבֹרָה *Wirf dich nieder, (und) wir wollen darüber gehen.* Im Bericht der Durchführung

---

1   Vgl. zu וְיִרְאֶה als w.juss oben S. 131.
2   Nach Würthwein (1984) S. 304-307 gehört v.22 zur ursprünglichen Erzählung im Gegensatz zu vv.17.20; ähnlich Jones (1984) S. 422f.
3   Zu dieser Übersetzung vgl. unten S. 201 zur Stelle.
4   Vgl. auch den Kontext in vv.19-22, wo ein weiterer Reiter Jehu entgegen geschickt wird, nachdem der erste nicht zurückkehrt, und dann Joram selbst Jehu entgegenfährt, um die Absichten Jehus zu erfahren.

heißt es: וַתָּשִׂימִי כָאָרֶץ גֵּוֵךְ וְכַחוּץ לַעֹבְרִים *Da legtest*[1] *du deinen Rücken wie Erde und wie eine Gasse, um darüber zu gehen.* Die Pein für Israel besteht nicht in erster Linie darin, sich niederzuwerfen, sondern darin, daß seine Peiniger über es gehen.

In Ez 37,9 wird הָרוּחַ angewiesen, die Getöteten anzublasen, damit diese lebendig werden: מֵאַרְבַּע רוּחוֹת בֹּאִי הָרוּחַ וּפְחִי בַּהֲרוּגִים הָאֵלֶּה וְיִחְיוּ *Von vier Winden komm, Odem, und blase in jene Getöteten, daß/damit sie leben* (wörtlich: *und sie sollen leben*). Hier liegt das Gewicht der Aufforderung wohl auch auf dem w.juss וְיִחְיוּ, denn dieser wird im Bericht der Durchführung v.10 besonders betont: *Da weissagte ich, wie er mir befohlen hat:* וַתָּבוֹא בָהֶם הָרוּחַ וַיִּחְיוּ וַיַּעַמְדוּ עַל־רַגְלֵיהֶם חַיִל גָּדוֹל מְאֹד־מְאֹד *Da kam der Odem in sie, und sie lebten und traten auf ihre Füße, ein sehr großes Heer.* Daß der Odem kommt, ist hier (nur) die Voraussetzung für das Lebendigwerden der Toten.

In Jdc 14,15 trägt wohl auch der w.juss den Ton der Aufforderung: פַּתִּי אֶת־אִישֵׁךְ וְיַגֶּד־לָנוּ אֶת־הַחִידָה *Überrede deinen Mann, daß er uns das Rätsel löse, damit wir nicht dich und das Haus deines Vaters im Feuer verbrennen.* Im Bericht der Durchführung v.17bγ wird der w.juss direkt aufgenommen: וַתַּגֵּד הַחִידָה לִבְנֵי עַמָּהּ *Da sagte sie den Söhnen ihres Volkes die Lösung des Rätsels.* Voraus geht ein Bericht (vv.16-17bβ), wie Simsons Frau vor ihm weint und ihn überredet, ihr des Rätsels Lösung zu sagen.[2]

Die in Gen 47,16 vorliegende Satzkette הָבוּ מִקְנֵיכֶם וְאֶתְּנָה לָכֶם[3] בְּמִקְנֵיכֶם *Bringt euren Besitz, so will ich euch (Brot) geben für euren Besitz, wenn das Geld ein Ende hat* wird im Bericht der Durchführung v.17 wie folgt aufgenommen: וַיָּבִיאוּ אֶת־מִקְנֵיהֶם אֶל־יוֹסֵף וַיִּתֵּן לָהֶם יוֹסֵף לֶחֶם בַּסּוּסִים וּבְמִקְנֵה הַצֹּאן וּבְמִקְנֵה הַבָּקָר וּבַחֲמֹרִים וַיְנַהֲלֵם בַּלֶּחֶם בְּכָל־מִקְנֵהֶם בַּשָּׁנָה הַהִוא *Da brachten sie ihren Besitz zu Joseph, und Joseph gab ihnen Brot für die Pferde und den Besitz an Kleinvieh und den Besitz an Rindern und die Esel, und er versorgte sie mit Brot für ihren Besitz in diesem Jahr.* Im Bericht der Durchführung wird darauf insistiert, daß Joseph den Kanaanäern und Ägyptern Brot gibt. Dies wird zweimal berichtet: וַיִּתֵּן לָהֶם יוֹסֵף לֶחֶם und וַיְנַהֲלֵם בַּלֶּחֶם. Demgegenüber spielt

---

[1] Westermann (1986) S. 193 übersetzt hier "daß du deinen Rücken wie Erde machst". Demnach dürfte aber kein imperf consec vorliegen. — Anders Fohrer (1986) S. 151: "Da mußtest Du deinen Rücken dem Boden gleichmachen, ..."; vgl. auch Baltzer (1999) S. 460.464; Fischer (1939) S. 126; McKenzie (1968) S. 121; Oswalt (1998) S. 351; Watts (1987) S. 208.

[2] Die Durchführung des imp wird hier breit berichtet. Dies spräche evtl. dafür, daß der imp der Satzkette den Ton trägt. Wichtig ist aber bei der Aufforderung durch die Philister nicht die Art und Weise, *wie* Simson die Lösung entlockt wird, sondern die Tatsache, *daß* sie ihm entlockt wird.

[3] Evtl. ist לֶחֶם zu ergänzen.

das Bringen des Besitzes, die Voraussetzung für das Geben des Brotes, eine untergeordnete Rolle.

In Jer 40,9f. schwört Gedalja: 9 *Fürchtet euch nicht vor der Knecht-schaft der Chaldäer,* שְׁבוּ בָאָרֶץ וְעִבְדוּ אֶת־מֶלֶךְ בָּבֶל וְיִיטַב לָכֶם *bleibt im Land und dient dem König Babels, so/dann soll es euch gut gehen.* 10 *Ich aber, siehe, ich bleibe in Mizpa, um vor den Chaldäern zu stehen, die zu uns kommen, ihr aber sammelt Wein, Sommerobst und Öl, und legt es in eure Gefäße und bleibt in euren Städten, die ihr innehabt.* In dieser Aufforderung stellen die imp lediglich die Voraussetzung für das Gutge-hen dar. Was dieses Gutgehen beinhaltet, wird in v.10 breit entfaltet. Daß der Ton der Aufforderung auf dem w.juss liegt, wird nicht zuletzt dadurch deutlich, daß Gedalja in v.9 *schwört* (וַיִּשָּׁבַע לָהֶם גְּדַלְיָהוּ). Gedal-ja *befiehlt* nicht den Judäern, zurückzukehren, sondern er *schwört* ihnen, daß es ihnen gut gehe, wenn sie zurückkehren.

Daß der Ton der Aufforderung auf dem w.juss liegt, zeigt auch der Bericht der Durchführung in vv.11f. Als die Judäer hören, daß Gedalja vom König von Babel eingesetzt wurde, kommen sie zurück (v.12): וַיָּשֻׁבוּ כָל־הַיְּהוּדִים מִכָּל־הַמְּקֹמוֹת אֲשֶׁר נִדְּחוּ־שָׁם וַיָּבֹאוּ אֶרֶץ־יְהוּדָה אֶל־גְּדַלְיָהוּ הַמִּצְפָּתָה וַיַּאַסְפוּ יַיִן וָקַיִץ הַרְבֵּה מְאֹד *Da kamen alle Judäer aus allen Orten, wohin sie vertrieben wurden, und kamen ins Land Juda zu Gedalja nach Mizpa und sammelten sehr viel Wein und Sommerobst.* Hier wird also der Inhalt des Schwures (v.10) aufgenommen.[1]

In Gen 27,9 schickt Rebekka Jakob zur Herde, zwei Böckchen holen: לֶךְ־נָא אֶל־הַצֹּאן וְקַח־לִי מִשָּׁם שְׁנֵי גְּדָיֵי עִזִּים טֹבִים וְאֶעֱשֶׂה אֹתָם מַטְעַמִּים לְאָבִיךָ כַּאֲשֶׁר אָהֵב *Geh doch zum Vieh und hole mir von dort zwei gute Ziegenböckchen, daß/damit ich sie für deinen Vater zu Leckerbissen bereite wie er es liebt, ...*[2] Wichtig ist hier, daß Rebekka die Ziegenböckchen zu einem Leckerbissen für Isaak zubereiten will, daß Jakob die beiden Ziegenböckchen holt, ist nur die Voraussetzung für die Zubereitung.[3] Es folgen in vv.11f. Einwände von Seiten Jakobs gegen diesen Plan. Rebekka wischt diese Einwände mit folgender Äußerung weg (v.13): עָלַי קִלְלָתְךָ בְּנִי אַךְ שְׁמַע בְּקֹלִי וְלֵךְ קַח־לִי *Dein Fluch sei auf mir, mein Sohn. Höre nur auf meine Stimme und geh, hole (sie) mir.* In dieser Aufforderung liegt der Ton auf קַח־לִי, denn Jakob weigerte sich ja in vv.11f., die Böckchen zu holen. Rebekka muß Jakob also zunächst dazu bringen, die Böckchen zu holen. Die Zubereitung tritt zunächst in den Hintergrund. In v.14 wird dann die Durchführung beider Aufforde-rungen berichtet: וַיֵּלֶךְ וַיִּקַּח וַיָּבֵא לְאִמּוֹ וַתַּעַשׂ אִמּוֹ מַטְעַמִּים כַּאֲשֶׁר אָהֵב

---

[1] Vgl. zur Stelle auch S. 83.
[2] In v.10 folgen zwei perf consec, die diese Aufforderung spezifizieren (vgl. hierzu unten Kap. 4).
[3] Die perf consec spezifizieren dann wohl diesen w.kohort bzw. führen ihn zeitlich fort (vgl. unten Kap. 4).

אָבִיו *Da ging er, holte (sie) und brachte (sie) seiner Mutter, und seine Mutter bereitete sie zu Leckerbissen, wie sein Vater es liebte* .... Im Bericht der Durchführung wird dann also auch der w.kohort aufgenommen.

Rahel ist unfruchtbar und schickt Jakob in Gen 30,3 zu ihrer Magd Bilha: *Siehe, meine Magd Bilha:* בֹּא אֵלֶיהָ וְתֵלֵד עַל־בִּרְכַּי וְאִבָּנֶה גַם־אָנֹכִי מִמֶּנָּה *Geh zu ihr, daß sie gebäre auf meinen Knien und ich Kinder erhalte durch sie.* Rahel geht es darum, Kinder zu bekommen. Ihre Magd Bilha ist lediglich Mittel zum Zweck. Dies zeigt auch der Bericht der Durchführung (vv.4-6), der wie folgt lautet: 4 וַתִּתֶּן־לוֹ אֶת־בִּלְהָה שִׁפְחָתָהּ לְאִשָּׁה וַיָּבֹא אֵלֶיהָ יַעֲקֹב *Da gab sie ihm ihre Sklavin Bilha zur Frau, und Jakob ging zu ihr,* 5 וַתַּהַר בִּלְהָה וַתֵּלֶד לְיַעֲקֹב בֵּן *und Bilha wurde schwanger und gebar Jakob einen Sohn.* 6 וַתֹּאמֶר רָחֵל דָּנַנִּי אֱלֹהִים וְגַם שָׁמַע בְּקֹלִי וַיִּתֶּן־לִי בֵּן עַל־כֵּן קָרְאָה שְׁמוֹ דָּן *Da sprach Rahel: Gott hat mir Recht verschafft und auf meine Stimme gehört und mir einen Sohn gegeben. So nannte sie seinen Namen Dan.* In vv.4f. wird der imp und w.juss direkt, in v.6 hingegen der w.kohort ausführlich aufgenommen. Der w.kohort trägt also den Ton der Aufforderung in v.3.

In Ex 9,22 bekommt Mose von Jahwe den Auftrag, seine Hand gegen den Himmel zu strecken, damit es in Ägypten hagelt: נְטֵה אֶת־יָדְךָ עַל־ הַשָּׁמַיִם וִיהִי בָרָד בְּכָל־אֶרֶץ מִצְרָיִם עַל־הָאָדָם וְעַל־הַבְּהֵמָה וְעַל כָּל־עֵשֶׂב הַשָּׂדֶה בְּאֶרֶץ מִצְרָיִם *Recke deine Hand gegen den Himmel, daß/damit sei Hagel auf ganz Ägypten, über den Menschen und über dem Vieh und über allen Kräutern des Feldes im Land Ägypten.* Je nachdem, wie man die Plagenerzählung literarkritisch abgrenzt, ergeben sich etwas unterschiedliche Berichte der Durchführung. Gertz zählt zum Grundbestand der Plage vv.13-23aα.24aαb.25.27-29.33*.35a,[1] der "ursprüngliche Bericht über das Eintreten der Plage" laute: "V.23aα2*.24* ויהוה נתן קלת וברד ... ויהי ... הברד כבד מאד אשר לא־היה כמהו בכל־ארץ מצרים מאז היתה לגוי"[2], was Gertz wie folgt übersetzt: "Und Jahwe gab Donner und Hagel. Der Hagel aber war sehr schwer, wie es desgleichen nicht gegeben hatte im ganzen Land Ägypten, seit es besiedelt ist."[3] Dann würde der imp im ursprünglichen Bericht der Durchführung überhaupt nicht aufgenommen. Levin sieht "in V.22a.23a (bis השמים).b.25.35" den Grundbestand der Plage.[4] Dann wird aber im Bericht der Durchführung v.23* ... וַיֵּט מֹשֶׁה אֶת־מַטֵּהוּ עַל־הַשָּׁמַיִם וַיַּמְטֵר יְהוָה בָּרָד עַל־אֶרֶץ מִצְרָיִם *Da streckt Mose seinen Stab gegen den Himmel ... und Jahwe ließ Hagel regnen auf das Land Ägypten* sowohl

---

[1] Vgl. Gertz (2000) S. 152. Gertz (ebd.) hält die Plagenerzählung für endredaktionell.
[2] Gertz (2000) S. 138.
[3] Gertz (2000) S. 138.
[4] Levin (1993) S. 337.

die Durchführung des imp als auch des w.juss berichtet. Im jetzigen Kontext wäre dann noch וַיהֹוָה נָתַן קֹלֹת וּבָרָד וַתִּהֲלַךְ אֵשׁ אָרְצָה *und Jahwe ließ Donner grollen und gab Hagel, und Feuer kam auf die Erde* ergänzt.

Weitere Beispiele für x - נְטֵה (die Berichte der Durchführung werden in Klammern angegeben und gelten nur im jetzigen Kontext[1]): Ex 7,19.(20);[2] 10,12.(13ff.)[3]; 10,21.(22f.)[4]; 14,16.(21f.)[5]; 14,26.(27f.)[6].

2Reg 4,42-44: Ein Mann bringt Elisa Erstlingsbrote. Elisa fordert nun, die Brote dem (hungrigen?)[7] Volk zu geben (v.42): תֵּן לָעָם וְיֹאכֵלוּ *Gib es dem Volk, und sie sollen essen.* Es folgt die Frage, wie man mit diesen Broten 100 Menschen satt bekommen soll. Elisa wiederholt daraufhin seine Aufforderung (v.43). Im Bericht der Durchführung (v.44) werden

---

1   Vgl. zur Literarkritik die jeweils angegebenen Seiten bei Gertz (2000) und Levin (1993).

2   Nach Gertz (2000) S. 99 ist v.20 bis auf וַיַּעֲשׂוּ־כֵן מֹשֶׁה וְאַהֲרֹן כַּאֲשֶׁר צִוָּה יְהֹוָה nicht-priesterschriftlich, der Rest ist priesterschriftlich (vgl. ebd. S. 79ff.); ebenso Levin (1993) S. 335f.

3   Nach Levin (1993) S. 338 gehören nur vv.12.13 bis מִצְרַיִם, v.15a ab וַיֹּאכַל und v.20 zu P; Gertz (2000) S. 186 hält 10,1-5ba.6b-20* für endredaktionell (ad vv.12-15 vgl. ebd. S. 140f.).

4   Im Bericht der Durchführung (v.22) werden die Satzkettenglieder וִיהִי חֹשֶׁךְ עַל־אֶרֶץ מִצְרַיִם וְיָמֵשׁ חֹשֶׁךְ ... *und es sei eine Finsternis in Ägypten, und man soll die Finsternis greifen* durch וַיְהִי חֹשֶׁךְ־אֲפֵלָה בְּכָל־אֶרֶץ מִצְרַיִם שְׁלֹשֶׁת יָמִים *Da war eine dichte Finsternis im ganzen Lande Ägypten drei Tage lang* aufgenommen. Hier trägt also auch der letzte w.juss den Ton der Aufforderung: es ist nicht irgendeine Finsternis, sondern eine besonders schlimme. Dies stützt auch v.23a, der nach Levin (1993) S. 338 allerdings eine nachträgliche Ergänzung ist ("Die Plage ist in V.23a nachträglich verschärft worden [...]."). Gertz (2000) S. 163-166.187 hält die vv.21-29 für endredaktionell.

5   Nach Levin (1993) S. 345 gehören die vv.16-18.21aα(bis הַיָּם 1°).b.22-23 zur Priesterschrift; ebenso Gertz (2000) S. 231. — Andersen (1974) S. 151 sieht hier zusammen mit dem folgenden Nominalsatz und dem w.juss und w.kohort in v.17 einen 'contrastive sentence'. Es stellt sich aber die Frage, ob hier eine Satzkette oder ob in v.17 nicht ein durch וַאֲנִי und besonders durch הִנְנִי markierter Neueinsatz vorliegt. In Ex 2,9, eine Stelle, die Andersen (ebd.) ebenfalls anführt, ist die Sachlage eine etwas andere, dort vertritt das w.x.imperf wahrscheinlich ein perf consec (vgl. hierzu unten Kap. 5.3).

6   Nach Levin (1993) S. 345 gehören die vv.27(bis הַיָּם 1°).28-29 zur Priesterschrift; nach Gertz (2000) S. 231 gehören die vv.27aα₁.28a.29 zu P.

7   Es wird nicht erwähnt, daß eine Hungersnot herrscht, aber der Text 2Reg 4,42-44 schließt an 4,38-41 an, wo eine solche genannt wird (vgl. Fritz [1998] S. 27: "Obwohl ursprünglich wohl eine selbständige Überlieferung, steht die Geschichte unter dem Vorzeichen der in V. 38 mitgeteilten Hungersnot, so erhält das Wunder der Speisung der Hundert noch ein zusätzliches Gewicht. Möglicherweise handelt es sich aber um eine redaktionelle Bildung [...], die den Propheten in seinem sozialen Engagement besonders hervorheben soll."; vgl. auch Gray [1970] S. 501; Würthwein [1984] S. 296).

beide Satzkettenglieder aufgenommen: וַיִּתֵּן לִפְנֵיהֶם וַיֹּאכְלוּ *Da gab er es vor sie, und sie aßen und ließen noch übrig, wie Jahwe gesagt hatte.* Hier liegt der Ton der Satzkette auf dem w.juss, denn man soll die (wenigen) Brote essen.

In Jos 18,4f. beauftragt Josua Israel, das Land zu vermessen: הָבוּ לָכֶם שְׁלֹשָׁה אֲנָשִׁים לַשָּׁבֶט וְאֶשְׁלָחֵם וְיָקֻמוּ וְיִתְהַלְּכוּ בָאָרֶץ וְיִכְתְּבוּ אוֹתָהּ לְפִי נַחֲלָתָם וְיָבֹאוּ אֵלָי 4 *Gebt drei Männer pro Stamm, (und) ich will sie schicken, und sie sollen sich aufmachen und das Land durchwandern und es aufschreiben nach ihren Erbteilen und zu mir kommen, 5 dergestalt daß sie es unter sich teilen[1] in sieben Teile.* Hier scheint der vorletzte und nicht der letzte w.juss den Ton der Aufforderung zu tragen. Es geht aber in Jos 18 um die Verteilung des restlichen Landes an sieben Stämme. Diese Verteilung erfolgt durch das Los durch Josua. Von daher ist es wichtig, daß die Kundschafter nach dem Aufschreiben der Grenzen wieder zurückkommen zu Josua. Dies zeigt der Bericht der Durchführung in v.8, der wiederum eine Aufforderung enthält.[2] וַיָּקֻמוּ הָאֲנָשִׁים וַיֵּלֵכוּ וַיְצַו יְהוֹשֻׁעַ אֶת־הַהֹלְכִים לִכְתֹּב אֶת־הָאָרֶץ לֵאמֹר לְכוּ וְהִתְהַלְּכוּ בָאָרֶץ וְכִתְבוּ אוֹתָהּ וְשׁוּבוּ אֵלַי וּפֹה אַשְׁלִיךְ לָכֶם גּוֹרָל לִפְנֵי יְהוָה בְּשִׁלֹה *Als sich die Männer aufmachten und gingen, gebot Josua den Gehenden, das Land aufzuschreiben: Geht und durchzieht das Land und schreibt es auf und kehrt zu mir zurück, und ich will hier das Los für euch vor Jahwe in Silo werfen.* Zwar wird auch hier Wert auf das Aufschreiben der Landesgrenzen gelegt (dies zeigt der l.inf לִכְתֹּב אֶת־הָאָרֶץ), dennoch bildet das Zurückkommen zu Josua, in diesem Fall sogar das w.x.imperf וּפֹה אַשְׁלִיךְ, den Abschluß und Höhepunkt des Auftrags, denn dann soll das Land verlost werden.[3] Im Bericht der Durchführung dieser Aufforderung (vv.9f.) werden dann alle imp und das w.x.imperf aufgenommen:

---

[1] Zu dieser Übersetzung des perf consec vgl. unten Kap. 4.4.

[2] Allerdings muß in c.18 mit literarkritischen Spannungen gerechnet werden, vgl. z.B. Görg (1991) S. 82: "Der Abschnitt 18¹⁻¹⁰ ist nicht einheitlich. Doppelungen, wie die zweimal artikulierte Absicht des Loswurfs 6b.8b, der dreifache Befehl zur Aufzeichnung des Landes 4b.6a.8b verbunden mit dem unmotivierten Adressatenwechsel, der Widerspruch in der Verteilungskompetenz zwischen 5b und 10b und das Schwanken in der Bezeichnung der Kommission und des Landes lassen einen sukzessiven Ausbau eines Grundbestandes vermuten, der wahrscheinlich innerhalb von 3f.8a.9 und 10b zu suchen ist und lediglich eine Darstellung zur Ausführung des Auftrags zur Landverteilung enthalten haben dürfte." Zu vv.8f. bemerkt Görg ebd. S. 83: "In Fortsetzung des Grundtextes wird die Ausführung des Auftrags festgestellt, anschließend aber mit der erneuten Wiedergabe des Auftrags fortgeschrieben." Die Grundschicht ist nach Görg auch in vv.3f. greifbar (vgl. ebd. S. 82).

[3] So bemerkt Hertzberg (1985) S. 109: "Wichtiger aber ist, daß offenbar mit Absicht die Worte 'aufschreiben' und 'verlosen' so oft und so eindrucksvoll wie möglich verwendet wurden, um mit denkbar größter Deutlichkeit klar zu machen, worauf es hier dem Verfasser ankommt." Woudstra (1981) S. 273 schreibt: "The men appointed are

9 וַיֵּלְכוּ הָאֲנָשִׁים וַיַּעַבְרוּ בָאָרֶץ וַיִּכְתְּבוּהָ לֶעָרִים לְשִׁבְעָה חֲלָקִים עַל־סֵפֶר
וַיָּבֹאוּ אֶל־יְהוֹשֻׁעַ אֶל־הַמַּחֲנֶה שִׁלֹה 10 וַיַּשְׁלֵךְ לָהֶם יְהוֹשֻׁעַ גּוֹרָל בְּשִׁלֹה לִפְנֵי
יְהוָה וַיְחַלֶּק־שָׁם יְהוֹשֻׁעַ אֶת־הָאָרֶץ לִבְנֵי יִשְׂרָאֵל כְּמַחְלְקֹתָם

*9 Da gingen die Männer und durchzogen das Land und schrieben es auf
nach den Städten in sieben Teilen in ein Buch und kamen zu Josua in das
Lager nach Silo, 10 und Josua warf für sie das Los in Silo vor Jahwe,
und Josua teilte dort das Land vor den Israeliten nach ihren Teilen.*

In 1Reg 13,18 berichtet ein Prophet einem anderen, er habe den Auftrag von Jahwe durch einen Boten bekommen, ihn zurückzubringen, und
in seinem Haus mit ihm zu essen und zu trinken: הֲשִׁבֵהוּ אִתְּךָ אֶל־
בֵּיתֶךָ וְיֹאכַל לֶחֶם וְיֵשְׁתְּ מָיִם *Bring ihn mit dir in dein Haus, damit er Brot
esse und Wasser trinke.* Im Bericht der Durchführung (v.19) werden alle
Satzkettenglieder aufgenommen: וַיָּשָׁב אִתּוֹ וַיֹּאכַל לֶחֶם בְּבֵיתוֹ וַיֵּשְׁתְּ מָיִם
*Da brachte er ihn zu sich, und er aß Brot in seinem Haus und trank Was-
ser.* Im jetzigen Kontext[1] werden immer die drei Satzkettenglieder erwähnt. Von daher kann man annehmen, daß es sich um gleichwertige
Satzkettenglieder handelt. In dem ersten Verbot an den Gottesmann (v.9)
wird das erste Satzkettenglied ebenfalls erwähnt: לֹא־תֹאכַל לֶחֶם וְלֹא
תִשְׁתֶּה־מָּיִם וְלֹא תָשׁוּב בַּדֶּרֶךְ אֲשֶׁר הָלָכְתָּ *Iß kein Brot und trinke kein
Wasser und kehre nicht zurück auf dem Weg, auf dem du gekommen bist.*
Es ist allerdings zu fragen, ob nicht die beiden (gleichwertigen) w.juss in
v.18 den Ton der Satzkette tragen.

In 1Chr 21,22 fordert David Arauna auf, ihm seine Tenne zu geben,
um einen Altar für Jahwe bauen zu können: תְּנָה־לִּי מְקוֹם הַגֹּרֶן וְאֶבְנֶה־בּוֹ
מִזְבֵּחַ לַיהוָה בְּכֶסֶף מָלֵא תְּנֵהוּ לִי וְתֵעָצַר הַמַּגֵּפָה מֵעַל הָעָם *Gib mir den
Platz der Tenne, (und) ich will auf ihm einen Altar für Jahwe bauen. Für
den vollen Preis gib ihn mir, damit die Plage für das Volk aufhört.* Voraus geht, daß David eine Volkszählung angeordnet hat, und Gott Da-
vid/Israel dafür bestraft. David fleht um Gnade und erhält den Auftrag,
auf der Tenne Araunas einen Altar zu errichten (v.18). In der ersten Satzkette תְּנָה־לִּי מְקוֹם הַגֹּרֶן וְאֶבְנֶה־בּוֹ מִזְבֵּחַ לַיהוָה trägt also der w.kohort den
Ton. In der zweiten Satzkette בְּכֶסֶף מָלֵא תְּנֵהוּ לִי וְתֵעָצַר הַמַּגֵּפָה מֵעַל
הָעָם trägt ebenfalls der w.juss und nicht der imp den Ton, denn es geht in
der Geschichte darum, daß Jahwe die Plage von den Israeliten nehmen
soll. Im Bericht der Durchführung wird dies in v.27 aufgenommen:
וַיֹּאמֶר יְהוָה לַמַּלְאָךְ וַיָּשֶׁב חַרְבּוֹ אֶל־נְדָנָהּ *Da sprach Jahwe mit dem Boten,
und er steckte sein Schwert zurück in seine Scheide.* Voraus geht auch der
Bericht der Durchführung des w.kohort (v.26) וַיִּבֶן שָׁם דָּוִיד מִזְבֵּחַ לַיהוָה

---

to come back to Joshua (v. 4; cf. v. 6), who is here seen as the sole agent of the al-
lotment (cf. 14:1, where others also participate)."

[1] Zur Literarkritik in 1Reg 13 vgl. z.B. Fritz (1996) S. 142 mit Hinweis auf Würthwein; Würthwein (1985) S. 166-172. Bei den vv.18.20-22 und 32 handelt es sich
wahrscheinlich um sekundäre Zusätze.

Da baute David dort einen Altar für Jahwe .... Die Durchführung der beiden imp תְּנָה und תְּנֵהוּ wird in v.25 nur indirekt berichtet: וַיִּתֵּן דָּוִיד לְאָרְנָן בַּמָּקוֹם שִׁקְלֵי זָהָב מִשְׁקָל שֵׁשׁ מֵאוֹת *Da gab David Arauna für den Platz 600 Schekel aus Gold.*

Weitere Belegstellen von Aufforderungen, bei denen in der Regel das letzte Satzkettenglied den Ton der Aufforderung trägt, mit Berichten der Durchführung beider/aller[1] Satzkettenglieder:[2] Gen 24,2-4.(9); 24,56.(59ff.)?; 29,27.(28); 35,2f.(4-7)[3]; 48,9.(10ff.); Ex 7,26 (8,4);[4] 10,17.(18f.[5]); Dtn 1,13.(15)?; 10,1f.(3ff.); 31,14a.(14b-15.23)[6]; Jos 10,4.(5)[7]; Jdc 1,3a.(3b.4)?[8]; 4,22a.(22b)?[1]; 7,4.(5)[2]; 19,13.(14ff);[3] 1Sam

---

[1] Es werden auch Stellen aufgenommen, in denen im Bericht der Durchführung die Aufnahme eines mittleren Satzkettengliedes fehlt.

[2] Die Berichte der Durchführung werden in Klammern angegeben; auf literarkritische Brüche wird nur in Ausnahmen hingewiesen (vgl. zum Problem Literarkritik/ Grammatik das in Kap 1.4 Gesagte).

[3] Der w.kohort וְאֶעֱשֶׂה wird in v.7 durch וַיִּבֶן wiedergegeben. Wichtig ist, daß Jakob einen Altar baut (vgl. auch v.1).

[4] Hier wird וְיַעַבְדֻנִי durch וְיִזְבְּחוּ לַיהוָה wiedergegeben. Es handelt sich in 8,4 aber nicht um einen Bericht der Durchführung, sondern um eine Rede des Pharao, in der er unter Bedingungen auf die Forderung Jahwes durch Mose eingeht. — Nach Gertz (2000) S. 185 gehören 7,26f.28* und 8,9b-11aβ zum nichtpriesterschriftlichen Teil der Froschplage, 8,4-9a* gehe auf die Endredaktion zurück (vgl. ebd. S. 186), 8,1-3 rechnet Gertz zu P (vgl. ebd. S. 113).

[5] Der Ausdruck וְיָסֵר מֵעָלַי רַק אֶת־הַמָּוֶת הַזֶּה *daß er wende von mir nur diesen Tod* (v.17) wird im Bericht der Durchführung (v.19) aufgenommen durch וַיַּהֲפֹךְ יְהוָה רוּחַ־יָם חָזָק מְאֹד *Da wandte Jahwe den (Wind in einen) sehr starken Westwind* .... Die Heuschrecken waren zuvor durch einen Ostwind (v.13) aufgekommen.

[6] Zur Literarkritik vgl. z.B. Rose (1994) S. 559-563; von Rad (1983) S. 135. Nach Kratz (2000) S. 135 gehören die vv.14f.23 zusammen: "Zwischen 31,1-8 und 34,1ff schob sich als nächstes die Niederschrift des Gesetzes in 31,9-13.24-26a mit Nachwort in 32,46f, die ebenfalls der Verklammerung dient (vgl. Jos 1,7.8f), *dazwischen wiederum die Weihe Josuas in 31,14f.23.*" (*Hervorhebung von J. Diehl*).

[7] וְנַכֶּה אֶת־גִּבְעוֹן *und wir wollen Gibeon schlagen* in v.4 wird wiedergegeben durch וַיַּחֲנוּ עַל־גִּבְעוֹן וַיִּלָּחֲמוּ עָלֶיהָ *und schlugen ihr Kriegslager gegen Gibeon auf und kämpften gegen es.*

[8] Im Bericht der Durchführung wird die Aufforderung nicht mit gleichen Lexemen und Personen aufgenommen. Die Aufforderung (v.3a) lautet: *Da sprach Juda zu seinem Bruder Simeon:* עֲלֵה אִתִּי בְגוֹרָלִי וְנִלָּחֲמָה בַּכְּנַעֲנִי *Zieh mit mir in mein Losteil, und laß uns gegen die Kanaanäer kämpfen, dann will auch ich mit dir in dein Losteil ziehen* (perf consec). Der Bericht der Durchführung (vv.3b.4) lautet hingegen: וַיֵּלֶךְ 3 וַיַּעַל יְהוּדָה וַיִּתֵּן יְהוָה אֶת־הַכְּנַעֲנִי וְהַפְּרִזִּי בְּיָדָם 4 אִתּוֹ שִׁמְעוֹן *Da zog Simeon mit ihm.* 4 וַיַּכּוּם בְּבֶזֶק עֲשֶׂרֶת אֲלָפִים אִישׁ *Als Juda hinaufzog, da gab Jahwe die Kanaanäer und Perisiter in ihre Hand, und sie schlugen sie bei Besek, 10000 Mann.* Der eigentliche Bericht der Durchführung steht in v.3b (von daher wäre die Stelle eher in Kap. 3.4.2 einzuordnen), wo lediglich der imp durch ein imperf consec mit anderem Lexem aufgenommen ist. Dennoch trägt der w.kohort den Ton der Aufforderung, was auch v.4 zeigt. Das perf consec wird erst in v.17 aufgenommen.

26,11.(12)[4];   2Sam   20,16.(17ff.);   20,21.(22)[5];   1Reg   13,6a.(6b)[6]; 21,9f.(11ff.)[7];   2Reg   5,5a.(5b.6)[8];   17,27.(28)?[9];   Jer   42,2f.(4)[10];   Ez 2,1.(2)[11]; 1Chr 21,2.(4f.)[12].

---

[1] Die Durchführung des w.kohort wird indirekt durch einen הנה-Satz berichtet. Der w.kohort trägt aber deutlich den Ton. Daß Barak zu Jaël kommen soll, ist nur die Voraussetzung dafür, daß dieser ihm Sisera zeigt.

[2] Der w.kohort אֶצְרְפֶנּוּ לְךָ שָׁם *Ich will sie dort für dich prüfen* wird durch die direkte Rede in v.5 breit aufgenommen.

[3] Hier der w.kohort, der durch das folgende perf consec näher erläutert wird.

[4] Auch hier trägt der w.kohort den Ton der Äußerung, nicht der imp. Voraus (vv.7-11a) geht, daß David und Abischai in die Wagenburg Sauls schleichen und Saul schlafend auf dem Boden vorfinden und dessen Speer in der Erde steckend. Abischai will daraufhin Saul mit einem (Sauls?) Speer töten. David wendet ein, daß sie Saul nicht töten dürfen, denn er sei der Gesalbte Jahwes, und es sei Jahwes Sache, Saul zu töten. David fordert Abischai dann auf, den Speer und den Wasserkrug Sauls zu nehmen und *zu gehen*, nicht, Saul *zu töten*, wie Abischai es tun wollte. Interessant ist an der Stelle, daß David dann Speer und Krug nimmt (v.12), nicht Abischai (vgl. hierzu auch Hertzberg [1968] S. 170). — Zu den literarkritischen Erwägungen, v.12 schließe an v.5 an, vgl. Stoebe (1973) S. 468.

[5] Bericht der Durchführung mit anderen Lexemen und breiter.

[6] Wichtig ist für Jerobeam, daß er seine Hand wieder bewegen kann, daß der Gottes-mann Jahwe bittet, ist (nur) die Voraussetzung dafür. Der w.juss (Objektsatz, vgl. S. 198) trägt also den Ton der Aufforderung.

[7] Auch hier trägt der letzte w.juss den Ton. Wichtig ist, daß Nabot stirbt. Das ist der Zweck der Aufforderung. — Vgl. auch S. 255 die Anm. zur Stelle.

[8] Der w.kohort trägt den Ton der Aufforderung, der Brief spielt in vv.6f. eine große Rolle. Man kann die Satzkette לֶךְ־בֹּא וְאֶשְׁלְחָה סֵפֶר אֶל־מֶלֶךְ יִשְׂרָאֵל wie folgt para-phrasieren: *Geh du nur beruhigt nach Israel, ich will dem König von Israel einen Brief schreiben.*

[9] Die Stelle ist textkritisch unklar. וַיֵּלְכוּ וַיֵּשְׁבוּ שָׁם muß entweder sg. sein (vgl. Delitsch [1920] Nr. 37b) oder ist zu streichen (so App. BHS). — Der letzte w.juss der Aufforderung trägt den Ton, er gibt den Zweck der Aufforderung an.

[10] Hier liegt kein "echter" Bericht der Durchführung vor. Jeremia geht auf den Vor-schlag ein und verspricht, alles, was Gott ihm sagt, den Hauptleuten des Heeres kundzutun. Der w.juss der Aufforderung (v.3) trägt den Ton, er gibt den Zweck an, warum Jeremia zu Jahwe beten soll. — Das erste Satzkettenglied der Aufforderung ist ein juss, kein imp.

[11] Die Aufforderung (v.1) בֶּן־אָדָם עֲמֹד עַל־רַגְלֶיךָ וַאֲדַבֵּר אֹתָךְ *Menschensohn, stell dich auf deine Füße, daß/damit ich mit dir rede* wird im Bericht der Durchführung (v.2) wie folgt aufgenommen: וַתָּבֹא בִי רוּחַ כַּאֲשֶׁר דִּבֶּר אֵלַי וַתַּעֲמִדֵנִי עַל־רַגְלָי וָאֶשְׁמַע אֵת מִדַּבֵּר אֵלָי *Da kam (der) Geist in mich, als er mit mir redete, und ich stellte mich auf meine Füße und hörte den, der mit mir redete.* Die zweifache Auf-nahme des Lexems דבר macht hier deutlich, daß der w.kohort den Ton der Aufforderung trägt.

[12] Hier trägt der w.kohort deutlich den Ton der Aufforderung. Die Zählung Israels wird im Bericht der Durchführung nicht explizit erwähnt. Der w.kohort וְאֵדְעָה אֶת־מִסְפָּרָם *damit ich ihre Zahl kenne* wird hingegen in v.5 breit aufgenommen: וַיִּתֵּן יוֹאָב אֶת־מִסְפַּר מִפְקַד־הָעָם אֶל־דָּוִיד *Da gab Joab David die Zahl des gemusterten Volkes (an).*

3.4.4   Gleichwertige Satzkettenglieder

Bei reinen Imperativketten gibt es Satzketten mit Wertigkeitsgefälle, das sind Satzketten, in denen der letzte imp den Ton der Kette trägt, und es gibt Satzketten mit gleichwertigen imp. So z.B. die Kette אֱכֹל וּשְׁתֵה in Prv 23,7[1]. Kriterium für gleichwertige imp in Imperativketten ist die Austauschbarkeit der beiden imp. אֱכֹל וּשְׁתֵה hat die gleiche Aussage wie שְׁתֵה וֶאֱכֹל*, auch wenn diese Imperativkette so nicht belegt ist. Bei Satzketten des Typs < imp - w.kohort > bzw. < imp - w.juss > gibt es ebenfalls gleichwertige Satzkettenglieder. Diese sind allerdings sehr selten belegt.

Eine solche Satzkette kommt in Jer 9,19 vor: כִּי־שְׁמַעְנָה נָשִׁים דְּבַר־ יְהוָה וְתִקַּח אָזְנְכֶם דְּבַר־פִּיו וְלַמֵּדְנָה בְנוֹתֵיכֶם נֶהִי וְאִשָּׁה רְעוּתָהּ קִינָה *Ja, hört, ihr Frauen, das Wort Jahwes, und euer Ohr soll (an)nehmen die Rede seines Mundes, und lehrt eure Töchter ein Klagelied und eine Frau ihre Freundin Wehklage.* Der imp שְׁמַעְנָה und der w.juss וְתִקַּח אָזְנְכֶם sind hier sicherlich gleichwertig. Allerdings trägt in dieser Satzkette der zweite w.imp וְלַמֵּדְנָה den Ton der gesamten Satzkette.

Eine ähnliche Wendung liegt in Dtn 32,1 vor: הַאֲזִינוּ הַשָּׁמַיִם וַאֲדַבֵּרָה וְתִשְׁמַע הָאָרֶץ אִמְרֵי־פִי *Hört aufmerksam zu, ihr Himmel, (und) ich will reden,[2] und die Erde höre die Worte meines Mundes.* Der imp הַאֲזִינוּ und der w.juss וְתִשְׁמַע sind hier sicherlich gleichwertig. Der Ton liegt sicher nicht darauf, daß die Erde hört. Sowohl Himmel als auch Erde sollen auf den Sprecher hören.[3]

Evtl. ist auch Mi 6,1 so zu verstehen: *Hört, was Jahwe redet:* קוּם רִיב אֶת־הֶהָרִים וְתִשְׁמַעְנָה הַגְּבָעוֹת קוֹלֶךָ *Auf[4], hadere mit den Bergen, und es mögen die Hügel deine Stimme hören.* Hier sind der imp רִיב und der w.juss וְתִשְׁמַעְנָה sicherlich ebenfalls gleichwertig.

Ebenfalls gleichwertige imp/w.juss liegen wohl in Neh 9,5 vor: קוּמוּ בָּרֲכוּ אֶת־יְהוָה אֱלֹהֵיכֶם מִן־הָעוֹלָם עַד־הָעוֹלָם וִיבָרְכוּ שֵׁם כְּבוֹדֶךָ *Auf, lobet Jahwe, euren Gott von Ewigkeit zu Ewigkeit! Sie sollen den Namen deiner Herrlichkeit loben, der erhoben ist über allem Lobpreis und Ruhm.* Der imp und der w.juss stammen von derselben Wurzel. Adressat beider Aufforderungen (imp und w.juss) sind dieselben Personen, wenn auch der w.juss direkt zu Jahwe, der imp zum Volk gesprochen wird.[5]

---

[1]   Vgl. oben Kap. 2.3.

[2]   Der w.kohort ist evtl. kausal aufzufassen (vgl. S. 202 zur Stelle).

[3]   Allerdings ist hier nicht ganz klar, ob eine Satzkette vorliegt oder nicht zwei eigenständige Äußerungen, denn der imp und der w.juss stehen hier in einem poetischen Text in zwei unterschiedlichen Kola. Bei reinen Imperativketten ist bei solchen Stellen die Satzkettenabgrenzung schwierig.

[4]   קוּם ist hier sicherlich Interjektion.

[5]   Es liegt hier ein Adressatenwechsel vor. Evtl. ist darin ein Indiz dafür zu sehen, daß hier zwei Äußerungen vorliegen (nach dem Schriftbild der BHS liegt ein Wechsel

Ebenfalls gleichwertige imp und w.juss liegen in Jdc 9,19 vor: *Wenn ihr heute in Treue und Aufrichtigkeit an Jerubbaal und an seinem Haus gehandelt habt,* שִׂמְחוּ בַאֲבִימֶלֶךְ וְיִשְׂמַח גַּם־הוּא בָּכֶם *dann freut euch über Abimelech, und auch er freue sich über euch!* Daß hier der imp und der w.juss gleichwertig sind, zeigt auch v.20: וְאִם־אַיִן תֵּצֵא אֵשׁ מֵאֲבִימֶלֶךְ וְתֹאכַל אֶת־בַּעֲלֵי שְׁכֶם וְאֶת־בֵּית מִלּוֹא וְתֵצֵא אֵשׁ מִבַּעֲלֵי שְׁכֶם וּמִבֵּית מִלּוֹא וְתֹאכַל אֶת־אֲבִימֶלֶךְ *Und wenn nicht, dann gehe Feuer aus von Abimelech und fresse die Bürger Sichems und Bet-Millo, und es gehe Feuer aus von den Bürgern Sichems und von Bet-Millo und fresse Abimelech.* In v.20 sind die beiden Versteile gleichwertig; von der einen Partei soll Feuer ausgehen und die andere Partei fressen und umgekehrt. Von daher sind auch der imp שִׂמְחוּ und der w.juss וְיִשְׂמַח in v.19 als gleichwertig anzusehen. Nicht gleichwertig sind hingegen der imp שִׁמְעוּ und der w.juss וְיִשְׁמַע in v.7: שִׁמְעוּ אֵלַי בַּעֲלֵי שְׁכֶם וְיִשְׁמַע אֲלֵיכֶם אֱלֹהִים *Hört auf mich, ihr Bürger Sichems, damit Gott auf euch hört.* Diese Stelle ist sehr wahrscheinlich final aufzufassen, d.h. der w.juss gibt den Zweck der Aufforderung an. Von daher liegt schon auf syntaktischer Ebene ein Wertigkeitsgefälle vor.

Ebenfalls gleichwertige imp und w.kohort liegen evtl. in Ps 34,4 vor: גַּדְּלוּ לַיהוָה אִתִּי וּנְרוֹמְמָה שְׁמוֹ יַחְדָּו *Achtet mit mir Jahwe groß, (und) wir wollen zusammen seinen Namen preisen.*[1] So ist wohl auch Gen 24,60 zu verstehen: אֲחֹתֵנוּ אַתְּ הֲיִי לְאַלְפֵי רְבָבָה וְיִירַשׁ זַרְעֵךְ אֵת שַׁעַר שֹׂנְאָיו *Du bist unsere Schwester. Werde zu Tausenden von Zehntausenden, und dein Same soll in Besitz nehmen das Tor seiner Feinde.* Auch hier kann der imp und der w.juss als gleichwertig angesehen werden.[2]

In Qoh 11,9 kommen wohl gleichwertige imp und w.juss vor: שְׂמַח בָּחוּר בְּיַלְדוּתֶיךָ וִיטִיבְךָ לִבְּךָ בִּימֵי בְחוּרוֹתֶךָ וְהַלֵּךְ בְּדַרְכֵי לִבְּךָ וּבְמַרְאֵי עֵינֶיךָ וְדַע כִּי עַל־כָּל־אֵלֶּה יְבִיאֲךָ הָאֱלֹהִים בַּמִּשְׁפָּט *Freue dich, Jüngling, in (an?) deiner Jugend, laß deinem Herzen wohl sein in (an?) deinen Jugendtagen! Geh, wohin dein Herz dich weist und deine Augen dich locken! [Wisse aber, daß Gott dich wegen all dessen ins Gericht führen wird!]*[3]

Sehr häufig kommen auch zwei gleichwertige w.kohort bzw. w.juss nach einem imp vor. Die w.kohort bzw. w.juss tragen dann den Ton der gesamten Satzkette. In Dtn 32,7 und Hi 12,7f. ist dies sehr deutlich. In Dtn 32,7 heißt es: שְׁאַל אָבִיךָ וְיַגֵּדְךָ זְקֵנֶיךָ וְיֹאמְרוּ לָךְ *Frage doch deinen Va-*

---

von Prosa nach Poesie vor). Von daher läge hier nicht eine Satzkette, sondern zwei Äußerungen vor.

[1] Vgl. S. 180 Anm. 3 zu Dtn 32,1.
[2] Allerdings ist auch hier unklar, ob wirklich eine Satzkette oder nicht zwei unabhängige Sätze vorliegen (vgl. S. 180 Anm. 3 zu Dtn 32,1).
[3] Übersetzung von Michel (1988) S. 166.

ter, und er soll es dir verkünden, deine Greise, die sollens dir sagen. Der imp hat Double-Duty-Funktion, er regiert zum einen das Objekt אָבִיךָ, an das der w.juss וְיַגֵּדְךָ anschließt, zum anderen das Objekt זְקֵנֶיךָ, an das der w.juss וְיֹאמְרוּ anschließt. Beide w.juss haben die gleiche Bedeutung – sind also gleichwertig – und tragen zusammen den Ton der Satzkette. In Hi 12,7f. kommt ein ähnlicher Fall vor: 7 וְאוּלָם שְׁאַל־נָא בְהֵמוֹת וְתֹרֶךָ וְעוֹף הַשָּׁמַיִם וְיַגֶּד־לָךְ 8 אוֹ שִׂיחַ לָאָרֶץ וְתֹרֶךָ וִיסַפְּרוּ לְךָ דְּגֵי הַיָּם *Nichtsdestoweniger frage doch das Vieh, das soll es dir zeigen, und die Vögel des Himmels, die sollen es dir verkündigen, 8 oder [das Gewürm[1]] der Erde, das soll es dir zeigen, und es sollen dir's erzählen die Fische des Meeres.* Auch hier regiert der imp mehrere Objekte, an die sich w.juss anschließen. Daß diese w.juss gleichwertig sind, wird zum einen dadurch deutlich, daß sie identisch sind (וְתֹרֶךָ in vv.7 und 8), zum anderen an der Konjunktion אוֹ in v.8. Innerhalb der gesamten Satzkette gibt es ein Wertigkeitsgefälle vom imp zu den w.juss, letztere tragen nach der obigen Analyse den Ton der Satzkette. Die w.juss untereinander sind gleichwertig.

So ist auch 2Chr 1,10 zu verstehen: עַתָּה חָכְמָה וּמַדָּע תֶּן־לִי וְאֵצְאָה לִפְנֵי הָעָם־הַזֶּה וְאָבוֹאָה כִּי *Nun: Weisheit und Einsicht gib mir, und ich will herausgehen vor diesem Volk und hereinkommen, denn wer kann dieses, dein großes Volk richten?[2]*

In Jes 55,2 liegen in וְאִכְלוּ und וְתִתְעַנַּג gleichwertige imp und w.juss vor: שִׁמְעוּ שָׁמוֹעַ אֵלַי וְאִכְלוּ־טוֹב וְתִתְעַנַּג בַּדֶּשֶׁן נַפְשְׁכֶם *Hört doch auf mich, dann sollt ihr Gutes essen* (wörtlich: *und eßt Gutes*), *und eure Seele soll sich an Fett laben.* Beide tragen wohl den Ton der Äußerung.[3] So ist wohl auch Jer 38,20 zu verstehen: שְׁמַע־נָא בְּקוֹל יְהוָה לַאֲשֶׁר אֲנִי דֹּבֵר

---

1   Vgl. Gesenius-Buhl (1915) Sp. 783a; HALAT Sp. 1231a schlägt חַיַּת vor, ebenso Bobzin (1974) S. 187: "חַיַּת הָ[אָרֶץ]". Aber auch der imp würde hier Sinn haben (Vgl. Clines [1989] S. 275.279): *oder: rede zur Erde, die soll es dir zeigen ….* Dann lägen zwei Satzketten des Typs < imp - w.juss - … > vor, die durch אוֹ verbunden sind.

2   Allerdings ist hier unklar, ob der imp oder die w.kohort den Ton der Satzkette tragen. Aus v.11 könnte man den Schluß ziehen, daß die w.kohort den Ton der Satzkette tragen, da sie final aufzufassen sind: ... וַתִּשְׁאַל־לְךָ חָכְמָה וּמַדָּע אֲשֶׁר תִּשְׁפּוֹט אֶת־עַמִּי אֲשֶׁר הִמְלַכְתִּיךָ עָלָיו ... *sondern du hast dir Weisheit und Erkenntnis ausgebeten, damit du mein Volk richten kannst, über das ich dich zum König eingesetzt habe* (אֲשֶׁר leitet oft Finalsätze ein [vgl. Kap. 6.2.2]). In v.7 geht allerdings die Aufforderung שְׁאַל מָה אֶתֶּן־לָךְ *Bitte, was ich dir geben soll* durch Jahwe voraus, auf die Salomo hier antwortet. Dies spräche dafür, daß der imp den Ton der Satzkette in v.10 trägt.

3   Vgl. z.B. Westermann (1986) S. 226f. Westermann schreibt: "Das Besondere und Auffällige hier ist das, wozu die Imperative auffordern: zum Kaufen und Essen. Nun sind die Imperative in V. 1. 2a sicher als Bildworte zu verstehen; sie werden (z. T.) aufgelöst in der Aufforderung zum Hören V. 2b. 3a; jedoch hat auch diese Aufforderung zum Hören in auffälliger, fast paradoxer Weise *die Sättigung und Labung* zum Ziel." (hier S. 226, *Hervorhebung* von J. Diehl).

אֵלֶיךָ וְיִיטַב לָךְ וּתְחִי נַפְשֶׁךָ *Höre doch auf die Stimme Jahwes, in der ich zu dir rede, dann soll es dir gut gehen, und deine Seele soll leben.* Ähnlich Ps 90,14: שַׂבְּעֵנוּ בַבֹּקֶר חַסְדֶּךָ וּנְרַנְּנָה וְנִשְׂמְחָה בְּכָל־יָמֵינוּ *Sättige uns am Morgen mit deiner Loyalität, so wollen wir jubeln und uns freuen all unsere Tage.* Vgl. auch Ps 119,34.

Ebenfalls gleichwertige w.juss liegen in 2Reg 6,22[1] vor: שִׂים לֶחֶם וָמַיִם לִפְנֵיהֶם וְיֹאכְלוּ וְיִשְׁתּוּ וְיֵלְכוּ אֶל־אֲדֹנֵיהֶם *Setze ihnen Brot und Wasser vor, daß sie essen und trinken* (wörtlich: *und sie sollen essen und trinken*), *und sie sollen dann*[2] *zu ihrem Herrn gehen.* Hier trägt wohl der letzte w.juss den Ton der Satzkette, die w.juss וְיֹאכְלוּ וְיִשְׁתּוּ sind allerdings gleichwertig. Vgl. auch Dan 1,12f.

Hierher gehören wohl auch Stellen wie Gen 42,2: *Siehe, ich habe gehört, daß es in Ägypten Getreide gibt.* רְדוּ־שָׁמָּה וְשִׁבְרוּ־לָנוּ מִשָּׁם וְנִחְיֶה וְלֹא נָמוּת *Zieht dorthin hinab und kauft uns von dort Getreide, damit wir leben und nicht sterben.* Hier ist der w.kohort und das w.x.imperf sicherlich auch gleichwertig. Beide tragen wohl den Ton der Äußerung.[3] Die Wendung וְנִחְיֶה וְלֹא נָמוּת kommt auch in Gen 43,8 vor.

In Jer 9,16f. liegt ein ähnlicher Fall vor: 16 *So spricht Jahwe Zebaoth:*

הִתְבּוֹנְנוּ וְקִרְאוּ לַמְקוֹנְנוֹת וּתְבוֹאֶינָה וְאֶל־הַחֲכָמוֹת שִׁלְחוּ וְתָבוֹאנָה 17 וּתְמַהֵרְנָה וְתִשֶּׂנָה עָלֵינוּ נֶהִי וְתֵרַדְנָה עֵינֵינוּ דִּמְעָה וְעַפְעַפֵּינוּ יִזְּלוּ־מָיִם

Gebt acht und ruft Klageweiber herbei, daß sie kommen (wörtlich: *und sie sollen kommen*), *und nach Kundigen schickt, daß sie kommen* (wörtlich: *und sie sollen kommen*), 17 *und sie sollen herbeieilen, und ein Klagelied anstimmen über uns, damit unsere Augen von Tränen rinnen und unsere Augenwimpern fließen vor Wasser* (wörtlich: *und unsere Augen sollen ... rinnen, und unsere Augenwimpern sollen fließen ...*).

Hier sind wohl der w.juss וְתֵרַדְנָה עֵינֵינוּ דִּמְעָה und das w.x.imperf וְעַפְעַפֵּינוּ יִזְּלוּ־מָיִם gleichwertig und tragen den Ton der Äußerung.

In 2Sam 10,12 par. 1Chr 19,13 sind ein imp und ein w.kohort gleichwertig: חֲזַק וְנִתְחַזַּק בְּעַד־עַמֵּנוּ וּבְעַד עָרֵי אֱלֹהֵינוּ [4]וַיהוָה יַעֲשֶׂה הַטּוֹב בְּעֵינָיו *Sei stark, und laßt uns uns als stark erweisen für unser Volk und die Städte unseres Gottes, und Jahwe tue, was gut ist in seinen Augen.* Der imp חֲזַק und der w.kohort וְנִתְחַזְּקָה sind sicherlich als gleichwertig aufzufassen. Das w.x.imperf ist entweder von einem w.juss abgeleitet und trägt dann den Ton der Äußerung, oder es vertritt ein perf consec und ist den vorausgehenden imp und w.kohort untergeordnet.[5]

Es gibt also demnach auch Satzketten des Typs < imp - w.kohort/juss > mit gleichwertigen Satzgliedern. Allerdings sind diese bei weitem nicht so häufig belegt wie Satzketten mit Wertigkeitsgefälle.

Weitere Belege: Gen 27,29 u.ö.

---

[1] Vgl. auch oben S. 171 zur Stelle.
[2] Zu dieser Übersetzung vgl. unten S. 201 zur Stelle.
[3] Vgl. hierzu unten S. 306 zur Stelle.
[4] In 1Chr 19,13 steht statt וַיהוָה יַעֲשֶׂה הַטּוֹב בְּעֵינָיו der Satz וַיהוָה הַטּוֹב בְּעֵינָיו יַעֲשֶׂה.
[5] Vgl. zu diesem Gebrauch von w.x.imperf unten Kap. 5.

3.4.5   ZUSAMMENFASSUNG/ERGEBNIS

Bei der Kontextanalyse hat sich gezeigt, daß bei Satzketten des Typs
< imp - w.kohort/juss > ebenfalls das letzte Satzkettenglied den Ton der
Satzkette trägt. Dies ließ sich allerdings nicht so stringent erweisen wie
bei reinen Imperativketten. Für viele der Stellen, bei denen im Bericht
der Durchführung der imp und nicht der w.kohort/juss aufgenommen
wird, lassen sich jedoch Argumente anführen, warum doch das letzte
Satzkettenglied den Ton der Satzkette trägt.

In einigen Fällen sind auch gleichwertige Satzkettenglieder zu beobachten.

3.5   SYNTAKTISCHE FUNKTIONEN VON W.JUSS UND W.KOHORT NACH IMP

Es wurde in Kap 1.3.1 auf den Unterschied zwischen Oberflächen- und
Tiefenstruktur eines Satzgefüges hingewiesen. Dies wurde an dem deutschen Satz "Sie fahren mit Abstand am besten" deutlich gemacht. Dieser
Satz kann auf der Ebene der Tiefenstruktur verschiedene Bedeutungen
haben: der Angeredete kann unter einer Anzahl von Autofahrern der beste sein, oder: der Angeredete fährt am sichersten, wenn er Abstand hält.
Auch in der Oberflächenstruktur parataktische Satzketten können in der
Tiefenstruktur hypotaktisch verstanden werden. Es wurde hier das Beispiel "Es regnet, und Karl wird naß" angeführt. Dieser Satz kann auch
hypotaktisch verstanden werden: 1. "Es regnet, so daß Karl naß wird"; 2.
"Weil es regnet, wird Karl naß"; 3. "Wenn es regnet, wird Karl naß".

Für reine Imperativketten hatte sich gezeigt, daß diese in der Tiefenstruktur ebenfalls hypotaktische Satzgefüge (Funktion Implizite Hypotaxe [final/konsekutiv] und [konditional]) ausdrücken können. Hier wird
nun nach den syntaktischen Funktionen von Satzketten des Typs < imp -
w.kohort > bzw. < imp - w.juss >, die ja in der Oberflächenstruktur als
parataktische Satzketten realisiert sind, gefragt.

3.5.1   SYNTAKTISCHE FUNKTION: PARATAXE

Oft sind Satzketten des Typs < imp - w.kohort > bzw. < imp - w.juss >
auch in der Tiefenstruktur als parataktisch aufzufassen.

In Jdc 9,19 kommen gleichwertige imp und w.juss vor, die auch in der
Tiefenstruktur parataktisch aufzufassen sind: *Wenn ihr heute in Treue
und Aufrichtigkeit an Jerubbaal und an seinem Haus gehandelt habt,*
שִׂמְחוּ בַאֲבִימֶלֶךְ וְיִשְׂמַח גַּם־הוּא בָּכֶם *dann freut euch über Abimelech, und
auch er freue sich über euch!* שִׂמְחוּ und וְיִשְׂמַח sind hier parataktisch an-
einandergereiht. Diese Satzkette stellt allerdings ihrerseits die Apodosis
einer expliziten Hypotaxe (konditional) dar.

Auch in Gen 24,60 kommen gleichwertige Satzkettenglieder vor, die
auch in der Tiefenstruktur parataktisch aufzufassen sind: אֲחֹתֵנוּ אַתְּ הֲיִי
לְאַלְפֵי רְבָבָה וְיִירַשׁ זַרְעֵךְ אֵת שַׁעַר שֹׂנְאָיו *Du bist unsere Schwester.*

Werde zu Tausenden von Zehntausenden, und dein Same soll in Besitz nehmen das Tor seiner Feinde. So ebenfalls in Gen 27,29: הֱוֵה גְבִיר לְאַחֶיךָ וְיִשְׁתַּחֲווּ לְךָ בְּנֵי אִמֶּךָ *Sei ein Herr für deine Brüder, und die Söhne deiner Mutter sollen sich niederwerfen vor dir.*

Allerdings ist bei den vorgenannten Stellen Gen 24,60; 27,29 zu beachten, daß es sich bei diesen um poetische Texte handelt und hier die Abgrenzung von Sätzen und Satzketten schwer ist. Evtl. handelt es sich bei imp und w.juss um eigenständige Sätze und nicht um eine Satzkette.

Generell kann man sagen, daß gleichwertige Satzkettenglieder auf syntaktischer Ebene auch parataktisch aufzufassen sind.[1] Den Umkehrschluß darf man allerdings nicht ziehen. Nicht alle parataktischen Satzketten bestehen auch aus gleichwertigen Satzkettengliedern. Es gibt auch parataktische Satzketten mit Wertigkeitsgefälle. Man darf hierbei nicht die Ebene der syntaktischen Funktionen und die der Wertigkeit vermischen. Bei dem tontragenden Satzkettenglied handelt es sich syntaktisch nicht unbedingt um den Hauptsatz eines Satzgefüges, dem die nichttontragenden Satzkettenglieder auf syntaktischer Ebene untergeordnet wären.

So handelt es sich z.B. in Num 23,3 syntaktisch um eine parataktische Satzkette,[2] in der der w.kohort auf der Ebene der Wertigkeit den Ton der Äußerung trägt:[3] הִתְיַצֵּב עַל־עֹלָתֶךָ וְאֵלְכָה *Stelle dich zu deinem Brandopfer, und ich will (weg)gehen. Vielleicht begegnet mir Jahwe. Das Wort, das er mir zeigt, werde ich dir verkünden.*

In Gen 24,51 liegt eine ähnliche Stelle mit w.juss vor: *Siehe, Rebekka (ist) vor dir.* קַח וָלֵךְ וּתְהִי אִשָּׁה לְבֶן־אֲדֹנֶיךָ כַּאֲשֶׁר דִּבֶּר יְהוָה *Nimm (sie) und geh, und sie sei die Frau des Sohnes deines Herrn, wie Jahwe geredet hat.* Der w.juss trägt hier den Ton der Äußerung, denn in der Geschichte geht es ja um die Brautwerbung Rebekkas.[4]

Hierher gehört wohl auch die Wendung שַׁלְּחֵנִי וְאֵלְכָה *Schick mich, (und) ich will gehen* in Gen 30,25: שַׁלְּחֵנִי וְאֵלְכָה אֶל־מְקוֹמִי וּלְאַרְצִי *Schick mich, und ich will an meinen Ort und in mein Land gehen.* Diese Wendung kommt auch in Gen 24,56 (שַׁלְּחוּנִי וְאֵלְכָה) und 1Reg 11,21 (שַׁלְּחֵנִי וְאֵלֵךְ) vor.

Ebenfalls parataktische Satzkettenglieder liegen in Num 9,8 vor: עִמְדוּ וְאֶשְׁמְעָה מַה־יְצַוֶּה יְהוָה לָכֶם *Bleibt, (und) ich will hören, was Jahwe euch*

---

[1] Weitere Belegstellen in Kap. 3.4.4. — Allerdings gibt es Ausnahmen.
[2] Die EÜ übersetzt allerdings: "Bleib bei deinem Brandopfer stehen! Ich aber will beiseite gehen; ...".
[3] Vgl. S. 157 zur Stelle.
[4] Allerdings kann die Stelle auch final/konsekutiv aufgefaßt werden, so z.B. Gesenius/Kautzsch (1909) §109f: "*nimm sie und geh, damit sie ... werde* (וּתְהִי eig. *und sie werde*)". Blake hingegen scheint die Stelle parataktisch aufzufassen: "take (her) and go ... and let her be" (Blake [1951] S. 54).

befiehlt. Dennoch trägt der w.kohort den Ton der Äußerung. Im Kontext wird die Frage gestellt, was mit "unreinen" Menschen ist, die nicht zum Passah zugelassen sind. Mose antwortet auf diese Frage mit obiger Aufforderung. Wichtig ist nicht, daß die Fragenden da bleiben, sondern daß Mose hören will, was Jahwe befiehlt. Der w.kohort trägt also den Ton.

In Jdc 19,6 versucht ein Schwiegervater seinen Schwiegersohn zu überreden, eine weitere Nacht in seinem Hause zu bleiben: הוֹאֶל־נָא וְלִין
וְיִטַב לְבֶךָ *Tu mir den Gefallen und bleib*[1], *und dein Herz sei guter Dinge*. Hier liegen ebenfalls parataktische Satzkettenglieder vor. Der w.juss trägt den Ton der Äußerung, denn er stellt das Hauptargument des Schwiegervaters dar, den Schwiegersohn zum Bleiben zu überzeugen.[2]

In 1Sam 26,11 fordert David Abischai auf, den Speer und den Wasserkrug Sauls zu nehmen und dann zu gehen: וְעַתָּה קַח־נָא אֶת־
הַחֲנִית אֲשֶׁר (Qere) מְרַאֲשֹׁתָיו וְאֶת־צַפַּחַת הַמַּיִם וְנֵלְכָה לָּנוּ *Und nun: Nimm doch den Speer, der an seinen Häuptern ist, und den Wasserkrug, und lass uns gehen!* Der w.kohort trägt den Ton der Äußerung,[3] die Satzkette ist wahrscheinlich parataktisch aufzufassen.

Der König von Aram schickt den kranken Naaman in 2Reg 5,5 mit folgender Aufforderung nach Israel: לֶךְ־בֹּא וְאֶשְׁלְחָה סֵפֶר אֶל־מֶלֶךְ
יִשְׂרָאֵל *Geh, (und) ich will dem König von Israel einen Brief schicken.* Hier liegt ebenfalls eine parataktische Satzkette vor, in der der w.kohort den Ton der Aufforderung trägt.[4]

Ebenfalls parataktische Satzkettenglieder liegen m.E. in Jes 8,10 vor:[5]
עֻצוּ עֵצָה וְתֻפָר דַּבְּרוּ דָבָר וְלֹא יָקוּם כִּי ... *Beratet, und es soll vereitelt werden. Redet über eine Sache, und es soll nicht zustande kommen, denn* .... Hier trägt der w.juss bzw. das w.x.imperf den Ton der Äußerung.

2Reg 4,22 ist ebenfalls parataktisch aufzufassen:[6] שִׁלְחָה נָא לִי אֶחָד
מִן־הַנְּעָרִים וְאַחַת הָאֲתֹנוֹת וְאָרוּצָה עַד־אִישׁ הָאֱלֹהִים וְאָשׁוּבָה *Schicke doch mir einen von den Knechten und eine Eselin, (und) ich will zum Mann Gottes laufen und zurückkehren*. Trägt auch hier der letzte w.kohort den Ton der Aufforderung?

---

[1] Übersetzung nach Gesenius/Buhl (1915) Sp. 280b.
[2] Dies gilt auch, wenn das Ziel der Aufforderung darin liegt, den Schwiegersohn zum Bleiben zu überreden, was auf den zweiten imp als tontragend weist. Vgl. auch Jdc 19,9.
[3] Vgl. oben S. 178 die Anm. zur Stelle.
[4] Vgl. hierzu oben S. 179 die Anm. zur Stelle.
[5] Joüon/Muraoka (1991) §116j nehmen in וְלֹא יָקוּם die Funktion "consecution" an. Friedrich (1884) S. 80 ordnet die Stelle unter die 'negierten Folgesätze' beim Konditionalsatz ein. — Man könnte auch die Funktion Implizite Hypotaxe (adversativ) annehmen: *Beratet euch, aber es soll vereitelt werden. Redet über eine Sache aber es soll nicht zustande kommen.* Zur Funktion Implizite Hypotaxe (adversativ) vgl. unten Kap. 3.5.5.b.
[6] Man kann die Stelle auch final/konsekutiv auffassen.

Weitere Belege für parataktische Satzketten:[1] Gen 28,1-4;[2] 34,12; Dtn 32,7; 2Sam 10,12 par. 1Chr 19,13; Jer 9,19; 46,9; Mi 1,2?; 6,1; Ps 27,14; 31,25; 34,4; 37,3f.[3]; 81,9?; 144,5.6f.; Prv 31,31?; Qoh 11,9?; 1Chr 17,23f.?; 21,23; 22,16; 2Chr 19,11.

3.5.2 SYNTAKTISCHE FUNKTION: IMPLIZITE HYPOTAXE (FINAL/KONSEKUTIV)[4]

Die syntaktische Funktion Implizite Hypotaxe (final/konsekutiv) ist die beim w.imperf nach imp am häufigsten auftretende und auch in der Literatur[5] am meisten beschriebene syntaktische Funktion. Es sei hier noch einmal auf Joüon/Muraoka verwiesen: Joüon/Muraoka nennt diese Art des w.imperf "indirect volitive moods"[6] im Gegensatz zu den "direct volitive moods"[7], die durch ein "purely juxtaposing ו"[8] verbunden sind. Erstere stehen mit einem "ו expressing the notion of purpose or consecution"[9], haben also die Funktion Implizite Hypotaxe (final/konsekutiv).[10]

---

[1] Hier wird nicht zwischen Satzketten mit gleichwertigen Satzkettengliedern oder Satzketten mit Wertigkeitsgefälle unterschieden. — Sehr oft ist aber nicht klar zu unterscheiden, ob eine parataktische oder implizit hypotaktische Satzkette vorliegt. So kann Ps 66,16 לְכוּ־שִׁמְעוּ וַאֲסַפְּרָה כָּל־יִרְאֵי אֱלֹהִים אֲשֶׁר עָשָׂה לְנַפְשִׁי parataktisch *Kommt/Wohlan, hört, (und) ich will euch allen, die ihr Gott fürchtet, erzählen, was er meiner Seele getan hat* oder hypotaktisch *dann will ich* (konditional)/*daß/damit* (konsekutiv/final) *ich euch erzähle, was ... aufgefaßt werden*. Bei poetischen Texten kommt noch die Schwierigkeit hinzu, daß die Satzkettengrenzen nicht immer klar sind.

[2] Hoftijzer (1956) S. 24 Anm. 81 sieht hier in vv.2f. eine Satzkette. — In v.3 geht den w.juss ein w.x.imperf voraus, das sicherlich einen w.juss vertritt, es folgt auf die w.juss ein perf consec, das diese spezifiziert.

[3] Evtl. liegt hier auch ein konditionales Satzgefüge vor.

[4] Es gilt auch hier, daß eine genaue Differenzierung zwischen einem finalen und einem konsekutiven Satzgefüge äußerst schwierig ist (vgl. Kap. 2.4.2.2 — vgl. auch Joüon/Muraoka [1991] §116*b* Anm. 1). Deshalb werden finale und konsekutive Satzgefüge zusammen behandelt.

[5] Vgl. oben Kap. 3.2.

[6] Vgl. Joüon/Muraoka (1991) §116, S. 381-386. — Der Gebrauch der Begriffe "direct volitive moods" und "indirect volitive moods" unterscheidet sich aber von dem Gebrauch der Begriffe bei Niccacci (vgl. auch Kap. 1.1.2): "Two groups of continuation constructions are therefore possible: (1) other coordinated volitive forms preceded by WAW (weʾEQTeLA, UQeTOL, weYIQTOL) which we shall call indirect volitive forms in order to distinguish them from initial forms (which we shall call direct volitive forms); [...]" (Niccacci [1990] S.88). Niccacci verwendet die Begriffe also, um die Stellung des Voluntativs in der Satzkette anzuzeigen.

[7] Vgl. Joüon/Muraoka (1991) §114, S. 373-379.

[8] Joüon/Muraoka (1991) S. 381.

[9] Joüon/Muraoka (1991) S. 381.

[10] Vgl. Joüon/Muraoka (1991) §116*h* für syndetische DIREKTIVE nach anderen DIREKTIVEN: "**General Rule**. [...] To express purpose or consecution the cohortative is

Dabei darf aber nicht in den Hintergrund treten, daß w.kohort/juss nach imp immer, wenn auch z.T. latent, die sprechakttheoretische Grundfunktion DIREKTIV hat. Es seien nun einige Beispiele angeführt.

In Gen 38,24 fordert Juda, man möge seine Schwiegertochter hinaus bringen und verbrennen, mit folgenden Worten: הוֹצִיאוּהָ וְתִשָּׂרֵף *Führt sie hinaus, daß/damit sie verbrannt werde* (wörtlich: *und sie soll verbrannt werden*). Der w.juss[1] übt hier neben der sprechakttheoretischen Funktion DIREKTIV die syntaktische Funktion Implizite Hypotaxe (final/konsekutiv) aus; er gibt den *Zweck* des Auftrags, Tamar hinauszuführen, an.

In ähnlicher Weise ist auch Ex 4,23 zu verstehen: *Nachdem ich zu dir gesagt habe:* שַׁלַּח אֶת־בְּנִי וְיַעַבְדֵנִי *Entlasse meinen Sohn, daß er mir diene, und du dich geweigert hast, ihn zu entlassen, so werde ich jetzt deinen erstgeborenen Sohn töten.*[2] Hier hat der w.juss ebenfalls die Funktion Implizite Hypotaxe (final/konsekutiv).[3] וְיַעַבְדֵנִי gibt den Zweck an, warum der Sohn entlassen werden soll. Gleichzeitig ist deutlich, daß w.juss auch DIREKTIVEN Charakter hat, der Sohn *soll* dienen.[4] Die Wendung שַׁלַּח N. N. וְיַעַבְדֵנִי/וְיַעַבְדֻנִי/וְיַעַבְדוּ אֶת kommt auch vor in: 7,16.26; 8,16; 9,1.13; 10,3.7; in abgewandelter Form auch in 5,1: שַׁלַּח אֶת־עַמִּי וְיָחֹגּוּ לִי בַּמִּדְבָּר *Entlasse mein Volk, daß/damit es mir in der Wüste ein Fest feiere.*

Ein ebenfalls final/konsekutives Satzverhältnis liegt wohl in Ex 9,22 vor: נְטֵה אֶת־יָדְךָ עַל־הַשָּׁמַיִם וִיהִי בָרָד בְּכָל־אֶרֶץ מִצְרָיִם *Recke deine Hand gegen den Himmel, daß/damit Hagel auf ganz Ägypten sei, über den Menschen und über dem Vieh und über allen Kräutern des Feldes im Land Ägypten.*[5] Auch hier gibt der w.juss den Zweck des Auftrags an. Ähnliche Wendungen kommen vor in Ex 7,19; 10,12.21; 14,16.26.[6]

---

used for the 1st person, the imperative for the 2nd pers., and the jussive for the 3rd pers."

[1] Vgl. Gesenius/Kautzsch (1909) §109f zur Stelle.
[2] Übersetzung von Noth (1984) S. 19.
[3] Vgl. Kuhr (1929) S. 47 zur Stelle.
[4] Auf die sprechakttheoretische Grundfunktion DIREKTIV wird im folgenden nicht mehr überall explizit verwiesen.
[5] Die EÜ übersetzt hier sogar konditional (oder temporal): "Streck deine Hand zum Himmel empor! Dann wird Hagel auf ganz Ägypten niedergehen, [...]".
[6] Die Wendung kommt aber auch in reinen Imperativketten (Ex 8,1: נְטֵה אֶת־יָדְךָ בְּמַטֶּךָ עַל־הַנְּהָרֹת עַל־הַיְאֹרִים וְעַל־הָאֲגַמִּים וְהַעַל אֶת־הַצְפַרְדְּעִים עַל־אֶרֶץ מִצְרָיִם *Recke deine Hand mit deinem Stab über Ströme, über Flüsse und über Lachen, und laß heraufsteigen die Frösche auf das Land Ägypten*) oder mit perf consec (Ex 8,12: נְטֵה אֶת־מַטְּךָ וְהַךְ אֶת־עֲפַר הָאָרֶץ וְהָיָה לְכִנִּם בְּכָל־אֶרֶץ מִצְרָיִם *Recke deinen Stab aus und schlage auf den Staub der Erde, daß/damit er zu Mücken wird im ganzen Land Ägypten*) vor. Das perf consec ist hier dem letzten imp untergeordnet (vgl. Kap. 4.3). Dies sieht man sehr schön an Ex 7,19, wo sowohl w.juss als auch perf consec vorkommt: קַח מַטְּךָ וּנְטֵה־יָדְךָ עַל־מֵימֵי מִצְרַיִם עַל־נַהֲרֹתָם עַל־יְאֹרֵיהֶם וְעַל־אַגְמֵיהֶם *Nimm* וְעַל כָּל־מִקְוֵה מֵימֵיהֶם וְיִהְיוּ־דָם וְהָיָה דָם בְּכָל־אֶרֶץ מִצְרַיִם וּבָעֵצִים וּבָאֲבָנִים

In Num 13,2[1] übt ein syndetischer juss ebenfalls die Funktion Implizite Hypotaxe (final/konsekutiv) aus: שְׁלַח־לְךָ אֲנָשִׁים וְיָתֻרוּ אֶת־אֶרֶץ כְּנַעַן *Schicke Männer aus, daß/damit sie das Land Kanaan, das ich den Israeliten gebe, auskundschaften, ...* Der finale Charakter von וְיָתֻרוּ wird auch im Bericht der Durchführung in v.17[2] schön deutlich, denn dort wird l.inf verwendet, was finalen Charakter hat: וַיִּשְׁלַח אֹתָם מֹשֶׁה לָתוּר אֶת־אֶרֶץ כְּנַעַן *Als Mose sie schickte, das Land Kanaan auszukundschaften, da sprach er zu ihnen: ....*

In Num 17,25 ist die Funktion Implizite Hypotaxe (final/konsekutiv) ebenfalls deutlich: הָשֵׁב אֶת־מַטֵּה אַהֲרֹן לִפְנֵי הָעֵדוּת לְמִשְׁמֶרֶת לְאוֹת לִבְנֵי־מֶרִי וּתְכַל תְּלוּנֹּתָם מֵעָלַי וְלֹא יָמֻתוּ *Bringe den Stab Aarons vor die Gesetzestafeln, um ihn als Zeichen für die Widerspenstigen zu bewahren, daß/damit ihr Murren vor mir aufhöre* oder: *daß/damit du ihrem Murren ein Ende machst, und sie nicht sterben.* Die Stelle birgt allerdings einige Schwierigkeiten, denn וּתְכַל kann sowohl 2. pers. m. sg. als auch 3. pers. f. sg.[3] sein, evtl. ist auch qal statt pi. zu lesen (vgl. zu beiden Varianten die Übersetzung).[4] Dennoch bleibt der final/konsekutive Charakter deutlich, denn der w.juss gibt den Zweck oder die Folge an, warum der Stab Aarons aufbewahrt werden soll.

Als final/konsekutiv ist auch Jdc 16,28 zu verstehen: אֲדֹנָי יֱהוִֹה זָכְרֵנִי נָא וְחַזְּקֵנִי נָא אַךְ הַפַּעַם הַזֶּה הָאֱלֹהִים וְאִנָּקְמָה נְקַם־אַחַת מִשְׁתֵּי עֵינַי מִפְּלִשְׁתִּים *Mein Herr Jahwe, gedenke doch meiner und stärke mich, Gott, nur (noch) dieses eine Mal, daß/damit ich Rache räche für eines meiner beiden Augen an den Philistern.* Ebenso Jdc 18,5: שְׁאַל־נָא בֵאלֹהִים וְנֵדְעָה הֲתַצְלִיחַ דַּרְכֵּנוּ אֲשֶׁר *Frage doch Gott, daß/damit wir erkennen, ob [er] unsern Weg gelingen läßt [ob unser Weg gelingt][5], auf dem wir gehen wollen.* In beiden Satzketten ist der final/konsekutive Charakter des w.kohort deutlich; der DIREKTIVE Charakter tritt aber in den Hintergrund.

---

deinen Stab und recke deine Hand über die Wasser Ägyptens, über ihre Ströme, über ihre Flüsse, über ihre Wasserlachen und über ihre ganzen Wasseransammlungen, daß/damit sie zu Blut werden, dergestalt daß Blut sei im ganzen Land Ägypten, (sogar) in hölzernen (Gefäßen) und in steinernen. Das perf consec spezifiziert hier den vorausgehenden w.juss. Es erläutert näher, daß das gesamte Wasser in Ägypten zu Blut werden soll. — Nach Gertz handelt es sich bei Ex 7,19; 8,1.12; 14,16*.26 um P-Stoff, bei 9,22; 10,12.21 um Endredaktion (vgl. zu Ex 7,19; 8,1.12 Gertz [2000] S. 185; zu 9,22; 10,12.21 ebd. S. 186f. [zu v.12 vgl. bes. ebd. S. 138f.]; zu Ex 14,16*.26 ebd. S. 218.231).

1   Vgl. zur Stelle auch S. 168.
2   Zur Literarkritik vgl. S. 168 zur Stelle.
3   תְּלוּנֹּתָם ist pl. Allerdings kann das Verb, falls es sich bei תְּלוּנֹּתָם um ein Subjekt und nicht um ein Objekt handelt, dennoch im sg. stehen, vgl. z.B. Gesenius/Kautzsch (1909) §145*k*. Delitzsch (1920) Nr. 76 schlägt תְּלוּנֹּתָם vor.
4   Vgl. App. BHS; Delitzsch (1920) Nr. 76 und Gesenius/Buhl (1915) Sp. 347a.
5   Evtl. ist hier qal zu lesen (vgl. App. BHS).

Dennoch ist er vorhanden, in beiden Stellen wird ja eine Bitte oder ein Wunsch zum Ausdruck gebracht: Jdc 16,28 *ich will rächen/laß mich rächen*; 18,5 *wir wollen erkennen/laßt uns erkennen.*[1]

Auch 1Sam 12,7 ist final/konsekutiv zu verstehen: וְעַתָּה הִתְיַצְּבוּ וְאִשָּׁפְטָה אִתְּכֶם לִפְנֵי יְהוָה אֵת כָּל־צִדְקוֹת יְהוָה אֲשֶׁר־עָשָׂה אִתְּכֶם וְאֶת־אֲבוֹתֵיכֶם *Und nun: Tretet hin, daß/damit ich rechte mit euch vor Jahwe wegen aller Gerechtigkeitstaten Jahwes, die er euch und euren Vätern getan hat.* Der kohort וְאִשָּׁפְטָה gibt den Zweck an, warum die Angeredeten, das Volk, hintreten sollen, hat also die syntaktische Funktion Implizite Hypotaxe (final/konsekutiv).

1Reg 13,18: *Da sprach er zu ihm: Auch ich bin ein Prophet wie du, und ein Bote redete zu mir über das Wort Jahwes folgendermaßen:* הֲשִׁבֵהוּ אִתְּךָ אֶל־בֵּיתֶךָ וְיֹאכַל לֶחֶם וְיֵשְׁתְּ מָיִם *Bring ihn mit dir in dein Haus, daß/damit er Brot esse und Wasser trinke.* Der final/konsekutive als auch der DIREKTIVE Charakter der Äußerung ist deutlich. Die w.juss drücken sowohl den Zweck aus, warum der Prophet in das Haus des anderen mitgehen soll, als auch den Aufforderungscharakter, der Prophet *soll* mit dem anderen essen und trinken, auch wenn es ihm vorher untersagt wurde (vgl. v.17).[2]

In 1Reg 15,19 liegt ein äußerst interessanter Fall vor, auf den oben, Kap. 3.1.1, bereits eingegangen wurde: לֵךְ הָפֵרָה אֶת־בְּרִיתְךָ אֶת־בַּעְשָׁא מֶלֶךְ־יִשְׂרָאֵל וְיַעֲלֶה מֵעָלָי. In וְיַעֲלֶה מֵעָלָי liegt eine Präformativkonjugation Langform mit nachfolgendem x (nach Groß: "w·=yiqtol LF-x"[3]) vor. Dies führt Groß, wie bereits erwähnt, zu der Annahme, daß auf die imp "kein Finalsatz, sondern eine zukünftige Aussage: 'dann wird er von mir weg hinaufziehen.'"[4] folge. Außer dieser und der Parallelstelle 2Chr 16,3 kommt aber nie eine nicht-apokopierte Form der Verba ל"ה mit nachfolgendem x nach imp vor. Lediglich in 2Reg 6,17 ist noch einmal eine solche Langform – allerdings ohne nachfolgendes x – belegt.[5] Joüon/

---

[1] Es sei hier nocheinmal auf Joüon/Muraoka verwiesen, die zum kohort bemerken: "The volitive nuance is often very weak and does not always need to be translated." (Joüon/Muraoka [1991] §114*b*).

[2] Vgl. auch Waltke/O'Connor (1990) S. 578 zur Stelle.

[3] Vgl. Groß (1976) S. 41.

[4] Groß (1976) S. 41.

[5] Groß (1976) S. 41 Anm. 91 verweist hierbei auf Moran (1960) S. 9, der folgende Regel formuliert: "The syntax of purpose clauses in these letters is governed by a rule which we call modal congruence: if the verb of the first clause states a fact (perfect, indicative), then in the purpose clause the verb is in the indicative; if the verb of the first clause is an imperative, a jussive or *yaqtula* expressing wish, etc., then in the purpose clause the verb is a jussive — or *yaqtula*." Groß hält die Übertragbarkeit dieser Regel auf das Biblische Hebräisch aber für zweifelhaft: "(1) Falls man überhaupt eine Linie von den Amarna-Briefen zum hebräischen AT ziehen darf, hat sich im Bibelhebräisch die Modalkongruenz aufgespalten: Für 1. Person steht im Finalsatz Ko-

Muraoka u.a. bemerken aber, wie bereits erwähnt, daß bei Pausa- oder Präpausaformen der Verba ל"ה die Verbform beim juss nicht apokopiert werden muß.[1] So ausdrücklich für 2Reg 6,17. In 1Reg 15,19 par. 2Chr 16,3 liegen Präpausaformen vor, so daß diese durchaus als juss angesehen werden können. Dann kann hier aber die Funktion Implizite Hypotaxe (final/konsekutiv) durchaus vorliegen: *Wohlan[2], breche deinen Bund mit Bascha, dem König Israels, daß/damit er von mir abziehe.* Der DIREKTIVE Charakter des w.juss ist dann ebenfalls deutlich, der König von Israel *soll* abziehen.

2Reg 6,17 ist ebenfalls so aufzufassen: פְּקַח־נָא אֶת־עֵינָיו וְיִרְאֶה *Öffne doch seine Augen, daß/damit er sehe.* Auch hier hat der w.juss[3] die Funktion Implizite Hypotaxe (final/konsekutiv). Die gleiche Wendung, allerdings im pl., kommt in v.20 vor: יְהוָה פְּקַח אֶת־עֵינֵי־אֵלֶּה וְיִרְאוּ *Jahwe, öffne ihre Augen, daß/damit sie sehen* (wörtlich: *und sie sollen sehen*).

Ebenfalls deutlich ist die Funktion Implizite Hypotaxe (final/konsekutiv) in Ps 83,17: מַלֵּא פְנֵיהֶם קָלוֹן וִיבַקְשׁוּ שִׁמְךָ יְהוָה *Fülle ihr Angesicht mit Schande, daß/damit sie deinen Namen, Jahwe, suchen* (wörtlich: *und sie sollen suchen ...*).

2Reg 19,19:[4] וְעַתָּה יְהוָה אֱלֹהֵינוּ הוֹשִׁיעֵנוּ נָא מִיָּדוֹ וְיֵדְעוּ כָּל־מַמְלְכוֹת הָאָרֶץ כִּי אַתָּה יְהוָה אֱלֹהִים לְבַדֶּךָ *Und nun: Jahwe, unser Gott, befreie uns doch aus seiner Hand, daß/damit alle Königreiche der Erde erkennen, daß du, Jahwe, allein Gott bist* (wörtlich: *und alle Königreiche ... sollen erkennen, daß ...*). Auch hier ist der final/konsekutive Charakter deutlich. וְיֵדְעוּ gibt den Zweck an, warum Jahwe die Israeliten aus der Hand Sanheribs befreien soll.

---

hortativ, für 2. und 3. Person Jussiv. [...] (2) Es gibt zwar im Hebräischen die Form ʾiqtula als Kohortativ, es existieren aber, soweit das Konsonantenschriftbild des AT erkennen läßt, keine frei bildbaren hebräischen Formen des Typs yiqtula/tiqtula." Er muß aber einräumen: "Diese Darlegungen entbehren der wünschenswerten Sicherheit. Vielleicht gab es in althebräischer Zeit doch eine breitere Verwendung des yaqtula-Typs, die im Konsonantenschriftbild nicht differenziert, von der vereinheitlichenden masoretischen Punktation verschleiert wurde. [...] Somit bleibt die syntaktische Diskussion hypothetisch." (Groß [1976] S. 41 Anm. 91). Es stellt sich am Rande die Frage, ob nicht vielleicht bei den nicht-apokopierten juss und imperf consec der Verba ל"ה eine solche yaqtula-Form vorliegt.

1 Vgl. Joüon/Muraoka (1991) S. 376 Anm. 1. Auch Gesenius/Kautzsch weisen darauf hin, daß bei den Verba ל"ה durchaus nicht-apokopierte Formen für den juss verwendet werden: "Nach dem *Waw consec.* kommen übrigens nicht selten vollständige Formen vor (ohne *Apokope* des ה— [...]), [...]. Ebenso nicht selten für den Jussiv, [...]" (Gesenius/Kautzsch [1909] §75t).

2 לְ ist hier als Interjektion zu bestimmen (vgl. Diehl [2000] S. 119).

3 Zur Form vgl. oben das zu 1Reg 15,19 und in Kap. 3.1.1 Gesagte.

4 Vgl. zur Stelle auch oben S. 160.

Einige weitere Stellen seien mit Übersetzung angefügt:

1Sam 15,25[1]: וְעַתָּה שָׂא נָא אֶת־חַטָּאתִי וְשׁוּב עִמִּי וְאֶשְׁתַּחֲוֶה לַיהוָה *Und nun: Nimm doch meine Sünde (weg) und kehre mit mir um, daß/damit ich vor Jahwe niederfalle* (wörtlich: *und ich will vor Jahwe niederfallen*).

2Reg 6,13: לְכוּ וּרְאוּ אֵיכֹה הוּא וְאֶשְׁלַח וְאֶקָּחֵהוּ *Geht und seht, wo er ist, daß/damit ich hinsende und ihn holen lasse* (wörtlich: *und ich will hinsenden und ihn holen lassen*).

2Reg 6,29:[2] תְּנִי אֶת־בְּנֵךְ וְנֹאכְלֶנּוּ *Gib deinen Sohn, daß/damit wir ihn essen* (wörtlich: *und wir wollen ihn essen*).

Jes 30,8: עַתָּה בּוֹא כָתְבָהּ עַל־לוּחַ אִתָּם וְעַל־סֵפֶר חֻקָּהּ וּתְהִי לְיוֹם אַחֲרוֹן לָעַד עַד־עוֹלָם *Nun: Komm, schreib es ihnen auf eine Tafel und zeichne es in ein Buch auf, daß/damit es bleibe für immer und ewig.*

Ez 37,9: מֵאַרְבַּע רוּחוֹת בֹּאִי הָרוּחַ וּפְחִי בַּהֲרוּגִים הָאֵלֶּה וְיִחְיוּ *Von vier Winden komm, Odem, und blase in jene Getöteten, daß/damit sie leben* (wörtlich: *und sie sollen leben*).

Die Funktion Implizite Hypotaxe (final/konsekutiv) kommt relativ häufig bei w.juss und w.kohort nach imp vor. Der DIREKTIVE Charakter des w.kohort/juss tritt mehr oder weniger hervor.

Weitere Belegstellen:[3] Ex 2,20[4]; Dtn 4,10; 2Sam 16,11[5]; Ez 43,11; Hi 13,13[6]; 33,33; 36,2; 38,3[7] u.ö.

3.5.3 SYNTAKTISCHE FUNKTION: IMPLIZITE HYPOTAXE (KONDITIONAL)

Eine weitere, häufig auftretende syntaktische Funktion von w.imperf nach imp ist die Funktion Implizite Hypotaxe (konditional), wobei der imp die Protasis, der w.kohort/juss die Apodosis repräsentiert. Im Hintergrund steht aber auch hier (wie oben bereits erwähnt) die sprechakttheoretische Grundfunktion DIREKTIV. Es sei aber erwähnt, daß diese Grundfunktion sich für w.kohort leicht erweisen läßt, bei w.juss (also in der 3. pers.) der Aufforderungscharakter aber nur sehr schwer wiederzugeben ist. Aus diesem Grund wird in der folgenden Darstellung zunächst w.kohort (a) und dann w.juss (b) behandelt.[8]

---

[1]   Vgl. auch S. 42f.

[2]   Vgl. auch v.28: תְּנִי אֶת־בְּנֵךְ וְנֹאכְלֶנּוּ הַיּוֹם וְאֶת־בְּנִי נֹאכַל מָחָר *Gib deinen Sohn, damit wir ihn heute essen, und meinen Sohn wollen wir morgen essen.*

[3]   Nach Gibson (1994) S. 107 ist hier auch Ps 45,11f. zu nennen (vgl. zur Stelle auch S. 211).

[4]   Zur Form des imp vgl. z.B. Gesenius/Kautzsch (1909) § 46e.

[5]   Joüon/Muraoka (1990) §177k ordnen die Stelle eher als Objektsatz ein.

[6]   וְיַעֲבֹר עָלַי מָה stellt einen eigenen Satz dar, der nicht zur vorderen Satzkette gehört.

[7]   Vgl. zu den Hi-Stellen auch Bobzin (1974) sub voce. — In Hi 38,3 folgt auf den w.kohort noch ein w.imp, der ebenfalls final aufzufassen ist (vgl. Bobzin [1974] S. 473).

[8]   Vgl. hierzu das oben in Kap. 3.3 Gesagte.

a) w.kohort in der syntaktischen Funktion Implizite Hypotaxe (konditional)

In Ägypten und Kanaan herrscht Hungersnot, Joseph hat aber vorgesorgt und Getreide in Getreidespeichern gelagert. Dieses hat er gegen Geld dann verkauft. Das ganze Geld, das in Kanaan und Ägypten in Umlauf war, hat er – so die Geschichte – bereits eingenommen. Die Menschen können also kein Getreide mehr kaufen. Daraufhin bietet Joseph ihnen folgenden Handel an (Gen 47,16): הָבוּ מִקְנֵיכֶם וְאֶתְּנָה לָכֶם¹ בְּמִקְנֵיכֶם *Bringt euren Besitz, so will ich euch (Brot) geben für euren Besitz, wenn das Geld ein Ende hat.* Der imp stellt die Bedingung (Protasis) dar, der w.kohort drückt die Apodosis aus.[2]

In Ex 20,19 liegt ebenfalls die Funktion Implizite Hypotaxe (konditional) vor: דַּבֶּר־אַתָּה עִמָּנוּ וְנִשְׁמָעָה *Rede du mit uns, so wollen wir hören;* *aber Gott soll nicht mit uns reden, damit wir nicht sterben.*

Ebenfalls deutlich ist der konditionale Charakter des w.kohort nach imp in 2Sam 20,21: תְּנוּ־אֹתוֹ לְבַדּוֹ וְאֵלְכָה מֵעַל הָעִיר *Gebt ihn allein heraus, so will ich von der Stadt abziehen.* Scheba hatte gegen David einen Aufstand angezettelt, und Joab erhält den Auftrag, die Sache zu bereinigen. Er kreist Scheba in Abel-Bet-Maacha ein und versucht die Stadt einzunehmen.

In 1Sam 11,1 bieten die Bewohner von Jabesch Nahasch einen Vertrag an: כְּרָת־לָנוּ בְרִית וְנַעַבְדֶךָ *Schließe einen Bund mit uns, so wollen wir dir dienen.* Der konditionale Charakter der Äußerung ist deutlich. So auch in 1Sam 12,10: וְעַתָּה הַצִּילֵנוּ מִיַּד אֹיְבֵינוּ וְנַעַבְדֶךָ *Und nun: Rette uns aus der Hand unserer Feinde, so wollen wir dir dienen.* Oder 1Reg 12,4 par. 2Chr 10,4:[3] וְאַתָּה עַתָּה הָקֵל מֵעֲבֹדַת אָבִיךָ הַקָּשָׁה וּמֵעֻלּוֹ הַכָּבֵד אֲשֶׁר־נָתַן עָלֵינוּ וְנַעַבְדֶךָ *Was dich anlangt, nun: Mache den schweren Dienst deines Vaters leichter und sein schweres Joch, das er uns aufgelegt hat, so wollen wir dir dienen.*

Auch in Jer 7,3 liegt konditionaler Gebrauch des w.kohort vor: הֵיטִיבוּ דַרְכֵיכֶם וּמַעַלְלֵיכֶם וַאֲשַׁכְּנָה אֶתְכֶם בַּמָּקוֹם הַזֶּה *Bessert eure Wege und eure Handlungen, so will ich bei euch bleiben an diesem Ort.* So auch in Jer 33,3: קְרָא אֵלַי וְאֶעֱנֶךָ וְאַגִּידָה לְךָ גְּדֹלוֹת וּבְצֻרוֹת לֹא יְדַעְתָּם *Rufe mich, so will ich dir antworten und dir kundtun Großes und schwer Verständliches, das du nicht kennst.* In beiden Stellen wird eine Bedingung im imp gestellt, bei deren Erfüllung die im w.kohort genannte Folge eintritt.

---

1 Evtl. ist לֶחֶם zu ergänzen, vgl. App. BHS.
2 Allerdings ist die Stelle komplexer als sie hier dargestellt wird, vgl. ausführlicher S. 338 zur Stelle.
3 In 2Chr 10,4 steht וְעַתָּה, אַתָּה fehlt.

Deutlich wird dies auch in Mal 3,7, wo imp und w.kohort vom gleichen Lexem gebildet werden: שׁוּבוּ אֵלַי וְאָשׁוּבָה אֲלֵיכֶם *Kehrt um zu mir, dann will ich mich zu euch umkehren.* Die gleiche Satzkette kommt in Sach 1,3 vor, allerdings mit וְאָשׁוּב statt וְאָשׁוּבָה:[1] שׁוּבוּ אֵלַי נְאֻם יְהוָה צְבָאוֹת וְאָשׁוּב אֲלֵיכֶם אָמַר יְהוָה צְבָאוֹת *Kehrt um zu mir – Ausspruch Jahwe Zebaoths –, dann will ich mich zu euch umkehren, spricht Jahwe Zebaoth.*

Ebenfalls konditionaler Gebrauch der w.kohort liegt in Ps 90,14 vor: שַׂבְּעֵנוּ בַבֹּקֶר חַסְדֶּךָ וּנְרַנְּנָה וְנִשְׂמְחָה בְּכָל־יָמֵינוּ *Sättige uns am Morgen mit deiner Loyalität, so wollen wir jubeln und uns freuen all unsere Tage.*

Zwei Konditionalsatzgefüge des Typs < imp - w.kohort > liegen in Jer 17,14 vor: רְפָאֵנִי יְהוָה וְאֵרָפֵא[2] הוֹשִׁיעֵנִי וְאִוָּשֵׁעָה *Heile mich Jahwe, dann kann ich heil werden; rette mich, dann kann ich Rettung erfahren.* Man kann hier den Eindruck gewinnen, als lägen REPRÄSENTATIVE kohort vor. Dennoch wird hier wohl ein Wunsch, eine Bitte ausgedrückt, keine Feststellung. Ähnlich ist dies der Fall bei dem Kehrvers in Ps 80,4.(8.20): אֱלֹהִים הֲשִׁיבֵנוּ וְהָאֵר פָּנֶיךָ וְנִוָּשֵׁעָה *Gott, richte uns wieder auf, und laß dein Angesicht leuchten, so können wir Rettung erfahren.* Auch hier könnte der w.kohort REPRÄSENTATIV aufgefasst werden, der Kontext legt aber auch hier den Ausdruck einer Bitte (DIREKTIV) nahe.

Evtl. ist hier auch Gen 17,1f. aufzuführen.[3]

b) w.juss in der syntaktischen Funktion: Implizite Hypotaxe (konditional)
Es ist schwierig, im Deutschen den DIREKTIVEN Charakter eines Sprechakts in der 3. pers. in der Apodosis eines konditionalen Satzgefüges auszudrücken.[4] Dies gilt schon für die 2. pers., also bei reinen Imperativketten. In Gen 42,18 liegt einer der prominentesten Fälle für die Funktion Implizite Hypotaxe (konditional) bei reinen Imperativketten vor: זֹאת עֲשׂוּ וִחְיוּ *Dieses tut und lebt!* Man kann diese Satzkette im Deutschen wie die Einheitsübersetzung wiedergeben: "Tut folgendes und ihr werdet am Leben bleiben". Dann handelt es sich bei dem zweiten Satzkettenglied (*und ihr werdet am Leben bleiben*) auf der Ebene der Tiefenstruktur sprechakttheoretisch wohl um ein REPRÄSENTATIV. Es wird eine Feststellung, eine Behauptung, eine Vorhersage getroffen. Diese Übersetzung berücksichtigt aber nicht den sprechakttheoretischen Charakter des imp וִחְיוּ auf der Ebene der Oberflächenstruktur. Es liegt hier ein DIREKTIV vor, das auf syntaktischer Ebene konditional ist: *Dieses tut (≈ wenn ihr dies tut), so*

---

[1] Joüon/Muraoka konjizieren in Sach 1,3 und nehmen für dieses Satzkettenglied die Funktion "consecution" an (vgl. Joüon/Muraoka [1991] S. 382).

[2] Diese indifferente Form wird durch den folgenden kohort ebenfalls als kohort ausgewiesen.

[3] Vgl. S. 101 zur Stelle.

[4] Vgl. Kap. 3.3.

sollt *ihr am Leben bleiben.*[1] Es könnte eingewendet werden, daß die Erfüllung der Aufforderung וִחְיוּ nicht direkt in der Verfügungsgewalt der
Angeredeten liegt,[2] jedoch bemerken Joüon/Muraoka zu solchen Fällen:
"The imperative is sometimes found in cases where the execution of the
order is not within the power of the person receiving the order: Gn 42.16
'Send one of you to fetch your brother; as for you, *you shall remain as
prisoners* הֵאָסְרוּ' [...] These cases become understandable when one re-
members that the imperative, along with the jussive and
cohortative, is essentially a form expressing the
speaker's will, wish or desire."[3]

Deutlich wird der DIREKTIVE Charakter von w.juss in der vorgenann-
ten Stelle Jes 55,3:[4] הַטּוּ אָזְנְכֶם וּלְכוּ אֵלַי שִׁמְעוּ וּתְחִי נַפְשְׁכֶם וְאֶכְרְתָה
לָכֶם בְּרִית עוֹלָם חַסְדֵי דָוִד הַנֶּאֱמָנִים *Neigt euer Ohr und kommt zu mir.
Hört, so soll eure Seele leben, und ich will einen ewigen Bund der bleibenden Loyalität Davids mit euch schließen.* In שִׁמְעוּ וּתְחִי נַפְשְׁכֶם liegt
eine ähnliche Äußerung wie in זֹאת עֲשׂוּ וִחְיוּ vor. Der konditionale Charakter der Äußerung שִׁמְעוּ וּתְחִי נַפְשְׁכֶם ist deutlich, שִׁמְעוּ gibt die Bedingung an, die erfüllt sein muß, wenn וּתְחִי נַפְשְׁכֶם eintreten soll. Letzteres
ist ebenfalls deutlich DIREKTIV, denn es liegt w.juss vor.

Unmittelbar voraus geht Jes 55,2: שִׁמְעוּ שָׁמוֹעַ אֵלַי וְאִכְלוּ־טוֹב וְתִתְעַנַּג
בַּדֶּשֶׁן נַפְשְׁכֶם *Hört auf mich und eßt Gutes, und eure Seele soll sich laben
an Fett.* Diese Äußerung ist wie v.3 konditional aufzufassen: *Hört auf
mich (≈ wenn ihr auf mich hört), dann sollt ihr Gutes essen und eure
Seele soll sich laben an Fett.* Deutlich ist auch der DIREKTIVE Charakter
des w.juss, was durch den vorausgehenden, konditionalen imp וְאִכְלוּ
gestützt wird.

Ebenfalls mit dem imp שְׁמַע beginnt die Satzkette in Prv 4,10: שְׁמַע בְּנִי
וְקַח אֲמָרָי וְיִרְבּוּ לְךָ שְׁנוֹת חַיִּים *Höre, mein Sohn, und nimm meine Worte
(an) (≈ mein Sohn, wenn du hörst und meine Worte [an]nimmst), so/dann
sollen viel werden für dich die Jahre des Lebens.* Analog zu Jes 55,2 liegt
hier ebenfalls ein konditionales Satzgefüge vor. In וְיִרְבּוּ ist ein DI-
REKTIVER w.juss zu sehen. So ist wohl auch Jer 26,13 zu verstehen: וְעַתָּה
הֵיטִיבוּ דַרְכֵיכֶם וּמַעַלְלֵיכֶם וְשִׁמְעוּ בְּקוֹל יְהוָה אֱלֹהֵיכֶם וְיִנָּחֶם יְהוָה אֶל־
הָרָעָה אֲשֶׁר *Und nun: bessert eure Wege und eure Taten, und hört auf die
Stimme Jahwes, eures Gottes, dann soll/möge Jahwe das Unheil leid tun,*

---

[1] Entsprechend übersetzt z.B Gesenius/Kautzsch (1909) §110f: "*dieses tut und lebt, d.
h. so sollt ihr am Leben bleiben!*"; ähnlich Joüon/Muraoka (1991) §116f: "*do this and
(thus) you will live*"; Gibson (1994) S. 105: "*do this and* (you shall) *live*" — letztere
nehmen aber kein konditionales Satzgefüge, sondern ein final/konsekutives an.

[2] Kuhr (1929) S. 56f. Anm. 2 spricht bei konditionalen Satzgefügen mit imp von fikti-
ven Befehlen.

[3] Joüon/Muraoka (1991) S. 378f. §114*o* (H e r v o r h e b u n g von Diehl).

[4] Vgl. S. 151.

das er gegen euch geredet hat. Auch hier ist das Satzgefüge konditional, וְיִנָּחֵם ist ein DIREKTIVER juss.

Ein doppelt konditionales Satzgefüge liegt in 1Sam 7,3 vor: אִם־בְּכָל־ לְבַבְכֶם אַתֶּם שָׁבִים אֶל־יְהוָה הָסִירוּ אֶת־אֱלֹהֵי הַנֵּכָר מִתּוֹכְכֶם וְהָעַשְׁתָּרוֹת וְהָכִינוּ לְבַבְכֶם אֶל־יְהוָה וְעִבְדֻהוּ לְבַדּוֹ וְיַצֵּל אֶתְכֶם מִיַּד פְּלִשְׁתִּים *Wenn ihr mit eurem ganzen Herzen zu Jahwe Umkehrende seid, so entfernt die fremden Götter aus eurer Mitte und die Astarten, und richtet eure Herzen auf Jahwe und dient ihm allein, dann soll/möge er euch retten aus der Hand der Philister.* Die übergeordnete Satzkette stellt eine explizite Hypotaxe (konditional) mit einem REPRÄSENTATIVEN Nominalsatz in der Protasis und DIREKTIVEN imp in der Apodosis dar. Diese Apodosis ist gleichzeitig die Protasis einer impliziten Hypotaxe (konditional) mit einem w.juss in der Apodosis:

Übergeordnete Satzkette: Protasis ⟶ Apodosis
                                              ▼
Untergeordnete Satzkette: Protasis ⟶ Apodosis

Abb. 3.5.3

Dieser w.juss stellt auf sprechakttheoretischer Ebene eine Bitte oder einen Wunsch dar, ist also DIREKTIV zu verstehen, nicht REPRÄSENTATIV.

In 2Reg 25,24 par. Jer 40,9 liegt ebenfalls ein konditionales Satzgefüge mit DIREKTIVEM w.juss vor: *Fürchtet euch nicht vor der Knecht-schaft[1] der Chaldäer,* שְׁבוּ בָאָרֶץ וְעִבְדוּ אֶת־מֶלֶךְ בָּבֶל וְיִטַב לָכֶם *bleibt im Lande und dient dem König Babels, so/dann soll es euch gut gehen.* Gestützt wird diese Annahme durch Jer 38,20, wo וְיִיטַב fortgeführt wird durch einen eindeutigen juss שְׁמַע־נָא בְּקוֹל יְהוָה לַאֲשֶׁר אֲנִי דֹּבֵר אֵלֶיךָ וְיִיטַב לְךָ וּתְחִי נַפְשֶׁךָ *Höre doch auf die Stimme Jahwes, in der ich zu dir rede, dann soll es dir gut gehen, und deine Seele soll leben.* Durch den w.juss וּתְחִי ist deutlich, daß וְיִיטַב ebenfalls als w.juss aufzufassen ist und damit DIREKTIV. Auf syntaktischer Ebene sind beide w.juss konditional aufzufassen.

In dieser Weise sind m.E. auch die folgenden Stellen aus Proverbia zu verstehen. In Prv 9,9 liegt wohl in וְיוֹסֶף לֶקַח ein w.juss vor. Der juss von יסף hi. lautet eigentlich יוֹסֵף durch Enttonung (Nesiga[2]) תֵּן לְחָכָם וְיֶחְכַּם־עוֹד הוֹדַע לְצַדִּיק וְיוֹסֶף לֶקַח *Gib dem Weisen, so soll er noch weiser werden! Belehre den Gerechten, so soll er Lehre vermehren!* Es liegen hier zwei Satzketten vor, die im Parallelismus membrorum ähnliches ausdrücken. Beide Satzketten sind Ketten des Typs < imp - w.juss > mit konditionalem Charakter. וְיֶחְכַּם wird durch die Parallelität zu וְיוֹסֶף als

---

[1] In Jer 40,9 liegt hier sg. vor.
[2] Vgl. Schneider (1993) S. 39.
[3] Allerdings kann m.E. nicht der Schluß gezogen werden, daß immer dann, wenn eine solche Nesiga eintritt, zwangsläufig ein juss vorliegt. Vgl. hierzu das S. 129 Anm. 1 Gesagte. Die Stelle Prv 9,9 wird allerdings von Gesenius/Kautzsch (1909) §109h unter die juss eingeordnet.

w.juss ausgewiesen. Die sprechakttheoretische Funktion DIREKTIV ist deutlich. So ist wohl auch Prv 4,8 zu verstehen: סַלְסְלֶהָ וּתְרוֹמְמֶךָ תְּכַבֵּדְךָ כִּי תְחַבְּקֶנָּה *Halte sie* [sc. Weisheit/Einsicht] *hoch, so soll sie dich erhöhen. Sie wird dich ehren, wenn du sie liebkosend umarmst.* Plöger übersetzt hier "Schätze sie hoch ein, dann wird sie dich erhöhen. Sie wird dich zu Ehren bringen, wenn du sie umfängst."[1], also REPRÄSENTATIV. Allerdings liegt in וּתְרוֹמְמֶךָ nach Lambert[2], wie oben (S. 132) erwähnt, ein juss vor. Demnach müsste auch hier sprechakttheoretisch ein DIREKTIV, eine Aufforderung, und kein REPRÄSENTATIV vorliegen. Die Funktion Implizite Hypotaxe (konditional) wird sehr schön durch die folgende explizit konditionale Satzkette (כִּי) deutlich.

Ebenfalls konditional und DIREKTIV ist wohl der w.juss in Prv 22,10 zu verstehen: גָּרֵשׁ לֵץ וְיֵצֵא מָדוֹן וְיִשְׁבֹּת דִּין וְקָלוֹן *Vertreibe den Übermütigen, so soll/möge Hader herausgehen, und es sollen Streit und Schimpf aufhören.* Allerdings tritt bei Prv 4,8 und 22,10 der DIREKTIVE Charakter des w.juss stark in den Hintergrund. Deutlicher DIREKTIV sind die w.juss in Prv 16,3 und 29,17. Hier liegt ebenfalls die syntaktische Funktion implizite Hypotaxe (konditional) vor. Prv 16,3: גֹּל אֶל־יְהֹוָה מַעֲשֶׂיךָ וְיִכֹּנוּ מַחְשְׁבֹתֶיךָ *Wälze deine Taten auf Jahwe, so sollen deine Vorhaben ausgerichtet werden.* Prv 29,17: יַסֵּר בִּנְךָ וִינִיחֶךָ וְיִתֵּן מַעֲדַנִּים לְנַפְשֶׁךָ *Züchtige deinen Sohn, so soll er dich zufrieden machen und deiner Seele Freude bereiten.* So auch Prv 3,9f.: 9 כַּבֵּד אֶת־יְהֹוָה מֵהוֹנֶךָ וּמֵרֵאשִׁית כָּל־תְּבוּאָתֶךָ *Ehre Jahwe mit* [oder: *mehr als?*] *deinem Reichtum und mit den Erstlingen aller deiner Erzeugnisse,* 10 וְיִמָּלְאוּ אֲסָמֶיךָ שָׂבָע וְתִירוֹשׁ יְקָבֶיךָ יִפְרֹצוּ *so sollen voll werden deine Vorratskammern zum Überfluß, und die Kufen deiner Kelter sollen von Most überlaufen.*

Ein Sonderfall liegt wohl in Am 5,14 vor: דִּרְשׁוּ־טוֹב וְאַל־רָע לְמַעַן תִּחְיוּ וִיהִי־כֵן יְהֹוָה אֱלֹהֵי־צְבָאוֹת אִתְּכֶם כַּאֲשֶׁר אֲמַרְתֶּם *Sucht Gutes und nicht Schlechtes, damit ihr lebt, so soll/möge Jahwe, der Gott Zebaoth, mit euch sein, wie ihr redet.*[3] Der letzte w.juss trägt den Ton der Äußerung und stellt die Apodosis im konditionalen Satzgefüge dar. Der Finalsatz ist eingeschoben.

c) Zusammenfassung für die Funktion Implizite Hypotaxe (konditional)
W.kohort und w.juss können nach imp beide die Funktion Implizite Hypotaxe (konditional) ausüben. Der DIREKTIVE Charakter beider Formen ist hier deutlich, wenn er auch in manchen Fällen stark in den Hintergrund tritt. In einer solchen konditionalen Satzkette repräsentiert der imp die Protasis und w.kohort bzw. w.juss die Apodosis.

---

[1] Plöger (1984) S. 44.
[2] Lambert (1903) S. 182.
[3] Vgl. evtl. auch Brockelmann (1956) §43 zur Stelle.

3.5.4 SYNTAKTISCHE FUNKTION: IMPLIZITE HYPOTAXE (OBJEKTSATZ)

Nach imp einiger Verba dicendi übt w.kohort/juss die Funktion Objekt-satz aus.[1] Es handelt sich um die Verben אמר *sagen* usw., דבר II. pi. *reden/sprechen* usw., עתר hi. *beten, bitten,* פגע *auf jemanden treffen, herfallen über, jemanden bittend angehen,* פלל hit. *als Fürsprecher auf-treten, Fürbitte tun für, fürbittend eintreten für* usw. und צוה pi. *einen Befehl geben, befehlen, heißen zu tun.* Evtl. gehört hierher auch das Verb פתה I. pi. *überreden, zu überreden suchen.*[2]

1Sam 9,27 diene als Beispiel für אֱמֹר לַנַּעַר וְיַעֲבֹר לְפָנֵינוּ: *Sage dem Knaben, daß er uns vorangehen soll.* Hier übt der w.juss[3] die Funk-tion eines Objektsatzes nach dem imp aus. Die Funktion DIREKTIV bleibt allerdings bestehen. Weitere Belegstellen:[4] Num 17,2; 1Reg 2,17; Est 5,14.

In Ex 14,15 kommt ein w.juss in der Funktion Implizite Hypotaxe (Objektsatz) nach dem imp דבר vor: דַּבֵּר אֶל־בְּנֵי־יִשְׂרָאֵל וְיִסָּעוּ *Rede mit den Israeliten, daß sie weiterziehen.* Weitere Belegstellen: Ex 6,11; 11,2; 14,2; 25,2; Lev 22,2; Num 19,2.

צוה kommt in Num 5,2[5] vor einem w.juss mit der Funktion Implizite Hypotaxe (Objektsatz) vor: צַו אֶת־בְּנֵי יִשְׂרָאֵל וִישַׁלְּחוּ מִן־הַמַּחֲנֶה כָּל־צָרוּעַ וְכָל־זָב וְכֹל טָמֵא לָנָפֶשׁ *Befiehl den Israeliten, daß sie aus dem Lager alle Aussätzigen, alle an (Eiter-?)Fluss Leidenden und alle durch Berührung eines Toten unrein Gewordenen wegschicken ....* Weitere Belegstellen: Lev 24,2; Jos 4,16[6]; 1Reg 5,20.

פלל hit.: Num 21,7: הִתְפַּלֵּל אֶל־יְהוָה וְיָסֵר מֵעָלֵינוּ אֶת־הַנָּחָשׁ *Tu Für-bitte bei Jahwe, daß er von uns die Schlange entferne.* Weitere Beleg-stellen: 1Reg 13,6; Jer 42,2f.

פגע: Gen 23,8f.: שְׁמָעוּנִי וּפִגְעוּ־לִי בְּעֶפְרוֹן בֶּן־צֹחַר 9 וְיִתֶּן־לִי אֶת־מְעָרַת הַמַּכְפֵּלָה אֲשֶׁר ... *hört mich und geht Ephron, den Sohn Zohars, für mich bittend an, 9 daß er mir gebe die Höhle Machpela, die ....*

---

1 Vgl. z.B. Joüon/Muraoka: "With the verbs of **commandment**, alongside the con-struction of the complete type *he commanded to do and they did* (e.g. Gen 50.5), there also exists the type *he commanded and they did*, which is used as a virtual equivalent of *he commanded to do* [...]. In the sphere of the future, in addition to this construction with the indicative, we also find the construction with the jussive, espe-cially after an imperative [...]" (Joüon/Muraoka [1991] §177*j*, S. 652). — Vgl. auch Gesenius/Kautzsch (1909) §157; Blau (1976) §105.1; Meyer (1972) §114 u.a.
2 Übersetzungen nach HALAT.
3 Zur Einordnung von וְיַעֲבֹר als juss vgl. auch Gibson (1994) S. 107.
4 Evtl. ist hier auch Ez 13,11 zu nennen, allerdings nur dann, wenn der w.juss die im vorausgehenden Vers genannte Wand (חַיִץ) als Objekt trägt. וְיִפֹּל ist allerdings text-kritisch umstritten (vgl. App. BHS).
5 Vgl. zur Stelle S. 158.
6 Zur Funktion des w.juss als DIREKTIV vgl. auch Niccacci (1990) S. 90f.

עתר: Ex 8,4:[1] הַעְתִּירוּ אֶל־יְהוָה וְיָסֵר הַצְפַרְדְּעִים מִמֶּנִּי וּמֵעַמִּי *Tut Fürbitte bei Jahwe, daß er entferne die Frösche von mir und von meinem Volk, so will ich das Volk schicken* (w.kohort), *daß/damit es Jahwe opfere* (w.juss). Weitere Belegstelle: Ex 10,17.

פתה pi.: Jdc 14,15:[2] פַּתִּי אֶת־אִישֵׁךְ וְיַגֶּד־לָנוּ אֶת־הַחִידָה פֶּן־נִשְׂרֹף אוֹתָךְ וְאֶת־בֵּית אָבִיךְ בָּאֵשׁ *Überrede deinen Mann, daß er uns das Rätsel löse, damit wir nicht dich und das Haus deines Vaters im Feuer verbrennen.*

Es ist festzuhalten, daß in allen diesen Stellen ebenfalls die sprechakttheoretische Funktion DIREKTIV vorliegt. Man kann die w.juss auch als Aufforderungen übersetzen (vgl. die Übersetzungen zu 1Sam 9,27; Num 21,7; Gen 23,8f. und Ex 8,4 – die Bedeutung des imp צוה/צו impliziert diese Grundfunktion des nachfolgenden w.juss, צוה/צו charakterisiert das folgende als DIREKTIV).

Nach Kuhr[3] sind diese w.juss wohl auch final aufzufassen. Er bemerkt:

"Besondere Erwähnung verdienen noch die juss. Finalsätze nach einem Imp. oder Koh. des Befehlens [...] oder Bittens [...], die nach sem. Sprachgebrauch einen Obj.-Satz umschreiben; [...]. In den meisten Sprachen wird von den beiden Momenten des Befehls (bzw. der Bitte), Inhalt und Ausführung, immer nur das eine zum Ausdruck gebracht, und zwar im Indogerm. der Inhalt (Obj.-Satz), im Sem. die Ausführung des Befehls. [...] Nach einer Begehrungsform des Befehlens muß die Ausführung natürlich anders zur Darstellung kommen. Das Hebr. tut dies [...] durch die Anführung eines Absichtssatzes."[4]

Allerdings spricht Jos 4,16 m.E. gegen diese Annahme: צַוֵּה אֶת־הַכֹּהֲנִים נֹשְׂאֵי אֲרוֹן הָעֵדוּת וְיַעֲלוּ מִן־הַיַּרְדֵּן *Befiehl den Priestern, die die Lade tragen, daß sie aus dem Jordan heraufsteigen.* In v.17 erfolgt nämlich dann der Befehl Josuas an die Priester in wörtlicher Rede: וַיְצַו יְהוֹשֻׁעַ אֶת־הַכֹּהֲנִים לֵאמֹר עֲלוּ מִן־הַיַּרְדֵּן *Da befahl Josua den Priestern folgendermaßen: Steigt heraus aus dem Jordan.* Hier wird der Objektsatz וְיַעֲלוּ מִן־הַיַּרְדֵּן als wörtliche Rede wiedergegeben, so, wie man es in indogermanischen Sprachen auch erwarten würde. Vergleichbar ist auch 1Reg 2,17: אִמְרִי־נָא לִשְׁלֹמֹה הַמֶּלֶךְ כִּי לֹא־יָשִׁיב אֶת־פָּנָיִךְ וְיִתֶּן־לִי אֶת־אֲבִישַׁג הַשּׁוּנַמִּית לְאִשָּׁה *Rede doch mit Salomo, dem König, denn er wird dich nicht abweisen, daß er mir Abischag von Schunem zur Frau gebe.* Batseba willigt ein und geht zu Salomo, um mit ihm zu reden, und sagt dann (v.21): יֻתַּן אֶת־אֲבִישַׁג הַשֻּׁנַמִּית לַאֲדֹנִיָּהוּ אָחִיךָ לְאִשָּׁה *Abischag von Schunem möge Adonia, deinem Bruder, zur Frau gegeben werden!* Auch hier wird der Objektsatz וְיִתֶּן־לִי אֶת־אֲבִישַׁג הַשֻּׁנַמִּית לְאִשָּׁה in wörtliche Rede verwandelt, analog den indogermanischen Sprachen. Es scheint

---

1   Vgl. auch Joüon/Muraoka (1991) §177*k* zur Stelle.
2   Evtl ist die Stelle auch final/konsekutiv zu verstehen.
3   Vgl. Kuhr (1929) S. 48; vgl. auch allgemein Gesenius/Kautzsch (1909) §120*f.*
4   Kuhr (1929) S. 48.

also im Hebräischen analog zum Deutschen zumindest nach imp
Objektsätze zu geben, die durch w.juss ausgedrückt werden.

> Es sei hier darauf verwiesen, daß auch ein Nominalsatz nach imp einen Objektsatz
> darstellen kann, so z.B. in Gen 12,13[1] אֱמְרִי־נָא אֲחֹתִי אָתְּ *Sage doch, daß du meine
> Schwester bist, ...* Vgl. auch Ex 9,28[2].

3.5.5   WEITERE SYNTAKTISCHE FUNKTIONEN

Neben den vorgenannten syntaktischen Funktionen Parataxe und Implizite Hypotaxe (final/konsekutiv), (konditional) und (Objektsatz) üben
w.kohort bzw. w.juss noch weitere syntaktische Funktionen nach einem
imp aus. So a) die syntaktische Funktion Implizite Hypotaxe (temporal),
b) die syntaktische Funktion Implizite Hypotaxe (adversativ) und c) die
syntaktische Funktion Implizite Hypotaxe (kausal). Diese syntaktischen
Funktionen üben w.kohort bzw. w.juss allerdings nicht sehr oft aus.[3]

a) Die syntaktische Funktion: Implizite Hypotaxe (temporal)
An zwei Stellen in Dan scheint der temporale Charakter des w.juss nach
imp deutlich. So in Dan 1,12f.:

12 נַס־נָא אֶת־עֲבָדֶיךָ יָמִים עֲשָׂרָה וְיִתְּנוּ־לָנוּ מִן־הַזֵּרֹעִים וְנֹאכְלָה וּמַיִם וְנִשְׁתֶּה

13 וְיֵרָאוּ לְפָנֶיךָ מַרְאֵינוּ וּמַרְאֵה הַיְלָדִים הָאֹכְלִים אֵת פַּתְבַּג הַמֶּלֶךְ וְכַאֲשֶׁר
תִּרְאֵה עֲשֵׂה עִם־עֲבָדֶיךָ

12 *Prüfe deine Knechte zehn Tage, (und) man gebe uns vom Gemüse,
daß wir essen, und Wasser, daß wir trinken,* 13 und dann *laß dir unser
Aussehen und das Aussehen der Jünglinge, die die Speise des Königs
gegessen haben, zeigen* (wörtlich: *und dann zeige man dir ...*). *Nach dem,
was du siehst, so tu mit deinen Knechten.*

Der erste w.juss וְיִתְּנוּ schließt parataktisch an den imp נַס an.[4] Die beiden folgenden, gleichwertigen w.kohort sind final/konsekutiv aufzufas-

---

[1]   Vgl. zur Stelle auch Gesenius/Kautzsch (1909) §157a u.a.

[2]   Die Stelle ist allerdings nicht unproblematisch, denn der NS macht hier nach Kuhr
      (1929) S. 53 Anm. 2 keinen Sinn.

[3]   Es sei hier auf Kap. 3.5.7 verwiesen. Es überlagern sich sehr oft verschiedene Funk-
      tionen, so daß nicht immer ganz klar ist, welche Funktion der w.kohort bzw. w.juss
      in erster Linie ausübt. Diese Schwierigkeit entsteht dadurch, daß die grammatische
      Kategorie die hier beschriebenen Funktionen oft nur in der Tiefenstruktur ausübt. In
      der Oberflächenstruktur handelt es sich im Grunde bei Satzketten des Typs < imp -
      w.kohort/juss > um parataktische Satzketten, deren Satzkettenglieder durch ו verbun-
      den sind.

[4]   Nach Joüon/Muraoka (1991) §116b Anm. 1 S. 383 spezifiziert dieser w.juss den
      vorausgehenden imp: "In all the three cases [sc. Jos 4,16; 2Reg 18,23 und Dan 1,12]
      the clause following the initial imperative *specifies* the contents of the proposition
      made at the beginning." In Jos 4,16 liegt allerdings m.E. ein Objektsatz vor. Dan 1,12
      und 2Reg 18,23 par. Jes 36,8 sind m.E. die einzigen Stellen, wo der w.juss bzw.
      w.kohort nach imp spezifizierend gedeutet werden könnte. Zuber (1986) S. 10 be-
      merkt zu 2Reg 18,23: "Vers 23 bringt mit וְאֶתְּנָה einen auf der Ausdrucksebene als

sen. וְיֵרָאוּ übt hingegen die Funktion Implizite Hypotaxe (temporal) aus. Erst nach den zehn Tagen soll der König sich seine Knechte zeigen lassen.

Die zweite Stelle, in der der temporale Charakter des w.juss deutlich wird, ist Dan 12,13: וְאַתָּה לֵךְ לַקֵּץ וְתָנוּחַ וְתַעֲמֹד לְגֹרָלְךָ לְקֵץ הַיָּמִין *Du aber geh bis zum Ende und ruhe und stehe dann auf zu deinem Geschick am Ende der Tage.* Allerdings birgt die Stelle einige Probleme, da in וְתָנוּחַ zum einen morphologisch kein w.juss vorliegt, und וְתָנוּחַ וְתַעֲמֹד zu den wenigen Fällen von w.juss/w.imperf in der 2. pers. nach einem imp gehören.[1]

Ebenfalls deutlich ist der temporale Charakter des w.juss nach imp in 2Reg 6,22: שִׂים לֶחֶם וָמַיִם לִפְנֵיהֶם וְיֹאכְלוּ וְיִשְׁתּוּ וְיֵלְכוּ אֶל־אֲדֹנֵיהֶם *Setze ihnen Brot und Wasser vor, daß sie essen und trinken, und sie sollen dann/danach zu ihrem Herrn gehen.* Hier übt der letzte w.juss וְיֵלְכוּ sicherlich die Funktion Implizite Hypotaxe (temporal) aus.

So auch in Jdc 7,4: *Das Volk ist noch zu zahlreich.* הוֹרֵד אוֹתָם אֶל־ הַמַּיִם וְאֶצְרְפֶנּוּ לְךָ שָׁם *Führe sie zum Wasser,* dann *will ich sie dort für dich prüfen.* Vielleicht liegt aber auch die Funktion Parataxe vor (vgl. die Übersetzung auf S. 153).

Auch in Ex 33,5 kann der w.kohort temporal aufgefasst werden וְעַתָּה: הוֹרֵד עֶדְיְךָ מֵעָלֶיךָ וְאֵדְעָה מָה אֶעֱשֶׂה־לָּךְ *Und nun: Lege deinen Schmuck von dir ab,* dann *will ich wissen, was ich mit dir mache.*

Vielleicht gehört Num 22,19 ebenfalls hierher: וְעַתָּה שְׁבוּ נָא בָזֶה גַּם־ אַתֶּם הַלָּיְלָה וְאֵדְעָה מַה־יֹּסֵף יְהוָה דַּבֵּר עִמִּי *Und nun: Bleibt auch ihr die(se) Nacht hier[2], bis ich weiß, was Jahwe weiter zu mir reden wird.*[3]

---

modal gekennzeichneten Voluntativ: 'ich will geben'. Man wird sich aber fragen, wieso der Verfasser nach dem vorangegangenen Imperativ הַעֲרֵב nicht das vom Lehrbuch geforderte und auch grammatikalisch mögliche Perf cons וְנָתַתִּי gewählt hat. Offenbar hält er sich an sein persönliches Stilempfinden und schert sich einen Deut um das Lehrbuch." M.E. stellt hier der w.kohort aber einen Neueinsatz dar: וְעַתָּה הִתְעָרֶב נָא אֶת־אֲדֹנִי אֶת־מֶלֶךְ אַשּׁוּר וְאֶתְּנָה לְךָ אַלְפַּיִם סוּסִים אִם־תּוּכַל לָתֶת לְךָ רֹכְבִים עֲלֵיהֶם *Und nun: Nimm doch die Wette meines Herrn, des Königs von Assur, an: Ich gebe dir 1000 Pferde, ob du die Reiter dazu geben kannst.*

[1] Vgl. hierzu oben Kap. 3.1.2.

[2] Vgl. Jenni (1992) S. 219.

[3] Zu dieser Übersetzung vgl. auch EÜ; ferner auch Levine (2000) S. 142: "Now then, as for you—you remain lodged here tonight, as well, *until* I am apprised of what God may further instruct me." (*Hervorhebung* von J. Diehl) — Noth (1982) S. 146 übersetzt final; ähnlich auch Ashley (1993) S. 443: "[...], *that I might truly know*"; (*Hervorhebung* von J. Diehl). Budd (1984) S. 250; Sturdy (1976) S. 163 mit der New English Bible.

b) Die Funktion: Implizite Hypotaxe (adversativ)

An einigen wenigen Stellen scheint der w.kohort bzw. w.juss die syntaktische Funktion Implizite Hypotaxe (adversativ) auszudrücken. So z.B. in Ex 32,10: וְעַתָּה הַנִּיחָה לִּי וְיִחַר־אַפִּי בָהֶם וַאֲכַלֵּם וְאֶעֱשֶׂה אוֹתְךָ לְגוֹי גָּדוֹל *Und nun: Laß mich in Ruhe, daß/damit mein Zorn über ihnen entbrenne, und ich sie vertilge, aber dich will ich zu einem großen Volk machen.* Der w.juss וְיִחַר und der erste w.kohort וַאֲכַלֵּם sind sicherlich final/konsekutiv zu verstehen. Der zweite w.kohort וְאֶעֱשֶׂה ist hingegen sehr wahrscheinlich adversativ aufzufassen.[1]

Allerdings muß in dieser Stelle der w.kohort nicht zwingend adversativ aufgefaßt werden, denn er kann auch lediglich parataktisch an den vorausgehenden w.kohort angeschlossen sein: *Und nun: Laß mich in Ruhe, daß/damit mein Zorn über ihnen entbrenne und ich sie vernichte, und ich dich zu einem großen Volk mache.*

In Am 5,23f. kann der w.juss ebenfalls adversativ verstanden werden: 23 הָסֵר מֵעָלַי הֲמוֹן שִׁרֶיךָ וְזִמְרַת נְבָלֶיךָ לֹא אֶשְׁמָע 24 וְיִגַּל כַּמַּיִם מִשְׁפָּט וּצְדָקָה כְּנַחַל אֵיתָן 23 *Entferne von mir den Lärm deiner Lieder, und den Klang deiner Harfen will ich nicht hören, 24 aber/sondern wie Wasser soll sich ergießen Recht, und Gerechtigkeitstat wie ein Bach, der immer Wasser führt.* Es sei aber hier darauf hingewiesen, daß in poetischer Rede die Abgrenzung von Satzketten nicht immer klar ist. So auch nicht in Ps 119,115, wo der w.kohort evtl. ebenfalls adversativ aufzufassen ist: סוּרוּ־מִמֶּנִּי מְרֵעִים וְאֶצְּרָה מִצְוֹת אֱלֹהָי *Weicht von mir, ihr Missetäter, ich aber will halten die Gebote meines Gottes.*

c) Die Funktion: Implizite Hypotaxe (kausal)

Einige Stellen könnten auch kausal aufgefaßt werden. So z.B. 1Reg 18,1: לֵךְ הֵרָאֵה אֶל־אַחְאָב וְאֶתְּנָה מָטָר עַל־פְּנֵי הָאֲדָמָה *Geh, zeige dich Ahab,* denn *ich will Regen geben auf die Erdoberfläche.* Der w.kohort וְאֶתְּנָה dient dann als Begründung dafür, warum sich Elia Ahab zeigen soll. Evtl. ist auch der w.kohort in Dtn 32,1 so zu verstehen: הַאֲזִינוּ הַשָּׁמַיִם וַאֲדַבֵּרָה *Hört aufmerksam zu, ihr Himmel,* denn *ich will reden.*

Ez 21,19 kann ebenfalls kausal aufgefasst werden:[2] וְאַתָּה בֶן־אָדָם הִנָּבֵא וְהַךְ כַּף אֶל־כָּף וְתִכָּפֵל חֶרֶב [וְשִׁלֵשָׁה]3 *Du, Menschensohn, sei in*

---

[1] In Dtn 9,14 handelt es sich um einen ähnlichen Fall: הֶרֶף מִמֶּנִּי וְאַשְׁמִידֵם וְאֶמְחֶה אֶת־שְׁמָם מִתַּחַת הַשָּׁמָיִם וְאֶעֱשֶׂה אוֹתְךָ לְגוֹי־עָצוּם וָרָב מִמֶּנּוּ *Laß ab von mir, damit ich sie vernichte und ihren Namen unter dem Himmel ausrotte; dich aber will ich zu einem stärkeren und größeren Volk als sie machen.* Auch hier ist der w.kohort וְאֶעֱשֶׂה wahrscheinlich adversativ aufzufassen.

[2] Eichrodt (1966) S. 187 faßt den w.juss wohl final/konsekutiv auf: "daß sich das Schwert verdopple […]."

[3] Konjektur nach Vulgata und Peschitta (vgl. App. BHS); vgl. auch Allen (1990) S. 20; Zimmerli (1969a) S. 471f.

prophetischer Verzückung und schlage Hand gegen Hand, denn das Schwert soll verdoppelt werden und verdreifacht. Oder es liegt hier die Funktion Parataxe vor: *... schlage Hand gegen Hand, und das Schwert soll verdoppelt werden und verdreifacht.*[1]

Vielleicht ist auch 2Sam 14,32 kausal aufzufassen: בֹּא הֵנָּה וְאֶשְׁלְחָה אֹתְךָ אֶל־הַמֶּלֶךְ *Komm hierher,* denn *ich will dich zum König schicken.*[2] Allerdings kann die Stelle auch final/konsekutiv aufgefaßt werden: *Komm hierher, daß/damit ich dich zum König schicke.* Ähnlich verhält es sich in 2Sam 13,10: הָבִיאִי הַבִּרְיָה הַחֶדֶר וְאֶבְרֶה מִיָּדֵךְ *Bringe die Speise in die Schlafkammer,* denn *ich will von deiner Hand essen.* Faßt man den w.kohort final auf, dann gibt er den Zweck des vorausgehenden Auftrags an, faßt man ihn hingegen kausal auf, so gibt er die Begründung für die vorausgehende Aufforderung an.

Weitere Belege: Jdc 6,30?; 19,22?; 1Sam 15,16?; 1Reg 21,2; 2Sam 20,16; Ps 50,7.

Allerdings gibt es m.E. keine klaren Belege für die Funktion Implizite Hypotaxe (kausal), die nicht auch eine andere Deutung (Funktion Parataxe oder Funktion Implizite Hypotaxe [final/konsekutiv]) zulassen.[3]

3.5.6 KOMBINATIONEN VERSCHIEDENER SYNTAKTISCHER FUNKTIONEN

Nach imp kommen aber nicht nur w.kohort/juss mit identischen Funktionen vor, es können auch w.kohort/juss in einer Satzkette nach imp stehen, die verschiedene Funktionen ausüben.

In Ex 8,4 werden drei Funktionen nebeneinandergestellt: הַעְתִּירוּ אֶל־יְהוָה וְיָסֵר הַצְפַרְדְּעִים מִמֶּנִּי וּמֵעַמִּי וַאֲשַׁלְּחָה אֶת־הָעָם וְיִזְבְּחוּ לַיהוָה *Tut Fürbitte bei Jahwe, daß er entferne die Frösche von mir und von meinem Volk, so will ich das Volk schicken, daß/damit es Jahwe opfere.* Der erste w.juss übt hier die Funktion Implizite Hypotaxe (Objektsatz) aus, der w.kohort ist konditional aufzufassen und der zweite w.juss final/konsekutiv.

---

[1] Eichrodt (1966) S. 193 sieht in dem folgenden w.juss wohl das tontragende Element: "Ungenügend ist dabei nur die Auffassung der Handlung als begleitende Geste, während sie doch in Wirklichkeit die gewünschte Zwangswirkung auslösen soll." In diese Richtung geht auch Heinisch (1923) S. 106: "Durch Klatschen in die Hände soll er darum Zorn und Freude bekunden (vgl. 6,11) und soll durch solches Verhalten gleichsam das Schwert auffordern, doppeltes und dreifaches Unheil anzurichten." In v.22 will Jahwe selbst seine Hände aufeinanderschlagen, nach Bertholet (1936) S. 77 handelt es sich hierbei um einen "Gestus seiner höhnischen Freude".

[2] Zur allgemeinen Problematik von 2Sam 14,32 vgl. oben S. 159.

[3] So übersetzt z.B. die EÜ Ps 24,7.9 kausal: "denn es kommt der König der Herrlichkeit", die Stellen können aber auch final/konsekutiv aufgefaßt werden: *daß/damit der König der Ehre komme.*

3.5.7 Überlagerung von syntaktischen Funktionen

In der Regel übt w.kohort/juss nach imp eine der drei syntaktischen Funktionen aus: 1. die Funktion Parataxe, 2. die Funktion Implizite Hypotaxe (final/konsekutiv) und 3. die Funktion Implizite Hypotaxe (konditional). Welche Funktion gerade im Vordergrund steht, kann man an einem Dreieck verdeutlichen:[1]

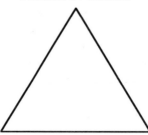

Funktion: Parataxe

Funktion: Implizite Hypotaxe (final/konsekutiv)   Funktion: Implizite Hypotaxe (konditional)

Abb. 3.5.7.a: Funktionsdreieck für die syntaktischen Funktionen von w.kohort/juss nach imp.

In Gen 24,51 liegt wohl lediglich die Funktion Parataxe vor: הִנֵּה־רִבְקָה לְפָנֶיךָ קַח וָלֵךְ וּתְהִי אִשָּׁה לְבֶן־אֲדֹנֶיךָ *Siehe: Rebekka (ist) vor dir. Nimm (sie) und geh, und sie sei die Frau des Sohnes deines Herrn, wie Jahwe geredet hat.*[2] Der w.juss ist nicht unbedingt final/konsekutiv[3] oder konditional zu verstehen und nicht als Objektsatz usw. aufzufassen. Das Funktionsdreieck sieht dann wie folgt aus:

---

[1]   Es sei hier nocheinmal darauf hingewiesen, daß die sprechakttheoretische Funktion DIREKTIV in allen entsprechenden Satzketten *immer* latent vorhanden ist. Bei den folgenden Funktionsdreiecken werden aber nur die syntaktischen Funktionen dargestellt. Es dürfen hier die Ebenen (syntaktisch und sprechakttheoretisch) nicht verwechselt bzw. miteinander identifiziert werden.

[2]   Allerdings kann die Stelle auch final/konsekutiv aufgefasst werden, vgl. Anm. 4 S. 185.

[3]   Gegen Gesenius/Kautzsch (1909) §109f zur Stelle. Gesenius/Kautzsch übersetzen: "*nimm sie und geh, damit sie ... werde* (וּתְהִי eig. *und sie werde*)". Vgl. auch oben S. 185 zur Stelle.

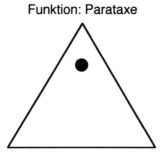

Funktion: Parataxe

Funktion: Implizite
Hypotaxe
(final/konsekutiv)

Funktion: Implizite
Hypotaxe (konditional)

Abb. 3.5.7.b: w.kohort/w.juss übt in erster Linie die syntaktische Funktion Parataxe aus.

In Gen 38,24 steht die Funktion Implizite Hypotaxe (final/konsekutiv) im Vordergrund: הוֹצִיאוּהָ וְתִשָּׂרֵף *Führt sie hinaus, daß/damit sie verbrannt werde*. Das Funktionsdreieck sieht dann so aus:

Funktion: Parataxe

Funktion: Implizite
Hypotaxe
(final/konsekutiv)

Funktion: Implizite
Hypotaxe (konditional)

Abb. 3.5.7.c: w.kohort/w.juss übt in erster Linie die syntaktische Funktion Implizite Hypotaxe (final/konsekutiv) aus.

In 1Sam 11,1 steht die Funktion Implizite Hypotaxe (konditional) im Vordergrund: כְּרָת־לָנוּ בְרִית וְנַעַבְדֶךָ *Schließe mit uns einen Bund, so wollen wir dir dienen*. Das Funktionsdreieck von w.imperf nach imp sieht dann so aus:

Funktion: Parataxe

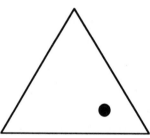

Funktion: Implizite   Funktion: Implizite
Hypotaxe   Hypotaxe (konditional)
(final/konsekutiv)

Abb. 3.5.7.d: w.kohort/w.juss übt in erster Linie die syntaktische Funktion Implizite
Hypotaxe (konditional) aus.

In Jdc 6,30 ist nicht ganz klar, ob nun die Funktion Parataxe oder die
Funktion Implizite Hypotaxe (final/konsekutiv) im Vordergrund steht:
הוֹצֵא אֶת־בִּנְךָ וְיָמֹת *Bringe deinen Sohn heraus, und er soll sterben* oder:
daß/damit er sterbe. Beide Varianten sind möglich, hier scheinen sich
also beide Funktionen zu überschneiden. Das Funktionsdreieck sieht
dann wie folgt aus:

Funktion: Parataxe

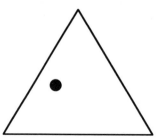

Funktion: Implizite   Funktion: Implizite
Hypotaxe   Hypotaxe (konditional)
(final/konsekutiv)

Abb. 3.5.7.e: Die syntaktischen Funktionen Parataxe und Implizite Hypotaxe (final/kon-
sekutiv) überschneiden sich beim w.imperf nach imp.
Weitere Beispiele: Ex 14,12; Num 16,21; 17,10; 31,3; Dtn 31,14; 1Sam
17,8; Jer 15,1; Am 4,1; Ps 109,26f.; 119,88.

In 1Sam 14,12 ist unklar, ob der w.kohort in erster Linie die Funktion
Parataxe oder die Funktion Implizite Hypotaxe (konditional) ausdrückt:
עֲלוּ אֵלֵינוּ וְנוֹדִיעָה אֶתְכֶם דָּבָר *Kommt herauf zu uns, (und) wir wollen
euch etwas kundtun* oder: *so/dann wollen wir euch etwas kundtun*. Das
Funktionsdreieck von w.imperf nach imp sieht dann wie folgt aus:

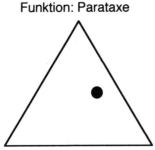

Abb. 3.5.7.f: Die syntaktischen Funktionen Parataxe und Implizite Hypotaxe (konditional) überschneiden sich bei w.kohort/w.juss nach imp.

Weiteres Beispiel: Ps 119,144.

In einigen Fällen ist auch nicht zu unterscheiden, ob die Funktion Implizite Hypotaxe (final/konsekutiv) oder (konditional) vorliegt, so z.B. in Jon 1,12: שָׂאוּנִי וַהֲטִילֻנִי אֶל־הַיָּם וְיִשְׁתֹּק הַיָּם מֵעֲלֵיכֶם כִּי *Nehmt mich und werft mich ins Meer, damit[1] es ruhig werde* oder: *so/dann soll es ruhig werden über euch, denn* .... Das Funktionsdreieck für w.imperf nach imp sieht dann so aus:

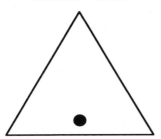

Abb. 3.5.7.g: Die syntaktischen Funktionen Implizite Hypotaxe (final/konsekutiv) und (konditional) überschneiden sich bei w.kohort/w.juss nach imp.

In einigen Fällen kann man zwischen den drei Funktionen nicht unterscheiden, so z.B. in Gen 30,26: תְּנָה אֶת־נָשַׁי וְאֶת־יְלָדַי אֲשֶׁר עָבַדְתִּי אֹתְךָ בָּהֵן וְאֵלֵכָה *Gib mir meine Frauen und meine Kinder, um die ich dir gedient habe, (und) ich will weggehen* oder: *damit ich weggehe* oder:

---

1 Vgl. Joüon/Muraoka (1991) §169i zur Stelle.

so/dann will ich weggehen. Das Funktionsdreieck sieht dann wie folgt aus:

Funktion: Parataxe

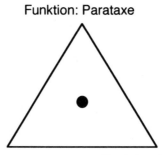

Funktion: Implizite
Hypotaxe
(final/konsekutiv)

Funktion: Implizite
Hypotaxe (konditional)

Abb. 3.5.7.h: Die syntaktischen Funktionen Parataxe, Implizite Hypotaxe (final/konsekutiv) und (konditional) überschneiden sich bei w.kohort/w juss nach imp.

Es bleibt festzuhalten, daß die *syntaktischen* Funktionen nicht immer deutlich voneinander getrennt werden können, sondern daß sie sich gegenseitig überschneiden. Eine eindeutige Zuordnung aller Vorkommen von w.kohort/juss nach imp zu den einzelnen Funktionen kann also nicht immer vorgenommen werden.[1] Festgehalten werden muß auch, daß die *sprechakttheoretische* Funktion DIREKTIV die sprechakttheoretische Grundfunktion von w.kohort/juss nach imp ist.

3.5.8 ZUSAMMENFASSUNG DER SYNTAKTISCHEN FUNKTION VON
W.KOHORT BZW. W.JUSS NACH IMP
Folgende syntaktische Funktionen können w.kohort/juss nach imp ausüben: 1. Parataxe; 2. Implizite Hypotaxe (final/konsekutiv); 3. Implizite Hypotaxe (konditional); 4. Implizite Hypotaxe (Objektsatz); 5. Implizite Hypotaxe (temporal); 6. Implizite Hypotaxe (adversativ); 7. Implizite Hypotaxe (kausal). Diese Funktionen können sich auch überlagern, so daß eine eindeutige Zuordnung nicht möglich ist.

---

[1] Vgl. hierzu Müller (1968) S. 559: "Es ist doch bezeichnend, daß die hebräische Sprache eine logisch strenge Verknüpfung der Satzglieder, wie sie etwa dem Griechischen, Lateinischen oder Deutschen eigen ist, auch nicht in entferntem Maße kennt. Das so überaus häufige ו [...] bezeichnet eine Fülle von Verknüpfungen; d. h. es läßt die Art des Zusammenhangs in den meisten Fällen, in denen wir sie gerne entschieden haben möchten, gerade völlig offen."

3.5.9 EXKURS: IMPERATIVE DER VERBEN יָהַב, הלך, קוּם UND בּוֹא ALS INTERJEKTIONEN VOR SYNDETISCHEN KOHORTATIVEN[1]

Die Imperative qal der Verben יְהַב[2], הלך, קוּם und בּוֹא werden vor syndetischen kohort sehr oft als Interjektion gebraucht.[3] Es seien nun einige Beispiele angeführt:

1Sam 11,14: לְכוּ וְנֵלְכָה הַגִּלְגָּל וּנְחַדֵּשׁ שָׁם הַמְּלוּכָה *Wohlan, laßt uns nach Gilgal gehen und dort das Königtum erneuern.* Hier ist לְכוּ sicherlich nicht begriffswörtlich aufzufassen, sondern als Interjektion.

Ob 1: קוּמוּ וְנָקוּמָה עָלֶיהָ לַמִּלְחָמָה *Auf! Laßt uns aufstehen wider es zum Kampf.*

Jer 35,11: בֹּאוּ וְנָבוֹא יְרוּשָׁלַם מִפְּנֵי חֵיל הַכַּשְׂדִּים וּמִפְּנֵי חֵיל אֲרָם *Wohlan, laßt uns nach Jerusalem kommen vor dem Heer der Chaldäer und dem Heer der Aramäer.*

Allen diesen Stellen ist gemeinsam, daß der imp von derselben Wurzel wie der w.kohort gebildet wird. Allein diese Tatsache legt schon die Vermutung nahe, daß die imp hier als Interjektion gebraucht werden. Eine begriffswörtliche Übersetzung würde hier keinen Sinn machen.

Aber auch wenn der imp von einer anderen Wurzel als der kohort gebildet wird, liegt in der Regel interjektionaler Gebrauch des imp vor. So z.B. auch in 1Sam 9,5: *Als sie in das Gebiet von Zuf kamen, da sagte Saul zu seinem Knecht, der bei ihm war:* לְכָה וְנָשׁוּבָה פֶּן־יֶחְדַּל אָבִי מִן־הָאֲתֹנוֹת וְדָאַג לָנוּ *Wohlan! Laß uns umkehren, damit mein Vater sich nicht (nur) um die Eselinnen sorgt, sondern (auch noch) um uns besorgt ist.* Hier ist der imp sicherlich nicht begriffswörtlich, sondern als Interjektion gebraucht. So auch in Jdc 18,9: *Da sprachen sie:* קוּמָה וְנַעֲלֶה עֲלֵיהֶם כִּי *Auf! Laßt uns gegen sie ziehen, denn wir haben das Land gesehen, und siehe, es ist sehr gut* und Jer 51,10: בֹּאוּ וּנְסַפְּרָה בְצִיּוֹן אֶת־מַעֲשֵׂה יְהוָה אֱלֹהֵינוּ *Kommt! Laßt uns in Zion erzählen die Werke Jahwes, unseres Gottes.*

Weitere Belegstellen für Interjektionen: Gen 37,13?.20.27; Jdc 19,11.13; 1Sam 9,9; 14,1.6; 20,11; 2Sam 15,14; 2Reg 7,4.9; Jes 1,18; 2,3.5; Jer

---

[1] Vgl. zum folgenden Diehl (2000) S. 121-123.

[2] Das Verb יהב steht lediglich vor asyndetischen kohort: Gen 11,3.4.7; 38,16; Ex 1,10. In Gen 38,16 liegt allerdings morphologisch kein kohort vor (vgl. Diehl [2000] S. 113f. und die Grammatiken).

[3] Vgl. z. B. Waltke/O'Connor (1990) S. 574: "The effect of the plural cohortative is frequently heightend by a verb of motion in the imperative, which functions as an auxiliary or interjection. The verbs used include *hlk* [...], *bw³* [...] and *qwm* [...]; the verb *yhb* 'to give' occurs only in the imperative, sometimes in this role [...]. Such an imperative may be linked to the cohortative with a *waw* [...] or it may be juxtaposed asyndetically [...]." u.a.

6,4.5; 18,18 (2x); 31,6; 46,16; 48,2; Hos 6,1; Jon 1,7; Mi 4,2; Ps 83,5; Neh 2,17.

Allerdings gibt es auch eine Reihe von Stellen, in denen die imp begriffswörtlich aufzufassen sind. So z.B. Jdc 19,28: *Da sprach er zu ihr:* קוּמִי וְנֵלֵכָה *Steh auf und laß uns gehen. Aber es gab keine Antwort. Da legte er sie auf den Esel, und der Mann machte sich auf und ging an seinen Ort.* Voraus geht, daß die Frau zusammengebrochen ist.

Weitere Belegstellen für begriffswörtliche imp: Jdc 4,22; 1Sam 9,26; Jer 40,4; Neh 6,2.7.

Im folgenden Beleg kann der imp als Interjektion oder begriffswörtlicher imp aufgefaßt werden: Ex 3,10.

3.6 ERGEBNIS: SYNDETISCHER KOHORTATIV BZW. JUSSIV NACH IMPERATIV

Es hat sich gezeigt, daß Satzketten des Typs < imp - w.imperf > ein Analogon zu Imperativketten bilden. Sie treten dann ein, wenn ein Personenwechsel von der 2. zur 1. pers. < imp - w.kohort > oder von der 2. zur 3. pers. < imp - w.juss > stattfindet. Es sei schon hier bemerkt, daß dies bei Satzketten des Typs < imp - perf consec > nicht der Fall ist. Erstens treten hier alle drei Personen im perf consec auf, ferner ist das perf consec dem imp untergeordnet.

Die sprechakttheoretische Funktion von w.kohort/juss nach imp läßt sich als Funktion DIREKTIV bestimmen, es handelt sich immer um Aufforderungen, Befehle, Bitten, Wünsche usw. Neben dieser Funktion übt w.kohort/juss nach imp aber noch syntaktische Funktionen aus: Funktion Parataxe und Implizite Hypotaxe (final/konsekutiv), (konditional) und (Objektsatz) u.a.

In der Regel trägt der w.kohort bzw. w.juss den Ton der Satzkette, allerdings läßt sich dies nicht so stringent erweisen wie bei reinen Imperativketten.

3.7 ERKLÄRUNGSBEDÜRFTIGE STELLEN

In Gen 47,19 bieten sich die Bewohner Ägyptens und Kanaans als Leibeigene an:

לָמָּה נָמוּת לְעֵינֶיךָ גַּם־אֲנַחְנוּ גַּם אַדְמָתֵנוּ קְנֵה־אֹתָנוּ וְאֶת־אַדְמָתֵנוּ בַּלָּחֶם וְנִהְיֶה
אֲנַחְנוּ וְאַדְמָתֵנוּ עֲבָדִים לְפַרְעֹה וְתֶן־זֶרַע וְנִחְיֶה וְלֹא נָמוּת וְהָאֲדָמָה לֹא תֵשָׁם

Wozu sterben wir vor deinen Augen, sowohl wir als auch unser Land. Kaufe uns und unser Land für Brot, und wir und unser Land wollen des Pharao Knechte sein. – Und gib uns Samen, damit wir leben und nicht sterben, und unser Land nicht verödet.

Es ist unklar, wieviele Satzketten hier vorliegen. Es kann eine einzige Satzkette der Gestalt < imp - w.kohort - w.imp - w.kohort - w.x.imperf - w.x.imperf > vorliegen oder וְחֵן stellt einen Neueinsatz dar und es liegen zwei Satzketten vor (vgl. obige Übersetzung).[1] In Ez 33,30f. leitet v.31 ebenso eine neue Satzkette ein (Wechsel von direkter nach indirekter Rede); Analoges gilt für Ps 45,11f.: v.12 stellt einen eigenständigen Satz dar und führt den imp nicht direkt fort.

3.8 ASYNDETISCHES IMPERF UND X.IMPERF NACH IMP

In einer Reihe von Stellen folgt ein asyndetisches imperf oder x.imperf einem imp. Es stellt sich hierbei die Frage, ob Satzketten des Typs < imp - (x.)imperf > vorliegen, oder ob das (x.)imperf mit dem imp *nicht* in einer Satzkette steht.

In der folgenden Darstellung werden imperf, juss und kohort parallel behandelt.

3.8.1 IMPERF NACH IMP

Bei asyndetischem imperf/juss/kohort muß beachtet werden, daß in poetischer Rede vor dem imperf/juss/kohort ein ן ausgefallen sein kann (vgl. hierzu unten). In Prosa legt sich der Verdacht nahe, daß keine Satzkette des Typs *< imp - imperf/juss/kohort >, sondern eigenständige Sätze (bzw. Satzketten) vorliegen.[2] So z.B. in Gen 47,6: *Das Land Ägypten liegt vor dir.* בְּמֵיטַב הָאָרֶץ הוֹשֵׁב אֶת־אָבִיךָ וְאֶת־אַחֶיךָ יֵשְׁבוּ בְּאֶרֶץ גֹּשֶׁן *Im besten Teil des Landes laß deinen Vater und deine Brüder wohnen. Sie sollen im Land Goschen wohnen.* Hier bilden imp und juss keine Satz-

---

[1] Demtentsprechend übersetzt von Rad (1987a) S. 333: "Kaufe uns und unser Land um Brot, so wollen wir und unser Land dem Pharao dienstbar werden. Gib uns Saatgut, daß wir leben und nicht sterben, daß unser Land nicht verödet."; Westermann (1982) S. 184: "Kaufe uns und unsere Äcker um Brot, so wollen wir mit unseren Äckern dem Pharao dienstbar sein. Aber gib uns Saatgut, damit wir am Leben bleiben [...]."; vgl. auch die Übersetzungen bei Hamilton (1995) S. 615; Wenham (1994) S. 435. Speiser (1964) S. 349 trennt die beiden Teile durch Semikolon: "Take us and our land in exchange for bread, and we shall become serfs to Pharaoh, with our land; only give us seed, that we may survive and not perish, and that the land not turn into a waste." — Zum Gebrauch des ן zum Markieren eines Neueinsatzes vgl. Miller (1999) S. 165-191.

[2] Wenn Niccacci recht hat, dann sind diese imperf alle als juss aufzufassen: "A YIQTOL wich comes first in the sentence is always jussive whereas indicative YIQTOL always comes in second position" (Niccacci [1990] S. 94; vgl. auch ders. [1987] S. 7-9; Revell [1989] S. 14-17 u.a.). Diese These läßt sich im Rahmen dieser Arbeit allerdings nicht vollständig nachprüfen, Num 21,27 scheint sogar gegen diese These zu sprechen (vgl. S. 213 zur Stelle). In Gen 1,22 scheint ein juss vorzukommen, der nicht 'clause-initial' ist (vgl. auch S. 307 zur Stelle).

kette,[1] sie stellen eigenständige Sätze dar. Beide Sätze sind chiastisch gebaut ('Präpositionalgruppe - imp' und 'juss - Präpositionalgruppe', das Objekt des ersten Satzes ist das nicht ausgeführte Subjekt des zweiten Satzes) und sagen dasselbe aus. In Ex 7,9 wird der Sachverhalt noch deutlicher: קַח אֶת־מַטְּךָ וְהַשְׁלֵךְ לִפְנֵי־פַרְעֹה יְהִי לְתַנִּין *Nimm deinen Stab und wirf ihn vor den Pharao. Er (der Stab) soll zur Schlange werden.* Hier steht ein asyndetischer juss nach einer Imperativkette.[2] Der juss und die Imperativkette bilden aber m.E. keine Satzkette.[3] Ähnliches gilt auch für einen asyndetischen kohort nach imp, wie in Ex 18,19: עַתָּה שְׁמַע בְּקֹלִי אִיעָצְךָ וִיהִי אֱלֹהִים עִמָּךְ *Nun: Höre auf meine Stimme! Ich will dir einen Rat geben und Gott soll mit dir sein.* Hier liegt keine Satzkette des Typs *< imp - kohort - w.juss > vor, sondern ein imp-Satz gefolgt von einer Satzkette des Typs < kohort - w.juss >.[4] In Num 1,2f. liegt ebenfalls keine Satzkette vor:

2 שְׂאוּ אֶת־רֹאשׁ כָּל־עֲדַת בְּנֵי־יִשְׂרָאֵל לְמִשְׁפְּחֹתָם לְבֵית אֲבֹתָם בְּמִסְפַּר שֵׁמוֹת כָּל־זָכָר לְגֻלְגְּלֹתָם 3 מִבֶּן עֶשְׂרִים שָׁנָה וָמַעְלָה כָּל־יֹצֵא צָבָא בְּיִשְׂרָאֵל תִּפְקְדוּ אֹתָם לְצִבְאֹתָם אַתָּה וְאַהֲרֹן

2 Erhebt die (Zahl der) Köpfe der ganzen israelitischen Volksversammlung nach ihren Geschlechtern und nach den Häusern ihrer Väter, nach der Zahl ihrer Namen, alle Männer nach ihren Köpfen, 3 von zwanzig Jahren an aufwärts alles, was als Kriegsheer in Israel auszieht.[5] Mustert sie nach ihren Mannschaften, du und Aaron.

In Dan 12,4 liegt wohl auch nicht eine einzige Satzkette vor: וְאַתָּה דָנִיֵּאל סְתֹם הַדְּבָרִים וַחֲתֹם הַסֵּפֶר עַד־עֵת קֵץ יְשֹׁטְטוּ רַבִּים וְתִרְבֶּה הַדָּעַת *Und du, Daniel, halte die Worte geheim und versiegle das Buch bis zur Zeit des Endes. Viele werden es durchforschen und Erkenntnis wird zunehmen.* Die beiden imp stellen wohl eine Satzkette dar und das imperf gefolgt vom w.imperf bilden ebenfalls eine Satzkette.

Ein Indiz dafür, daß das imperf einen eigenständigen Satz einleitet, der nicht direkt vom vorausgehenden imp abhängt, ist Jer 37,20:[6] וְעַתָּה שְׁמַע־נָא אֲדֹנִי הַמֶּלֶךְ תִּפָּל־נָא תְחִנָּתִי לְפָנֶיךָ *Und nun: Höre doch, mein*

---

[1] Anders wohl Andersen (1974) S. 37 mit Verweis auf diese Stelle: "The ubiquitous Hebrew 'and' is less common in vernacular speech than in narrative and other more literary discourse. This may account for the rather jerky effect of the high level of asyndeton in Pharoah's speech."

[2] Luther (1984) übersetzt hier allerdings final/konsekutiv.

[3] Anders Noth (1984) S. 45, der den juss ebenfalls final übersetzt.

[4] Anders Friedrich (1884) S. 81, der hier ein konditionales Satzgefüge annimmt.

[5] Es ist zu fragen, ob מִבֶּן עֶשְׂרִים שָׁנָה וָמַעְלָה כָּל־יֹצֵא צָבָא בְּיִשְׂרָאֵל nicht zum folgenden Satz zu ziehen ist, dann läge ein x.imperf vor und es wäre wie folgt zu übersetzen: "von den Zwanzigjährigen ab aufwärts, jeden, der in Israel im Heerbanndienst auszieht, sollt ihr sie mustern, geordnet nach ihren Heerhaufen, du und Aaron." (Übersetzung von Noth [1982] S. 15).

[6] Zur Problematik poetischer Rede vgl. im Anschluß.

Herr, der König! Es möge meine Bitte vor dich fallen, und bringe mich nicht zurück in das Haus Jonatans des Schreibers, damit ich nicht dort sterbe. Die Wendung תִּפָּל־נָא תְחִנָּתִי לְפָנֶיךָ kommt auch in Jer 42,2 vor, hier am Beginn einer Äußerung: *Da sprachen sie zu dem Propheten Jeremia:* תִּפָּל־נָא תְחִנָּתֵנוּ לְפָנֶיךָ. Es folgt dann ein imp. Hier stellt die Wendung das erste Glied einer Satzkette dar. Entsprechendes gilt wohl auch für Jer 37,20.

Weiterer Beleg: 2Chr 25,8.

In poetischer Rede ist die Sachlage etwas schwieriger, denn hier kann das ו ausfallen.[1] So in Ps 51,16 הַצִּילֵנִי מִדָּמִים אֱלֹהִים אֱלֹהֵי תְּשׁוּעָתִי תְּרַנֵּן לְשׁוֹנִי צִדְקָתֶךָ. Einige Textzeugen (Peschitta und Vulgata) schließen תְּרַנֵּן mit Kopula an das Vorausgehende an.[2] Demnach läge hier also ein w.juss vor: *Befreie mich von der Blutschuld, Gott, Gott meiner Hilfe, so/dann jubele meine Zunge über deine Gerechtigkeitstat.* In Ps 118,19[3] ist der Anschluß von אָבֹא mit ו belegt, entsprechendes gilt für אוֹדֶה, hier liegt also wohl ein w.kohort vor: פִּתְחוּ־לִי שַׁעֲרֵי־צֶדֶק [וְ]אָבֹא־בָם [וְ]אוֹדֶה יָהּ *Öffnet mir die Tore der Gerechtigkeit, damit ich durch sie komme und Jahwe lobe.* Nach einigen Textzeugen[4] ist in Ps 119,17 der Anschluß von אֶחְיֶה ebenfalls mit ו belegt, auch hier ist von einem w.kohort auszugehen: גְּמֹל עַל־עַבְדְּךָ [וְ]אֶחְיֶה וְאֶשְׁמְרָה דְבָרֶךָ *Tu Gutes deinem Knecht, damit ich lebe und deinen Weg bewahre.* In Hi 38,3 und 40,7 kommt einmal וְאֶשְׁאָלְךָ und einmal אֶשְׁאָלְךָ in derselben Wendung vor: אֱזָר־נָא כְגֶבֶר חֲלָצֶיךָ (וְ)אֶשְׁאָלְךָ וְהוֹדִיעֵנִי *Umgürte doch wie ein tapferer Mann deine Lenden, damit ich dich frage, und laß es mich wissen.* In 40,7 kommt also die gleiche Wendung wie in 38,3 vor, nur ohne ו. Diese Stellen belegen, daß in poetischer Rede ו analog zu Imperativketten des Typs < imp - imp > vor imperf/juss/kohort ausfallen kann. Demnach ist in poetischer Rede von Fall zu Fall zu entscheiden, ob ein imperf/juss/kohort, oder ein w.kohort bzw. w.juss vorliegt.

Ein weiteres Indiz dafür, ob ein imperf/juss/kohort oder ein w.kohort bzw. w.juss vorliegt, ist die Frage, ob das Verb ein ind, ein juss oder ein kohort ist. In Num 21,27 liegt ein eindeutiger ind vor, was darauf weist, daß hier ein eigenständiger Satz beginnt (syndetisch angeschlossene imperf im ind gibt es [fast] nicht nach einem imp – vgl. oben Kap. 3.1.1):

---

[1] Vgl. z.B. Gibson: "[...] asyndeton, whether arising from the omission of simple or consec. *Vav*, is as characteristic of poetry as is apposition. It is, of course, the (relative) independence of each unit of parallelism which leads to this." (Gibson [1994] S. 179); Brockelmann (1956) §176c: "In der Poesie kann ו fehlen". — Vgl. hierzu auch Kap. 2.1 asyndetische Imperativketten.

[2] Vgl. App. BHS.

[3] Vgl. App. BHS.

[4] Vgl. App. BHS.

Daher sagen die (Spott-)Redner[1]: בֹּאוּ חֶשְׁבּוֹן תִּבָּנֶה וְתִכּוֹנֵן עִיר סִיחוֹן
Kommt nach Heschbon! Aufgebaut und gegründet wird die Stadt Sihons.
Das imperf תִּבָּנֶה ist ein deutlicher ind, von daher legt sich also der
Verdacht nahe, daß hier auch ein solches imperf und kein w.juss vorliegt,
bei dem das וֹ ausgefallen ist.[2] Ein Gegenbeispiel wäre Jes 47,2f.:

2 קְחִי רֵחַיִם וְטַחֲנִי קָמַח גַּלִּי צַמָּתֵךְ חֶשְׂפִּי־שֹׁבֶל גַּלִּי־שׁוֹק עִבְרִי נְהָרוֹת
3 תִּגָּל עֶרְוָתֵךְ גַּם תֵּרָאֶה חֶרְפָּתֵךְ

Hier folgen auf eine Imperativkette[3] zwei asyndetisch angeschlossene
imperf. Bei תִּגָּל handelt es sich eindeutig um einen juss, nicht um einen
ind. Von daher besteht die Möglichkeit, daß hier ein וֹ ausgefallen ist, also
evtl. ein w.juss vorliegt.[4] Man kann einwenden, daß im folgenden תֵּרָאֶה
ein ind vorliegt, תֵּרָאֶה steht aber vor einer Pausaform und muß von daher
nicht apokopiert werden.[5] Daher kann man auch hier davon ausgehen,
daß vor תֵּרָאֶה ein וֹ ausgefallen ist. Als syntaktische Funktion dieser beiden juss legt sich ferner die Funktion Implizite Hypotaxe (fi-
nal/konsekutiv) nahe, also eine Funktion, die von w.juss ausgeübt wird.
Es ist demnach wahrscheinlich, so zu übersetzen: *Nimm deine Hand-
mühle und mahle Mehl; decke deinen Schleier auf (und) decke deine
Schleppe auf; entblöße den Schenkel und durchschreite Flüsse, daß/
damit deine Blöße aufgedeckt werde, (und) auch deine Schande sichtbar
werde.*[6] Diese Deutung ist allerdings nicht zwingend, es kann auch einfach ein juss eine eigenständige Äußerung darstellen, dann wäre v.3 so zu
übersetzen: *Aufgedeckt werde deine Blöße, und deine Schande werde
sichtbar.*

Weitere Belegstellen von asyndetischem imperf/juss/kohort nach imp in
poetischen Texten: Jes 34,1; 45,8; 56,12; Jer 3,22; 50,27; Joel 2,1.15f.;
4,9[7]; Mi 7,14; Hab 2,16; Ps 5,11; 9,20.21[1]; 10,15[2]; 21,14; 22,9[3]; 40,14f.;

---

[1]   Vgl. zu dieser Übersetzung HALAT Sp. 611b.
[2]   Dies spricht gegen die oben genannte Auffassung Niccaccis, daß imperf am Satzan-
      fang immer juss sei (vgl. S. 211 Anm. 2).
[3]   Auch hier sind verschiedene וֹ ausgefallen, denn an imp, die Erweiterungen tragen,
      wird der folgende imp in Prosa stets syndetisch angeschlossen. Dies ist in Poesie
      nicht unbedingt der Fall, hier kann וֹ auch in Imperativketten ausfallen. Vgl. hierzu
      weiter Kap. 2.1.3.
[4]   Generell gilt, daß nicht immer dann, wenn ein juss oder kohort vorliegt, dieser auch
      einen w.juss bzw. w.kohort vertritt. Es besteht auch die Möglichkeit, daß ein juss
      asyndetisch nach einem imp steht und diese nicht eine Satzkette des Typs < imp -
      w.kohort/juss > (mit ausgefallenem וֹ) bilden, vgl. z.B. Ex 7,9 oben S. 212 zur Stelle.
[5]   Vgl. hierzu oben Kap. 3.1.1.
[6]   Es folgt ein x.imperf (vgl. hierzu unten Kap. 3.8.2) und ein w.x.imperf. Letzteres
      birgt allerdings textkritische Schwierigkeiten.
[7]   Textkritisch unklar, vgl. App. BHS.

50,14f.[4]; 51,20; 55,3f.; 57,9; 61,8; 69,15; 70,2-5; 72,1f.; 83,17-19; 86,11[5]; 105,3; 108,3; 122,6; 130,2; 146,1f.; Hi 32,10; Prv 1,11-14; 4,8; 31,6f.; Cant 1,4; 4,16; 1Chr 16,10.

3.8.2   X.IMPERF NACH IMP

Ausgehend von den Beobachtungen zu asyndetischem imperf nach imp handelt es sich wohl auch bei asyndetischem x.imperf nach imp in der Regel um eigenständige Sätze (oder Satzketten), die mit dem imp nur lose verbunden sind. Dies gilt allerdings wiederum nur für Prosa, denn in poetischer Rede kann das ו ausfallen.

Die These, daß es sich bei x.imperf nach imp nicht um Satzketten des Typs *< imp - x.imperf > handelt, sondern um Sätze des Typs < x.imperf > oder Satzketten des Typs < x.imperf - ... >, die nur lose an den imp angeschlossen sind, wird durch die Annahme erhärtet, daß es sich bei sog. invertierten Verbalsätzen häufig um Neueinsätze handelt.[6]

Deutlich wird dies z.B. in Num 4,19f.:

19 וְזֹאת עֲשׂוּ לָהֶם וְחָיוּ וְלֹא יָמֻתוּ בְּגִשְׁתָּם אֶת־קֹדֶשׁ הַקֳּדָשִׁים אַהֲרֹן וּבָנָיו

יָבֹאוּ וְשָׂמוּ אוֹתָם אִישׁ אִישׁ עַל־עֲבֹדָתוֹ וְאֶל־מַשָּׂאוֹ 20 וְלֹא־יָבֹאוּ לִרְאוֹת כְּבַלַּע אֶת־הַקֹּדֶשׁ וָמֵתוּ

---

[1]   שִׁיתָה יְהוָה מוֹרָ[א] לָהֶם יֵדְעוּ גוֹיִם אֱנוֹשׁ הֵמָּה In vergleichbaren Stellen ist das imperf/der juss syndetisch an den imp angeschlossen, das ו ist hier demnach wahrscheinlich ausgefallen: *Jahwe, bereite ihnen einen Schrecken* (vgl. App. BHS), *daß/damit die Völker erkennen, daß sie Menschen sind.* Vergleichbare Stellen mit syndetischem juss: 1Reg 18,37; 2Reg 19,19 par. Jes 37,20 und Ps 59,14.

[2]   Hier ist allerdings unklar, ob ein imperf oder ein x.imperf vorliegt, der Atnach legt ein x.imperf nahe. Dann wäre u. U. eine Pendenskonstruktion (vgl. hierzu W. Groß [1986] S. 50-72, bes. S. 51-59; ders. [1987] hat die Stelle nicht verzeichnet) anzunehmen.

[3]   Der imp ist textkritisch unklar.

[4]   Die LXX schließen das imperf/den kohort mit καί an.

[5]   In Ps 86,11 liegen zwei Satzketten vor: הוֹרֵנִי יְהוָה דַּרְכֶּךָ אֲהַלֵּךְ בַּאֲמִתֶּךָ יַחֵד לְבָבִי. In הוֹרֵנִי יְהוָה דַּרְכֶּךָ אֲהַלֵּךְ בַּאֲמִתֶּךָ liegt die eine Satzkette vor, in יַחֵד לְבָבִי לְיִרְאָה שְׁמֶךָ die zweite. In dieser zweiten Satzkette wird der imp יַחֵד (vgl. hierzu Anm. 10 auf S. 354) durch einen l.inf fortgeführt, der final/konsekutiven Charakter hat. Von daher legt sich der Schluß nahe, daß das imperf אֲהַלֵּךְ ebenfalls final/konsekutiven Charakter hat, also evtl. einen w.kohort vertritt. Demnach ist zu übersetzen: *Zeige mir, Jahwe, deinen Weg, daß/damit ich wandle in deiner Wahrheit. Konzentriere mein Herz, deinen Namen zu fürchten* (oder: *daß/damit ich deinen Namen fürchte*).

[6]   Vgl. z.B. Jenni (1981) S. 71: "Gemeinsam ist allen folgenden Beispielen aus erzählenden Texten, daß der Fluß der Erzählung unterbrochen wird, sei es durch N e u e i n f ü h r u n g eines Ereignisses, einer Person oder eines Sachverhaltes (Diskontinuität) oder durch Markierung der G l e i c h z e i t i g k e i t zweier Vorgänge (Parallelität)."

19 *dieses tut ihnen, daß/damit sie leben und nicht sterben, wenn sie sich dem Hochheiligen nähern:*[1] *Aaron und seine Söhne sollen kommen, dergestalt daß sie sie einsetzen, einen jeden zu seinem Dienst und seinem (Anteil am) Tragen,* 20 *daß sie nicht kommen, um das Heilige einen Augenblick zu sehen, dergestalt daß sie sterben.*

Hier weist die Rededeixis[2] זֹאת auf den folgenden Satz אַהֲרֹן וּבָנָיו ... יָבֹאוּ. Dadurch ist die Satzkette וְזֹאת עֲשׂוּ לָהֶם וְחָיוּ וְלֹא יָמֻתוּ בְּגִשְׁתָּם אֶת־קֹדֶשׁ הַקֳּדָשִׁים mit der folgenden Satzkette אַהֲרֹן וּבָנָיו יָבֹאוּ וְשָׂמוּ אוֹתָם אִישׁ אִישׁ עַל־עֲבֹדָתוֹ וְאֶל־מַשָּׂאוֹ verbunden. Allerdings gilt dies nicht auf Satzketten-, sondern auf Textebene. Es liegt in letzterer eine *eigenständige Satzkette* vor, die nicht die vorherige Satzkette im Sinne der in dieser Arbeit betrachteten Satzketten fortführt.

In anderen Fällen tritt das Subjekt in Form eines Personalpronomens vor das imperf. Auch dann ist das x.imperf wahrscheinlich eigenständig und nur lose mit dem vorausgehenden imp verbunden. So z.B. in 1Reg 21,7: קוּם אֱכָל־לֶחֶם וְיִטַב לִבֶּךָ אֲנִי אֶתֵּן לְךָ אֶת־כֶּרֶם נָבוֹת הַיִּזְרְעֵאלִי *Sieh auf, iß Brot und laß dein Herz guter Dinge sein! Ich hingegen will dir den Weinberg Nabots aus Jesreel geben.* Hier wird eine Opposition ausgedrückt. Das x.imperf ist aber nur lose mit dem vorausgehenden imp verbunden. In Jdc 10,14 kommt ebenfalls ein x.imperf mit x = Pronomen nach imp vor: לְכוּ וְזַעֲקוּ אֶל־הָאֱלֹהִים אֲשֶׁר בְּחַרְתֶּם בָּם הֵמָּה יוֹשִׁיעוּ לָכֶם בְּעֵת צָרַתְכֶם *Geht und schreit zu den Göttern, die ihr euch auserwählt habt! Sie sollen euch helfen zur Zeit eurer Bedrängnis.*[3]

x kann auch Objekt sein, so z.B. in Gen 34,8-10:
8 שְׁכֶם בְּנִי חָשְׁקָה נַפְשׁוֹ בְּבִתְּכֶם תְּנוּ נָא אֹתָהּ לוֹ לְאִשָּׁה 9 וְהִתְחַתְּנוּ אֹתָנוּ בְּנֹתֵיכֶם תִּתְּנוּ־לָנוּ וְאֶת־בְּנֹתֵינוּ תִּקְחוּ לָכֶם 10 וְאִתָּנוּ תֵּשֵׁבוּ וְהָאָרֶץ תִּהְיֶה לִפְנֵיכֶם שְׁבוּ וּסְחָרוּהָ וְהֵאָחֲזוּ בָּהּ

8 *Sichem, mein Sohn – seine Seele hängt an eurer Tochter. Gebt sie ihm doch zur Frau* 9 *und verschwägert euch mit uns! Eure Töchter gebt uns und unsere Töchter nehmt euch* 10 *und wohnt bei uns, und das Land sei vor euch. Bleibt und durchzieht es und macht euch in ihm ansässig.*

Hier steht die Satzkette בְּנֹתֵיכֶם תִּתְּנוּ־לָנוּ וְאֶת־בְּנֹתֵינוּ תִּקְחוּ לָכֶם ... nach einer Imperativkette. Diese Satzkette führt die Imperativkette aber

---

[1] So auch EÜ; Ashley (1993) S. 98; Budd (1984) S. 42; Levine (1993) S. 164; Sturdy (1976) S. 35 mit der New English Bible. Noth (1982) S. 29 zieht hingegen בְּגִשְׁתָּם אֶת־קֹדֶשׁ הַקֳּדָשִׁים zu der folgenden Satzkette: "vielmehr Folgendes tut für sie, damit sie am Leben bleiben und nicht sterben: Wenn sie dem Hochheiligen sich nähern, dann [...]".

[2] Vgl. Ehlich (1979) S. 411 zur Stelle; zum Begriff der Rededeixis allgemein vgl. ebd. S. 419ff.

[3] Hier kann das x.imperf aber auch final verstanden werden. Dann würde das x.imperf aber in einer Satzkette mit dem imp stehen.

nur lose fort. Im Grunde wird das gleiche ausgesagt wie durch den vorausgehenden imp וְהִתְחַתַּנּוּ אֹתָנוּ.[1]

Auch wenn x eine Präpositionalgruppe oder Zeitangabe etc. ist, stellt das x.imperf wohl einen eigenständigen Satz dar, bzw. es leitet eine eigenständige Satzkette ein. So z.B. in Ex 25,2[2]: דַּבֵּר אֶל־בְּנֵי יִשְׂרָאֵל וְיִקְחוּ־ לִי תְּרוּמָה מֵאֵת כָּל־אִישׁ אֲשֶׁר יִדְּבֶנּוּ לִבּוֹ תִּקְחוּ אֶת־תְּרוּמָתִי *Rede mit den Israeliten, daß sie für mich eine Abgabe nehmen. Von jedem, der von seinem Herzen angetrieben wird, sollt ihr meine Abgabe nehmen.* Hier ist der Satz מֵאֵת כָּל־אִישׁ אֲשֶׁר יִדְּבֶנּוּ לִבּוֹ תִּקְחוּ אֶת־תְּרוּמָתִי wohl ebenfalls eigenständig und führt den vorausgehenden imp nicht wie in Satzketten des Typs < imp - (w.)imp >, < imp - w.kohort/juss > oder < imp - perf consec > fort.[3]

Ebenfalls deutlich wird die Eigenständigkeit eines Satzes mit asyndetischem x.imperf, wenn x = אוּלַי oder ein Fragepronomen wie לָמֹה ist. Ersteres ist z.B. in Gen 16,2 der Fall: *Da sprach Sarai zu Abram: Siehe, Jahwe hat mich verschlossen vom Gebären.* בֹּא־נָא אֶל־שִׁפְחָתִי אוּלַי אִבָּנֶה מִמֶּנָּה *Geh doch zu meiner Sklavin! Vielleicht kann ich durch sie Kinder erhalten.* Hier führt der Satz אוּלַי אִבָּנֶה מִמֶּנָּה den imp ebenfalls nicht auf die Art und Weise fort, wie dies bei einem weiteren (w.)imp, einem w.kohort bzw. w.juss oder perf consec der Fall ist. Weitere Belege für אוּלַי + imperf nach imp: Num 22,6.11; 23,3; Jes 47,12; Jer 21,2; 51,8; Ez 12,3; Am 5,15; Jon 1,6; Zeph 2,3. לָמֹה + imperf steht z.B. in Gen 24,31 nach imp: בֹּוא בְּרוּךְ יְהוָה לָמָה תַעֲמֹד בַּחוּץ וְאָנֹכִי פִּנִּיתִי הַבַּיִת וּמָקוֹם לַגְּמַלִּים *Komm, Gesegneter Jahwes! Wozu stehst du draußen, wo ich*

---

[1] Nach Andersen (1974) S. 49 liegt hier "Exposition in Apposition" vor und übersetzt: "And you will inter-marry with us: your daughters you will give to us, and our daughters you will take to you". Dann übernähme hier das x.imperf die gleiche Funktion wie ein perf consec (vgl. unten Kap. 4.3 und 4.4.1), es spezifiziert die vorausgehende Satzkette, trägt aber nicht den Ton derselben. (Vgl. hierzu auch S. 219).

    In vv.8.10 will Andersen einen Chiasmus sehen (ebd. S. 132): "The verse divisions at Ge 34[9-10] disrupt a chiastic sentence."

[2] Vgl. zur Stelle auch oben S. 146.

[3] Anders Andersen (1974) S. 71. Nach Andersen führen die perf consec in v.8 den imp gefolgt von w.juss fort. Mir erscheint es aber wahrscheinlicher, daß die perf consec in v.8 eher den x.imperf-Satz in v.2, nicht den imp gefolgt von w.juss fortführen – die vv.3-7 wären dann als Erläuterung der Abgabe in Parenthese zu verstehen –. Einzuwenden wäre allerdings, daß das x.imperf hier auch ein perf consec vertreten könnte (vgl. S. 219). Spätestens mit v.8 ist aber die Satzkette beendet (v.9 stellt einen Neueinsatz dar), auch wenn in vv.10ff weitere perf consec folgen. Diese stellen aber eigene Sätze dar bzw. leiten eigene Satzketten ein. — Ein analoger Fall liegt auch in Ex 35,5-19 vor. Hier folgt auf einen imp in v.5 ein x.imperf und dann in v.10 ein w.x.imperf (zwischen v.5 und v.10 und nach v.10 stehen Aufzählungen). Entweder stellen das x.imperf (v.5) und das w.x.imperf (v.10) eine eigenständige Satzkette dar, oder beide spezifizieren den vorausgehenden imp in Vertretung eines perf consec (vgl. unten).

doch das Haus aufgeräumt und einen Platz für die Kamele habe? Hier führt die Satzkette ... לָמָה תַעֲמֹד בַּחוּץ den Imperativsatz בֹּא בְּרוּךְ יְהוָה ebenfalls nicht in der Weise fort, wie dies ein weiterer imp, ein w.kohort bzw. w.juss oder ein perf consec tun. Weitere Belege für למה + imperf nach imp: Jos 7,10; 1Sam 19,17; 2Sam 2,22[1]; Jer 27,17; Joel 2,17; Ps 44,24; Ruth 1,11; 2Chr 25,16.19. An einigen Stellen wird למה mit ו angeschlossen, ein Unterschied zu den Stellen ohne ו ist m.E. nicht zu erkennen: Gen 47,15; 2Reg 14,10; Ez 18,31; 33,11.

Weitere Belege für x.imperf nach imp als eigenständiger Satz: Gen 23,6; 35,11f.; Ex 19,12; 25,19[2]; Num 1,50; 17,17; 31,19; Dtn 1,42; Jdc 5,3;[3] Jes 14,21?; 29,1; Jer 49,11; Ez 24,17?; Hab 3,2; Ps 5,11f.?; 25,20?[4]; 37,34; Cant 1,7.

In einigen poetischen Stellen kann aber auch ein ו ausgefallen sein. Hier ist z.B. Ps 140,2 zu nennen: חַלְּצֵנִי יְהוָה מֵאָדָם רָע (וּ)מֵאִישׁ[5] חֲמָסִים תִּנְצְרֵנִי[6] *Rette mich Jahwe vor dem bösen Menschen, (und) vor dem Gewalttaten begehenden Menschen bewahre mich.* Einige Handschriften und die Peschitta schließen hier מֵאִישׁ mit ו an.[7] Es handelt sich dann nicht um ein x.imperf wie im vorgenannten Falle, sondern um ein "virtuelles" w.x.imperf. Wie in Kap. 5 gezeigt werden wird, kann ein w.x.imperf sowohl einen w.kohort/juss als auch ein perf consec nach imp vertreten.

Ein ähnlicher Fall liegt evtl. auch in Jer 3,12 vor: שׁוּבָה מְשֻׁבָה יִשְׂרָאֵל נְאֻם־יְהוָה לוֹא־אַפִּיל פָּנַי בָּכֶם כִּי ... *Kehre um, abtrünniges Israel – Aus-*

---

[1] Vgl. auch den Exkurs auf S. 341 zur Stelle.

[2] Der imp ist textkritisch unsicher (vgl. App. BHS), er macht hier keinen rechten Sinn, denn er folgt perf consec und x.imperf und scheint diesen unter- bzw. gleichgeordnet. Dies spricht gegen die These, daß der letzte imp einer Imperativkette den Ton trage (ein perf consec ist einem imp untergeordnet, vgl. Kap. 4.3). Die imp in 25,40 hingegen führen nicht die vorausgehenden Sätze fort, sondern stellen einen Neueinsatz, der mit v.9 im jetzigen Text eine Inclusio bildet, dar (vgl. Andersen [1974] S. 71: "The VI's [sc. imp] in 25[40] are in a parenthetical exhortation" — vielleicht liegt in וּרְאֵה hier eine Interjektion vor, was diese Auffassung erhärten würde; dies ist aber nicht ganz klar, vgl. Diehl [2000] S. 112). Hier trägt der zweite imp den Ton (in 26,1 beginnt eine neue Einheit).

[3] Die Stelle ist textkritisch unsicher (vgl. App. BHS).

[4] Das x.imperf ist textkritisch unsicher (vgl. App. BHS).

[5] Allerdings nicht in der Parallelstelle v.5. Dennoch kann die Stelle hier als Indiz dafür dienen, daß in Poesie ein ו ausgefallen sein kann.

[6] Es handelt sich hierbei um eine sog. Rösslerform. Die Thesen Rösslers sind allerdings umstritten, vgl. zur Diskussion zu den sog. Rösslerformen z.B. Bloch (1963); Groß (1976) S. 20ff.; ders. (1982); Kottsieper (2000); Rössler (1961); ders. (1962); ders. (1977); Schüle (2000) S. 96-100.

[7] Vgl. App. BHS.

spruch Jahwes – so will ich euer nicht (mehr) zürnen, denn …. Dieser Fall gehört zur poetischen Redeweise, wo ein ו durchaus ausgefallen sein kann. Hier vertritt dann das x.imperf (mit ausgefallenem ו) ebenfalls einen w.kohort und nicht ein perf consec.[1] Dies wird durch die vergleichbare Stelle in Sach 1,3 deutlich: שׁוּבוּ אֵלַי נְאֻם יְהוָה צְבָאוֹת וְאָשׁוּב אֲלֵיכֶם אָמַר יְהוָה צְבָאוֹת *Kehrt um zu mir – Ausspruch Jahwe Zebaoths –, dann will ich mich zu euch umkehren, spricht Jahwe Zebaoth.*

Weitere Belege für poetische Stellen, bei denen ein ו ausgefallen sein kann:[2] Jes 45,21; Ps 17,8f.; 43,3; 55,23; 59,2[3]; 64,2; 119,145; 140,5[4];.

Allerdings kann das x.imperf ein perf consec vertreten. Es gilt die Inversionsregel: perf consec -> (w.)x.imperf.[5] In Num 10,2 liegt ein solcher Fall vor: עֲשֵׂה לְךָ שְׁתֵּי חֲצוֹצְרֹת כֶּסֶף מִקְשָׁה תַּעֲשֶׂה אֹתָם וְהָיוּ לְךָ לְמִקְרָא הָעֵדָה וּלְמַסַּע אֶת־הַמַּחֲנוֹת *Mache dir zwei Trompeten, dergestalt daß du sie aus getriebenem Silber machst und sie dir zur Berufung der Gesamtgemeinde und beim Aufbrechen des Lagers dienen.* Hier übt das x.imperf wohl die Funktion Implizite Hypotaxe (Spezifikation) des perf consec aus.[6] Ähnlich auch in Gen 6,14: עֲשֵׂה לְךָ תֵּבַת עֲצֵי־גֹפֶר קִנִּים תַּעֲשֶׂה אֶת־הַתֵּבָה וְכָפַרְתָּ אֹתָהּ מִבַּיִת וּמִחוּץ בַּכֹּפֶר *Mache dir einen Kasten aus Tannenholz[?], dergestalt daß du Zellen machst in dem Kasten und ihn mit Pech innen und außen überziehst.*[7] An beiden Stellen folgt auf das x.imperf ein perf consec, was diese Analyse wahrscheinlich macht.[1]

---

[1] Ein ähnlicher Fall, wo נְאֻם־יְהוָה innerhalb einer Imperativkette steht, liegt in Jer 50,21 vor (vgl. auch Hag 2,4; in Sach 13,7 liegen wohl verschiedene Äußerungen vor).

[2] Ps 68,31 ist textkritisch unklar.

[3] Einige Handschriften, Septuaginta und Peschitta lesen ו (vgl. App. BHS).

[4] Vgl. hierzu oben Ps 140,2.

[5] Vgl. hierzu unten Kap. 5.1 und 5.3.

[6] Vgl. hierzu unten Kap. 4.3 und 4.4.1.

[7] Vgl. hierzu auch Andersen (1974) S. 50-53, der die Stelle unter Apposition Sentences einordnet und hier "An Example of Explication" sieht. Allerdings endet m.E. in v.14 die erste Satzkette, denn v.15 beginnt mit וְזֶה אֲשֶׁר תַּעֲשֶׂה אֹתָהּ *(Und) dies ist es, wie du ihn machen sollst.* Die Deixis זֶה ist hier als Rededeixis (vgl. das oben zu Num 4,19f. Gesagte) zu verstehen, die auf das Folgende weist und es so vom Vorhergehenden abgrenzt (anders allerdings Andersen [ebd.] S. 51). Das ו muß nicht in jedem Falle koordinierende Funktion haben, sondern kann auch redeeinleitend verwendet werden (vgl. Miller [1999]). Daß aber die vv.14b-16 den vorausgehenden imp näher erläutern, wie Andersen meint, steht außer Frage. Myhill (1998) S. 411 bemerkt zur Stelle: "There is a series of commands here, but only the first uses the Imperative form. This is because the first command constitutes a general command to build the ark, while the rest of the commands relate to more specific details of this."

Weitere Belege für x.imperf nach imp in der Funktion eines perf consec: Gen 18,4f.[2]; 42,33f.; Ex 35,5(?); Num 3,15; 31,2.

Belege, in denen das x.imperf entweder einen neuen Satz/eine neue Satzkette einleitet oder ein perf consec vertritt: Gen 23,8f.; Ex 14,2; 1Reg 14,2f.; Ez 4,9; 5,1; 23,46f.; Prv 6,21f.?; 22,6?.

In Sonderfällen kann x.imperf auch den imp auf Satzebene, nicht auf Satzkettenebene fortführen, so z.B. in Jer 13,16: תְּנוּ לַיהוָה אֱלֹהֵיכֶם כָּבוֹד בְּטֶרֶם יַחְשִׁךְ וּבְטֶרֶם יִתְנַגְּפוּ רַגְלֵיכֶם עַל־הָרֵי נָשֶׁף *Gebt Jahwe, eurem Gott, Ehre bevor es dunkel wird und bevor eure Füße sich stoßen an den dunklen Bergen* .... Hier stellt בְּטֶרֶם יַחְשִׁךְ וּבְטֶרֶם יִתְנַגְּפוּ eine Zeitangabe auf Satzebene dar, der imp wird also nicht auf Satzkettenebene fortgeführt. Weitere Belege: 2Reg 2,9; Jer 38,10;[3] Ps 39,14[4].

Hierher gehört auch Ex 8,5: הִתְפָּאֵר עָלַי לְמָתַי אַעְתִּיר לְךָ וְלַעֲבָדֶיךָ וּלְעַמְּךָ ... *Beliebe, mir zu bestimmen,[5] wann ich für dich und für deine Knechte und für dein Volk beten soll,* .... Hier führt das x.imperf den imp ebenfalls auf Satzebene, nicht auf Satzkettenebene fort.

3.8.3 Exkurs: Imperative der Verben יהב, הלך und בוא als Interjektionen vor asyndetischen Kohortativen[6]

יהב imp steht in fünf Fällen vor einem asyndetischen kohort: Gen 11,3.4.7; 38,16[7] und Ex 1,10. In allen diesen Fällen ist der imp als Interjektion aufzufassen. Es sei hier als Beispiel das erste Vorkommen Gen 11,3 aufgeführt: הָבָה נִלְבְּנָה לְבֵנִים וְנִשְׂרְפָה לִשְׂרֵפָה *Wohlan, laßt uns Zie-*

Diese Sicht wird durch Levin (1993) S. 111 gestützt, der die ursprüngliche Priesterschrift hier in vv.14-16 auf vv.14aα.b.16a beschränkt.

[1] Ähnlich sieht dies auch Andersen (1974), der zwischen dem 'Leadclause' – hier der imp – und der 'Exposition' – hier das folgende x.imperf mit perf consec usw. – unterscheidet (vgl. ebd. S. 50-53). Gegen Andersen (ebd. S. 51) halte ich aber das w.x.imperf in v.15 für einen Neueinsatz (vgl. die vorausgehende Anm.), denn die Deixis זֶה ist bei diesem Beleg wohl als Rededeixis (vgl. hierzu Ehlich [1979] S. 419ff.) aufzufassen וְזֶה אֲשֶׁר תַּעֲשֶׂה אֹתָהּ *Und dies ist es, wie du sie machen sollst:* ... (so wohl auch Ehlich [1979] S. 408).

[2] Evtl. ist ein ו zu ergänzen (vgl. App. BHS).

[3] Hier nach perf consec.

[4] Hier nach w.kohort.

[5] Übersetzung nach HALAT Sp. 859b.

[6] Vgl. zum folgenden Diehl (2000) S. 113f.121-123. — Das Verb קוּם kommt vor asyndetisch angeschlossenen kohort nicht vor.

[7] Die einzige Stelle, in der kein kohort vorliegt, ist Gen 38,16: הָבָה־נָּא אָבוֹא אֵלַיִךְ *Wohlan, laß mich zu dir kommen.* Es handelt sich bei אָבוֹא um das Verb בוֹא, also ein Verb ל"א. Bei den Verben ל"א wird in der Regel die Kohortativform vermieden, bei בוֹא steht sie allerdings (vgl. z.B. Joüon/Muraoka [1991] §114b Anm. 1). — Auch nach den imp der Verben הלך und בוֹא kommen lediglich kohort (bzw. indifferente Formen) vor.

gel herstellen und (sie) hart brennen. Der imp ist sicherlich nicht begriffswörtlich zu verstehen, eine solche Bedeutung des imp würde keinen Sinn machen.[1]

Analog zu den Stellen mit יבה imp haben auch imp der Verben הלך und בוא vor asyndetischen kohort die Funktion einer Interjektion. So z.B. in 1Sam 9,10: *Da sprach Saul zu seinem Knecht: Dein Vorschlag ist gut.* לְכָה נֵלֵכָה *Wohlan, laß uns gehen! Da gingen sie zu der Stadt, wo der Gottesmann war.* Der imp לְכָה ist hier sicherlich als Interjektion und nicht als begriffswörtlicher imp aufzufassen. Eine begriffswörtliche Deutung würde keinen Sinn machen. Aber auch, wenn der kohort von einer anderen Wurzel wie der imp gebildet wird, kann bei הלך imp eine Interjektion vorliegen. So z.B. in Gen 31,44: וְעַתָּה לְכָה נִכְרְתָה בְרִית אֲנִי וָאָתָּה וְהָיָה לְעֵד בֵּינִי וּבֵינֶךָ *Und nun: Wohlan, laß uns einen Bund schließen, ich und du, zum Zeugen zwischen mir und dir.* Beide Kontrahenten – Jakob und Laban – sind bereits anwesend. Von daher legt sich nahe, daß der imp לְכָה nicht begriffswörtlich, sondern als Interjektion aufzufassen ist.

An einer Stelle (Ps 95,6) kommt der imp בוא vor einem kohort als Interjektion vor: בֹּאוּ נִשְׁתַּחֲוֶה וְנִכְרָעָה [וְ]נִבְרְכָה לִפְנֵי־יְהוָה עֹשֵׂנוּ[2] *Kommt/ Wohlan, laßt uns niederfallen und uns verneigen[3], [und] laßt uns niederknien vor Jahwe, der uns gemacht hat.* Hier ist der imp בֹּאוּ nicht begriffswörtlich, sondern als Interjektion aufzufassen.

Weitere Belege für imp als Interjektion vor einem asyndetischen kohort: Gen 19,32; Num 23,27; 24,14; 1Reg 1,12; 2Reg 14,8? par. 2Chr 25,17?; Ps 95,1; Prv 7,18; Cant 7,12; Qoh 2,1.

---

[1] So bemerkten z.B. Waltke/O'Connor (1990) S. 574: "The effect of the plural cohortative is frequently heightened by a verb of motion in the imperative, which functions as an auxiliary or interjection. The verbs used include *hlk* [...], *bwᵓ* [...], and *qwm* [...]; the verb *yhb* 'to give' occurs only in the imperative, sometimes in this role [...]. Such an imperative may be linked to the cohortative with a *waw* [...] or it may be juxtaposed asyndetically [...]." Allerdings gilt dies nicht nur für kohort in der 1. pers. pl., sondern auch für die 1. pers. sg., vgl. z.B. Gen 38,16; Num 23,27; 24,14; 1Reg 1,12 und Qoh 2,1.

[2] Manche Handschriften haben hier einen syndetischen kohort. In poetischen Texten kann ein ו sehr oft ausfallen (vgl. oben und Kap. 2.1.3).

[3] Die Verben חוה II und כרע bedeuten nach HALAT in etwa dasselbe (vgl. HALAT Sp. 283b-284a zu חוה II und Sp. 475a.b zu כרע).

4. Perfectum consecutivum nach einem Imperativ

In ca. 260 Satzketten folgt syndetisches Perfekt auf einen Imperativ. Es stellt sich die Frage, ob es Unterschiede zwischen den Satzkettentypen < imp - (w.)imp > und < imp - w.kohort/juss > einerseits und dem hier zu untersuchenden Satzkettentyp < imp - w.perf > andererseits gibt.

4.1 PERFECTUM CONSECUTIVUM UND PERFEKT MIT WAW-COPULATIVUM

4.1.1 UNTERSCHEIDUNGSMERKMALE BEIDER FORMEN DES PERFEKTS MIT ו

Das perf ist stets mit ו an den vorausgehenden imp angeschlossen.[1] Von daher stellt sich die Frage, ob es sich um ein "normales" perf mit Waw-copulativum handelt oder um ein Perfectum consecutivum, denn grundsätzlich muß zwischen zwei verschiedenen Vorkommen von Perfekt mit ו unterschieden werden. Zum einen gibt es das Perfekt mit Waw-copulativum (im folgenden w.perf genannt) und zum anderen das Perfectum consecutivum (im folgenden perf consec genannt). Nach Waltke/O'Connor gilt: "The suffix conjugation preceded by *waw* is associated with two semantically distinct constructions, one with *relative* force and the other with *coordinate* force."[2] Waltke/O'Connor nennen daraufhin die Beispiele Dtn 20,2 (# 1a) וְהָיָה כְּקָרָבְכֶם אֶל־הַמִּלְחָמָה וְנִגַּשׁ הַכֹּהֵן וְדִבֶּר אֶל־ הָעָם "It will be that when you are about to go into battle, the priest will come forward *and will speak* to the army." und Num 23,19 (# 1b) הַהוּא אָמַר וְלֹא יַעֲשֶׂה וְדִבֶּר וְלֹא יְקִימֶנָּה "Does he (God) promise and not act? *And does* he *speak* and not fulfill it?".[3] Den Unterschied erläutern sie so: "In # 1a the priest's speaking is relative and future to the preceding situation, in which he steps forward. In # 1b God's speaking is not relative to the preceding situation, in which he made a promise; rather, the same situation is expressed in another way. We call the first construction *waw-relative* and the second *waw-copulative*. (Traditionally the former has been called either *waw-conversive* or *waw-consecutive*)."[4]

---

[1]   Zu asyndetischem perf nach imp vgl. Kap. 4.11.
[2]   Waltke/O'Connor (1990) S. 519.
[3]   Waltke/O'Connor (1990) S. 519.
[4]   Waltke/O'Connor (1990) S. 519f. – Es sei hier der Form halber noch auf das sog. "Perfectum copulativum" verwiesen, das imperf consec fortzuführen und narrativisch verwendet zu werden scheint. Vgl. hierzu z.B. die Diskussion in den folgenden Beiträgen: Stade (1885) S. 275-297; Huesman (1956) S. 410-434; Meyer (1959) S. 114-123; Rubinstein (1963), S. 62-69; Spieckermann (1982) S. 120-130; Bartelmus (1985), S. 366-389; Weippert (1990) S. 449-466 u.a.

Unterscheiden kann man beide Arten durch die unterschiedliche Betonung,[1] so schreibt z.B. Driver: "the external indication of this difference is to be found in the *alteration of the tone* which constantly attends
and accompanies it."[2] Dieser Unterschied in der Betonung erstreckt sich
aber nur auf die 1. pers. sg. com. und die 2. pers. sg. m.[3] Hier wandert der
Ton von der Pänultima auf die Ultima.[4]

Da beide Formen nur aufgrund der Betonung unterschieden werden
können, und diese unterschiedliche Betonung erst durch die Masoreten
festgeschrieben wurde, ist zu fragen, ob die Unterscheidung zwischen
w.perf und perf consec nicht vielleicht auf die Masoreten zurückgeht.[5]
Driver bemerkt zu dieser Frage: "This aliteration of tone must unques-
tionably have constituted a recognized element in the traditions now em-
bodied in the Massoretic system of punctuation; and the authorities who
added the points must have felt that in indicating this change of tone they
were only adhering to a practice current in their day, and doubtless
handed down from a period when Hebrew was a living and growing language. For, it must be distinctly remembered, the cases in which] consecutive is employed are, in a syntactical point of view, *totally dissimilar* to
those in which the simple] is used."[6] Aber es gibt noch ein anderes Argument. Zevit stellt die These auf, daß das Affix der 2. pers. sg. m. im 6.
Jhdt. v. Chr. dann defektive geschrieben wurde, wenn perf consec vorlag:

"Data from this century also bear on the history of the 2. m.s. form of perfect verbs.
Both at Arad and at Lachish the suffix is attested with *plene* orthography: *Al* 7.6,
ktbth (*katabtā*), 'you wrote' [...]. These invite contrast with 2 m.s. *qtl*-forms pre-

---

[1] Nach Brockelmann (1956) S. 150 Anm. 1 ist dieser Betonungsunterschied allerdings
     sekundär, vgl. auch Meyer (1969) §68,2g. Vgl. zu diesem Problem unten.

[2] Driver (1892) §106 S. 115. — Vgl. auch Waltke/O'Connor (1990) S. 520. — McFall
     (1982) S. 189-210 ist der Ansicht, daß die Tonverschiebung nicht phonetischen, son-
     dern syntaktischen Bedingungen unterliegt (und kann dann wohl nicht unbedingt zur
     Unterscheidung von w.perf und perf consec herangezogen werden [vgl. hierzu ebd.
     S. 202]).

[3] Vgl. z.B. Gibson (1994) §70 S. 85; Waltke/O'Connor (1990) S. 520 u.a.; zu Aus-
     nahmen für die Tonverschiebung vgl. auch unten Kap. 4.1.2.

[4] Vgl. Blau (1976) §20.5; Gesenius/Kautzsch (1909) § 49h; Driver (1892) §110 S.
     122; Joüon/Muraoka (1991) §119a; Waltke/O'Connor (1990) S. 520; Ewald (1870)
     §234b; Meyer (1982) S. 89; Bauer/Leander (1922) S. 312-314. — Zum generellen
     Problem des perf consec und der Herkunft dieser Tonverschiebung vgl. auch Siedl
     (1971) S. 52 Anm. 13.

[5] So nimmt z.B. Revell (1984) Sp. 440b an, daß die Tonverschiebung recht jung ist,
     denn "The shift to final stress in *waw* consecutive perfect forms in contextual posi-
     tion must [...] also be late, since it was blocked by the phenomena which produced
     nesiga. [...] it is unlikely that *nesiga* arose before the turn of the era. Consequently
     the distinguishing mark of the semantic category '*waw* consecutive perfect' almost
     certainly arose after this form had ceased to be used even in contemporary literature,
     and probably arose within the biblical reading tradition."

[6] Driver (1892) §106 S. 115.

ceded by the so-called *'waw-conversive'* which are all written defectively: *AI* 2.5-6, *whsbt* (**wahēsabtā*), 'you will ›inspect‹ (?)' [...]
This orthographic distinction between the two forms may have been due to the parked accentual difference between them which is partially preserved in the masoretic traditions: *qāṭáltā* vs. (*w^e*)*qāṭaltā́*. As the accentual distinction between these forms disappeared due to the infrequency and disuse of the *qṭl*-future tense, the *defective* orthography tended to prevail. This process most likely occurred after the 6th century."[1]

Die Unterscheidung zwischen perf consec und w.perf scheint also nicht auf die Masoreten zurückzugehen, sondern schon im vormasoretischen Hebräisch existiert zu haben.[2]

Es stellt sich die Frage, ob es sich bei w.perf und perf consec um eine oder mehrere Konjugationen handelt. Ersteren Weg hat nach Schüle "W. RICHTER eingeschlagen, der die unterschiedlichen Bedeutungsmöglichkeiten von *qatal* durch *Positions*kriterien ausgedrückt sieht"[3]. Richter ordnet der Suffixkonjugation, abhängig von der Satzteilfolge, folgende Funktionen zu:
"*qatal(-x):* Individueller Sachverhalt der Vgh [sc. Vergangenheit], Perfekt der Ggw [sc. Gegenwart]; genereller Sachverhalt der Rückschau; Sonderfunktion: Koinzidenz.
w˙=qatal: Zuk[unft], genereller Sachverhalt in Vgh, Ggw, Zuk; Sonderfunktion: Injunktiv.
(w˙=)x-qatal: Individueller Sachverhalt der Vgh; perfektischer Sachverhalt; genereller Sachverhalt der Rückschau; Sonderfunktion: Koinzidenz."[4]
D.h. perf und w.x.perf entsprechen sich in den Funktionen, perf consec eignet andere Funktionen.
Nach Schüle liegt aber auch bei Richter der Verdacht nahe, daß er "wenigstens implizit von zwei unterschiedlichen 'Perfekta' ausgeht"[5], denn nur so lasse sich Richters Inversionsregel[6] deuten. Demnach geht diese Symmetrie "nur auf, wenn zwei Präformativkonjugationen auch zwei Suffixkonjugationen gegenüberstehen"[7].
Die Funktion des sog. perf consec ist nach Schüle "weder tempus- noch aspektspezifisch ausgelegt"[8], sondern drückt "das sachliche Verhältnis zweier Ereignisse oder Handlungen"[9] aus. Dann gehört das sog. perf consec aber nicht mehr ins Tempussystem, sondern stellt Satzgefüge her[10] und ist "syntaktisch oberhalb von Satzrang angeordnet".[11] D.h. den beiden Vorkommen des perf (perf und w.x.perf einerseits und perf consec andererseits) kommen Funktionen auf unterschiedlichen Ebenen zu.

---

1   Zevit (1980) S. 31b-32a.
2   Vgl. zur sprachgeschichtlichen Entstehung des perf consec z.B. Bobzin (1974) S. 2-29 (bes. S. 27-29) u.a.
3   Schüle (2000) S. 122.
4   Richter (1980) S. 218f.
5   Schüle (2000) S. 123.
6   Vgl. hierzu unten Kap. 5.1.
7   Schüle (2000) S. 123.
8   Schüle (2000) S. 126.
9   Schüle (2000) S. 126.
10 Dies wird daran deutlich, daß das perf consec nach Schüle keinen selbständigen Satz einleiten kann (vgl. Schüle [2000] S. 125).
11 Schüle (2000) S. 126.

Schüle vergleicht nun beide Vorkommen des perf mit dem akkadischen Stativ. Dabei leite sich das perf bzw. w.x.perf aus dem Stativ dergestalt ab, daß der Stativ nicht nur von Primäradjektiven, sondern auch von Verbaladjektiven abgeleitet werden kann. "So kann er nicht nur von Primäradjektiven abgeleitet sein [...], sondern ebenso von Verbaladjektiven. Im Fall intransitiver Verben kann der mit Stativ ausgedrückte *Zustand* (*wašib* 'er sitzt') auch *ingressiv* als Ergebnis einer Handlung aufgefaßt werden ('er hat sich hingesetzt'); es ist dieser Übergang von Zustand und Handlung, der den Zusammenhang von Verbaladjektiv und fientischem Verb erkennbar macht, und damit ist bereits eine direkte Parallele zum westsemitischen 'Perfekt' gewonnen, dessen Bedeutung bekanntlich denselben Übergang bezeichnet (*malak* 'er herrscht (als König)' und 'er wurde König')."[1] Ferner stehe der Stativ "für Zustände, die auf eine bestimmte Handlung hinführen, oder aber sich aus dieser ergeben".[2] Daneben kann der Stativ auch Neben- oder Begleitumstände ausdrücken.[3] Schüle stellt dann die Funktionen des akkadischen Stativ in folgendem Schema dar:[4]

Neben-, Begleitumstand
Stativ (3)

Zustand (vorausgehend)	Handlung, Ereignis	Zustand (nachfolgend)
Stativ (1)	*präfig. Tempus,*	*Stativ (2)*
	iprus, iparras, (iptaras)	

Dieses Schema des akkadischen Stativ läßt sich also auf das perf im Hebräischen übertragen.[5] Schüle folgert: "Das nunmehr dargestellte Verständnis des hebräischen Stativs orientiert sich also - gegenüber dem 'Perfectum consecutivum' - nicht an der Verbindung mit *waw*, das entweder kopulativ (zur Aneinanderreihung von Perfekta) oder aber eben 'consecutiv' zu deuten ist. Die Hauptunterscheidung ist vielmehr die zwischen Verwendungen der Suffixkonjugation mit eigenständiger Tempus- und Aspektfunktion (Perfekt), die entsprechend zu selbständigen Sätzen führt, und solchen, in denen die Suffixkonjugation der Haupthandlung zur Angabe von Voraussetzungen, Nebenumständen und Folgen zugeordnet wird (Stativ)."[6] Die Unterscheidung von perf und perf consec ist durch die Satzstellung zu treffen. Perf consec hat immer Erststellung.[7]

---

[1]   Schüle (2000) S. 127.
[2]   Schüle (2000) S. 128.
[3]   Vgl. Schüle (2000) S. 129.
[4]   Schüle (2000) S. 129.
[5]   Auch Bobzin (1974) S. 15 und 27-29 vergleicht die westsemitische Suffixkonjugation mit dem akkadischen Stativ; vgl. auch Siedl (1971) S. 7-9, der das perf, das von einer Nominalform abgeleitet ist, mit dem akkadischen Stativ vergleicht und von daher nicht zwischen perf, perfectum propheticum und perfectum inversum (perf consec) unterscheiden will (zum Problem der Tonverschiebung vgl. ebd. S. 52f. Anm. 13).
[6]   Schüle (2000) S. 130.
[7]   Allerdings ist dieses Unterscheidungskriterium nicht eineindeutig, denn ein w.perf kann auch Erststellung haben, beim perf consec hingegen ist dies gefordert.

Das Schema für das Hebräische sieht dann nach Schüle folgendermaßen aus:[1]

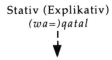

Stativ (Explikativ)
(wa=)qatal

|

▼

| Stativ (Erzählhintergrund) | Kurzimperfekt | Stativ (Konsekutiv) |
| *qatal* | Perfekt/Langimperfekt | *(wa=)qatal* |

Demnach ist die Frage, "ob im Althebräischen der Morphemtyp *qatal* einem Konjugationsthema oder zweien zuzuordnen ist, [...] damit in letzterem Sinn entschieden."[2]

4.1.2   PERF CONSEC NACH IMP

Es wurde in Kap. 4.1.1 die Unterscheidung zwischen perf consec und w.perf daran festgemacht, ob eine Tonverschiebung in der 1. pers. sg. com. und der 2. pers. sg. m. perf von der Pänultima (w.perf) auf die Ultima (perf consec) stattfindet. Gesenius/Kautzsch nennen allerdings Ausnahmen, wann eine Tonverschiebung nicht stattfinden muß:

"*k* Die Fortrückung des Tons nach dem *waw consec. Perf.* ist jedoch nicht konsequent durchgeführt. Sie unterbleibt namentlich *a)* immer in der 1. Pl. [...]; *b)* regelmäßig im Hif'il vor den Afformativen ה— und י [...]; ferner *c)* in manchen Fällen bei den Verbis ל"א und ל"ה, und zwar fast immer in der 1. Sing. der ל"א [...], sowie bei den ל"ה dann, wenn der Vokal der 2. Silbe *î* ist [...]; dag. rückt der Ton in der Regel fort, wenn in 2. Silbe *ê* steht [...]. Bei *ā* in vorletzter Silbe lautet die Form וְנָשָׂא Jes 14,4 [...].

l Nur vor nachfolg. א tritt aus orthophon. Grunde meist Betonung der Ultima ein, [...]. Ebenso vor ה [...] und ע [...].

m d) Die Verschiebung des Tons unterbleibt beständig in Pausa [...] und häufig auch *vor* einer unmittelbar darauffolg. Tonsilbe [...]."[3]

Gesenius/Kautzsch nennen also verschiedene Kriterien, wann eine Tonverschiebung nicht stattfinden muß. Diese Kriterien kann man in drei große Gruppen einteilen: Die Tonverschiebung unterbleibt: a) wenn eine

---

1   Schüle (2000) S. 132.
2   Schüle (2000) S. 132.
3   Gesenius/Kautzsch (1909) §49*k-m*; vgl. z.B. auch Driver (1892) § 110 S. 122f.; Waltke/O'Connor (1990) S. 519-521; Ewald (1870) §234*b-e*. Revell (1986) S. 277-300 differenziert noch weiter. Nach ihm ist die Tonverschiebung von Redeeinheiten abhängig: "It appears from this survey that the feature which has the greatest influence on the development of final stress in *waw* consecutive perfect forms generally, is the position of the verb form relative to the end of the speech unit, be that the end of the clause, of a division within the clause, or the end of a unit composed of two short clauses." (ebd. S. 296, vgl. auch S. 299). — Zur Pänultimabetonung bei den Verba ל"א und ל"ה mit dem Vokal *î* in der 2. Silbe vgl. aber Revell (1986) S. 292f. Anm. 30: "This is presumably not mere coincidence, but the reason for it is uncertain, and it has not proved possible to show that this is a key to the conditioning of stress position."

Tonsilbe auf das perf consec folgt; b) immer in der 1. pers. pl., c) manchmal bei den Verba ל"א und ל"ה.[1]

Tatsächlich lassen sich alle Stellen von perf mit ו ohne Tonverschiebung nach einem imp in diese Ausnahmen einordnen.[2]

Die von Gesenius/Kautzsch beschriebenen Ausnahmen seien nun hier (für Satzketten des Typs < imp - perf consec >) exemplarisch aufgeführt.

a) perf consec ohne Tonverschiebung vor Tonsilbe

Sehr deutlich ist dieses Phänomen bei Stellen, die zur Redewendung דִּבֶּר וְאָמַרְתָּ im weitesten Sinne (vgl. unten Kap. 4.3.3) gehören, so z.B: Ez 28,12: בֶּן־אָדָם שָׂא קִינָה עַל־מֶלֶךְ צוֹר וְאָמַרְתָּ לּוֹ *Menschensohn, erhebe ein Klagelied über den König von Tyrus, dergestalt daß*[3] *du zu ihm sprichst ....* Die gleiche Wendung kommt in Ez 19,1f. vor: וְאַתָּה שָׂא 1 קִינָה אֶל־נְשִׂיאֵי יִשְׂרָאֵל 2 וְאָמַרְתָּ *Du aber, erhebe ein Klagelied über die Fürsten Israels, dergestalt daß du sprichst ....* Lediglich der Adressat אֶל־נְשִׂיאֵי יִשְׂרָאֵל ist in Ez 28,12 in עַל־מֶלֶךְ צוֹר geändert, und an das perf consec וְאָמַרְתָּ ist die Tonsilbe לּוֹ angehängt, was dazu führt, daß der Ton *nicht* auf die Ultima verschoben wird. In Ez 28,12 liegt also auch ein perf consec vor. Weitere Belege mit Perf consec vor einer Tonsilbe: Ez 9,4; 35,2f.; Jer 7,2.

b) perf consec der Verba ל"א und ל"ה ohne Tonverschiebung

In Ex 19,24 kommt das Verbum עלה im perf consec vor: לֶךְ־רֵד וְעָלִיתָ אַתָּה וְאַהֲרֹן עִמָּךְ *Wohlan, steig hinab und komm (wieder) herauf – du und Aaron mit dir ....* וְעָלִיתָ hat keine Tonverschiebung, weil ein Verbum ל"ה mit *î* als Vokal der 2. Silbe vorliegt. Weitere Belege von perf consec der Verba ל"א und ל"ה: Jos 8,2; 1Sam 23,2; Prv 24,27 u.ö.

---

[1]   Eine weitere Gruppe ist noch zu nennen: Bei Pausaformen findet eine Tonverschiebung ebenfalls nicht statt. Doch gibt es m.E. nur eine Stelle, wo dies nach einem imp der Fall ist: Ex 17,5 (s.u.). — Ad וּבָאתָ mit oder ohne Tonverschiebung vgl. die Beispiele bei Gesenius/Kautzsch (1909) §49*l*. Eine Tonverschiebung tritt hier nur bei nachfolgendem א ein.

[2]   Der einzige Beleg ohne Tonverschiebung ist Ps 143,7, hier aber nach al.juss, nicht nach imp: מַהֵר עֲנֵנִי יְהוָה כָּלְתָה רוּחִי אַל־תַּסְתֵּר פָּנֶיךָ מִמֶּנִּי וְנִמְשַׁלְתִּי עִם־יֹרְדֵי בוֹר. Es liegt hier keine Satzkette mit einem imp vor, da das perf כָּלְתָה רוּחִי die Satzkette unterbricht. In אַל־תַּסְתֵּר פָּנֶיךָ מִמֶּנִּי וְנִמְשַׁלְתִּי liegt eine eigenständige Satzkette vor.

[3]   Hier wird entgegen der deutschen Rechtschreibung ein Komma vor "dergestalt daß" gesetzt, da so der spezifizierende Charakter des perf consec deutlich gemacht werden kann.

c) perf consec in der 1. pers. pl. ohne Tonverschiebung

In Jdc 1,24 kommt עשׂה in der 1. pers. pl. vor: הַרְאֵנוּ נָא אֶת־מְבוֹא הָעִיר
וְעָשִׂינוּ עִמְּךָ חָסֶד *Zeige uns doch den Zugang zur Stadt, und*[1] *wir wollen dir gegenüber Loyalität üben.* In der 1. pers. pl. findet ebenfalls keine Tonverschiebung beim perf consec statt. Hier liegt allerdings auch ein Verbum ל"ה vor, weswegen eine Tonverschiebung schon unwahrscheinlich ist. Leider habe ich keine eindeutige Stelle gefunden.

d) perf consec ohne Tonverschiebung bei Pausa-Formen

Eine Pausaform liegt in Ex 17,5 vor: *Da sprach Jahwe zu Mose:* עֲבֹר לִפְנֵי
הָעָם וְקַח אִתְּךָ מִזִּקְנֵי יִשְׂרָאֵל וּמַטְּךָ אֲשֶׁר הִכִּיתָ בּוֹ אֶת־הַיְאֹר קַח בְּיָדְךָ
וְהָלָכְתָּ *Tritt vor das Volk und nimm dir von den Ältesten Israels, und deinen Stab, mit dem du den Nil geschlagen hast, nimm in deine Hand, dergestalt daß du gehst.* Hier liegt in וְהָלָכְתָּ eine Pausaform vor, deshalb fällt die Tonverschiebung auf die Ultima aus.

e) perf consec ohne Tonverschiebung bei 'open syllable' und sonstige Fälle

Nach Waltke/O'Connor findet die Tonverschiebung ebenfalls nicht statt, wenn gilt: "the penult is an open syllable"[2]. Dies gilt m.E. für 1Reg 2,31 (וַהֲסִירֹתָ), Ps 19,14 (וְנִקֵּיתִי) und Prv 6,22 (וַהֲקִיצֹותָ).

In 2Reg 9,1f. unterbleibt die Tonverschiebung trotz des Vokals *ê*.[3]

Es gibt also keine Stellen mit w.perf nach einem imp. Lediglich perf consec ist belegt.[4] Dies wird durch die Beobachtung erhärtet, daß auch keine Stellen mit asyndetischem perf nach einem imp belegt sind.[5]

4.2 DIE FUNKTIONEN DES PERF CONSEC NACH EINEM IMP (LITE-RATURÜBERSICHT)

Imperative werden nur durch perf consec, nicht durch w.perf fortgeführt.[1]
Nun stellt sich die Frage nach den *Funktionen* des perf consec nach imp.

---

[1] Das perf consec übt hier die Funktion Implizite Hypotaxe (konditional) aus: *so wer-den wir dir gegenüber Loyalität üben.*

[2] Waltke/O'Connor (1990) §32.1.1.c.

[3] Vgl. hierzu Gesenius/Kautzsch (1909) §49*k*.

[4] Es sei hier nebenbei auf eine Engführung von Driver (1892) S. 125 und Waltke/ O'Connor (1990) S. 530 hingewiesen, die der Meinung sind, das perf consec wäre "by far the most common construction after an imperative: sometimes, however, a succession of imperatives is prefered, and sometimes the perfect and the imperative alternate." (Driver [1892] S. 125). Revell (1989) S. 22 Anm. 22 bemerkt hierzu: "Driver's view is probably derived from the legal materials of the Pentateuch." Es gibt den Satzkettentyp < imp - (w.)imp > wesentlich häufiger als < imp - perf con-sec >.

[5] Vgl. unten Kap. 4.11.

Diese wird in der Literatur unterschiedlich beantwortet. Nach Driver
lehnt sich das perf consec an das vorausgehende Tempus an.[2] Driver
übersetzt dementsprechend ein perf consec nach einem imp imperativisch.[3] Ähnlich auch Meyer, nach dem sich das perf consec "in bezug auf
Modus und Zeitstufe nach der vorangegangenen Aussage richtet"[4]. Bartelmus[5] hingegen hält die Auffassung, das perf consec richte sich nach
der vorausgehenden Verbform, für nicht zutreffend,[6] was in der vorliegenden Arbeit zumindest für Satzketten des Typs < imp - perf consec >
erwiesen werden wird.

Nach Gesenius/Kautzsch wird das perf consec "zum Ausdruck *künftiger* Handlungen usw. als zeitliche oder logische Folge von Tempora oder
Tempusäquivalenten, welche künftige Handlungen oder Begebenheiten
ankündigen oder fordern [...]"[7] verwendet. Dies gelte beim imp "sowohl

---

[1] Vgl. Kap. 4.1.2; zu asyndetischem perf nach imp vgl. unten Kap. 4.11.

[2] Driver (1892) §108 S. 118: "Whatever, therefore, be the shade of meaning borne by
     the first or '*dominant*' verb, the perfect following, inasmuch as the action it denotes is
     conceived to take place under the *same* conditions, assumes it too: be the dominant
     verb a jussive, frequentative, or subjunctive, the perfect is virtually the same."

[3] Vgl. Driver (1892) S. 124f.

[4] Meyer (1972) S. 53. — Vgl. z.B. auch Strack/Jepsen (1930) §42*u*.

[5] Vgl. Bartelmus (1982) S. 75.

[6] "[...] es finden sich eine ganze Reihe von Stellen, an denen sich in Kontaktstellung
     zu dem mit *w·qatal* eingeleiteten Satz keine Verbform der Imperfektklasse bzw. kein
     entsprechender NS [sc. Nominalsatz] ausmachen läßt, sondern lediglich Formen des
     Typs *qatal* bzw. des damit korrespondierenden Typs *wayyiqtol*. Trotzdem erlaubt der
     Kontext gerade dort nur die Deutung, daß *w·qatal* dabei nachzeitige Sachverhalte be-
     zeichnet. M.a.W. auch im Fall von *w·qatal* kann man davon ausgehen, daß diese
     Form eine eigenständige Funktion hat, wenn man auch zugestehen muß, daß sich
     diese Funktion kaum von der von *yiqtol* unterscheidet. Auf einen Nenner gebracht:
     w·qatal stellt eine Analogiebildung zu *wayyiqtol* dar, die im Bereich der NZ [sc.
     Nachzeitigkeit] alle Funktionen wahrnimmt, die *wayyiqtol* in der VZ [sc. Vorzeitig-
     keit] leistet." Bartelmus (1982) S. 75. — Ähnliches hat auch schon Schulz (1900) S.
     30 festgestellt: "Temporell betrachtet ist das Perf. mit] nach denselben Grundsätzen
     wie das Imperfekt mit ·] zu beurteilen. Es steht nicht in '*Anlehnung*' an ein '*regieren-
     des Verbum*', um dessen Bedeutungen in sich aufzunehmen, sondern als s e l b -
     s t ä n d i g e Verbalaussage, stets nur in solchen Funktionen, wie sie dem Perfekt
     an sich eigentümlich sind."

[7] Gesenius/Kautzsch (1909) §112*p*. – Joosten spricht sich dagegen aus, zeitliche oder
     logische Folge als Hauptfunktion des perf consec anzusehen: "It is often stated, that
     w^eqāṭal is used merely to continue other verbal forms, and that it expresses temporal
     or logical consequence. However, this is contradicted by two facts. In the first place,
     w^eqāṭal is not normally employed to continue verbal forms with an indicative mea-
     ning, but only such as have a modal meaning. Secondly, it is quite usual in BH to be-
     gin a unit with *w^eqāṭal*, which in this case clearly does not express consequence."
     (Joosten [1992] S. 3). Joosten nimmt als Hauptfunktion des perf consec die Funktion
     "modal" an: "Once it is accepted, that the function of *w^eqāṭal* must be derived solely

bei gleichem, als bei verschiedenem Subjekt"[1]. Damit hat Gesenius/Kautzsch verschiedene Funktionen des perf consec (auch nach imp)[2] bestimmt: das perf consec drückt eine *zukünftige* Handlung aus; und zwar 1. eine *zeitliche Folge* oder 2. eine *logische Folge*. Letzteres entspricht der Funktion Implizite Hypotaxe (final/konsekutiv).[3] Desweiteren ist auch die Funktion Implizite Hypotaxe (konditional) zu nennen.[1]

---

from its use in the BH language system, its modal function – in the majority of cases – is clear." (ebd.).

[1]   Gesenius/Kautzsch (1909) §112*r*.

[2]   Vgl. hierzu Gesenius/Kautzsch (1909) §112*p*γ.

[3]   Ähnlich auch Waltke/O'Connor: "*Waqataltí* may express a consequent (logical and/or chronological) situation to a situation represented by a volitional form (cohortative, imperative, jussive [...])." (Waltke/O'Connor [1990] S. 529). Oder Jenni: "Durch das Perfectum consecutivum wird eine Handlung oder ein Vorgang ausgedrückt, der auf ein im Imperfekt oder Imperativ (oder durch eine gleichwertige nominale Form) ausgedrücktes Geschehen zeitlich oder logisch folgt [...]". (Jenni [1981] S. 106). Auch Johnson ist der Meinung, daß dem perf consec ein futuraler, konsekutiver oder finaler Charakter eigne: "Die allermeisten Fälle von *w^e*Perf haben das gemeinsam, dass sie mehr oder weniger deutlich in enger Abhängigkeit vom Vorhergehenden stehen. Das Folgende wird dabei nicht als ein eigener Verlauf mit einem neuen Ansatz geschildert, sondern wird als eine Ganzheit dargestellt, die als Folge des Vorhergehenden schon da sein wird. Diese im Vorhergehenden vorhandene Intention verleiht, von unserem Gesichtspunkt aus gesehen, in diesen Fällen dem Folgenden einen futuralen, konsekutiven oder finalen Charakter." (Johnson [1979] S. 36 – ad perf consec nach imp vgl. bes. ebd. S. 58-62). Ewald nennt das 'Vav consecutivum' so, weil es "stark verknüpfend und auf das vorige mächtig zurückweisend sein wort als von diesem bedingt und aus ihm hervorgehend sezt, welches also eine *folge* des zweiten aus dem ersten, ein nothwendiges *fortschreiten* vom ersten zum zweiten und folglich eine innere beziehung des zweiten auf das erste ausdrückt, kurz *Vav consecutivum* (oder *relativum*) zu nennen; im Deutschen das schärfere *únd*, oder *und so, so daß*, auch *dá, dann*. Dies *Vav der folge* steht daher ebenso bei einer *zeitfolge* als bei der bloßen *sinn-* und *gedankenfolge*, einer der wichtigsten theile der sprache." (Ewald [1870] §342*a* S. 839, vgl. auch §230 S. 593). Für das perf consec fährt er dann fort: "Ebenso und gleichen rechtes folgt diese form nach allen verbindungen und schattungen des schlichten *imperf.*, auch des voluntativs und imperativs, wenn nur ein ruhiger fortschritt kommt [...]. Aber auch wo der imperativ oder voluntativ ansich stehen würde, erscheint er wenn der zusammenhang eher die fließende folge fordert vielmehr sogleich in den ruhigen ausdruck umgewandelt [...]." (Ewald [1870] §342*c* S. 841). Nach König drückt das perf consec ebenfalls eine zeitliche Aufeinanderfolge aus (vgl. König [1897] S. 515-519), oder es dient zum Ausdruck des ideellen Zusammenhangs (vgl. ebd. S. 519f.).

Bobzin (1974) S. 41 schreibt zum Mare' in auslösender Funktion (wozu auch das perf consec gehört [vgl. ebd. S. 31]): "Zu bemerken bleibt nur noch, daß das finale Ḥameṭ keine Entsprechung im Mare' besitzt. Denn wenn ein, wie es scheint, auslösendes Mare' von einer anderen Handlung logisch (nicht grammatisch!) abhängig ist, dann liegt es im Wesen des Mare', daß u n b e d i n g t e Absicht und s i c h e r e E r w a r t u n g ineinander übergehen, d. h. die A u s l ö s u n g praktisch gar

Auch Joüon/Muraoka sind der Meinung, daß das perf consec "succession"[2] ausdrücke oder auch "a (logical) consecution"[3]. Aber Joüon/ Muraoka stellen auch einen freien oder unrichtigen Gebrauch des perf consec nach einem Voluntativ fest: "One is sometimes even led to believe that the writer resorted to w-qaltí *just for the sake of variety.*"[4] Ferner bemerken sie, daß das perf consec nicht "in itself the meaning of purpose"[5] habe. Nach einem imp könne allerdings das perf consec finale Funktion ausüben: "1Sm 15.30 וְהִשְׁתַּחֲוֵיתִי the context seems to require the final meaning *so that I may worship* [...]"[6]. Für perf consec nach imp nehmen sie "succession" als die Funktion des perf consec an (s.o.). Allerdings sei das perf consec manchmal auch "purely explanatory".[7] Joüon/Muraoka nennen also neben den bisher dargestellten Funktionen eine weitere: "explanatory". Diese Funktion, die in der vorliegenden Arbeit als die nach einem imp am häufigsten vorkommende Funktion angenommen wird, soll hier "Spezifikation" genannt werden.[8] Letztere Funktion des perf consec scheint auch bei Schneider durch, der bemerkt, daß an imp angereihte Folgesätze mit perf consec "die erste Aufforderung [*sc.* imp] *entfalten* und fortführen können"[9]. Michel weist explizit auf den explikativen Charakter des Perfekts mit ו hin: "Häufig wird nun das perf. in einer Konstruktion gebraucht, die zu etwas vorher Geschildertem ein

---

nicht von der D a r s t e l l u n g zu trennen ist und mithin die Absicht ebensogut schon als (sichere!) Folge aufgefaßt werden kann."

    Meyer (1972) erwähnt perf consec nur beim Konsekutivsatz (ebd. S. 445), nicht beim Finalsatz (ebd. S. 443-445). Meek (1955/56) S. 40 geht von folgender These aus: "The thesis [...] is that Hebrew never uses waw conversive with the perfect to express purpose, and very rarely simple waw with the imperfect and its related forms (the cohortative, jussive and imperative) to express result, but just the opposite — the strong waw to express result and the simple waw to express purpose." Ahnt Meek hier vielleicht den Unterschied zwischen Satzketten des Typs < imp - (w.)imp > bzw. < imp - w.kohort/juss >, in denen das letzte Satzkettenglied den Ton der Satzkette trägt, einerseits und < imp - perf consec >, in denen der imp den Ton der Satzkette trägt, andererseits?

1   Vgl. z.B. Friedrich (1884) S. 79f. Friedrich weist dem Satzkettentyp < imp - perf consec > auch konditionale Bedeutung zu. Die konditionale Bedeutung des perf consec wird nicht zuletzt durch die sog. korrespondierenden Perfekta deutlich (vgl. hierzu Kap. 4.9; Lit ebd.).

2   Joüon/Muraoka (1991) S. 396 — Joüon/Muraoka bemerken hierzu: "The use of w-qaltí after a volitive probably originated in cases where writers wanted to express the idea of succession." (Ebd. S. 398).

3   Joüon/Muraoka (1991) S. 397.

4   Joüon/Muraoka (1991) S. 398 (*Hervorhebung* von J. Diehl).

5   Joüon/Muraoka (1991) S. 398.

6   Joüon/Muraoka (1991) S. 400.

7   Vgl. Joüon/Muraoka (1991) S. 400.

8   Vgl. hierzu auch Lambert (1897) S. 108.

9   Schneider (1993) S. 193 (*Hervorhebung* von J. Diehl).

erklärendes Faktum hinzufügt, also expliziert. Gewöhnlich wird das perf. dann durch ein ל angereiht, es kann aber auch asyndetisch gebraucht werden."[1]

Bartelmus vergleicht perf consec mit dem imperf consec und sieht die Gemeinsamkeiten der beiden grammatischen Kategorien in der Funktion Progreß.[2] In seinem Lehrbuch bemerkt Bartelmus, daß das perf consec "nicht nur yiqtol-LF/KF, sondern auch andere Formen mit dem Zeitbezug NZ [sc. Nachzeitigkeit] [...] bzw. mit auslösender Funktion (so den Imperativ) fortführen kann"[3]. Das perf consec habe die Funktion "Progress", dies gilt aber so wohl nicht unbedingt nach imp.[4] Nach Richter gilt: "Bei den koordinierten Sätzen hat die Formation (1) Imp + w˙=qatalta/tim (seltener 1./3. ps) eine Anzahl von Merkmalen: Imp von Fortbewegungsverben, gefolgt von syndetischer SK [sc. Suffixkonjugation] in 2. ps, häufig, aber nicht nur von Verben geistiger Äußerung; sie drückt Aufforderung und Injunktiv, also Verpflichtung, damit Steigerung im Appell aus."[5]

Schüle[6] nennt für die Inschriften drei Funktionen für das perf consec (bei ihm 'Stativ'): 1. explikative Funktion, 2. final-konsekutive Funktion und 3. kopulative Fortsetzung der Vorform. Alle drei Funktionen wurden schon für das Biblische Hebräisch beschrieben.

Neben den hier erwähnten Funktionen, die das perf consec nach einem imp übernehmen kann, gibt es noch eine Reihe weiterer Funktionen, die

---

[1] Michel (1960) S. 95. — Nach Weippert (1990) S. 453.465 wird das perf consec auch dazu verwendet, "Begleit- oder Hintergrundhandlungen" (ebd. S. 465) zu schildern.

[2] Bartelmus (1982) S. 74f.: "Die einzige reale, d.h. nicht nur per analogiam zu erhebende Gemeinsamkeit von *wayyiqtol* und *w˙qatal* liegt m.E. in der Funktion 'Progress', denn auch *w˙qatal* tritt immer dann auf, wenn mehrere Sachverhalte nacheinander im Sinne eines Ablaufs der (physikalischen) Zeit erwähnt werden sollen, ohne daß die Zeitstufe oder der Modus geändert wird. Dabei drückt *w˙qatal* sowohl Sachverhalts- als auch Äußerungsprogress aus." Vgl. auch ders. (1994) S. 105f. Hier weist Bartelmus dem perf consec Progreß in der Nachzeitigkeit/Zukunft zu (vgl. ebd. S. 105).

   Nach Groß hat perf consec nach imp ebenfalls Progreßcharakter. Vgl. Groß (1996) S. 97: "[...] gebräuchlich sind die Abfolgen mit Progreßcharakter Imp + *w=qatalta-x*, *yiqtul*(Kurzform)-*x* + *w=qatalta-x*".

[3] Bartelmus (1994) S. 105.

[4] So ist wohl der Satz "Daß *wᵊqatal* außerhalb der 'Darstellung' nach auslösenden Verbformen wie *yiqtol*-KF, *qᵊtol* den Wunsch/Befehl fortführen kann, bleibt davon [sc. das relative Tempussystem nähere sich einem Zeitstufensystem] unberührt." (Bartelmus [1994] S.205) zu deuten.

[5] Richter (1980) S. 200.

[6] Vgl. Schüle (2000) S. 133-139.

das perf consec außerhalb von Satzketten mit imp ausüben kann. Es sei hier nur auf die Funktion Iterativ/Frequentativ verwiesen.[1]

Nachdem die Literatur so ausführlich zur Sprache gekommen ist, sollen nun Einzelanalysen folgen. Es zeigt sich, daß das perf consec in Satzketten des Typs < imp - perf consec > dem imp stets untergeordnet ist und im wesentlichen vier syntaktische Funktionen ausübt: 1. Implizite Hypotaxe (Spezifikation), 2. Implizite Hypotaxe (temporal), 3. Implizite Hypotaxe (final/konsekutiv) und 4. Implizite Hypotaxe (konditional).

4.3 DIE WERTIGKEITSFUNKTION IN SATZKETTEN DES TYPS < IMP - PERF CONSEC >

Schneider schreibt in seiner Grammatik: "Ist die besprechende Situation geklärt [...] und beginnt die Rede mit einem Imperativ [...], so können Folgesätze mit Perfekt consecutivum angereiht sein, die die erste Aufforderung entfalten und fortführen. In der deutschen Übersetzung können Imperative mit 'und' gereiht werden."[2] D.h. perf consec nach einem imp können im Deutschen durch einen imp wiedergegeben werden. Wenn also imp und perf consec nach imp beide imperativisch übersetzt werden können, stellt sich die Frage, wo der genaue Unterschied liegt zwischen Satzketten der Form < imp - (w.)imp > und < imp - perf consec >.[3] Dies soll im folgenden erhellt werden.

Die These der vorliegenden Arbeit lautet: *Ein perf consec nach einem imp ist diesem immer untergeordnet und trägt im Gegensatz zu reinen Imperativketten* nicht *den Ton der Satzkette.* Der imp stellt dabei die übergeordnete Aufforderung dar, das perf consec gibt nur spezifizierende oder weiterführende Begleitumstände an, während in reinen Imperativketten der letzte imp der Kette den Ton trägt (vgl. oben Kap. 2.3.1). Mit Hilfe des Vergleichs zwischen Satzketten der Form < imp - (w.)imp > und < imp - perf consec > gleicher Verben (vgl. Kap. 4.3.1) und der Kontextanalyse (vgl. Kap. 4.3.2) läßt sich dies untermauern.

---

[1] Vgl. z.B. Driver (1892) S. 142ff.; Gesenius/Kautzsch (1909) §112e.dd; Joüon/ Muraoka (1991) §119x; König (1897) S. 840 u.a. Spieckermann (1982) S. 123 unterscheidet hingegen zwischen perf consec und perf mit iterativer Funktion.

[2] Schneider (1993) S. 193 §48.3.4.4.

[3] Joüon/Muraoka bemerken, nachdem sie den Unterschied zwischen "indirect volitive" und perf consec dahingehend bestimmt haben, daß "indirect volitive" bei "purpose-consecution" verwendet wird und perf consec dann steht, wenn "there is an idea of succession": "One is sometimes even led to believe that the writer resorted to w-qataltí just for the sake of variety." (Joüon/Muraoka [1991] §119 S. 398).

4.3.1 Austauschprobe

In diesem Kapitel werden Satzketten des Typs < imp - (w.)imp > und < imp - perf consec > mit gleicher Lexemfolge verglichen, um die Unterschiede zwischen beiden Satzkettentypen herauszuarbeiten.[1]

a) יראand עבד

In Jos 24,14 liegt eine reine Imperativkette vor: וְעַתָּה יְראוּ אֶת־יהוה וְעִבְדוּ אֹתוֹ בְּתָמִים וּבֶאֱמֶת וְהָסִירוּ אֶת־אֱלֹהִים אֲשֶׁר עָבְדוּ אֲבוֹתֵיכֶם בְּעֵבֶר הַנָּהָר וּבְמִצְרַיִם וְעִבְדוּ אֶת־יהוה *Und nun: Fürchtet Jahwe und dient ihm mit Aufrichtigkeit und Wahrheit und entfernt die Götter, denen eure Väter jenseits des Stromes und in Ägypten gedient haben, und dient Jahwe.* Mit dieser Äußerung zieht Josua das Fazit einer Jahwerede, in der Jahwe seine Geschichtstaten an Israel berichtet, die damit eingeleitet wird, daß die Vorfahren der Israeliten anderen Göttern dienten וַיַּעַבְדוּ אֱלֹהִים אֲחֵרִים (v.2). Es geht hier primär um das Dienen, nicht um die Jahwefurcht. Dies macht auch v.15 deutlich, in dem die Israeliten wiederum vor die Wahl gestellt werden, auch anderen Göttern zu *dienen.* Josua selbst will nach v.15 Jahwe dienen. Es geht in v.14 also in erster Linie um das Dienen, nicht um die Furcht Jahwes, der letzte imp trägt demnach den Ton[2] (dies zeigt nicht zuletzt auch die doppelte Verwendung des imp וְעִבְדוּ).[3]

In 1Sam 12,24 kommt die gleiche Lexemfolge in einer Satzkette des Typs < imp - perf consec > vor: אַךְ יְראוּ אֶת־יהוה וַעֲבַדְתֶּם אֹתוֹ בֶּאֱמֶת בְּכָל־לְבַבְכֶם כִּי *Ach, fürchtet Jahwe, dergestalt daß ihr ihm dient mit Aufrichtigkeit von ganzem Herzen, denn seht, was er an euch großgemacht hat.* In diesem Vers geht es nicht primär um das Dienen, sondern darum, worin die Jahwefurcht besteht. Das perf consec hat hier spezifizierenden Charakter, es trägt nicht den Ton der Satzkette. Dies zeigen auch vv.14.18.20[4], wo mit der Wurzel יראgespielt wird. Es geht in diesem Vers nicht um die Alternative, Jahwe oder anderen Göttern zu

---

[1] In Kap. 2.3.1.1 wurden reine Imperativketten verglichen, um zu zeigen, daß der letzte imp einer reinen Imperativkette den Ton der Kette trägt, in Kap. 3.3.a wurden Satzketten des Typs < imp - (w.)imp > und < imp - w.kohort/juss > verglichen, um zu zeigen, daß bei einem Personenwechsel von der 2. zur 1. oder 3. pers. auf kohort bzw. juss ausgewichen wird. — Auf literarkritische Erwägungen wird aus den in Kap. 1.4 genannten Gründen hier in der Regel verzichtet.

[2] Kratz (2000) S. 207 sieht die Grundschicht hier in 23,1b-3; 24,14a.15-16 usw. Dies beeinflußt die hier verhandelte Fragestellung nicht, denn auch v.14a endet mit dem imp וְעִבְדוּ. — In v.15 beginnt eine neue Äußerung mit וְאִם.

[3] Vgl. S. 113 zur Stelle.

[4] V.14 beginnt mit der gleichen Lexemfolge: אִם־תִּירְאוּ אֶת־יהוה וַעֲבַדְתֶּם אֹתוֹ וּשְׁמַעְתֶּם בְּקֹלוֹ *Wenn ihr (doch) Jahwe fürchten (möchtet), dergestalt daß ihr ihm dient und auf seine Stimme hört ....* Allerdings ist c.12 literarkritisch nicht einheitlich (vgl. Stoebe [1973] S. 234ff.).

dienen (auch wenn diese Möglichkeit in v.21[1] erwähnt wird, wo steht: וְלֹא [תָּתוּרוּ] [] אַחֲרֵי הַתֹּהוּ אֲשֶׁר לֹא־יוֹעִילוּ *und folgt nicht den Nichtigen, die nichts nützen* .... תֹהוּ bedeutet m.E. hier nicht *Götzen*, sondern "Nichtiges"[2])[3], sondern Jahwe überhaupt zu fürchten. Voraus geht ja, daß sich die Israeliten einen König erbeten haben, nicht, daß sie anderen Göttern nachgefolgt sind. Sich einen König zu erwählen, ist aber nach 1Sam 12 ein Unrecht gegenüber Jahwe und keine rechte Jahwefurcht.

b) לקח und כתב

In Jer 36,2 liegt eine Satzkette des Typs < imp - perf consec > mit der oben genannten Lexemfolge vor: קַח־לְךָ מְגִלַּת־סֵפֶר וְכָתַבְתָּ אֵלֶיהָ אֵת כָּל־ הַדְּבָרִים אֲשֶׁר־דִּבַּרְתִּי אֵלֶיךָ עַל־יִשְׂרָאֵל וְעַל־יְהוּדָה וְעַל־כָּל־הַגּוֹיִם מִיּוֹם דִּבַּרְתִּי אֵלֶיךָ מִימֵי יֹאשִׁיָּהוּ וְעַד הַיּוֹם הַזֶּה *Nimm dir eine Buchrolle, dergestalt daß du auf sie schreibst alle Dinge, die ich dir sage über Israel und über Juda und über alle Völker von dem Tag an, an dem ich mit dir geredet habe, d.h. von den Tagen Josias bis zu diesem Tag.* Mit dieser Äußerung beauftragt Jahwe Jeremia, alle Worte, die er zu Jeremia gesagt hat, in einer Schriftrolle aufzuschreiben. Das perf consec spezifiziert den übergeordneten imp קַח. Daß Jeremia eine Schriftrolle zum *Schreiben* nehmen soll, ist ihm klar. Jeremia beauftragt daraufhin Baruch, die Rolle zu schreiben.[4] Diese wird zuerst im Tempel und dann vor dem König vorgelesen, der sie verbrennt. Daraufhin ergeht ein erneuter Auftrag an Jeremia (v.28): שֻׁב קַח־לְךָ מְגִלָּה אַחֶרֶת וּכְתֹב עָלֶיהָ אֵת כָּל־הַדְּבָרִים הָרִאשֹׁנִים אֲשֶׁר *Nimm dir wieder eine andere Buchrolle und schreibe auf ihr die ganzen Worte nocheinmal,[5] die Jojakim, der König von Juda verbrannt hat.[6]* Hier wird Jeremia mit drei imp angewiesen, eine neue Schriftrolle zu schreiben. Wichtig ist, daß Jeremia das Gleiche wie in der verbrannten Schriftrolle schreibt, deshalb wird hier כתב ebenfalls als imp wiedergegeben. Es kommt darauf an, daß Jeremia das Gleiche schreibt, nicht, daß er überhaupt anfängt, das ihm von Jahwe Gesagte aufzuschreiben.

---

1 Das כִּי ist wohl zu streichen (vgl. App. BHS; Budde [1902] S. 81; Klein [1983] S. 112; McCarter [1980] S. 212; nach Smith [1902] S. 89 ist das כִּי "meaningless" – anders Stoebe [1973] S. 234: "Das כִּי ist als emphatische Partikel [...] beizubehalten [...]."). תָּסוּרוּ ist in תָּתוּרוּ zu konjizieren (vgl. Gesenius/Buhl [1915] Sp. 539b).

2 Vgl. HALAT Sp. 1556b-1557b zur Stelle.

3 V.21 wird oft als Glosse oder spätere Zufügung angesehen (vgl. z.B. Budde [1902] S. 81; Klein [1983] S. 118 [erwägt v.21 als spätere Zufügung]; Leimbach [1936] S. 58; McCarter [1980] S. 217; Stoebe [1973] S. 239).

4 Problematisch ist hier etwas der Bericht der Durchführung in v.4 (vgl. S. 255 zur Stelle).

5 Wörtlich: *die ersten Worte*.

6 Evtl. wird die Satzkette in v.29 durch ein w.x.imperf fortgeführt, das ein perf consec vertritt (vgl. den Bericht der Durchführung in v.32).

In v.2 wird Jeremia beauftragt, überhaupt erst einmal eine Schriftrolle zu
nehmen und zu schreiben. Das perf consec spezifiziert den imp. In v.28
geht es dann darum, eine zweite Schriftrolle zu nehmen, aber es kommt
darauf an, daß Jeremia dasselbe schreibt wie in der vorherigen Schriftrolle. Deshalb wird כתב in den imp gesetzt und nicht als spezifizierendes
perf consec verwendet.

In zwei weiteren Stellen (Jes 8,1 und Ez 37,16) werden imp der beiden Lexeme verwendet. In Ez 37,16 handelt es sich um ungewöhnliche
Schreibmaterialien (עֵץ), weshalb wahrscheinlich auch כתב im imp verwendet wird. In Jes 8,1 soll Jesaja eine wohl vorerst unklare Botschaft
schreiben: לְמַהֵר שָׁלָל חָשׁ בַּז. Deshalb wird hier eine reine Imperativkette
verwendet. Die Auflösung der Botschaft kommt erst in vv.3f.

c) בנה und ישׁב

In Jer 29,5[1] steht folgende Aufforderung: בְּנוּ בָתִּים וְשֵׁבוּ *Baut Häuser und*
wohnt (darin)! Pflanzt Gärten und eßt deren Früchte. Jeremia schreibt an
die Exulanten in Babylon einen Brief, aus dem hervorgeht, daß diese
noch länger in Babylon bleiben müssen. V.5 ist der Anfang der in diesem
Brief zitierten Jahwerede. Wichtig ist, daß die Exulanten in den Häusern,
die sie bauen, längere Zeit bleiben. Deshalb wird hier ein zweiter imp an
den ersten angefügt, der dies ausdrückt. Der zweite imp trägt deutlich den
Ton der Imperativkette.[2] Anders ist dies in 1Reg 2,36, hier ergeht an
Schimi folgender Auftrag: *Da sandte der König hin und ließ Schimi rufen*
und sprach zu ihm: בְּנֵה־לְךָ בַיִת בִּירוּשָׁלַם וְיָשַׁבְתָּ שָׁם וְלֹא־תֵצֵא מִשָּׁם אָנֶה
וָאָנָה *Baue dir ein Haus in Jerusalem, dergestalt daß du dort wohnst und*
nicht herausgehst von dort, wohin es auch sei. In dieser Stelle erläutert
wohl das perf consec den vorausgehenden imp. Schimi wohnt in
Bahurim, nicht in Jerusalem (vgl. 2Sam 16,5 u. 19,17). Salomo will ihn
in Jerusalem unter Kontrolle halten, denn er war ein Gegner Davids
gewesen (vgl. 1Sam 16,5ff.). Wichtig ist also zunächst, daß Schimi sich
ein Haus in Jerusalem baut. Dies impliziert schon, daß er auch in
Jerusalem bleiben soll, der imp wird also durch das perf consec und das

---

[1] Aus v.28, der lediglich v.5 zitiert, geht hervor, daß v.5 eine eigene Satzkette darstellt
und nicht mit v.6 zusammengezogen werden muß.

[2] Allerdings gibt es Schwierigkeiten mit der Abgrenzung der zweiten Imperativkette,
die mit ו an die vorausgehende angeschlossen ist. Man könnte z.B. annehmen, daß
erst der vierte imp das Ziel der Handlung darstellt. Diese Deutung halte ich aber für
nicht sehr wahrscheinlich, da Häuserbauen die Voraussetzung für das Wohnen und
Gärtenanpflanzen die Voraussetzung für das Essen der Früchte ist. Von daher legt
sich der Schluß nahe, daß hier zwei Imperativketten mit ו verbunden sind.
וְנִטְעוּ גַנּוֹת וְאִכְלוּ אֶת־פִּרְיָן stellt also eine Parallelaussage zu בְּנוּ בָתִּים וְשֵׁבוּ dar
und ist als eigenständige Satzkette aufzufassen. Auf die Funktion von ו als
satz(ketten-)einleitend wurde schon mehrfach hingewiesen.

w.x.imperf (vgl. Kap. 5.3) näher erläutert.[1] Die Exulanten in Jer 29,5 sind hingegen schon im Exil und wohnen bereits dort. Hier wird in erster Linie Wert darauf gelegt, daß sie sich auf einen längeren Aufenthalt in Babylon einstellen.

d) הלך und סתר[2]

In Jer 36,19 wird Baruch beauftragt, sich mit Jeremia zu verstecken: *Da sprachen die Obersten zu Baruch:* לֵךְ הִסָּתֵר אַתָּה וְיִרְמְיָהוּ וְאִישׁ אַל־יֵדַע אֵיפֹה אַתֶּם *Geh[3], verbirg dich und Jeremia, dergestalt daß[4] kein Mensch weiß, wo ihr seid.* Baruch hat den Obersten die Schriftrolle von Jeremia vorgelesen und bekommt nun von ihnen den Auftrag, sich mit Jeremia zu verstecken. Dies zeigt der Nachsatz וְאִישׁ אַל־יֵדַע אֵיפֹה אַתֶּם.[5] Dementsprechend heißt es auf den Befehl des Königs hin, Jeremia und Baruch festzunehmen: וַיַּסְתִּרֵם יְהוָה *Jahwe verbarg sie* (v.26). In 1Reg 17,3 kommt die gleiche Lexemfolge in einer Satzkette des Typs < imp - perf consec > vor: לֵךְ מִזֶּה וּפָנִיתָ לְּךָ קֵדְמָה וְנִסְתַּרְתָּ בְּנַחַל כְּרִית אֲשֶׁר עַל־פְּנֵי הַיַּרְדֵּן *Geh weg von hier, dergestalt daß du dich nach Osten wendest und dich verbirgst am Bach Kerit, der zum Jordan fließt.* Hier ist die Sachlage eine etwas andere. Elia hat Ahab geweissagt, daß eine Dürre über Israel kommen soll. Daraufhin ergeht die oben zitierte Aufforderung an Elia. Elia soll in erster Linie den Ort, an dem er gerade ist, verlassen, deshalb steht hier der imp. Die perf consec spezifizieren diese übergeordnete Aufforderung. Deutlich wird dies im Bericht der Durchführung, in v.5 heißt es zunächst: וַיֵּלֶךְ וַיַּעַשׂ כִּדְבַר יְהוָה *Da ging er weg und tat, entsprechend dem Wort Jahwes.* Die Durchführung der Aufforderung in den perf consec wird also mit dem allgemeinen וַיַּעַשׂ כִּדְבַר יְהוָה berichtet, während der imp wörtlich wiedergegeben wird. Erst dann wird berichtet: וַיֵּלֶךְ וַיֵּשֶׁב בְּנַחַל כְּרִית אֲשֶׁר עַל־פְּנֵי הַיַּרְדֵּן *Da ging er und ließ sich am Bach Kerit nieder, der zum Jordan fließt.* Aber auch hier werden die perf consec nicht wörtlich aufgenommen. Die perf consec spezifizieren den übergeordneten imp in der oben genannten Aufforderung in 1Reg 17,3.

---

[1]   Allerdings wird die Durchführung der Aufforderung in v.38 so berichtet: וַיֵּשֶׁב שִׁמְעִי בִּירוּשָׁלַ͏ִם יָמִים רַבִּים *So blieb Schimi in Jerusalem lange Zeit.* Vgl. auch S. 256.
[2]   Ähnlich Schwanz [1978] (vgl. hierzu oben S. 24 Anm. 4).
[3]   Es ist nicht ganz klar, ob hier ein begriffswörtlicher imp oder eine Interjektion vorliegt, die Stelle ist bei Diehl (2000) S. 119 mit Fragezeichen unter Interjektionen verzeichnet. Falls eine Interjektion vorliegt, kann die Stelle hier nicht unbedingt herangezogen werden.
[4]   Vgl. zu dieser Übersetzung des w.x.imperf S. 321 zur Stelle. Das w.x.imperf kann ein perf consec vertreten.
[5]   Ähnlich Schwanz [1978] (vgl. hierzu oben S. 24 Anm. 4).

e) שָׁמַר und שָׁמַע

In Ex 23,21 liegt eine reine Imperativkette mit dieser Lexemfolge vor:
הִשָּׁמֶר מִפָּנָיו וּשְׁמַע בְּקֹלוֹ *Hüte dich vor seinem Angesicht und höre auf
seine Stimme! Sei nicht [widerspenstig]*[1] *gegen ihn, denn ....* Der Ton der
Äußerung liegt hier auf dem Hören, dies wird aus v.22 deutlich, dort wird
שׁמע in einer figura etymologica verwendet: כִּי אִם־שָׁמֹעַ תִּשְׁמַע בְּקֹלוֹ
וְעָשִׂיתָ כֹּל אֲשֶׁר אֲדַבֵּר וְאָיַבְתִּי אֶת־אֹיְבֶיךָ וְצַרְתִּי אֶת־צֹרְרֶיךָ *Wenn du wirklich auf seine Stimme hörst, und alles, was ich dir sage, tust, dann werde
ich deine Feinde befeinden und deine Widersacher befehden.* Es geht
darum, in verschiedenen Situationen auf den Engel zu hören. In Dtn
12,28 ist dies wohl anders, hier spezifiziert das perf consec von שׁמע den
imp שְׁמֹר: שְׁמֹר וְשָׁמַעְתָּ אֵת כָּל־הַדְּבָרִים הָאֵלֶּה אֲשֶׁר *Bewahre (dies), dergestalt daß du alle diese Worte hörst, die ich dir gebiete, damit es dir gut
geht und deinen Söhnen nach dir auf ewig, weil du das Gute getan hast
und das, was recht ist in den Augen Jahwes.* Voraus geht hier ein Geset-
zestext. Dieses Gesetz gilt es in erster Linie zu bewahren (שׁמר). Daß es
gehört wird (שׁמע), ist (nur) die Voraussetzung dafür.[2]

f) לָקַח und הָלַךְ

In Jer 13,6 wird der Prophet beauftragt, einen versteckten Gürtel wieder
zu holen: *Nach dem Verlauf von vielen Tagen sprach Jahwe zu mir:*
קוּם לֵךְ פְּרָתָה וְקַח מִשָּׁם אֶת־הָאֵזוֹר אֲשֶׁר צִוִּיתִיךָ לְטָמְנוֹ־שָׁם *Auf*[3]*, geh an
den Euphrat und hole von dort den Gürtel, den ich dir dort zu verbergen
befohlen habe.* Hier trägt der imp וְקַח deutlich den Ton der Äußerung,
denn es geht darum, den Gürtel zu holen, nicht darum, an den Euphrat zu
gehen.

Ähnliche Stellen: Gen 27,9[4]; 27,13; 28,2[5].

In Jdc 4,6 ist die Sachlage eine andere: *Da sandte sie und ließ Barak,
den Sohn Abinoams, von Kedesch in Naphtali rufen und sprach zu ihm:
Hat dir nicht Jahwe, der Gott Israels, befohlen:* לֵךְ וּמָשַׁכְתָּ בְּהַר תָּבוֹר
וְלָקַחְתָּ עִמְּךָ עֲשֶׂרֶת אֲלָפִים אִישׁ מִבְּנֵי נַפְתָּלִי וּמִבְּנֵי זְבֻלוּן *Geh, dergestalt
daß du auf den Berg Tabor ziehst und zehntausend Mann mit dir nimmst*

---

[1]   Mit Konjektur, vgl. App. BHS und Delitzsch (1920) Nr 74.

[2]   Deshalb die Übersetzung *Bewahre dies* des imp שְׁמֹר.

[3]   קוּם ist evtl. als Interjektion aufzufassen (vgl. Diehl [2000] S. 120: hier wird der
     Beleg unter denjenigen aufgenommen, bei denen der imp sowohl als Interjektion als
     auch begriffswörtlich aufgefasst werden kann) und beeinflußt die Analyse nicht.

[4]   Hier trägt aber nicht der imp וְקַח, sondern der w.kohort וְאֶעֱשֶׂה den Ton der Satzkette
     (vgl. S. 173 zur Stelle).

[5]   Es folgen in vv.3f. noch weitere Satzkettenglieder. In v.1 wird die Satzkette mit לֹא־
     תִקַּח אִשָּׁה מִבְּנוֹת כְּנַעַן *Nimm dir nicht eine Frau von den Töchtern Kanaans* einge-
     leitet.

von den Söhnen Naphtalis und von den Söhnen Sebulons.[1] Hier spezifizieren die beiden perf consec den übergeordneten imp. In diesem Text geht es darum, daß Barak unschlüssig ist, ob er *gehen* soll (הלך). Dies macht v.8 deutlich, wo nur die Wurzel הלך eine Rolle spielt: וַיֹּאמֶר אֵלֶיהָ בָּרָק אִם־תֵּלְכִי עִמִּי וְהָלָכְתִּי וְאִם־לֹא תֵלְכִי עִמִּי לֹא אֵלֵךְ *Da sprach Barak zu ihr: Wenn du mit mir gehst, dann will ich gehen, wenn du aber nicht mit mir gehst, will ich nicht gehen.*[2]

g) נתן und לקח

Leider wurde keine Stelle gefunden, in der bei dieser Lexemfolge נתן imp der letzte imp der Satzkette ist. Dies gilt sowohl für Ex 16,33, als auch für Num 16,6f.

i) In Ex 16,33 beauftragt Mose Aaron: קַח צִנְצֶנֶת אַחַת וְתֶן־שָׁמָּה מְלֹא־ הָעֹמֶר מָן וְהַנַּח אֹתוֹ לִפְנֵי יְהוָה לְמִשְׁמֶרֶת לְדֹרֹתֵיכֶם *Nimm einen Korb und tu dort einen ᶜomær voll Manna hinein und hebe es auf vor Jahwe, um es zu bewahren für eure Nachkommen.* Mose beauftragt demnach Aaron, zunächst ein Gefäß zu nehmen, dann Manna hineinzutun und es schließlich vor Jahwe aufzuheben. Der letzte imp trägt den Ton. Wichtig ist, daß das Manna vor Jahwe gestellt wird, um es aufzubewahren. Das Sammeln ist nur die Voraussetzung dafür. In Ez 4,9 hingegen wird der zweite imp durch ein perf consec ausgedrückt, was eine andere Nuancierung ergibt: וְאַתָּה קַח־לְךָ חִטִּין[3] וּשְׂעֹרִים וּפוֹל וַעֲדָשִׁים וְדֹחַן וְכֻסְּמִים וְנָתַתָּה אוֹתָם בִּכְלִי אֶחָד וְעָשִׂיתָ אוֹתָם לְךָ לְלֶחֶם מִסְפַּר הַיָּמִים אֲשֶׁר־ אַתָּה שׁוֹכֵב עַל־צִדְּךָ *Du aber: Nimm dir Weizen, Gerste, Bohne(n), Linsen, Hirse und Emmer, dergestalt daß du diese in ein Gefäß legst und dir (dann) daraus Brot machst. Für die Zahl der Tage, an denen du auf deiner Seite liegst, dreihundertneunzig Tage sollst du davon essen ….* Hier spezifiziert das perf consec וְנָתַתָּה den übergeordneten imp קַח, Ezechiel soll das Getreide nehmen, *d.h. genauer gesagt,* er soll es in ein Gefäß tun. Hier ist die Hauptaussage, daß Ezechiel soviel Nahrungsmittel *nehmen* soll, daß diese 390 Tage reichen. Die Aufbewahrungsart ist zunächst zweitrangig (vgl. auch vv.10f.: hier wird das Brot und das Wasser rationiert). Das perf consec וְעָשִׂיתָ drückt wohl Nachzeitigkeit aus

---

[1] Die Satzkette wird in v.7 mit weiteren perf consec fortgesetzt.

[2] Diese Deutung wird durch v.9 noch unterstützt, wo die Wurzel הלך ebenfalls eine große Rolle spielt:

וַתֹּאמֶר הָלֹךְ אֵלֵךְ עִמָּךְ אֶפֶס כִּי לֹא תִהְיֶה תִּפְאַרְתְּךָ עַל־הַדֶּרֶךְ אֲשֶׁר אַתָּה הוֹלֵךְ כִּי בְיַד־אִשָּׁה יִמְכֹּר יְהוָה אֶת־סִיסְרָא וַתָּקָם דְּבוֹרָה וַתֵּלֶךְ עִם־בָּרָק קֶדְשָׁה
Da sprach sie: Ich will gewiß mit dir ziehen, aber es wird nicht dein Ruhm auf dem Weg sein, den du gehst, denn durch/in die Hand einer Frau wird Jahwe Sisera preisgeben. Da machte sich Debora auf und sie ging mit Barak nach Kedesch.

[3] Zu dieser Pluralform vgl. Gesenius/Kautzsch (1909) §87*e*.

(vgl. Kap. 4.4.2), *dann soll er Brot daraus machen.* Erst in v.12 wird genauer erläutert, wie Ezechiel das Brot zubereiten soll.

ii)

Num 16,6f.[1] 6 *Macht folgendes:* קְחוּ־לָכֶם מַחְתּוֹת קֹרַח וְכָל־עֲדָתוֹ 7 וּתְנוּ בָהֵן אֵשׁ וְשִׂימוּ עֲלֵיהֶן קְטֹרֶת לִפְנֵי יְהוָה מָחָר *Nehmt euch Kohlenpfannen, Korach und seine Rotte, 7 und legt Feuer in sie und legt morgen Räucherwerk auf sie vor Jahwe.* Korach und seine Anhänger lehnen sich gegen Mose auf. Daraufhin fordert Mose Korach und seine Leute mit obiger Äußerung auf, sich am nächsten Morgen zu versammeln. Wichtig ist, daß die Leviten ihr Räucherwerk in die Räucherpfannen legen, daß sie also ein Opfer darbringen.

Korach will darauf aber nicht eingehen (v.12) und wirft Mose vor, daß er die Versprechen, die er den Israeliten gemacht hat, nicht eingehalten habe. Mose bittet daraufhin Jahwe, die Opfer der Leviten nicht anzuerkennen und wiederholt die Aufforderung an Korach – diesmal aber nicht in einer Imperativkette, sondern mit einem imp gefolgt von perf consec (Num 16,16f.): 16 *Da sprach Mose zu Korach:* אַתָּה וְכָל־עֲדָתְךָ הֱיוּ לִפְנֵי יְהוָה אַתָּה וָהֵם וְאַהֲרֹן מָחָר 17 וּקְחוּ אִישׁ מַחְתָּתוֹ וּנְתַתֶּם עֲלֵיהֶם קְטֹרֶת וְהִקְרַבְתֶּם לִפְנֵי יְהוָה אִישׁ מַחְתָּתוֹ חֲמִשִּׁים וּמָאתַיִם מַחְתֹּת וְאַתָּה וְאַהֲרֹן אִישׁ מַחְתָּתוֹ *Du und deine Rotte: Seid morgen vor Jahwe, du und sie und Aaron, 17 und jeder nehme seine Kohlenpfanne, dergestalt daß ihr auf sie Räucherwerk legt, und jeder seine Pfanne vor Jahwe darbringt – 250 Pfannen –, du und Aaron, jeder seine Pfanne.* Wichtig ist hier, daß jeder seine Räucherpfanne mitnimmt, daß auch Räucherwerk darauf sein soll, ist jedem bereits klar. Es liegt auch deshalb nicht mehr der Ton auf dem Räucherwerk-Hineintun, da Mose damit rechnet, daß Jahwe das Opfer (zumindest von Korach und seinen Leuten) nicht anerkennt. D.h. hier spezifizieren die perf consec den übergeordneten imp, der den Ton der Satzkette trägt.[2]

h) Weitere Lexempaare
i) הלך ,לקח und עלה[3]
In Hi 42,8[4] ist klar, daß die Freunde die Stiere und Widder, die sie zu Hiob bringen, auch opfern sollen, deshalb kann hier עלה im perf consec stehen: וְעַתָּה קְחוּ־לָכֶם שִׁבְעָה־פָרִים וְשִׁבְעָה אֵילִים וּלְכוּ אֶל־עַבְדִּי אִיּוֹב וְהַעֲלִיתֶם עוֹלָה בַּעַדְכֶם ... *Und nun: Nehmt sieben Stiere und sieben*

---

[1] Vgl. auch Num 17,11: Hier kommt es darauf an, daß Aaron die Gemeinde entsühnt. Deshalb liegt eine Imperativkette vor, in der der letzte imp den Ton trägt.

[2] Kratz (2000) S. 110 stellt die hier behandelten Verse in einer Version zusammen.

[3] Ähnlich Schwanz [1978] (vgl. hierzu oben S. 24 Anm. 4).

[4] Vgl. zur Stelle auch unten S. 324.

Widder und geht zu meinem Knecht Hiob, dann[1] *sollt ihr ein Brandopfer für euch darbringen ....* Hingegen ist Abraham in Gen 22,2[2] nicht klar, daß er Isaak opfern soll, deshalb steht עלה hier im imp. Dieser imp trägt den Ton der Imperativkette: קַח־נָא אֶת־בִּנְךָ אֶת־יְחִידְךָ אֲשֶׁר־אָהַבְתָּ אֶת־יִצְחָק וְלֶךְ־לְךָ אֶל־אֶרֶץ הַמֹּרִיָּה וְהַעֲלֵהוּ שָׁם לְעֹלָה עַל אַחַד הֶהָרִים אֲשֶׁר *Nimm deinen Sohn, deinen einzigen, den du liebst, den Isaak, und geh in das Land Morija und opfere ihn dort als Brandopfer auf einem der Berge, den ich dir sagen werde.*

ii) שׁים und ראה, שׁמע

In Ez 40,4 wird Ezechiel aufgefordert, auf alles zu achten, was ihm gesagt und gezeigt wird; das Hören und Sehen ist die Voraussetzung dafür: *Da sprach der Mann zu mir:* בֶּן־אָדָם רְאֵה בְעֵינֶיךָ וּבְאָזְנֶיךָ שְׁמַע וְשִׂים לִבְּךָ לְכֹל אֲשֶׁר־אֲנִי מַרְאֶה אוֹתָךְ כִּי *Menschensohn: Sieh mit deinen Augen und mit deinen Ohren höre, und achte auf alles* (wörtlich: *lege dein Herz auf alles*), *was ich dir zeige, denn du bist hierher gebracht, daß du das gezeigt bekommst. Verkünde alles, was du siehst, dem Haus Israel.* Hier trägt der imp וְשִׂים den Ton der Satzkette, die beiden (gleichwertigen) imp, die vorausgehen, geben lediglich die Voraussetzung dafür an. In Ez 44,5 ist die Sachlage eine etwas andere: *Da sprach Jahwe zu mir:* בֶּן־אָדָם שִׂים לִבְּךָ וּרְאֵה בְעֵינֶיךָ וּבְאָזְנֶיךָ שְׁמָע אֵת כָּל־אֲשֶׁר אֲנִי מְדַבֵּר אֹתָךְ לְכָל־חֻקּוֹת בֵּית־יְהוָה וּלְכָל־תּוֹרֹתָיו[3] וְשַׂמְתָּ לִבְּךָ לִמְבוֹא הַבַּיִת בְּכֹל מוֹצָאֵי הַמִּקְדָּשׁ *Menschensohn: Achte und sieh mit deinen Augen und mit deinen Ohren höre alles, was ich dir sage, auf alle Gesetze des Hauses Jahwes und auf seine ganze Tora, dergestalt daß du auf alle Eingänge des Hauses und auf alle Ausgänge des Heiligtums achtest.* Hier erläutert das perf consec deutlich die vorausgehenden imp.[4]

j) לקח und בוא

In Gen 45,17-18 trägt entweder der imp וּבֹאוּ den Ton der Satzkette, oder der imp וְאִכְלוּ:[5] 17 *Da sprach der Pharao zu Joseph: Sage deinen Brüdern: Macht folgendes:* טַעֲנוּ אֶת־בְּעִירְכֶם וּלְכוּ־בֹאוּ אַרְצָה כְּנָעַן 18 וּקְחוּ אֶת־אֲבִיכֶם וְאֶת־בָּתֵּיכֶם וּבֹאוּ אֵלָי וְאֶתְּנָה לָכֶם אֶת־טוּב אֶרֶץ מִצְרַיִם וְאִכְלוּ אֶת־חֵלֶב הָאָרֶץ *Beladet euer Vieh und geht in das Land Kanaan* 18 *und nehmt euren Vater und eure Häuser und kommt zu mir. Ich will euch das*

---

1   Das perf consec übt hier evtl. auch die Funktion Implizite Hypotaxe (Spezifikation) aus.
2   Vgl. zur Stelle auch oben S. 79.
3   So das Qere.
4   In v.6 folgt ein weiteres perf consec. Entweder führt es die Satzkette in v.5 fort, oder es leitet eine neue Äußerung ein.
5   Dies hängt davon ab, ob der w.kohort וְאֶתְּנָה einen Neueinsatz darstellt, oder die vorausgehenden imp fortführt.

Beste in Ägypten geben, und eßt das Fett des Landes. In vv.17f. ist wichtig, daß die Söhne Jakobs und Jakob selbst nach Ägypten kommen und so die Familie wieder zusammengeführt wird. Hier trägt der imp אֵלַי וּבֹאוּ den Ton.[1] Anders ist die Sachlage in v.19.[2] Dort liegt der Schwerpunkt auf der Frage, *wie* die Brüder Josephs ihre Familien und ihren Vater nach Ägypten bringen. Dementsprechend steht וּנְשָׂאתֶם und וּבָאתֶם im perf consec, der übergeordnete imp ist צֻוּה: *Du aber [gebiete ihnen]*[3]: *Macht folgendes:* אֶת־ וּנְשָׂאתֶם וְלִנְשֵׁיכֶם לְטַפְּכֶם עֲגָלוֹת מִצְרַיִם מֵאֶרֶץ קְחוּ־לָכֶם וּבָאתֶם אֲבִיכֶם *Nehmt Wagen mit euch aus Ägypten für eure Kinder und eure Frauen, dergestalt daß ihr euren Vater nehmt und kommt.*[4]

Bisher wurden scheinbar parataktische Satzketten betrachtet. In diesen Satzketten hat sich gezeigt, daß das perf consec dem vorausgehenden imp untergeordnet ist und diesen wohl erläuternd spezifiziert. Von daher sind diese Stellen implizit hypotaktisch, weil die perf consec von einem übergeordneten imp abhängen. Deshalb wurde in der Übersetzung stets der Ausdruck *dergestalt daß* verwendet.

In der Literaturübersicht wurde schon angedeutet, daß das perf consec aber auch die syntaktischen Funktionen Implizite Hypotaxe (final/konsekutiv), (konditional) und (temporal) ausüben kann.[5] Auch in solchen Fällen ist das perf consec dem vorausgehenden imp untergeordnet, was nun an einigen weiteren Stellen mit der syntaktischen Funktion Implizite Hypotaxe (temporal) gezeigt werden soll.

k) ירד und עלה
In Ex 19,24[6] übt das perf consec die syntaktische Funktion Implizite Hypotaxe (temporal) aus: *Da sprach Jahwe zu ihm:* אַתָּה וְעָלִיתָ לֶךְ־רֵד עִמָּךְ וְאַהֲרֹן *Wohlan, steig hinab und komm (dann wieder) herauf – du und Aaron mit dir ....* Wie der Bericht der Durchführung in v.25 zeigt,[7] trägt der imp den Ton der Satzkette, das perf consec ist diesem untergeordnet und gibt eine zukünftige Handlung (Aufforderung) an.

---

[1] Dies gilt allerdings nur, wenn der w.kohort eine eigene Satzkette einleitet (vgl. die vorausgehende Anm.). – Die gleiche Lexemfolge liegt in 2Reg 10,6 in einer Imperativkette vor. Dort trägt eindeutig der וּבֹאוּ imp den Ton der Satzkette.

[2] Zur Literarkritik vgl. Levin (1993) S. 300. Levin sieht in vv.2bβ.16-18 einerseits und vv.19f. andererseits zwei nachjahwistische Ergänzungen.

[3] Mit Konjektur (vgl. App. BHS).

[4] In v.20 wird die Satzkette mit einem w.x.imperf fortgesetzt, das evtl. ein perf consec ersetzt (vgl. hierzu unten Kap. 5.3).

[5] Vgl. hierzu oben Kap. 4.2.

[6] Ähnlich Schwanz [1978] (vgl. hierzu oben S. 24 Anm. 4).

[7] Vgl. hierzu unten S. 250 zur Stelle.

Dies läßt sich auch im Vergleich mit der gleichen Lexemfolge mit zwei imp in 1Sam 6,21 zeigen: *Da sandten sie Boten zu den Einwohnern von Kirjat-Jearim: Die Philister haben die Lade Jahwes zurückgebracht.* רְדוּ הַעֲלוּ אֹתוֹ אֲלֵיכֶם *Kommt herab, holt sie zu euch herauf.* Die Leute von Bet-Schemesch fordern mit dieser Äußerung die Bewohner von Kirjat-Jearim auf, die Lade abzuholen, was diese dann auch tun. Wichtig dabei ist nicht, daß die Bewohner von Kirjat-Jearim herunter kommen, sondern daß sie die Lade holen, denn die Bewohner von Bet-Schemesch fürchten die Lade (vgl. v.6).[1]

l) לקח und טמן

In Jer 13,4[2] kommt eine reine Imperativkette vor, in der der letzte imp den Ton der Kette trägt: קַח אֶת־הָאֵזוֹר אֲשֶׁר קָנִיתָ אֲשֶׁר עַל־מָתְנֶיךָ וְקוּם לֵךְ פְּרָתָה וְטָמְנֵהוּ שָׁם בִּנְקִיק הַסָּלַע *Nimm den Gürtel, den du gekauft hast und der um deiner Hüfte ist, und mach dich auf, geh an den Euphrat und verberge ihn dort in einer Felsspalte.* Hier trägt der letzte imp וְטָמְנֵהוּ deutlich den Ton, dies wird am Bericht der Durchführung deutlich (v.5)[3] und daran, daß Jeremia den versteckten Gürtel nach einiger Zeit wieder holen soll. In Jer 43,9f. kommt die gleiche Lexemfolge in einer Satzkette des Typs < imp - perf consec > vor: 9 קַח בְּיָדְךָ אֲבָנִים גְּדֹלוֹת וּטְמַנְתָּם בַּמֶּלֶט בַּמַּלְבֵּן אֲשֶׁר בְּפֶתַח בֵּית־פַּרְעֹה בְּתַחְפַּנְחֵס לְעֵינֵי אֲנָשִׁים יְהוּדִים 10 וְאָמַרְתָּ אֲלֵיהֶם 9 *Nimm große Steine in deine Hand, und dann vergrabe sie im Lehmboden*[4], *der am Tor des Hauses des Pharaos in Tachpanhes ist, vor den Augen der Männer Judas* 10 *und sprich zu ihnen ….* Hier liegt das gleiche Lexempaar vor, wie in Jer 13,4, allerdings steht טמן hier im perf consec. Wichtig ist, daß die Männer aus Juda die Steine sehen, sie sollen nicht versteckt werden wie in Jer 13,4, sondern nur ein Stück eingegraben werden – wohl um stabil zu sein –, denn auf diese soll der Thron Nebukadnezzars gesetzt werden (vgl. v.10). Wichtig ist also nicht, daß Jeremia die Steine vergräbt, sondern daß er sie nimmt, der imp trägt den Ton der Äußerung, das dem imp untergeordnete perf consec drückt dann eine zeitliche Folge aus.

---

[1]   Zum Bericht der Durchführung der Stelle vgl. S. 79.
[2]   Hier ist קַח der erste imp vor וְטָמְנֵהוּ, dazwischen stehen noch weitere imp. Dennoch kann die Stelle mit Jer 43,9 verglichen werden.
[3]   Vgl. S. 70.
[4]   So HALAT Sp. 556a zu מלבן und 558b zu מלט. Nach Gesenius/Buhl ist die Ortsangabe בַּמֶּלֶט בַּמַּלְבֵּן unklar (vgl. Gesenius/Buhl [1915] Sp. 426b zu מַלְבֵּן und Sp. 428b zu מֶלֶט).

m) לקח und עשה[1]

In Est 6,10[2] beauftragt der König Haman: מַהֵר קַח אֶת־הַלְּבוּשׁ וְאֶת־הַסּוּס כַּאֲשֶׁר דִּבַּרְתָּ וַעֲשֵׂה־כֵן לְמָרְדֳּכַי הַיְּהוּדִי הַיּוֹשֵׁב בְּשַׁעַר הַמֶּלֶךְ *Eile, nimm das Kleid und das Pferd, wie du gesagt hast, und tu so dem Mordechai, dem Juden, der am Tor des Königs sitzt. Laß nichts unberücksichtigt von dem, was du gesagt hast.* Wichtig ist hier nicht, daß Haman Kleid und Ross nimmt, sondern daß er so an Mordechai tut, wie er es für sich selbst eigentlich erdacht hatte (vgl. v.6). Damit trägt der letzte imp der Imperativkette den Ton.[3] Anders ist dies in Ez 4,9 (vgl. zur Stelle oben Kap. S. 240). Wichtig ist hier im Gegensatz zu Est 6,10, daß sich Ezechiel Nahrung nimmt, denn er muß 390 Tage auf der Seite liegen; wie er sie aufbewahrt und zubereitet, spielt eine untergeordnete Rolle.

n) Zusammenfassung:

Es hat sich durch den Vergleich von Lexempaaren – < imp - (w.)imp > einerseits und < imp - perf consec > andererseits – gezeigt, daß in reinen Imperativketten der letzte imp den Ton trägt. Liegt ein perf consec vor, so ist dieses dem vorausgehenden imp untergeordnet und es spezifiziert diesen.[4] Dies läßt sich auch durch die Kontextanalyse im folgenden zeigen.

4.3.2 KONTEXTANALYSE

Wie in Kap. 2.3.1.2 (S. 68ff.) an reinen Imperativketten gezeigt wurde, kann die Kontextanalyse ebenfalls verdeutlichen, welches Satzkettenglied den Ton der Satzkette trägt. Es sei auch hier auf die in Kap. 2.3.1.2.c (S. 79ff.) behandelte Problematik aufmerksam gemacht, die auftritt, wenn ein Satz nicht direkt im Bericht der Durchführung aufgenommen wird, sondern indirekt und breit (vgl. z.B. Jdc 7,10ff. für perf consec nach einem imp und Gen 22,2ff. für Imperativketten – im ersten Fall trägt der imp eindeutig den Ton der Äußerung, nicht das perf consec, im letzten Fall der letzte imp der Satzkette, in Gen 22,2ff. wird aber die Durchführung des letzten imp breit berichtet, in Jdc 7,10ff. die des perf consec). Diese Stellen können nicht direkt herangezogen werden, werden aber hier mit aufgeführt.

---

[1] Bei den hier zu vergleichenden Stellen sind die Lexeme Bestandteil einer größeren Satzkette, in Est 6,10 tritt ein anderer imp vor קַח, in Ez 4,9 tritt וְנָתַתָּה zwischen קַח und וְעָשִׂיתָ.

[2] Die gleiche Lexemfolge liegt noch in 1Sam 6,7ff. vor, kann aber zum Vergleich nicht herangezogen werden. Aber auch hier trägt m.E. der letzte imp der Satzkette den Ton. Die beiden imp werden dann durch ein perf consec fortgeführt.

[3] Dies wird auch im Bericht der Durchführung deutlich, wo zwar die Durchführung des imp קַח wörtlich, des imp וַעֲשֵׂה־כֵן aber breit berichtet wird (vgl. v.11).

[4] Ähnlich Schwanz [1978] (vgl. hierzu oben S. 24 Anm. 4).

Die Aufforderung in Ez 37,4 הִנָּבֵא עַל־הָעֲצָמוֹת הָאֵלֶּה וְאָמַרְתָּ אֲלֵיהֶם
Weissage über jene Knochen, dergestalt daß du zu ihnen sprichst wird in
v.7 im Bericht der Durchführung wie folgt aufgenommen: וְנִבֵּאתִי כַּאֲשֶׁר
צֻוֵּיתִי *Da weissagte ich, wie mir befohlen wurde.* Anschließend folgt ein
וַיְהִי.

Durch das וְנִבֵּאתִי wird lediglich der imp הִנָּבֵא aufgenommen, das perf
consec וְאָמַרְתָּ hingegen nicht. So auch in vv.9f.: *Da sprach er zu mir:*
הִנָּבֵא אֶל־הָרוּחַ הִנָּבֵא בֶן־אָדָם וְאָמַרְתָּ אֶל־הָרוּחַ *Weissage zum Odem,*
weissage, Menschensohn, dergestalt daß du zum Odem sprichst. Auch
hier wird im Bericht der Durchführung (v.10) lediglich der imp
aufgenommen, nicht das perf consec: וְהִנַּבֵּאתִי כַּאֲשֶׁר צִוָּנִי *Da weissagte*
ich, wir mir befohlen wurde, da kam der Odem in sie .... Das perf consec
וְאָמַרְתָּ wird in keinem der beiden Berichte der Durchführung
aufgenommen.

    Man kann also an beiden Stellen sehr schön sehen, daß auf das perf
consec וְאָמַרְתָּ im Bericht der Durchführung kein Wort gelegt wird. Es
wird lediglich berichtet, daß Ezechiel weissagte וְנִבֵּאתִי bzw. וְהִנַּבֵּאתִי, und
was auf die Weissagung hin geschieht. Der Inhalt der Weissagung selbst
wird aber nicht mehr wiederholt. D.h., das perf consec וְאָמַרְתָּ spezifiziert
die übergeordnete Aufforderung הִנָּבֵא, denn diese trägt den Ton der
Satzkette.

    Ähnliches ist auch für die folgenden Stellen zu beobachten, dort wer-
den allerdings viele oder alle Satzkettenglieder im Bericht der Durchführung wieder aufgenommen.

So z.B. in Jes 20,2: *Zu dieser Zeit redete Jahwe durch die Hand Jesajas,*
des Sohnes Amoz: לֵךְ וּפִתַּחְתָּ הַשַּׂק מֵעַל מָתְנֶיךָ וְנַעַלְי[וֹ]ךָ¹ תַּחֲלֹץ מֵעַל
רַגְלֶיךָ *Geh umher, dergestalt daß du den Sack um deinen Hüften löst und*
deine Sandalen von deinen Füßen ausziehst. Der Bericht der Durchführung lautet wie folgt: וַיַּעַשׂ כֵּן הָלֹךְ עָרוֹם וְיָחֵף *Da tat er so, gehend nackt*
und barfuß. Hier wird die Durchführung des imp wörtlich und die Durchführung des perf consec und des w.x.imperf² adjektivisch dazu berichtet.
Das perf consec (und das w.x.imperf) spezifizieren also deutlich den
übergeordneten imp.³

---

1   Hier ist sehr wahrscheinlich וְנַעֲלֶךָ dem sg. vorzuziehen (vgl. App. BHS).
2   Nach Gesenius/Kautzsch (1909) §112c gilt: "Einem *Perf. consec.* kann eine beliebige
    Reihe anderer Perfecta consec. koordiniert werden [...]. Doch gilt auch hier [...]: so-
    bald das Waw durch irgendein Einschiebsel von dem zugehörigen Verb getrennt
    wird, so tritt notwendig Imperf. an die Stelle des Perfekt, [...]." (Gesenius/Kautzsch
    [1909] S. 344).
3   Allerdings wird die (gesamte) Stelle als sekundär angesehen (vgl. z.B. Duhm [1968]
    S. 148; Fohrer [1966] S. 234 Anm. 41; Kilian [1994] S. 125f.; Kaiser [1973] S. 93f.
    faßt v.2 als 'Einschub' auf, vgl. auch Gray [1912] S. 345 – anders Wildberger [1989]

In Num 27,18-21 trägt ebenfalls der imp den Ton der Satzkette: 18 *Da sprach Jahwe zu Mose:* קַח־לְךָ אֶת־יְהוֹשֻׁעַ בִּן־נוּן אִישׁ אֲשֶׁר־רוּחַ בּוֹ וְסָמַכְתָּ אֶת־יָדְךָ עָלָיו 19 וְהַעֲמַדְתָּ אֹתוֹ לִפְנֵי אֶלְעָזָר הַכֹּהֵן וְלִפְנֵי כָּל־הָעֵדָה וְצִוִּיתָה אֹתוֹ לְעֵינֵיהֶם 20 וְנָתַתָּה מֵהוֹדְךָ עָלָיו לְמַעַן יִשְׁמְעוּ כָּל־עֲדַת בְּנֵי יִשְׂרָאֵל 21 וְלִפְנֵי אֶלְעָזָר הַכֹּהֵן יַעֲמֹד וְשָׁאַל לוֹ בְּמִשְׁפַּט הָאוּרִים לִפְנֵי יְהוָה 18 *Nimm Josua, den Sohn Nuns, ein Mann, in dem Geist ist, dergestalt daß du deine Hand auf ihn legst 19 und ihn vor den Priester Eleasar stellst und vor die ganze Versammlung, und ihn einsetzt vor ihren Augen 20 und ihm von deiner Hoheit gibst, damit es die ganze Versammlung der Söhne Israels hört, 21 und er vor den Priester Eleaser tritt,[1] und er für ihn mit Recht Urim befragt vor Jahwe.*

Hier liegt wohl eine Art Aussonderungs- oder Weiheritus vor.[2] Dementsprechend liegt der Ton auf dem imp קַח. Die folgenden perf consec stellen Spezifikationen dieses übergeordneten Befehls dar. Im Bericht der Durchführung (vv.22f.) werden allerdings sowohl der imp als auch die perf consec (bis auf וְנָתַתָּה) aufgenommen: 22 וַיַּעַשׂ מֹשֶׁה כַּאֲשֶׁר צִוָּה יְהוָה אֹתוֹ וַיִּקַּח אֶת־יְהוֹשֻׁעַ וַיַּעֲמִדֵהוּ לִפְנֵי אֶלְעָזָר הַכֹּהֵן וְלִפְנֵי כָּל־הָעֵדָה 23 וַיִּסְמֹךְ אֶת־יָדָיו עָלָיו וַיְצַוֵּהוּ כַּאֲשֶׁר דִּבֶּר יְהוָה בְּיַד־מֹשֶׁה 22 *Da tat Mose, wie Jahwe ihm befohlen hatte, und er nahm Josua und stellte ihn vor den Priester Eleasar und vor die ganze Versammlung 23 und legte seine Hände auf ihn und setzte ihn ein, wie Jahwe durch die Hand Moses geredet hatte.*

In 2Reg 8,8 schickt Ben-Hadad Hasaël zu Elisa: *Da sprach der König zu Hasaël:* קַח בְּיָדְךָ מִנְחָה וְלֵךְ לִקְרַאת אִישׁ הָאֱלֹהִים וְדָרַשְׁתָּ אֶת־יְהוָה מֵאוֹתוֹ לֵאמֹר *Nimm ein Geschenk in deine Hand und geh dem Mann Gottes entgegen, dergestalt daß du Jahwe durch ihn befragst: Werde ich von dieser Krankheit wieder genesen?*

Ben-Hadad von Aram wird gemeldet, daß Elisa in Damaskus sei, daraufhin will Ben-Hadad Elisa durch Hasaël befragen, ob er von einer Krankheit genesen werde und beauftragt dementsprechend Hasaël, Geschenke zu nehmen (imp) und zu gehen (imp). Daß Hasaël auch etwas zu Elisa sagen soll, ist klar, deshalb wird hier ein perf consec verwendet, das die übergeordneten imp spezifiziert.[3] In v.9 wird die Durchführung des

---

S. 749f., der v.2 zum "Grundbestand des Berichtes" rechnet). — Es besteht evtl. auch die Möglichkeit, hier in לֵךְ keinen begriffswörtlichen imp zu sehen, sondern eine Interjektion (vgl. Diehl [2000] S. 125), dies ist aber eher unwahrscheinlich, da im Bericht der Durchführung das Lexem הלך aufgenommen wird. Als Interjektion läßt sich vielleicht auch der imp קוּמִי in 1Reg 14,2f. erklären (vgl. Diehl [2000] S. 124). Allerdings wird im Bericht der Durchführung (v.4) קום aufgenommen, was dagegen spricht. Eine ausführliche Diskussion folgt S. 320 zur Stelle.

[1] Das w.x.imperf wird hier in der Funktion eines perf consec gebraucht (vgl. Kap. 5.3).
[2] Vgl. unten S. 278 zu Num 8,6.
[3] Ähnlich Schwanz [1978] (vgl. hierzu oben S. 24 Anm. 4).

Auftrags berichtet: וַיֵּלֶךְ חֲזָאֵל לִקְרָאתוֹ וַיִּקַּח מִנְחָה בְיָדוֹ וְכָל־טוּב דַּמֶּשֶׂק מַשָּׂא אַרְבָּעִים גָּמָל וַיָּבֹא וַיַּעֲמֹד לְפָנָיו וַיֹּאמֶר בִּנְךָ בֶן־הֲדַד מֶלֶךְ־אֲרָם שְׁלָחַנִי אֵלֶיךָ לֵאמֹר הַאֶחְיֶה מֵחֳלִי זֶה *Da ging Hasaël ihm entgegen und nahm ein Geschenk in seine Hand und alle guten Dinge von Damaskus, eine Last für vierzig Kamele, und er ging und trat vor ihn und sprach: Dein Sohn, Ben-Hadad, König von Aram, schickt mich zu dir: Werde ich von dieser Krankheit genesen?* In der wörtlichen Rede weist sich Hasaël noch als Bote aus.

In 1Reg 17,3[1] sind die perf consec ebenfalls dem imp untergeordnet: לֵךְ מִזֶּה וּפָנִיתָ לְךָ קֵדְמָה וְנִסְתַּרְתָּ בְּנַחַל כְּרִית אֲשֶׁר עַל־פְּנֵי הַיַּרְדֵּן *Geh weg von hier, dergestalt daß du dich nach Osten wendest und dich verbirgst am Bach Kerit, der zum Jordan fließt.* Elia hat Ahab eine große Dürre vorhergesagt. Daraufhin ergeht die obige Aufforderung an Elia. Elia muß die Gegend wegen dieser Dürre verlassen (und wohl auch wegen der Rache Ahabs?). Die Durchführung des Befehls לֵךְ wird in v.5 zweimal herichtet, die Durchführung des perf consec וּפָנִיתָ[2] gar nicht und die des perf consec וְנִסְתַּרְתָּ indirekt: וַיֵּלֶךְ וַיַּעַשׂ כִּדְבַר יְהוָה וַיֵּלֶךְ וַיֵּשֶׁב בְּנַחַל כְּרִית אֲשֶׁר עַל־פְּנֵי הַיַּרְדֵּן *Da ging er hin und machte es nach dem Wort Jahwes, und er ging und ließ sich am Bach Kerit nieder, der zum Jordan fließt.*

Aus diesem Befund ist zu schließen, daß der imp לֵךְ die übergeordnete Aufforderung darstellt, die durch die perf consec spezifiziert wird. Unterstützt wird diese Analyse durch den Vergleich mit Jer 36,19, wo die Wurzel סתר als imp nach לֵךְ verwendet wird.[3]

In Gen 47,29f. fordert Israel/Jakob Joseph zu einem Schwur auf: *29 Als die Zeit für Israel zum Sterben nahte, da rief er nach seinem Sohn Joseph und sprach zu ihm: Wenn ich in deinen Augen Gnade gefunden habe,* שִׂים־נָא יָדְךָ תַּחַת יְרֵכִי וְעָשִׂיתָ עִמָּדִי חֶסֶד וֶאֱמֶת *dann lege doch deine Hand unter meine Lende, dergestalt daß du Loyalität und Treue mir erweist: Begrabe mich nicht in Ägypten, 30 dergestalt daß ich bei meinen Vätern liege, und du mich aus Ägypten (weg)trägst und mich in ihrem Grab begräbst. Da sprach er: Ich will entsprechend deinem Wort handeln.*

שִׂים־נָא יָדְךָ תַּחַת יְרֵכִי ist eine Schwurformel,[4] die durch das folgende perf consec וְעָשִׂיתָ spezifiziert wird. Das perf consec וְעָשִׂיתָ gibt den Inhalt des Schwurs an. Daß der Ton auf dem imp liegt und nicht auf dem perf consec, wird aus v.31 deutlich: וַיֹּאמֶר הִשָּׁבְעָה לִי וַיִּשָּׁבַע לוֹ וַיִּשְׁתַּחוּ יִשְׂרָאֵל

---

1   Vgl. zur Stelle auch oben S. 238.
2   Hier liegt Pänultima-Betonung vor, doch nach Gesenius/Kautzsch (1909) §49 kann in solchen Fällen die Tonverschiebung ausfallen.
3   Vgl. oben S. 238. Allerdings ist in Jer 36,19 nicht ganz klar, ob לֵךְ als begriffswörtlicher imp oder eine sekundäre Interjektion (vgl. ebd.) verwendet wird.
4   Vgl. Gen 24,2ff. (bes. v.9).

עַל־רֹאשׁ הַמִּטָּה *Da sprach er: Schwöre mir! und er schwor ihm, und Is-rael neigte sich über das Kopfende des Bettes.*

Als die in 1Reg 17,1 angekündigte Dürre anhält und auch der Bach Kerit, wo Elia sich aufhält (s.o.) vertrocknet, muß Elia weiterziehen. Dementsprechend ergeht in v.9 folgende Aufforderung an Elia: קוּם לֵךְ צָרְפַתָה אֲשֶׁר לְצִידוֹן וְיָשַׁבְתָּ שָׁם *Mach dich auf, geh nach Sarepta, das zu Sidon gehört, dergestalt daß du dort bleibst. Siehe, ich habe dort einer Witwe geboten, dich mit Lebensmitteln zu versorgen.* Es geht in erster Linie darum, daß Elia sich aufmacht und nach Sarepta geht. Daß er vorerst dort bleiben soll, versteht sich. Deshalb wird וְיָשַׁבְתָּ im perf consec verwendet, das die[1] übergeordneten imp spezifiziert.[2] Die Durchführung der ersten beiden imp wird wörtlich berichtet, das perf consec wird durch die Erzählung des Aufenthalts Elias bei der Witwe breit aufgenommen (v.10): וַיָּקָם וַיֵּלֶךְ צָרְפַתָה וַיָּבֹא אֶל־פֶּתַח הָעִיר וְהִנֵּה־שָׁם אִשָּׁה אַלְמָנָה מְקֹשֶׁשֶׁת עֵצִים וַיִּקְרָא אֵלֶיהָ וַיֹּאמַר קְחִי־נָא לִי מְעַט־מַיִם בַּכְּלִי וְאֶשְׁתֶּה *Da machte er sich auf und ging nach Sarepta und kam in das Tor der Stadt. (Und) siehe, da war eine Witwe, die Holz zusammenlas. Da rief er sie und sprach: Bringe mir doch ein wenig Wasser in einem Gefäß, damit ich trinke.*

In 1Sam 15,18 zitiert Samuel den von Jahwe an Saul in v.3[3] erfolgten Auftrag: וְהַחֲרַמְתָּה אֶת־ לֵךְ *Jahwe schickte dich auf den Weg und sprach:* הַחַטָּאִים אֶת־עֲמָלֵק וְנִלְחַמְתָּ בוֹ עַד כַּלּוֹתָם אֹתָם *Geh, dergestalt daß du die Sünder, Amalek, der Vernichtung weihst und gegen es kämpfst, bis du sie aufgerieben hast.* In v.2 geht eine Situationsbestimmung voraus, aus der klar wird, daß Saul gegen die Amalekiter kämpfen soll. Dementsprechend wird der übergeordnete imp לֵךְ durch perf consec spezifiziert.[4] Auch hier in v.18 liegt der Ton wohl ebenfalls auf dem imp, denn in der Einleitung des Befehls wird betont, daß Jahwe Saul *gesandt* (וַיִּשְׁלָחֲךָ יְהוָה בְּדֶרֶךְ) hat. Darauf kommt es zunächst an. Der Bericht der Durchführung in v.20, hier von Saul selbst gegeben, nicht von dem Erzähler der Geschichte, lautet: וַיֹּאמֶר שָׁאוּל אֶל־שְׁמוּאֵל אֲשֶׁר שָׁמַעְתִּי בְּקוֹל יְהוָה וָאֵלֵךְ בַּדֶּרֶךְ אֲשֶׁר־שְׁלָחַנִי יְהוָה וָאָבִיא אֶת־אֲגַג מֶלֶךְ עֲמָלֵק וְאֶת־עֲמָלֵק הֶחֱרַמְתִּי *Da antwortete Saul Samuel: Ich habe auf die Stimme Jahwes gehört und bin auf dem Weg, den mich Jahwe geschickt hat, gegangen und habe Agag, den König Amaleks, hergebracht und Amalek der Vernichtung geweiht.* Der imp לֵךְ wird durch ein imperf consec wiedergegeben, das den *Sendungsauftrag* noch einmal aufnimmt, das perf consec וְהַחֲרַמְתָּה durch

---

[1] קוּם ist hier ein begriffswörtlicher imp, denn er wird im Bericht der Durchführung (v.10) aufgenommen (vgl. Diehl [2000] S. 120).

[2] Ähnlich Schwanz [1978] (vgl. hierzu oben S. 24 Anm. 4).

[3] Vgl. zu v.3 S. 319. — In 1Sam 15,3ff. gibt es einen breiten Bericht der Durchführung (vv.4-9). Die Durchführung des imp wird dort in vv.4f. berichtet.

[4] Ähnlich Schwanz [1978] (vgl. hierzu oben S. 24 Anm. 4).

וְאֶת־עֲמָלֵק הֶחֱרַמְתִּי. Das zweite perf consec וְנִלְחַמְתָּ wird überhaupt nicht wiedergegeben.

Bei den bisher vorgeführten Belegen trägt stets der imp den Ton der Satzkette des Typs < imp - perf consec >, d.h. das perf consec spezifiziert den vorausgehenden imp, gibt Begleitumstände, Erläuterungen usw. an (syntaktische Funktion Implizite Hypotaxe [Spezifikation]).[1] Nun seien, wie bei der Austauschprobe, auch Belege mit den Funktionen Implizite Hypotaxe (temporal), (final/konsekutiv) und (konditional) behandelt.

Ex 19,24 wurde schon oben[2] besprochen: *Da sprach Jahwe zu ihm:* לֶךְ־רֵד וְעָלִיתָ אַתָּה וְאַהֲרֹן עִמָּךְ *Wohlan, steig hinab und komm (dann wieder) herauf – du und Aaron mit dir ....* Hier führt das perf consec den übergeordneten imp fort und gibt eine zeitliche Folge an (Funktion Implizite Hypotaxe [temporal]). Dies läßt sich auch anhand dem Bericht der Durchführung in v.25 zeigen: וַיֵּרֶד מֹשֶׁה אֶל־הָעָם וַיֹּאמֶר אֲלֵהֶם *Da stieg Mose zum Volk hinab und sprach zu ihnen.* Lediglich die Durchführung des imp wird berichtet, die Durchführung des zweiten Auftrags, der an Mose durch ein perf consec ergangen ist, dagegen nicht. Wichtig ist also in erster Linie der imp, er trägt den Ton der Satzkette.[3]

Ähnlich ist auch 1Reg 2,31 zu verstehen: *Da sprach der König zu ihm:* עֲשֵׂה כַּאֲשֶׁר דִּבֶּר וּפְגַע־בּוֹ וּקְבַרְתּוֹ וַהֲסִירֹתָ דְּמֵי חִנָּם אֲשֶׁר *Mach's, wie er gesagt hat, und erschlag ihn und begrabe ihn dann, daß/damit du das unverschuldete Blut von mir und meines Vaters Haus entfernst, das Joab vergossen hat.* Auch hier ist die syntaktische Funktion Implizite Hypotaxe (temporal) beim ersten perf consec deutlich (das zweite perf consec hat wohl die Funktion Implizite Hypotaxe [final/konsekutiv]).[4] Wiederum tragen die imp, besonders der zweite imp, regelgerecht den Ton der Satzkette, was der Bericht der Durchführung in v.34 deutlich macht:

---

[1] Vgl. hierzu Kap. 4.4.

[2] Vgl. S. 243.

[3] Die Erzählung geht im *jetzigen* Kontext erst in c.24 weiter (zur Literarkritik vgl. Kratz [2000] S. 139-155 bes. 142-145; Kratz hält u.a. 19,21-25 für spätere Zusätze [vgl. ebd. S. 145], gleiches gilt für 24,1f. [vgl. ebd. S. 143]). Hier wird Mose erneut aufgefordert, mit Aaron auf den Berg zu steigen. Hierin ist aber kein Bericht der Durchführung von 19,24 zu sehen, sondern eine Wiederaufnahme der Aufforderung. — Auf die Satzkette folgt ein w.x.imperf, das m.E. eine neue Äußerung einleitet.

[4] Der Anschluß mit perf consec in v.32 gehört m.E. nicht mehr zur Satzkette (vgl. auch EÜ). Hertzberg (1985) S. 7 faßt vv.31b-33, also schon das zweite perf consec in v.31, als sekundär auf (vgl. auch Fritz [1996] S. 36; Hentschel [1984] S. 28). Zum Gebrauch des perf consec als eigener imp vgl. Meyer (1972) S. 54: "Daneben findet sich auch selbständiges Perf. cons., das für Imperf., Juss. und Imp. stehen kann [...]". Ein Beleg hierfür ist Sach 1,3 (וְאָמַרְתָּ). Falls sich das perf consec in v.32 dennoch an die hier besprochene Satzkette anschließt und diese fortführt, hat dieses perf consec wohl spezifizierenden Charakter.

וַיַּעַל בְּנָיָהוּ בֶּן־יְהוֹיָדָע וַיִּפְגַּע־בּוֹ וַיְמִתֵהוּ וַיִּקָּבֵר בְּבֵיתוֹ בַּמִּדְבָּר *Da stieg Benaja, der Sohn Jojadas, hinauf und erschlug ihn und tötete ihn, und er wurde in seinem Haus in der Wüste begraben.* Die Durchführung des imp פָּגַע wird ausführlich berichtet: וַיִּפְגַּע־בּוֹ וַיְמִתֵהוּ. Die Durchführung des perf consec wird lediglich in der 3. pers. pass. (ni.) וַיִּקָּבֵר berichtet.

So ist auch 1Reg 17,13 zu verstehen: *Da sprach Elia zu ihr: Fürchte dich nicht. Komm, tu entsprechend deinem Wort.* אַךְ עֲשִׂי־לִי מִשָּׁם עֻגָה קְטַנָּה בָרִאשֹׁנָה וְהוֹצֵאת לִי וְלָךְ וְלִבְנֵךְ תַּעֲשִׂי בָּאַחֲרֹנָה *Ach, mache mir zuerst davon einen kleinen Kuchen und bringe ihn mir (dann) heraus, und für dich und deinen Sohn mache dann etwas.* In dieser Stelle ist die Funktion der zeitlichen Abfolge ebenfalls deutlich. Dies wird besonders klar durch den entsprechenden Zeitstufenmarker בָּאַחֲרֹנָה (das w.x.imperf kann die Funktion des perf consec übernehmen, wenn dem Verbum etwas vorgeschaltet wird [vgl. Kap. 5.3]). Es ist unübersehbar, daß der imp עֲשִׂי den Ton der Äußerung trägt; auf ihm liegt das Gewicht der Aussage (ebenfalls durch den Zeitstufenmarker בָּרִאשֹׁנָה markiert). Dies wird evtl. auch am Bericht der Durchführung (v.15) deutlich: וַתֵּלֶךְ וַתַּעֲשֶׂה כִּדְבַר אֵלִיָּהוּ *Da ging sie hin, und machte es entsprechend dem Wort Elias.*

Hier wird die Durchführung des imp עֲשִׂי wörtlich berichtet, allerdings handelt es sich insgesamt um einen allgemeiner gehaltenen Bericht der Durchführung.

In 2Sam 16,21 übt das perf consec die syntaktische Funktion Implizite Hypotaxe (konditional) oder (final/konsekutiv) aus: *Da sprach Ahitofel zu Abschalom:* בּוֹא אֶל־פִּלַגְשֵׁי אָבִיךָ אֲשֶׁר הִנִּיחַ לִשְׁמוֹר הַבָּיִת וְשָׁמַע כָּל־ יִשְׂרָאֵל כִּי־נִבְאַשְׁתָּ אֶת־אָבִיךָ וְחָזְקוּ יְדֵי כָּל־אֲשֶׁר אִתָּךְ *Schlafe mit den Kebsen deines Vaters, die er zurückgelassen hat, um das Haus zu bewahren, so/daß/damit es ganz Israel hört, daß du dich bei deinem Vater verhaßt gemacht hast, daß/damit die Hände aller deiner Gefährten (wörtlich: die Hände aller derer, die mit dir sind) stark werden.* An den imp בּוֹא schließt sich hypotaktisch das perf consec וְשָׁמַע an, das entweder konditional *dann* oder konsekutiv/final *daß/damit* verstanden werden kann.[1] Den Ton der Äußerung trägt der imp, was der Bericht der Durchführung v.22 zeigt, denn nur die Durchführung des imp wird berichtet: וַיַּטּוּ לְאַבְשָׁלוֹם הָאֹהֶל עַל־הַגָּג וַיָּבֹא אַבְשָׁלוֹם אֶל־פִּלַגְשֵׁי אָבִיו לְעֵינֵי כָּל־יִשְׂרָאֵל *Da spannte man ein Zelt auf auf dem Dach für Abschalom, und Abschalom schlief mit den Kebsen seines Vaters vor den Augen ganz Israels.*

In 2Sam 24,2 übt das perf consec die syntaktische Funktion Implizite Hypotaxe (final/konsekutiv) aus und ist dem imp ebenfalls untergeordnet:

---

[1] Das zweite perf consec וְחָזְקוּ ist final/konsekutiv.

Da sprach der König zu Joab, dem Heerführer,[1] *der bei ihm war:* שׂוּט־נָא
בְּכָל־שִׁבְטֵי יִשְׂרָאֵל מִדָּן וְעַד־בְּאֵר שֶׁבַע וּפִקְדוּ אֶת־הָעָם וְיָדַעְתִּי אֵת מִסְפַּר
הָעָם *Zieht umher in allen Stämmen Israels von Dan bis Beerscheba und
zählt das Volk, daß/damit ich die Zahl des Volkes weiß.* Deutlich ist hier
das perf consec final,[2] denn es ist ja Zweck des Auftrags, das Kriegsvolk
zu zählen, damit David weiß, wieviel Mann er aufbieten kann.[3] Daß aber
trotzdem der Ton der Äußerung auf dem letzten imp und nicht auf dem
perf consec liegt, macht wieder der Bericht der Durchführung (v.4)[4] nach
einem Einwand Joabs (v.3) deutlich: *Aber das Wort des Königs war fest
gegen Joab und gegen die Heerführer.* וַיֵּצֵא יוֹאָב וְשָׂרֵי הַחַיִל לִפְנֵי הַמֶּלֶךְ
לִפְקֹד אֶת־הָעָם אֶת־יִשְׂרָאֵל *Da gingen Joab und die Heerführer heraus
vor dem König, um das Volk, Israel, zu zählen.*

In Jdc 1,24 übt das perf consec die syntaktische Funktion Implizite
Hypotaxe (konditional) aus und ist ebenfalls dem vorausgehenden imp
untergeordnet: *Da sahen die Späher einen Mann, der aus der Stadt herausging, und sprachen zu ihm:* הַרְאֵנוּ נָא אֶת־מְבוֹא הָעִיר וְעָשִׂינוּ עִמְּךָ
חָסֶד *Zeige uns doch den Zugang zur Stadt, so werden wir dir gegenüber
Loyalität üben.* Späher, die Bet-El auskundschaften, fragen einen Mann,
wie man in die Stadt eindringen kann. Es liegt ein konditionales Satzgefüge vor. Der imp trägt deutlich den Ton der Äußerung, es geht ja darum,
herauszubekommen, wie die Israeliten in die Stadt kommen können. Dies
ist die Voraussetzung dafür, daß die Späher mit dem Mann loyal umge-
hen. Der Bericht der Durchführung (v.25) verdeutlicht dies: וַיַּרְאֵם
אֶת־מְבוֹא הָעִיר וַיַּכּוּ אֶת־הָעִיר לְפִי־חָרֶב וְאֶת־הָאִישׁ וְאֶת־כָּל־מִשְׁפַּחְתּוֹ שִׁלֵּחוּ
*Da zeigte er ihnen den Zugang zur Stadt, und sie schlugen die Stadt mit
der Schärfe des Schwertes, aber den Mann und seine ganze Familie ließen sie gehen.*

So ist auch Jdc 1,3 zu verstehen: *Da sprach Juda zu Simeon, seinem
Bruder:* עֲלֵה אִתִּי בְגוֹרָלִי וְנִלָּחֲמָה בַּכְּנַעֲנִי וְהָלַכְתִּי גַם־אֲנִי אִתְּךָ בְּגוֹרָלֶךָ
*Zieh hinauf mit mir in mein Losteil und laß uns mit den Kanaanäern
kämpfen, dann will auch ich mit dir in dein Losteil gehen.* Hier liegt wohl
ein konditionales Satzgefüge vor, in dem der imp bzw. der w.kohort den
Ton trägt, wie der Bericht der Durchführung zeigt. Die Kampfhandlun-
gen werden breit berichtet (vv.3bff.). Erst in v.17[5] wird das perf consec
aufgenommen: וַיֵּלֶךְ יְהוּדָה אֶת־שִׁמְעוֹן אָחִיו *Dann ging Juda mit seinem
Bruder Simeon.*

---

[1] Hier nach MT übersetzt, vgl. aber auch App. BHS.
[2] So auch Kuhr (1929) S. 45.
[3] Vgl. unten S. 284 zur Stelle.
[4] Hier wird der letzte imp durch l.inf wiedergegeben (vgl. hierzu S. 71f.).
[5] Zur Ortsangabe Horma im Gebiet Simeon vgl. Zwickel (2000) S. 4 und ders. (2003)
     S. 590.

In Jdc 7,10f. übt das perf consec die syntaktische Funktion Implizite Hypotaxe (final/konsekutiv) aus und ist dem vorausgehenden imp untergeordnet: 10 *Wenn du dich fürchtest, (allein) hinabzugehen,* רֵד אַתָּה וּפֻרָה נַעַרְךָ אֶל־הַמַּחֲנֶה 11 וְשָׁמַעְתָּ מַה־יְדַבֵּרוּ *dann geh du und Pura, dein Diener, hinab zum Lager,* 11 *daß/damit du hörst, was sie reden, dann werden deine Hände stark werden und du wirst hinabgehen ins Lager.*[1] Der Ton der Äußerung liegt auf dem imp רֵד, nicht auf dem perf consec וְשָׁמַעְתָּ, was das vorausgehende וְאִם־יָרֵא אַתָּה לָרֶדֶת zeigt. Gideon wird schon in v.9 von Jahwe aufgefordert, ins Lager der Midianiter zu gehen. Das ist das Wichtige. Das perf consec gibt (lediglich) den Zweck des Auftrags an. Dementsprechend wird der imp im Bericht der Durchführung wieder aufgenommen (v.11b): וַיֵּרֶד הוּא וּפֻרָה נַעֲרוֹ אֶל־קְצֵה הַחֲמֻשִׁים אֲשֶׁר בַּמַּחֲנֶה *Da ging er mit Pura, seinem Diener, hinab bis an den Rand der zum Kampf Gerüsteten, der am Lager war.* Was Gideon dann hört, wird breit berichtet (vgl. vv.13-15). Wichtig ist aber in vv.10f. nicht, daß Gideon hört, was die Midianiter sagen,[2] wichtig ist zunächst, daß Gideon ins Lager der Midianiter hinabgeht.

Ähnlich ist 2Sam 11,15 zu deuten: *Und er [sc. David] schrieb in dem Brief:* הָבוּ אֶת־אוּרִיָּה אֶל־מוּל פְּנֵי הַמִּלְחָמָה הַחֲזָקָה וְשַׁבְתֶּם מֵאַחֲרָיו וְנִכָּה וָמֵת *Stellt Uria an die Vorderseite des heftigen Kampfes und zieht euch (dann) hinter ihm zurück, daß/damit er erschlagen wird und stirbt.* Davids Ziel ist es, Uria aus dem Weg zu schaffen, um dessen Frau Batseba heiraten zu können, weil sie von David schwanger ist. Es geht also in der Geschichte darum, wie Uria am besten stirbt, die perf consec וְנִכָּה und וָמֵת geben also den Zweck des Auftrags an, aber sie tragen nicht den Ton der Äußerung (das perf consec וְשַׁבְתֶּם übt die syntaktische Funktion Implizite Hypotaxe [temporal] aus). Diesen trägt der imp, denn Uria soll ja auf eine Art und Weise sterben, bei der es nicht auffällt, daß es ein Mordanschlag war, d.h. er soll an vorderster Front sterben. Das ist das Wichtige an diesem Auftrag. Dementsprechend heißt es im Bericht der Durchführung (v.16): וַיְהִי בִּשְׁמוֹר יוֹאָב אֶל־הָעִיר וַיִּתֵּן אֶת־אוּרִיָּה אֶל־הַמָּקוֹם אֲשֶׁר יָדַע כִּי אַנְשֵׁי־חַיִל שָׁם *Als nun Joab die Stadt wartend beobachtete³, da stellte er Uria an den Ort, von dem er wußte, daß dort Kriegsleute waren.* Daß diese List Erfolg hat, zeigt v.17, in dem berichtet wird, daß Uria starb (וַיָּמָת גַּם אוּרִיָּה הַחִתִּי *Da starb auch der Hetiter Uria*).

Analoges gilt auch für 1Chr 15,12: *Da sprach er [sc. David] zu ihnen: Ihr seid die Häupter der Stammväter für die Leviten:* הִתְקַדְּשׁוּ אַתֶּם וַאֲחֵיכֶם וְהַעֲלִיתֶם אֵת אֲרוֹן יְהוָה אֱלֹהֵי יִשְׂרָאֵל אֶל־הֲכִינוֹתִי לוֹ *Heiligt euch und eure Brüder, daß/damit ihr die Lade Jahwes, des Gottes Israels,*

---

1   Das w.x.imperf vertritt hier ein perf consec (vgl. unten Kap. 5.3.5).
2   Dies wird ab v.13 erzählt.
3   Vgl. zu dieser Übersetzung HALAT Sp. 1463a zur Stelle.

herauftragen könnt an den von mir für sie bereiteten Ort. Im Bericht der Durchführung (v.14) wird der imp durch ein imperf consec, das perf consec durch l.inf wiedergegeben:[1] אֶת־לְהַעֲלוֹת וְהַלְוִיִם הַכֹּהֲנִים וַיִּתְקַדְּשׁוּ יִשְׂרָאֵל אֱלֹהֵי יְהוָה אֲרוֹן *Da heiligten sich die Priester und die Leviten, um die Lade Jahwes, des Gottes Israels, heraufzuholen.* Der l.inf gibt hier den Zweck an, warum sich die Leviten heiligen. Deutlich trägt der imp den Ton, denn es geht ja zunächst darum, daß sich die Leviten heiligen (v.14). Das Heraufholen der Lade ist erst der nächste Schritt (v.15).

Um einer größeren Evidenz willen seien hier weitere Stellen mit Bericht der Durchführung aufgenommen. Alle diese Stellen sprechen m.E. nicht gegen die These, der vorausgehende imp sei dem perf consec übergeordnet.[2] Oft wird hier die Durchführung sowohl der imp wie auch der perf consec berichtet (vgl. z.B. Jos 4,3). Es kann auch vorkommen, daß die Durchführung eines imp nicht mit gleichem, aber verwandtem Lexem berichtet wird (vgl. z.B. Jdc 11,37: hier wird das perf consec nicht durchgeführt, sondern – dem Satzkettentyp < imp - w.kohort > gemäß – der w.kohort). An keiner der folgenden Stellen[3] wird aber lediglich die Durchführung des oder der perf consec berichtet.[4]

Ex 7,19(.20)[5]; 8,12(.13)[6]; 9,8f.(10f.); 19,10-12(14); 24,1f.(9-11)[7]; 34,1f.(4ff.); Lev 24,14f.(.23); Num 3,40f.(42f.); 7,5.(6); 13,17ff.(21-24)[8]; 16,16f.(18f.); 20,8.(9ff.); 20,25f.(27f.); Jos 4,3.(4-8); 8,1f.(3ff.)?[9]; Jdc

---

[1] In Kap. 2.3.1.2.b.i.α (S. 71f.) ist l.inf ein Kriterium dafür, daß der dazugehörige imp den Ton der Imperativkette trägt, da l.inf den Zweck einer Handlung angibt. Hier ist die Sachlage eine etwas andere, das perf consec gibt ebenfalls den Zweck der Aufforderung im imp an, deshalb ist es nicht weiter verwunderlich, daß im Bericht der Durchführung für das perf consec ein l.inf steht, aber es trägt nicht den Ton der Satzkette. In v.15 wird das Heraufholen der Lade explizit mit imperf consec berichtet. – Kratz (2000) S. 32 hält die vv.11-15 für einen Nachtrag.

[2] Die Verse, in denen der Bericht der Durchführung steht, stehen in Klammern.

[3] Zu 1Reg 1,33ff.(38ff.) vgl. unten S. 257 zur Stelle.

[4] Auf literarkritische Brüche wird nur in Ausnahmen hingewiesen (vgl. zum Problem Literarkritik/Grammatik das in Kap 1.4 Gesagte).

[5] V.19 gehört nach Gertz (2000) S. 185 zu P; bei v.20 ist die Quellenlage schwierig: v.20aα* rechnet Gertz (ebd.) ebenfalls P zu, der Rest ist endredaktionell (vgl. ebd. S. 112f.186).

[6] Gertz (2000) S. 185 rechnet vv.12.13a P zu, v.13b hält Gertz für sekundär (vgl. ebd. S. 80 Anm. 17).

[7] Nach Kratz (2000) S. 143 handelt es sich bei vv.1f.9-11 um einen späteren Zusatz.

[8] Allerdings liegt hier zwischen dem erzählenden Text v.17a und dem Befehl v.17bff. ein literarkritischer Bruch vor, v.21 setzt dann v.17a fort, vv.22f. v.17b, vgl. Noth (1982) S. 92f. (vgl. auch Budd [1984] S. 141f.). Scharbert (1992) S. 54 hingegen weist die vv.23.25f. P, die vv.17-20.22.24 J oder Je zu. V.21 schreibt er einem Redaktor zu (vgl. ebd. S. 56).

[9] Evtl. führt das perf consec den Satz mit רָאָה als Interjektion fort.

11,6.(11)?; 11,37.(38); 1Sam 6,7-9.(10f.)?; 14,34.(34); 15,30 (v.31)[1]; 16,5.(5); 22,5.(5); 29,10.(11); 1Reg 1,13.(15ff.); 14,2f.(4); 21,9f.(11-13)[2]; Jer 25,15f.(17ff.[3]); 38,10.(11-13); Hi 42,8.(9).

Die Kontextanalyse der vorausgehenden Stellen hat ergeben, daß bei Satzketten des Typs < imp - perf consec > der imp den Ton der Satzkette trägt und das perf consec diesem untergeordnet ist.[4] Dies gilt auch dann, wenn das perf consec neben der syntaktischen Funktion Implizite Hypotaxe (Spezifikation) die syntaktischen Funktionen Implizite Hypotaxe (temporal), (final/konsekutiv) und (konditional) ausübt. Es seien nun noch einige erklärungsbedürftige Stellen angefügt.

In Jer 36,2 erhält Jeremia folgenden Auftrag: קַח־לְךָ מְגִלַּת־סֵפֶר וְכָתַבְתָּ אֵלֶיהָ אֵת כָּל־הַדְּבָרִים אֲשֶׁר־דִּבַּרְתִּי אֵלֶיךָ עַל־יִשְׂרָאֵל וְעַל־יְהוּדָה וְעַל־כָּל־הַגּוֹיִם מִיּוֹם דִּבַּרְתִּי אֵלֶיךָ מִימֵי יֹאשִׁיָּהוּ וְעַד הַיּוֹם הַזֶּה *Nimm dir eine Buchrolle, dergestalt daß du auf sie alle Dinge schreibst, die ich dir sage über Israel und über Juda und über alle Völker von dem Tag an, an dem ich mit dir geredet habe, d.h. von den Tagen Josias bis zu diesem Tag.* Im Bericht der Durchführung (v.4) dieser Aufforderung wird lediglich die Durchführung des perf consec berichtet. Allerdings *schreibt* hier nicht Jeremia, sondern Baruch, ein Schreiber (die Stelle kann also nicht unbedingt als Gegenargument dienen, das perf consec trage den Ton der Satzkette):[5] וַיִּקְרָא יִרְמְיָהוּ אֶת־בָּרוּךְ בֶּן־נֵרִיָּה וַיִּכְתֹּב בָּרוּךְ מִפִּי יִרְמְיָהוּ אֵת כָּל־דִּבְרֵי יְהוָה אֲשֶׁר־דִּבֶּר אֵלָיו עַל־מְגִלַּת־סֵפֶר *Da rief Jeremia Baruch,*

---

[1] Hier wird die Durchführung von imp und perf consec berichtet, dennoch trägt deutlich der imp den Ton (vgl. S. 42f. zur Stelle). — Nach Joüon/Muraoka (1991) §119*m* ist das perf consec final.

[2] Evtl. liegen in וְהוֹשִׁיבוּ (2x) keine perf consec, sondern imp vor. Johnson (1979) sieht hier perf consec, anders Revell (1989) S. 29.

[3] Die Abgrenzung des Berichts der Durchführung erweist sich bei dieser Stelle als schwierig, da in v.27 unvermittelt ein וְאָמַרְתָּ folgt, das an die vorausgehende Satzkette mit imp in v.15f. anzuschließen ist. Schreiner (1984) Sp. 149b sieht im Hintergrund der vv.15.18.27* ein "Becherwort an Jerusalem". Nach Weiser (1960) S. 223.225 schließen die vv.27-29 ursprünglich an die vv.15f. an (vgl. auch Nötscher [1934] S. 191; Volz [1928] S. 390 Anm. 2). Rudolph (1968) S. 164-167 hält die vv.15-26 mit einigen Ausnahmen für einheitlich und sieht in vv.27-29 einen späteren Nachtrag. So auch McKane (1986) S. 641f. im Gefolge Rudolphs. — Man kann im jetzigen Kontext die Frage stellen, ob nicht das erste perf consec den Ton der Satzkette trägt. Die folgenden perf consec üben allerdings m.E. deutlich die syntaktische Funktion Implizite Hypotaxe (Spezifikation) aus, dies gilt wohl auch für das erste perf consec nach imp.

[4] Das perf consec übt also immer die syntaktische Funktion Implizite Hypotaxe aus (vgl. Kap. 4.4). Auf der Ebene der Tiefenstruktur parataktische Satzketten liegen nicht vor.

[5] Vgl. auch S. 236 zur Stelle.

den Sohn Nerijas, und Baruch schrieb nach dem Munde Jeremias alle
Worte Jahwes, die er zu ihm redete, auf eine Buchrolle.

In Jer 18,2 ergeht folgender Auftrag: קוּם וְיָרַדְתָּ בֵּית הַיּוֹצֵר וְשָׁמָּה
אַשְׁמִיעֲךָ אֶת־דְּבָרָי *Auf, geh hinab in das Haus des Töpfers, und dort will*
ich dich meine Worte hören lassen. In dem Bericht der Durchführung
von dieser Aufforderung wird lediglich die Durchführung des perf consec
berichtet (v.3): וָאֵרֵד בֵּית הַיּוֹצֵר [וְהִנֵּה־הוּא][1] עֹשֶׂה מְלָאכָה עַל־הָאָבְנָיִם *Da*
ging ich in das Haus des Töpfers hinab, und siehe, er verrichtete eine
Arbeit auf den Töpferscheiben. Diese Stelle scheint also gegen die These
zu sprechen, ein perf consec spezifiziere den übergeordneten imp.
Allerdings ist es nicht sicher, daß es sich bei קוּם syntaktisch um einen
imp handelt, wahrscheinlich liegt eine sekundäre Interjektion vor.[2] Dann
wäre die Stelle hier nicht aufzunehmen. Imperativketten mit gleicher
Lexemfolge liegen vor: Jdc 7,9; 1Reg 21,18f. (bei beiden Stellen ist קוּם
evtl. auch sekundäre Interjektion; sicher ist קוּם Interjektion in Dtn 9,12;
1Sam 23,4). Hier tragen die letzten imp deutlich den Ton.

Problematisch ist auch 1Reg 2,36, da lediglich das perf consec im Bericht der Durchführung aufgenommen ist. Dennoch trägt wohl der imp
den Ton der Satzkette (vgl. oben Kap. 4.3.1.c S. 237). Zu 2Sam 7,5 und
1Chr 17,4 vgl. unten S. 267f.

In 2Reg 4,3f. werden im Bericht der Durchführung ebenfalls nur der
erste imp und die perf consec aufgenommen: 3 *Da sprach er:* לְכִי שַׁאֲלִי
לָךְ כֵּלִים מִן־הַחוּץ מֵאֵת כָּל־[שְׁכֵנָיִךְ][3] כֵּלִים רֵקִים אַל־תַּמְעִיטִי 4 וּבָאת
וְסָגַרְתְּ הַדֶּלֶת בַּעֲדֵךְ וּבְעַד־בָּנַיִךְ וְיָצַקְתְּ עַל כָּל־הַכֵּלִים הָאֵלֶּה וְהַמָּלֵא תַּסִּיעִי
Geh, erbitte dir draußen Gefäße von allen deinen Nachbarn, d.h. leere
Gefäße – borge nicht wenig –[4] 4 und dann geh hinein und versperre
durch Schließen der Türe den Zugang zu dir[5] und deinen Söhnen, und
gieße in alle diese Gefäße, und das volle trage weg. In v.5 wird lediglich
die Durchführung des 2. und 3. perf consec und der erste imp berichtet:
וַתֵּלֶךְ מֵאִתּוֹ וַתִּסְגֹּר הַדֶּלֶת בַּעֲדָהּ וּבְעַד בָּנֶיהָ הֵם מַגִּשִׁים אֵלֶיהָ וְהִיא
[מוֹצָקֶת][6] *Da ging sie von ihm und versperrte durch Schließen der Türe*
den Zugang zu ihr und ihren Söhnen, diese brachten (sie) ihr, und sie goß
ein. Dennoch scheint hier der imp שַׁאֲלִי den Ton zu tragen, denn es geht
darum, daß die Gefäße der Frau nicht genügen.

Wahrscheinlich führen die perf consec וּבָאת, וְסָגַרְתְּ und וְיָצַקְתְּ in v.4
den imp gar nicht fort, sondern stellen ein konditionales Satzgefüge dar

---

[1] So das Qere.
[2] Vgl. Diehl (2000) S. 127.
[3] So das Qere.
[4] Vgl. zu dieser Übersetzung Gesenius/Buhl (1915) Sp. 444a.
[5] Vgl. zu dieser Übersetzung Gesenius/Buhl (1915) Sp. 105b.
[6] So das Qere.

(vgl. hierzu unten Kap. 4.9): *Wenn du nun hineingehst, dann schließe die Tür ... und gieße ein ....*[1]

In Num 8,7 ist m.E. unklar, ob der imp den Ton der Satzkette trägt: *Und[2] so sollst du mit ihnen verfahren, um sie zu reinigen:* הַזֵּה עֲלֵיהֶם מֵי חַטָּאת וְהֶעֱבִירוּ תַעַר עַל־כָּל־בְּשָׂרָם וְכִבְּסוּ בִגְדֵיהֶם וְהִטֶּהָרוּ ... *Sprenge Wasser der Entsühnung über sie, und dann sollen sie ein Schermesser über ihren ganzen Körper führen und ihre Kleider waschen und sich so reinigen ....* Die Satzkette kann sich bis v.19 erstrecken, denn es werden weitere perf consec bzw. w.x.imperf, die perf consec vertreten, angeschlossen. Sie nennen Aufträge, die die Leviten erfüllen sollen, um sich zu reinigen. In der Regel üben hier die perf consec die syntaktische Funktion Implizite Hypotaxe (temporal) aus, was an dem w.x.imperf in v.15 deutlich wird: וְאַחֲרֵי־כֵן יָבֹאוּ הַלְוִיִּם לַעֲבֹד אֶת־אֹהֶל מוֹעֵד *und danach sollen die Leviten gehen, um an der Stiftshütte zu dienen.*[3] Im Bericht der Durchführung vv.20-22 wird der imp nicht mehr aufgenommen. Dennoch stellt er den Auftakt dar, und es ist von daher anzunehmen, daß er den Ton der Kette trägt.

In 1Reg 1,33-35[4] soll Salomo als König eingesetzt werden: 33 *Da sprach der König zu ihnen:* קְחוּ עִמָּכֶם אֶת־עַבְדֵי אֲדֹנֵיכֶם וְהִרְכַּבְתֶּם אֶת־שְׁלֹמֹה בְנִי עַל־הַפִּרְדָּה אֲשֶׁר־לִי וְהוֹרַדְתֶּם אֹתוֹ אֶל־גִּחוֹן 34 וּמָשַׁח אֹתוֹ שָׁם צָדוֹק הַכֹּהֵן וְנָתָן הַנָּבִיא לְמֶלֶךְ עַל־יִשְׂרָאֵל וּתְקַעְתֶּם בַּשּׁוֹפָר וַאֲמַרְתֶּם יְחִי הַמֶּלֶךְ שְׁלֹמֹה 35 וַעֲלִיתֶם אַחֲרָיו וּבָא וְיָשַׁב עַל־כִּסְאִי וְהוּא יִמְלֹךְ תַּחְתָּי *Nehmt die Knechte eures Herrn mit euch, dergestalt daß ihr meinen Sohn Salomo auf dem Maultier, das mir gehört, reiten laßt und ihn hinabführt zur Gihon(quelle), 34 und der Priester Zadok und der Prophet Natan ihn dort zum König über Israel salben* (wörtlich: *salbt* [3. pers. sg. m.]), *und ihr in das Schofar stoßt und sprecht: Es lebe der König Salomo!, 35 dann kommt wieder herauf nach ihm, und er komme und sitze auf meinem Thron, und er soll nach mir herrschen.* Die Stelle birgt ein Problem: Das w.x.imperf[5] וְהוּא יִמְלֹךְ תַּחְתָּי kann entweder ein perf consec vertreten, dann würde es sich in die vorausgehenden perf consec einreihen. Andererseits kann das w.x.imperf aber auch einen w.juss vertreten, dann würde es den Ton der Satzkette tragen. Im ersten Fall trägt wohl der erste imp קְחוּ den Ton der Satzkette, dann würden die Knechte Davids sozusagen zur Legitimation der Salbung mitgenommen. Im anderen Fall trägt das w.x.imperf den Ton der Satzkette, es geht darum, daß Salomo

---

1 Ähnlich Schwanz [1978] (vgl. hierzu oben S. 24 Anm. 4).
2 Hier führt das w.x.imperf die vorausgehende Satzkette nicht fort, sondern leitet eine eigenständige Äußerung ein.
3 Die in v.15 folgenden perf consec sind spezifizierend.
4 Zum w.x.perf in v.35 vgl. S. 295 zur Stelle.
5 Vgl. zum folgenden auch Kap. 5.

und kein anderer (Fokussierung des topikalisierten Elements)[1] nach David herrsche. Letztere Möglichkeit halte ich für die wahrscheinlichere.

Im Bericht der Durchführung vv.38ff. werden weder imp noch w.x.imperf direkt aufgenommen, die perf consec hingegen schon. Das w.x.imperf wird nicht aufgenommen, da die Herrschaft Salomos ja in 1Reg breiter erzählt wird, der imp wird insofern indirekt aufgenommen, als in vv.38.44 die Kreti und Pleti über v.32 hinaus genannt werden.

Die Kontextanalyse hat m.E. ebenfalls deutlich gezeigt, daß bei Satzketten der Form < imp - perf consec > der imp den Ton der Satzkette trägt, das perf consec ist diesem untergeordnet und spezifiziert in der Regel diesen übergeordneten imp.

4.3.3 Exkurs: Die Redewendung דִּבֶּר וְאָמַרְתָּ

An der Redewendung דִּבֶּר וְאָמַרְתָּ und abgewandelten Formen kann man ebenfalls deutlich machen, daß bei Satzketten des Typs < imp - perf consec > im Gegensatz zu Satzketten der Typen < imp - (w.)imp > und < imp - w.kohort/juss > der imp den Ton der Kette trägt.

a) דִּבֶּר וְאָמַרְתָּ

Die Redewendung דִּבֶּר וְאָמַרְתָּ macht einen großen Teil der Vorkommen von imp gefolgt von perf consec aus.[2] Sie kommt selbst ca. 23 mal im Alten Testament vor, vorzugsweise in den Büchern Lev, Num und Ez; in abgewandelter Form ca. 60 mal, also insgesamt um 80 mal.

Der imp דִּבֶּר stellt dabei wohl eine übergeordnete Aufforderung dar, die durch das perf consec וְאָמַרְתָּ erläutert, expliziert oder spezifiziert wird. Dafür spricht, daß in der Regel nach דִּבֶּר mit אֶל oder אֶת die Anzuredenden genannt werden, und auf וְאָמַרְתָּ die mitzuteilende wörtliche Rede folgt. Dies soll an einem ersten Beispiel verdeutlicht werden, Lev 1,2: דִּבֶּר אֶל־בְּנֵי יִשְׂרָאֵל וְאָמַרְתָּ אֲלֵהֶם. Hier wird die Aufforderung eingeleitet mit דִּבֶּר אֶל־בְּנֵי יִשְׂרָאֵל. Das angefügte וְאָמַרְתָּ אֲלֵהֶם führt dann die wörtliche Rede ein und spezifiziert so das allgemeinere דִּבֶּר. Man kann also die Stelle wie folgt übersetzen: *Rede mit den Israeliten, dergestalt daß du zu ihnen sagst: ....*

Dieser Unterschied von imp und perf consec auf syntaktischer Ebene läßt sich durch den Bedeutungsunterschied zwischen אמר und דבר stützen.[3] So schreibt z.B. H. H. Schmid über אמר: "Anders als *dbr* [...] be-

---

[1] Vgl. Kap. 5.5.
[2] Vgl. hierzu Gesenius/Kautzsch (1909) §112*p*γ.
[3] Vgl. hierzu auch Jenni (1981) 5.3.4.3.

deutet ʾmr nie 'reden' ohne Angabe des Mitgeteilten [...]."[1] Ähnlich auch Gerlemann über דבר:

> "Von dem semasiologisch nahestehenden und teilweise gleichbedeutenden Verbum ʾmr 'sagen, sprechen' hebt sich die Grundbedeutung von *dbr* pi. ziemlich klar ab. Während bei jenem die Rücksicht auf den Inhalt des Geredeten wichtig ist, wird mit *dbr* pi. zunächst die Tätigkeit des Sprechens, das Hervorbringen von Worten und Sätzen bezeichnet. Während ʾmr fordert, daß der Inhalt des Gesagten (in direkter Rede) angegeben oder durch den Zusammenhang genügend charakterisiert wird (ʾmr wird dementsprechend nicht absolut gebraucht), kann *dbr* pi. ohne nähere Angabe des Mitgeteilten absolut stehen [...]."[2]

W. H. Schmidt präzisiert diese Sicht weiter:

> "*dibbær* hat also gegenüber ʾāmar häufig umfassendere, übergeordnete Bedeutung, d.h. faßt das Gespräch als ganzes zu Beginn oder am Ende zusammen, so daß das Verb dann allgemein als 'reden, ein Gespräch führen, sich unterhalten' wiederzugeben ist. [...] Entsprechende Funktion können auch das Substantiv *dābār* bzw. die Verbindung von Substantiv und Verb erhalten. [...] Der Inhalt der Rede selbst wird in solchen Fällen durch *dibbær* nicht mitgeteilt (z.B. Ri 14, 7), sondern auf Grund der vorhergehenden oder folgenden Wiedergabe vorausgesetzt (z.B Gen 27, 5f.) oder nur im groben angedeutet (z.B. Gen 42, 7; 1 Sam 1, 16). So bedarf *dibbær* durchweg der Ergänzung durch eine finite Verbform von ʾāmar (Gen 19, 14; 32, 30f.; [...]) oder durch den Infinitiv *leʾmōr* (Gen 34, 8. 20; [...]), soweit nicht eine unpersönliche Rede folgt (Ex 6, 11; 11, 2; [...])."[3]

Der imp דַּבֵּר bedeutet hier demnach ein allgemeines "*rede mit ...*" während das perf consec וְאָמַרְתָּ dieses allgemeine Reden *spezifiziert* und den genauen Inhalt des zu Sagenden angibt. Das perf consec hat also spezifizierenden Charakter. Folgerichtig kommt auch die umgekehrte Folge אמר imp gefolgt von דבר perf consec nicht vor.

Der spezifizierende Charakter von וְאָמַרְתָּ soll nun an weiteren Stellen erhärtet werden, so Lev 15,2: דַּבְּרוּ אֶל־בְּנֵי יִשְׂרָאֵל וַאֲמַרְתֶּם אֲלֵהֶם *Redet mit den Söhnen Israels, dergestalt daß ihr ihnen sagt: ....* Auch hier spezifiziert das perf consec וַאֲמַרְתֶּם eindeutig den imp דַּבְּרוּ. Dies gilt auch für Lev 17,2: דַּבֵּר אֶל־אַהֲרֹן וְאֶל־בָּנָיו וְאֶל כָּל־בְּנֵי יִשְׂרָאֵל וְאָמַרְתָּ אֲלֵיהֶם *Rede mit Aaron und seinen Söhnen und mit allen Söhnen Israels, dergestalt daß du ihnen sagst: Folgendes ist die Sache, die Jahwe befohlen hat: ....* Hier spezifiziert das perf consec וְאָמַרְתָּ ebenfalls den vorausgehenden imp דַּבֵּר. Es folgt dann die wörtliche Rede, die Mose sagen soll. Diese stellt nun wiederum eine Redeeinleitung dar, die durch לֵאמֹר abgeschlossen ist, und auf die dann der Inhalt der eigentlichen Jahwerede folgt.

---

[1] Schmid (1984) Sp. 213. — So auch Wagner: "אמר steht häufig neben דבר synonym, aber auch synthetisch nach der Ankündigung bzw. Beschreibung des Redevorganges (דבר) zur Bezeichnung des Aussagebeginns (אמר) in direkter oder indirekter Rede [...]." (Wagner [1973] Sp. 354).

[2] Gerlemann (1984) Sp. 435f.

[3] Schmidt (1977) Sp. 106.

In Ez 14,4 wird die Redewendung mit לָכֵן eingeleitet: לָכֵן דַּבֶּר־אוֹתָם
וְאָמַרְתָּ אֲלֵיהֶם *Darum: rede mit ihnen, dergestalt daß du ihnen sagst:* ….
Hier spezifiziert ebenfalls das perf consec וְאָמַרְתָּ den imp דַּבֶּר. Das satz-
einleitende לָכֵן ändert nichts an der Funktion von imp und perf consec, es
schließt nur diese Satzkette an die vorausgehende Äußerung folgernd an.
Auf diese Aufforderung folgt eine Redeeinleitung in Form der Botenformel, die wiederum eine Jahwerede einleitet.

Weitere Belegstellen: Lev 18,2; 19,2; 22,18; 23,2.10; 25,2; 27,2; Num
5,12; 6,2; 8,2; 15,2.18; 33,51; 35,10; Ez 20,3.27; 29,2f.[1]; 33,2.

Die Redewendung kann auch durch indirekte Rede fortgeführt werden, so
in Num 15,38: דַּבֵּר אֶל־בְּנֵי יִשְׂרָאֵל וְאָמַרְתָּ אֲלֵהֶם וְעָשׂוּ לָהֶם צִיצִת עַל־כַּנְפֵי
בִגְדֵיהֶם לְדֹרֹתָם וְנָתְנוּ עַל־צִיצִת הַכָּנָף פְּתִיל תְּכֵלֶת *Rede zu den Söhnen
Israels, dergestalt daß du ihnen sagst, daß sie sich Quasten am Saum
ihrer Kleider (und) für ihre Nachkommen und purpurblaue Schnüre an
die Zipfel des Saumes machen.* Hier wird der imp דַּבֵּר ebenfalls durch
ein spezifizierendes perf consec וְאָמַרְתָּ fortgeführt, allerdings folgt dann
nicht wörtliche, sondern indirekte Rede, die ebenfalls durch ein perf consec angeschlossen ist und die syntaktische Funktion Implizite Hypotaxe
(Objektsatz) ausübt.[2]

Einmal (Lev 21,1) steht auch in Lev אמר imp statt דבר imp: *Da sprach
Jahwe zu Mose:* אֱמֹר אֶל־הַכֹּהֲנִים בְּנֵי אַהֲרֹן וְאָמַרְתָּ אֲלֵהֶם *Sage zu den
Priestern, den Söhnen Aarons, dergestalt daß du sagst:* …. Auch hier ist
der spezifizierende Charakter des perf consec וְאָמַרְתָּ deutlich.

Es zeigt sich, daß bei der Redewendung דַּבֵּר וְאָמַרְתָּ das perf consec immer spezifizierenden Charakter hat. Es ist demnach nicht verwunderlich,
daß eine Überprüfung mit einer Konkordanz[3] ergibt, daß die umgekehrte
Folge אֱמֹר וְדִבַּרְתָּ* nicht vorkommt, ebensowenig wie אֱמֹר וְדַבֵּר*[4] oder
auch דַּבֵּר וְאָמַר*.

---

1   Vgl. S. 262 zur Stelle.
2   In vv.39f. geht dann die 3. pers. pl. in die 2. pers. pl. über, wahrscheinlich also die
    indirekte Rede in direkte Rede.
3   Dies wurde mit acCordance 2.1 von OakTree überprüft. In Lev 22,2f. werden die
    beiden imp in verschiedenen Satzketten verwendet. Das wird zum einen dadurch
    deutlich, daß beide imp nicht mit ו verbunden sind, wie es nach Kap. 2.1 gefordert
    ist, zum anderen steht nach dem Auftrag jeweils als Redeabschluß אֲנִי יְהוָה in beiden
    Versen.
4   Ez 12,23 gehört nicht hierher, da der zweite imp mit כִּי אִם angeschlossen ist.

In Ezechiel wird die Redewendung וְאָמַרְתָּ דִּבֶּר abgewandelt. Sehr oft tritt an die Stelle des דִּבֶּר ein הִנָּבֵא. So z.B. in Ez 21,14: בֶּן־אָדָם הִנָּבֵא וְאָמַרְתָּ. Hier liegt eine leicht abgewandelte Version der Redewendung דִּבֶּר וְאָמַרְתָּ vor. Es ist lediglich der imp דִּבֶּר durch den imp הִנָּבֵא ersetzt. Jeremias bemerkt zu dieser Art der Redewendung: "Den Auftrag Jahwes zum Reden beschreibt er fast stereotyp mit dem formelhaften Imp. des Verbums *nbʾ* ni. zumeist mit der Präp. *ʾæl* bzw. *ʿal*: »weissage über« bzw. »gegen« oder mit dem perf. consecutivum von *ʾmr*: »tritt als Prophet auf und sprich«."[1] Es ist aber ebenfalls wie oben וְאָמַרְתָּ als spezifizierendes perf consec zu הִנָּבֵא zu sehen, es leitet ja die wörtliche Rede ein. Man kann also auch hier übersetzen: *Menschensohn, weissage, dergestalt daß du sagst: So spricht Adonaj: ....*

So auch in Ez 21,33: וְאַתָּה בֶן־אָדָם הִנָּבֵא וְאָמַרְתָּ כֹּה אָמַר אֲדֹנָי יְהוִה אֶל־בְּנֵי עַמּוֹן וְאֶל־חֶרְפָּתָם וְאָמַרְתָּ *Du aber, Menschensohn, weissage, dergestalt daß du sagst: So spricht mein Herr Jahwe über die Söhne Ammons und über ihr Schmähen, und du sagst: ....* Auch hier spezifizieren die beiden perf consec den vorausgehenden imp, denn sie leiten die wörtliche Rede, das, was prophezeit werden soll, ein – erst die Botenformel selbst und dann das, was sonst durch die Botenformel eingeleitet wird.[2] הִנָּבֵא hat hier Double-Duty-Funktion.

An zwei Stellen in Ez machen die Berichte der Durchführungen der Aufforderung sehr schön deutlich, daß es sich bei הִנָּבֵא wirklich um den übergeordneten Befehl handelt und וְאָמַרְתָּ diesen (lediglich) spezifiziert; es handelt sich um Ez 37,4.9 (vgl. zu beiden Stellen oben S. 246).

Weitere Belegstellen für diese abgewandelte Form der Redewendung finden sich in: Ez 13,2; 30,2; 34,2; 36,1.3.6; 37,12; 38,14; 39,1.

Die Redewendung הִנָּבֵא וְאָמַרְתָּ kann wiederum leicht abgewandelt werden durch ein vorgeschaltetes שִׂים פָּנֶיךָ אֶל. Dennoch spezifiziert das perf consec וְאָמַרְתָּ die übergeordnete Aufforderung, die durch einen imp ausgedrückt ist, so z.B. in Ez 28,21f.: 21 בֶּן־אָדָם שִׂים פָּנֶיךָ אֶל־צִידוֹן וְהִנָּבֵא עָלֶיהָ 22 וְאָמַרְתָּ. Auch hier ist das perf consec וְאָמַרְתָּ eindeutig spezifizierend. Die eigentliche Aufforderung liegt in הִנָּבֵא. Die Wendung שִׂים פָּנֶיךָ אֶל dient als Voraussetzung des tontragenden imp הִנָּבֵא. וְאָמַרְתָּ leitet dann die wörtliche Rede ein, die durch die Botenformel als weitere Redeeinleitung eröffnet wird. Man kann also auch hier übersetzen: 21 *Menschensohn, richte dein Angesicht auf Sidon und weissage gegen es, dergestalt daß du sagst: So spricht mein Herr Jahwe: ....* Evtl. kann וְהִנָּבֵא עָלֶיהָ auch final zu verstehen sein,[3] dann wäre wie folgt zu übersetzen:

---

1   Jeremias (1984) Sp. 15.
2   Vgl. unten (S. 263-267) zu Jes 6,9 und Ez 3.
3   Vgl. zu final/konsekutiven Satzgefügen in Imperativketten oben Kap. 2.4.2.2.

Menschensohn, richte dein Angesicht gegen Sidon, um gegen es zu weissagen, dergestalt daß du sagst: ….

Diese Formel kommt noch häufiger in Ez vor: Ez 6,2f.; 13,17f.; 25,2f.; 38,2f.

Daß die oben genannte Analyse, es handele sich hierbei um eine veränderte Form der Redewendung וְאָמַרְתָּ דַּבֵּר, richtig ist, wird an Ez 29,2f. deutlich: 2 בֶּן־אָדָם שִׂים פָּנֶיךָ עַל־פַּרְעֹה מֶלֶךְ מִצְרַיִם וְהִנָּבֵא עָלָיו וְעַל־מִצְרַיִם כֻּלָּהּ 3 דַּבֵּר וְאָמַרְתָּ 2 *Menschensohn, richte dein Angesicht gegen den Pharao, den König Ägyptens, und weissage gegen ihn und gegen ganz Ägypten; 3 rede, dergestalt daß du sagst: So spricht mein Herr Jahwe:* …. Hier werden der Redewendung וְאָמַרְתָּ דַּבֵּר die beiden imp שִׂים פָּנֶיךָ und וְהִנָּבֵא עָלָיו vorgeschaltet.

Ferner kann noch וְהָטֵף אֶל zwischen שִׂים פָּנֶיךָ und וְהִנָּבֵא אֶל treten. Dennoch ändert sich der spezifizierende Charakter des perf consec וְאָמַרְתָּ nicht, vgl. Ez 21,2f.: 2 בֶּן־אָדָם שִׂים פָּנֶיךָ דֶּרֶךְ תֵּימָנָה וְהַטֵּף אֶל־דָּרוֹם וְהִנָּבֵא אֶל־יַעַר הַשָּׂדֶה נֶגֶב 3 וְאָמַרְתָּ לְיַעַר הַנֶּגֶב 2 *Menschensohn, richte dein Angesicht gegen Süden und weissage gegen den Süden und weissage gegen den Wald des Feldes im Süden, 3 dergestalt daß du zum Wald im Süden sagst: Höre das Wort Jahwes: So spricht mein Herr Jahwe:* …. Durch die Wiederaufnahme des Objektes von וְהִנָּבֵא nach וְאָמַרְתָּ wird der spezifizierende Charakter des perf consec noch deutlicher. So auch in Ez 21,7f.

Aus den bisher genannten Stellen wird klar, daß ein imp von verba dicendi durch ein angefügtes perf consec וְאָמַרְתָּ deutlich spezifiziert wird. Bisher wurden nur die beiden imp דַּבֵּר und הִנָּבֵא betrachtet, doch es gibt noch imp weiterer Verben, die dem perf consec וְאָמַרְתָּ vorgeschaltet sein können. Dies soll unter b) "Abgewandelte Formen der Redewendung" betrachtet werden.

b) Abgewandelte Formen der Redewendung
i) Verba dicendi
Es fällt auf, daß bei Ez neben דַּבֵּר וְאָמַרְתָּ und הִנָּבֵא וְאָמַרְתָּ noch eine weitere Variante vorkommt: שָׂא קִינָה אֶל וְאָמַרְתָּ *Erhebe ein Klagelied über …, dergestalt daß du sagst:* …. So z.B. in Ez 19,1f.: 1 וְאַתָּה שָׂא קִינָה אֶל־נְשִׂיאֵי יִשְׂרָאֵל 2 וְאָמַרְתָּ 1 *Du aber, erhebe ein Klagelied über die Fürsten Israels, 2 dergestalt daß du sagst:* …. Für das Klagelied wird in der hebräischen Poesie das Kinametrum verwendet, das aus fünf Hebungen pro Einheit besteht. Tatsächlich folgt auf וְאָמַרְתָּ ein Gedicht im Kinametrum. וְאָמַרְתָּ leitet also das Klagelied ein und spezifiziert somit klar den vorausgegangenen imp שָׂא קִינָה אֶל.

Diese Wendung kommt auch vor in Ez 27,2f.; 28,12; 32,2.[1]

Ein weiteres verbum dicendi – צַוֵּה – kann durch וְאָמַרְתָּ fortgeführt werden, so z.B. in Num 28,2: צַו אֶת־בְּנֵי יִשְׂרָאֵל וְאָמַרְתָּ אֲלֵהֶם *Befiehl den Söhnen Israels, dergestalt daß du zu ihnen sagst: ....* Hier leitet das spezifizierende וְאָמַרְתָּ den Befehl ein, der Mose auszurichten aufgetragen ist. In v.3 folgt erneut eine direkte Rede, die durch וְאָמַרְתָּ eingeleitet ist. Der imp צַו hat hier Double-Duty-Funktion (vgl. oben S. 261 zu Ez 21,33). Der gleiche Fall liegt in Num 34,2 vor: צַו אֶת־בְּנֵי יִשְׂרָאֵל וְאָמַרְתָּ אֲלֵהֶם *Befiehl den Söhnen Israels, dergestalt daß du zu ihnen sagst: ....* Auch hier spezifiziert das perf consec וְאָמַרְתָּ den vorausgehenden imp צַו.

Es ist deutlich, daß ein perf consec von אמר in der 2. pers. sg. oder pl. imp von verba dicendi spezifizierend fortführt. D.h. die syntaktische Funktion eines perf consec von אמר in der 2. pers. sg. oder pl. nach einem imp eines verbi dicendi ist die Spezifikation oder Explikation des übergeordneten imp.

Neben solchen imp von verba dicendi kann ein perf consec von אמר in der 2. pers. sg. oder pl. aber auch imp von Verben der Fortbewegung spezifizierend fortführen. Dies soll an den folgenden Beispielen verdeutlicht werden.

ii) Verben der Fortbewegung
a) Perf consec von אמר *nach* הלך *imp.*
In Jes 6,9a steht das perf consec וְאָמַרְתָּ nach dem imp לֵךְ: לֵךְ וְאָמַרְתָּ לָעָם הַזֶּה *Geh, dergestalt daß*[2] *du zu diesem Volk sagst: ....* Dieser Vers steht in der Berufungsvision des Jesaja. In v.8 fragt Gott: אֶת־מִי אֶשְׁלַח וּמִי יֵלֶךְ־לָנוּ *Wen soll ich schicken, und wer* geht *für uns?* In diesen beiden Fragen werden die Wurzeln שׁלח und הלך miteinander parallelisiert. Es geht um das *Senden,* was in erster Linie das *Gehen* beinhaltet. Jesaja antwortet: הִנְנִי שְׁלָחֵנִי *Siehe, ich, sende mich!* Darauf folgt v.9. Jesaja bekommt den

---

[1] Allerdings nicht immer mit nachfolgendem Klagelied im Kinametrum.
[2] Gesenius/Kautzsch sehen in der Folge לֵךְ וְאָמַרְתָּ allerdings wohl eine implizite finale Hypotaxe, denn sie übersetzten "*geh und sage* (damit du sagst)" (Gesenius/Kautzsch [1909] §112r). Nach Joüon/Muraoka (1991) §119*l* Anm. (2) ist in diesen Fällen die syntaktische Funktion Implizite Hypotaxe (final/konsekutiv) des perf consec aber auszuschließen: "The fact that the verb of motion *to go* implies a goal or a purpose has led some to believe that an expression of this kind, e.g. לֵךְ וְאָמַרְתָּ 2Sm 7.5 had the final meaning of *go to tell* (cf. GK, § 112 *r: that thou mayest tell*). But the final nuance is only virtual; it is due to the very meaning of the verb *to go*, and not to the *w-qataltí* form. To translate *go in order to tell* one would need לֵךְ וְאֵמֹר [...], which could also mean *go and tell* (with purely juxtaposing Waw). The literal meaning of לֵךְ וְאָמַרְתָּ is *go and you shall tell*, which may be freely translatet as *go and tell*. The *w-qataltí* is common after the imperative of verbs of motion: [...]" (ebd.). Dies gilt allerdings nur für einen Ausdruck dieser Art, nicht allgemein für das perf consec (vgl. auch Kap. 4.4, hier bes. Kap. 4.4.3).

Auftrag zu gehen (הלך). Hierauf liegt der Ton des Auftrags, dies bestätigen die vorausgegangenen Fragen Jahwes. Bestandteil des Auftrags ist
es, dem Volk auch etwas mitzuteilen. Dies wird durch das perf consec
וְאָמַרְתָּ ausgedrückt.[1] Das perf consec hat also auch hier analog zur Redewendung דִּבֶּר וְאָמַרְתָּ spezifizierende Funktion, es spezifiziert den
übergeordneten Befehl לֵךְ. Es geht in erster Linie in vv.8f. um das Gehen, nicht um das Sagen. Nach Helfmeyer gibt der Auftrag "Geh und
sage:" die "Vorstellung von der Sendung und Legitimität der Propheten
wieder und charakterisiert diese als Boten. Aufgabe des Boten ist es, mit
einer Botschaft *loszugehen*. [...] Die Aufforderung *lēk* erhält ihren theologischen Inhalt erst aus dem Zusammenhang und wird dann zum göttlichen 'Sendungsimperativ' [...]"[2]. Daß die Interpretation, es handle sich in
erster Linie um das Gehen, nicht um das Sagen, richtig ist, zeigt m.E.
auch v.10, denn dort wird der Inhalt der Botschaft soz. noch einmal als
Befehl an den Propheten weitergegeben: הַשְׁמֵן לֵב־הָעָם הַזֶּה וְאָזְנָיו הַכְבֵּד
וְעֵינָיו הָשַׁע פֶּן־יִרְאֶה בְעֵינָיו וּבְאָזְנָיו יִשְׁמָע וּלְבָבוֹ יָבִין וָשָׁב וְרָפָא לוֹ *Mache
das Herz dieses Volkes gefühllos, und seine Ohren verstocke, und seine
Augen verklebe, damit es nicht sieht mit seinen Augen und mit seinen
Ohren hört und sein Herz versteht und es umkehrt und es heilt.*

Beim Sendungsimperativ eines Boten ist es klar, daß der Bote eine
Botschaft ausrichten soll. Deshalb wird die Botschaft durch ein perf consec eingeleitet, die vorausgehende Beauftragung loszugehen muß im imp
stehen.[3]

Deutlich wird das auch an Ez 2,3-3,11.[4] Es geht in diesem Textab-
schnitt in erster Linie darum, daß Ezechiel zu Israel geht. Daß Ezechiel

---

[1]   Ähnlich Schwanz [1978] (vgl. hierzu oben S. 24 Anm. 4).
[2]   Helfmeyer (1977) Sp. 430 (*Hervorhebung* von J. Diehl). Allerdings bemerkt Helf-
      meyer dann (vgl. auch ebd. Sp. 430f.): "Ein tatsächliches Gehen scheint gemeint zu
      sein, wenn das Ziel des Weges genannt ist [...]; ansonsten dient der Imperativ oder
      Infinitiv von *hālak* in diesem Zusammenhang lediglich der Intensivierung der dann
      folgenden Aufforderung zum Reden (*lēk*/*hālôk* *weʾāmartā*: Jes 6,9 [...]) [...]." Helf-
      meyer ordnet den imp לֵךְ also unter die Interjektionen ein. Hier irrt Helfmeyer m.E.,
      denn der vorausgehende Dialog (v.8) macht deutlich, daß Jesaja wirklich *gehen* soll
      (vgl. oben).
[3]   Es sollte demnach hier nicht mit "Geh und sage" übersetzt werden, was Kaiser
      (1981) S. 132 eine "Auftragsformel" nennt, sondern "Geh, dergestalt daß du sagst".
      Kaiser nennt als weitere Belege: Ex 3,16; 7,15f.; 2Sam 7,5 par. 1Chr 17,4; 2Sam
      18,21; 1Reg 18,8.11.14 (vgl. ebd. Anm. 73). Letztere Belege (2Sam 18,21; 1Reg
      18,8.11.14) gehören hingegen gerade nicht hierher, da sie reine Imperativketten
      enthalten. Diese sind aber gerade anders einzuordnen (vgl. Kap. 4.3.1)
[4]   Es stellt sich die Frage, ob es sich bei Ez 1,1-3,15 um einen einheitlichen Text han-
      delt (vgl. die Diskussion bei Zimmerli [1969a] S. 13-37). Zimmerli ebd. hält an der
      Einheitlichkeit des Textes fest, rechnet aber besonders in c.1 mit Überarbeitung (vgl.
      ebd. S. 37). Da Zimmerli betont, daß der "Zusammenhang 1₁-3₁₅ [...] ohne Zweifel
      in seinem heutigen Texte als eine abgeschlossene Einheit verstanden werden" will

auch etwas sagen soll, spezifiziert diesen übergeordneten Auftrag.[1] Dies
zeigt schon 2,3-4. Dort schließt ein perf consec וְאָמַרְתָּ einen ersten *Sendungs*auftrag[2] in vv.3f. ab (in v.3: Nominale Mitteilung mit Satzteilfolge
Chabar – Mubtada:[3] בֶּן־אָדָם שׁוֹלֵחַ אֲנִי אוֹתְךָ אֶל־בְּנֵי יִשְׂרָאֵל [אֶל־גּוֹיִם][4]
... אֲשֶׁר הַמּוֹרְדִים *Menschensohn, ich schicke dich zu den Söhnen Israels,
[zu den widerspenstigen Völkern,] die ...* – dies wird wieder in v.4 aufgenommen, die Wurzel שׁלח wird also zweimal verwendet[5]). Daß es in
erster Linie um das Gehen Ezechiels geht und nicht um das Reden, zeigt
das wiederholte אֲנִי שׁוֹלֵחַ אוֹתְךָ אֲלֵיהֶם (v.4).[6] Dieses zweite שׁוֹלֵחַ
אוֹתְךָ אֲלֵיהֶם wird durch ein perf consec von אמר fortgeführt, auf das die
Botenformel – *ohne folgende wörtliche Rede!*[7] – folgt. Das perf consec
spezifiziert also auch hier die vorausgehende, übergeordnete Aufforderung, die hier durch einen Nominalsatz ausgedrückt wird. In vv.5-6 folgt
dann eine Charakterisierung Israels als ein widerspenstiges Volk, das
nicht hören will. Auf die Aufforderung an Ezechiel, sich nicht zu fürchten, folgt dann in v.7 erneut ein perf consec, diesmal וְדִבַּרְתָּ, das den ersten Redegang abschließt.

In 3,1 kommt eine Imperativkette mit דַּבֵּר als tontragendem imp vor:
Da sprach er zu mir: בֶּן־אָדָם [8]אֵת אֲשֶׁר־תִּמְצָא אֱכוֹל אֱכוֹל אֶת־הַמְּגִלָּה
הַזֹּאת וְלֵךְ דַּבֵּר אֶל־בֵּית יִשְׂרָאֵל *Menschensohn, [was du findest, das iß!]
Iß diese Buchrolle und geh/wohlan*[9], *rede zum Haus Israel!* Es handelt

---

(ebd. S. 13), wird 2,3-3,11 zusammenhängend betrachtet, die Analyse läßt sich aber
   auch an den einzelnen Abschnitten verifizieren.
[1] Zum Teil ähnlich Schwanz [1978] (vgl. hierzu oben S. 24 Anm. 4).
[2] Vgl. auch Zimmerli (1969a) S. 71.
[3] Vgl. hierzu Michel (1994) und ders. (2004).
[4] Nach Zimmerli (1969a) S. 9 handelt es sich hierbei um eine Glosse.
[5] Allerdings handelt es sich bei v.4a nach Zimmerli (1969a) S. 9 ebenfalls um eine
   Glosse.
[6] Hier allerdings mit der Satzteilfolge des abhängigen Satzes.
[7] Dies zeigt m.E. ebenfalls, daß es zunächst nicht auf das Reden ankommt. Reden soll
   Ezechiel dann von Fall zu Fall. Zimmerli (1969a) S. 73 bemerkt; "Daß dem Propheten in der Stunde seiner Sendung lediglich geboten wird, diese Botenformel zu sprechen, läßt erneut die auffällige Distanz Ez's zu der unmittelbaren Redesituation und
   die reflektierte, zu starken Abstraktionen fähige Eigenart dieses Propheten erkennen.
   Sein Amt ist hier, ganz abgesehen von allen konkreten Ausformungen seiner Botschaft, in seiner grundsätzlichen Bestimmtheit umschrieben. Dieses Amt ruht nicht in
   einem inhaltlich umrissenen Botschaftsgehalt [...]. Vielmehr ruht des Propheten Amt
   allein in der personalen Bindung an den Sendenden, der allen Botschaftsinhalt in kö-
   niglicher Freiheit in seiner Hand behält."
[8] Nach Zimmerli (1969a) S. 11 handelt es sich hierbei um eine Glosse.
[9] Es ist m.E. unklar, ob der imp hier als begriffswörtlicher imp oder als Interjektion zu
   deuten ist. Diehl (2000) S. 124 deutet den imp als begriffswörtlichen imp, allerdings
   mit Fragezeichen.

sich um eine Imperativkette der Form < imp - w.imp - imp >.[1] Deutlich ist hier, daß das Essen und das Gehen die Voraussetzung für das Reden ist. Das Reden stellt in diesem Vers – aber nur in diesem Vers – die Hauptaussage dar.

In 3,4 folgt dann folgender Sendungsbefehl an Ezechiel: *Da sprach er zu mir:* בֶּן־אָדָם לֶךְ־בֹּא אֶל־בֵּית יִשְׂרָאֵל וְדִבַּרְתָּ בִדְבָרַי אֲלֵיהֶם *Menschensohn, geh zum Haus Israel, dergestalt daß du mit meinen Worten zu ihnen redest.* Auch hier handelt es sich wieder bei dem eigentlichen Sendungsbefehl לֶךְ־בֹּא um die übergeordnete Aufforderung, die durch das perf consec וְדִבַּרְתָּ spezifiziert wird, was daraus ersichtlich wird, daß in vv.5f. das Verb שלח die zentrale Rolle spielt (vgl. v.5 אַתָּה שָׁלוּחַ; v.6 שְׁלַחְתִּיךָ). In vv.7-9 folgt eine (weitere) Charakterisierung Israels als ein Volk, das nicht hören will (v.7) und die Aufforderung an Ezechiel, sich nicht zu fürchten (vv.8f.). 3,4-9 hat also einen ähnlichen Aufbau wie 2,3-6.

In 3,10f.[2] folgt dann der abschließende Sendungsauftrag:[3] 10 *Da sprach er zu mir:* בֶּן־אָדָם אֶת־כָּל־דְּבָרַי אֲשֶׁר אֲדַבֵּר אֵלֶיךָ קַח בִּלְבָבְךָ וּבְאָזְנֶיךָ שְׁמָע 11 וְלֵךְ בֹּא אֶל־הַגּוֹלָה אֶל־בְּנֵי עַמֶּךָ וְדִבַּרְתָּ אֲלֵיהֶם וְאָמַרְתָּ אֲלֵיהֶם *Menschensohn, alle meine Worte, die ich mit dir rede, nimm sie dir zu Herzen und mit deinen Ohren höre sie, 11 und geh zu den Exulanten, zu den Söhnen meines Volkes, dergestalt daß du zu ihnen redest und zu ihnen sprichst: So spricht mein Herr Jahwe! Entweder hören sie, oder sie lassen es bleiben!* Den Ton der Äußerung trägt hier וְלֵךְ בֹּא אֶל־הַגּוֹלָה אֶל־בְּנֵי עַמֶּךָ. Die beiden vorgeschalteten imp (קַח und שְׁמָע) stellen die Voraussetzung für diese Aufforderung dar.[4] Die beiden folgenden perf consec (וְדִבַּרְתָּ und וְאָמַרְתָּ) spezifizieren diese Aufforderung. Es handelt sich ja hierbei um den Abschluß des *Sendungs*auftrages von Ezechiel (2,3 bis 3,11). Daß Ezechiel zu Israel auch etwas sagen soll, ist klar, dies spätestens seit 3,1, aber es kommt zunächst einmal darauf an, daß Ezechiel zu Israel geht.

Auf die perf consec וְאָמַרְתָּ (v.4) und וְדִבַּרְתָּ (v.11) folgt lediglich die Botenformel, die ja eigentlich eine direkte oder indirekte Rede ein- bzw. ausleitet; hier fehlt allerdings diese Rede. Dies zeigt ebenfalls, daß es zunächst um das Gehen geht, weniger um das Sagen. Was Ezechiel im einzelnen sagen soll, wird dann im Ezechielbuch durch die oben genannten Wendungen ausgedrückt. Die oben genannten Wendungen stellen also ihrerseits eine Spezifizierung dieses Sendungsbefehls dar. Eze-

---

[1] Vgl. zur Stelle oben S. 84.
[2] Die ursprüngliche Zugehörigkeit dieser beiden Verse ist stark umstritten (vgl. Zimmerli [1969a] S. 32).
[3] Vgl. Zimmerli (1969a) S. 72.
[4] Vgl. oben Kap. 2.3.1 und S. 89 zur Stelle.

chiel soll hier in Kap. 2f. also als Prophet *gehen*. Er wird *gesandt*. Darauf liegt der Ton des Auftrags.

Es seien weitere Stellen für die Satzkette וְאָמַרְתָּ לֵךְ angeführt. In 2Sam 7,5[1] erhält Natan folgenden Auftrag: לֵךְ וְאָמַרְתָּ אֶל־עַבְדִּי אֶל־דָּוִד *Geh, dergestalt daß du zu meinem Knecht, zu David, sagst:* .... David bespricht mit Natan seinen Plan, für Gott ein Haus zu bauen, nachdem er selbst in einem Haus wohnt. Natan bestärkt David zunächst in diesem Plan (vgl. vv.1-3), doch dann beauftragt Jahwe Natan, zu David zu gehen. Dies beinhaltet für ihn logischerweise den Auftrag, auch etwas zu David zu sagen. Der Auftrag Jahwes an Natan, David etwas mitzuteilen, ist eine Spezifizierung des Auftrags, zu David zu gehen. Diese Spezifizierung wird durch das perf consec ausgedrückt.[2]

Man könnte auch annehmen, es liege in לֵךְ gar kein echter imp, sondern eine Interjektion vor. Doch halte ich es für wahrscheinlicher, לֵךְ hier als begriffswörtlichen imp zu sehen, der den Ton der Äußerung trägt.

Ähnlich ist auch 1Chr 17,4 zu verstehen:[3] לֵךְ וְאָמַרְתָּ אֶל־דָּוִיד עַבְדִּי *Geh, dergestalt daß du zu meinem Knecht David sagst:* .... In beiden Fällen folgt auf diese Aufforderung die Botenformel.

In 1Reg 1,13[4] liegt eine Satzkette mit der Satzkettenformel < imp - w.imp - perf consec > vor: לְכִי וּבֹאִי אֶל־הַמֶּלֶךְ דָּוִד וְאָמַרְתָּ אֵלָיו *Geh (und komm) zum König David, dergestalt daß du zu ihm sagst:* .... An לְכִי וּבֹאִי schließt sich ein perf consec an, daß den Auftrag spezifiziert. Batseba soll nicht nur zu David gehen, sondern sie soll ihm auch etwas mitteilen. Aber der Rat Natans besteht darin, zunächst zu David zu gehen und nicht irgendetwas anderes zu tun, um das Königtum Adonijas abzuwenden. Daß Batseba bei David nicht nur stumm stehen soll, ist dann selbstverständlich.

In Ex 3,16 folgen auf den imp לֵךְ zwei perf consec, die diesen spezifizieren: לֵךְ וְאָסַפְתָּ אֶת־זִקְנֵי יִשְׂרָאֵל וְאָמַרְתָּ אֲלֵהֶם *Geh, dergestalt daß du die Ältesten Israels versammelst und zu ihnen sagst:* .... Nach Noth gehört v.16 zur Beauftragung des Mose durch Jahwe und setzt vv.7f. fort. Die Verse gehören zu J.[5] Jahwe kündigt in vv.7f. an, sein Volk aus der

---

1   Ähnlich Schwanz [1978] (vgl. hierzu oben S. 24 Anm. 4).

2   Im Bericht der Durchführung wird allerdings mehr Gewicht auf das Reden gelegt (v.17): כְּכֹל הַדְּבָרִים הָאֵלֶּה וּכְכֹל הַחִזָּיוֹן הַזֶּה כֵּן דִּבֶּר נָתָן אֶל־דָּוִד *Entsprechend allen diesen Worten und dieser ganzen Offenbarung redete Natan zu David.* Analoges gilt für 1Chr 17,4 mit Bericht der Durchführung in v.15.

3   Ähnlich Schwanz [1978] (vgl. hierzu oben S. 24 Anm. 4).

4   Ähnlich Schwanz [1978] (vgl. hierzu oben S. 24 Anm. 4).

5   Vgl. Noth (1984) S. 27. Nach Levin gehören zur jahwistischen Redaktion nur folgende Verse: "3,1 (nur מִדְיָן כֹּהֵן). 2a.3-4a.7 (bis שָׁמַעְתִּי). 8aα.16aα.β (nur לֵאמֹר).

Knechtschaft in Ägypten zu führen. Mose erhält nun in v.16 den Auftrag, dies dem Volk mitzuteilen.[1] לְךָ ist dabei der übergeordnete Auftrag, der durch die beiden perf consec spezifiziert wird.[2] Hinzuweisen ist auch auf die logische Abfolge der beiden perf consec, denn das Versammeln der Ältesten ist die Voraussetzung für das Reden.

Aber auch im jetzigen Kontext wird der spezifizierende Charakter des perf consec deutlich, denn in Ex 3 geht es darum, daß Mose zum Volk Israel *gesandt* wird, um es aus Ägypten zu führen. So v.10: וְעַתָּה לְכָה וְאֶשְׁלָחֲךָ אֶל־פַּרְעֹה וְהוֹצֵא אֶת־עַמִּי בְנֵי־יִשְׂרָאֵל מִמִּצְרָיִם *Und nun: Geh/Wohlan, (und) ich will dich zum Pharao schicken, und führe mein Volk, die Israeliten, aus Ägypten.* Auch aus den folgenden Versen wird deutlich, daß Mose *gesandt* ist (vgl. vv.11f.). Dies erinnert stark an Jes 6.

Weitere Belegstelle: Ex 7,15f.[3]

In Jos 9,11 folgt ein perf consec auf zwei imp: קְחוּ בְיֶדְכֶם צֵידָה לַדֶּרֶךְ וּלְכוּ לִקְרָאתָם וַאֲמַרְתֶּם אֲלֵיהֶם *Nehmt Reisekost in eure Hände auf den Weg und geht ihnen entgegen, dergestalt daß ihr zu ihnen sagt:* .... Die Taten der Israeliten bei der Eroberung Jerichos und Ais haben die Einwohner Gibeons gehört. Daraufhin gehen sie als Boten (verkleidet) den Israeliten entgegen und berichten diesen von ihrem angeblichen[4] Auftrag. Der Auftrag besteht darin, den Israeliten zunächst entgegenzugehen, um dann auch mit ihnen zu reden, das perf consec spezifiziert also den übergeordneten imp. Es geht darum, den Israeliten begreiflich zu machen, daß die Gibeoniten von weit her kommen, deshalb ist es wichtig zu betonen, daß sie Verpflegung mitnehmen und den Israeliten entgegengehen müssen. Daß sie den Israeliten etwas mitzuteilen haben, ist klar.[5] Es ändert also nichts an der Funktion des perf consec, daß diesem zwei imp vorausgehen.

17a (nur אֵעֲלֶה אֶתְכֶם מֵעֳנִי מִצְרַיִם).b-18.21-22.; 4,18." (Levin [1993] S. 326). Dies beeinflußt allerdings nicht die hier behandelte Frage, da auch Levin die Satzkette so beläßt.

[1] Dies gilt auch nach der Abgrenzung von Levin (vgl. die vorausgehende Anm.).

[2] Ähnlich Schwanz [1978] (vgl. hierzu oben S. 24 Anm. 4). — Die perf consec in v.18 leiten m.E. eine neue Äußerung ein.

[3] Allerdings ist die Stelle sehr komplex: Zwischen die imp und das erste perf consec ist ein Satz mit הִנֵּה geschaltet; nach dem ersten perf consec kommt ein Chalsatz. Zu הִנֵּה vgl. Michel (2004) S. 120 zur Stelle; zu Chalsatz vgl. Michel (2004) Kap. 6; vgl. auch Gesenius/Kautzsch (1909) §141e S. 473f.: "Die mit *Waw copul.* an einen Verbalsatz (oder das Äquivalent eines solchen) angereihten Nominalsätze beschreiben stets einen der Haupthandlung *gleichzeitigen* Zustand, resp. (wenn das Prädikat ein transit. Partizip) eine in stetiger Dauer vorgestellte Handlung [...]."

[4] Der Auftrag ist deshalb ein "angeblicher" Auftrag, weil die Einwohner Gibeons zu einer List greifen.

[5] Ähnlich Schwanz [1978] (vgl. hierzu oben S. 24 Anm. 4).

In Gen 37,20 liegt bei dem imp לְכוּ eine sekundäre Interjektion vor, das perf consec וְאָמַרְנוּ folgt auf w.kohort: וְעַתָּה לְכוּ וְנַהַרְגֵהוּ וְנַשְׁלִכֵהוּ בְּאַחַד הַבֹּרוֹת וְאָמַרְנוּ חַיָּה רָעָה אֲכָלָתְהוּ וְנִרְאֶה מַה־יִּהְיוּ חֲלֹמֹתָיו *Und nun: Wohlan,*[1] *laßt uns ihn töten und in eine Grube werfen, dergestalt daß wir sagen: Ein böses Tier hat ihn gefressen!*[2]*, dann werden wir sehen, was seine Träume sind.* Hier führt das perf consec zwei w.kohort spezifizierend fort.

Die Satzkettenfolge לֵךְ וְאָמַרְתָּ drückt also in erster Linie aus, daß der Adressat der Äußerung losgehen soll und dann seine Botschaft auszurichten hat. Wichtig ist aber, daß er losgeht. Anders ist dies bei der Imperativkette לֵךְ אֱמֹר. Diese Kette kommt insgesamt nur 6mal vor (Dtn 5,30; 1Reg 14,7; 18,8.11.14; 2Reg 8,10[3]) und leitet in der Regel ungewöhnliche oder falsche Botschaften ein (vgl. Kap. 4.3.3.c S. 274ff.).

β) Perf consec von אמר nach sonstigen Verben der Fortbewegung
Das perf consec von אמר steht auch nach anderen Verben der Fortbewegung, so nach בוא und פוץ mit der Satzkettenfolge < imp - perf consec > und nach יצב, עלה und עמד mit der Satzkettenfolge < imp - perf consec - perf consec >. Immer hat es spezifizierenden Charakter, so z.B. nach בוא imp in Ex 7,26: *Da sprach Jahwe zu Mose:* בֹּא אֶל־פַּרְעֹה וְאָמַרְתָּ אֵלָיו *Geh hinein zum Pharao, dergestalt daß du zu ihm sagst: ....* Jahwe beauftragt Mose, zum Pharao zu gehen (בֹּא אֶל־פַּרְעֹה). Bestandteil dieses Auftrags ist es, dem Pharao eine Botschaft zu übermitteln (וְאָמַרְתָּ אֵלָיו). Das perf consec, auf das die Botenformel folgt, spezifiziert den imp. Hier gilt demnach das gleiche wie bei der Satzkettenfolge לֵךְ וְאָמַרְתָּ.

In 1Sam 14,34 folgt das perf consec von אמר auf פוץ imp.: *Da sprach Saul:* פֻּצוּ בָעָם וַאֲמַרְתֶּם לָהֶם *Zerstreut euch unter das Volk, dergestalt daß ihr ihnen sagt: ....* Die Israeliten haben gegen die Philister gekämpft und sind sehr erschöpft. Sie schlachten daraufhin Beutetiere und essen das Fleisch samt dem Blut, was den Reinheitsgeboten widerspricht. Saul wird dies gemeldet, worauf er den genannten Befehl gibt.[4] Auch hier hat das perf consec spezifizierenden Charakter. Das Sich-unter-das-Volk-Zerstreuen ist die Voraussetzung, der übergeordnete Befehl (imp), der durch das perf consec spezifiziert wird. Es muß schnell gehandelt werden, deshalb ist es zunächst wichtig, daß die Boten sich unter das Volk zerstreuen, um möglichst schnell alle Israeliten zu unterrichten. Was sie

---

[1] Vgl. Diehl (2000) S. 122.
[2] Evtl. liegt hier keine wörtliche Rede, sondern ein Objektsatz vor, dann wäre zu übersetzen: *dergestalt daß wir sagen, ein böses Tier habe ihn gefressen.*
[3] Statt לֹא ist hier wohl לוֹ zu lesen (so das Qere; vgl. auch App. BHS).
[4] Voraus geht noch der Auftrag, einen großen Stein zu Saul zu bringen.

sagen sollen, ist den Boten im Grunde schon klar, denn Saul hat unmittelbar vorher befohlen, einen Stein als Opferaltar herbeizurollen (v.33).

In Gen 45,9 folgt das perf consec von אמר auf עלה imp: מַהֲרוּ וַעֲלוּ אֶל־אָבִי וַאֲמַרְתֶּם אֵלָיו *Eilt euch und geht hinauf zu meinem Vater, dergestalt daß ihr zu ihm sagt: ....* Joseph gibt sich seinen Brüdern als ihr Bruder in Ägypten zu erkennen und fordert sie auf, zu ihrem Vater zurückzukehren und ihm das folgende (eingeleitet durch die Botenformel) auszurichten. Auch hier ist das perf consec spezifizierend. Der imp drückt den übergeordneten Befehl aus. Diese Deutung wird unterstützt durch den imp מַהֲרוּ (Formverb). Worauf es ankommt, ist zunächst einmal, daß die Brüder wieder zu ihrem Vater zurückkehren, was ja nicht selbstverständlich war, denn voraus geht, daß die Brüder Josephs bei einem vermeintlichen Diebstahl erwischt wurden (vgl. Gen 44).

In Ex 8,16 folgt das perf consec von אמר auf יצב imp.: *Da sprach Jahwe zu Mose:* הַשְׁכֵּם בַּבֹּקֶר וְהִתְיַצֵּב לִפְנֵי פַרְעֹה הִנֵּה יוֹצֵא הַמָּיְמָה וְאָמַרְתָּ אֵלָיו *Mache dich früh am Morgen auf und tritt vor den Pharao – siehe, er wird zum Wasser hinausgehen –, dergestalt daß du zu ihm sagst: ....* Die gleiche Satzkette steht in 9,13, allerdings ohne den הִנֵּה-Satz: הַשְׁכֵּם בַּבֹּקֶר וְהִתְיַצֵּב לִפְנֵי פַרְעֹה וְאָמַרְתָּ אֵלָיו *Mache dich früh am Morgen auf und tritt vor den Pharao, dergestalt daß du sagst: ....* In beiden Stellen spezifiziert das perf consec den imp. Der imp stellt den übergeordneten Befehl, die übergeordnete Handlung dar, die durch das perf consec näher erläutert wird. Dies wird in Ex 8,16 m.E. auch dadurch deutlich, daß ein הִנֵּה-Satz zwischen dem imp und dem perf consec steht, denn dieser gibt einen genauen Umstand an, hier die genaue Orts- oder Zeitangabe, wo oder wann der Pharao zu finden ist (vgl. auch Ex 7,15f.[1]; 1Reg 21,18f.[2]).

Auch nach עמד imp steht das perf consec von אמר, so in Jer 7,2: עֲמֹד בְּשַׁעַר בֵּית יְהוָה וְקָרָאתָ שָּׁם אֶת־הַדָּבָר הַזֶּה וְאָמַרְתָּ *Tritt in das Tor des Tempels, dann rufe dort diese Worte, dergestalt daß du sagst: ....* Hier scheint das erste perf consec den imp mit der syntaktischen Funktion Implizite Hypotaxe (temporal) fortzuführen, das zweite perf consec spezifiziert dann das erste. In Jer 26,2-4 kommt ein ähnlicher Satzkettentyp vor: 2 *So spricht Jahwe:* עֲמֹד בַּחֲצַר בֵּית־יְהוָה וְדִבַּרְתָּ עַל־כָּל־עָרֵי יְהוּדָה הַבָּאִים לְהִשְׁתַּחֲוֹת בֵּית־יְהוָה אֵת כָּל־הַדְּבָרִים אֲשֶׁר צִוִּיתִיךָ לְדַבֵּר אֲלֵיהֶם אַל־תִּגְרַע דָּבָר 3 אוּלַי יִשְׁמְעוּ וְיָשֻׁבוּ אִישׁ מִדַּרְכּוֹ הָרָעָה וְנִחַמְתִּי אֶל־הָרָעָה אֲשֶׁר אָנֹכִי חֹשֵׁב לַעֲשׂוֹת לָהֶם מִפְּנֵי רֹעַ מַעַלְלֵיהֶם 4 וְאָמַרְתָּ אֲלֵיהֶם 2 *Stelle dich in den Vorhof des Tempels, dergestalt daß du zu allen, die aus den Städten Judas kommen, um im Tempel anzubeten, die ganzen Worte, die ich dir ihnen zu sagen aufgetragen habe, redest – Nimm kein Wort davon*

---

[1]   Vgl. auch S. 268 die Anm. zur Stelle.
[2]   Vgl. unten S. 273 zur Stelle.

weg. 3 Vielleicht hören sie (darauf) und jeder kehrt von seinem bösen Weg um, dergestalt daß ich wegen des Bösen, das ich ihnen zu tun gedenke wegen der Schlechtigkeit ihrer Handlungen, Mitleid habe. 4 – und zu ihnen sagst: .... Hier scheinen die vv.2b.3 als Nebenbemerkung zwischengeschaltet zu sein.

iii) Auch nach imp der Verben קדש, שוב, יצא, שמע, ידע und משל kommt das perf consec von אמר vor.

Nach קדש imp ist וְאָמַרְתָּ in Jos 7,13 belegt: קֻם קַדֵּשׁ אֶת־הָעָם וְאָמַרְתָּ *Auf, heilige das Volk, dergestalt daß du sagst: ....* Wichtig ist, daß das Volk sich heiligt. Josua bekommt also den Auftrag קַדֵּשׁ קֻם. Spezifiziert wird diese Aufforderung durch das perf consec וְאָמַרְתָּ. Dies wird auch daran deutlich, daß die durch וְאָמַרְתָּ eingeleitete wörtliche Rede das קדש wieder aufnimmt: כִּי הִתְקַדְּשׁוּ לְמָחָר *Heiligt euch für morgen, denn so spricht Jahwe, der Gott Israels: ....*

Nach שוב imp hi. kommt וְאָמַרְתָּ in 1Reg 22,26f. (par. 2Chr 18,25f.[1]) vor: 26 קַח אֶת־מִיכָיְהוּ וַהֲשִׁיבֵהוּ אֶל־אָמֹן שַׂר־הָעִיר וְאֶל־יוֹאָשׁ בֶּן־הַמֶּלֶךְ וְאָמַרְתָּ 27 26 *Nimm Micha und bring ihn zu Amon, dem Stadthauptmann, und zu Joasch, dem Sohn des Königs, dergestalt daß du sagst: ....* Micha weissagt Ahab, daß er in dem Kampf gegen Ramot-Gilead fallen werde. Ahab läßt Micha daraufhin mit diesen Worten ins Gefängnis werfen. Wichtig ist, daß der Adressat des Befehls Micha zu Amon und Joasch bringt. Daß der Adressat auch etwas zu beiden sagen soll, ist klar, deshalb wird die wörtliche Rede mit einem perf consec eingeleitet. Den übergeordneten Befehl stellt aber der imp וַהֲשִׁיבֵהוּ dar. Analoges gilt für 2Reg 20,5: שׁוּב וְאָמַרְתָּ אֶל־חִזְקִיָּהוּ נְגִיד־עַמִּי *Kehre zurück, dergestalt daß du zu Hiskia, dem Fürsten meines Volkes, sagst: ....* Jesaja war bei Hiskia, um ihm eine schwere Krankheit vorauszusagen, an der Hiskia sterben soll. Hiskia betet, wohl nachdem Jesaja ihn wieder verlassen hat, zu Jahwe. Daraufhin ergeht an Jesaja die oben genannte Aufforderung. Der Befehl שוב impliziert, daß Jesaja wieder etwas zu Hiskia sagen soll, deshalb steht das perf consec וְאָמַרְתָּ. Wichtig ist aber, daß Jesaja zu Hiskia umkehrt.

In Jes 7,3f. steht וְאָמַרְתָּ nach יצא imp: 3 *Da sprach Jahwe zu Jesaja:* צֵא־נָא לִקְרַאת אָחָז אַתָּה וּשְׁאָר יָשׁוּב בְּנֶךָ אֶל־קְצֵה תְּעָלַת הַבְּרֵכָה הָעֶלְיוֹנָה אֶל־מְסִלַּת שְׂדֵה כוֹבֵס 4 וְאָמַרְתָּ אֵלָיו *Geh doch Ahas entgegen, du und Schear-Jaschub, dein Sohn, an das Ende der Wasserleitung des oberen Teiches, an der Straße beim Feld des Walkers, 4 dergestalt daß du zu ihm sagst: ....* Diese Stelle läßt sich vielleicht von Jes 6,9 (s.o. S. 263) her verstehen. Der Befehl צא beinhaltet wohl wie in 6,9 der Befehl לֵךְ auch

---

1   Hier stehen die Verbformen allerdings im pl.

den Auftrag, etwas zu sagen, der durch ein perf consec angeschlossen ist. Dies macht auch die genaue Ortsangabe deutlich.

Nach שׁמע imp kommen וְדִבַּרְתָּם und וְאָמַרְתָּ in Jer 11,2 vor: שִׁמְעוּ 2 אֶת־דִּבְרֵי הַבְּרִית הַזֹּאת וְדִבַּרְתָּם אֶל־אִישׁ יְהוּדָה וְעַל־יֹשְׁבֵי יְרוּשָׁלָ͏ִם 3 וְאָמַרְתָּ אֲלֵיהֶם *Hört die Worte dieses Bundes, dergestalt daß du sie zu den Män-* *nern Judas und zu den Einwohnern Jerusalems redest und zu ihnen* *sagst:* .... Das Hören der Worte des Bundes ist hier die Voraussetzung zum Reden. Der imp trägt also deutlich den Ton, es geht zunächst darum, die Worte des Bundes zu *hören*. Problematisch ist die Stelle allerdings durch den Personenwechsel von der 2. pers. pl. zur 2. pers. sg. in den perf consec. Laut v.1 ergeht diese Äußerung an Jeremia, nicht an das Volk. Warum steht also zunächst die 2. pers. pl.? Evtl. führen die perf consec hier nicht den imp fort, sondern setzen neu ein.[1]

In Ez 16,2f. kommt וְאָמַרְתָּ nach ידע imp vor: בֶּן־אָדָם הוֹדַע אֶת־ 2 יְרוּשָׁלַ͏ִם אֶת־תּוֹעֲבֹתֶיהָ וְאָמַרְתָּ 3 *Menschensohn, tu Jerusalem ihre Greuel kund, 3 dergestalt daß du sagst:* .... Hier ist deutlich, daß das perf consec וְאָמַרְתָּ den übergeordneten imp הוֹדַע spezifiziert. Die auf וְאָמַרְתָּ folgende wörtliche Rede gibt an, *wie* Ezechiel der Stadt Jerusalem ihre Greuel kund tun soll. Das perf consec gibt also die *Art und Weise* an, wie der imp auszuführen ist, es spezifiziert den übergeordneten imp. Ähnliche Stelle: Ez 20,4f.

In Ez 17,2f. steht וְאָמַרְתָּ nach מְשֹׁל imp: בֶּן־אָדָם חוּד חִידָה וּמְשֹׁל מָשָׁל 2 אֶל־בֵּית יִשְׂרָאֵל 3 וְאָמַרְתָּ *Menschensohn, lege ein Gleichnis vor und trage* *eine Parabel vor vor dem Haus Israel, dergestalt daß du sagst:* .... Im Grunde genommen liegt hier das gleiche Phänomen wie in Ez 16,2f. vor. Auch hier spezifiziert das perf consec eindeutig die vorausgehenden imp. Das perf consec gibt auch wie oben die *Art und Weise* an, wie die imp durchzuführen sind, es spezifiziert die übergeordneten imp. Ähnliche Stelle: Ez 24,2f.

iv) Perf consec von דבר

Neben dem perf consec von אמר werden einige imp auch durch ein perf consec von דבר fortgeführt. Allerdings ist dies wesentlich weniger belegt als perf consec von אמר. Aber auch hier ist Analoges zu beobachten, so

---

[1] Vgl. z.B. die Übersetzung bei Lundbom (1999) S. 614, er bemerkt weiter S. 616: "The introduction Oracle I (vv 1-5) contains a superscription (v 1); a message sum- mary statement (v 2a); and a directive to Jeremiah telling him who his audience is to be and that he is to address this audience (v 2b-3a)."; ähnlich die EÜ: "2 Hört die Worte dieses Bundes! Du sollst sie den Leuten von Juda und den Einwohnern Jeru- salems verkünden. 3 Du sollst ihnen sagen: [...]" Nach Schreiner (1981) S. 78 han- delt es sich bei dem imp um eine Vorwegnahme von v.6. Bright (1965) S. 80 u. Anm. a konjiziert mit Hinweis auf LXX u.a. den imp ins sg. Der App. BHS schlägt für das erste perf consec pl. vor.

z.B. in Jer 22,1f.: 1 *So spricht Jahwe:* רֵד בֵּית־מֶלֶךְ יְהוּדָה וְדִבַּרְתָּ שָׁם אֶת־
הַדָּבָר הַזֶּה 2 וְאָמַרְתָּ *Geh hinab ins Haus des Königs von Juda, dergestalt
daß du dort dieses Wort redest 2 und sagst: ....* In dieser Stelle kommen
perf consec von דבר und אמר nebeneinander vor. Beide perf consec
spezifizieren den vorausgehenden imp.[1]

In Ex 9,1 kommt nur וְדִבַּרְתָּ vor: *Da sprach Jahwe zu Mose:* בֹּא אֶל־
פַּרְעֹה וְדִבַּרְתָּ אֵלָיו *Geh hinein zum Pharao, dergestalt daß du zu ihm
redest: ....* Hier übernimmt וְדִבַּרְתָּ die Funktion von וְאָמַרְתָּ.[2] Deutlich ist
aber, daß das perf consec den imp spezifiziert. Diese Stelle steht innerhalb der Plagenerzählung. Mose, der im jetzigen Kontext schon oft beim
Pharao war, um mit ihm zu verhandeln, bekommt erneut den Auftrag,
zum Pharao zu gehen. Das perf consec spezifiziert, wie gesagt, diesen
Auftrag. In erster Linie geht es darum, daß Mose zum Pharao geht. Daß
er auch etwas zum Pharao sagen soll, ist klar.

In 1Reg 21,18f. steht nach dem וְדִבַּרְתָּ ein לֵאמֹר: קוּם רֵד לִקְרַאת 18
אַחְאָב מֶלֶךְ־יִשְׂרָאֵל אֲשֶׁר בְּשֹׁמְרוֹן הִנֵּה בְּכֶרֶם נָבוֹת אֲשֶׁר־יָרַד שָׁם לְרִשְׁתּוֹ
וְדִבַּרְתָּ אֵלָיו לֵאמֹר 19 18 *Auf, geh hinab, Ahab, dem König Israels, der in
Samaria ist, entgegen – siehe, er ist beim Weinberg Nabots, dahin ist er
gegangen, um ihn in Besitz zu nehmen –*[3]*, dergestalt daß du zu ihm
folgendermaßen redest: ....* Ahab hat sich den Weinberg Nabots
unrechtmäßig angeeignet. Elia wird zu Ahab geschickt, um ihm die
Strafe Jahwes anzusagen. Wichtig ist, daß Elia zu Ahab geht. Daß er
etwas zu Ahab sagen soll, ist ihm klar. Deutlich wird dies m.E. auch
dadurch, daß zwischen dem tontragenden imp und dem perf consec ein
הנה-Satz eingeschoben werden kann. In 1Chr 21,10 liegt eine
vergleichbare Stelle vor: לֵךְ וְדִבַּרְתָּ אֶל־דָּוִיד לֵאמֹר *Geh, dergestalt daß
du zu David folgendermaßen redest: ....* David hat mit einer
Volkszählung etwas vor Jahwe Unrechtes getan. Jahwe beauftragt
daraufhin Gad, den Seher Davids, mit oben genanntem Auftrag. Daß Gad
etwas sagen soll, ist in dem Auftrag, zu David zu gehen, impliziert und
kann dementsprechend im perf consec angeschlossen werden.[4]

Es ist m.E. deutlich, daß וְדִבַּרְתָּ in gleicher Weise wie וְאָמַרְתָּ gebraucht
werden kann. Weitere Belegstelle: 2Reg 1,6.

---

[1] Ähnlich ist auch Jer 11,2f. (vgl. zur Stelle oben S. 272). Allerdings ist die Stelle
    textkritisch unsicher; der imp steht im Plural, die perf consec im sg. Ferner ist die
    Abgrenzung der Satzketten nicht klar: stellt der imp eine eigenständige Äußerung
    dar, oder gehört er zu den folgenden perf consec?

[2] Interessanterweise hat der Samaritanische Pentateuch an dieser Stelle ואמרת. In Ex
    7,26 ist dies umgekehrt der Fall.

[3] Vgl. zu diesem הנה-Satz auch oben S. 270 zu Ex 8,16. Es ist auffällig, daß diese הנה-
    Sätze unmittelbar vor dem spezifizierenden perf consec stehen.

[4] Ähnlich Schwanz [1978] (vgl. hierzu oben S. 24 Anm. 4).

In Num 20,8 kommt ebenfalls das perf consec von דבר vor: קַח אֶת־הַמַּטֶּה וְהַקְהֵל אֶת־הָעֵדָה אַתָּה וְאַהֲרֹן אָחִיךָ וְדִבַּרְתֶּם אֶל־הַסֶּלַע לְעֵינֵיהֶם וְנָתַן מֵימָיו וְהוֹצֵאתָ לָהֶם מַיִם מִן־הַסֶּלַע וְהִשְׁקִיתָ אֶת־הָעֵדָה וְאֶת־בְּעִירָם *Nimm den Stab und versammle die Versammlung, du und dein Bruder Aaron, dergestalt daß ihr zu dem Felsen vor ihren Augen redet, und er sein Wasser gibt, und du ihnen Wasser aus dem Felsen herausgehen läßt und die Versammlung und ihr Vieh trinken läßt.* Die beiden imp tragen hier den Ton der Äußerung. Wichtig ist, daß Mose und Aaron die Gemeinde versammeln, nicht, daß sie zum Felsen etwas sagen. Das Reden zum Felsen ist nicht das Zentrale. D.h. das perf consec וְדִבַּרְתֶּם spezifiziert die imp (evtl. liegt auch die syntaktische Funktion Implizite Hypotaxe [temporal] vor), es trägt nicht den Ton der Aufforderung, obwohl das Reden mit einem Felsen eine ungewöhnliche Handlung ist. Spezifizierenden Charakter haben wohl auch die darauf folgenden perf consec.[1]

c) Gegenprobe: Die Imperativkettenfolge < imp - (w.)imp > mit einem Imperativ von אמר an letzter Stelle[2]
Zunächst ist festzuhalten, daß es eine Imperativkette der Form דַּבֵּר וֶאֱמֹר nicht gibt. Dies ist auffällig, da die Redewendung דַּבֵּר וְאָמַרְתָ relativ häufig belegt ist. Betrachtet man hingegen die Bedeutung der beiden Lexeme, dann ist dieser Befund nicht weiter verwunderlich (vgl. oben), denn bei dieser Lexemfolge würde ja der imp וֶאֱמֹר den Ton der Äußerung tragen.

Hingegen gibt es die Imperativkette לֵךְ אֱמֹר (Dtn 5,30; 1Reg 14,7[3]; 18,8.11.14 und 2Reg 8,10[4]). An den meisten dieser Stellen leitet der imp אֱמֹר eine unerhörte oder falsche Botschaft ein, an einer Stelle (Dtn 5,30) ist der imp לֵךְ wohl als Interjektion[5] aufzufassen.[6]

---

[1]   Zum Bericht der Durchführung vgl. vv.9ff.
[2]   Es wird hier lediglich auf Imperativketten in erzählenden Texten eingegangen, da sich die Abgrenzung von Imperativketten in poetischer bzw. gebundener Redeweise als sehr schwierig erwiesen hat (vgl. Kap. 2.3.2.a.ii S. 87f.). Es handelt sich bei poetischer bzw. gebundener Redeweise um folgende Stellen: Jes 40,9; 48,20; Jer 4,5; 31,7.10; 46,14; 48,17.19; 50,2; Ez 17,12; Hos 14,3; Am 3,9; Ps 4,5 und 35,3. Bei Jes 40,9; 48,20; Jer 46,14; 48,17.19; 50,2; Ez 17,12; Hos 14,3; Ps 4,5; 35,3 hängt אמר imp wohl nicht von dem vorausgehenden imp ab, sondern leitet eine eigenständige Äußerung ein. In Jer 4,5; 31,7.10; Am 3,9 steht der imp wohl als tontragender imp in einer Satzkette. — In 2Sam 20,16 liegen wohl drei verschiedene Äußerungen vor.
[3]   Hier לְכִי אִמְרִי.
[4]   Statt לֹא ist hier wohl לוֹ zu lesen (so das Qere; vgl. auch App. BHS).
[5]   Vgl. Diehl (2000) S. 119.
[6]   Gegen Niccacci (1990) S. 96: "In other examples, however, there is no obvious difference between coordinated and inverted forms; for example, between 1 Kgs 18,8 לֵךְ אֱמֹר לַאדֹנֶיךָ 'Go, say to your master' (cf. v. 14) and 2 Sam. 7.5 וְאָמַרְתָ לֵךְ

In 1Reg 18,8[1] (= vv.11.14) gibt Elia einen unerhörten Auftrag: *Da sprach er zu ihm: Ja!* לֵךְ אֱמֹר לַאדֹנֶיךָ *Geh, sage zu deinem Herrn: Siehe, Elia ist da!* Hier trifft Obadja auf Elia und fragt diesen, ob er Elia sei. Elia antwortet darauf mit dieser Äußerung. Es gibt m.E. zwei unterschiedliche Arten, diese Stelle aufzufassen. Zum einen kann לֵךְ hier als begriffswörtlicher imp aufgefaßt werden, dann ist das "Geh!" zwar auch die Voraussetzung für das "Sage!", aber es ist nicht der übergeordnete Befehl (wie bei < imp - perf consec >), sondern eben lediglich die Voraussetzung. Elia schickt Obadja mit einer unverschämten Botschaft weg. Obadja hat Angst, diese Botschaft auszurichten. Deshalb muß Elia mit einem zweiten imp deutlich machen, daß Obadja das Auszurichtende auch wirklich sagen soll.

Zum anderen könnte לֵךְ als sekundäre Interjektion aufgefaßt werden, dann liegt kein begriffswörtlicher imp und damit auch keine Imperativkette, sondern eine sekundäre Interjektion mit nachfolgendem imp vor. Allerdings ist dies sehr unwahrscheinlich, denn im Bericht der Durchführung wird der imp aufgenommen (v.16).

In 2Reg 8,10 wird אמר im imp verwendet, weil der Bote eine *falsche* Botschaft übermitteln soll und dies auch weiß. D.h. der imp אמר drückt aus, daß der Bote wissentlich etwas Falsches mitteilt, darauf kommt es Elisa an. Das perf consec würde (lediglich) den übergeordneten imp spezifizieren: *Da sprach zu ihm Elisa:* [2]לֵךְ אֱמָר־[לוֹ] *Geh, sage zu ihm: Du wirst wieder gesund! Aber Jahwe hat mich sehen lassen, daß er stirbt.*

In 1Reg 14,7 kommt Jerobeams Frau verkleidet zu dem Propheten Ahija, um Auskunft darüber zu bekommen, was mit Jerobeams krankem Kind geschieht. Ahija schickt Jerobeams Frau mit einer als hart charakterisierten Botschaft zurück (וְאָנֹכִי שָׁלוּחַ אֵלַיִךְ קָשָׁה *ich bin gesandt zu dir mit schlimmer Botschaft* [v.6]). Deshalb wird wohl hier der imp אמרי verwendet: לְכִי אִמְרִי לְיָרָבְעָם *Geh, sage zu Jerobeam: ...*. In Dtn 5,30 ist לֵךְ wohl Interjektion.

אֶל־עַבְדִּי אֶל־דָּוִד 'Go and say to my servant, David'." — Bereits Lambert (1897) S. 107 hat darauf hingewiesen, daß die Verben אמר und דבר selten im imp nach einem anderen imp vorkommen: "Les verbes אמר et דבר sont tout particulièrement mis à l'indicatif après un impératif". — Revell (1989) S. 24 bietet eine andere Lösung an, er unterscheidet zwischen redenden und angeredeten Personen, nicht zwischen dem Redeinhalt: "An imperative form from אמר is used where the command is from a prophet to the wife of Jeroboam (1 Kgs. 14:7), to Obadiah (1 Kgs. 18:8, 11, 14), or to Hazael (2 Kgs. 8:10). Cf. Elisha's command אמר ... רוּץ 'run and say ...' to his servant Gehazi (2 Kgs. 4:26). A perfect with *waw* consecutive is used where God commands a prophet to carry a (sympathetic) message to David (2 Sam. 7:5). Cf. ... שׁוּב וְאָמַרְתָּ 'Go back and say ...' in a similar situation in 2 Kgs. 20:5."

[1] Niccacci (1990) S. 96 führt die Stelle als Beweis an, daß zwischen Satzketten des Typs < imp - perf consec > und < imp - (w.)imp > oft kein Unterschied bestehe.

[2] So das Qere.

Auch in 1Reg 18,44, wo der erste imp von עָלָה, nicht von הלך gebildet wird, handelt es sich um einen imp, der nicht den übergeordneten Befehl wie bei Satzketten des Typs < imp - perf consec > darstellt. In Gen 45,9 (vgl. oben S. 270) war dies ja anders. Dort ging es darum, daß die Brüder Josephs zunächst wieder zu ihrem Vater zurückkehren sollen. Das war der übergeordnete Befehl, der durch das perf consec וַאֲמַרְתֶּם spezifiziert wurde. Hier hingegen handelt es sich bei עֲלֵה lediglich um die Voraussetzung für das Sagen (אָמֹר), das den Ton der Imperativkette trägt:[1] *Da sprach er beim siebten Mal: Siehe, eine kleine Wolke wie die Hand eines Mannes steigt aus dem Meer. Da sprach er:* עֲלֵה אֱמֹר אֶל־אַחְאָב *Steig hinauf, sage zu Ahab: Spann an und fahr hinunter, damit dich der Regen nicht aufhält.*

Auch bei den letzten beiden zu nennenden Stellen ist klar, daß der letzte imp der Imperativkette den Ton der Kette trägt. Der vorausgehende imp stellt also nicht den übergeordneten Befehl, der spezifiziert wird, dar, sondern lediglich den untergeordneten zum tontragenden imp, so z.B. in 2Reg 4,26: עַתָּה רוּץ־נָא לִקְרָאתָהּ וֶאֱמָר־לָהּ *Nun: Lauf ihr entgegen und frage sie: Geht es dir gut? Geht es deinem Mann gut? Geht es deinem Kind gut? Da sprach sie: Es geht gut.* Eine Schunemiterin, deren Kind gestorben ist, kommt zu Elisa, um ihn um Hilfe zu bitten. Elisa schickt ihr Gehasi mit dem oben genannten Auftrag entgegen. Hier ist וֶאֱמָר der imp, der den Ton der Imperativkette trägt, רוּץ stellt lediglich die Voraussetzung für das Fragen dar. Nicht, daß Gehasi der Schunemiterin entgegenläuft, ist das Wichtige, sondern daß er sie fragt, wie es ihr und ihrer Familie geht, denn darum dreht sich der Teil der Geschichte, in dem diese Imperativkette steht.

In Ez 6,11 sind das Zusammenschlagen der Hände und das Stampfen Begleithandlungen zum Sprechen. Das "Sage" ist der imp der Äußerung, der den Ton trägt: *So spricht mein Herr Jahwe:* הַכֵּה בְכַפְּךָ וּרְקַע בְּרַגְלְךָ וֶאֱמָר־אָח אֶל כָּל־תּוֹעֲבוֹת רָעוֹת בֵּית יִשְׂרָאֵל אֲשֶׁר בַּחֶרֶב בָּרָעָב וּבַדֶּבֶר יִפֹּלוּ *Schlage deine Hände zusammen und stampfe mit deinem Fuß und sprich weh über alle großen Greuel des Hauses Israel, das durch das Schwert, den Hunger und die Pest fallen soll.*

d) Zusammenfassung und Folgerung für den Gebrauch von perf consec von אמר

Es hat sich gezeigt, daß die Funktion des perf consec von אמר (und auch דבר) darin liegt, einen vorausgehenden imp zu spezifizieren, und daß es demnach diesem untergeordnet ist. Dies läßt sich sowohl an der Rede-

---

[1]   Vielleicht liegt hier ein ähnlicher Fall wie bei אֱמֹר לֵךְ vor, denn die Botschaft ist auch hier unglaublich: Ahab soll von einem Regen aufgehalten werden, obwohl nur eine kaum sichtbare Wolke am Himmel ist.

wendung דִּבֶּר וְאָמַרְתָּ und deren Abwandlungen zeigen, als auch am perf consec וְאָמַרְתָּ nach einem Verb der Fortbewegung usw. Der Vergleich mit reinen Imperativketten, in denen der letzte imp von אמר gebildet wird, erhärtet diesen Verdacht.

4.4 SYNTAKTISCHE FUNKTIONEN DES PERF CONSEC NACH IMP

Echte – d.h. auch in der Tiefenstruktur realisierte – Parataxen gibt es beim perf consec nach einem imp nicht, da dies dem vorausgehenden imp *immer* untergeordnet ist. Dies haben die Kontextanalyse und die Austauschprobe sowie die Untersuchung der Redewendung דִּבֶּר וְאָמַרְתָּ und deren Varianten ergeben. Dementsprechend wird in der vorliegenden Arbeit das perf consec mit *dergestalt daß* übersetzt, wenn es nicht andere syntaktische Funktionen ausübt. Diese syntaktische Funktion wird hier "Implizite Hypotaxe (Spezifikation)" genannt,[1] da das perf consec dem vorausgehenden imp nicht koordiniert, sondern eben subordiniert (untergeordnet) ist und diesen spezifiziert.

Man kann im Deutschen solche perf consec nach imp auch DIREKTIV übersetzen, dann wird allerdings die Unterordnung des perf consec unter den imp nicht deutlich. Dieser Umstand hat sicherlich einige Grammatiker dazu verleitet, anzunehmen, das perf consec übernähme die Funktion der vorausgehenden grammatischen Kategorie (vgl. hierzu oben Kap. 4.2). Zumindest für Satzketten des Typs < imp - perf consec > hat sich dies allerdings als ein Irrweg erwiesen. Das perf consec übernimmt gerade nicht die Funktion des vorausgehenden imp (höchstens insofern, als man das perf consec sprechakttheoretisch als DIREKTIV einstufen kann), sondern ist diesem *untergeordnet*.

Es sei nun auf die bereits mehrfach angedeuteten syntaktischen Funktionen des perf consec nach imp eingegangen.

4.4.1 SYNTAKTISCHE FUNKTION: IMPLIZITE HYPOTAXE (SPEZIFIKATION)

In Kap. 4.3 wurden bereits viele Stellen mit der syntaktischen Funktion Implizite Hypotaxe (Spezifikation) vorgeführt. Hier seien nun noch weitere Belege genannt.

Ein deutliches Beispiel ist Jos 15,19: *Da sprach sie:* תְּנָה־לִּי בְרָכָה כִּי אֶרֶץ הַנֶּגֶב נְתַתָּנִי וְנָתַתָּה לִי גֻּלֹּת מָיִם *Gib mir eine Segens(gabe) – denn du gabst mir das Südland –, dergestalt daß du mir Wasserquellen gibst. Da gab er ihr die oberen und unteren Wasserquellen.* Hier spezifiziert das

---

[1] Hier wird die Bezeichnung "Implizite Hypotaxe" verwendet, da auf der Ebene der Oberflächenstruktur eine mit ו koordinierte Satzkette vorliegt. Wenn das perf consec per definitionem allerdings hypotaktisch zu verstehen ist, ist zu erwägen, ob beim perf consec nicht eine explizite Hypotaxe vorliegt. Dies müssen weitere Untersuchungen für andere Satzkettentypen zeigen.

1. תְּנָה־לִּי בְרָכָה imp den vorausgehenden וְנָתַתָּה לִי גֻּלֹת מָיִם perf consec. *Gib mir eine Segensgabe, d.h. genauer gesagt: Gib mir Wasserquellen.* Achsa, die Tochter Kalebs, will eine Segensgabe von ihrem Vater, aber nicht irgendeine, sondern Wasserquellen, also eine bestimmte Segensgabe. Vgl. auch Jdc 1,15.

Gen 17,10f.: 10 *Dies ist mein Bund, den ihr bewahren sollt, zwischen mir und euch und euren Söhnen und deinem Geschlecht nach dir:* הִמּוֹל לָכֶם כָּל־זָכָר 11 וּנְמַלְתֶּם אֵת בְּשַׂר עָרְלַתְכֶם *Beschneidet für euch alles, was männlich ist, 11 dergestalt daß ihr eure Vorhaut beschneiden laßt! Das soll das Bundeszeichen zwischen mir und euch sein.* Hier ist der spezifizierende Charakter des perf consec sehr schön deutlich, vgl. Gesenius/Kautzsch: "Ge 17, 11 dient das Perf consec (וּנְמַלְתֶּם *und zwar sollt ihr beschnitten werden* etc.) als Explikativ zu einem vorhergehenden Gebot"[2].

In Num 8,6 ist die syntaktische Funktion Implizite Hypotaxe (Spezifikation) ebenfalls deutlich· קַח אֶת־הַלְוִיִּם מִתּוֹךְ בְּנֵי יִשְׂרָאֵל וְטִהַרְתָּ אֹתָם *Nimm die Leviten aus der Mitte der Söhne Israels, dergestalt daß du sie reinigst.* Diese Beauftragung steht als Auftakt für die Weihe der Leviten als Priester. Von daher ist es einleuchtend, daß der imp קַח die Hauptaussage der Aufforderung darstellt, die Leviten sollen zuerst einmal ausgesondert werden. Das anschließende perf consec spezifiziert diese Aufforderung. Diese Spezifizierung wird dann in v.7 aufgenommen: וְכֹה־תַעֲשֶׂה לָהֶם לְטַהֲרָם הַזֵּה עֲלֵיהֶם מֵי חַטָּאת וְהֶעֱבִירוּ תַעַר עַל־כָּל־בְּשָׂרָם וְכִבְּסוּ בִגְדֵיהֶם וְהִטֶּהָרוּ *Und[3] so sollst du mit ihnen verfahren, um sie zu reinigen: Sprenge Wasser der Entsühnung über sie, und dann sollen sie ein Schermesser über ihren ganzen Körper führen und ihre Kleider waschen und sich so reinigen.* In v.6 und v.7 liegen zwei getrennte Aufforderungen vor. In v.6 geht es zunächst darum, die Leviten auszusondern, in v.7 wird dann der Auftrag und die Art und Weise angegeben, wie die Reinigung der Leviten durchzuführen ist. Vielleicht stellt die Satzkette von לְקַח imp mit folgendem perf consec hier eine Art Aus-

---

1   Die EÜ macht allerdings aus dem כִּי־Satz die Protasis eines Konditionalsatzgefüges: *Wenn du mich schon ins Trockental schickst, dann gib mir auch Wasserquellen!* Dann würde das perf consec nicht den imp fortführen, sondern den כִּי־Satz (vgl. auch Hertzberg [1985] S. 96; zu Jdc 1,15 vgl. ebd. S. 145). Soggin (1972) S. 161 faßt die Stelle ähnlich auf: "Give me a present; since the land you have given me is dry, give me also springs of water." Hingegen sollte der כִּי־Satz m.E. als Nebensatz zum vorausgehenden imp gesehen werden (vgl. z.B. auch die Übersetzung bei Butler [1983] S. 177, der allerdings das perf consec abtrennt: "Give me a blessing, because the land of the Negeb you have given me. Also give me pools of water.").

2   Gesenius/Kautzsch (1909) §112*aa* – gegen Meyer, der hier selbständiges perf consec annimmt, aber ähnlich übersetzt (vgl. Meyer [1972] S. 54).

3   Hier führt das w.x.imperf die vorausgehende Satzkette nicht fort, sondern leitet eine eigenständige Äußerung ein.

sonderungs- oder Weiheritus dar, denn in Num 27,18-21[1] wird Josua mit einer ähnlichen Äußerung geweiht (vgl. auch Num 3,45).

Desweiteren ist 1Sam 8,22 zu nennen. Die Israeliten kommen mit der Forderung zu Samuel, ihnen einen König einzusetzen (v.5). Dies mißfällt Samuel und er trägt es Jahwe vor. Jahwe beauftragt daraufhin Samuel in v.7, auf die Stimme des Volkes zu hören: שְׁמַע בְּקוֹל הָעָם לְכֹל אֲשֶׁר־ יֹאמְרוּ אֵלֶיךָ כִּי ... *Höre auf die Stimme des Volkes in allem, was sie dir gesagt haben, denn ....* Dieser Auftrag wird in derselben Jahwerede in v.9 wieder aufgenommen:[2] וְעַתָּה שְׁמַע בְּקוֹלָם אַךְ כִּי־הָעֵד תָּעִיד בָּהֶם וְהִגַּדְתָּ לָהֶם מִשְׁפַּט הַמֶּלֶךְ אֲשֶׁר יִמְלֹךְ עֲלֵיהֶם *Und nun: Höre auf ihre Stimme. Nur: Warne sie, dergestalt daß[3] du ihnen verkündest das Recht des Königs, der über sie herrscht.* In beiden Stellen liegt also der Ton auf dem שְׁמַע.[4] Von daher läßt sich v.22 verstehen, in dem dieses שְׁמַע durch ein folgendes perf consec spezifiziert wird: *Da sprach Jahwe zu Samuel:* שְׁמַע בְּקוֹלָם וְהִמְלַכְתָּ לָהֶם מֶלֶךְ *Höre auf ihre Stimme, dergestalt daß du ihnen einen König einsetzt. Da sprach Samuel zu den Männern Israels: Geht jeder in seine Stadt.* Samuel soll in erster Linie auf das Volk hören. Daß dies beinhaltet, daß er dem Volk auch einen König einsetzt, ist durch den Ablauf der Erzählung klar.

In Jos 17,14ff. sind die Nachkommen Josephs unzufrieden mit ihrer Landzuteilung und wollen von Josua weiteres Land. Auf diese Bitte antwortet Josua mit der folgenden Aufforderung (v.15): *Da sprach Josua zu ihnen: Weil du ein großes Volk bist,* עֲלֵה לְךָ הַיַּעְרָה וּבֵרֵאתָ לְךָ שָׁם בְּאֶרֶץ הַפְּרִזִּי וְהָרְפָאִים *geh hinauf in den Wald, dergestalt daß du dort für dich rodest im Land der Perisiter und Refaïter, wenn dir das Gebirge Ephraim zu eng ist.* Der Ton der Aufforderung liegt auf dem imp, nicht auf dem perf consec. Es geht in erster Linie darum, daß die Nachkommen Josephs in die Bergwälder ausweichen. Daß sie dieses Land auch urbar machen sollen, ist selbstverständlich.

In Jdc 6,14 ergeht folgender Auftrag an Gideon: *Da wandte sich Jahwe zu ihm und sprach:* לֵךְ בְּכֹחֲךָ זֶה וְהוֹשַׁעְתָּ אֶת־יִשְׂרָאֵל מִכַּף מִדְיָן *Geh in/mit dieser deiner Kraft und rette/befreie Israel aus der Hand Midians. Ist es nicht so: Ich sende dich (hiermit).*[5] Hier liegt ein ähnlicher Fall wie Jes 6,9 vor. Der imp stellt die übergeordnete Aufforderung dar,

---

[1]   Vgl. S. 247 zur Stelle.

[2]   Nach Kratz (2000) S. 178 gehört 8,1-22 zu einer Bearbeitung "im Geiste des Richterbuches", vv.7b-9a zu einer weiteren Bearbeitung "im Geiste des Gesetzes". V.7a gehört demnach zur selben Schicht wie v.22, nicht so v.9a.

[3]   Hier spezifiziert das perf consec die vorausgehende figura etymologica, daher diese Übersetzung.

[4]   Evtl. kann v.9 aber hier aus literarkritischen Gründen nicht zur Argumentation herangezogen werden.

[5]   Übersetzung von Wagner (1997) S. 119.

was durch הֲלֹא שְׁלַחְתִּיךָ deutlich wird. Das perf consec וְהוֹשַׁעְתָּ spezifiziert diesen imp.

In 1Sam 19,2 warnt Jonatan David: *Mein Vater Saul trachtet danach,*
dich zu töten. וְעַתָּה הִשָּׁמֶר־נָא בַבֹּקֶר וְיָשַׁבְתָּ בַסֵּתֶר וְנַחְבֵּאתָ *Und nun: Hüte*
dich am Morgen, dergestalt daß du im Versteck bleibst und dich ver-
birgst. Als Jonatan davon hört, daß Saul David töten will, teilt er David
obiges mit. In erster Linie geht es Jonatan darum, daß David auf der Hut
ist (imp). Die beiden perf consec spezifizieren den übergeordneten Auftrag.[1]

In Ez 38,7 ergeht folgender Auftrag: הִכֹּן וְהָכֵן לְךָ אַתָּה וְכָל־קְהָלֶךָ
הַנִּקְהָלִים עָלֶיךָ וְהָיִיתָ לָהֶם לְמִשְׁמָר *Mache dich bereit und rüste dich – du*
und deine ganzen Versammlungen, die sich um dich versammelt haben –,
dergestalt daß du für sie zur Reserve wirst[2]. Hier spezifiziert wohl auch
das perf consec die vorausgehenden imp.

In 1Sam 22,5 fordert Gad David folgendermaßen auf: *Bleibe nicht auf*
der Bergfeste! לֵךְ וּבָאתָ־לְּךָ אֶרֶץ יְהוּדָה *Geh, dergestalt daß du ins Land*
Juda kommst. Da ging David, und er kam nach Jaar-Heret. לֹא חֵשֵׁב
בַּמְּצוּדָה macht klar, daß es zunächst darum geht, daß David weggehen
soll (לֵךְ). Das folgende perf consec spezifiziert diesen imp lediglich. Man
kann hier auch übersetzen: *Geh, bis du ins Land Juda kommst.*

Moses Schwiegervater gibt Mose in Ex 18,19f. folgenden Rat: 19
Nun: Höre auf meine Stimme! Ich will dir einen Rat geben, und Gott
wird/soll mit dir sein: הֱיֵה אַתָּה לָעָם מוּל הָאֱלֹהִים וְהֵבֵאתָ אַתָּה אֶת־
הַדְּבָרִים אֶל־הָאֱלֹהִים 20 וְהִזְהַרְתָּה אֶתְהֶם אֶת־הַחֻקִּים וְאֶת־הַתּוֹרֹת וְהוֹדַעְתָּ
לָהֶם אֶת־הַדֶּרֶךְ יֵלְכוּ בָהּ וְאֶת־הַמַּעֲשֶׂה אֲשֶׁר יַעֲשׂוּן *Sei du für das Volk vor*
Gott, dergestalt daß du die Dinge vor Gott bringst 20 *und du sie*
verwarnst im Bezug auf die Gesetze und die Anweisungen, und du sie den
Weg lehrst, den sie gehen sollen, und die Werke, die sie tun sollen. Mose

---

[1] In 12 Fällen folgt auf שׁמר ni. imp ein durch פֶּן negierter Finalsatz (Gen 24,6; 31,24;
     Ex 34,12; Dtn 4,9 [allerdings folgt auf שׁמר ni. imp ein weiterer syndetischer imp,
     beide sind gleichwertig]; 4,23; 6,12; 8,11; 11,16; 12,13.19.30; 15,9). Einmal folgt auf
     שׁמר ni. imp ein finaler l.inf (vgl. hierzu unten Kap. 6.2.3): Dtn 24,8. In Ex 19,12
     folgt ein inf auf שׁמר ni. imp. In drei Fällen folgt auf שׁמר ni. imp die Präposition מִן
     mit inf: Gen 31,29; 2Reg 6,9 oder ein Nomen mit der Präposition מִן geht voraus: Jer
     9,3 (in diesen Fällen wird der imp auf Satzebene fortgeführt). In vier Fällen folgt
     (w.)al.juss, was einen negierten imp (oder in Ausnahmefällen ein negiertes perf con-
     sec vertritt; vgl. Kap. 5.3): Ex 10,28 [mit Konjektur, vgl. App. BHS]; Jdc 13,4; Jer
     17,21; Hi 36,21. In zwei Fällen folgt ein weiterer imp und ein asyndetischer al.juss
     auf שׁמר ni. imp: Ex 23,21; Jes 7,4. In diesen letzten sechs Fällen trägt wohl der
     al.juss den Ton der Kette (falls die asyndetisch angeschlossenen al.juss zur Satzkette
     mit dem imp gehören und nicht eigenständige Satzketten einleiten, vgl. hierzu Kap.
     2.7.3). Es ist jedoch in diesen sechs Stellen deutlich, daß שׁמר ni. imp nicht den Ton
     der Satzkette trägt. Dies ist in 1Sam 19,2 hingegen anders.
[2] So Gesenius/Buhl (1915) Sp. 471b. Nach HALAT Sp. 614a *zur Verfügung stehen*.

wird hier vorgeschlagen, als eine Art Mittler zwischen Gott und dem
Volk zu fungieren. Dieser "Befehl" wird spezifiziert, indem beide Seiten
eines solchen Mittlerdienstes näher beschrieben werden: einerseits soll
Mose die Sachen des Volkes vor Gott vertreten, andererseits soll er dem
Volk die Weisungen Jahwes mitteilen.[1]

Das perf consec bei וְהָיוּ ... קַח hat ebenfalls spezifizierende Funktion,
so in Num 7,5: קַח מֵאִתָּם וְהָיוּ לַעֲבֹד אֶת־עֲבֹדַת אֹהֶל מוֹעֵד וְנָתַתָּה אוֹתָם
אֶל־הַלְוִיִּם אִישׁ כְּפִי עֲבֹדָתוֹ *Nimm (es) von ihnen, dergestalt daß es sei, um
den Dienst an der Stiftshütte zu verrichten, und du es den Leviten gibst,
jedem gemäß seinem Dienst.* Das perf consec וְהָיוּ (und evtl. auch das
folgende perf consec וְנָתַתָּה[2]) spezifizieren hier den übergeordneten imp
קַח. Wichtig ist, daß Mose die Gaben nimmt, die die Israeliten ihm
bringen. So wird die Durchführung lediglich des imp und des zweiten
perf consec berichtet (vgl. v.6). Ähnliche Stelle: Num 3,45 (hier geht es
um die Aussonderung der Leviten).

In Ez 9,4 spezifiziert das perf consec ebenfalls den vorausgehenden
imp: *Da sprach Jahwe zu ihm:* עֲבֹר בְּתוֹךְ הָעִיר בְּתוֹךְ יְרוּשָׁלָ͏ִם וְהִתְוִיתָ תָּו
עַל־מִצְחוֹת הָאֲנָשִׁים הַנֶּאֱנָחִים וְהַנֶּאֱנָקִים עַל כָּל־הַתּוֹעֵבוֹת הַנַּעֲשׂוֹת בְּתוֹכָהּ
*Ziehe mitten durch die Stadt, mitten durch Jerusalem, dergestalt daß du
ein Zeichen machst auf die Stirn der Menschen, die seufzen und stöhnen
über alle Greuel, die in ihrer Mitte begangen werden.* Im Kontext ist
klar, daß die Stadt Jerusalem heimgesucht werden soll. Deutlich ist, daß
der Angeredete ein Schreibzeug קֶסֶת הַסֹּפֵר hat (v.3). Daß er etwas
kennzeichnen soll, ist also durch den Kontext klar. Demnach ist das, worauf es in der Äußerung ankommt, der imp. Dieser trägt den Ton, das perf
consec übt die syntaktische Funktion Implizite Hypotaxe (Spezifikation
[oder temporal]) aus.

Hierher gehört wohl auch Lev 24,14f.: 14 הוֹצֵא אֶת־הַמְקַלֵּל אֶל־מִחוּץ
לַמַּחֲנֶה וְסָמְכוּ כָל־הַשֹּׁמְעִים אֶת־יְדֵיהֶם עַל־רֹאשׁוֹ וְרָגְמוּ אֹתוֹ כָּל־הָעֵדָה 15 וְאֶל־
בְּנֵי יִשְׂרָאֵל תְּדַבֵּר לֵאמֹר 14 *Führe den Flucher heraus vor das Lager,
dergestalt daß alle, die es hören, ihre Hände auf seinen Kopf legen, und
ihn die ganze Versammlung steinige, 15 und zu den Söhnen Israels sollst
du dann folgendermaßen sagen: ....* Hier scheint im Vordergrund zu
stehen, daß der Fluchende aus dem Lager geführt wird, bevor er
gesteinigt wird.[3]

1Sam 29,10 sei als letzte Stelle angeführt: וְעַתָּה הַשְׁכֵּם בַּבֹּקֶר וְעַבְדֵי
אֲדֹנֶיךָ אֲשֶׁר־בָּאוּ אִתָּךְ וְהִשְׁכַּמְתֶּם בַּבֹּקֶר וְאוֹר לָכֶם וָלֵכוּ *Und nun: Mach*

---

1   In v.21 setzt eine neue Satzkette mit וְאַתָּה ein. Anders Andersen (1974) S. 134 zur
    Stelle. Nach ihm liegt hier ein Chiasmus vor.

2   Vielleicht übt hier dieses perf consec die syntaktische Funktion Implizite Hypotaxe
    (temporal) aus.

3   Im Bericht der Durchführung v.23 wird sowohl der imp als auch das letzte perf con-
    sec aufgenommen. – Vgl. auch S. 325 zur Stelle.

*dich früh am Morgen auf und die Knechte deines Herrn, die mit dir
gekommen sind, dergestalt daß ihr euch früh am Morgen aufmacht, und*[1]
es hell wird über euch, und geht! Hier wird der imp הַשְׁכֵּם בַּבֹּקֶר
dahingehend spezifiziert, daß die Zeitangabe genauer eingegrenzt wird,
denn David und seine Männer sollen sich nicht irgendwann am Morgen
aufmachen, sondern dann, wenn es Tag wird: וְהִשְׁכַּמְתֶּם בַּבֹּקֶר וְאוֹר[2] לָכֶם.
Den Ton der gesamten Äußerung trägt der letzte imp לְכוּ, denn es kommt
darauf an, daß David und seine Männer weggehen.[3]

4.4.2 SYNTAKTISCHE FUNKTION: IMPLIZITE HYPOTAXE (TEMPORAL)

Neben der syntaktischen Funktion Implizite Hypotaxe (Spezifikation)
gibt es auch, wie in der Literaturübersicht bereits erwähnt, die syntaktische Funktion Implizite Hypotaxe (temporal) des perf consec nach einem
imp.

Die Stelle, an der man dies am besten verdeutlichen kann, ist Prv
24,27: הָכֵן בַּחוּץ מְלַאכְתֶּךָ וְעַתְּדָהּ בַּשָּׂדֶה לָךְ אַחַר וּבָנִיתָ בֵיתֶךָ *Verrichte
draußen deine Arbeit und bereite sie dir auf dem Feld; nachher erst baue
dein Haus.*[4] Hier liegt eindeutig eine zeitliche Abfolge vor (dies wird
durch אַחַר deutlich). Nach Plöger "will die Aufforderung von V.27a die
rechte Reihenfolge der Tätigkeiten hervorheben, nämlich zunächst mit
der Arbeit auf dem Feld für den Lebensunterhalt zu sorgen und erst danach mit dem Bau eines Hauses zu beginnen"[5]. D.h., das perf consec
führt die übergeordneten imp zeitlich fort. *Verrichte zuerst deine Arbeit,
dann kannst du immer noch dein Haus bauen.* Hier ist auch die oben[6]
besprochene Stelle Ex 19,24 zu nennen: *Da sprach Jahwe zu ihm:* לֶךְ־רֵד
וְעָלִיתָ אַתָּה וְאַהֲרֹן עִמָּךְ *Wohlan, steig hinab und komm (dann wieder)
herauf – du und Aaron mit dir ....* Auch diese Stelle weist einen zeitlichen Fortschritt auf. וְעָלִיתָ stellt eine zukünftige Handlung dar.

In 2Sam 10,5 (par. 1Chr 19,5[7]) übt das perf consec ebenfalls die syntaktische Funktion Implizite Hypotaxe (temporal) aus: *Als man das David erzählte, da schickte er ihnen entgegen, denn die Männer waren sehr
beschimpft worden, und der König sprach:* שְׁבוּ בִירֵחוֹ עַד־יִצְמַח זְקַנְכֶם

---

[1] Evtl. auch *wenn es hell wird ....*
[2] Dies ist ebenfalls als perf consec aufzufassen.
[3] Vgl. auch den Bericht der Durchführung in v.11. — Gesenius/Kautzsch (1909)
§164*b* fassen die Kette < perf consec - perf consec - imp > wohl als Temporalsatzge-
füge auf. — Zur Textkritik vgl. App. BHS und z.B. McCarter (1980) S. 426; Stoebe
(1973) S. 499. — Ähnlich Schwanz [1978] (vgl. hierzu oben S. 24 Anm. 4).
[4] Übersetzung von Plöger (1984) S. 285. — Ad Zeitangabe vor perf consec vgl. Gese-
nius/Kautzsch (1909) §112*oo*.
[5] Plöger (1984) S. 287.
[6] Vgl. S. 243 und S. 250 zur Stelle.
[7] 1Chr 19,5 weicht etwas von 2Sam 10,5 ab. Dies beeinflußt aber nicht die hier vorge-
nommene Analyse.

וְשַׁבְתֶּם *Bleibt in Jericho bis euer Bart gewachsen ist, dann kehrt zurück.*
Auch an dieser Stelle wird die syntaktische Funktion Implizite Hypotaxe
(temporal) klar. Der imp trägt den Ton der Satzkette.

Auf 1Reg 17,13 wurde bereits oben (S. 251) eingegangen: *Da sprach
Elia zu ihr: Fürchte dich nicht. Komm, tu entsprechend deinem Wort.*
אַךְ עֲשִׂי־לִי מִשָּׁם עֻגָה קְטַנָּה בָרִאשֹׁנָה וְהוֹצֵאתְ לִי וְלָךְ וְלִבְנֵךְ תַּעֲשִׂי
בָּאַחֲרֹנָה *Ach, mache mir zuerst davon einen kleinen Kuchen und bringe
ihn mir (dann) heraus, und für dich und deinen Sohn mache dann etwas.*

In Jer 27,2-4 wird Jeremia aufgefordert, sich ein Joch zu machen: *2 So
sprach Jahwe zu mir:* עֲשֵׂה לְךָ מוֹסֵרוֹת וּמֹטוֹת וּנְתַתָּם עַל־צַוָּארֶךָ 3 וְשִׁלַּחְתָּם
אֶל־מֶלֶךְ אֱדוֹם וְאֶל־מֶלֶךְ מוֹאָב וְאֶל־מֶלֶךְ בְּנֵי עַמּוֹן וְאֶל־מֶלֶךְ צֹר וְאֶל־מֶלֶךְ
צִידוֹן בְּיַד מַלְאָכִים הַבָּאִים יְרוּשָׁלַם אֶל־צִדְקִיָּהוּ מֶלֶךְ יְהוּדָה 4 וְצִוִּיתָ אֹתָם
אֶל־אֲדֹנֵיהֶם לֵאמֹר *Mache dir Band und Joch, dann lege sie auf deinen
Nacken, 3 und schicke sie zum König Edoms, zum König Moabs, zum
König der Söhne Ammons, zum König Tyrus' und zum König Sidons
durch die Hand der Boten, die nach Jerusalem zu Zidkija, dem König von
Juda, gekommen sind, 4 und ordne sie an ihre Herren folgendermaßen
ab: So spricht Zebaoth, der Gott Israels: So sollt ihr zu euren Herren
sprechen: ….* Jeremia soll sich ein Joch machen, dies ist die
Voraussetzung für die folgende Zeichenhandlung. Die perf consec führen
diesen übergeordneten imp mit der syntaktischen Funktion Implizite
Hypotaxe (temporal) fort: *Mache dir …* (imp), *dann lege …* (perf
consec), *dann schicke …* (perf consec), *dann ordne sie ab …* (perf
consec). Evtl. übt das letzte perf consec auch die syntaktische Funktion
Implizite Hypotaxe (Spezifikation) aus.

4.4.3 SYNTAKTISCHE FUNKTION: IMPLIZITE HYPOTAXE (FINAL/KONSEKU-TIV)

Eine weitere syntaktische Funktion des perf consec ist die Funktion Implizite Hypotaxe (final/konsekutiv). Auch bei dieser syntaktischen Funktion trägt der imp den Ton der Satzkette. Das haben Austauschprobe und
Kontextanalyse ergeben (vgl. Kap. 4.3).

Eine Stelle, an der diese Funktion Implizite Hypotaxe (final/konse-
kutiv) deutlich gegeben ist, ist 1Chr 15,12:[1] *Da sprach er* [sc. David] *zu
ihnen: Ihr seid die Häupter der Stammväter für die Leviten:* הִתְקַדְּשׁוּ אַתֶּם
וַאֲחֵיכֶם וְהַעֲלִיתֶם אֵת אֲרוֹן יְהוָה אֱלֹהֵי יִשְׂרָאֵל אֶל־הֲכִינוֹתִי לוֹ *Heiligt euch
und eure Brüder, daß/damit ihr die Lade Jahwes, des Gottes Israels,
herauftragen könnt an den von mir für sie bereiteten Ort.* Hier gibt das
perf consec den Zweck der Aufforderung an: *Heiligt euch*, damit *ihr die
Lade heraufbringen (könnt)*. Dies zeigt auch der Bericht der Durch-

---

[1]   Vgl. auch oben S. 253 zur Stelle.

führung,[1] denn das perf consec wird dort durch l.inf wiedergegeben, der final/konsekutiven Charakter hat.[2]

Auch in Jdc 7,10f. übt das perf consec die syntaktische Funktion Implizite Hypotaxe (final/konsekutiv) aus:[3] 10 *Wenn du dich fürchtest, (allein) hinabzugehen,* רֵד אַתָּה וּפֻרָה נַעַרְךָ אֶל־הַמַּחֲנֶה 11 וְשָׁמַעְתָּ מַה־יְדַבֵּרוּ *dann geh du und Pura, dein Diener, hinab zum Lager, 11 daß/damit du hörst, was sie reden, dann werden deine Hände stark werden[4] und du wirst hinabgehen ins Lager.* In dieser Stelle gibt das perf consec ebenfalls den Zweck, die beabsichtigte Folge der Aufforderung an. Gideon und Pura sollen zum Lager der Midianiter gehen, *damit* sie hören, was diese reden.

Ebenso ist 2Sam 24,2 zu verstehen:[5] *Da sprach der König zu Joab, dem Heerführer,[6] der bei ihm war:* שׁוּט־נָא בְּכָל־שִׁבְטֵי יִשְׂרָאֵל מִדָּן וְעַד־ בְּאֵר שֶׁבַע וּפִקְדוּ אֶת־הָעָם וְיָדַעְתִּי אֵת מִסְפַּר הָעָם *Zieht umher in allen Stämmen Israels von Dan bis Beerscheba und zählt das Volk, daß/damit ich die Zahl des Volkes weiß.* David beauftragt Joab mit einer Volkszählung. Ziel dieser Zählung ist es, zu wissen, wieviele wehrfähige Männer David aufbieten kann. D.h., das perf consec hat hier finalen oder konsekutiven Charakter.

Auch in Ex 8,12 ist der final/konsekutive Charakter des perf consec deutlich: *Da sprach Jahwe zu Mose: Sage zu Aaron:* נְטֵה אֶת־מַטְּךָ וְהַךְ אֶת־עֲפַר הָאָרֶץ וְהָיָה לְכִנִּם בְּכָל־אֶרֶץ מִצְרָיִם *Recke deinen Stab aus und schlage auf den Staub der Erde, daß/damit er zu Mücken wird im ganzen Land Ägypten.* Auch hier ist der final/konsekutive Charakter des perf consec deutlich. Daß der Staub der Erde zu Stechmücken werde, ist ja die beabsichtigte Folge dessen, daß Aaron seinen Stab in den Staub der Erde schlägt.[7]

In Num 4,19 drücken die perf consec ebenfalls final/konsekutive Satzkettenglieder aus: וְזֹאת עֲשׂוּ לָהֶם וְחָיוּ וְלֹא יָמֻתוּ בְּגִשְׁתָּם אֶת־קֹדֶשׁ *dieses tut ihnen, daß/damit sie leben und nicht sterben, wenn sie sich dem Hochheiligen nähern:* ....[8]

Das zweite und dritte perf consec gibt in 2Sam 11,15 ebenfalls den Zweck des Auftrags an: Uria soll sterben. Der finale Charakter ist deut-

---

[1] Vgl. oben S. 253 zur Stelle.
[2] Vgl. unten Kap. 6.2.3.
[3] Vgl. oben S. 253 zur Stelle.
[4] Das w.x.imperf vertritt hier ein perf consec (vgl. unten Kap. 5.3.5).
[5] Vgl. oben S. 251 zur Stelle.
[6] Hier nach MT übersetzt, vgl. aber auch App. BHS.
[7] Normalerweise kommt diese Wendung aber nicht mit perf consec, sondern mit w.juss vor (vgl. S. 188, bes. Anm. 6 zu Ex 9,22).
[8] Im Gegensatz zu Gen 42,18 trägt hier aber der imp וְזֹאת עֲשׂוּ den Ton der Satzkette.

lich:[1] *Und er [sc. David] schrieb in dem Brief:* הָב֣וּ אֶת־אֽוּרִיָּ֗ה אֶל־מוּל֙ פְּנֵ֤י
הַמִּלְחָמָה֙ הַֽחֲזָקָ֔ה וְשַׁבְתֶּ֥ם מֵאַֽחֲרָ֖יו וְנִכָּ֥ה וָמֵֽת *Stellt Uria an die Vorderseite
des heftigen Kampfes, und zieht euch (dann) hinter ihm zurück,
daß/damit er erschlagen wird und stirbt.* Das erste perf consec übt die
syntaktische Funktion Implizite Hypotaxe (temporal) aus.

In 1Reg 2,31 übt das letzte perf consec wohl auch die syntaktische
Funktion Implizite Hypotaxe (final/konsekutiv) aus:[2] *Da sprach der Kö-
nig zu ihm:* עֲשֵׂ֣ה כַּֽאֲשֶׁ֤ר דִּבֶּר֙ וּפְגַע־בּ֔וֹ וּקְבַרְתּ֑וֹ וַהֲסִֽירֹתָ֣ ׀ דְּמֵ֣י חִנָּ֗ם אֲשֶׁ֥ר
*Mach's, wie er gesagt hat, und erschlag ihn und begrabe ihn dann,
daß/damit du das unverschuldete Blut von mir und meines Vaters Haus
entfernst, das Joab vergossen hat.* Benaja hat in v.29 den Auftrag erhalten, Joab zu töten: לֵ֖ךְ פְּגַע־בּֽוֹ *Geh, stoß ihn nieder.* Dieser Auftrag wird
hier wiederholt, aber leicht verändert. Er wird durch zwei perf consec
erweitert, wobei das erste die Funktion Implizite Hypotaxe (temporal) hat
(vgl. oben), das zweite aber deutlich final/konsekutiv ist.[3] Das erste perf
consec וּקְבַרְתּ֑וֹ drückt ein temporales Satzkettenglied aus.

Ez 37,16f. ist ebenfalls final/konsekutiv zu verstehen: וְאַתָּ֣ה בֶן־אָדָ֗ם 16
קַח־לְךָ֙ עֵ֣ץ אֶחָ֔ד וּכְתֹ֤ב עָלָיו֙ לִֽיהוּדָ֔ה וְלִבְנֵ֥י יִשְׂרָאֵ֖ל חֲבֵרָ֑יו[4] וּלְקַח֙ עֵ֣ץ אֶחָ֔ד
וּכְתֹ֣ב עָלָ֗יו לְיוֹסֵף֙ עֵ֣ץ אֶפְרַ֔יִם וְכָל־בֵּ֥ית יִשְׂרָאֵ֖ל חֲבֵרָֽיו[5] 17 וְקָרַ֨ב אֹתָ֜ם
אֶחָ֧ד אֶל־אֶחָ֛ד לְךָ֖ לְעֵ֣ץ אֶחָ֑ד וְהָי֥וּ לַֽאֲחָדִ֖ים בְּיָדֶֽךָ 16 *Du aber, Menschensohn, nimm ein (Stück) Holz und schreibe darauf: Für Juda und die
Söhne Israels, seine Genossen!, und nimm dir (noch) ein (Stück) Holz
und schreibe darauf: Das Holz Ephraims für Joseph und für das ganze
Haus Israels, seine Genossen!, 17 und füge eins ans andere (wörtlich:
laß sie sich gegenseitig nahen) für dich zu einem Holz, daß/damit sie zu
einem in deinen Händen werden.* Evtl. übt das perf consec וְהָי֥וּ hier auch
die syntaktische Funktion Implizite Hypotaxe (Spezifikation) aus:
dergestalt daß sie zu einem in deinen Händen werden.

Evtl. gehört auch Ex 34,1f. hierher: *Da sprach Jahwe zu Mose:*
פְּסָל־לְךָ֛ שְׁנֵֽי־לֻחֹ֥ת אֲבָנִ֖ים כָּרִֽאשֹׁנִ֑ים וְכָֽתַבְתִּי֙ עַל־הַלֻּחֹ֔ת אֶת־הַדְּבָרִ֔ים אֲשֶׁ֥ר 1
*Haue dir zwei steinerne Tafeln wie die ersten, daß/damit ich auf den
Tafeln schreibe die Worte, die auf den ersten Tafeln waren, die du
zerbrochen hast.* Hier scheint das perf consec final an den imp
anzuschließen. Allerdings könnte es auch spezifizierend sein. Evtl. liegt
auch die syntaktische Funktion Implizite Hypotaxe (temporal) vor. In v.2

---

[1] Vgl. oben S. 253 zur Stelle.
[2] Vgl. oben S. 250 zur Stelle.
[3] Vgl. auch die Übersetzung bei Joüon/Muraoka: "*Do as he has said, kill him, then you
will bury him; and thus you will remove the innocent blood ... [...]*" (Joüon/Muraoka
[1991] §119*l* S. 399).
[4] So das Qere.
[5] So das Qere.

wird die Satzkette durch einen weiteren imp fortgeführt,[1] der den Ton der Satzkette trägt: וֶהְיֵה נָכוֹן לַבֹּקֶר וְעָלִיתָ בַבֹּקֶר אֶל־הַר סִינַי וְנִצַּבְתָּ לִי שָׁם עַל־רֹאשׁ הָהָר *Und sei morgen bereit,[2] dergestalt daß du am Morgen heraufsteigst auf den Berg Sinai und dich vor mich hinstellst dort auf dem Gipfel des Berges.* Es folgen in v.3 weitere w.x.imperf in der Funktion eines perf consec, die diese Satzkette weiter spezifizieren (hier wird oft das Verb עלה verwendet: Mose soll hinaufsteigen וְעָלִיתָ, andere Menschen hingegen nicht וְאִישׁ לֹא־יַעֲלֶה עִמָּךְ).[3]

In Dtn 10,1f. kommt eine ähnliche Äußerung vor, allerdings mit w.kohort (v.2: וְאֶכְתֹּב) statt perf consec (Ex 34,1: וְכָתַבְתִּי):[4] *1 Zu dieser Zeit sprach Jahwe zu mir:* פְּסָל־לְךָ שְׁנֵי־לוּחֹת אֲבָנִים כָּרִאשֹׁנִים וַעֲלֵה אֵלַי הָהָרָה וְעָשִׂיתָ לְּךָ אֲרוֹן עֵץ 2 וְאֶכְתֹּב עַל־הַלֻּחֹת אֶת־הַדְּבָרִים אֲשֶׁר הָיוּ עַל־הַלֻּחֹת הָרִאשֹׁנִים אֲשֶׁר שִׁבַּרְתָּ וְשַׂמְתָּם בָּאָרוֹן *Behaue dir zwei Tafeln aus Stein wie die ersten und steig herauf zu mir auf den Berg – und mache dir auch einen Kasten aus Holz –, 2 damit ich auf die Tafeln die Worte schreibe, die auf den ersten Tafeln waren, die du zerbrochen hast, und (dann) lege sie in den Kasten.* Hier trägt der w.kohort den Ton der Satzkette, es verschiebt sich also die Aussagerichtung. In Dtn 10,1f. wird der Bau der Lade und das Hineinlegen der Tafeln in die Lade mit perf consec angegeben, es handelt sich hierbei um untergeordnete Aufforderungen.[5] In Ex 34,1f. und Dtn 10,1f. werden also verschiedene Schwerpunkte gelegt.

---

[1] Evtl. liegt auch ein Neueinsatz vor.

[2] Greenfield (1969) S. 209 sieht hier einen Beleg für den sog. 'periphrastic imperativ', d.h. היה imp gefolgt von einem ptz. Ein zweiter Beleg liege in Ps 30,11 vor.

[3] Noth (1984) S. 215 rechnet in den vv.1b.2bα mit einer nachträglichen Bearbeitung. Für die syntaktische Analyse ist dies hier nicht von Belang, da der Text auch auf der Ebene der Endredaktion grammatisch korrekt ist.

[4] Allerdings ist dieser w.kohort textkritisch nicht unumstritten (vgl. Nielsen [1995] S. 114).

[5] Rose (1994) S. 512 schreibt zu Dtn 10,1f.: "Wie ein Zusatz wirkt der Auftrag zur Herstellung eines Holzkastens; durch die Nachstellung wird ausgedrückt, daß der Holzkasten nicht mit auf den Berg gebracht werden muß (vgl. V.3 u. 5). [...] Nachträglich wird die Funktion des Holzkastens ausdrücklich angegeben: in ihm sollen die Steintafeln aufbewahrt werden." Rose ist also auch der Meinung, daß die durch perf consec ausgedrückten Aufforderungen den anderen untergeordnet sind. — In Ex 34 wird die Lade im jetzigen Kontext nicht erwähnt, allerdings wird von einigen Exegeten die Meinung vertreten, in Ex müsse es auch eine Ladeerzählung gegeben haben, vgl. z.B. Driver (1902) S. 118; von Rad (1983) S. 56: "Daß nach dem gerade noch abgewehrten Vernichtungsgericht über Israel Lade und Tafeln zusammen herzustellen waren, entspricht der älteren Darstellung von 2. Mose 32; 34 nicht. Vielleicht hat sich aber hier doch ein Element der älteren Überlieferung erhalten, denn immer schon haben die Ausleger darauf vewiesen, daß hinter 2. Mose 33,6 ursprünglich einmal ein Bericht von der Herstellung einer Lade gestanden haben

4.4.4   Syntaktische Funktion: Implizite Hypotaxe (konditional)

Die syntaktische Funktion Implizite Hypotaxe (konditional) ist ebenfalls für das perf consec nach imp belegt. Auch hier gilt im Gegensatz zu Satzketten der Typen < imp - (w.)imp > und < imp - w.kohort/juss >, daß der imp und nicht das perf consec den Ton der Satzkette trägt. Dies haben Kontextanalyse und Austauschprobe ergeben.

In Jdc 1,3 liegt eine solche Satzkette mit der syntaktischen Funktion Implizite Hypotaxe (konditional) vor:[1] *Da sprach Juda zu Simeon, seinem Bruder:* עֲלֵה אִתִּי בְגוֹרָלִי וְנִלָּחֲמָה בַּכְּנַעֲנִי וְהָלַכְתִּי גַם־אֲנִי אִתְּךָ בְּגוֹרָלֶךָ *Zieh hinauf mit mir in mein Losteil, und laß uns mit den Kanaanäern kämpfen, so will auch ich mit dir in dein Losteil gehen.* Der konditionale Charakter der Äußerung ist hier deutlich: *Wenn du mit mir ziehst und (vor allen Dingen) kämpfst, dann werde ich auch mit dir ziehen ....* Im Deutschen haben wir eine ähnliche Möglichkeit, eine solche implizite Hypotaxe auszudrücken, allerdings mit Präsens in der Apodosis: *Zieh mit mir hinauf ..., und ich ziehe mit dir ....*

In Num 10,29 wird der konditionale Charakter des perf consec ebenfalls deutlich: *Da sprach Mose zu Hobab, dem Sohn Reguëls, dem Midianiter, dem Schwiegervater Moses: Wir ziehen hinauf an den Ort, von dem Jahwe gesagt hat: Ihn gebe ich euch!* לְכָה אִתָּנוּ וְהֵטַבְנוּ לָךְ כִּי *Geh mit uns, so wollen wir dir wohl tun, denn Jahwe hat Gutes über Israel geredet.*

Auch in Num 22,8 könnte ein konditionales Satzgefüge vorliegen: *Da sprach er* [sc. Bileam] *zu ihnen* [sc. den Boten Balaks] לִינוּ פֹה הַלַּיְלָה וַהֲשִׁבֹתִי אֶתְכֶם דָּבָר כַּאֲשֶׁר יְדַבֵּר יְהוָה אֵלָי *Bringt die Nacht hier zu, so will ich euch Bericht erstatten, was Jahwe zu mir geredet hat.* Allerdings ordnen Joüon/Muraoka die Stelle unter *succession* ein.[2]

In Jdc 1,24 übt das perf consec ebenfalls die syntaktische Funktion Implizite Hypotaxe (konditional) aus: *Da sahen die Späher einen Mann, der aus der Stadt herausging, und sprachen zu ihm:* הַרְאֵנוּ נָא אֶת־מְבוֹא הָעִיר וְעָשִׂינוּ עִמְּךָ חָסֶד *Zeige uns doch den Zugang zur Stadt, so werden wir dir gegenüber Loyalität üben.* Das perf consec bildet die Apodosis zum imp הַרְאֵנוּ. Nur *wenn* der Mann den Spähern den Weg zeigt, werden sie Barmherzigkeit an ihm tun. Das perf consec ist also konditional aufzufassen.

In 2Sam 19,34 fordert David Barsillai auf, mit ihm nach Jerusalem zu kommen, um für ihn zu sorgen, weil dieser ihm geholfen hat: *Da sprach der König zu Barsillai:* אַתָּה עֲבֹר אִתִּי וְכִלְכַּלְתִּי אֹתְךָ עִמָּדִי בִּירוּשָׁלָ͏ִם *Du,*

---

müsse."; Steuernagel (1923) S. 86 nimmt ebenfalls an, in Ex 33 habe zwischen v.6 und v.7 eine Ladeerzählung gestanden.

[1]   Vgl. oben S. 252 zur Stelle.

[2]   Vgl. Joüon/Muraoka (1991) §119*m* S. 400.

zieh mit mir, so will ich dich bei mir in Jerusalem versorgen. David wünscht, daß Barsillai nach Abschaloms Aufstand und Tod ihm nach Jerusalem folgt (imp). Darauf kommt es an. Das perf consec ist konditional zu verstehen.[1]

In Jer 7,23 liegt eine komplexere Satzkette vor: *Sondern diese Sache habe ich ihnen geboten:* שִׁמְעוּ בְקוֹלִי וְהָיִיתִי לָכֶם לֵאלֹהִים וְאַתֶּם תִּהְיוּ־לִי לְעָם וַהֲלַכְתֶּם בְּכָל־הַדֶּרֶךְ אֲשֶׁר אֲצַוֶּה אֶתְכֶם לְמַעַן יִיטַב לָכֶם *Hört auf meine Stimme, so will ich für euch Gott sein und ihr sollt für mich ein Volk sein, dergestalt daß ihr wandelt auf dem ganzen Weg, den ich euch gebiete, damit es euch gut gehe.* Jahwe will der Gott Israels sein, *wenn* das Volk gehorcht. Der Ton der Satzkette liegt auf dem imp, das erste perf consec ist konditional.[2] Das zweite perf consec übt wohl die syntaktische Funktion Implizite Hypotaxe (Spezifikation) aus.

In Num 11,18 liegt ebenfalls ein konditionales Satzgefüge vor: *Zu dem Volk sage:* הִתְקַדְּשׁוּ לְמָחָר וַאֲכַלְתֶּם בָּשָׂר כִּי *Heiligt euch für morgen, so sollt ihr Fleisch essen, denn ....* Die Heiligung des Volkes ist wohl die Voraussetzung dafür, daß das Volk Fleisch zu essen bekommt, d.h. hier liegt ein konditionales Satzgefüge vor.[3]

In Jer 42,20 steht folgende konditionale Satzkette des Typs < imp - perf consec >: *... denn ihr handelt töricht um den Preis eurer Seelen[4], denn ihr habt mich zu Jahwe, eurem Gott, geschickt:* הִתְפַּלֵּל בַּעֲדֵנוּ אֶל־ יְהוָה אֱלֹהֵינוּ וּכְכֹל אֲשֶׁר יֹאמַר יְהוָה אֱלֹהֵינוּ כֵּן הַגֶּד־לָנוּ וְעָשִׂינוּ *Lege du Fürbitte bei Jahwe, unserem Gott, für uns ein, und entsprechend allem, was Jahwe, unser Gott, sagt, gib uns Nachricht, so wollen wir danach handeln.* Hier wird Wert darauf gelegt, daß Jeremia dem Volk die Worte Jahwes kundtut, dann will es tun, was Jahwe sagt. Das perf consec ist also konditional aufzufassen.

4.4.5 SONSTIGE SYNTAKTISCHE FUNKTIONEN DES PERF CONSEC NACH IMP

a) Syntaktische Funktion: Implizite Hypotaxe (Objektsatz)

Die syntaktische Funktion Implizite Hypotaxe (Objektsatz) ist bei Satzketten des Typs < imp - w.kohort/juss > relativ häufig belegt, doch auch bei Satzketten des Typs < imp - perf consec > scheint diese Funktion beim perf consec vorzukommen. Ein Beleg ist Num 35,2[5]: צַו אֶת־בְּנֵי

---

[1] Nach Kuhr (1929) S. 45 ist die Stelle aber final aufzufassen.

[2] Vgl. zur Stelle auch unten S. 323.

[3] Vgl. z.B. auch Noth (1982) S. 73; EÜ; Gray (1903) S. 101: "[...] Sanctify yourselves against to-morrow, and ye shall eat flesh: [...]". Anders Levine (1993) S. 313: "Make yourselves ritually fit for tomorrow, when you will eat meat." Heinisch (1936) S. 50 übersetzt: "Heiligt euch für morgen. Da werdet ihr Fleisch zu essen bekommen; [...]"

[4] Vgl. zu dieser Übersetzung Gesenius/Buhl (1915) Sp. 885a.

[5] Joüon/Muraoka (1991) §177j bemerken zu dieser Stelle allerdings: "hence וְנָתְנוּ of Nu 35.2 is suspect", allerdings ohne Angabe von Gründen.

יִשְׂרָאֵל וְנָתְנוּ לַלְוִיִּם מִנַּחֲלַת אֲחֻזָּתָם עָרִים לָשָׁבֶת וּמִגְרָשׁ לֶעָרִים סְבִיבֹתֵיהֶם
תִּתְּנוּ לַלְוִיִּם ... *Gebiete den Söhnen Israels, daß sie den Leviten von ihrem Eigentum an Land Städte zum Wohnen geben sollen, und Weideplatz ringsum die Städte gebt den Leviten ....*[1] Hier liegt in וְנָתְנוּ לַלְוִיִּם מִנַּחֲלַת
אֲחֻזָּתָם עָרִים לָשָׁבֶת wohl ein Objektsatz vor zu צַו אֶת־בְּנֵי יִשְׂרָאֵל.[2]

In Jos 2,12f. ist die syntaktische Funktion Implizite Hypotaxe (Objektsatz) ebenfalls belegt: וְעַתָּה הִשָּׁבְעוּ־נָא לִי בַּיהוָה כִּי־עָשִׂיתִי עִמָּכֶם 12
חָסֶד וַעֲשִׂיתֶם גַּם־אַתֶּם עִם־בֵּית אָבִי חֶסֶד וּנְתַתֶּם לִי אוֹת אֱמֶת 13 וְהַחֲיִתֶם
אֶת־אָבִי וְאֶת־אִמִּי וְאֶת־אַחַי וְאֶת־[אַחְיוֹתַי][3] וְאֵת כָּל־אֲשֶׁר לָהֶם וְהִצַּלְתֶּם אֶת־
נַפְשֹׁתֵינוּ מִמָּוֶת 12 *Und nun: Schwört mir bei Jahwe – denn ich habe an euch loyal gehandelt –, daß auch ihr am Haus meines Vaters loyal handelt, dergestalt daß ihr mir ein beständiges Zeichen gebt, 13 daß ihr meinen Vater, meine Mutter, meine Brüder, meine Schwestern und alles, was ihnen ist, leben laßt und ihr ihre Seelen vom Tod rettet.* Es handelt sich bei Jos 2,12f. m.E. um einen analogen Fall zu Num 35,2. Auch hier scheint das erste perf consec einen Objektsatz auszudrücken.[4] Wichtig ist, daß die Kundschafter, die Jericho auskundschaften, Rahab *schwören*, sie am Leben zu lassen. Dementsprechend schwören die Kundschafter in v.14. Die perf consec sind also dem imp untergeordnet, sie geben an, worin der Schwur besteht.

Weiterer Beleg: Num 15,38[5].

b) Syntaktische Funktion: Implizite Hypotaxe (kausal)
In einigen Fällen kann das perf consec auch die syntaktische Funktion Implizite Hypotaxe (kausal) ausüben, was durch den Vergleich von 1Chr 14,10 und 2Sam 5,19 deutlich wird.[6] In 1Chr 14,10 kommt ein perf consec nach einem imp vor: עֲלֵה וּנְתַתִּים בְּיָדֶךָ. Hier kann das perf consec kausal verstanden werden, was die Parallele in 2Sam 5,19 stützt, denn dort liegt ein explizit kausales Satzgefüge vor: עֲלֵה כִּי־נָתֹן אֶתֵּן אֶת־
הַפְּלִשְׁתִּים בְּיָדֶךָ *Zieh hinauf, denn ich werde die Philister gewiß in deine Hand geben.*

---

1   Es folgen in vv.2f. weitere w.x.imperf und perf consec.
2   Auffällig ist aber der Wechsel von der 3. pers. pl. (perf consec) zur 2. pers. pl. (w.x.imperf). Budd (1984) S. 370 Anm. 2.a bemerkt: "G and Syr read the third person plural." für תִּתְּנוּ.
3   So das Qere.
4   Vgl. auch König (1897) zur Stelle.
5   Vgl. oben S. 260 zur Stelle.
6   Vgl. zu beiden Stellen auch Kropat (1909) S. 20, der die Stellen aber wohl anders deutet.

4.4.6   Ergebnis: syntaktische Funktionen

Es hat sich in der bisherigen Untersuchung gezeigt, daß ein perf consec nach einem imp verschiedene syntaktische Funktionen ausüben kann: 1. kann es den imp spezifizieren, es kann 2. eine zeitliche, 3. eine logische Folge (konsekutiv/final), 4. ein konditionales Satzgefüge und 5. weitere syntaktische Funktionen ausdrücken. In der Darstellung wurden diese Funktionen voneinander klar getrennt, doch zeigt die Tatsache, daß man bei manchen Stellen das perf consec nicht so klar einer Funktion zuordnen kann, daß beim perf consec wohl alle Funktionen mehr oder weniger ausgeprägt vorhanden sind.[1]

4.5   Weitere Belegstellen

In den vorhergehenden Kapiteln sind einige Stellen ausführlich besprochen worden. Hier seien nun noch weitere Belegstellen aufgeführt.

4.5.1   Mit der syntaktischen Funktion: Implizite Hypotaxe (Spezifikation)

Gen 6,21; 27,9f.; Ex 7,19[2]; 12,32; 18,22; 19,23; 24,1f.[3]; Num 31,26-28; Jos 2,16; (10,19); Jdc 19,8?[4].13[5]; 2Sam 5,23; 14,2; 1Reg 22,12.15[6]; 2Reg

---

[1]   In Kap. 3.5.7 wurde Analoges schon für den Satzkettentyp < imp - w.kohort/juss > verdeutlicht.

[2]   Mit vorausgehendem w.juss.

[3]   Im Bericht der Durchführung (vv.9-11) werden die perf consec nicht aufgenommen.

[4]   Allerdings ist das perf consec (so wohl Gesenius/Buhl [1915] Sp. 402a und HALAT Sp. 523b) וְהִתְמַהְמְהוּ hier problematisch, die 3. pers. pl. ergibt keinen rechten Sinn. Der App. BHS schlägt vor, ein imperf consec zu lesen (so wohl auch Soggin [1981] S. 285 mit Hinweis auf den Codex Vaticanus; vgl. auch Schulz [1926] S. 98; Moore [1901] S. 411), Boling (1975) S. 271.275 übersetzt hier: "They argued back and forth", hält die Form aber wohl bei. Nach Keil (1874) S. 359 ist die Form als imp aufzufassen, ebenso Jenni (1981) S. 303. — Zur Form des imp סְעַד vgl. z.B. Joüon/Muraoka (1991) §48a Anm. 1 u.a.

[5]   Bei dem imp handelt es sich allerdings um eine Interjektion (vgl. Diehl [2000] S. 122).

[6]   Der Ton der Äußerung liegt auf dem zweiten imp, das perf consec spezifiziert diesen (so auch schon v.12): עֲלֵה וְהַצְלַח וְנָתַן יְהוָה בְּיַד הַמֶּלֶךְ *Zieh hinauf und habe Erfolg, dergestalt daß Jahwe (es) in die Hand des Königs gibt.*

6,32[1]; Jer 11,4.6; 17,21; 48,26; Ez 4,4[2]; 12,3-4.5[3]; 20,19f.; 43,11; Hag 1,8[4]; Sach 13,7?[5]; Ruth 2,14; 1Chr 14,14; 2Chr 18,11[6].33.

4.5.2   MIT DER SYNTAKTISCHEN FUNKTION: IMPLIZITE HYPOTAXE (TEMPORAL)

Gen 8,17; 19,2[7]; Num 20,25f.; Jdc 19,9; 1Sam 16,5.17; 1Reg 19,11[8]; 2Reg 4,3f.[9]; Jer 38,10[10]; Ez (5,1?[11]); 39,17.

4.5.3   MIT DER SYNTAKTISCHEN FUNKTION: IMPLIZITE HYPOTAXE (FINAL/KONSEKUTIV)

1Sam 15,30[12]; Jer 51,3b-4; Ez 23,46f[13].

---

1   Der erste imp רְאֵה ist hier als Interjektion aufzufassen (vgl. Diehl [2000] S. 108).

2   Wichtig ist, daß Ezechiel auf der Seite liegt, das wird aus der zweiten Vershälfte deutlich.

3   Der Beleg ist textkritisch problematisch (vgl. Greenberg [1983] S. 209f.; Zimmerli [1969a] S. 255). — Der Text ist auch literarkritisch problematisch: Fuhs (1984) S. 65 rechnet die vv.1-3.4a.6aα.bβ.7aα.bβ.8.9.11 zum 'ursprünglichen Bericht'; Zimmerli (1969a) S. 258 hält v.5 zu einer "erste[n] Phase der kommentierenden Erweiterung" zugehörig.

4   Das Holen des Holzes ist nur die Voraussetzung für den Hausbau.

5   וַהֲשִׁבֹתִי יָדִי עַל־הַצֹּעֲרִים ... *dergestalt daß/das heißt, ich will meine Hand gegen die Kleinen ausstrecken.* — Es sei hier auf die Inkongruenz von חֶרֶב und הַךְ hingewiesen.

6   Vgl. die Anm. zu 1Reg 22,15. Vgl. zu 1Reg 22,6.15; 2Chr 18,5.14 auch Niccacci (1990) S. 89f.: "[...] the clauses with weYIQTOL should be translated: 'Go up, and may Adonai place (the city) in the hand of the king!' (1 Kgs 22.6b), '... and may they be placed in your hand!' (2 Chron. 18,14b); the clause with weQATAL, though, should be translated: '... since Y. will place (it) in the king's hand' (1 Kgs 22.15b)." (ebd. S. 90).

7   Vgl. Joüon/Muraoka (1991) §119*l* S. 400.

8   Evtl. bildet die Satzkette mit dem folgenden הִנֵּה-Satz ein konditionales Satzgefüge (vgl. Kap. 6.1.2).

9   Allerdings wird der tontragende imp nicht im Bericht der Durchführung aufgenommen, er trägt aber den Ton, denn im Kontext wird deutlich, daß die Gefäße, die die Frau sich leiht, nicht reichen (vgl. oben S. 256 zur Stelle).

10 Es ist Ebed-Melech klar, daß er Jeremia aus der Zisterne ziehen soll, das war ja sein Ansinnen (vgl. vv.7-9).

11 Die Abgrenzung der Satzketten ist unklar (vgl. EÜ).

12 Dies wird auch an v.25 (vgl. S. 42f. und S. 192 zur Stelle) deutlich, hier mit w.kohort. Vgl. auch Joüon/Muraoka (1991) §116*m*.

13 הַעֲלֵה ist wohl als inf abs aufzufassen (der imp wird apokopiert verwendet: הַעַל), der folgende inf abs וְנָתֹן spricht dafür. Dennoch übt das perf consec (ebenfalls gefolgt von einem syndetischen inf abs) die syntaktische Funktion Implizite Hypotaxe (final/konsekutiv) aus.

4.5.4　NICHT EINDEUTIG ZUZUORDNENDE STELLEN

Ex 9,8f.[1]; 19,10-12[2]; Num 11,16f.[3]; 13,17ff.[4]; Dtn 5,1; Jos 4,3; Jdc 6,25f.[5]; 21,10[6].20; 1Sam 6,7; 23,2[7]; Jes 56,12; Ez 43,10?.

4.6　ZUSAMMENFASSUNG

Die Untersuchung des Satzkettentyps < imp - perf consec > hat ergeben, daß das perf consec in diesen Satzketten im Gegensatz zu den Satzkettentypen < imp - (w.)imp > und < imp - w.kohort/juss > dem imp *immer* untergeordnet ist,[8] d.h. der imp trägt den Ton der Satzkette, er gibt an, was wichtig ist. Darüber hinaus übt das perf consec syntaktische Funktionen nach einem imp aus. Dabei gilt per definitionem, daß das perf consec implizit hypotaktisch aufzufassen ist (Tiefenstruktur), auch wenn auf der Oberfläche eine Parataxe vorliegt. Diese impliziten Hypotaxen können spezifizierend, temporal, final/konsekutiv oder konditional zu verstehen sein oder einen Objektsatz u.a. ausdrücken.

4.7　DIE INSCHRIFTLICHEN BELEGE

Im Inschriftenmaterial ist perf consec nach imp nur sehr selten belegt. Auf diese Stellen sei nun eingegangen.[9]

Ein solcher Beleg ist Arad(6):7,1-9[10], allerdings liegt hier in נתן nicht ein imp, sondern ein inf abs vor, der diesen vertreten kann: אל אלישב *1* ועתן : נתן : לכתים 3 לעשרי ב 1 לחד 4 ש : עד הששה 5 לחדש <Bat>
1 [ו] [ו]ן 6 כתבתה[11] לפנ֯י֯ך : ב 7 שנים לחדש : בעש 8 רי : ושמן ח 9 [תם ושלחנו[*An ʾElyāšīb: Und nun: Gib den Kittäern für den zehnten am*

---

[1]　Trägt hier der imp den Ton der Äußerung?

[2]　Trägt hier der imp den Ton der Äußerung (vgl. S. 254)?

[3]　Diese Stelle enthält mehrere perf consec, die unterschiedliche syntaktische Funktionen ausüben. Deutlich trägt jedoch m.E. der imp den Ton der Äußerung. Es geht ja zunächst einmal darum, daß Mose 70 Israeliten sammelt.

[4]　Durch die Ortsangabe trägt m.E. der imp den Ton der Äußerung: *Geht hinauf durch den Negeb, dergestalt daß ihr auf das Gebirge geht* (oder *dann geht auf's Gebirge*), *und seht euch dann das Land an* .... Mose gibt also eine Reiseroute vor. Vgl. auch Waltke/O'Connor (1990) S. 529 Bsp. 1b.

[5]　Die Stelle birgt textkritische Schwierigkeiten (vgl. App. BHS). Das w.x.imperf in v.25 vertritt hier wohl ein perf consec (vgl. hierzu Kap. 5.3).

[6]　Es handelt sich hierbei um einen Sendungsbefehl, was die Einleitung der Äußerung deutlich macht. D.h. der imp לכו trägt deutlich den Ton.

[7]　Nach Joüon/Muraoka hat diese Stelle (daneben auch 1Chr 14,10) kausale Bedeutung (vgl. Joüon/Muraoka [1991] §170 S. 638).

[8]　Es gibt hier, wenn überhaupt, nur wenige Ausnahmen.

[9]　Die Belege werden nach Renz (1995a) zitiert.

[10]　Vgl. zum folgenden auch Renz (1995a) S. 367f.

[11]　Entweder liegt hier ein plene geschriebenes perf consec vor, was nach Zevit (1980) S. 31b-32a ungewöhnlich ist. Eine andere Möglichkeit wäre es, das ה als sf aufzufassen (vgl. hierzu aber auch Renz [1995a] S. 368 Anm. 2).

ersten des Monats bis zum sechsten des Monats 3 Bat, dergestalt daß/wobei du es vor dir am zweiten des Monats, im zehnten, aufschreibst. Und versiegle Öl und schicke es ihnen. Hier übt das perf consec nach dem inf abs in Bedeutung eines imp die syntaktische Funktion Implizite Hypotaxe (Spezifikation) aus.

In Arad(6):17,1-7[1] ergeht folgende Aufforderung: *1* אל : נחם : [ו]עת ב *2* א ביתה : אלישב : *3* בן אשיהו : ולקח 4 ת : משם : 1 שמן : ו 5 שלח : מהרה [:] להם [:] *6* ו חתם : *7* אתה בח ו תמך *An Naḥūm. [Und] nun: Geh in das Haus ʾElyāšībs, des Sohnes ʾEšyāhûs, dergestalt daß du von dort 1 (Krug?) Öl nimmst, und schicke ihnen schnell und versiegle es mit deinem Siegel.* Das perf consec ולקחת ist dem vorausgehenden imp בא untergeordnet. Wichtig ist zunächst, daß der 'Angeredete' in das Haus ʾElyāšībs geht. In z.5 wird dann wieder ein imp verwendet, da hier die Aufforderung dringlich wird (מהרה). Wie in Kap. 2.5 zur Stelle bereits gesagt, trägt der letzte imp den Ton, da mit dem Siegel *Naḥūms* gesiegelt werden soll. Der Bericht der Durchführung (Rückseite) lautet wie folgt: *8 ב* 20 1 1 1 1 *9 ש נחם נתן לחדש* 1 הכתי ביד מן : *Am 24 des Monats gab Naḥūm Öl in die Hand des Kittäers: 1 (Krug?).*

Zwei weitere Belege sind umstritten. In Arad(6):3,6-8 ergeht folgender Auftrag: *6* ... ו 7 : ספר : החטם : *8 והל* חם ולקחת[2] Entweder ist החטם והלחם insgesamt Objekt zu dem imp ספר und das Objekt zu dem perf consec ולקחת fehlt[3], dann wäre *Zähle den Weizen und das Brot, dergestalt daß/und dann x nimmst* zu übersetzen, oder והלחם ist das Objekt zu dem perf consec ולקחת,[4] wobei ein Casus Pendenz vorliegt, dann wäre "Zähle den Weizen und das Brot nimm"[5] zu übersetzen. Diese Stelle läßt sich nicht zur Argumentation heranziehen. Ähnliches gilt für Arad(6):2,1-6: *1* אל : אלישב : ועת : נתן ל 2 כתים *<Bat>* 1 1 יין ל *3* ארבעת הימם ו 4 ■[6] 300 לחם ו 5 מלא : החמר : יין וה 6 סבת מחר ... Entweder ist hier מלא als imp qal. oder pi. aufzufassen,[7] dann führt das perf consec diesen fort: *An ʾElyāšīb: Und nun: Gib[8] den Kittäern 2 Bat*

---

1   Vgl. zum folgenden auch Renz (1995a) S. 380-382.
2   Vgl. zu den vorausgehenden Zeilen Renz (1995a) S. 361f.
3   So z.B. Aharoni (1981) Sp. 18b: "What he was supposed to take with him was written on the reverse of the ostracon; but unfortunately, only the first word has been preserved: א.(אלך) אליך. In line 11, the number 3 appears, and in line 12 the word ואמם (ואדומם), from which it appears that Eliashib's mission and this emergency situation were connected with the approach of the Edomites [...].", vgl. auch die Übersetzung bei Renz (1995a) S. 363.
4   So Schüle (2000) S. 137, vgl. auch ebd. Anm. 2.
5   Schüle (2000) S. 137.
6   Nach Renz (1995a) S. 359 Anm. a ist hier ein Buchstabenrest erkennbar. Dies beeinflußt aber nicht die hier behandelte Fragestellung (vgl. ebd.).
7   So z.B. wohl Smelik (1987) S. 100.
8   Hier wird ebenfalls ein inf abs an Stelle eines imp verwendet.

Wein für die vier Tage und 300 Brot(e). Und fülle das Homer mit Wein,
dergestalt daß du es morgen herbringen läßt[1], oder מלא ist nicht als imp
aufzufassen, sondern bedeutet *voll/Fülle*, dann läge auch hier ein Casus
Pendenz vor.[2] In beiden Fällen würde das perf consec aber einen
übergeordneten imp (מלא) bzw. inf abs (נתן) in der Bedeutung eines imp
spezifizieren.[3]

Auch die inschriftlichen Belege fügen sich den in der vorliegenden
Arbeit gemachten Beobachtungen und bestätigen die hier gefundenen
Regeln.[4]

4.8 UNKLARE BELEGE

Es seien nun die Belege angeführt, die aus verschiedenen Gründen unklar
sind. In Kap. 4.8.1 wird zunächst auf w.x.perf nach imp eingegangen.
Diese Stellen sind entweder korrupt, oder das w.x.perf führt den vorausgehenden imp nicht auf Satzkettenebene fort. Ähnliches gilt auch für die
in 4.8.2 aufgeführten Fälle bis auf Ez 4,1ff.

4.8.1 W.X.PERF NACH IMP

In zwei Stellen[5] scheint ein w.x.perf nach imp zu stehen, allerdings sind
beide Stellen nicht sehr klar. In Hi 15,17 ist das ו vor dem kohort evtl. zu
streichen: אֲחַוְךָ[6] שְׁמַע־לִי וְזֶה־חָזִיתִי וַאֲסַפֵּרָה. Gesenius/Kautzsch erklären
das ו vor dem kohort als Waw apodosis.[7] Deutlich ist das w.x.perf als
Objektsatz zum folgenden kohort aufzufassen.[8] Dann führt das w.x.perf
aber nicht den imp fort, sondern ist als subordinierter Satz zum folgenden
kohort aufzufassen. *Ich will es dir verkünden, höre mich, und was ich*

---

1   Vgl. hierzu Renz (1995a) S. 359f. Anm. 5.
2   So z.B. in der Übersetzung Renz (1995a) S. 359; Schüle (2000) S. 137. – Vgl.
    insgesamt hierzu die Diskussion bei Renz (1995a) S. 357-359.
3   Vgl. Renz (1995a) S. 239f. Anm. 5: "Syntaktisch Prf. consec. nach dem vorangehen-
    den Infin. *ntn* (Z. 1) in der Bedeutung eines Imper., falls nicht *ml'* Z. 5 ebenfalls als
    Imper. oder Infin. gedeutet wird [...]".
4   Gegen Schüle, der zu diesen Belegen bemerkt: "Die Verwendung der Suffixkonjuga-
    tion nach Imperativ läßt in keinem Fall eine eigenständige Verwendung erkennen
    außer eben der, für den Imperativ zu stehen; die Kombinationen Imperativ-Imperativ
    und Imperativ-Stativ sind demnach bedeutungsgleich." (Schüle [2000] S. 138).
5   Stellen, bei denen das w.x.perf klar außerhalb der Satzkette steht (so z.B. Gen 31,32,
    wo das w.x.perf die Erzählung weiterführt), werden hier nicht behandelt (hierzu
    gehört evtl. auch 1Reg 1,33-35, wo das w.x.perf rekapitulierend ist [vgl. Wagner
    (1997) S. 241 Anm. 169] und eine eigenständige Äußerung darstellt, vgl. S. 295).
6   So die BHS. Die Form ist ungewöhnlich, üblich ist אֲחַוֶּךָ (so der Westminstertext
    von OakTree Software [1996] zur Stelle), vgl. hierzu auch Bauer/Leander (1922) S.
    423; Gesenius/Buhl (1915) Sp. 217a.
7   Vgl. Gesenius/Kautzsch (1909) §143*d*.
8   Vgl. Gibson (1994) S. 7; Joüon/Muraoka (1991) §145*b*; Waltke/O'Connor (1990) S.
    337.

gesehen habe, will ich dir erzählen. Bobzin möchte das וֹ vor dem kohort noch an das perf ziehen.[1]

Prv 14,7 ist textkritisch umstritten: לֵךְ מִנֶּגֶד לְאִישׁ כְּסִיל וּבַל־יָדַעְתָּ שִׂפְתֵי־דָעַת *"Geh weg von einem törichten Mann, und du hast keine verständigen Lippen kennengelernt."*[2] וּבַל־יָדַעְתָּ ist hier textkritisch unsicher.[3]

In 1Sam 15,6 führt ein begründendes w.x.perf[4] den vorausgehenden verneinten Finalsatz fort und nicht die vorausgehenden imp: לְכוּ סֻּרוּ רְדוּ מִתּוֹךְ עֲמָלֵקִי פֶּן־אֹסִפְךָ עִמּוֹ וְאַתָּה עָשִׂיתָה חֶסֶד עִם־כָּל־בְּנֵי יִשְׂרָאֵל בַּעֲלוֹתָם מִמִּצְרָיִם *Geht, weicht, steigt hinab aus der Mitte Amaleks, damit ich dich mit ihm nicht wegräume[5], weil du Loyalität an allen Söhnen Israels erwiesen hast, als sie aus Ägypten heraufzogen.*

In 1Reg 1,35 folgt ein w.x.perf auf eine Kette des Typs < imp - perf consec > (vv.33-35)[6]. Allerdings leitet das w.x.perf hier m.E. eine eigenständige Äußerung ein: וְאֹתוֹ צִוִּיתִי לִהְיוֹת נָגִיד עַל־יִשְׂרָאֵל וְעַל־יְהוּדָה *Ihn setze ich als Fürst über Israel und Juda ein.* Nach Wagner handelt es sich hierbei allerdings nicht um einen DEKLARATIVEN Akt, sondern um die Rekapitulation eines bereits gegebenen Versprechens.[7]

In Jer 50,8 ist das Qere (imp) dem Ketib (perf) vorzuziehen. In Neh 1,11 steht das w.x.perf außerhalb der Satzkette mit imp, es führt hier wohl die Erzählung weiter. In 1Reg 18,37 führt das w.x.perf einen כִּ-Satz fort, nicht den imp. In Hi 21,14 führt das vermeintliche w.x.perf den imp ebenfalls nicht fort, nach Bobzin gehört das וֹ auf die Erzählebene: וַיֹּאמְרוּ לָאֵל סוּר מִמֶּנּוּ וְדַעַת דְּרָכֶיךָ לֹא חָפָצְנוּ *"Und hatten doch zu Gott gesagt: Weiche von uns! und: Einsicht in deine Wege wollen wir nicht!"*[8]

4.8.2 SONSTIGE UNKLARE FÄLLE

In Ez 4,1-3 wird Ezechiel aufgefordert, ein Planspiel für die Eroberung Jerusalems durchzuführen: וְאַתָּה בֶן־אָדָם קַח־לְךָ לְבֵנָה וְנָתַתָּה אוֹתָהּ 1 לְפָנֶיךָ וְחַקּוֹתָ עָלֶיהָ עִיר אֶת־יְרוּשָׁלָ͏ִם 2 וְנָתַתָּה עָלֶיהָ מָצוֹר וּבָנִיתָ עָלֶיהָ דָּיֵק וְשָׁפַכְתָּ עָלֶיהָ סֹלְלָה וְנָתַתָּה עָלֶיהָ מַחֲנוֹת וְשִׂים־עָלֶיהָ כָּרִים סָבִיב 3 וְאַתָּה קַח־לְךָ מַחֲבַת בַּרְזֶל וְנָתַתָּה אוֹתָהּ קִיר בַּרְזֶל בֵּינְךָ וּבֵין הָעִיר וַהֲכִינֹתָה אֶת־פָּנֶיךָ אֵלֶיהָ וְהָיְתָה בַמָּצוֹר וְצַרְתָּ עָלֶיהָ אוֹת הִיא לְבֵית יִשְׂרָאֵל 1 *Du aber, Menschensohn, nimm dir einen Ziegel, dergestalt daß du ihn vor*

---

1 Vgl. Bobzin (1974) S. 222.
2 Übersetzung von Plöger (1984) S. 165.
3 Vgl. App. BHS; Plöger (1984) S. 167.
4 Vgl. hierzu auch das in Kap. 4.11 zu begründendem asyndetischem perf Gesagte.
5 Vgl. zur Übersetzung Gesenius/Buhl (1915) Sp. 55b und zur Form Gesenius/Kautzsch (1909) §68*h*.
6 Vgl. zur Stelle oben S. 257.
7 Vgl. Wagner (1997) S. 241 Anm. 169.
8 Übersetzung von Bobzin (1974) S. 294.

dich legst und auf ihn die Stadt Jerusalem ritzt 2 und eine Belagerung gegen sie machst und gegen sie ein Belagerungswall baust und einen Wall gegen sie aufschüttest und Kriegslager gegen sie aufstellst, und stelle Sturmböcke ringsum gegen es. 3 Du aber, nimm eine eiserne Platte, dergestalt daß du sie als eiserne Mauer zwischen dich und die Stadt stellst und dein Gesicht gegen sie richtest und sie unter Belagerung ist und du sie belagerst. Dies soll ein Zeichen für das Haus Israel sein. Sowohl in v.1 als auch in v.3 steht der imp קַח. Die folgenden perf consec könnten als den vorausgehenden imp spezifizierend verstanden werden. Dann wäre das Nehmen des Ziegelsteins und der Eisenplatte die zunächst wichtige Handlung. Wie ist aber dann der imp שִׂים in v.2 zu verstehen, der nach den bisherigen Untersuchungen den Ton der Äußerung tragen müßte?

In Joel 4,11 liegt kein perf consec vor: וְעֻשׁוּ וָבֹאוּ כָל־הַגּוֹיִם מִסָּבִיב וְנִקְבָּצוּ שָׁמָּה הַנְחַת יְהוָה גִּבּוֹרֶיךָ *Kommt zu Hilfe und kommt, alle Heiden ringsum, und versammelt euch. Jahwe, dorthin schicke hinab deine Helden.* Nach Gesenius/Kautzsch gilt für וְנִקְבָּצוּ: "Vom Imperativ findet sich mit Abwerfung des anlautenden הִ: נִקְבָּצוּ Jes 43, 9 (Joel 4,11 in P. נִקְבְּצוּ [...]) für הִקָּבְצוּ; doch ist in allen diesen Beispielen entw. die LA oder die Erklärung zweifelhaft."[1]

In Ez 16,52ff. führt das perf consec in v.53 die imp in v.52 nicht fort, sondern leitet wahrscheinlich eine eigenständige Satzkette ein.

In Jes 8,16f. ist umstritten, ob צוֹר und חֲתוֹם als imp oder als inf abs gedeutet werden sollen: 16 צוֹר תְּעוּדָה חֲתוֹם תּוֹרָה בְּלִמֻּדָי 17 וְחִכִּיתִי לַיהוָה הַמַּסְתִּיר פָּנָיו מִבֵּית יַעֲקֹב וְקִוֵּיתִי־לוֹ. Beides wird in der Literatur vertreten.[2]

---

[1]   Gesenius/Kautzsch (1909) §51*o*; vgl. auch Bauer/Leander (1922) §44*v*.

[2]   Kaiser (1981) S. 188 übersetzt: "Verschnüren will ich das Zeugnis, versiegeln die Weisung im Beisein meiner Jünger" und bemerkt hierzu ebd. Anm. 1: "In der auch hier befolgten Regel werden in der neueren Auslegung die beiden von den Masoreten als Imperative verstandenen Formen *ṣôr*, abzuleiten von *ṣārar*, [...] und *ḥᵃtôm* als Inf. abs. von *ṣûr* und *ḥātam* verstanden und neben *ṣôr* entsprechend ein *ḥātôm* gelesen. Andernfalls läge in V.16 eine uneingeleitete Gottesrede vor, an die V.17 unvermittelt anschlöße. Überdies wäre die Pleneschreibung des Imperativs *ḥᵃtôm* erstaunlich." Vgl. auch Wildberger (1980) S. 342f.: "In Wirklichkeit dürfte ursprünglich der inf. abs. חָתוֹם beabsichtigt gewesen sein, wofür auch die mater lectionis spricht. Dann muß aber auch צוֹר als inf. abs. verstanden werden (wohl nicht von צָרַר, sondern eher [...] von der Nebenform צוּר herzuleiten)." Ehrlich (1912a) S. 35 schreibt: "Dieser und die folgenden zwei Verse sind nicht die Fortsetzung der Rede JHVHs, auch sind die Worte nicht an die Zuhörer gerichtet, sondern der Prophet spricht sie für sich und vor sich hin. Letzteres gilt bestimmt von diesem Verse, nicht so sicher von V. 17 und 18. צוֹר, wie auch חֲתוֹם, wofür man mit Duhm חָתוֹם zu sprechen hat, ist Inf. absol., aber in dem zu 2, 10 angegebenen Sinne zu fassen." (Ehrlich ebd. S. 11 bemerkt zu 2,10: בְּרֹא und הִטָּמֵן sind beide Infinitive mit der Bedeutung des Gerundivs [...].") Procksch (1930) S. 140 will die Formen ebenfalls infinitivisch punktieren; vgl. auch Watts (1985) S. 122. Oswalt (1986) S. 230 schreibt: "'Bind' and 'seal'

In Dtn 8,11-18[1] führen die perf consec nicht den imp, sondern die פֶּן-Sätze fort, erst das perf consec in v.18 könnte den vorausgehenden imp in v.11 spezifizieren. Ähnlich ist dies in 11,16ff.: hier spezifizieren die perf consec in vv.18-20 den in v.16 vorausgehenden imp, die perf consec in vv.16f. führen ebenfalls den פֶּן-Satz in v.16 fort.

Textkritisch unsicher ist Jer 50,5.[2]

4.9 Exkurs: Korrespondierende Perfekta

Nach Gesenius/Kautzsch kann im Hebräischen "das Verhältnis von Bedingung und Folge durch die einfache Nebeneinanderstellung zweier Sätze ausgedrückt werden."[3] Dies gilt auch für zwei aufeinanderfolgende perf consec.[4] In diesen Fällen führen wohl die perf consec den vorausgehenden imp nicht fort, sondern es liegt eine eigenständige Satzkette vor. Dies sei exemplarisch an Gen 44,4 und 2Sam 13,5 gezeigt:

Joseph erteilt in Gen 44,4 folgenden Auftrag: קוּם רְדֹף אַחֲרֵי הָאֲנָשִׁים *Auf, verfolge die Männer!* Fortgesetzt wird diese Aufforderung mit zwei perf consec, die ein Konditionalsatzgefüge repräsentieren: וְהִשַּׂגְתָּם וְאָמַרְתָּ

---

are infinitives absolute (according to the Qere), apparently used as emphatic imperatives (short form)."

Delitzsch (1889) S. 158f. faßt die Formen hingegen als imp auf: "Was nun folgt v. 16: *Binde zu das Zeugnis, versiegle die Lehre in meinen Jüngern*, ist entw. eine Bitte des Proph. an Gott [...], keinesfalls an Immanuel [...], oder ein Befehl Gottes an den Proph. Da Rede Gottes an den Proph. vorausgegangen und da Gott nicht ausdrücklich angeredet wird, so ist es eine solche Weisung, wie dergleichen auch Dan. 8, 26. 12, 4. 9. Apok. 22, 20 und anderwärts an die Seher fernzukünftiger Dinge ergehen. [...] Man schnürt zus. (צָרַר, Imper. צוֹר statt der orthographischen Schreibung צֹר, nicht *inf. abs.* welcher צָרֹר lauten würde) was nicht auseinanderfallen und so verloren gehen soll, man versiegelt (חֹתָם) was geheim bleiben und nur geöffnet werden soll von dem der befugt ist." Zum Verhältnis von v.16 und v.17 schreibt Delitzsch ebd. S. 159: "Der Befehl v. 16 steht verbindungslos ohne וְאָתָה wie ein neuer Redeanfang, und in v. 17 fährt der Proph. ohne וַאֲנִי von sich selbst redend fort — וְחִכִּיתִי ist Perf. der Folge: *So harre ich denn auf Jahve, den sein Antlitz verbergenden vor'm Hause Jakobs, und hoffe auf ihn.* Zwischen v. 17 und 16 ist eine Lücke fühlbar, die Vermutung, es sei etwas ausgefallen [...], liegt nahe." Ähnlich auch Orelli (1887) S. 38, der in v.17 einen "Übergang in Rede des Proph." sieht. Dementsprechend übersetzt er: "[16]'Binde das Zeugnis ein! Versiegle die Offenbarung in meinen Jüngern!' [17] So harre ich denn auf Jahwe, der da sein Angesicht verhüllt hat vor dem Hause Jakobs, und hoffe auf ihn."

Gray läßt die Entscheidung zwischen beiden Möglichkeiten offen (vgl. Gray [1912] S. 154-156).

[1] Vgl. Andersen (1974) S. 137f.
[2] Vgl. App. BHS; Delitzsch (1920) Nr. 77b.
[3] Gesenius/Kautzsch (1909) §159*b*. Vgl. auch Joüon/Muraoka (1991) §167*b* u.a.
[4] Vgl. Gesenius/Kautzsch (1909) §159*g*. — Vgl. z.B. auch Bergsträsser (1929) §9*k*; Grether (1955) §91*c*; Michel (1960) S. 192; Meyer (1972) S. 454f.; Strack/Jepsen (1930) §71*a*; Waltke/O'Connor (1990) S. 530f.; Gibson (1994) S. 86.156 u.a.

אֲלֵהֶם *Wenn du sie einholst, dann sage zu ihnen:* .... Hier drücken die perf consec וְהִשַּׂגְתָּם וְאָמַרְתָּ ein konditionales Satzgefüge aus und führen nicht die vorausgehenden imp in einer Satzkette fort.

So auch 2Sam 13,5: שְׁכַב עַל־מִשְׁכָּבְךָ וְהִתְחָל וּבָא אָבִיךָ לִרְאוֹתֶךָ וְאָמַרְתָּ אֵלָיו *Lege dich auf dein Bett und stelle dich krank. Wenn dein Vater kommt, um nach dir zu sehen, dann sage zu ihm:* .... Hier führen die perf consec die imp nur indirekt fort, sie stellen eine eigenständige Satzkette dar, die ein konditionales Satzgefüge ausdrückt.

Weitere Belegstellen für ein durch perf consec ausgedrücktes konditionales Satzgefüge nach imp: Ex 14,2-4[1]; Num 27,12f.[2]; 1Reg 19,15[3]; 2Reg 9,1f.[4]; 1Sam 9,19?; 25,5f.; 2Sam 14,(2).3[5] u.ö.

4.10 EXKURS: וְהָיָה ALS TEMPUSMARKER NACH EINEM IMPERATIV

In einigen Fällen kommt וְהָיָה als Tempusmarker[6] nach einem imp vor. Es handelt sich hierbei aber nicht um eine Satzkette, wie die in der vorliegenden Arbeit zu besprechenden, sondern um zwei getrennte Äußerungen. Als Beispiel diene hier 1Sam 3,9: *Da sprach Eli zu Samuel:* לֵךְ שְׁכַב וְהָיָה אִם־יִקְרָא אֵלֶיךָ וְאָמַרְתָּ *Geh, leg dich schlafen.* וְהָיָה: *Wenn man nach dir ruft, dann sage:* .... וְהָיָה führt hier nicht die vorausgehenden imp fort, sondern leitet als Tempusmarker eine neue Satzkette ein.[7]

Weitere Belege:[8] Ex 4,8f.; Num 16,6f.; 21,8; Jos 3,12f.; Jdc 4,20[9]; 7,4; 9,32f.; 1Sam 23,22f.; Jer 15,1f.; Ez 21,11f.; Ruth 3,13 u.ö.

---

[1] Vgl. zur Stelle auch Niccacci (1990) S. 93.

[2] Vgl. zur Stelle auch Niccacci (1990) S. 95f., der die Stelle mit ihrer Parallele Dtn 32,49f. (reine Imperativkette) vergleicht.

[3] Ähnlich Schwanz [1978] (vgl. hierzu oben S. 24 Anm. 4).

[4] Nach Kuhr (1929) S. 45 führt der imp in v.2 ein perf consec fort. Bei dem imp וּרְאֵה in v.2 handelt es sich aber um eine sekundäre Interjektion, וּרְאֵה steht hier vor einem Nominalsatz; vgl. Diehl (2000) S. 106.

[5] Hier v.3. Das perf consec in v.2 spezifiziert die vorausgehenden imp.

[6] Vgl. Bartelmus (1982) S. 208-210.218-223. Bartelmus ist der Ansicht, das Verb הָיָה werde in solchen Fällen als bloßer Tempusmarker verwendet. הָיָה wäre dann "eine inhaltsleere Wurzel [...], die nur als Träger der grammatischen Morpheme zur Verzeitung von verblosen NS [sc. Nominalsätzen] dient." (ebd. S. 209). – Vgl. zur Verwendung von וְהָיָה auch Gibson (1994) S. 89f.; Driver (1892) §121 S. 146ff.; Ewald (1870) § 345*b* S. 845.

[7] Friedrich (1884) S. 49 drückt dieses Verhältnis folgendermaßen aus: "Zur Anknüpfung an das Vorhergehende dient ferner ein den Nachsatz vorläufig setzendes וְהָיָה, dem dann der Conditionalsatz unmittelbar angeschlossen wird. [...] Besonders steht וְהָיָה in diesem Sinne gern nach Imperativen [...]."

[8] In Ex 1,10 ist הָבָה eine Interjektion.

[9] Hier folgt auf den Tempusmarker wie oben 1Sam 3,9 u.ö. ein explizit konditionales Satzgefüge. Vgl. zu diesen Belegen auch Friedrich (1884) S. 49.

4.11   ASYNDETISCHES PERFEKT NACH IMPERATIV[1]

Nachdem nun breit auf das Phänomen des perf consec nach einem imp eingegangen wurde, seien hier noch einige Worte zu asyndetischem perf nach imp angefügt. Bei der Untersuchung der Fortführung des imp hat es sich ergeben, daß perf nach imp nicht (oder zumindest nur sehr selten) belegt ist. Wenn ein perf nach einem imp steht, dann leitet es eine eigenständige Äußerung ein und führt den imp nicht auf Satzkettenebene fort.[2] Ein schönes Beispiel hierfür ist Gen 23,11: לֹא־אֲדֹנִי שְׁמָעֵנִי הַשָּׂדֶה נָתַתִּי לָךְ וְהַמְּעָרָה אֲשֶׁר־בּוֹ לְךָ נְתַתִּיהָ לְעֵינֵי בְנֵי־עַמִּי נְתַתִּיהָ לָךְ קְבֹר מֵתֶךָ *Nein, mein Herr. Höre mich! Das Feld gebe (schenke) ich dir, und die Höhle, die auf ihm ist, gebe ich dir. Ich gebe es dir vor den Augen der Söhne meines Volkes. Begrabe deine Tote.* Der imp stellt hier die Aufforderung zum Hören dar; was gehört werden soll, wird dann durch DEKLARATIVE perf ausgedrückt. Einige Ausnahmen gibt es allerdings, in denen ein perf auf einen imp auf Satzkettenebene zu folgen scheint.[3] Auf diese Fälle sei nun hier eingegangen.[4]

Eines der häufigsten Vorkommen von asyndetischem perf nach imp ist die Satzkette רְאֵה + perf. Sie kommt insgesamt 20 mal im Alten Testament vor,[5] davon 17 mal mit 1. pers. perf. In allen diesen Stellen liegt mit רְאֵה imp kein begriffswörtlicher imp, sondern eine sekundäre Interjektion (s.o.) vor.[6] Sehr oft wird dabei die sekundäre Interjektion als Indikator für einen explizit performativen Sprechakt verwendet,[7] der selbst in

---

[1]   Es wird in diesem Kapitel nicht zwischen perf und x.perf unterschieden, da beides einen imp nicht auf Satzkettenebene fortführt.

[2]   Ad Hos 2,3 אִמְרוּ לַאֲחֵיכֶם עַמִּי וְלַאֲחוֹתֵיכֶם רֻחָמָה vgl. die Übersetzung bei Jeremias (1983) S. 25: "*Nennt eure Brüder: 'Mein Volk', eure Schwestern: 'Erbarmen'!*".

[3]   Hier sind auch Jer 49,8.30 (vgl. S. 302) zu erwähnen, wo eine ungewöhnliche Imperativform vorliegt: הַעְמִיקוּ (vgl. hierzu Gesenius/Kautzsch [1909] §63*o* und Bergsträßer (1929) S. 106*l*). Diese Punktierung weist eher auf ein perf.

[4]   Nicht erwähnt werden hier Stellen, in denen ein imp von אמר eine wörtliche Rede einleitet, die mit einem perf beginnt (vgl. z.B. Jes 48,20).

[5]   Es handelt sich um die folgenden 20 Belege: Gen 39,14; 41,41; Ex 7,1; 31,2; 35,30; Dtn 1,8.21; 2,24.31; 4,5; 30,15; Jos 6,2; 8,1.8; 23,4; 1Sam 25,35; Jer 1,10; Ez 4,15; Sach 3,4; 1Chr 21,23.

[6]   Vgl. auch Diehl (2000) S. 104f.; Wagner (1997) S. 180-184. – Es stellt sich die Frage, ob hierher auch Qoh 7,27.29 gehören, hier ist allerdings ein זה zwischen das perf und den imp geschaltet. M.E. handelt es sich hierbei nicht um Interjektionen, sondern um begriffswörtliche imp mit folgendem Objekt und (relativisch?) angeschlossenem perf (vgl. die Übersetzungen bei Michel [1988] S. 152f. und ders. [1989] S. 225 [Michel übersetzt aber זה+perf gesamt als Objektsatz] – anders Schoors [1996] S. 227), das den imp auf Satzebene fortführt, es wäre dann zu übersetzen: *Betrachte dies, was ich gefunden habe* oder: *Betrachte: Dies habe ich gefunden.* Diese Konstruktion ist in poetischer Rede relativ häufig belegt (vgl. unten).

[7]   Vgl. Wagner (1997) S. 181f. — In Gen 23,13 folgt auch ein DEKLARATIVES perf, das nach einem imp steht, der vielleicht als Interjektionssatz verstanden werden kann (so

der Form des perf 1. pers. realisiert ist. Hier führt das perf den imp also nicht auf der Ebene einer Satzkette fort, sondern stellt selbst einen eigenständigen Satz oder den Beginn einer Satzkette dar. Diese Stellen können also nicht als Beleg für perf nach imp herangezogen werden.

Sonst kommt, zumindest in erzählenden Texten, perf nach imp nicht vor, höchstens mit Fragepartikel vor dem perf.

In Joel 1,2 schließt ein durch ה-interrogativum eingeleitetes perf an imp an: שִׁמְעוּ־זֹאת הַזְּקֵנִים וְהַאֲזִינוּ כֹּל יוֹשְׁבֵי הָאָרֶץ הֶהָיְתָה זֹּאת בִּימֵיכֶם וְאִם בִּימֵי אֲבֹתֵיכֶם *Hört dieses, ihr Ältesten, und hört aufmerksam zu, ihr Bewohner des Landes: Ist so etwas geschehen in euren Tagen oder in den Tagen eurer Väter?* In dieser Stelle schließt sich ein durch ה eingeleiteter Fragesatz an den imp an.[1] Es ist deutlich, daß hier eine neue Satzkette beginnt. Weiterer Beleg: Jer 2,31.

1Sam 10,15 schließt מָה mit perf an einen imp an: הַגִּידָה־נָּא לִי מָה־ אָמַר לָכֶם שְׁמוּאֵל *Erzähle mir: Was hat Samuel zu euch gesagt?* Hier leitet מָה ו perf entweder einen Objektsatz zum imp הַגִּידָה ein (מה ist dann relativisch aufzufassen), oder es liegt eine selbständige Frage vor, was m.E. wahrscheinlicher ist (so auch die Übersetzung). Eine Fortführung der im Sinne dieser Arbeit betrachteten Satzketten liegt bei letzterem nicht vor.

In Jer 48,19 leitet מה deutlich eine selbständige Frage ein: שַׁאֲלִי־נָס וְנִמְלָטָה[2] אִמְרִי מַה־נִּהְיָתָה *Frage doch, die fliehen und entkommen, sprich: Was ist geschehen?*

Weitere Belegstellen für מָה + perf nach einem imp:[3] Jos 7,19; 1Sam 14,38[4]; 14,43; Jer 2,23; 38,25; Mi 6,5; Ps 89,48?; Hi 6,24[5]; Thr 5,1.

In anderen Fällen folgt אֵיךְ/אֵיכָה mit perf auf einen imp, so in Jdc 20,3: דַּבְּרוּ אֵיכָה נִהְיְתָה הָרָעָה הַזֹּאת *Sagt: Wie ist dieses Übel geschehen?* Auch hier kann אֵיכָה + perf ebenfalls entweder als Objektsatz zum vorausgehenden imp oder als selbständige Frage übersetzt werden. Letzteres legt sich m.E. näher. Das perf führt dann den imp nicht im Sinne dieser Untersuchung fort. Weitere Belegstellen für אֵיךְ/אֵיכָה: Jer 36,17; 48,17.

In Hi 4,7 folgen (x.)perf auf die Fragepartikel מִי und אֵיפֹה: זְכָר־נָא מִי הוּא נָקִי אָבָד וְאֵיפֹה יְשָׁרִים נִכְחָדוּ *Denke daran: Wer ist zugrundege-*

---

evtl. Joüon/Muraoka [1991] §163c Anm. 2; allerdings ist diese Stelle schwierig, vgl. unten S. 333 Anm. 4 zur Stelle). Dieses perf bildet aber mit dem vorausgehenden imp keine Satzkette.

[1] Hier liegt sogar eine sog. Doppelfrage vor (vgl. hierzu Friedrich [1884] S. 93-95).

[2] Wahrscheinlich ist hier zu וְנִמְלָט zu konjizieren (vgl. App. BHS).

[3] Hier werden auch poetische Texte herangezogen. — In einigen Fällen liegt wohl ein Objektsatz o.ä. vor.

[4] Mit במה. Hier führt das במה wohl den imp fort.

[5] Mit vorausgehendem Fragesatz.

gangen, wobei (obwohl) er unschuldig war, und wo wurden die Red-
lichen vertilgt? Weitere Belege für מִי: 1Sam 14,17; 23,22?; Jes 40,26;
48,14; Jer 18,13; Thr 2,20?[1]. Weiterer Beleg für אֵיפֹה: Jer 3,2.

In Jer 2,10 schließt הֵן an einen imp an: כִּי עִבְרוּ אִיֵּי כִתִּיִּים וּרְאוּ וְקֵדָר
שִׁלְחוּ וְהִתְבּוֹנְנוּ מְאֹד וּרְאוּ הֵן הָיְתָה כָּזֹאת *Denn geht hinüber zu den Inseln
der Kittäer und schaut; und nach Kedar schickt und gebt genau acht, –
und seht, ob es sich wie folgt verhält:* ....

In diesen Stellen sind die durch die Fragepartikeln eingeleiteten Sätze
entweder als eigenständige Fragen aufzufassen oder sie führen die imp
auf Satzebene als Objektsätze u.ä. fort.

In poetischer bzw. gebundener Rede kann ein perf unmittelbar auf einen
imp folgen. Doch hier lassen sich m.E. zwei Funktionen beobachten: 1.
das perf stellt einen relativischen Anschluß ohne אֲשֶׁר oder ־שֶׁ dar, 2. das
perf stellt eine eigenständige Äußerung dar, die begründenden Charakter
hat.[2] Es sei hier jeweils ein Beispiel angedeutet.

In Prv 9,5 liegt ein relativischer Anschluß[3] vor: לְכוּ לַחֲמוּ בְלַחֲמִי וּשְׁתוּ
בְּיַיִן מָסָכְתִּי *Wohlan, eßt von meinem Brot und trinkt von dem Wein, den
ich gemischt habe.* Hier führt das perf nicht den vorausgehenden imp
fort, sondern stellt einen relativischen Anschluß an בְּיַיִן dar. Weitere Belegstellen mit (x.)perf, das einen relativischen Anschluß darstellt:[4] Jes
44,1; 50,11; 51,1[5]; 54,1? (mit לֹא); Jer 31,21; Zeph 2,1 (mit לֹא und
Subj.); Ps 4,2?; 7,7?; 22,22[6]; 71,3?; 74,2; 83,10f.; 141,9; Hi 35,5; Prov
23,22 (mit vorausgehendem זֶה); Qoh 7,27.29; 1Chr 16,15? (mit vorausgehendem Objekt).

In Jer 51,11 liegt eine eigenständige Äußerung mit begründendem
Charakter vor:[7] הָבֵרוּ הַחִצִּים מִלְאוּ הַשְּׁלָטִים הֵעִיר יְהוָה אֶת־רוּחַ מַלְכֵי מָדַי
כִּי־ *Schärft die Pfeile; füllt die Köcher[8]. (Denn:) Jahwe hat den Geist der
Könige von Medien aufgeregt, denn* .... Auch hier führt das perf den imp
nicht auf Satzkettenebene fort. Das perf stellt eine eigenständige Äußerung mit begründendem Charakter dar. Dies gilt auch für Fälle, in denen
z.B. eine Präpositionalverbindung o.a. vor das perf tritt, so z.B. Jes 33,2:
יְהוָה חָנֵּנוּ לְךָ קִוִּינוּ *Jahwe, sei uns gnädig! (Denn:) Auf dich harren wir.*

---

1   Mit לְמִי. Hier führt das לְמִי wohl den imp fort.
2   Jes 21,14 und 29,9 sind textkritisch unsicher.
3   Vgl. hierzu Gesenius/Kautzsch (1909) §155f-m.
4   In 2Reg 8,6 kommt ein solcher relativischer Anschluß in erzählender Rede vor. Al-
    lerdings schließt das perf hier an eine Zeitangabe מִיּוֹם an und führt den imp auf Satz-
    ebene fort.
5   Vgl. Gesenius/Kautzsch (1909) §155k und Joüon/Muraoka (1990) § 158c zur Stelle.
6   Vgl. hierzu Seo (2000) S. 63-67.
7   Vgl. hierzu auch Gesenius/Kautzsch (1909) §158a u.a.
8   Vgl. zu dieser Übersetzung HALAT Sp. 1409a.

Der Perf-Satz stellt eine *eigenständige* Äußerung mit begründendem Charakter dar, die den imp zwar fortführt, aber nicht in Form einer koordinierten Satzkette. Es liegt also nicht eine Satzkette des Typs < imp - perf >* vor, sondern zwei selbständige Sätze. Weitere Belegstellen für perf mit begründendem Charakter: Jer 50,15; Ez 24,2[1]; Ps 74,3; 90,15?; 143,7?.9; Hi 33,24; Cant 5,2[2].

In erzählender Rede sind solche Vorkommen von perf nach imp kaum belegt. In Num 24,11 folgt ein perf auf einen imp, das diesen aber nicht auf Satzkettenebene fortführt: וְעַתָּה בְּרַח־לְךָ אֶל־מְקוֹמֶךָ אָמַרְתִּי כַּבֵּד אֲכַבֶּדְךָ וְהִנֵּה מְנָעֲךָ יְהוָה מִכָּבוֹד *Und nun: Geh eilig weg an deinen Ort. Ich dachte: Ich werde dich gewiß ehren. Aber siehe: Jahwe hat dich von der Ehre zurückgehalten.*

Sehr oft liegen in poetischer Rede zwei verschiedene Äußerungen vor. So z.B. in Ps 74,18[3]: זְכָר־זֹאת אוֹיֵב חֵרֵף יְהוָה וְעַם נָבָל נִאֲצוּ שְׁמֶךָ *Denke an folgendes: Ein Feind schmäht Jahwe und ein törichtes Volk verwirft deinen Namen.*

In Jer 49,8[4].30 ist statt dem perf הֶעְמִיקוּ wohl besser imp הַעְמִיקוּ zu lesen, auch in Ps 68,31[5] ist imp statt perf consec zu vokalisieren. Weitere textkritisch unsichere Stellen: Jes 21,14; 23,2; 29,9; Ez 11,15; Thr 2,18. Das perf בָּשְׁלוּ in Ez 24,5 ist unklar: מִבְחַר הַצֹּאן לָקוֹחַ וְגַם דּוּר הָעֲצָמִים תַּחְתֶּיהָ רַתַּח רְתָחֶיהָ גַּם־בָּשְׁלוּ עֲצָמֶיהָ בְּתוֹכָה *Das Beste des Kleinviehs nimm, und schichte die Knochen auch herum unter es, bring die Hitze zum sieden, auch sollen die Knochen darin kochen.*[6] Evtl. ist hier das perf zu imp pi. zu konjizieren.[7]

---

[1] Hier liegt nach dem Schriftbild der BHS allerdings erzählende Rede vor.

[2] Hier mit שֶׁ.

[3] Vgl. zu Ps 74,18 die Ausführungen über die Deixis זֹאת/זֶה bei Ehlich (1979) S. 394: "Die deiktische Prozedur verweist [...] auf ein deiktisches Objekt, das (a) weder in der Sprechsituation als Element der außersprachlichen Wirklichkeit präsent ist, noch (b) sich als Bestandteil der Proposition in ihrem verbalisierten Aspekt vorfindet, wie die Namen; vielmehr ist das deiktische Objekt Bestandteil der mentalen Seite der Proposition." Anders ausgedrückt heißt das: die Deixis זֹאת/זֶה verweist nicht auf die außersprachliche Wirklichkeit, sondern auf eine andere Äußerung, die folgt.

[4] Vgl. App. BHS.

[5] Vgl. App. BHS.

[6] Der Text ist relativ unklar, zu den allgemeinen textkritischen Problemen vgl. Zimmerli (1969a) S. 557 und die anderen Kommentare.

[7] So z.B. Block (1997) S. 766; Ehrlich (1912b) S. 94 (Ehrlich bemerkt: "Aber auch בשלו עצמיה ist in בַּשֵּׁל וַעֲצָמֶיהָ zu ändern und ועצמיה בתוכה als Umstandssatz zu fassen. Die Fleischstücke sollen zum Sieden gebracht werden und kochen, während sich auch die Knochen im Fleischtopf befinden."); Rothstein (1909) S. 885 Anm. b; Zimmerli (1969a) S. 557. Greenberg (1997) S. 498 möchte גַּם־בָּשְׁלוּ äquivalent zu

4.12   ERGEBNIS DER UNTERSUCHUNG ZUM PERF CONSEC ALS FORTFÜHRUNG EINES IMP

Nach einem imp sind lediglich perf consec belegt, keine w.perf oder perf[1].

Es hat sich gezeigt, daß das perf consec nach einem imp verschiedene syntaktische Funktionen ausüben kann: 1. Implizite Hypotaxe (Spezifikation), 2. Implizite Hypotaxe (temporal) und 3. Implizite Hypotaxe (final/konsekutiv), 4. Implizite Hypotaxe (konditional) u.a. Manche der Stellen können diesen Funktionen nicht eindeutig zugeordnet werden, d.h. manche Stellen können sowohl spezifizierend als auch konsekutiv/final oder auch temporal aufgefaßt werden. Die oben genannten Funktionen des perf consec können also mehr oder weniger stark in jedem Vorkommen von perf consec nach einem imp in Erscheinung treten.

Der Unterschied von Satzketten mit perf consec nach einem imp und reinen Imperativketten liegt darin, daß in reinen Imperativketten der letzte imp der Äußerung den Ton der gesamten Satzkette trägt. Bei Satzketten mit perf consec nach einem imp trägt ebenfalls der imp den Ton der Satzkette, nicht das perf consec; dieses ist dem vorausgehenden imp immer untergeordnet.

Die These von Driver u.a., daß sich das perf consec ganz nach der vorausgehenden Verbform richte (vgl. oben Kap. 4.2), muß m.E. fallen gelassen werden,[2] ebenso ist m.E. die Aussage Joüon/Muraokas "One is sometimes even led to believe that the writer resorted to w-qataltí just for the sake of variety."[3] nicht haltbar. Ein hebräischer Autor kann nicht beliebig zwischen < imp - (w.)imp > und < imp - perf consec > wechseln.

---

einem perf consec auffassen. Allen (1990) S. 54 hält einen juss יבשלו für wahrscheinlicher.

[1] Bis auf die in Kap 4.11 genannten Ausnahmen.
[2] Vgl. auch Bartelmus (1982) S. 75; Schulz (1900) S. 30.
[3] Joüon/Muraoka (1991) S. 398.

5 w.x.imperf

5.1 GRUNDSÄTZLICHE PROBLEMATIK – EINFÜHRUNG

In weit über hundert Stellen[1] folgt ein imperf, das durch irgend ein "Einschiebsel"[2] vom vorhergehenden ו getrennt ist, mittel- oder unmittelbar auf ein Satzkettenglied mit imp. Es stellt sich die Frage, welche Funktionen diese grammatische Kategorie ausübt, ob sie wie ein normales w.imperf, also als w.kohort bzw. w.juss, gebraucht wird, oder ob sie andere Funktionen ausübt.

Es wurde in der bisherigen Forschung auf die sogenannte Inversionsregel hingewiesen, die besagt, daß ein w.x.imperf dann eintritt, wenn beim perf consec zwischen das Verb und das ו etwas eingeschoben wird. So schreibt z.B. Gesenius/Kautzsch: "Einem *Perf. consec.* kann eine beliebige Reihe anderer Perfecta consec. koordiniert werden [...]. Doch gilt auch hier [...]: sobald das Waw durch irgend ein Einschiebsel von dem zugehörigen Verb getrennt wird, so tritt notwendig Imperf. an die Stelle des Perfekt, z. B. Ge 12, 12: *wenn dich die Ägypter erblicken, so werden sie sagen* (וְאָמְרוּ): *sie ist sein Weib! und werden mich töten* (וְהָרְגוּ) *und dich werden sie am Leben lassen* (וְאֹתָךְ יְחַיּוּ)."[3] Bei Richter ist folgendes zu finden:[4]

"(w·=)x-qatal entspricht im individuellen Sachverhalt der Vgh [*sc.* Vergangenheit], nicht im Progreß, der Formation *wa=yiqtul* (KF). *(w·=)x-yiqtul* (LF) entspricht in Zuk[unft], im generellen Sachverhalt, in der Sonderfunktion des Injunktivs, nicht in den individuellen Sachverhalten, der Formation *w·=qatal*. In diesen Funktionen stehen sie sich also gegenüber:
(1) *(w·=)x-qatal* vs. *wa=yiqtul* (KF),
(2) *(w·=)x-yiqtul* (LF) vs. *w·=qatal*.
Dabei haben PK-KF in *wa=yiqtul* und SK in *w·=qatal* nur in ihrer in dieser Funktion regelhaften Verbindung mit *w·=/wa=* die dem ersten Glied in (1) und (2) entsprechende Funktion. Insofern sind in diesem Bereich die Positionen funktionsrelevant; die Angleichung der *w·=*-Formen in den Funktionen, von SK und PK (LF) in der Position der Nicht-Erststellung zeigt, daß beide Glieder in (1) und (2) nur im Zusam-

---

1   Hierbei sind אל + juss in der 2. pers. nicht mitgerechnet (vgl. hierzu Kap. 2.7). — In Arad(6):1,5-10 ist ebenfalls ein w.x.imperf und x.imperf belegt, allerdings wahrscheinlich nicht nach imp, sondern nach inf abs (vgl. hierzu Renz [1995a] S. 355 und Anm. 5). Außerdem scheint es eine eigenständige Äußerung einzuleiten, wofür auch das folgende x.imperf spricht.

2   Gesenius/Kautzsch (1909) §112*c*.

3   Gesenius/Kautzsch (1909) §112*c*. — Vgl. auch Driver (1892) S. 153f. §124; Meyer (1972) S. 55.

4   Schüle (2000) S. 123 zu Richters Inversionsregel im Unterschied zu Gesenius/ Kautzsch u.a.: "Diese Symmetrie geht nur auf, wenn zwei Präfixkonjugationen auch zwei Suffixkonjugationen gegenüberstehen. Grundsätzlich ist damit aber keine andere Struktur gewonnen als die auch von G./K. [sc. Gesenius/Kautzsch] u. a. vorgeschlagene, die dort aber auch terminologisch deutlich gemacht wird."

menhang erklärt werden können: Inversion der Funktion nach $w\cdot$=/wa= und Festschreibung der Position der funktionsgleichen Glieder."[1]

Joosten bemerkt:

"[...] The second tier consists of $w^e q\bar{a}tal$, which is mechanically replaced by yiqtol (the Long Form of the Prefix Conjugation, PCLF) whenever the verb cannot take the first position in the clause. The function of these forms reveals an affinity with 'extrinsic modality': the action is viewed as being subject to other factors than human control."[2]

Man kann demnach festhalten, daß dann, wenn irgendetwas zwischen das ו und das folgende perf tritt, w.x.imperf eingesetzt wird. Es gilt also die Inversionsregel "perf consec -> w.x.imperf".[3] Doch darf der Umkehrschluß nicht unbedingt gezogen werden. Nicht jedes w.x.imperf übt automatisch die Funktionen des perf consec aus. Es gilt also nicht die Inversionsregel "w.x.imperf -> perf consec" generell.[4] Dies sei an zwei Stellen verdeutlicht.

In Num 4,19 vertritt das w.x.imperf deutlich ein perf consec, denn das w.x.imperf steht parallel zu einem perf consec: וְזֹאת עֲשׂוּ לָהֶם וְחָיוּ וְלֹא יָמֻתוּ בְּגִשְׁתָּם אֶת־קֹדֶשׁ הַקֳּדָשִׁים dieses tut ihnen, daß/damit sie leben und nicht sterben, wenn sie sich dem Hochheiligen nähern: .... Hier vertritt das w.x.imperf deutlich ein perf consec, וְחָיוּ und וְלֹא יָמֻתוּ stehen parallel und beleuchten die gleiche Sache von unterschiedlichen Seiten. In Gen 42,2[5] kommt ein ähnlicher Fall, aber mit w.kohort vor: Siehe, ich habe gehört, daß es in Ägypten Getreide gibt. רְדוּ־שָׁמָּה וְשִׁבְרוּ־לָנוּ מִשָּׁם וְנִחְיֶה וְלֹא נָמוּת Zieht dorthin hinab und kauft uns von dort Getreide, damit wir leben und nicht sterben. Hier steht das w.x.imperf וְלֹא נָמוּת parallel zu dem w.kohort[6] וְנִחְיֶה und übt auch dessen Funktion aus.

Problematisch ist allerdings, daß in וְלֹא נָמוּת und וְנִחְיֶה Formen in der 1. pers. pl. vorliegen, eine Unterscheidung zwischen Kurzform und Langform also nicht deutlich getroffen werden kann, denn die Inversionsregel

---

[1]　Richter (1980) S. 219f. — Vgl. auch Groß (1977) S. 25-38 (hier S. 29); ders. (1996) S. 17-19. — Richter führt hier allerdings nicht die Funktion der Impliziten Hypotaxe auf. Nach Kuhr (1929) S. 38 gilt diese aber zumindest für w.lo.imperf (vgl. auch Groß [1976] S. 41).

[2]　Joosten (1992) S. 13.

[3]　Vgl. auch Niccacci (1990) S. 32: "The transition weQATAL → WAW-x-YIQTOL is typical of discourse but it also occurs in narrative when it approximates discourse [...]."

[4]　Nach Revell (1989) S. 25f. gilt für w.x.imperf nach imp, daß es ein perf consec ersetzt. Ad x = לֹא vgl. ebd. S. 27. Nach Niccacci (1987) S. 9f. ist w.x.imperf als ind aufzufassen, wenn ein perf consec vorangeht, es ist jedoch juss, wenn ein w.imperf (das entspricht nach Niccacci einem w.kohort/juss, weil es an erster Position im Satz steht, vgl. ebd. S. 7ff.) folgt oder ein kohort/imp/juss vorausgeht.

[5]　Vgl. zur Stelle auch oben S. 183.

[6]　Es sei hier daran erinnert, daß es nach imp keine syndetischen imperf, sondern nur kohort und juss gibt (vgl. oben Kap. 3.1.1).

in Richterscher Couleur geht davon aus, daß die Inversionsregel "(w·=) x-yiqtul (LF) vs. w·= qatal" für die Langform gilt.[1]

Allerdings gibt es auch klare w.x.imperf nach imp, die nicht juss sein können, aber einen w.juss vertreten, so z.B. Jes 8,10: עֻצוּ עֵצָה וְתֻפָר דַּבְּרוּ דָבָר וְלֹא יָקוּם כִּי *Beratet, und es soll vereitelt werden. Redet über eine Sache, und es soll nicht zustande kommen, denn* ... וְלֹא יָקוּם steht parallel zu וְתֻפָר. Letzteres ist aller Wahrscheinlichkeit nach w.juss, denn nach imp gibt es keine syndetischen imperf (vgl. oben Kap. 3.1.1). וְלֹא יָקוּם hingegen ist ein eindeutiger Indikativ. Hier trifft die Inversionsregel also nicht zu. Evtl. ist in diesem Zusammenhang auch 1Sam 29,4 zu nennen: הָשֵׁב אֶת־הָאִישׁ וְיָשֹׁב אֶל־מְקוֹמוֹ אֲשֶׁר הִפְקַדְתּוֹ שָׁם וְלֹא־יֵרֵד עִמָּנוּ בַּמִּלְחָמָה וְלֹא־יִהְיֶה־לָּנוּ לְשָׂטָן בַּמִּלְחָמָה *Schick den Mann zurück, daß er zurückkehre an seinen Ort, den du ihm dort anvertraut hast, und er nicht mit uns hinabzieht in den Kampf und nicht uns zum Gegner wird im Kampf.* Hier führt das w.x.imperf וְלֹא־יִהְיֶה־לָּנוּ ein weiteres w.x.imperf וְלֹא־יֵרֵד[2] und einen w.juss וְיָשֹׁב fort. Das w.x.imperf וְלֹא־יִהְיֶה־לָּנוּ könnte den Ton der Äußerung tragen und wäre dann parallel zu einem w.juss zu sehen. Dann gilt auch hier die Inversionsregel nicht. Allerdings ist diese Analyse nicht zwingend. In 1Sam 5,11 kommt ebenfalls ein w.x.imperf nach einem w.juss vor: שַׁלְּחוּ אֶת־אֲרוֹן אֱלֹהֵי יִשְׂרָאֵל וְיָשֹׁב לִמְקֹמוֹ וְלֹא־יָמִית אֹתִי וְאֶת־עַמִּי *Schickt die Lade des Gottes Israels, daß sie zurückkehre an ihren Ort und mich und mein Volk nicht töte.* Hier liegt m.E. der Ton der Aufforderung auf dem w.x.imperf, es handelt sich also um eine analoge Stelle zu Satzketten des Typs < imp - w.juss >. Dies wird deutlich durch v.10: הֵסַבּוּ אֵלַי אֶת־אֲרוֹן אֱלֹהֵי יִשְׂרָאֵל לַהֲמִיתֵנִי וְאֶת־עַמִּי *Sie haben die Lade des Gottes Israels zu mir gebracht, um mich und mein Volk zu töten.* Der l.inf gibt den Zweck an, warum die Lade nach Meinung des Königs von Ekron zu ihm gebracht wurde. Dieser Zweck wird in v.11 durch das w.x.imperf aufgenommen, es trägt also den Ton der Aufforderung.

An einer Stelle, Gen 1,22, gibt es allerdings auch einen w.x.juss:[3] פְּרוּ וּרְבוּ וּמִלְאוּ אֶת־הַמַּיִם בַּיַּמִּים וְהָעוֹף יִרֶב בָּאָרֶץ *Seid fruchtbar und mehrt euch und füllt das Wasser im Meer, und die Vögel sollen sich mehren auf der Erde.* Hier ist וְהָעוֹף יִרֶב ein w.x.juss, der parallel zu den imp וּרְבוּ

---

1 Richter scheint davon auszugehen, daß juss und kohort zur Kurzform zu zählen sind, denn er schreibt: "Die Negation ʾal steht in Kontaktstellung vor PK – wenn erkennbar, in KF [sc. Kurzform] –, also vor juss/koh, [...]" (Richter [1980] S. 171; demnach läge hier eine Langform vor, denn es steht die Verneinung לֹא); vgl. auch ebd. S. 215: "Imp/PK (KF) als Juss/Koh".

2 Allerdings liegt hier eine indifferente Form vor, es könnte sich also auch um ein w.x.juss handeln.

3 Andersen (1974) S. 134 nimmt hier einen Chiasmus an.

וּמְלָא֒ steht und in der Funktion eines w.juss gebraucht wird.[1] Ebenso kommen auch w.x.kohort vor, so z.B. in Gen 22,5: שְׁבוּ־לָכֶם פֹּה עִם־ הַחֲמוֹר וַאֲנִי וְהַנַּעַר נֵלְכָה עַד־כֹּה וְנִשְׁתַּחֲוֶה וְנָשׁוּבָה אֲלֵיכֶם *Bleibt ihr mit dem Esel hier, und ich und der Knabe wollen dorthin gehen und anbeten und zu euch zurückkehren.* Hier steht der w.x.kohort parallel zu den folgenden w.kohort.[2]

Ein w.x.imperf kann demnach wahrscheinlich sowohl perf consec als auch w.kohort bzw. w.juss vertreten.[3] Liegt hingegen ein w.x.kohort bzw. w.x.juss[4] vor, so vertritt dies einen w.kohort bzw. w.juss.[5] Ein Unterschied zwischen w.x.imperf, das einen w.kohort bzw. w.juss vertritt, und einem w.x.kohort bzw. w.x.juss ist m.E. nicht deutlich. Ferner kann man sagen, daß in der Regel dann, wenn auf imp und perf consec ein w.x.imperf folgt, dieses die Funktionen eines perf consec übernimmt. Umgekehrt gilt: folgt ein w.x.imperf auf imp und w.kohort bzw. w.juss,

---

[1] Rössler erklärt diese Stelle allerdings anders, er sieht hier ein konkomitatives Mare' (vgl. Rössler [1977] S. 44f.).

[2] Vgl. zur Stelle auch unten S. 314.

[3] Unter Umständen könnte auch an den sogenannten Zusammengesetzten Nominalsatz gedacht werden, allerdings bemerkt Lehmann (1997) S. 38: "[...] Gibt es ZNS mit PK [sc. Zusammengesetzte Nominalsätze mit Präformativkonjugation] im Subsatz? Sätze nach dem Muster S.sf - {Prp.dpd - PK} [sc. Substantiv mit Suffix gefolgt von Präposition mit determinierter Dependenz und Präformativkonjugation] und Varianten davon lassen sich [...] anführen. Ob diese freilich stets auch zusammengesetzte *Nominal*sätze sind oder ob die Voranstellung des Subjekts/Mubtada gegebenfalls auch durch andere Faktoren veranlaßt ist, kann vorläufig nicht mit Sicherheit gesagt werden, da viele Stellen Willenserklärungen, Absichtsbekundungen, Wünsche, Anweisungen oder aber Prohibitive enthalten. Die *grundsätzliche* Analyse bezüglich ihres Nominalsatzcharakters muß also vorläufig offen bleiben." Lehmann führt auf S. 43 1Reg 5,20 als Stelle an, wo ein Zusammengesetzter Nominalsatz auf einen imp folgen könnte: וְעַתָּה צַוֵּה וְיִכְרְתוּ־לִי אֲרָזִים מִן־הַלְּבָנוֹן וַעֲבָדַי יִהְיוּ עִם־עֲבָדֶיךָ וּשְׂכַר עֲבָדֶיךָ אֶתֵּן לָךְ כְּכֹל אֲשֶׁר תֹּאמֵר כִּי אַתָּה יָדַעְתָּ und übersetzt wie folgt: "*Und nun befiehl doch, daß man Zedern vom Libanon haut – wobei gilt: meine Leute: sie werden mit deinen Leuten sein – und: der Lohn deiner Leute: ich werde ihn dir geben – denn du weißt ja ...*". Das erste w.x.imperf וַעֲבָדַי יִהְיוּ könnte hier aber durchaus ein perf consec vertreten, also den übergeordneten imp spezifizieren: *dergestalt daß meine Knechte mit deinen Knechten seien.* Das zweite w.x.imperf kann man als w.x.kohort auffassen: *und den Lohn deiner Knechte will ich dir geben.*
   Zur generellen Problematik des Zusammengesetzten Nominalsatzes vgl. z.B. Groß (2001) S. 31-60; Lehmann (1997) S. 27-35; Schüle (2000) S. 142ff. u.a.

[4] Dieser Fall kommt m.W. nach einem imp nur in Gen 1,22 vor.

[5] Als "w.x.kohort" bzw. "w.x.juss" werden im folgenden die Satzkettenglieder nur dann bezeichnet, wenn morphologisch ein kohort bzw. juss vorliegt, ansonsten wird das Satzkettenglied als w.x.imperf benannt. — Richter bemerkt zu (w.)x.kohort bzw. (w.)x.juss: "Imp[erativ], PK-KF [sc. Präformativkonjugation-Kurzform] und Koh[ortativ] zeigen keine Veränderung durch Voranstellung von Modifikatoren, sind nur nicht beliebig mit ihnen fügbar." (Richter [1980] S. 210).

dann übernimmt das w.x.imperf in der Regel die Funktion eines w.kohort bzw. w.juss. Ähnlich drückt dies Niccacci aus:

"3. The (waw-)x-YIQTOL [sic!] construction is jussive when preceded by a direct volitive form, for example, imperative [...]. Likewise, it is jussive when followed by a weYIQTOL, that is, in the sequence x-YIQTOL → weYIQTOL [...].
4. Conversely, the (WAW-)x-YIQTOL construction is indicative when preceded by a weQATAL [...]."[1]

Da hier in erster Linie das Problem der Satzteilfolge behandelt wird, wird die Darstellung im folgenden nach dem Vorkommen für x in w.x.imperf gegliedert, nicht nach den Funktionen wie in den vorhergehenden Kapiteln.

5.2   W.X.IMPERF UND W.X.KOHORT BZW. W.X.JUSS IN DER FUNKTION VON W.KOHORT BZW. W.JUSS

Im folgenden sollen nun Stellen behandelt werden, in denen ein w.x.imperf bzw. ein w.x.kohort oder w.x.juss einen w.kohort bzw. w.juss vertreten.[2] Dabei übernimmt das w.x.imperf oder der w.x.kohort bzw. w.x.juss die Funktionen, die sonst der w.kohort bzw. w.juss ausübt. Es handelt sich dabei um die syntaktischen Funktionen Parataxe, Implizite Hypotaxe (final/konsekutiv), (konditional), (adversativ), (Objektsatz) u.a.[3] Generell trägt das w.x.imperf den Ton der Satzkette des Typs < imp - w.x.imperf >, wenn das w.x.imperf einen w.kohort bzw. w.juss vertritt.

5.2.1   W.X.IMPERF IN DER FUNKTION VON W.KOHORT BZW. W.JUSS MIT DER VERNEINUNG לֹא

Ein w.x.imperf mit x = לֹא kann einen w.kohort bzw. w.juss vertreten.[4] Einige Beispiele wurden schon oben in Gen 42,2[5]; 1Sam 5,11; 29,4 und

---

1   Niccacci (1990) S. 95. — Vgl. zur Inversionsregel auch ebd. S. 32.
2   Überraschenderweise tritt das w.x.imperf auch in der 2. pers. in dieser Funktion auf, obwohl auch beim imp eine Erweiterung vor diesen treten kann. Hier besteht noch Klärungsbedarf. — Bei indifferenten Formen wird in diesem Kap. von w.x.imperf gesprochen.
3   Vgl. oben Kap. 3.5.
4   Sehr oft übt dann das w.x.imperf die Funktion Implizite Hypotaxe (final/konsekutiv) aus, vgl. z.B. Joüon/Muraoka (1991) §168*b* (mit Verweis §116*j*): "If the notion of purpose is negative, one may use וְלֹא and the indicative [...]."; und ebd. §169*b* (ebenfalls mit Verweis auf §116*j*): "If the notion of result is negative, וְלֹא with the indicative is used [...]."; vgl. auch die Grammatiken. Zum Vorkommen der Verneinung לֹא im Gegensatz zur Verneinung אַל bei diesen Fällen schreiben Joüon/Muraoka ebd. §116*j*: "With a **negation** the volitive forms with אַל are rarely used to express purpose-consecution; one usually employs לֹא and the indicative [...]."
5   Vgl. auch Gen 47,19: *Wozu sterben wir vor dir, sowohl wir als auch unser Land.*
    קְנֵה־אֹתָנוּ וְאֶת־אַדְמָתֵנוּ בַּלָּחֶם וְנִהְיֶה אֲנַחְנוּ וְאַדְמָתֵנוּ עֲבָדִים לְפַרְעֹה וְתֶן־זֶרַע וְנִחְיֶה

Jes 8,10 angesprochen. Ein weiterer Fall liegt in Num 17,25 vor: הָשֵׁב אֶת־מַטֵּה אַהֲרֹן לִפְנֵי הָעֵדוּת לְמִשְׁמֶרֶת לְאוֹת לִבְנֵי־מֶרִי וּתְכַל תְּלוּנֹּתָם מֵעָלַי וְלֹא יָמֻתוּ *Bringe den Stab Aarons vor die Gesetzestafeln, um ihn als Zeichen für die Widerspenstigen zu bewahren, daß/damit aufhöre ihr Murren vor mir* oder: *daß/damit du ihrem Murren ein Ende machst, und sie nicht sterben.* Das w.x.imperf וְלֹא יָמֻתוּ steht parallel zu dem w.juss וּתְכַל[1] und übt die gleichen Funktionen wie dieser aus (syntaktische Funktion Implizite Hypotaxe [final/konsekutiv]).

In anderen Stellen steht ein w.x.imperf nicht parallel zu einem w.kohort oder w.juss.[2] Dennoch lassen sich Gründe dafür anführen, warum das w.x.imperf einen w.kohort bzw. w.juss vertritt. So z.B. in Am 5,23: הָסֵר מֵעָלַי הֲמוֹן שִׁרֶיךָ וְזִמְרַת נְבָלֶיךָ לֹא אֶשְׁמָע *Entferne von mir den Lärm deiner Lieder, und den Klang deiner Harfen will ich nicht hören, 24 aber/sondern wie Wasser soll sich ergießen Recht, und Gerechtigkeitstat wie ein Bach, der immer Wasser führt.* Hier ist der imp und das w.x.imperf wohl als gleichwertig anzusehen (syntaktische Funktion Parataxe). Ähnlich auch 1Reg 3,27: תְּנוּ־לָהּ אֶת־הַיָּלוּד הַחַי וְהָמֵת לֹא תְמִיתֻהוּ *Gebt ihr das Kind lebend und tötet es nicht. Sie ist seine Mutter.* Es handelt sich hierbei um das bekannte Salomonische Urteil. Voraus geht die Aufforderung, das Kind zu teilen und die beiden Teile an die zwei streitenden Frauen zu übergeben. Das Kind soll also getötet werden. Um dies zu verhindern, sagt die rechtmäßige Mutter des Kindes, man möge es ihrer Widersacherin geben. Salomo weiß daraufhin, wer die rechtmäßige Mutter ist und widerruft seinen vorherigen Auftrag. Der Ton der vorliegenden Aufforderung liegt nun darauf, das Kind nicht zu töten, sondern es seiner Mutter zu geben.[3] Dies wird evtl. auch an der Figura etymologica וְהָמֵת לֹא תְמִיתֻהוּ deutlich.[4]

Die syntaktische Funktion Implizite Hypotaxe (adversativ) scheint ein w.x.imperf nach einem imp in 1Reg 18,25 auszuüben: *Da sprach Elia zu den Baalspropheten:* בַּחֲרוּ לָכֶם הַפָּר הָאֶחָד וַעֲשׂוּ רִאשֹׁנָה כִּי אַתֶּם הָרַבִּים וְקִרְאוּ בְּשֵׁם אֱלֹהֵיכֶם וְאֵשׁ לֹא תָשִׂימוּ *Wählt für euch einen Stier und bereitet ihn zuerst zu, denn ihr seid viele, und beruft euren Gott nament-*

וְלֹא נָמוּת וְהָאֲדָמָה לֹא תֵשָׁם *Kaufe uns und unser Land für Brot, und wir und unser Land wollen des Pharao Knechte sein. – Und gib uns Samen, damit wir leben und nicht sterben und unser Land nicht verödet.* Zur allgemeinen Problematik der Stelle vgl. oben S. 210. Deutlich ist aber hier, daß der w.kohort וְנִחְיֶה und das w.x.imperf וְלֹא נָמוּת parallel stehen und die gleichen Funktionen ausüben.

1　Zum Propblem von וּתְכַל vgl. oben S. 189 zur Stelle.
2　Am 5,23 und 1Reg 18,25 könnte man auch unter die Rubrik x = Objekt einordnen.
3　Vgl. auch Shulman (2000) S. 175 zum unterschiedlichen Gebrauch der Verneinungen in 1Reg 3,26f.
4　Vgl. auch S. 114 zu 1Reg 3,26f. und die Anm. zu den Verneinungen.

lich,[1] *aber Feuer sollt ihr keines anlegen.* Allerdings wird im Bericht der Durchführung vv.26ff. das w.x.imperf nicht erwähnt. Von daher kann man auch der Auffassung sein, daß dieses nicht den Ton der Aufforderung trägt und von daher das w.x.imperf evtl. ein perf consec vertritt. Aber es ist für den Verlauf der Geschichte wichtig, daß an das Opfer kein Feuer gelegt wird.

Weitere Belegstellen für w.x.imperf mit x = לֹא, wobei das w.x.imperf wohl ein w.kohort bzw. w.juss vertritt:[2] Gen 42,19f.[3]; Lev 22,2?[4]; Ez 24,17[5].

5.2.2 W.X.IMPERF IN DER FUNKTION VON W.KOHORT BZW. W.JUSS MIT DER VERNEINUNG אַל

In der Regel steht die Verneinung אַל vor juss,[6] nicht vor imperf ind.[7] Man kann also davon ausgehen, daß dann, wenn bei w.x.imperf x = אַל

---

1 Vgl. zu dieser Übersetzung Labuschagne (1984b) Sp. 670.

2 Es sei hier darauf hingewiesen, daß in poetischer Rede eine Abgrenzung der Satzketten nicht immer klar ist. — An einigen Stellen kann das w.x.imperf vielleicht auch ein perf consec vertreten (so evtl. Lev 22,2).

3 Vgl. zur Stelle S. 313.

4 Der w.juss repräsentiert hier einen Objektsatz, das folgende w.x.imperf ist final/konsekutiv.

5 Es sind die w.x.imperf וְלֶחֶם וְלָחֶם עַל־שָׂפָם לֹא תַעְטֶה וְלֹא תַאכֵל אֲנָשִׁים לֹא (wegen des Chiasmus werden beide w.x.imperf hier eingeordnet, letzteres könnte auch unter x = Objekt eingeordnet werden) gemeint.

6 Vgl. z.B. Joüon/Muraoka (1991) §160*f*: "אַל (μή; La. *ne*) is the negative of prohibition. It is used with the forms of the direct volitive: jussive, cohortative (but not the imperative) [...]." — Es zeigt sich in diesem Kapitel, daß die Negation אַל nicht nur vor 'direct volitives' steht, sondern auch vor 'indirect volitives'. 'Indirect volitives' liegen dann vor, wenn diese mit einem ו verbunden sind, das "the notion of purpose or consecution" (Joüon/Muraoka [1991] §116*a*) also die Funktion Implizite Hypotaxe (final/konsekutiv) ausdrückt. — Gibson (1994) S. 81: "The imper. cannot be used with negative. Either long YIQTOL or juss. must be used, the first with לֹא and expressing a strong prohibition, the second with אַל and expressing a specific prohibition or attempt to dissuade [...]." Vgl. weiter z.B. Gesenius/Kautzsch (1909) §109*c*; Meyer (1972) S. 48; Richter (1980) S. 171.

7 Dies gilt allerdings nur "in der Regel", denn in einigen seltenen Fällen kommt אַל vor ind vor (vgl. Gesenius/Kautzsch [1909] §107*p*; Gibson [1994] S. 82 Anm. 2; Meyer [1972] S. 11f.). — Vor imp kommt אַל bekanntermaßen nicht vor. Verneinte imp werden durch אַל + juss in der 2. pers. ausgedrückt (vgl. Kap. 2.7). Dementsprechend werden in diesem Kapitel lediglich w.x.imperf mit x = אַל in der 1. und 3. pers. betrachtet, denn wenn w.x.imperf mit x = אַל in der 2. pers. vorliegt, handelt es sich sehr wahrscheinlich um einen verneinten imp (es wäre höchstens zu erwägen, ob nicht w.x.imperf mit אַל hier ein perf consec ersetzen könnte, vgl. hierzu unten S. 321 Est 4,16).

ist, das w.x.imperf einen w.kohort bzw. w.juss vertritt. So z.B. in 2Chr
15,7: ... וְאַתֶּם חִזְקוּ וְאַל־יִרְפּוּ יְדֵיכֶם כִּי *Ihr aber seid mutig, und eure
Hände sollen nicht sinken, denn es gibt einen Lohn für euer Tun.* Das
w.x.imperf trägt hier den Ton, wie die Fortführung in dem Nominalsatz
כִּי יֵשׁ שָׂכָר לִפְעֻלַּתְכֶם zeigt (das Tun ist ja ein Tun der Hände), es vertritt
also einen w.juss.[1]

In Ex 20,19: *Da sprachen sie* [sc. das Volk] *zu Mose:* דַּבֵּר־אַתָּה עִמָּנוּ
וְנִשְׁמָעָה וְאַל־יְדַבֵּר עִמָּנוּ אֱלֹהִים פֶּן־נָמוּת *Rede du mit uns, so wollen wir
hören, aber Gott soll nicht mit uns reden, damit wir nicht sterben* steht
das w.x.imperf וְאַל־יְדַבֵּר parallel zum imp דַּבֵּר (syntaktische Funktion
Implizite Hypotaxe [adversativ]). Hier vertritt es wohl ebenfalls einen
w.juss.[2]

In 1Sam 12,19 vertritt das w.x.imperf die Funktion Implizite Hypo-
taxe (Objektsatz): ... הִתְפַּלֵּל בְּעַד־עֲבָדֶיךָ אֶל־יְהוָה אֱלֹהֶיךָ וְאַל־נָמוּת כִּי
*Tu doch Fürbitte für deine Knechte bei Jahwe, deinem Gott, daß wir
nicht sterben, denn ...* Gesenius/Kautzsch[3] faßt dieses w.x.Imperf als
echtes imperf, also nicht als juss bzw. kohort auf. Aus der Parallelität zu
den oben Kap. 3.5.4 genannten Stellen wird allerdings deutlich, daß
וְאַל־נָמוּת hier einen w.kohort vertritt. In Lev 16,2[4] liegt ebenfalls ein
Objektsatz[5] vor: דַּבֵּר אֶל־אַהֲרֹן אָחִיךָ וְאַל־יָבֹא בְכָל־עֵת אֶל־הַקֹּדֶשׁ מִבֵּית
לַפָּרֹכֶת אֶל־פְּנֵי הַכַּפֹּרֶת אֲשֶׁר עַל־הָאָרֹן וְלֹא יָמוּת כִּי ... *Rede mit Aaron,
deinem Bruder, daß er nicht zu jeder Zeit in das Heilige innerhalb des
Vorhangs vor der Platte, die auf der Lade liegt, geht, damit er nicht
stirbt, denn ich erscheine in einer Wolke über der Platte.*

Weitere Belegstellen für die Verneinung אַל: Num 11,15?; Ps 69,28; Hi
13,21f.?[6]; 2Chr 35,21[1].

Davidson (1901) §65 Rem. 3 gibt folgenden Unterschied für die Verneinungen
אַל und לֹא an: "The neg. apod. is usually subordinated by וְלֹא (or לֹא) with *ordinary*
impf. The form וְאַל rather co-ordinates its clause to the preceding one [...]."

[1] Vgl. auch S. 116 zur Stelle.
[2] Ähnlich ist wohl auch Gen 45,20 zu verstehen (vgl. zu vv.17ff. oben S. 242). Das
     w.x.imperf ist hier ebenfalls adversativ aufzufassen. Die Söhne Jakobs sollen nur ihre
     Familien und ihren Vater mitbringen, nicht den Hausrat, denn ihnen ist das Beste in
     Ägypten versprochen worden (vgl. v.18).
[3] Vgl. Gesenius/Kautzsch (1909) §107*p*.
[4] Aus der Parallelität der Stelle mit den in Kap. 3.5.4 aufgeführten Belegen wird deut-
     lich, daß וְאַל־יָבֹא einen w.juss vertritt.
[5] Das w.x.imperf וְלֹא יָמוּת könnte die Funktion eines perf consec ausüben.
[6] Die Stelle kann auch unter x = Substantiv eingeordnet werden. – Generell ist Hi
     13,21f. sehr komplex. V.21 stellt die Protasis in einem konditionalen Satzgefüge dar;
     v.22 die Apodosis, die aber selbst zweigeteilt ist, aus zwei Möglichkeiten besteht:
     וּקְרָא וְאָנֹכִי אֶעֱנֶה אוֹ־אֲדַבֵּר וַהֲשִׁיבֵנִי *dann rufe, und ich will dir erwidern, oder ich
     rede, und antworte du.*

5.2.3   W.X.IMPERF IN DER FUNKTION VON W.KOHORT BZW. W.JUSS MIT OBJEKT

In dieser Rubrik gibt es m.W. leider keine Satzkette des Typs < imp - w.kohort/juss - w.x.imperf > in der das w.x.imperf und der w.kohort bzw. w.juss parallel stehen würden. Der einzige Fall mit dieser Satzkettenformel ist 2Reg 6,28[2], wo das w.x.imperf deutlich ein perf consec vertritt: תְּנִי אֶת־בְּנֵךְ וְנֹאכְלֶנּוּ הַיּוֹם וְאֶת־בְּנִי נֹאכַל מָחָר *Gib deinen Sohn, daß/damit wir ihn heute essen, und meinen Sohn wollen wir morgen essen.* Der w.kohort וְנֹאכְלֶנּוּ trägt m.E. den Ton der Äußerung (vgl. den Bericht der Durchführung in v.29). Das w.x.imperf trägt nicht den Ton, sondern führt das vorausgehende zeitlich fort, es vertritt deutlich ein perf consec (vgl. hierzu unten Kap. 5.3.3).

Allerdings vertritt wohl das w.x.imperf in Gen 42,19f. einen w.juss:

19 אִם־כֵּנִים אַתֶּם אֲחִיכֶם אֶחָד יֵאָסֵר בְּבֵית מִשְׁמַרְכֶם וְאַתֶּם לְכוּ הָבִיאוּ שֶׁבֶר רַעֲבוֹן בָּתֵּיכֶם 20 וְאֶת־אֲחִיכֶם הַקָּטֹן תָּבִיאוּ אֵלַי וְיֵאָמְנוּ דִבְרֵיכֶם וְלֹא תָמוּתוּ

19 *Wenn ihr ehrlich seid, dann laßt einen eurer Brüder gefesselt in eurem Gefängnis, ihr aber geht und bringt das Getreide für den Hunger eurer Häuser (Familien),* 20 *und euren kleinen Bruder bringt zu mir, so sollen eure Worte wahr befunden werden, und ihr sollt nicht sterben oder: daß/damit ihr nicht sterbt. Da taten sie dementsprechend.*

Den Ton der Aufforderung trägt das letzte w.x.imperf וְלֹא תָמוּתוּ, denn darum geht es in vv.18-20. In 18 wird ja dieser Auftrag Josephs mit folgenden Worten eingeleitet: זֹאת עֲשׂוּ וִחְיוּ *Dieses tut, so werdet ihr leben.* Das letzte w.x.imperf trägt also deutlich den Ton der Äußerung. Einen zweiten Höhepunkt stellt das w.x.imperf וְאֶת־אֲחִיכֶם הַקָּטֹן תָּבִיאוּ אֵלַי dar, denn das ist das Ziel Josephs, er will seinen jüngeren Bruder wiedersehen. Beide w.x.imperf vertreten also einen w.juss. Dabei ist auffällig, daß ein w.x.imperf, wenn es einen w.juss vertritt, durchaus in der 2. pers. stehen kann. Ein w.juss kommt hingegen (fast) nie in der 2. pers. vor.[3]

w.x.imperf, die ein w.juss vertreten, kommen mit x = Objekt häufig in poetischen Texten in der 2. pers. vor. So z.B. Prv 7,1: בְּנִי שְׁמֹר אֲמָרָי וּמִצְוֹתַי תִּצְפֹּן אִתָּךְ *Mein Sohn, bewahre meine Worte, und meine Gebote bewahre in dir auf.* Weitere Belege: Dtn 33,11; Hi 40,10.

---

1   Vgl. Gesenius/Kautzsch (1909) §109g zur Stelle: "2Chr 35,21 ist ein negativer Finalsatz mit אַל־ an einen Imperativ angelehnt (*stehe ab von Gott ..., daß er dich nicht verderbe!*). In der Regel erfolgt jedoch die Anknüpfung negativer Absichtsätze an den regierenden Satz mit וְלֹא und nachfolg. Imperf. [...]".

2   Vgl. auch S. 157 zur Stelle.

3   Der Unterschied zwischen einem x.imp und w.x.imperf in der 2. pers., das einen w.juss vertritt, ist mir nicht deutlich.

Weitere Belege für w.x.imperf mit Objekt:[1] Gen 44,1f.; Dtn 13,16f.[2]; 1Sam 17,17f.; Ez 24,17[3]; Ps 51,14[4]; Prv 22,17.

5.2.4　W.X.IMPERF IN DER FUNKTION VON W.KOHORT BZW. W.JUSS MIT SUBSTANTIV UND PRONOMEN ALS SUBJEKT

Auch wenn Substantiv und/oder Pronomen vor das imperf treten, kann das w.x.imperf/w.x.kohort/w.x.juss einen w.kohort bzw. w.juss vertreten. So z.B. in Gen 22,5: שְׁבוּ־לָכֶם פֹּה עִם־הַחֲמֹור וַאֲנִי וְהַנַּעַר נֵלְכָה עַד־כֹּה וְנִשְׁתַּחֲוֶה וְנָשׁוּבָה אֲלֵיכֶם *Bleibt ihr mit dem Esel hier, und ich und der Knabe wollen dorthin gehen und anbeten und zu euch zurückkehren.* Hier ist der w.x.kohort adversativ zu dem vorausgehenden imp שְׁבוּ gebraucht; während die Knechte hierbleiben, wollen Abraham und sein Sohn dorthin gehen. Daß der w.x.kohort einen w.kohort vertritt, wird an den beiden folgenden w.kohort וְנִשְׁתַּחֲוֶה und וְנָשׁוּבָה deutlich. Der letzte w.kohort וְנָשׁוּבָה trägt hierbei den Ton der Äußerung, denn im Bericht der Durchführung wird der imp שְׁבוּ nicht aufgenommen, wohl aber der w.kohort וְנָשׁוּבָה (v.19)[5]: וַיָּשָׁב אַבְרָהָם אֶל־נְעָרָיו *Da kehrte Abraham zu seinen Knechten zurück, und sie machten sich auf und gingen zusammen nach Beerscheba.* Auch inhaltlich kann man deutlich machen, daß der letzte w.kohort den Ton der Äußerung trägt, denn für die Knechte ist es nicht wichtig, daß Abraham und Isaak weggehen und anbeten, sondern daß sie wieder zu den Knechten zurückkommen. Dies ist ja die Veranlassung für die Knechte zu bleiben und nicht etwa wegzugehen.

Ein ähnlicher Fall (allerdings mit poetischer Redeweise) ist Jer 18,21: לָכֵן תֵּן אֶת־בְּנֵיהֶם לָרָעָב וְהַגִּרֵם עַל־יְדֵי־חֶרֶב וְתִהְיֶנָה נְשֵׁיהֶם שַׁכֻּלֹות וְאַלְמָנֹות וְאַנְשֵׁיהֶם יִהְיוּ הֲרֻגֵי מָוֶת בַּחוּרֵיהֶם מֻכֵּי־חֶרֶב בַּמִּלְחָמָה *Darum: Gib ihre Kinder dem Hunger preis und überliefere sie dem Schwert, und ihre Frauen sollen der Kinder beraubt und Witwen sein, und ihre Männer sollen von der Pest Getötete[6] sein, ihre junge Mannschaft im Kampf durch das Schwert Erschlagene.* Wahrscheinlich liegt hier eine Kette gleichwertiger Sätze vor. Deutlich ist, daß das w.x.imperf וְאַנְשֵׁיהֶם יִהְיוּ parallel zu dem w.juss וְתִהְיֶנָה steht, also die gleiche Funktion ausübt. Das w.x.imperf vertritt demnach einen w.juss.

---

[1]　In Gen 21,12f.; Num 35,2 leitet das w.x.imperf eine neue Äußerung ein.

[2]　Hier v.16. – Das perf consec in v.16 spezifiziert das vorausgehende w.x.imperf.

[3]　Es ist hier das w.x.imperf וּנֵעָלֶיךָ תָּשִׂים בְּרַגְלֶיךָ gemeint.

[4]　Nach Gesenius/Buhl (1915) Sp. 547a mit doppeltem Akkusativ.

[5]　Zur literarkritischen Frage vgl. z.B. Levin (1993) S. 175-177, bes. S. 176. Levin weist hier die vv.4-8.19a als Einschub aus. Deutlich ist aber, daß v.19a bewußt v.5 wieder aufnimmt (vgl. auch Gunkel [1977] S. 239: "Die Rückkehr ist eigentlich selbstverständlich").

[6]　So Gesenius/Buhl (1915) Sp. 187b zur Stelle.

Ein konditionales Satzgefüge liegt in Prv 3,9f. vor: כַּבֵּד אֶת־יְהוָה 9
מֵהוֹנֶךָ וּמֵרֵאשִׁית כָּל־תְּבוּאָתֶךָ 10 וְיִמָּלְאוּ אֲסָמֶיךָ שָׂבָע וְתִירוֹשׁ יְקָבֶיךָ יִפְרֹצוּ
9 *Ehre Jahwe mit* [oder: *mehr als?*] *deinem Reichtum und mit den
Erstlingen aller deiner Erzeugnisse,* 10 *so sollen voll werden deine
Vorratskammern zum Überfluß, und die Kufen deiner Kelter sollen von
Most überlaufen.* Daß hier das w.x.imperf einen w.juss vertritt, wird aus
dem Chiasmus deutlich.

Hierher gehört auch Jos 6,6, allerdings führt hier lediglich ein
w.x.imperf einen imp fort: שְׂאוּ אֶת־אֲרוֹן הַבְּרִית וְשִׁבְעָה כֹהֲנִים יִשְׂאוּ שִׁבְעָה
שׁוֹפְרוֹת יוֹבְלִים לִפְנֵי אֲרוֹן יְהוָה *Bringt die Lade des Bundes, und sieben
Priester sollen sieben Widder-Schofar vor der Lade Jahwes tragen.* Daß
das w.x.imperf וְשִׁבְעָה כֹהֲנִים יִשְׂאוּ einen w.juss vertritt, wird am Bericht
der Durchführung (v.8) deutlich, dort wird lediglich das w.x.imperf
aufgenommen: וַיְהִי כֶּאֱמֹר יְהוֹשֻׁעַ אֶל־הָעָם וְשִׁבְעָה הַכֹּהֲנִים נֹשְׂאִים שִׁבְעָה
שׁוֹפְרוֹת הַיּוֹבְלִים לִפְנֵי [אֲרוֹן]¹ יְהוָה עָבְרוּ וְתָקְעוּ בַּשּׁוֹפָרוֹת וַאֲרוֹן בְּרִית יְהוָה
הֹלֵךְ אַחֲרֵיהֶם *Als Josua zum Volk geredet hatte, zogen sieben Priester
sieben Widder-Schofar tragend vor* [*der Lade*] *Jahwe*[*s*] *vorüber und
stießen in die Schofar, und die Lade des Bundes Jahwes folgte ihnen.* Das
w.x.imperf trägt also den Ton der Satzkette und wird analog zu w.juss
verwendet.

Weitere Belegstellen² für w.x.imperf mit x = Substantiv:³ Gen 9,1f.;
28,1-4⁴; Ex 19,24?⁵; Jos 6,7⁶; Jes 41,1; 45,8; Jer 51,50; Ps 69,25⁷; 102,2⁸;
109,6; Prv 4,26; 23,26⁹.

Auch wenn bei w.x.imperf das x = Pronomen ist, kann das w.x.imperf
einen w.kohort bzw. w.juss ersetzen. So z.B. in 2Chr 24,5: צְאוּ לְעָרֵי

---

1   Vgl. den App. BHS.
2   Jes 54,2 ist textkritisch unsicher.
3   Sehr oft vertritt im Parallelismus membrorum ein w.x.imperf einen w.kohort bzw.
     w.juss. Diese Stellen sind sehr oft chiastisch gebaut; es handelt sich dann wohl um
     gleichwertige Satzketten. So z.B. Ps 69,25: שְׁפָךְ־עֲלֵיהֶם זַעְמֶךָ וַחֲרוֹן אַפְּךָ יַשִּׂיגֵם
     Gieße deine Verwünschung (so HALAT Sp. 265b) *über sie aus, und die Glut deines
     Zorns hole sie ein.* — An einigen der aufgeführten Stellen ist x auch eine
     Constructus-Verbindung, so z.B. Sach 8,16f. (hier aber al.juss als verneinte imp).
         In Prv 24,13f. führt das w.x.imperf wahrscheinlich nicht einen imp, sondern
     einen NS fort (vgl. S. 340 die Anm. zu Prv 24,14).
4   Das perf consec in v.3 spezifiziert den vorausgehenden w.juss.
5   Vgl. zur Stelle auch oben S. 250. — Zur Literarkritik vgl. ebd. die Anm. zur Stelle.
6   Vgl. den Bericht der Durchführung vv.8f.
7   Mit Constructus-Verbindung als Subjekt.
8   Nach dem Subjekt steht noch eine Präpositionalgruppe.
9   Nach Ketib und Qere stammt das imperf von verschiedenen Verben. Dies beeinflußt
     die syntaktische Analyse aber nicht. — Nach dem Subjekt folgt noch ein Objekt vor
     dem imperf.

יְהוּדָה וְקִבְצוּ מִכָּל־יִשְׂרָאֵל כֶּסֶף לְחַזֵּק אֶת־בֵּית אֱלֹהֵיכֶם מִדֵּי שָׁנָה בְּשָׁנָה
וְאַתֶּם תְּמַהֲרוּ לַדָּבָר *Geht heraus in alle Städte Judas und sammelt Geld
von ganz Israel, um das Haus eures Gottes jahraus, jahrein
auszubessern, und eilt euch bei der Sache.* Im Bericht der Durchführung
wird lediglich das w.x.imperf aufgenommen, allerdings verneint: וְלֹא
מִהֲרוּ הַלְוִיִּם *Aber die Leviten eilten sich nicht.* Von daher trägt wohl das
w.x.imperf den Ton der Satzkette, vertritt also einen w.juss.
Weitere Belegstellen: 2Sam 14,8; 1Reg 1,33-35[1]; Am 7,12f.[2]; Ps 37,5; Hi
6,24?; 13,21f. (hier bes. v.22)[3]; 40,12-14?; Prv 3,6.

5.2.5   W.X.IMPERF IN DER FUNKTION VON W.KOHORT BZW. W.JUSS MIT X = SONSTIGES

Neben Negation, Objekt, Substantiv und Pronomen kann auch eine Präpositionalgruppe vor das imperf treten, auch dann kann es einen w.kohort
bzw. w.juss vertreten. So z.B. in Ps 54,3: אֱלֹהִים בְּשִׁמְךָ הוֹשִׁיעֵנִי
וּבִגְבוּרָתְךָ תְדִינֵנִי *Gott, durch deinen Namen hilf mir, und durch deine
Kraft schaffe mir Recht.* Hier liegt eine gleichwertige Satzkette vor, das
w.x.imperf vertritt also einen w.juss (bzw. einen imp, da das w.x.imperf
in der 2. pers. steht[4]).

Ein inschriftlicher Beleg ist für w.x.imperf nach imp vorhanden,
Arad(6):18,3-6: : חתן 6 ולקרסי : <Epha> 5 לשמריהו : תן 4 ועת [...] *3
<Homer> Und nun: gib Š^emaryāhû 1 Epha, und dem Qerositer gebe ein
Homer.* Hier ersetzt wohl das w.x.imperf einen w.juss in der 2. pers.[5]

Weitere Belege für Präpositionalgruppen:[6] Dtn 33,7; Ez 21,11; Hi 6,22f.;
Prv 7,4[1].

---

[1]   Vgl. zur Stelle oben S. 257.
[2]   Das letzte w.x.imperf וּבֵית־אֵל לֹא־תוֹסִיף עוֹד לְהִנָּבֵא *aber in Bethel sollst du dich
      nicht weiter als Prophet aufführen* trägt hier den Ton der Satzkette, es geht ein weite-
      res w.x.imperf voraus mit x = Lokalpronomen שָׁם (zur Auffassung, שָׁם sei eher Pro-
      nomen als Adverb, vgl. Michel [2004] 2. Hauptteil, Kap. 1.1.1.6): וְשָׁם תִּנָּבֵא
      dort sollst du dich als Prophet aufführen. Man kann aber auch erwägen, daß die
      w.x.imperf in diesem Beleg perf consec vertreten.
[3]   Vgl. auch oben S. 312 die Anm. zur Stelle.
[4]   Dies kann in poetischer Rede öfter vorkommen (vgl. hierzu auch oben Kap. 5.2.3). In
      der Regel ist aber davon auszugehen, daß ein w.x.imperf in der 2. pers. ein perf con-
      sec vertritt, denn ein w.juss kommt in der 2. pers. nur sehr selten vor (vgl. Kap.
      3.1.2). Anders ist die Sachlage, wenn x = אַל ist, denn dann liegt wahrscheinlich ein
      syndetischer Vetitiv (vgl. Kap. 2.7) vor.
[5]   Es stellt sich m.E. die Frage, warum hier kein imp verwendet wird, ein w.juss in der
      2. pers. ist äußerst selten (vgl. Kap. 3.1.2).
[6]   Jes 45,11 ist textkritisch unklar: הָאֹתִיּוֹת שְׁאָלוּנִי ist wohl zu konjizieren in הַאַתֶּם
      תִּשְׁאָלוּנִי (vgl. z.B. Westermann [1986] S. 133). Dann liegt aber kein imp mehr vor.
            Ps 140,2.(5) wäre hier mit Konjektur וּמֵאִישׁ statt מֵאִישׁ (vgl. App. BHS)
      aufzuführen (vgl. S. 218 zur Stelle). — Bei תִּנְצְרֵנִי handelt es sich um eine sog.

Eine Zeitangabe kann ebenfalls vor das imperf treten, so in Prv 3,28:
Sage nicht zu deinem Nächsten[2]: אֶתֵּן וּמָחָר וָשׁוּב לֵךְ *Geh und komm wieder, morgen will ich es dir geben!, und du hast (das Erbetene).* In dieser Satzkette trägt wohl auch das w.x.imperf den Ton der Äußerung, denn das ist das Wichtige für den Bittsteller; die Bitte wird erfüllt werden, aber erst am nächsten Tag.

פֹּה kann ebenso vor das imperf treten, so in Jos 18,8:[3] וְהִתְהַלְּכוּ לְכוּ בָאָרֶץ וְכִתְבוּ אוֹתָהּ וְשׁוּבוּ אֵלַי וּפֹה אַשְׁלִיךְ לָכֶם גּוֹרָל לִפְנֵי יְהוָה בְּשִׁלֹה *Geht und durchzieht das Land und schreibt es auf und kehrt zu mir zurück, und ich will hier das Los für euch vor Jahwe in Silo werfen.* Im Kontext geht es darum, daß sieben Stämme ihr Land noch nicht zugeteilt bekommen haben. Dies soll nun nachgeholt werden. Das w.x.imperf trägt also den Ton der Satzkette.[4] Voraussetzung für das Verteilen ist aber zunächst das Vermessen des Landes. Weiterer Beleg für x = Ortsangabe: Am 7,12f.[5]

5.3 W.X.IMPERF IN DER FUNKTION VON PERF CONSEC

Im folgenden sollen nun Stellen behandelt werden, in denen ein w.x.imperf ein perf consec vertritt. Dabei übernimmt das w.x.imperf die syntaktischen Funktionen, die sonst das perf consec ausübt. Dies sind die syntaktischen Funktionen Implizite Hypotaxe (Spezifikation), (final/konsekutiv) und (temporal).[6] Generell trägt der übergeordnete imp den Ton der Satzkette.

5.3.1 W.X.IMPERF IN DER FUNKTION VON PERF CONSEC MIT DER VERNEINUNG לֹא

Auf Num 4,19 wurde bereits oben eingegangen:[7] וְלֹא וְחָיוּ לָהֶם עֲשׂוּ וְזֹאת יָמֻתוּ בְּגִשְׁתָּם אֶת־קֹדֶשׁ הַקֳּדָשִׁים *dieses tut ihnen, daß/damit sie leben und nicht sterben, wenn sie sich dem Hochheiligen nähern: ....* Die Formel dieser Satzkette sieht folgendermaßen aus: < ... - w.imp - perf consec - w.x.imperf > wobei x = לֹא ist. Perf consec und w.x.imperf sind hier parallel zu sehen. Das perf consec steht in der Funktion Implizite Hypotaxe

---

Rösslerform (vgl. hierzu oben S. 218 Anm. 6). Schüle (2000) S. 98 Anm. 3 ordnet Ps 140,2.5; Prv 2,10f. als juss ein.

1   Der Präpositionalgruppe geht וּמָדַד voraus.
2   Mit Qere und einigen Textzeugen ist hier wahrscheinlich sg. zu lesen, vgl. auch Plöger (1984) S. 41.
3   Vgl. auch S. 176 zu Jos 18,4f.
4   Im Bericht der Durchführung (v.9f.) werden alle Satzkettenglieder aufgenommen, wenn auch teilweise mit anderen Lexemen.
5   Vgl. S. 316 die Anm. zur Stelle.
6   Vgl. oben Kap. 4.4. Ein Beleg für die syntaktische Funktion Implizite Hypotaxe (konditional) ist mir nicht bekannt.
7   Vgl. S. 306.

(final/konsekutiv), das folgende w.x.imperf ebenfalls. Dies wird durch die inhaltliche Gegenüberstellung deutlich: *damit sie leben und nicht sterben.* Es gilt also deutlich die Inversionsregel perf consec -> w.x.imperf. Daraus folgt, daß das w.x.imperf die Funktion des perf consec übernimmt.

Ähnlich ist wohl auch 1Reg 2,36 zu verstehen: *Da sandte der König hin und ließ Schimi rufen und sprach zu ihm:* בְּנֵה־לְךָ בַיִת בִּירוּשָׁלַם וְיָשַׁבְתָּ שָׁם וְלֹא־תֵצֵא מִשָּׁם אָנֶה וָאָנָה *Baue dir ein Haus in Jerusalem, dergestalt daß du dort wohnst und nicht herausgehst von dort, wohin es auch sei.* Auch hier liegt eine inhaltliche Gegenüberstellung vor: ... *wohne dort und geh nicht weg von dort* .... Die Formel dieser Satzkette ist < imp - perf consec - w.x.imperf > wobei x = לֹא ist. Allerdings üben perf consec und w.x.imperf nicht die Funktion Implizite Hypotaxe (final/konsekutiv), sondern (Spezifikation) aus.[1] Die Aufforderung, ein Haus zu bauen, wird dahingehend spezifiziert, daß Schimi dort bleiben und das Haus bzw. Jerusalem überhaupt nicht verlassen soll, d.h. er hat Arrest.

In 1Sam 14,34 trägt Saul auf, dem Volk zu sagen: הַגִּישׁוּ אֵלַי אִישׁ שׁוֹרוֹ וְאִישׁ שְׂיֵהוּ וּשְׁחַטְתֶּם בָּזֶה וַאֲכַלְתֶּם וְלֹא־תֶחֶטְאוּ לַיהוָה לֶאֱכֹל אֶל־הַדָּם *Jeder bringe zu mir sein Rind und sein Schaf, dergestalt daß ihr es hier schlachtet und eßt, daß/damit ihr nicht sündigt vor Jahwe, indem ihr das Blut eßt.* Die perf consec üben hier wohl die Funktion Implizite Hypotaxe (Spezifikation) aus.[2] Zwischen dem zweiten perf consec und dem w.x.imperf erfolgt jedoch ein Funktionswechsel, das w.x.imperf steht in der Funktion Implizite Hypotaxe (final/konsekutiv). Das w.x.imperf vertritt hier ein perf consec, denn das vorrangige Ziel Sauls ist es, daß die Menschen ihr Vieh zu Saul bringen.[3]

In Jer 17,21f. vertreten die w.x.imperf ebenfalls perf consec: *So spricht Jahwe:*

21 ... הִשָּׁמְרוּ בְּנַפְשׁוֹתֵיכֶם וְאַל־תִּשְׂאוּ מַשָּׂא בְּיוֹם הַשַּׁבָּת וַהֲבֵאתֶם בְּשַׁעֲרֵי יְרוּשָׁלָם 22 וְלֹא־תוֹצִיאוּ מַשָּׂא מִבָּתֵּיכֶם בְּיוֹם הַשַּׁבָּת וְכָל־מְלָאכָה לֹא תַעֲשׂוּ וְקִדַּשְׁתֶּם אֶת־יוֹם הַשַּׁבָּת כַּאֲשֶׁר צִוִּיתִי אֶת־אֲבוֹתֵיכֶם

21 Hütet euch, wenn euch euer Leben lieb ist, und tragt am Sabbattag keine Last, dergestalt daß ihr sie durch die Tore Jerusalems bringt, 22 dergestalt daß ihr keine Last aus euren Häusern am Sabbattag bringt, dergestalt daß ihr keine Arbeit tut, daß/damit ihr den Sabbattag heiligt, wie ich (es) euren Vätern befohlen habe.

---

[1] Vgl. oben S. 237. — Zur Problematik dieser Stelle vgl. S. 256.
[2] Vielleicht liegt hier auch die Funktion Implizite Hypotxe (temporal) vor.
[3] Dementsprechend wird im Bericht der Durchführung (ebenfalls v.34) nur der imp und das erste perf consec aufgenommen: וַיַּגִּשׁוּ כָל־הָעָם אִישׁ שׁוֹרוֹ בְיָדוֹ הַלַּיְלָה וַיִּשְׁחֲטוּ־שָׁם *Da brachte im ganzen Volk jeder sein Rind in seiner Hand diese Nacht, und sie schlachteten es dort.* Anschließend wird berichtet, daß Saul einen Altar baut.

Der w.al.juss 2. pers. stellt einen verneinten imp dar[1] und trägt den Ton
der Satzkette. Dieser verneinte imp wird durch das erste perf consec
sowie durch die folgenden w.x.imperf spezifiziert. Die w.x.imperf üben
die gleiche Funktion wie perf consec aus. Das letzte perf consec hat wohl
die Funktion Implizite Hypotaxe (final/konsekutiv).

In Num 11,16f. steht ebenfalls ein w.x.imperf parallel zu einem perf
consec:

אֶסְפָה־לִּי שִׁבְעִים אִישׁ מִזִּקְנֵי יִשְׂרָאֵל אֲשֶׁר יָדַעְתָּ כִּי־הֵם זִקְנֵי הָעָם ... 16
וְשֹׁטְרָיו וְלָקַחְתָּ אֹתָם אֶל־אֹהֶל מוֹעֵד וְהִתְיַצְּבוּ שָׁם עִמָּךְ 17 וְיָרַדְתִּי וְדִבַּרְתִּי
עִמְּךָ שָׁם וְאָצַלְתִּי מִן־הָרוּחַ אֲשֶׁר עָלֶיךָ וְשַׂמְתִּי עֲלֵיהֶם וְנָשְׂאוּ אִתְּךָ בְּמַשָּׂא
הָעָם וְלֹא־תִשָּׂא אַתָּה לְבַדֶּךָ

16 ... *Versammle mir siebzig Männer von den Ältesten Israels, von*
denen du weißt, daß sie die Ältesten des Volkes und seine Beamten sind,
und bringe sie zum Versammlungszelt, und sie sollen sich dort mit dir
hinstellen, 17 *und ich werde herabkommen und mit dir dort reden und*
von dem Geist, der auf dir liegt, zurücknehmen und auf sie legen,
daß/damit sie mit dir tragen an der Last des Volkes, und du nicht allein
trägst.

Nach der Analyse von perf consec trägt der imp אֶסְפָה den Ton der
Äußerung und wird durch die folgenden perf consec spezifiziert, zeitlich
fortgeführt, oder die perf consec geben einen Zweck oder eine Folge an.
Wichtig ist aber, daß der imp übergeordnet ist. Das letzte perf consec
וְנָשְׂאוּ übt die Funktion Implizite Hypotaxe (final/konsekutiv) aus und
steht parallel zum folgenden w.x.imperf וְלֹא־תִשָּׂא. Das w.x.imperf übt
also die gleiche Funktion wie das vorausgehende perf consec aus.

W.x.imperf kommt neben perf consec auch in 1Sam 15,3 vor:[2] עַתָּה
לֵךְ וְהִכִּיתָה אֶת־עֲמָלֵק וְהַחֲרַמְתֶּם אֶת־כָּל־אֲשֶׁר־לוֹ וְלֹא תַחְמֹל עָלָיו וְהֵמַתָּה
מֵאִישׁ עַד־אִשָּׁה מֵעֹלֵל וְעַד־יוֹנֵק מִשּׁוֹר וְעַד־שֶׂה מִגָּמָל וְעַד־חֲמוֹר. Hier liegt
wohl generell die Funktion Implizite Hypotaxe (Spezifikation) vor.
Allerdings spezifizieren in diesem Fall die perf consec nicht ausschließlich den übergeordneten imp, sondern es scheint eine Abfolge
sichtbar: Die ersten beiden perf consec und das w.x.imperf spezifizieren
wohl den imp, das w.x.imperf ersetzt hier also ein perf consec, das
folgende letzte perf consec spezifiziert wohl die vorausgehenden perf
consec einschließlich des w.x.imperf: *Geh, dergestalt daß du Amalek*
schlägst und ihr den Bann an allem, was er hat, vollstreckt[3], *und du sie*
nicht verschonst, indem (dergestalt daß) *du von Mann bis Frau, von Kind*
bis Säugling, von Rind bis Schaf, von Kamel bis Esel tötest.

---

[1]   vgl. oben S. 117 zur Stelle.
[2]   Vgl. auch S. 249 zu 1Sam 15,18.
[3]   Evtl. ist hier singular zu lesen (vgl. App. BHS).

Ein komplizierter Fall liegt in 1Reg 14,2f. vor: *Da sprach Jerobeam zu seiner Frau:*

2 ... קוּמִי נָא וְהִשְׁתַּנִּית וְלֹא יֵדְעוּ כִּי־אַתְּיֹ[¹] אֵשֶׁת יָרָבְעָם וְהָלַכְתְּ שִׁלֹה הִנֵּה־שָׁם
אֲחִיָּה הַנָּבִיא הוּא־דִבֶּר עָלַי לְמֶלֶךְ עַל־הָעָם הַזֶּה 3 וְלָקַחַתְּ בְּיָדֵךְ עֲשָׂרָה לֶחֶם
וְנִקֻּדִים וּבַקְבֻּק דְּבַשׁ וּבָאת אֵלָיו הוּא יַגִּיד לָךְ מַה־יִּהְיֶה לַנָּעַר

Hier ist der imp, wie bei Satzketten des Typs < imp - perf consec > üblich, evtl. das tontragende Satzkettenglied.[²] Die Stelle ist so zu verstehen, daß der imp קוּמִי die eigentliche Aufforderung an die Frau Jerobeams ist und die perf consec diesen spezifizieren. Das w.x.imperf וְלֹא יֵדְעוּ spezifiziert wiederum das vorausgehende perf consec וְהִשְׁתַּנִּית. Das der Aufforderung folgende x.imperf הוּא יַגִּיד stellt eine eigenständige Äußerung dar.[³] Die Stelle ist dann wie folgt zu übersetzen: 2 ... *Mache dich auf, dergestalt daß du dich verkleidest – und zwar so, daß niemand erkennt, daß du die Frau Jerobeams bist – und du nach Schilo gehst – siehe, dort ist Ahija der Prophet, er hat mir gesagt, daß ich König werde über dieses Volk –, 3 und du zehn Brote und Kuchen und eine Flasche Honig in deine Hand nimmst und zu ihm gehst. Er wird dir verkünden, was mit dem Knaben sein wird.*

Die bisher aufgeführten Stellen sind m.W. alle Belege, in denen perf consec und וְלֹא mit imperf auf einen imp folgen. An allen Stellen läßt sich die Inversionsregel perf consec -> w.x.imperf verifizieren. Auch bei Stellen, bei denen kein perf consec dem w.x.imperf folgt oder vorausgeht, läßt sich dies zeigen.

Mit der Funktion Implizite Hypotaxe (Spezifikation) kommt ein w.x.imperf nach imp in Jer 25,27 vor: *So spricht Jahwe Zebaoth, der Gott Israels:* שְׁתוּ וְשִׁכְרוּ וּקְיוּ וְנִפְלוּ וְלֹא תָקוּמוּ מִפְּנֵי הַחֶרֶב אֲשֶׁר אָנֹכִי שֹׁלֵחַ בֵּינֵיכֶם *Trinkt und werdet betrunken und übergebt euch und fallt, dergestalt daß ihr nicht mehr aufstehen könnt vor dem Schwert, das ich unter euch schicken will.* Hier spezifiziert das w.x.imperf וְלֹא תָקוּמוּ sehr wahrscheinlich den vorausgehenden imp וְנִפְלוּ. Das w.x.imperf übernimmt also die gleiche Funktion wie das perf consec nach einem imp.

Weitere Belegstellen: 1Sam 29,7[⁴]; 1Reg 18,44; 2Reg 18,31f.[⁵]

---

[1] Qere: אַתְּ.
[2] Vgl. aber S. 246 Anm. 3 zu Jes 20,2, wo die Möglichkeit, קוּם als Interjektion aufzufassen, beschrieben wird. — Die beiden NS הִנֵּה־שָׁם אֲחִיָּה הַנָּבִיא הוּא־דִבֶּר עָלַי לְמֶלֶךְ עַל־הָעָם הַזֶּה stellen einen Einschub dar, der die Satzkette unterbricht.
[3] Vgl. hierzu oben Kap. 3.8.
[4] Vgl. auch den Bericht der Durchführung in v.11.
[5] Vgl. zur Stelle auch S. 102.

5.3.2   W.X.IMPERF IN DER FUNKTION VON PERF CONSEC MIT DER VERNEINUNG אַל

An einigen wenigen Stellen scheint ein w.x.imperf mit der Verneinung אַל ein perf consec zu vertreten.[1] Gesenius/Kautzsch bemerken hierzu: "Der nach אַל־ zu erwartende Jussiv unterscheidet sich [...] in der Regel nicht von der reinen Imperfektform. Für die Möglichkeit, daß manche dieser vermeintlichen Jussive als reine Imperfekta gemeint sind, spricht das Vorkommen zweifelloser Imperfektformen nach אַל־ [...]."[2] Eine solche Stelle, in der das w.x.imperf mit x = אַל ein perf consec vertreten könnte, ist Jer 36,19:[3] *Da sprachen die Obersten zu Baruch:* לֵךְ הִסָּתֵר אַתָּה וְיִרְמְיָהוּ וְאִישׁ אַל־יֵדַע אֵיפֹה אַתֶּם *Geh/Wohlan, verbirg du dich und Jeremia, dergestalt daß kein Mensch weiß, wo ihr seid.* Das w.x.imperf וְאִישׁ אַל־יֵדַע vertritt hier wohl ein perf consec, denn es spezifiziert den vorausgehenden imp הִסָּתֵר. Dies zeigt auch der Kontext (v.26): *Da befahl der König dem Prinzen Jerachmeël und Seraja, dem Sohn des Asriëls, und Schelemja, dem Sohn Abdeëls, den Schreiber Baruch und den Propheten Jeremia gefangen zu nehmen,* וַיַּסְתִּרֵם יְהוָה *aber Jahwe hatte sie versteckt.* Das w.x.imperf wird nicht mehr erwähnt.

Vergleichbar ist evtl. auch Est 4,16: לֵךְ כְּנוֹס אֶת־כָּל־הַיְּהוּדִים הַנִּמְצְאִים בְּשׁוּשָׁן וְצוּמוּ עָלַי וְאַל־תֹּאכְלוּ וְאַל־תִּשְׁתּוּ שְׁלֹשֶׁת יָמִים לַיְלָה וָיוֹם *Geh, sammle alle Juden, die in Susa gefunden werden, und fastet für mich, dergestalt daß ihr nicht eßt und nicht trinkt drei Tage, in der Nacht und am Tag.* Die w.x.imperf vertreten hier wohl ebenfalls perf consec, denn sie stellen eine Näherbestimmung, eine Spezifikation des übergeordneten imp וְצוּמוּ dar.[4]

Weitere mögliche Belege mit der Vereinung אַל in der Funktion eines perf consec: Ps 35,23f.?; 69,15?.

Bei den hier vorgeführten Belegen besteht aber auch die Möglichkeit, daß es sich um verneinte kohort und juss handelt.

5.3.3   W.X.IMPERF IN DER FUNKTION VON PERF CONSEC MIT OBJEKT

Ein w.x.imperf mit x = Objekt kommt m.W. nur in Jes 20,2 nach imp und perf consec vor: לֵךְ וּפִתַּחְתָּ הַשַּׂק מֵעַל מָתְנֶיךָ וְנַעֲלְךָ[5] תַחֲלֹץ מֵעַל רַגְלֶיךָ

---

1   Niccacci (1990) S. 91 nimmt an, daß die Verneinung לֹא mit imperf ein perf consec vertritt, die Verneinung אַל mit imperf hingegen einen juss.

2   Gesenius/Kautzsch (1909) §107*p*.

3   Die Stelle ist evtl. auch unter Kap. 5.3.4 einzuordnen.

4   Im Bericht der Durchführung (v.17) heißt es lediglich וַיַּעֲבֹר מָרְדֳּכָי וַיַּעַשׂ כְּכֹל אֲשֶׁר־צִוְּתָה עָלָיו אֶסְתֵּר *Da ging Mordechai weiter und tat entsprechend allem, was Esther ihm befohlen hatte.*

5   Hier ist sehr wahrscheinlich וְנַעֲלֶיךָ dem sg. vorzuziehen (vgl. App. BHS).

Geh (umher), dergestalt daß du den Sack um deinen Hüften löst und deine Sandalen von deinen Füßen ausziehst. Das w.x.imperf וְנַעַלְךָ תַחֲלֹץ steht hier parallel zu dem perf consec וּפָתַחְתָּ, es übt demnach die gleiche Funktion wie dieses aus.[1] Gen 32,17, wo ein w.x.imperf mit x als Objekt auf einen imp folgt, kann ebenso verstanden werden: עִבְרוּ לְפָנַי וְרֶוַח תָּשִׂימוּ בֵּין עֵדֶר וּבֵין עֵדֶר *Zieht vor mir her, dergestalt daß ihr Raum laßt zwischen der einen Herde und der anderen Herde.* Hier übernimmt das w.x.imperf wohl die Funktion Implizite Hypotaxe (Spezifikation) von perf consec. Dementsprechend wird im Bericht der Durchführung auch nur der imp aufgenommen (vgl. v.22).

Die Funktion Implizite Hypotaxe (Spezifikation)[2] liegt ebenfalls sicher in Gen 43,12 vor: וְכֶסֶף מִשְׁנֶה קְחוּ בְיֶדְכֶם וְאֶת־הַכֶּסֶף הַמּוּשָׁב בְּפִי ... אַמְתְּחֹתֵיכֶם תָּשִׁיבוּ בְיֶדְכֶם ... *und das Doppelte an Geld nehmt in eure Hände, dergestalt daß ihr das Geld, das ihr in der Öffnung eurer Säcke wieder mitgebracht habt, zurückbringt in euren Händen.*[3] Dies macht der Bericht der Durchführung deutlich (v.15): וַיִּקְחוּ הָאֲנָשִׁים אֶת־הַמִּנְחָה הַזֹּאת וּמִשְׁנֶה־כֶּסֶף לָקְחוּ בְיָדָם וְאֶת־בִּנְיָמִן וַיָּקֻמוּ וַיֵּרְדוּ מִצְרַיִם וַיַּעַמְדוּ לִפְנֵי יוֹסֵף *Da nahmen die Männer dieses Geschenk, und das Doppelte an Geld nahmen sie in ihre Hände und Benjamin, und sie machten sich auf und gingen hinab nach Ägypten und traten vor Joseph.*

Die Brüder Josephs nehmen also nicht das doppelte Geld zuzüglich des gefundenen Geldes mit sich. Das w.x.imperf spezifiziert demnach deutlich den vorausgehenden imp: das doppelte Geld besteht zu einem Teil aus dem Geld, das in den Säcken gefunden wurde, und zum anderen Teil aus dem Geld, das die Brüder jetzt für den Kauf neuer Nahrung verwenden sollen.

Weitere Belege: Ex 7,15f.; Num 22,20[4].35[5]; Jdc 6,25[6]; Jer 17,21f.

---

[1] Vgl. auch S. 246 zur Stelle.

[2] Vgl. aber Andersen (1974) S. 109 zur Stelle: "But the use of VP [sc. Prefixed (imperfect) verb] rather than VI [sc. Imperative verb] makes it a concomitant act, even though semantic content shows it to be a subsequent action."

[3] Die Satzkette beginnt in v.11 und geht in v.13 noch weiter (vgl. zur Stelle auch S. 74).

[4] Vgl. den Bericht der Durchführung in vv.21ff. Es geht im folgenden darum, daß Bileam gegangen ist, nicht, was er (sonst) getan hat. D.h. der imp trägt den Ton der Aufforderung.

[5] Vgl. den Bericht der Durchführung ebd.

[6] Zum Problem der Stelle vgl. oben S. 292 die Anm. zur Stelle.

5.3.4   W.X.IMPERF IN DER FUNKTION VON PERF CONSEC MIT PRONOMEN UND SUBSTANTIV ALS SUBJEKT

Wenn bei w.x.imperf x = Pronomen ist und das w.x.imperf nach imp und perf consec steht, so kann es die Funktionen des perf consec übernehmen. So z.B. in Jer 11,4: שִׁמְעוּ בְקוֹלִי וַעֲשִׂיתֶם אוֹתָם כְּכֹל אֲשֶׁר־אֲצַוֶּה אֶתְכֶם וִהְיִיתֶם לִי לְעָם וְאָנֹכִי אֶהְיֶה לָכֶם לֵאלֹהִים 5 לְמַעַן *Hört auf meine Stimme, dergestalt daß ihr nach allem, was ich euch befehle, handelt, so werdet ihr mein Volk sein, und ich werde euer Gott sein, 5 damit* ... Hier steht das w.x.imperf וְאָנֹכִי אֶהְיֶה parallel zum perf consec וִהְיִיתֶם und übt die gleiche syntaktische Funktion aus: auf syntaktischer Ebene sind beide Satzkettenglieder wohl konditional zum vorausgehenden imp und perf consec zu verstehen. Der Ton liegt eindeutig auf dem imp, nicht auf den perf consec.[1]

Ähnlich ist dies in Jer 7,23: שִׁמְעוּ בְקוֹלִי וְהָיִיתִי לָכֶם לֵאלֹהִים וְאַתֶּם תִּהְיוּ־לִי לְעָם וַהֲלַכְתֶּם בְּכָל־הַדֶּרֶךְ אֲשֶׁר אֲצַוֶּה אֶתְכֶם לְמַעַן יִיטַב לָכֶם *Hört auf meine Stimme, so will ich für euch Gott sein und ihr sollt für mich ein Volk sein, dergestalt daß ihr wandelt auf dem ganzen Weg, den ich euch gebiete, damit es euch gut gehe.* Hier liegt der gleiche Fall wie Jer 11,4 vor, nur spiegelverkehrt. Es folgen zuerst das konditionale perf consec וְהָיִיתִי und das w.x.imperf וְאַתֶּם תִּהְיוּ – hier übt also auch das w.x.imperf die gleichen Funktionen wie das perf consec aus – und dann das spezifizierende perf consec וַהֲלַכְתֶּם.

In Ex 4,12 liegt die Satzkettenformel < imp - w.x.imperf - perf consec > vor: וְעַתָּה לֵךְ וְאָנֹכִי אֶהְיֶה עִם־פִּיךָ וְהוֹרֵיתִיךָ אֲשֶׁר תְּדַבֵּר *Und nun: Geh, dergestalt daß ich mit deinem Mund bin und dir zeige, was du sagen sollst.* Sehr wahrscheinlich sind hier das w.x.imperf und das perf consec parallel zu verstehen, beide spezifizieren den vorausgehenden imp לֵךְ. Voraus geht in 3,10 ein erster Auftrag von Jahwe an Mose, der ebenfalls mit dem imp לְכָה beginnt. Es folgen Einwände von Seiten Moses gegen diesen Auftrag und Zusagen Gottes mit Zeichenhandlungen. In v.10 wendet Mose ein, nicht gut reden zu können, worauf Jahwe auf seine

---

[1]   Letzteres wird auch durch v.3 deutlich: אָרוּר הָאִישׁ אֲשֶׁר לֹא יִשְׁמַע אֶת־דִּבְרֵי הַבְּרִית הַזֹּאת *Verflucht der Mann, der nicht hört auf die Worte dieses Bundes.* Auch hier geht es schon um das Hören.

Schöpfermacht verweist und Mose in v.12 erneut zu gehen anweist.[1] Im Vordergrund steht demnach, Mose zum Gehen zu bewegen.[2]

Eine ähnliche Satzkette liegt in Dtn 5,27 vor: ‏קְרַב אַתָּה וּשֲׁמָע אֶת כָּל־‏ ‏אֲשֶׁר יֹאמַר יְהוָה אֱלֹהֵינוּ וְאַתְּ תְּדַבֵּר אֵלֵינוּ אֵת כָּל־אֲשֶׁר יְדַבֵּר יְהוָה אֱלֹהֵינוּ‏ ‏אֵלֶיךָ וְשָׁמַעְנוּ וְעָשִׂינוּ‏ *Nahe du und höre alles, was Jahwe, unser Gott, sagt, dergestalt daß du uns alles, was Jahwe, unser Gott, zu dir redet, sagst, und wir es hören und (danach) tun.* Hier steht wohl ebenfalls das w.x.imperf ‏וְאַתְּ תְּדַבֵּר‏ parallel zu den perf consec ‏וְשָׁמַעְנוּ‏ und ‏וְעָשִׂינוּ‏. Diese spezifizieren die vorausgehenden imp. Dies wird durch den Kontext in vv.25f. deutlich, wo thematisiert wird, daß das Hören der Stimme Jahwes Tod bedeutet.

Weiterer Beleg: Ex 2,9[3].

Wenn bei w.x.imperf das x ein Substantiv ist, so kann ebenfalls die In-versionsregel perf consec ≻ w.x.imperf zutreffen. So z.B. in Hi 42,8: ‏וְעַתָּה קְחוּ־לָכֶם שִׁבְעָה־פָרִים וְשִׁבְעָה אֵילִים וּלְכוּ אֶל־עַבְדִּי אִיּוֹב וְהַעֲלִיתֶם‏ ‏עוֹלָה בַּעַדְכֶם וְאִיּוֹב עַבְדִּי יִתְפַּלֵּל עֲלֵיכֶם כִּי אִם ...‏ Das perf consec ‏וְהַעֲלִיתֶם‏ und das w.x.imperf ‏וְאִיּוֹב עַבְדִּי יִתְפַּלֵּל‏ stehen hier parallel und spezifizieren die vorausgehenden imp. Beide haben ent-weder die Funktion Implizite Hypotaxe (temporal) *Und nun: Nehmt euch sieben Stiere und sieben Widder und geht zu meinem Knecht Hiob, dann sollt ihr ein Brandopfer für euch darbringen, und Hiob, mein Knecht, soll für euch flehen, ...* oder (Spezifikation) *dergestalt daß ihr ein Brandopfer darbringt und Hiob, mein Knecht, für euch fleht, ...* Beide führen den übergeordneten imp ‏וּלְכוּ‏[4] fort. Dementsprechend wird der letzte imp im Bericht der Durchführung (v.9) direkt aufgegriffen, das perf consec und das w.x.imperf nur indirekt: ‏וַיֵּלְכוּ אֱלִיפַז הַתֵּימָנִי וּבִלְדַּד הַשׁוּחִי צֹפַר‏ ‏הַנַּעֲמָתִי וַיַּעֲשׂוּ כַּאֲשֶׁר דִּבֶּר אֲלֵיהֶם יְהוָה וַיִּשָּׂא יְהוָה אֶת־פְּנֵי אִיּוֹב‏ *Da gingen hin Elifas von Teman, Bildad von Schuach und Zofar von Naama und*

---

[1]   Gertz (2000) S. 305-327 weist v.12 der Endredaktion zu. 4,1-17 hält Gertz für litera-risch einheitlich (vgl. ebd. S. 307-311). 3,10 zählt er zu einer ersten Erweiterung des Grundbestandes (vv.7f.*.16f.* und evtl. vv.21f.*) der Offenbarungsrede in 3,7-22 (vgl. ebd. S. 305; zur ausführlichen Diskussion von vv.7-10 vgl. ebd., S. 289-291). 3,10 wird also von 4,1-17 vorausgesetzt.

[2]   Gertz (2000) S. 317: Es "... weist Jahwe den Einwand mit einer auf seine Schöpfer-macht rekurrierenden rhetorischen Frage zurück (V. 11) und erneuert den Sendungs-auftrag mitsamt Beistandszusage (V. 12; vgl. 3,10.12aα)".

[3]   Hier wird deutlich, daß das w.x.imperf ein perf consec vertritt, denn im Bericht der Durchführung werden nur die imp aufgenommen. — Andersen (1974) S. 151 ver-zeichnet die Stelle unter 'Contrastive Sentences'.

[4]   Nach den Ergebnissen aus Kap 2.3.1 trägt der letzte imp den Ton einer Imperativ-kette mit Wertigkeitsgefälle (vgl. auch oben Kap. 4.3.1).

taten, wie Jahwe zu ihnen geredet hatte. Da erhob Jahwe das Antlitz Hiobs.

Evtl. ist hier auch Jer 18,2 אֶת־ אַשְׁמִיעֲךָ שָׁמָּה וְשָׁמָּה הַיּוֹצֵר בֵּית וְיָרַדְתָּ קוּם דְּבָרִי zu nennen, allerdings handelt es sich bei dem imp wohl um eine Interjektion: *Auf, geh hinab in das Haus des Töpfers, und dort will ich dich meine Worte hören lassen.*[1]

Weiterer Beleg: Ez 24,10f.[2]

5.3.5   W.X.IMPERF IN DER FUNKTION VON PERF CONSEC MIT X = SONSTIGES

Neben der Verneinung לֹא, Objekt, Pronomen oder Substantiv können beispielsweise auch Präpositionalverbindungen dem imperf vorausgehen. Auch dann gilt wohl die Inversionsregel. So z.B. in Lev 24,14f.:[3]

14 הוֹצֵא אֶת־הַמְקַלֵּל אֶל־מִחוּץ לַמַּחֲנֶה וְסָמְכוּ כָל־הַשֹּׁמְעִים אֶת־יְדֵיהֶם עַל־ רֹאשׁוֹ וְרָגְמוּ אֹתוֹ כָּל־הָעֵדָה 15 וְאֶל־בְּנֵי יִשְׂרָאֵל תְּדַבֵּר לֵאמֹר

14 *Führe den Flucher heraus vor das Lager, dergestalt daß alle, die es hören, ihre Hände auf seinen Kopf legen, und ihn die ganze Versammlung steinige, 15 und zu den Söhnen Israels sollst du dann folgendermaßen sagen: ….*

Hier stehen die perf consec וְסָמְכוּ und וְרָגְמוּ zu dem w.x.imperf וְאֶל־ בְּנֵי יִשְׂרָאֵל תְּדַבֵּר parallel und haben wohl die gleiche Funktion.

Weitere Belege: Lev 9,2f.; Num 27,18-21[4]; 1Reg 17,13[5].

כֹה kann vor das imperf treten. So z.B. in Num 23,5:[6] שׁוּב אֶל־בָּלָק וְכֹה תְדַבֵּר *Kehre zurück zu Balak, dergestalt daß du so zu ihm redest.* Hier weist כֹה auf das vorausgegangene וַיָּשֶׂם יְהוָה דָּבָר בְּפִי בִלְעָם, die wörtliche Rede wird aber erst in vv.7ff. eingeführt. Bei diesem Beleg liegt wohl die Funktion Implizite Hypotaxe (Spezifikation) vor, denn daß Bileam etwas zu Balak sagen soll, ist klar, denn mit dem Ansinnen, herauszufinden, ob Jahwe etwas zu Balak sagen will, ist Bileam ja zu Jahwe gegangen (v.3). Die Inversionsregel perf consec -> w.x.imperf scheint also auch bei וכֹה + imperf zuzutreffen. Im Bericht der Durch

---

1 Zur Auffassung, שָׁם sei eher Pronomen als Adverb, vgl. Michel (2004) 2. Hauptteil Kap. 1.1.1.6. — Zur generellen Problematik der Stelle vgl. S. 256.
2 Allerdings steht das w.x.imperf hier nicht zu einem perf consec parallel, sondern unterbricht eine Imperativkette.
3 Zu dieser Stelle vgl. oben S. 281.
4 Vgl. zur Stelle auch oben S. 247.
5 Zur Argumentation vgl. oben S. 251.
6 Bei dieser Stelle liegt die Satzkettenformel < imp - w.x.imperf > vor. Es kann hier nur aus dem Kontext auf die Funktion des w.x.imperf geschlossen werden.

führung (v.6) wird der imp mit gleichem Lexem, das w.x.imperf indirekt aufgenommen.

Weitere Stelle: Num 23,16.

Ferner kann auch eine Zeitangabe vor das imperf treten. So in Jdc 19,5[1]: סְעָד לִבְּךָ פַת־לֶחֶם וְאַחַר תֵּלֵכוּ *Erquicke dein Herz mit einem Bissen Brot, danach magst du gehen.* Es geht dem Schwiegervater darum, seinen Schwiegersohn zum Bleiben zu bewegen. Dementsprechend trägt wohl hier der imp den Ton, das w.x.imperf vertritt ein perf consec.

Weitere Belegstellen: Num 31,2[2]; Jos 2,16; Jdc 7,10f.[3]; 2Sam 11,12 (mit Bericht der Durchführung).

5.4 NICHT EINDEUTIG EINZUORDNENDE STELLEN

An manchen Stellen kann die Entscheidung, ob das w.x.imperf nun ein perf consec oder einen w.kohort bzw. w.juss vertritt, nicht klar getroffen werden. Dies ist z.B. in Gen 24,14[4] der Fall: שְׁתֵה וְגַם־גְּמַלֶּיךָ אַשְׁקֶה *Trinke, und deine Kamele will ich auch trinken lassen.* Voraus geht die Aufforderung an die Frau: הַטִּי־נָא כַדֵּךְ וְאֶשְׁתֶּה *Neige deinen Krug, damit ich trinke.* Man könnte daraus schließen, daß das Trinken und nicht das Tränken der Kamele das Zentrale ist, dann würde der imp den Ton der Äußerung tragen und das w.x.imperf würde ein perf consec vertreten, das diesen imp zeitlich fortführt. Allerdings kann die Frau auch betonen, daß sie auch die Kamele tränken will,[5] dann läge auf dem w.x.imperf der Ton der Äußerung, und es würde einen w.kohort vertreten.

In v.46 steht dieselbe Aufforderung. Im Bericht der Durchführung derselben (v.46) werden sowohl der imp als auch das w.x.imperf aufgenommen: וָאֵשְׁתְּ וְגַם הַגְּמַלִּים הִשְׁקָתָה *Da trank ich, und auch die Kamele ließ sie trinken.* Es wird also sowohl die Durchführung des imp als auch des w.x.imperf berichtet. Hieraus kann man also auch nicht entscheiden, welche Funktion das w.x.imperf hat.

In Sach 10,1 steht das w.x.imperf nach einem NS, nicht nach dem imp. Insgesamt kann hier aber ein konditionales Satzgefüge ausgedrückt sein.

---

[1] Auch hier liegt die Satzkettenformel < imp - w.x.imperf > vor; vgl. auch Jos 2,16; Hi 21,3?.

[2] Allerdings nur mit Konjektur: אהר zu ואהר (vgl. App. BHS). Im Kontext vv.1-12 geht es in erster Linie um den Midianiterkrieg, nicht um den Tod des Mose (vgl. auch Noth [1982] S. 198f.).

[3] Vgl. oben S. 80 und 253 zur Stelle.

[4] Die Wendung kommt auch in vv.44.46 vor. In v.44 wird allerdings noch גַם־אַתָּה vorgeschaltet.

[5] Vgl. hierzu Kap. 5.5.

Weitere Stellen, die sich m.E. nicht klar einordnen lassen:[1] Ex 11,8; Num 20,25f.; 32,24[2]; Jdc 17,10; 1Sam 17,37; 2Reg 16,15; Ez 18,30; Ps 7,7f.[3]; 55,23; Hi 17,10; 21,3[4]; 33,31; 42,4; 2Chr 23,14.

Stellen, die sich nicht klar einordnen lassen, aber eine Tendenz zu w.kohort bzw. w.juss zeigen: Ex 5,18; 19,21f.; Lev 8,31; Num 23,15; 1Sam 2,15; 2Sam 10,12 par. 1Chr 19,13.

Stellen, die sich nicht klar einordnen lassen, aber eine Tendenz zu perf consec zeigen: Gen 42,37; Ex 9,28; Prv 8,32[5].

5.5 MÖGLICHE GRÜNDE FÜR DIE VERWENDUNG VON W.X.IMPERF (ODER W.X.KOHORT BZW. W.X.JUSS) AN STELLE VON W.KOHORT BZW. W.JUSS ODER PERF CONSEC

Nachdem festgestellt wurde, daß bei w.x.imperf einerseits die Inversions-regel perf consec -> w.x.imperf anzuwenden ist, w.x.imperf also die Funktion von perf consec übernimmt, andererseits w.x.imperf/w.x.ko-hort/w.x.juss einen w.kohort bzw. w.juss vertreten kann, ist nun die Frage zu stellen, warum an einigen Stellen ein w.x.imperf statt eines perf consec oder w.kohort bzw. w.juss steht.

Bei den verneinten Stellen mit לֹא bzw. אַל ist dies unproblematisch, da לֹא bzw. אַל in der Regel unmittelbar vor dem Verb steht,[6] und nach Groß gilt: "Sehr oft verbindet sich das Verbum finitum mit dem Satzwei-ser *w=* zu einer nach Form wie semantischer Funktion n i c h t a u f -l ö s b a r e n F o r m a t i o n : *wa=yiqtul* bzw. *w=qatal*; das ist die prokli-tische Verbindung zweier Satzteile. Soweit das Verbum finitum außer-halb dieser *w=*Verbindung begegnet, kann es Verbindungen eingehen, die als ganze den Satzteil verbales Prädikat bilden. Folgende Elemente sind in Kontaktstellung mit dem Verbum finitum bzw. untereinander

---

1 In Ps 94,8 liegen wohl eher zwei Sätze statt einer Satzkette vor (vgl. Jer 4,14), was in poetischen Texten oft der Fall ist: בִּינוּ בֹּעֲרִים בָּעָם וּכְסִילִים מָתַי תַּשְׂכִּילוּ *Versteht es, ihr Dummen im Volk. Und ihr Narren: Wann werdet ihr Einsicht haben?*

    In Prv 5,1f. steht ein w.x.imperf parallel zu einem l.inf, der zwei imp fortführt. Bei יִנְצֹרוּ handelt es sich um eine sog. Rösslerform (vgl. oben S. 218 Anm. 6).

    In Jdc 9,28 schließt וּמַדּוּעַ נַעַבְדֶנּוּ אֲנַחְנוּ *Warum sollen wir ihm dienen?* an einen imp an. Hier scheint aber ein Neueinsatz vorzuliegen.

2 Hier steht das w.x.imperf in der 2. pers. Kann man daraus schließen, daß die Stelle wohl eher ein perf consec vertritt?

3 Die Stelle birgt textkritische Schwierigkeiten (vgl. App. BHS).

4 Das zweite w.x.imperf steht im sg., es wäre aber pl. zu erwarten, da der imp ebenfalls im pl. steht (vgl. Bobzin [1974] S. 290). Das erste w.x.imperf vertritt wohl einen w.kohort, das zweite w.x.imperf könnte ein perf consec vertreten.

5 Der Beleg ist textkritisch umstritten (vgl. Müller [2000] S. 219 und Anm. 1; Plöger [1984] S. 87).

6 Vgl. Joüon/Muraoka (1991) § 160*e*: "The **position** of לֹא is immediately before the verb. But this normal order can be relinquished, especially for the sake of emphasis." — Vgl. auch Gesenius/Kautzsch (1909) §152*e*.

bezeugt: vorausgehender wurzelgleicher Infabs [sc. Infinitivus abso-
lutus], die Negationen לֹא und אַל sowie die Abtönungspartikel נָא."[1] Soll
also ein perf consec verneint werden, muß וְלֹא mit imperf stehen.[2]

Nun stellt sich aber die Frage nach den anderen Möglichkeiten für x
im Vorfeld von w.x.imperf.[3]

Nach Groß gibt es, "bis auf wenige Ausnahmen, keine *einfach koordi-
nierenden Und-Verbindungen von Verbalsätzen*, die mit einem Verb beginnen. In der Regel sind solche nicht-unterordnenden Verknüpfungen
vielmehr *Und-dann-Verbindungen*, die semantisch einen Progreß zwischen den durch die beiden verbundenen Sätze bezeichneten Sachverhalten anzeigen. Das gilt für Verben in darstellender Funktion (*wa=yiqtul*
und *w=qatal-x*). Aber auch bei Verben in auslösender Funktion, wo das
Progreßproblem zunächst nicht auftritt, sind solche nicht-unterordnenden
Und-Verbindungen zwischen Sätzen mit Verb am Anfang selten: syndetische Imperative, syndetische Jussive (*yiqtul*[Kurzform]-*x* + *w=yiqtul*
[Kurzform]-*x*); gebräuchlich sind die Abfolgen mit Progreßcharakter Imp
+ *w=qatal-x*, *yiqtul*(Kurzform)-*x* + *w=qatalta-x*. In umgekehrter Betrachtung gilt: Sätze mit mindestens einem Sy/C [sc. Syntagma/Circumstant]
(ja sogar überhaupt einem Wort außer *wa=*/*w=*) vor dem Verbum finitum
bezeichnen keinen Progreß und unterbrechen, wo sie nach *wa=yiqtul* und
w=qatal-x begegnen, die Reihe der Progresse."[4]

Dies gilt sicherlich für Stellen wie Gen 12,12:[5] וְהָיָה כִּי־יִרְאוּ אֹתָךְ
הַמִּצְרִים וְאָמְרוּ אִשְׁתּוֹ זֹאת וְהָרְגוּ אֹתִי וְאֹתָךְ יְחַיּוּ *Wenn dich die Ägypter
sehen, werden sie sagen: Seine Frau ist diese!, und werden mich töten,
und dich werden sie leben lassen.* Es hat sich aber im Verlauf der
Untersuchung gezeigt, daß perf consec nach imp nicht nur die Funktion
'Progreß' ausübt, sondern auch die Funktion Implizite Hypotaxe
(Spezifikation) und (final/konsekutiv).[6] Ferner sprechen die Stellen Gen
24,44[7], Lev 24,14f.[8] und Jdc 19,5[9] gegen die Annahme, daß w.x.imperf
generell den Progreß unterbricht.

---

[1] Groß (1996) S. 24 (H e r v o r h e b u n g von J. Diehl).
[2] Vgl. auch Gesenius/Kautzsch (1909) §112*c* u.a.
[3] Zum Begriff des Vorfeldes vgl. Groß (1996) S. 138-140; zum Begriff des Syntagmas
     ebd. S. 25-38.
[4] Groß (1996) S. 97. Ähnlich vielleicht auch Joüon/Muraoka (1991) §119*d* ganz all-
     gemein zu perf consec: "This feature of succession is particulary evident where **w-
     qataltí is avoided** and replaced by w- ... yiqtol when an expression of succession is
     not desired [...]".
[5] Vgl. zur Stelle Joüon/Muraoka (1991) §119*d* (s.o.)
[6] Vgl. auch Joüon/Muraoka (1991) §119*l*.
[7] Vgl. zur Stelle auch Andersen (1974) S. 159.
[8] Vgl. S. 325 zur Stelle.
[9] Vgl. S. 326 zur Stelle.

Eine andere Möglichkeit ist, daß auf den vorangestellten Elementen ein besonderer Ton innerhalb des Satzes liegt,[1] sie fokussiert sind.[2] Dies läßt sich m.E. erweisen. Hierfür könnte z.B. Num 23,5 sprechen שׁוּב אֶל־ בָּלָק וְכֹה תְדַבֵּר *Kehre zurück zu Balak und* so *(und nicht anders) sollst du mit ihm reden.* In dieser Weise ist wohl auch Gen 32,17 zu verstehen עִבְרוּ לְפָנַי וְרֶוַח תָּשִׂימוּ בֵּין עֵדֶר וּבֵין עֵדֶר *Zieht vor mir her, dergestalt daß ihr* Raum *laßt zwischen der einen Herde und der anderen Herde.* Jakob will seinem Bruder Esau mit den Herden ein Geschenk machen. Diese Herden will er Esau aber nicht auf einmal übergeben, sondern nacheinander. Deshalb ist es wichtig, daß ein Raum zwischen den Herden gelassen wird. Allerdings sind nicht alle vorangestellten Elemente stets fokussiert (vgl. z.B. Jes 20,2).

Das w.x.imperf kann auch zum Ausdruck einer Opposition gebraucht werden. Nach Groß tritt eine "Fokussierung des topikalisierten Elements" u.a. zum Ausdruck des Verhältnisses "Verneinung - Bejahung zum Kontext" auf (hierher gehören m.E. Stellen wie Jer 25,27 וְנָפְלוּ ... ... וְלֹא תָקוּמוּ מִפְּנֵי הַחֶרֶב אֲשֶׁר ... *und fallt, dergestalt daß ihr nicht mehr aufstehen könnt vor dem Schwert, das ...)* oder bei einer sonstigen "lexikalisch aufweisbaren Opposition zum Kontext"[3]. Zu letzterem bemerkt Groß: "Bei solchen Oppositionsformulierungen ist die Topikalisierung des opponierenden Sy/C im jeweils zweiten Satz die Regel."[4] Hierher gehören m.E. Stellen wie Jer 11,4 וִהְיִיתֶם לִי לְעָם וְאָנֹכִי אֶהְיֶה לָכֶם ... ... לֵאלֹהִים ... *so werdet ihr mein Volk sein, und ich werde euer Gott sein,* .... Hier sind wohl auch Stellen zu subsumieren, die die Funktion Implizite Hypotaxe (adversativ) ausüben.

Ähnliches vertreten z.B. auch Bobzin und Gibson. Bobzin schreibt: "Steht dagegen MARE´- B, so kann der Satz folgendes ausdrücken: Zunächst einen gleichzeitig zur Haupthandlung verlaufenden Nebenumstand, bzw. eine parallel zur Leithandlung verlaufende Begleithandlung; wenn jedoch im vorhergehenden Satz auch Mare´ steht, dann kann nicht genau unterschieden werden, ob eine Folge mit Hervorhe-

---

[1] Vgl. z.B. auch Gesenius/Kautzsch (1909) §142*f.* "Als die natürliche *Wortstellung* innerhalb eines Verbalsatzes ist [...] die Folge *Verbum—Subjekt,* eventuell *Verbum—Subj.—Objekt,* zu betrachten. Wie im Nominalsatz [...] tritt jedoch auch im Verbalsatz nicht selten eine von der gewöhnlichen abweichende Wortfolge ein, wenn ein Satzglied durch Voranstellung nachdrücklich hervorgehoben werden soll." (Groß hält hingegen die Satzteilfolge Subjekt - Prädikat für durchaus üblich [vgl. ders. [1996] S. 88 und 132.]) — Vgl. auch Joüon/Muraoka (1991) § 155*nb.*

[2] Zum Begriff Fokus vgl. Groß (1996) S. 66-72. — Es sei hier der Begriff *Fokus* gegenüber *tontragend* bevorzugt, da in der vorliegenden Arbeit der Begriff *Ton* auf Sätze innerhalb von Satzketten angewendet wird, der Begriff *Fokus* aber auf Satzteile innerhalb von Sätzen.

[3] Vgl. Groß (1996) S. 110f.

[4] Groß (1996) S. 111.

bungseffekt oder eine Begleithandlung angegeben werden soll."[1] Gibson bemerkt: "After the introductory phrase, clause or paragr. (circumstantial, temporal, conditional, causal, etc.) the *Vav* cons. QATAL carries forward the sequence of the discourse; and there is usually [...] a detectable reason for its non-use, be it simply to make a negative statement or, more significantly, to mark a movement in time, to indicate that two actions take place simultaneously rather than consecutively, to introduce a contrast, to highlight the subj. or obj. of a clause, etc."[2]

Die in diesem Unterkapitel gestellte Frage kann nicht in extenso bearbeitet werden, dies würde den Rahmen dieser Arbeit sprengen, denn es soll hier ja nicht um die Frage der Satzteilfolge, sondern um die Untersuchung der Syntax von Satzketten mit erstpositionierten Imperativen gehen.[3]

---

[1] Bobzin (1974) S. 60. MARE´- B entspricht u.a. (w.)x.imperf (vgl. Bobzin [1974] S. 31).

[2] Gibson (1994) S. 77.

[3] Es sei hier auf die Untersuchungen von Groß (1996) (weitere Literatur ebd.); ders. (2001) sowie auf die Grammatiken verwiesen.

6. Implizite und explizite Hypotaxe

Es hat sich in den vorangegangenen Kapiteln gezeigt, daß alle Satzkettentypen (< imp - (w.)imp >, < imp - w.kohort/juss > und < imp - perf consec >) in der Tiefenstruktur implizite Hypotaxen repräsentieren können. Die hierbei am häufigsten vorkommenden syntaktischen Funktionen sind: Implizite Hypotaxe (final/konsekutiv) und Implizite Hypotaxe (konditional). Final/konsekutive und konditionale Satzgefüge können aber nicht nur durch implizite Hypotaxen, sondern auch durch explizite Hypotaxen ausgedrückt werden. Die entsprechenden Konjunktionen sind z.B. לְמַעַן für explizit finale Satzgefüge und אִם für explizit konditionale Satzgefüge.[1]

Es stellt sich nun die Frage, ob es Unterschiede in den einzelnen Realisierungsformen der hypotaktischen Satzgefüge gibt. Am Beispiel der final/konsekutiven und der konditionalen Satzgefüge soll diese Frage hier exemplarisch behandelt werden, da diese hypotaktischen Satzgefüge in Satzketten mit imp am häufigsten vorkommen. Nicht behandelt werden z.B. kausale Satzgefüge oder Objektsätze u.a.

6.1 KONDITIONALE SATZGEFÜGE
6.1.1 DEFINITIONEN VON KONDITIONALEN SATZGEFÜGEN[2]
Ferguson unterscheidet vier Klassen von Konditionalsatzgefügen:

"I. The first class assumes the condition to be real and actual.
II. The second class assumes the condition to be probable.
III. The third class makes no assumption in regard to the probability of the condition, and is merely indefinite.
IV. The fourth class views the condition as impossible and as contrary to reality."[3]

Auffällig ist, daß Ferguson konditionale Satzketten mit imp lediglich der zweiten Klasse zuweist.[4] Dies überrascht nicht sehr, denn die Leistung eines DIREKTIVS ist es ja, den Adressaten auf eine bestimmte Handlung festzulegen.[5] Dementsprechend muß die Bedingung, die diese Handlung erst ermöglicht, im Bereich des Möglichen liegen. Demnach ist Klasse

---

1   Es existieren auch andere Konjunktionen für explizite Hypotaxen, so z.B. בעבור, אשׁר für final/konsekutive Satzgefüge oder כִּי für konditionale Satzgefüge (vgl. die Grammatiken).

2   Vgl. zum folgenden auch die Grammatiken, die meist die Unterscheidung 'durchführbare/nicht durchführbare Bedingung' machen (vgl. z.B. Gesenius/Kautzsch [1909] §159*a.b*). — Für das Ugaritische vgl. Tropper (2000) S. 908 mit dem Hinweis darauf, daß sich im Ugaritischen keine spezifisch formalen Merkmale für eine solche Unterscheidung finden. — Drummond bietet in seiner Dissertation einen geschichtlichen Überblick über das Verständnis von konditionalen Satzgefügen ab Gesenius bis in das 20. Jahrhundert (vgl. Drummond [1986]).

3   Ferguson (1882) S. 59.

4   Vgl. die Tabellen bei Ferguson (1882) S. 77ff.

5   Vgl. Searle (1973) S. 117.

vier (und Klasse drei) von vornherein ausgeschlossen. Bei konditionalen Satzgefügen der Klasse eins hätte der Adressat keine Möglichkeit der Wahl mehr, denn die Bedingung ist ja bereits eingetreten.

Van Leeuwen ordnet die Bedingungssätze ebenfalls in vier Klassen ein:[1]

"A. *Die Bedingung ist in der Vergangenheit schon abschliessend erfüllt worden oder wird als in der Zukunft schon verwirklicht dargestellt.* Im ᴄN-Satz erscheint das Verb meistens in der qaṭal-form (dem Sinne nach Perf., bzw. Futurum exactum)."[2] "B. *Die Bedingung wird vom Redenden als nicht erfüllt hingestellt, weil das Gegenteil sich in der Vergangenheit schon ereignet hat.*"[3] "C. *Die Möglichkeit von der Verwirklichung der Bedingung — sei es in Gegenwart oder Zukunft — wird vom Redenden ohne weiteres angenommen, die tatsächliche Realisierung wird aber als nicht ganz sicher betrachtet.*"[4] "D. *Nicht nur die tatsächliche Verwirklichung der Bedingung, sondern auch die Möglichkeit der Verwirklichung wird als irreal oder zweifelhaft dargestellt.*"[5]

Van Leeuwen ordnet imp in die Klassen A und C ein.

Driver hingegen unterscheidet sechs Klassen von konditionalen Satzgefügen.[6] Er definiert die Klassen wie folgt:

"I. *If I see him* (the time at which this is imagined as possibly taking place not being further indicated, but belonging either to the real, or to the potential, future), *I will let him know.*"[7] "II. *If I have seen him* (i. till any time in the indefinite or more or less remote future: ii. during a period extending up to the moment of speaking, or to a moment otherwise fixed by the context), *I will let him know.*"[8] "III. *If I had seen him, I would have told him* ([...] the protasis is supposed not to have been realized, and consequently the apodosis does not take place)."[9] Zu Klasse IV bemerkt Driver: "IV. In some [...] instances [...] we may notice that the protasis states a case which might indeed conceivably occur [...], but which may also [...] be purely imaginary."[10] "V. *If I had seen him, I would* (now) *tell him.*"[11] "VI. *If I saw him* (now, which I do not do) *I would tell him*[...]."[12]

---

[1]   Ähnlich auch Richter (1980) S. 197: Bedingungssätze "drücken aber nicht Tatsachen, sondern Möglichkeiten aus, wobei die Bedingung für den Fall der Wirklichkeit eine Folge erwartet und der Folgesatz zwangsläufig dann Tatsache wird, wenn sich die Bedingung als Tatsache herausstellt; sie können zudem die Modalitätsopposition Realis vs. Irrealis (oder ʾim erfüllte, erfüllbare, nicht erfüllte, nicht erfüllbare Bedingung) enthalten [...]."
[2]   Van Leeuwen (1973) S. 19.
[3]   Van Leeuwen (1973) S. 23.
[4]   Van Leeuwen (1973) S. 23.
[5]   Van Leeuwen (1973) S. 26.
[6]   Vgl. Driver (1892) §§ 136ff.
[7]   Driver (1892) §136.
[8]   Driver (1892) §138.
[9]   Driver (1892) §139.
[10] Driver (1892) §143.
[11] Driver (1892) §144.
[12] Driver (1892) §145.

Auch Driver ordnet imp nur in die Klassen I und II ein. Lediglich Gen 23,13 erwähnt Driver in Klasse III, allerdings mit der Bemerkung: "If the text be sound."[1]

Aus diesen verschiedenen Ansätzen ist zu entnehmen, daß sowohl Protasis als auch Apodosis im Bereich des Möglichen, ja sogar des Wahrscheinlichen liegen müssen, wenn imp verwendet werden soll.[2] Dementsprechend kommen imp in explizit konditionalen Satzgefügen mit לו[3] nicht vor.[4] Ein imp – also ein DIREKTIV – in einem konditionalen Satzgefüge, das im Bereich des Unwahrscheinlichen oder Irrealen liegt, würde keinen Sinn machen. Konditionale Satzgefüge mit imp in Protasis und/oder Apodosis müssen im Bereich des Möglichen oder Wahrscheinlichen liegen. Speziell für konditionale Satzgefüge mit imp in Protasis und/oder Apodosis ist nun zu fragen, wo die spezifischen Unterschiede zwischen den einzelnen Realisierungsformen liegen.

6.1.2 KONDITIONALE SATZGEFÜGE IN DEN BISHER BEHANDELTEN SATZKETTENTYPEN < IMP - (W.)IMP >, < IMP - W.KOHORT/JUSS > UND < IMP - PERF CONSEC >

Bei reinen Imperativketten[5] wurde Gen 42,18 als Beispiel für ein konditionales Satzgefüge angeführt:[6] זֹאת עֲשׂוּ וִחְיוּ. In der Oberflächenstruktur liegt hier eine Parataxe vor *dieses tut und lebt*. In der Tiefenstruktur re-

---

1 Driver (1892) S. 182 Anm. 2. Vgl. zur Stelle auch unten.
2 Richter (1980) S. 202 für die Formation "Imp/Juss + (w.=) Imp/Juss/Koh": "Sie hat etwa einen konditional-temporalen oder konditional-konzessiven Sinn; ein irreales Gefüge scheidet aus."
3 לו drückt eine irreale Kondition aus (vgl. z.B. van Leeuwen [1973] S. 23; Ferguson [1882] S. 62 und die Grammatiken — vgl. auch Driver [1892] S. 179ff.).
4 Die einzige Ausnahme ist m.W. Gen 23,13 אִם־אַתָּה לוּ שְׁמָעֵנִי, die aber Schwierigkeiten birgt (vgl. zur Stelle Driver [1892] S. 182 Anm. 2; Friedrich [1884] S. 46; Gesenius/Kautzsch [1909] §110e.151e.167b erklärt die Stelle als 'Anakoluth'; Bergsträsser [1929] §10g hält die Stelle für "eigenartig"; Brockelmann [1956] §170a erklärt die Stelle wie folgt: "Der Nachsatz einer real gedachten Bedinung fehlt öfter, wenn damit eine Bitte ausgesprochen werden soll [...]. Daher kann diese Redewendung mit einer Bitte kontaminiert werden: אִם־אַתָּה לוּ שְׁמָעֵנִי 'wenn du mich doch hören wolltest' Gn 23, 13."; Joüon/Muraoka [1991] §163c Anm. 2: "In Gn 23,13, לו with imperative appears to be adverbial (*for pity's sake!*); perhaps also read לו in vs. 5 and vs. 11 (where it is separated from the imperative). But is this לו, used in an archaic fashion which confused the copyists, identical with לו *if*?" In vv.5.11 könnte also mit Konjektur eine ähnliche Konstruktion vorliegen [vgl. auch Gesenius/Kautzsch (1909) §110e; Richter [1980] S. 179 Anm. 618: "Interessant ist Gen 23,13, das mit ʾim beginnt, zu lū übergeht: ʾak ʾim ʾattā lū šimaᶜ-i=nī nattatī ... Man kann die Stelle als Konditionalsatz oder als elliptischen Wunschsatz deuten, dem ein Satz asyndetisch folgt.").
5 Vgl. hierzu und zu Satzketten des Typs < imp - w.kohort/juss > auch Richter (1980) S. 201f.
6 Weitere Beispiele oben Kap. 2.4.2.1.

präsentiert die Satzkette allerdings ein konditionales Satzgefüge: *wenn ihr dies tut, so werdet ihr leben.* Hierbei weist die Deixis זֹאת kataphorisch auf die folgende Rede (vv.19f.). Erst wenn der in dieser Rede geschilderte Sachverhalt eintritt, werden die Adressaten dieser Aufforderung am Leben bleiben. Der konditionale Charakter der Aufforderung ist also deutlich.

Für Satzketten des Typs < imp - w.kohort > wurde Ex 20,19 als Beispiel angeführt: דַּבֶּר־אַתָּה עִמָּנוּ וְנִשְׁמָעָה. In der Oberflächenstruktur liegt hier ebenfalls eine Parataxe vor: *Rede du mit uns, und wir wollen hören.*[1] In der Tiefenstruktur repräsentiert die Satzkette allerdings ebenfalls ein konditionales Satzgefüge:[2] *Rede du mit uns, so wollen wir hören.* Dies gilt auch für Satzketten des Typs < imp - w.juss >. So z.B. in Jer 38,20: שְׁמַע־נָא בְּקוֹל יְהוָה לַאֲשֶׁר אֲנִי דֹּבֵר אֵלֶיךָ וְיִיטַב לְךָ וּתְחִי נַפְשֶׁךָ. Diese Aufforderung ist in der Oberflächenstruktur ebenfalls parataktisch: *Höre doch auf die Stimme Jahwes, in der ich zu dir rede, und es soll dir gut gehen, und deine Seele soll leben.* In der Tiefenstruktur repräsentiert diese Satzkette ebenfalls ein konditionales Satzgefüge: *Höre doch auf die Stimme Jahwes [...], so/dann soll es dir gut gehen, und so/dann soll deine Seele leben.*

In Kap. 3.1 und 3.3 wurde nachgewiesen, daß es sich bei Satzketten des Typs < imp - w.kohort/juss > um Variationen von reinen Imperativketten handelt, die dann verwendet werden, wenn ein Personenwechsel von der 2. zur 1. bzw. 3. pers. vorliegt. Diese beiden Satzkettentypen können also gemeinsam betrachtet werden. Wichtig ist, daß in beiden Satzkettentypen auf dem letzten Satzkettenglied – also w.imp einerseits und w.kohort bzw. w.juss andererseits – der Ton der Aufforderung liegt. Dies ist das Unterscheidungskriterium zu Satzketten des Typs < imp - perf consec >, denn in diesen Satzketten trägt nicht das letzte Satzkettenglied – das perf consec –, sondern der vorausgehende imp den Ton der Satzkette.

Auch bei Satzketten des Typs < imp - perf consec > gibt es implizite Hypotaxen (konditional). So z.B. in Jdc 1,24: הַרְאֵנוּ נָא אֶת־מְבוֹא הָעִיר וְעָשִׂינוּ עִמְּךָ חָסֶד. Hier liegt ebenfalls in der Oberflächenstruktur eine Parataxe vor. Die implizite Hypotaxe (konditional) in der Tiefenstruktur ist allerdings deutlich: *Zeige uns doch den Weg in die Stadt, so wollen wir dir gegenüber Loyalität üben.*

Allen diesen Satzkettentypen ist gemeinsam, daß die Protasis dieser impliziten Hypotaxen (konditional) aus einem imp besteht; die Apodosis besteht aus einem (w.)imp, einem syndetischen kohort bzw. juss oder aus einem perf consec. Das Wichtige hierbei im Unterschied zu expliziten

---

[1] Man hört hier im Deutschen aber sehr leicht eine implizite Hypotaxe mit.
[2] Vgl. auch S. 193 zur Stelle.

Hypotaxen besteht allerdings darin, daß die Protasis sprechakttheoretisch aus einem DIREKTIV besteht, eben aus einem imp, während die Protasis in expliziten Hypotaxen ein REPRÄSENTATIV ist, ein durch אם eingeleiteter Nominalsatz, ein imperf oder ein perf. Die sprechakttheoretische Einordnung der gesamten Satzkette bleibt hierbei unbeachtet.[1] Wichtig ist hier lediglich die sprechakttheoretische Einordnung der Protasis.[2]

Es stellt sich die Frage, ob nicht auch Satzketten des Typs < imp (- perf consec) - (w.)*hinneh* > konditionale Satzgefüge ausdrücken können, vgl. z.B. Ex 34,11[3]; 2Sam 3,12; 1Reg 19,11.

6.1.3 EXPLIZITE KONDITIONALSATZGEFÜGE AM BEISPIEL VON SATZGEFÜGEN DES TYPS < *im* + NS/(X.)IMPERF/(X.)PERF - IMP >

Es sollen nun exemplarisch für andere explizite Konditionalsatzgefüge[1] solche mit אם[2] + NS/(x.)imperf/(x.)perf mit nachfolgendem imp betrach-

---

[1] So könnte in Ex 20,19 die gesamte Satzkette z.B. als KOMMISSIV aufgefaßt werden, die Sprecher dieser Äußerung legen sich darauf fest, auf den Adressaten zu hören, wenn dieser die genannte Bedingung erfüllt. Es ist hierbei zu beachten, daß der w.kohort den Ton der Satzkette trägt. Die einzelnen Satzkettenglieder sind DIREKTIVE, ein imp einerseits und ein w.kohort andererseits. Ähnliches gilt auch für Gen 42,18, wo beide Satzkettenglieder deutlich DIREKTIV (imp) sind. Dennoch legt sich der Sprecher der Aufforderung auch auf einen zukünftigen Sachverhalt fest, so daß diese Satzkette als Ganze neben einem DIREKTIV ein KOMMISSIV darstellt, nicht nur ein DIREKTIV, obwohl die einzelnen Satzkettenglieder DIREKTIVE sind. Es handelt sich hierbei also um einen sogenannten indirekten Sprechakt (vgl. Wagner [1997] S. 36-44).

In Jdc 1,14 repräsentiert wohl die ganze Satzkette ein DIREKTIV, denn der imp trägt den Ton der Äußerung. Es kommt darauf an, daß die Sprecher vom Adressaten den Weg in die Stadt gezeigt bekommen.

Die Problematik der sprechakttheoretischen Einordnungen ganzer Satzketten kann hier aber nur angedeutet werden (vgl. hierzu auch Wagner [1997] S. 317-319).

[2] Die vorliegende Arbeit beschäftigt sich nur mit Satzketten mit erstpositioniertem imp. Implizit konditionale Hypotaxen mit imp können aber auch anders ausgedrückt werden, so z.B. mit imp nach perf: Prv 25,16 (vgl. auch Brockelmann [1956] §164a): דְּבַשׁ מָצָאתָ אֱכֹל דַּיֶּךָ *Wenn du Honig findest, so iß, was du brauchst, damit du nicht seiner übersättigt wirst und ihn ausspeist.* Ein imperf vor syndetischem imp kann wohl auch konditional aufzufassen sein, so Ps 27,7: שְׁמַע־יְהוָה קוֹלִי אֶקְרָא וְחָנֵּנִי וַעֲנֵנִי *Jahwe, höre auf meine Stimme! Wenn ich rufe, sei mir gnädig und antworte!* Ein kohort kann nach Ferguson (1882) S. 78 in der Protasis vor einem imp stehen (vgl. Hi 15,17). Allerdings ist m.E. zu fragen, ob hier wirklich ein konditionales Satzgefüge vorliegt, oder ob es sich nicht um zwei eigenständige, parataktische Sätze handelt.

In 2Reg 10,15 kommt ein NS in der Protasis ohne אם, ein imp in der Apodosis vor (vgl. Ferguson [1882] S. 80 zur Stelle): וְיֵשׁ תְּנָה אֶת־יָדֶךָ *Wenn es so ist, dann gib mir deine Hand.* Das ו markiert einen neuen Satzbeginn. Es handelt sich bei dieser Satzkette um eine eigenständige Äußerung.

[3] Vgl. Friedrich (1884) S. 80 zur Stelle.

tet werden.[3] Es zeigt sich hierbei, daß die Protasis, die durch אִם +
NS/(x.)imperf/(x.)perf ausgedrückt wird, ein REPRÄSENTATIV darstellt.
Hier ist also der Unterschied zu den impliziten Hypotaxen (konditional)
zu sehen, die durch Satzketten der Typen < imp - (w.)imp >, < imp -
w.kohort/juss > oder < imp - perf consec > ausgedrückt werden. Die
Protasis stellt im Gegensatz zu אִם + NS/(x.)imperf/(x.)perf bei letzteren
Satzkettentypen ein DIREKTIV (imp) dar.[4]

---

[1] Explizite Konditionalsatzgefüge können auch mit כִּי, אֲשֶׁר, אִם לֹא (verneint); לוּ und
הֵן gebildet werden (vgl. z.B. van Leeuwen [1973] S. 18 und die Grammatiken).

[2] Für das Ugaritische vgl. Aartun (1978) S. 95-97; Tropper (2000) S. 793f.

[3] כִּי אִם wird hier nicht betrachtet, da es ein adversatives Verhältnis ausdrückt. Eine
Ausnahme liegt evtl. in 2Chr 25,8 vor, diese Stelle ist allerdings textkritisch äußerst
unklar. Ebenfalls nicht betrachtet werden sog. Doppelfragen mit אִם — הֲ (vgl. Brok-
kelmann [1956] S. 161), so z.B. 2Sam 17,6: הֲנַעֲשֶׂה אֶת־דְּבָרוֹ אִם־אַיִן אַתָּה דַבֵּר *Suge
du uns, ob wir sein Wort befolgen sollen oder nicht.* Vgl. auch Gen 37,32 u.ö. Dies
gilt auch für indirekte Fragen (vgl. Brockelmann ebd. S. 162; Friedrich [1884] S. 46f.
ordnet diese Sätze den elliptischen Konditionalsätzen unter), wie in 2Reg 1,2: לְכוּ
דִּרְשׁוּ בְּבַעַל זְבוּב אֱלֹהֵי עֶקְרוֹן אִם־אֶחְיֶה מֵחֳלִי זֶה *Geht, befragt Beelzebul, den Gott
Ekrons, ob ich leben/genesen werde von dieser Krankheit.* Vgl. auch Jer 30,6 u.ö. —
In Hi 19,5f. sieht Bobzin (1974) S. 263f. ein konditionales Satzgefüge.

[4] Diesen Weg beschreitet wohl schon Kuhr (1929) S. 56 "der Bedingungscharakter der
Befehlsform beruht darauf, daß die Schaffung des Sachverhalts, zu der der Imp. auf-
fordert, primitiv für die bloße Setzung des Sachverhalts eintritt". Was Kuhr unter der
"Setzung des Sachverhaltes" versteht, ist m.E. nichts anderes als das, was die
Sprechakttheorie eine REPRÄSENTATIVE Illokution nennt. Man könnte demnach einem imp in der Protasis eines konditionalen Satzgefüges die Illokution REPRÄ-
SENTATIVES DIREKTIV zusprechen. Der DIREKTIVE Charakter des imp bleibt aber in
jedem Fall erhalten.
   Kuhr versucht dies in Anm. 2 zu lösen: "Zu beachten ist, [...], daß ein eigentli-
ches Konditionalverhältnis immer nur dann vorliegen kann, wenn es sich um einen
fingierten Befehl handelt, dessen Ausführung vom Redenden gar nicht oder doch nur
bedingt erwartet wird [...]. Nicht mehr eigentlich konditional sind dagegen die Fälle
zu nennen, in denen der zweite Satz zwar mit 'dann' oder 'so' anzuknüpfen ist, der
Vordersatz aber ein wirklicher Befehl (bzw. Wunsch) ist [...]. Natürlich läßt sich die
Scheidung zwischen vollem und zwischen fingiertem Befehl nicht immer mit aller
Schärfe durchführen, und ob die einzelne Stelle richtig klassifiziert ist, wird öfters
unsicher bleiben müssen. Sehr wahrscheinlich scheint mir voller Befehl in denjenigen Fällen vorzuliegen, wo im zweiten Satze statt Koh. Impf. 1. pers. mit Pronomen
separatum erscheint [...]." (*Hervorhebung* von J. Diehl).
   Auch Friedrich (1884) S. 79 beschreitet diesen Weg, wenn er schreibt: "Doch
kann die Bedeutung dieses Modus [sc. des imp] [...] nicht die eines strengen Befehls
sein, sondern vielmehr wird dadurch Nichts weiter angezeigt, als dass der Sprecher
aus seiner Objektivtät der Bedingung gegenüber, wie wir sie in den gewöhnlichen
Conditionalsätzen finden, heraustritt und die Erfüllung derselben gleichsam als von
ihm selbst gewünscht hinstellt. Daranch kann diese Form, wie es denn auch wirklich
der Fall ist, in Doppelsätzen, welche zwei Möglichkeiten zur Wahl stellen, sich nicht
finden."

Als Beispiel für ein explizites Konditionalsatzgefüge des Typs < ʾim + NS - imp > diene 1Reg 18,21: אִם־יְהוָה הָאֱלֹהִים לְכוּ אַחֲרָיו וְאִם־הַבַּעַל לְכוּ אַחֲרָיו *Wenn Jahwe der Gott ist, folgt ihm nach, und wenn Baal (der Gott ist), folgt ihm nach.* אִם leitet hier den NS יְהוָה הָאֱלֹהִים ein. Die Protasis dieses Konditionalsatzgefüges stellt ein REPRÄSENTATIV dar, es soll ein Sachverhalt festgestellt werden, bevor die davon abhängige Aufforderung לְכוּ אַחֲרָיו erfüllt wird. Die Protasis ist kein DIREKTIV wie in den vorgenannten Fällen, keine Aufforderung, keine Bedingung, die zu erfüllen ist. Im Gegenteil, es muß das Bestehen (oder Nicht-Bestehen) eines Sachverhaltes festgestellt werden, bevor der Aufforderung לְכוּ אַחֲרָיו Folge geleistet wird. Dies ist der grundlegende Unterschied zwischen expliziten und impliziten Konditionalsatzgefügen mit imp. In Satzketten der Typen < imp - (w.)imp >, < imp - w.kohort/juss > oder < imp - perf consec > muß zunächst eine Bedingung in Form einer Durchführung eines DIREKTIVS, einer Aufforderung, erfüllt werden, bevor die Folge eintritt, in expliziten Konditionalsatzgefügen des Typs < ʾim + NS - imp > muß die Erfüllung einer Bedingung festgestellt werden, bevor die Folge eintritt. Ein ganz analoger Fall zu 1Reg 18,21 liegt in Sach 11,12 vor: אִם־טוֹב בְּעֵינֵיכֶם הָבוּ שְׂכָרִי וְאִם־לֹא חֲדָלוּ *Wenn es gut ist in euren Augen, dann gebt (mir) meinen Lohn, und wenn (es) nicht (gut ist in euren Augen), dann laßt es.* Hier muß ebenfalls die Existenz bzw. Nichtexistenz eines Sachverhaltes festgestellt werden, bevor der Aufforderung in der einen oder anderen Weise Folge geleistet wird.

Der Unterschied zwischen der impliziten und der expliziten Hypotaxe (konditional) wird in Gen 20,7 deutlich, denn hier kommen beide Typen nebeneinander vor: וְעַתָּה הָשֵׁב אֵשֶׁת־הָאִישׁ כִּי־נָבִיא הוּא וְיִתְפַּלֵּל בַּעַדְךָ וֶחְיֵה וְאִם־אֵינְךָ מֵשִׁיב דַּע כִּי־מוֹת תָּמוּת אַתָּה וְכָל־אֲשֶׁר־לָךְ *Und nun: Gib die Frau des Mannes zurück, denn er ist ein Prophet, so soll er für dich bitten, und du sollst leben. Und wenn du (sie) nicht zurück gibst, dann wisse, daß du gewiß sterben mußt, du und alles, was (zu) dir gehört.* Im ersten konditionalen Satzgefüge stellt die Protasis sprechakttheoretisch ein klares DIREKTIV dar. Es geht in erster Linie darum, daß die Frau zurück gegeben wird. Diese Bedingung muß erfüllt werden, damit der Adressat der Aufforderung am Leben bleibt. Im zweiten Satzgefüge hingegen liegt eine explizite Hypotaxe vor. Hier hat die Protasis REPRÄSEN-TATIVEN Charakter, denn wenn der Sachverhalt festgestellt wird, daß der Adressat die Frau nicht zurückgibt/-gegeben hat, dann soll er gewiß sterben (imp). Die Bedingung der expliziten Hypotaxe (אִם + NS) soll allerdings im Gegensatz zur Bedingung der impliziten Hypotaxe (imp) gerade *nicht* eintreten.

Auf zwei interessante Fälle sei noch eingegangen. Num 11,15: וְאִם־כָּכָה אַתְּ־עֹשֶׂה לִי הָרְגֵנִי נָא הָרֹג אִם־מָצָאתִי חֵן בְּעֵינֶיךָ וְאַל־אֶרְאֶה בְּרָעָתִי *Wenn du so mit mir tust, dann töte mich doch, wenn ich Gnade ge-*

funden habe in deinen Augen, damit ich nicht mein Unheil sehen muß.
Hier geht der Apodosis (imp) eine Protasis (אִם+NS) voraus, eine andere
(אִם+perf) folgt. Gen 47,16: *Da sprach Joseph:* הָבוּ מִקְנֵיכֶם וְאֶתְּנָה לָכֶם
בְּמִקְנֵיכֶם אִם־אָפֵס כָּסֶף. Hier ist zweifelsfrei אִם־אָפֵס כָּסֶף *Wenn ihr kein
Geld habt* die Protasis eines konditionales Satzgefüges. Es stellt sich aber
die Frage, was die Apodosis dazu darstellt. הָבוּ מִקְנֵיכֶם וְאֶתְּנָה לָכֶם
בְּמִקְנֵיכֶם kann selbst als konditionales Satzgefüge aufgefaßt werden:
Bringt von eurem Besitz, so will ich euch (Brot) für euen Besitz geben.
Dann stellt der imp die Protasis zu dem w.kohort dar, und beides die
Apodosis zu אִם־אָפֵס כָּסֶף. Es liegt so in beiden Stellen folgende
Satzkettenformel vor: < A¹: (P²: imp - A²: w.kohort) - P¹: ʾim + NS >.

Weitere Belegstellen:[1] Gen 23,8f.; 24,49; 42,19?; 43,11²; Ex 32,32?; Jos
22,19; 24,15; Jdc 7,10f.; 9,15; 1Sam 7,3³; 20,8; 2Reg 10,6; Jer 40,4; Hi
11,14⁴; 33,32.33; 34,16; Prv 25,21f.⁵

Neben expliziten Konditionalsatzgefügen des Typs < ʾim + NS -
imp > gibt es auch solche des Typs < ʾim + (x.)imperf - imp >. Auch hier
zeigt sich, daß אִם + (x.)imperf analog zu אִם + NS ein REPRÄSENTATIV
darstellt.
In 1Sam 20,21f. liegt ein solches explizites Konditionalsatzgefüge des
Typs < ʾim + (x.)imperf - imp > vor: 21 *Siehe, ich will den Knaben hin-
schicken: Geh, suche die Pfeile!* אִם־אָמֹר אֹמַר לַנַּעַר הִנֵּה הַחִצִּים מִמְּךָ
וָהֵנָּה קָחֶנּוּ וָבֹאָה כִּי־שָׁלוֹם לְךָ וְאֵין דָּבָר חַי־יְהוָה *Wenn ich zu dem Knaben
sagen werde: Siehe die Pfeile liegen von dir (aus gesehen) hierher, hole
sie!, so komm,⁶ denn es steht gut um dich, und es gibt nichts, so wahr
Jahwe lebt.* In v.22 wird der andere Fall geschildert: וְאִם־כֹּה אֹמַר לָעֶלֶם
הִנֵּה הַחִצִּים מִמְּךָ וָהָלְאָה לֵךְ כִּי שִׁלַּחֲךָ יְהוָה *Wenn ich aber zu dem Sklaven*

---

1   Ez 20,39 ist textkritisch schwierig (vgl. Sedlmeier [1990] S. 57-62), falls die Stelle
    überhaupt hier eingeordnet werden darf. Der Sinn ist m.E. unklar.
2   אִם־כֵּן אֵפוֹא זֹאת עֲשׂוּ, mit dem imp קְחוּ beginnt eine neue Satzkette.
3   Vgl. S. 196 zur Stelle.
4   Die Stelle ist textkritisch nicht unumstritten. So ziehen einige Ausleger die Vulgata
    ("si iniquitatem quod est in manu tua abstuleris a te et non manserit in tabernaculo
    tuo iniustitia") vor, vgl. z.B. Rowley (1980) S. 90: "**14. put it far away:** Dhorme
    follows Vulg. in reading 'If you put away the iniquity', making clear this is a conti-
    nuation of the protasis and not an intrusion between verse 13 and verse 15. The
    change in reading is almost imperceptible."; Szczygiel (1931) S. 81; Habel (1985) S.
    202. Anders Weiser (1959) S. 82; Horst (1968) S. 163f.172 mit Hinweis auf 8,4-6; H.
    Groß (1986) S. 46f.; Pope (1965) S. 81; Hesse (1978) S. 89.
5   Die Stelle ist nicht ganz klar einzuordnen. Bei רָעֵב (vgl. HALAT Sp. 1172ab) und
    צָמֵא (vgl. HALAT Sp. 966b — allerdings nur Mittelhebräisch perf; von daher legt
    sich die Einordnung unter NS nahe) kann es sich auch um perf handeln.
6   Hier mit Waw apodosis (so Gesenius/Kautzsch [1909] §159s zur Stelle).

so sage: Siehe, die Pfeile liegen jenseits von dir., so geh, denn Jahwe schick dich. In beiden Fällen soll wieder ein Sachverhalt festgestellt werden, es liegt also deutlich ein REPRÄSENTATIV, kein DIREKTIV vor.

In Ruth 4,4 liegt ebenfalls ein explizites Konditionalsatzgefüge des Typs < *ʾim* + (x.)imperf - imp > vor: אִם־תִּגְאַל גְּאָל וְאִם־לֹא [תִ]גְאַל[1] הַגִּידָה לִּי *Wenn du deine Einlösungspflicht erfüllen willst, dann erfülle sie! Wenn [du] sie aber nicht erfüllen willst, so sage es mir, damit ich es weiß, denn ....* Hier muß ebenfalls die Existenz eines Sachverhaltes festgestellt werden, bevor der imp ausgeführt wird, die Protatsis ist also REPRÄSENTATIV. Interessant ist bei diesem Fall allerdings, daß der Adressat der Aufforderung nach seinem Willen gefragt wird, der Adressat wird also aufgefordert, sich auf einen zukünftigen Sachverhalt festzulegen. Aus seiner Sicht ist diese Festlegung, die er dann auch in v.4b trifft, KOMMISSIV. Dies darf aber nicht mit dem REPRÄSENTATIVEN Charakter der Protasis in dieser Äußerung verwechselt werden.

Weitere Belegstellen:[2] Gen 15,5?[3]; Num 32,23[4]; 1Sam 20,7[5]; 21,10; Jes 21,12; Hab 2,3; Hi 33,5; Prv 1,11ff.[6]; Cant 1,8.

Neben diesen Typen expliziter Konditionalsätze mit אִם ist noch der Typ < *ʾim* + (x.)perf - imp > belegt. Gleich zwei solcher Fälle liegen in 1Reg 20,18 vor: אִם־לְשָׁלוֹם יָצְאוּ תִּפְשׂוּם חַיִּים וְאִם לְמִלְחָמָה יָצְאוּ חַיִּים תִּפְשׂוּם *Wenn sie zum Frieden ausgezogen sind, so ergreift sie lebend; und wenn sie zum Krieg ausgezogen sind, so ergreift sie lebend.* In beiden Fällen muß zunächst ein Sachverhalt – לְשָׁלוֹם יָצְאוּ einerseits und לְמִלְחָמָה יָצְאוּ andererseits – festgestellt werden, bevor der imp תִּפְשׂוּם ausgeführt wird. Das Interessante an diesem Fall ist, daß die Bedingung in jedem Fall erfüllt ist.[7] Man könnte die Stelle auch so übersetzen: *Ob sie nun zu Krieg oder Frieden ausgezogen sind, ergreift sie lebend.* Die Protasis ist also nicht DIREKTIV wie bei den oben genannten Satzketten des Typs < imp -

---

1 Hier ist mit einigen Handschriften wohl die 2. pers. zu lesen.

2 Ps 139,19 birgt textkritische Schwierigkeiten.

3 Die Protasis steht nach dem imp.

4 Hier besteht die durch כֵּן eingeleitete Apodosis aus הִנֵּה חֲטָאתֶם לַיהוָה וּדְעוּ חַטַּאתְכֶם אֲשֶׁר ...

5 אִם־כֹּה יֹאמַר טוֹב שָׁלוֹם לְעַבְדֶּךָ וְאִם־חָרֹה יֶחֱרֶה לוֹ דַּע כִּי־כָלְתָה הָרָעָה מֵעִמּוֹ *Wenn er so sagt: Gut!, dann steht es gut um deinen Knecht, wenn er aber zornig wird, so erkenne, daß Böses bei ihm beschlossen ist.* In der Apodosis des ersten Konditionalsatzgefüges steht ein NS, in der des zweiten ein imp.

6 Die Protasis des Satzgefüges umfaßt die vv.11-14, die Apodopsis setzt in v.15a mit בְּנִי אַל־תֵּלֵךְ ein (vgl. auch die Übersetzung bei Müller [2000] S. 141ff.). In v.15b folgt ein imp.

7 Normalerweise kommt in einem der beiden Satzgefüge eine Ellipse vor (so z.B. 1Reg 18,21). Vgl. auch van Leeuwen (1973) S. 32 zur Stelle und S. 32f.

(w.)imp >, <imp - w.kohort/juss > oder < imp - perf consec >, sondern eindeutig REPRÄSENTATIV. In Ex 33,13 liegt ebenso ein solcher Fall vor: וְעַתָּה אִם־נָא מָצָאתִי חֵן בְּעֵינֶיךָ הוֹדִעֵנִי נָא אֶת־דְּרָכֶךָ וְאֵדָעֲךָ לְמַעַן ... *Und nun: Wenn ich Wohlgefallen gefunden habe in deinen Augen, so laß mich deinen Weg erkennen, daß ich dich erkenne, damit ....* Hier ist die Protasis ebenfalls REPRÄSENTATIV, nicht DIREKTIV wie bei den oben genannten Satzkettentypen.[1]

An einigen Stellen folgt die Protasis auf die Apodosis, so z.B. in Hi 38,4: הַגֵּד אִם־יָדַעְתָּ בִינָה *Verkünde, wenn du Verstand hast.* Weitere Belege:[2] Hi 38,18; Prv 24,14?[3]

Weitere Belegstellen:[4] Gen 47,29; 50,4; Num 5,19; 22,20; Jdc 9,19[5]; Ez 43,11; Prv 6,1-3.

Interessant ist schließlich der Fall, wo sowohl imp als auch אִם in der Protasis eines disjunktiven konditionalen Satzgefüges stehen, so in Gen 30,1: הָבָה־לִּי בָנִים וְאִם־אַיִן מֵתָה אָנֹכִי *Gib mir Kinder, wenn nicht, sterbe ich.*[6]

6.1.4 ERGEBNIS: KONDITIONALE SATZGEFÜGE

Es hat sich gezeigt, daß es einen deutlichen Unterschied zwischen impliziten und expliziten konditionalen Satzgefügen gibt. Bei impliziten Hy-

---

[1]   Es sei hier die Frage angemerkt, wo der Unterschied zwischen Ex 33,13 und Jdc 6,17 liegt, wo eine ähnlich Wendung mit perf consec verwendet wird: אִם־נָא מָצָאתִי חֵן בְּעֵינֶיךָ וְעָשִׂיתָ לִּי אוֹת שָׁאַתָּה מְדַבֵּר עִמִּי *Wenn ich Wohlgefallen gefunden habe in deinen Augen, dann gib mir ein Zeichen, daß du (und kein anderer) mit mir redest.* Weiterer Beleg: Gen 33,10. Mit folgendem juss (oder modalem imperf) bzw. kohort (oder modalem imperf) kommt die Wendung vor in: Num 32,5; 1Sam 20,29; Est 5,8; 7,3; 8,5.

[2]   Nach Ferguson (1882) S. 80 kommt in 1Sam 29,10 "Modified Perfect" in der Protasis und imp in der Apodosis vor. Ähnlich wohl auch Kuhr (1929) S. 45. M.E. liegt hier kein konditionales Satzgefüge vor, sondern das perf consec spezifiziert den vorausgehenden imp (vgl. oben S. 281 zur Stelle).

[3]   Es ist unklar, ob hier der imp einen eigenständigen Satz oder die Apodosis zum folgenden Satz darstellt: כֵּן דְּעֵה חָכְמָה לְנַפְשֶׁךָ אִם־מָצָאתָ וְיֵשׁ אַחֲרִית וְתִקְוָתְךָ לֹא תִכָּרֵת *So erkenne Weisheit für deine Seele, wenn du sie findest, und es wird ein Ende geben und deine Hoffnung wird nicht abgeschnitten.* Plöger (1984) S. 262 übersetzt anders: "So sieh (auch) die Weisheit an für deine Seele; wenn du (sie) gefunden hast, gibt es ein (gutes) Ende, und dein Hoffnung wird nicht zerstört." (Vgl. auch Meyer [1972] S. 115). — Zur Form des imp vgl. Bauer/Leander (1922) §55c' S. 382.

[4]   In Jer 14,7 liegt nach van Leeuwen (1973) S. 28 Anm. 2 ein Konzessivsatz, nicht ein Konditionalsatz vor.

[5]   Vgl. auch v.20: ... וְאִם־אַיִן תֵּצֵא אֵשׁ מֵאֲבִימֶלֶךְ *und wenn nicht, dann gehe Feuer aus von Abimelech ....*

[6]   Vgl. Brockelmann (1956) S. 160 zur Stelle.

potaxen (konditional) mit einem imp in der Protasis, also Satzketten des Typs < imp - (w.)imp >, < imp - w.kohort/juss > und < imp - perf consec >, stellt die Protasis einen DIREKTIVEN Sprechakt dar, der Adressat wird zu einer bestimmten Handlung aufgefordert. Der entsprechende Sachverhalt muß erst noch vom Angeredeten *geschaffen* werden. In expliziten Hypotaxen (konditional), also Satzketten des Typs < ʾim + NS/ (x.)imperf/(x.)perf - imp > stellt die Protasis hingegen einen REPRÄSENTATIVEN Sprechakt dar, es muß die Existenz eines bestimmten Sachverhaltes festgestellt werden.

6.2 FINAL/KONSEKUTIVE SATZGEFÜGE

Sehr häufig repräsentieren Satzketten des Typs < imp - (w.)imp >, < imp - w.kohort/juss > und < imp - perf consec > auch final/konsekutive Satzgefüge. Neben diesen impliziten Hypotaxen kommen aber auch explizite Hypotaxen vor, so z.B. Satzgefüge des Typs < imp - l^emaʿan + imperf >[1]. Es soll nun nach Unterschieden zwischen diesem Satzgefüge und den oben genannten Satzketten mit implizit hypotaktischem Charakter gefragt werden.

> Brockelmann weist auf eine weitere Möglichkeit hin, finale Satzgefüge mit imp (und anderen grammatischen Kategorien) auszudrücken: "Wie in anderen Sprachen [...], so werden auch im Hebr. Fragesätze zu negativen Absichtssätzen: שַׁלְּחֵנִי לָמָה אֲמִיתֶךָ 'entlaß mich, warum sollte ich dich töten = damit ich dich nicht zu töten brauche'".[2] Er nennt weiter 2Sam 2,22 als Beispiel. Es stellt sich die Frage, ob hier wirklich finale Satzgefüge vorliegen, wenn man bedenkt, daß לָמָה nicht nach dem vorfindlichen Grund fragt *Warum?*, sondern nach dem intendierten Ziel *Wozu?*.[3]

6.2.1 FINAL/KONSEKUTIVE SATZGEFÜGE IN DEN BISHER BEHANDELTEN SATZKETTENTYPEN < IMP - (W.)IMP >, < IMP - W.KOHORT/JUSS > UND < IMP - PERF CONSEC >

Reine Imperativketten können final/konsekutive Satzgefüge darstellen (vgl. Kap 2.4.2.2), so z.B. in Dtn 1,8:[4] *Siehe, hiermit gebe ich das Land vor euch.* בֹּאוּ וּרְשׁוּ אֶת־הָאָרֶץ אֲשֶׁר *Zieht hinein, um das Land in Besitz zu nehmen, von dem Jahwe euren Vätern, Abraham, Isaak und Jakob, geschworen hat, es ihnen und ihrem Samen nach ihnen zu geben.* Ebenso auch syndetischer kohort und juss nach imp. In Gen 38,24 liegt ein final/konsekutiver w.juss vor: הוֹצִיאוּהָ וְתִשָּׂרֵף *Führt sie hinaus, daß/damit sie verbrannt werde.*[5] Ein final/konsekutiver w.kohort liegt in Jdc 16,28[1]

---

[1] In Mi 6,5 und Jer 11,4f. steht statt des imperf ein inf cstr nach לְמַעַן, in Ps 9,15 ein kohort. Ansonsten handelt es sich bei den morphologisch eindeutigen Belegen um imperf ind, so z.B.: Dtn 13,18; 31,19; Jos 4,6; Hab 2,2. Vgl. hierzu weiter Kap. 6.2.2.
[2] Brockelmann (1956) §173.
[3] Vgl. hierzu Michel (1997).
[4] Vgl. auch S. 104 zur Stelle.
[5] Vgl. zur Stelle S. 188.

vor: אֲדֹנָי יֱהוִֹה זָכְרֵנִי נָא וְחַזְּקֵנִי נָא אַךְ הַפַּעַם הַזֶּה הָאֱלֹהִים וְאִנָּקְמָה נְקַם־
אַחַת מִשְּׁתֵי עֵינַי מִפְּלִשְׁתִּים *Mein Herr Jahwe, gedenke doch meiner und stärke mich, Gott, nur (noch) dieses eine Mal, daß/damit ich Rache räche für eines meiner beiden Augen an den Philistern.* Syndetischer imp, kohort und juss werden also sehr oft in der Funktion Implizite Hypotaxe (final/konsekutiv) verwendet.[2]

Satzketten des Typs < imp - perf consec > können ebenfalls konsekutive/finale Satzgefüge ausdrücken (vgl. Kap. 4.4.3). So z.B. 2Sam 24,2:[3] שׁוּט־נָא בְּכָל־שִׁבְטֵי יִשְׂרָאֵל מִדָּן וְעַד־בְּאֵר שֶׁבַע וּפִקְדוּ אֶת־הָעָם וְיָדַעְתִּי אֵת מִסְפַּר הָעָם *Zieht umher in allen Stämmen Israels von Dan bis Beerscheba und zählt das Volk, daß/damit ich die Zahl des Volkes weiß.*

Der Unterschied zwischen beiden Satzkettentypen – < imp - (w.)imp > und < imp - w.kohort/juss > einerseits und < imp - perf consec > andererseits – liegt darin, daß in Satzketten der Typen < imp - (w.)imp > und < imp - w.kohort/juss > das jeweils letzte Satzkettenglied – also w.imp oder w.kohort bzw. w.juss – während in Satzketten des Typs < imp - perf consec > der imp und nicht das perf consec den Ton der Satzkette trägt.

Es stellt sich die Frage nach dem Unterschied der hier genannten Satzkettentypen mit der syntaktischen Funktion Implizite Hypotaxe (final/konsekutiv) und explizit final/konsekutiven Satzgefügen wie < imp - *lᵉmaᶜan* + x >. Dieser Frage soll im folgenden Kapitel nachgegangen werden.

6.2.2 EXPLIZITE KONSEKUTIV-/FINALSÄTZE AM BEISPIEL VON SATZGEFÜGEN DES TYPS < IMP - *lᵉmaᶜan* + IMPERF >

Das Satzgefüge < imp - *lᵉmaᶜan* + imperf > ist häufiger als andere explizite Final-/Konsekutivsatzgefüge belegt. Es handelt sich um ca. 30 Belege. Es kommen, das sei der Vollständigkeit halber erwähnt, auch andere Konjunktionen nach imp vor, um final/konsekutive Satzgefüge auszudrücken. Hier ist z.B. בעבור (vgl. z.B. Gen 27,19) oder אֲשֶׁר (vgl. z.B. Dtn 4,10; 34,46) zu nennen.[4]

---

[1] Vgl. auch S. 189 zur Stelle.

[2] Vgl. Joüon/Muraoka (1991) §116*h*: "It is apparent from this survey that the three indirect volitive moods of purpose-consecution are used in the same ways. The following general rule may therefore be formulated: To express purpose or consecution the cohortative is used for the 1st person, the imperative for the 2nd pers., and the jussive for the 3rd pers."; vgl. auch Richter (1980) S. 201 u. Anm. 756 (weitere Lit. ebd.).

[3] Vgl. auch S. 284 zur Stelle.

[4] Verneinte explizite Finalsätze werden in der Regel durch פֶּן eingeleitet, nur im späten Hebräisch begegnet (allerdings selten) אֲשֶׁר) לֹא) לְמַעַן (vgl. Joüon/Muraoka [1991] §168*d*).

Die Partikel לְמַעַן kommt 272 Mal im Alten Testament vor.[1] Davon ca. 42 Mal[2] in Satzgefügen mit imp. In 12[3] dieser ca. 42 Belege folgt auf לְמַעַן keine finite Verbform (auch kein inf cstr), hier hat die Partikel die Bedeutung *wegen* oder *um … willen* und ist nicht als finale/konsekutive Konjunktion aufzufassen.[4] Es bleiben also ca. 30 Belege, in denen לְמַעַן als final/konsekutive Konjunktion nach einem imp gebraucht wird.

Grundsätzlich kommen nach לְמַעַן drei Arten von grammatischen Kategorien vor:[5] 1. ein Nomen, ein Suffix oder ähnliches, 2. ein inf cstr und 3. ein imperf[6]. In zwei Fällen steht nach לְמַעַן ein perf: Jos 4,24 und Jer

---

[1]   Vgl. Even-Shoshan (1987) Sp. 602b-603a; Jenni (2000b) S. 21. Brongers (1973) S. 85 zählt allerdings nur 268 Belege, das THAT 270 (vgl. Labuschagne [1984a] Sp. 337). — In Ez 23,21 ist die Form textkritisch unsicher (vgl. App. BHS; Delitzsch [1920] Nr. 120b). Mulder (1973) S. 62f. konjiziert in Ez 12,12 יַעַן zu לְמַעַן (vgl. auch Herrmann [1924] S. 75; zur allgemeinen Problematik Zimmerli [1969a] S. 256 u.a.).

[2]   Die ca. Angabe kommt daher, daß einige Stellen nicht klar eingeordnet werden können, so z.B. Ex 33,13: hier folgt auf den imp ein w.kohort und dann למען; in Dtn 12,28 steht zwischen dem imp und למען ein perf consec; in Dan 9,19 steht zwischen den imp und למען ein al.juss.

[3]   Diese sind: Jes 63,17; Jer 14,7; Ps 5,9; 6,5; 25,7; 27,11; 44,27; 69,19 (mit nachfolgendem imp); 79,9; 109,21; Dan 9,17.19 (letztere mit vorausgehendem asyndetischem אֶל־תְּאַחַר).

[4]   Brongers (1973) S. 86 bemerkt hierzu: "Die Partikel למען findet in der biblisch-hebräischen Sprache zweierlei Verwendung, einmal als Konjunktion und zum anderen als reine Präposition. Im letzten Fall gibt es wieder zwei Verwendungsmöglichkeiten: Die Präposition geht entweder einem konstruierten Infinitiv oder einem Nomen voran. Die Konjunktion hat es immer mit dem finiten Verb zu tun. Auch hier zeigt למען wieder zwei Aspekte. Es wird entweder *final* oder *konsekutiv* verwendet." — Vgl. auch die Grammatiken. Allerdings wird der Partikel למען oft nur finale Bedeutung zugemessen.

[5]   Vgl. Gesenius/Buhl (1915) Sp. 446bf. — Auf einen Unterschied zwischen למען אשר und למען wird in der vorliegenden Arbeit nicht eingegangen. למען אשר kommt nur 12 Mal vor: Gen 18,19; Lev 17,5; Num 17,5; Dtn 20,18; 27,3; Jos 3,4; 2Sam 13,5; Jer 42,6; Ez 20,26; 31,14; 36,30; 46,18. In all diesen Fällen ist nach Jouön/Muraoka [1991] §168d: "More often אשר is omitted, and למען is construed with the indicative"; Waltke/O'Connor [1990] §38.3b ein Unterschied zu למען ohne אשר nicht zu erkennen. Jenni (2000b) S. 293 bemerkt hingegen, daß diese Stellen immer "einmalige außerordentliche Maßnahmen enthalten". — An einigen Stellen kommt למען (אשר) לֹא vor. Überlicherweise wird in verneinten final/konsekutiven Satzgefügen aber פֶּן als Konjunktion verwendet. Jouön/Muraoka (1991) §168d nehmen hier späten Sprachgebrauch an (vgl. aber auch hier Jenni [2000b] S. 293).

[6]   In Ps 9,15 ist der einzige kohort nach למען belegt. Ein juss kommt nicht vor. Richter (1980) S. 191 bemerkt zwar: "So kann wohl nach l˙=maʿn ʾšr PK (KF) und diese auch im übergeordneten Satz stehen.", er gibt aber leider keine Belegstellen an. Bei morphologisch (auch in der masoretischen Punktierung) unterscheidbaren Belegen steht nach למען aber immer die Langform in der 2. und 3. pers.: Gen 18,19; Ex 13,9; 23,12; Dtn 4,40; 5,14; 13,18; 16,20; 17,20; 30,19; 31,19; Jos 1,7; 4,6; 1Reg 2,3.4; Jes 42,21; Hab 2,2. Anderseits gibt es viele Belege mit Nun paragogicum: Ex 11,7;

25,7. In Jer 25,7 בְּמַעֲשֵׂה יְדֵיכֶם (Qere) [הַכְעִיסֵנִי] (Ketib) לְמַעַן הַכְעִיסוּנִי
לְרַע לָכֶם kommt eine Wendung vor, die sonst mit inf cstr belegt ist:
2Reg 22,17 (לְמַעַן הַכְעִיסֵנִי בְּכֹל מַעֲשֵׂה יְדֵיהֶם); Jer 7,18 (לְמַעַן הַכְעִיסֵנִי);
32,29 (לְמַעַן הַכְעִסֵנִי); 2Chr 34,25 (לְמַעַן הַכְעִיסֵנִי בְּכֹל מַעֲשֵׂי יְדֵיהֶם). Das
Qere (inf cstr) ist demnach dem Ketib (perf) vorzuziehen. In Jos 4,24 ist
wahrscheinlich יִרְאָתָם, also inf cstr mit sf, statt יְרָאתֶם zu punktieren.[1] Ein
"echtes" perf kommt demnach nach לְמַעַן nicht vor. In Ez 21,15 scheint
ein imp nach לְמַעַן zu stehen: לְמַעַן־הֱיֵה־לָהּ בָּרָק. Entweder ist diese
Form textkritisch unsicher,[2] oder sie wird als inf cstr aufgefaßt.[3] In Ez
21,20 folgt l.inf[4] und ein der Form nach syndetischer inf abs auf לְמַעַן.
Sehr wahrscheinlich handelt es sich aber auch hier bei וְהַרְבֵּה um einen
inf cstr[5].

Folgt ein Nomen, oder ein Suffix o.ä. auf לְמַעַן so hat לְמַעַן die Bedeutung *wegen* oder *um ... willen*.[6] Folgt hingegen ein finites Verb oder
inf cstr[7], so ist לְמַעַן final oder konsekutiv aufzufassen.[8] לְמַעַן kann also
zum Ausdruck expliziter Hypotaxen (final/konsekutiv) verwendet wer-

---

20,12; Dtn 5,16.33; 6,2; 8,1; 1Reg 8,43; Ps 60,7; 108,7; Hi 19,29. Zur Bedeutung
dieser Formen vgl. Hoftijzer (1985) S. 25-29.

[1] Vgl. z.B. App. BHS; Delitzsch (1920) Nr. 80 und Gesenius/Kautzsch (1909) §74g.
[2] Vgl. Fohrer (1955) S. 121: "בְּרָק pr 'sei ihm' als spätere Ergänzung nach Ausfall des
ברק durch Haplographie."; Rothstein (1909) S. 875 Anm. f: "l.[ies] mindestens statt
der unbegreiflichen Imperativform den Infinitiv hᵃjōth ('auf daß ihm sei Blitz, ist es
gefegt'); aber besser liest man bᵉrōq statt hᵃjōth lāh."; Block (1997) S. 672: "The
parallelism with the previous line, as well as the preceding lĕmaᶜan, calls for an infinitive construct, perhaps hĕyōt lĕ (cf. LXX γένῃ εἰς). hyh lh may represent a corrup-
tion of hăhillâ, from hll, 'to shine.'"
[3] Vgl. Gesenius/Kautzsch (1909) §75n zur Stelle: "ganz unerklärlich aber הֱיֵה als *Inf.*";
Bauer/Leander (1922) S. 423: "Inf. הֱיֵה Ez 21 15, gleichlautend mit dem Imp., wohl
nach der Analogie vom Inf. קְטֹל: Imp. קְטֹל (sonst הֱיוֹת)"; Meyer (1969) S. 280;
Bergsträsser (1929) S. 161c. — vgl. auch Zimmerli (1969a) S. 469f.; Greenberg
(1997) S. 422: "The imperative vocalization of hᵉye (we expect the infinitive construct form hᵉyot) may be a colloquialism on the analogy of the strong verb, where
imperative and infinitive construct are identical [...]."; Allen (1990) S. 19 Anm. 15.a:
"MT היה is unparalleled as inf constr 'to be'; already LXX seems to have so understood it, although it rendered לה ברק 'to it lightning' as though it were לברק 'for
lightning,' perhaps by translator's license."
[4] Die Form ist textkritisch nicht unumstritten (vgl. App. BHS). — Es handelt sich
hierbei um das einzige Vorkommen von ל למען (vgl. z.B. König [1897] § 407f).
Delitzsch (1920) Nr. 98c möchte das ל streichen.
[5] Vgl. z.B. Bergsträsser (1929) §30c; Gesenius/Kautzsch (1909) §75ff mit Hinweis auf
König [1897] §218c(?).
[6] Vgl. Brongers (1973) S. 92-96.
[7] Zum inf als Verbform vgl. Sellin (1889) S. 64-85.
[8] Vgl. Brongers (1973) S. 86-92. Einige Autoren weisen למען aber nur finale Bedeutung zu, so z.B. wahrscheinlich Blake (1951) §§54.56, למען verhandelt er nur unter
den "Purpose clauses", nicht unter den "Result clauses".

den. Es stellt sich daher die Frage nach den Unterschieden zwischen expliziten Hypotaxen mit לְמַעַן einerseits und impliziten Hypotaxen andererseits. Brongers hat diese Frage bereits gestellt:

"Weit bemerkenswerter ist jedoch der alternierende Gebrauch von לְמַעַן und einfachen *wāw*-Verbindungen. Es handelt sich hier um finale Sätze überwiegend parenätischen Inhalts. Es kann daher nicht wundernehmen, dass die meisten Beispiele sich in Deuteronomium und Psalter vorfinden. Neben 48 לְמַעַן-Stellen weist Deuteronomium 10 *wāw*-Verbindungen auf (i 17; v 1; vii 9; xxiv 13; xxvi 12; xxx 16; xxxi 14. 26; xxxii 50). Im Psalter ist das Verhältnis noch bemerkenswerter. Neben 32 לְמַעַן-Belegen gibt es hier nicht weniger als 20 *wāw*-Verbindungen (xxiv 7; li 15. 17; lxv 5; lxix 36; lxxviii 7; lxxxiii 17. 19; lxxxv 7; lxxxvi 17; xc 14; cix 15. 27; cxix 27. 42. 88. 115. 125; cxxviii 5). Im Buche Micha vermerken wir sogar neben 2 לְמַעַן-Belegen 3 *wāw*-Verbindungen (i 2; iv 2[2])! *Zwischen diesen beiden Verbindungen lässt sich kein einziger Bedeutungsunterschied aufweisen. Daraus darf gefolgert werden, dass der alternierende Gebrauch nur von stilistischen Erwägungen her bedingt worden ist. Der Autor ist sichtlich bemüht gewesen sich vor langweiliger Einförmigkeit zu hüten.*"[1]

Allerdings ist zu bemerken, daß es m.E. wesentlich häufiger "*wāw*-Verbindungen" gibt, die finalen oder konsekutiven Charakter haben, als Brongers aufführt. Auffällig ist auch die Tatsache, daß Brongers bei den oben genannten Stellen nicht zwischen w.kohort, w.juss, w.x.imperf, w.imperf, w.imp und perf consec unterscheidet. Festzuhalten bleibt allerdings, daß Brongers keinen Unterschied zwischen den "*wāw*-Verbindungen" und finalen expliziten Hypotaxen mit לְמַעַן feststellen kann. Kelly hat eine ähnliche Beobachtung gemacht:

"One interesting case […] is [Gen] 27 25, where the first verbal form following the imperative is a cohortative with waw, and the second verb, instead of having simple waw, has the particle למען before it, at least suggesting that the two constructions are interchangeable. Cf. the other possibility in vs. 7a, 7b, of this chapter."[2]

Es ist auffällig, daß in Gen 27 nur in v.25 die Konjunktion למען + imperf verwendet wird. An vier Stellen (v.4.10.19.31) wird בעבור + imperf verwendet (in v.10 בעבור אשר). Einmal (v.7) wird der finale Charakter durch ein w.kohort ausgedrückt:

In vv.3-4 beauftragt Isaak Esau, ihm ein Wildbret zu jagen:

3 וְעַתָּה שָׂא־נָא כֵלֶיךָ תֶּלְיְךָ וְקַשְׁתֶּךָ וְצֵא הַשָּׂדֶה וְצוּדָה לִּי [צָיִד][3] 4 וַעֲשֵׂה־לִי מַטְעַמִּים כַּאֲשֶׁר אָהַבְתִּי וְהָבִיאָה לִּי וְאֹכֵלָה בַּעֲבוּר תְּבָרֶכְךָ נַפְשִׁי בְּטֶרֶם אָמוּת *3 Und nun: Nimm doch dein Gerät, dein Wehrgehänge und deinen Bogen, und geh hinaus auf's Feld und jage mir ein Wildbret, 4 und mache mir Leckerbissen wie ich es liebe, und bring (sie) mir, daß/damit ich esse, damit dich meine Seele segne, bevor ich sterbe.*

In v.7 zitiert Rebekka Issak mit folgenden Worten: הָבִיאָה לִּי צַיִד וַעֲשֵׂה־לִי מַטְעַמִּים וְאֹכֵלָה וַאֲבָרֶכְכָה לִפְנֵי יְהוָה לִפְנֵי מוֹתִי *Bring mir ein Wildbret und mache mir Lekkerbissen, daß/damit ich esse und dich segne vor Jahwe vor meinem Tod.*

In vv.9f. beauftragt Rebekka Jakob, ihr zwei Ziegenböckchen zu holen:

---

[1] Brongers (1973) S. 91f. (*Hervorhebung* von J. Diehl).
[2] Kelly (1920) S. 6.
[3] Hier ist das Qere צַיִד *Wildbret* dem Ketib צֵידָה *Reisekost*, was an dieser Stelle keinen Sinn hat, vorzuziehen.

9 לֶךְ־נָא אֶל־הַצֹּאן וְקַח־לִי מִשָּׁם שְׁנֵי גְּדָיֵי עִזִּים טֹבִים וְאֶעֱשֶׂה אֹתָם מַטְעַמִּים לְאָבִיךָ

10 וְהֵבֵאתָ לְאָבִיךָ וְאָכָל בַּעֲבֻר אֲשֶׁר יְבָרֶכְךָ לִפְנֵי מוֹתוֹ *9 Geh doch zum Vieh und hole mir von dort zwei gute Ziegenböckchen, daß/damit ich sie für deinen Vater zu Leckerbissen bereite wie er es liebt, 10 dergestalt daß du sie deinem Vater bringst, und er (sie) ißt, damit er dich vor seinem Tod segnet.*

In v.25 soll Jakob Isaak, der Jakob für Esau hält, das Wildbret bringen: הַגִּשָׁה לִּי וְאֹכְלָה מִצֵּיד בְּנִי לְמַעַן תְּבָרֶכְךָ נַפְשִׁי *Reiche es mir, daß/damit ich von dem Wildbret esse, mein Sohn, damit dich meine Seele segnet.*

In v.31 bittet nun der richtige Esau Isaak, von seinem Wildbret zu essen: יָקֻם אָבִי וְיֹאכַל מִצֵּיד בְּנוֹ בַּעֲבוּר תְּבָרֲכַנִּי נַפְשֶׁךָ *Mein Vater richte sich auf und esse von dem Wildbret seines Sohnes, damit mich deine Seele segnet.*

Ein Bedeutungsunterschied der verschiedenen finalen Satzkonstruktionen ist nicht zu erkennen. Auch die Literarkritik hilft hier nicht weiter. Gunkel weist die vv.4b.19b.25.31b der Quelle J, die vv.7b[1].10 der Quelle E zu.[2] J verwendet also nach Gunkel sowohl בעבור als auch למען, E w.kohort als auch בעבור אשר. Von Rad[3], Noth[4] und Blum[5] halten Gen 27,1-45 für einheitlich. Levin[6] weist die hier interessierenden Verse der vorjahwistischen Quelle (J^Q) zu,[7] wobei er zwischen drei Fragmenten oder Quellenblöcken unterscheidet.[8] Die vv.3bf.25.31 weist er dem Fragment *"Jakob gewinnt durch List den väterlichen Segen"*[9],[10] die vv.7.9f. dem Fragment *"Rebekkas Mutterliebe"*[11] und v.19 dem Fragment

---

[1]   außer לִפְנֵי יְהוָה.

[2]   Vgl. Gunkel (1977) S. 306f.309-313.

[3]   Von Rad (1987a) S. 222: "So ist neuerdings vorgeschlagen worden, das Kapitel trotz einiger Unebenheiten, zu denen aber die oben genannten 'Varianten' nicht mehr gerechnet werden, doch als Einheit zu nehmen (Noth). Immerhin, eine so harte Wiederholung wie in V. 44f. bleibt verdächtig ('bis der Grimm deines Bruders sich von dir wendet' — 'bis daß der Zorn deines Bruders sich von dir wendet'). Auch in ihrer Jetztgestalt ist die Erzählung trefflich gegliedert."

[4]   Vgl. Noth (1960) S. 30 u. Anm. 93 (mit Hinweis auf einige Unstimmigkeiten im Text, die aber nicht als Basis für ein literarkritisches Scheiden herangezogen werden dürfen).

[5]   Vgl. Blum (1984) S. 79-86.88; bes. S. 85: "Aufs Ganze gesehen haben sich also die literarkritischen Anstöße in Gen 27 nicht nur nicht bestätigt, sondern im Gegenteil auf die Intentionalität der *vorliegenden* Gestaltung des Textes geführt. Geradezu unsinnig wäre es, diese Erzählung mit ihrer hohen Erzählkunst in mehrere Parallelfäden zergliedern zu wollen. Da Entsprechendes für Gen 25,21ff gilt und der textliche Zusammenhang zwischen beiden Abschnitten mit 25,27f und 27,36 explizit gegeben ist, wird man in Gen 25,21-34; 27,1-45 *einen* literarisch einheitlichen Zusammenhang zu sehen haben."

[6]   Vgl. Levin (1993) S. 207-215.

[7]   Vgl. Levin (1993) S. 209-212.

[8]   Dies läßt sich sehr schön an dem rekonstruierten Text ebd. S. 63-64 verfolgen.

[9]   Levin (1993) S. 209.

[10]   Vgl. Levin (1993) S. 209-211.

[11]   Levin (1993) S. 211f.

"*Jakobs erworbene Erstgeburt*"[1] zu. Es ist deutlich, daß der unterschiedliche Sprachgebrauch nicht den einzelnen Fragmenten oder Blöcken zugewiesen werden kann, denn in vv.4.25.31, die Levin dem ersten Fragment zuweist, wird sowohl למען als auch בעבור verwendet. Im zweiten Fragment (vv.7.10) werden בעבור אשר und w.kohort verwendet, im dritten Fragment (v.19) בעבור.

Man kann demnach den Sprachgebrauch nicht verschiedenen Quellen, Schichten oder Fragmenten zuweisen. Ein Unterschied zwischen den einzelnen Realisierungen des finalen Satzgefüges ist nicht zu erkennen. Dies gilt zumindest für die expliziten Hypotaxen. Es ist aber nicht verwunderlich, daß in der Rede Rebekkas, Isaak ein w.kohort in den Mund gelegt wird, da w.kohort ein DIREKTIV in der 1. pers. ausdrückt, und dieser den Ton einer Satzkette des Typs < imp - w.kohort > trägt. Für Jakob ist ja das Wichtige, daß Isaak segnen will.

Ein ähnlicher Fall liegt in Am 5,4.14 vor. In v.4 wird ein final/konsekutives Satzgefüge durch eine implizite Hypotaxe (Satzkettentyp < imp - w.imp >) realisiert: דִּרְשׁוּנִי וִחְיוּ *Sucht mich, daß/damit ihr lebet* (*leben könnt*).[2] In v.14 wird das finale Satzgefüge durch eine explizite Hypotaxe mit למען ausgedrückt: דִּרְשׁוּ־טוֹב וְאַל־רָע לְמַעַן תִּחְיוּ וִיהִי־ כֵן יְהוָה אֱלֹהֵי־צְבָאוֹת אִתְּכֶם כַּאֲשֶׁר אֲמַרְתֶּם *Sucht Gutes und nicht Schlechtes, damit ihr lebt* (*leben könnt*), *so soll/möge Jahwe, der Gott Zebaoth, mit euch sein, wie ihr redet.* Ähnlich ist dies auch in Jes 5,19 zu beobachten:[3] יְמַהֵר יָחִישָׁה[4] מַעֲשֵׂהוּ לְמַעַן נִרְאֶה וְתִקְרַב וְתָבוֹאָה עֲצַת קְדוֹשׁ יִשְׂרָאֵל וְנֵדָעָה *Er eile* (*und*) *beschleunige seine Werke, damit wir sie sehen.* (*Und*) *es nahe und komme der Rat des Heiligen Israels, daß/damit wir* (*ihn*) *erkennen.* Hier erfüllt der w.kohort וְנֵדָעָה die gleiche Funktion wie למען + imperf (לְמַעַן נִרְאֶה). Joüon/Muraoka bemerken mit Hinweis auf diese Stellen: "the final and consecutive relationships can be express-

---

[1]   Levin (1993) S. 212.
[2]   Meyer (1972) §122.2*b* faßt die Stelle konditional auf: "Der konditionale Imp. begegnet Am 5,4: דִּרְשׁוּנִי וִחְיוּ 'sucht ihr mich, so werdet ihr leben'.", ähnlich wohl Gesenius/Kautzsch (1909) §110*f* und Bergsträsser (1929) S. 50; vgl. auch van Leeuwen (1973) S. 17 (mit Hinweis auf v.14!). Allerdings liegt aus der Parallelität zu v.14 m.E. ein final/konsekutives Verständnis näher. Strack (1911) §88*eβ* Anm. bemerkt richtig: "Viele Stellen könen ebensogut als Finalsätze [...] erklärt werden wie als Bedingungssätze [...]" mit Hinweis auf Am 5,14, nachdem Am 5,4 unter "Bedingungssätze" eingeordnet wurde.
[3]   Allerdings nicht in einer Satzkette mit imp.
[4]   Zu den ungewöhnlichen Formen יָחִישָׁה und וְתָבוֹאָה (kohort in der 3. pers.) vgl. Gesenius/Kautzsch (1909) §48*d*; Bergsträsser (1929) S. 23; Joüon/Muraoka (1991) §45*a* Anm.1; Gibson (1994) §68 Anm. 1; Bauer/Leander (1922) §56*u*", §59*p* und §40*v*; Meyer (1969) S. 101; ders. (1972) S. 48; Richter (1978) S. 116 Anm. 351.

ed in a light and elegant fashion by a mere Waw, or in a more precise way by means of other particles."[1]

Ein so deutlicher Unterschied zwischen expliziten und impliziten Hypotaxen (final/konsekutiv) nach einem imp wie bei konditionalen Satzgefügen nach einem imp (vgl. oben) kann demnach nicht erwiesen werden. Über Brongers, Kelly und Joüon/Muraoka hinaus ist aber zu fragen, ob לְמַעַן eine bestimmte grammatische Kategorie nach imp vertritt, ob also finale Satzgefüge des Typs < imp - *l^ema^can* + (x.)imperf/inf cstr > eher Satzketten des Typs < imp - (w.)imp > und < imp - w.kohort/juss > oder eher Satzketten des Typs < imp - perf consec > vertreten. Um diese Frage zu beantworten, ist es hilfreich, die Fortführung von לְמַעַן+(x.)imperf/inf cstr selbst zu untersuchen.

Bei dieser Untersuchung stellt sich heraus, daß לְמַעַן+(x.)imperf/inf cstr häufiger durch ein perf consec als durch ein w.imperf/w.juss/ w.kohort fortgeführt wird.

Es werden zunächst die Stellen betrachtet, in denen לְמַעַן + (x.)imperf durch ein perf consec fortgeführt wird. So z.B. in Gen 12,13: אִמְרִי־נָא אֲחֹתִי אָתְּ לְמַעַן יִיטַב־לִי בַעֲבוּרֵךְ וְחָיְתָה נַפְשִׁי בִּגְלָלֵךְ *Sage doch, daß du meine Schwester bist, daß/damit es mir gut geht wegen dir, und (daß/damit) meine Seele lebt um deinetwillen.* Hier führt das perf consec וְחָיְתָה den Finalsatz לְמַעַן יִיטַב־לִי fort. Auch in Dtn 4,1 wird die Parallelität von לְמַעַן+imperf und perf consec nach einem imp deutlich: וְעַתָּה יִשְׂרָאֵל שְׁמַע אֶל־הַחֻקִּים וְאֶל־הַמִּשְׁפָּטִים אֲשֶׁר אָנֹכִי מְלַמֵּד אֶתְכֶם לַעֲשׂוֹת לְמַעַן תִּחְיוּ וּבָאתֶם וִירִשְׁתֶּם אֶת־הָאָרֶץ אֲשֶׁר יְהוָה אֱלֹהֵי אֲבֹתֵיכֶם נֹתֵן לָכֶם *Und nun Israel: Höre auf die Gesetze und die Ordnungen, die ich euch lehre, um sie zu tun,[2] damit ihr lebt und kommt und das Land in Besitz nehmt, das Jahwe, der Gott eurer Väter, euch gibt.* An diesen Stellen hat das perf consec die gleiche Bedeutung wie לְמַעַן+(x.)imperf/inf cstr. Deutlich wird dies besonders in Dtn 31,12f.:

12 הַקְהֵל אֶת־הָעָם הָאֲנָשִׁים וְהַנָּשִׁים וְהַטַּף וְגֵרְךָ אֲשֶׁר בִּשְׁעָרֶיךָ לְמַעַן יִשְׁמְעוּ וּלְמַעַן יִלְמְדוּ וְיָרְאוּ אֶת־יְהוָה אֱלֹהֵיכֶם וְשָׁמְרוּ לַעֲשׂוֹת אֶת־כָּל־דִּבְרֵי הַתּוֹרָה הַזֹּאת 13 וּבְנֵיהֶם אֲשֶׁר לֹא־יָדְעוּ יִשְׁמְעוּ וְלָמְדוּ לְיִרְאָה אֶת־יְהוָה אֱלֹהֵיכֶם כָּל־הַיָּמִים אֲשֶׁר אַתֶּם חַיִּים עַל־הָאֲדָמָה אֲשֶׁר אַתֶּם עֹבְרִים אֶת־הַיַּרְדֵּן שָׁמָּה לְרִשְׁתָּהּ

12 *Versammle das Volk, Männer und Frauen und die Kinder und deinen Fremdling, der in deinen Toren ist, damit sie hören, und damit sie lernen und Jahwe, euren Gott, fürchten[3] und (darauf) achten, alle die Worte dieser Tora zu tun, 13 und daß ihre Kinder, die sie nicht kennen,*

---

1   Joüon/Muraoka (1991) §168*a* und Anm. 2. Ad Jes 5,19 vgl. ebd. §116*b*2.
2   Möglich wäre auch die Übersetzung: *die ich euch zu tun lehre* (vgl. auch S. 353 zur Stelle).
3   Nach Gesenius/Kautzsch (1909) §120*e* kann man auch übersetzen *damit sie lernen, Jahwe zu fürchten.*

hören und lernen, Jahwe, euren Gott, zu fürchten, alle Tage, die ihr lebt
in dem Land, in das ihr über den Jordan hinüberzieht, um es in Besitz zu
nehmen.

In v.12 folgt auf das erste לְמַעַן ein imperf von שָׁמַע, auf das zweite
לְמַעַן ein imperf von לָמַד, darauf ein perf consec von יָרֵא. In v.13 wird
(v.12) לְמַעַן יִשְׁמְעוּ durch וּבְנֵיהֶם אֲשֶׁר לֹא־יָדְעוּ יִשְׁמְעוּ vertreten, also ein
w.x.imperf das nach der Inversionsregel für ein perf consec stehen kann.
Daß diese Deutung richtig ist, wird daran deutlich, daß וּלְמַעַן יִלְמְדוּ
(v.12) durch das perf consec וְלָמְדוּ (v.13) vertreten wird. Lediglich das
perf consec וְיָרְאוּ (v.12) wird durch einen l.inf ersetzt לְיִרְאָה. In v.13
übernehmen also perf consec die Funktion von לְמַעַן + imperf.

Weitere Belege:[1] Ex 10,1f.; Lev 17,5[2]; Num 15,40; Dtn 5,33[3]; 6,18[4];
8,1; 11,8; 13,18f.; 16,20; 22,7; 2Sam 13,5; Jes 28,13; 66,11 (2x); Jer
36,3; 51,39; Ez 4,17; 11,20[5]; 14,11[6]; 16,54.63; 24,11[7]; Esra 9,12; 1Chr
28,8. In Jer 27,10.15; 50,34?[8] führt ein perf consec לְמַעַן+ inf cstr fort.

An anderen Stellen ist ein perf consec dem לְמַעַן+(x.)imperf untergeordnet, so z.B. Dtn 20,18: לְמַעַן אֲשֶׁר לֹא־יְלַמְּדוּ אֶתְכֶם לַעֲשׂוֹת כְּכֹל
תּוֹעֲבֹתָם אֲשֶׁר עָשׂוּ לֵאלֹהֵיהֶם וַחֲטָאתֶם לַיהוָה אֱלֹהֵיכֶם *damit sie euch nicht*
lehren, entsprechend ihren ganzen Greueln zu tun, die sie für ihre Götter
tun, dergestalt daß ihr sündigt gegen Jahwe, euren Gott. Hier spezifiziert
das perf consec den vorausgehenden לְמַעַן-Satz und ist so diesem untergeordnet.

Weitere Belege:[9] Ez 12,16. In Gen 18,19 steht ein perf consec nach
לְמַעַן+inf cstr. Das perf consec übt hier die Funktion eines Objektsatzes
aus.[1]

---

1   Ez 26,20 ist textkritisch unklar (vgl. App. BHS).
2   Hier hat לְמַעַן die Bedeutung *deswegen, darum*.
3   Hier steht ein syndetischer NS zwischen לְמַעַן+imperf und dem perf consec.
4   וּבָאתָ trägt hier den Ton auf der Pänultima, durch das folgende eindeutige perf consec
    וְיָרִשְׁתָּ ist וּבָאתָ aber ebenfalls als perf consec anzusehen.
5   Hier steht ein w.x.imperf zwischen לְמַעַן+x.imperf/inf cstr und dem perf consec.
6   Zwischen לְמַעַן und dem perf consec steht ein w.x.imperf.
7   Auf zwei perf consec folgt noch ein imperf.
8   Sehr wahrscheinlich liegt in וְהִרְגִּיעַ ein syndetischer inf vor. Zur Form des inf הַרְגִּיעַ
    und וְהִרְגִּיעַ vgl. Gesenius/Kautzsch (1909) §53*l* und Bauer/Leander (1922) S. 333i'.
    Ein syndetischer inf nach l.inf kommt z.B. auch Ex 32,6 vor: לֶאֱכֹל וְשָׁתוֹ. Ein synde-
    tischer inf abs nach לְמַעַן + l.inf kommt noch in Ez 21,20 vor: לְמַעַן לָמוּג לֵב וְהַרְבֵּה
    הַמִּכְשֹׁלִים (vgl. zu dieser Stelle aber S. 344, der inf abs wird von einigen
    Grammatiken als inf cstr aufgefaßt, außerdem ist die Stelle textkritisch nicht
    eindeutig, vgl. ebd.). Sonst ist eine solche Satzkette (< *lemaᶜan* + inf cstr - w.inf >)
    m.W. nicht belegt.
9   Einige der oben aufgeführten Belege können auch hier eingeordnet werden, so z.B.
    Ex 10,1f.; Jer 36,8; Ez 11,20.

In einigen Stellen steht ein perf consec nach לְמַעַן+(x.)imperf/inf cstr,
aber es führt nicht dieses, sondern den übergeordneten Satz fort oder beginnt eine eigene Satzkette. So z.B. in Ex 8,6f.: 6 ... *Da sprach er:*

כִּדְבָרְךָ לְמַעַן תֵּדַע כִּי־אֵין כַּיהוָה אֱלֹהֵינוּ 7 וְסָרוּ הַצְפַרְדְּעִים מִמְּךָ וּמִבָּתֶּיךָ
וּמֵעֲבָדֶיךָ וּמֵעַמֶּךָ רַק בַּיְאֹר תִּשָּׁאַרְנָה

Entsprechend deinem Wort (soll es geschehen), damit du erfährst, daß es
niemanden gibt wie Jahwe, unseren Gott. 7 Die Frösche sollen von dir
und deinem Haus und deinen Knechten und deinem Volk weichen, nur im
Nil sollen sie übrig bleiben.

Hier führt das perf consec nicht לְמַעַן+imperf, sondern כִּדְבָרְךָ fort.
Weitere Belege: Ex 8,18f.[2]; 11,7f.[3]; Num 27,20f.[4]; Dtn 5,14f.; 6,2f.; Ez
39,12f.?[5] u.ö.

Perf consec ist also relativ häufig nach למען + (x.)imperf (und inf cstr)
belegt. An einigen wenigen Stellen folgt aber auch ein w.imperf. So z.B.
in Jes 43,10: אַתֶּם עֵדַי וְאִם־יְהוָה וְעַבְדִּי אֲשֶׁר בָּחָרְתִּי לְמַעַן תֵּדְעוּ וְתַאֲמִינוּ
לִי וְתָבִינוּ כִּי־אֲנִי הוּא *Ihr seid meine Zeugen – Ausspruch Jahwes – und*
mein Knecht, den ich erwählt habe, damit ihr erkennt und mir glaubt und
versteht, daß ich es bin. Hier wird למען + imperf durch weitere
syndetische imperf fortgeführt. In Neh 6,13 liegt der Fall vor, daß למען +
imperf durch ein w.imperf fortgeführt wird, dem perf consec folgen:
[...] 7 ... לְמַעַן־אִירָא וְאֶעֱשֶׂה־כֵּן 6וְחָטָאתִי וְהָיָה לָהֶם לְשֵׁם רָע לְמַעַן יְחָרְפוּנִי
damit ich mich fürchte und so tue, und ich mich versündige, und es für
sie zum schlechten Ruf (für mich) wird, damit sie mich verschmähen kön-
nen. In Ps 51,6 folgt ein asyndetisches imperf[8] auf למען + imperf:
לְךָ לְבַדְּךָ חָטָאתִי וְהָרַע בְּעֵינֶיךָ עָשִׂיתִי לְמַעַן תִּצְדַּק בְּדָבְרֶךָ תִּזְכֶּה בְשָׁפְטֶךָ
Gegen dich allein habe ich gesündigt und Schlechtes in deinen Augen

---

1   In Jdc 2,22 folgt ein NS mit הֲ-interrogativum auf למען + inf cstr. Dieser NS übt
    ebenfalls die Funktion Objektsatz aus: לְמַעַן נַסּוֹת בָּם אֶת־יִשְׂרָאֵל הֲשֹׁמְרִים הֵם אֶת־
    דֶּרֶךְ יְהוָה לָלֶכֶת בָּם כַּאֲשֶׁר שָׁמְרוּ אֲבוֹתָם אִם־לֹא *um die Israeliten durch sie zu*
    prüfen, ob sie den Weg Jahwes achten, darauf zu gehen, wie ihre Väter darauf
    geachtet haben, oder nicht.
2   V.19 ist textkritisch unsicher. Ob v.19 eine spätere Ergänzung zu v.18 ist (vgl. zu
    dieser Frage Gertz [2000] S. 126), ist für die vorliegende Arbeit aus den in der Ein-
    leitung genannten Gründen unerheblich.
3   Zur Frage der literarischen Einheit von vv.7b.8a vgl. Gertz (2000) S. 182f u. Anm.
    410.
4   Zwischen למען und dem perf consec steht ein w.x.imperf.
5   Es stellt sich hier die Frage, ob das perf consec den vorausgehenden לְמַעַן-Satz fort-
    führt oder nicht eher das diesem übergeordnete perf consec. Letzteres halte ich für
    wahrscheinlicher.
6   וְחָטָאתִי ist eine Pausa-Form und hat deshalb die Betonung auf der Pänultima.
7   Voraus geht ein weiterer לְמַעַן-Satz. Allerdings ist die Stelle textkritisch unsicher.
8   In poetischen Texten kann ein ו ausfallen. Vgl. oben Kap. 3.8.

getan, damit du recht hast auf deinem Weg (und) rein dastehst bei deinem Richten. In Ps 9,15 folgt auf לְמַעַן + kohort ein weiterer asyndetischer kohort.

Weiterer Beleg für w.imperf nach לְמַעַן + imperf: Ex 23,12; Jes 41,20.

In Ez 6,6 wird לְמַעַן + imperf zunächst durch ein w.imperf, dann durch perf consec fortgeführt. Allerdings ist das w.imperf textkritisch unsicher.[1] Falls das w.imperf zu streichen ist, wird auch hier לְמַעַן + imperf durch perf consec fortgeführt.

In Am 5,14[2] folgt w.juss[3] auf לְמַעַן + imperf, dieser w.juss führt aber den übergeordneten imp fort: דִּרְשׁוּ־טוֹב וְאַל־רָע לְמַעַן תִּחְיוּ וִיהִי־כֵן יְהוָה אֱלֹהֵי־צְבָאוֹת אִתְּכֶם כַּאֲשֶׁר אֲמַרְתֶּם *Sucht Gutes und nicht Schlechtes, damit ihr lebt (leben könnt), so soll/möge Jahwe, der Gott Zebaoth, mit euch sein, wie ihr redet.*[4] Die Protasis des Konditionalsatzgefüges ist hier der imp. In Ps 78,6 folgt ein asyndetisches x.imperf לְמַעַן + imperf. Dieses stellt aber wohl eine eigenständige Äußerung dar und führt לְמַעַן + imperf nicht fort. In Jes 5,19[5] führt das w.imperf das לְמַעַן + imperf ebenfalls nicht fort, sondern stellt den Beginn eines zweiten Satzgefüges dar: יְמַהֵר יָחִישָׁה מַעֲשֵׂהוּ לְמַעַן נִרְאֶה וְתִקְרַב וְתָבוֹאָה עֲצַת קְדוֹשׁ יִשְׂרָאֵל וְנֵדָעָה *Er eile (und) beschleunige seine Werke, damit wir sie sehen. (Und) es nahe und komme der Rat des Heiligen Israels, daß/damit wir (ihn) erkennen.* Aus der Parallelität der Aussagen (Parallelismus membrorum)

---

[1] Vgl. App. BHS: וְיִשַּׁמּוּ nach Symmachus, Peschitta u.a.; in der unrezensierten LXX fehlt וְיֶאְשְׁמוּ, ebenso וְנִמְחוּ מַעֲשֵׂיכֶם und וְנִשְׁבְּתוּ — Vgl. auch: Heinisch (1923) S.49f.; Allen (1994) S. 82 Anm. 6.c. hält v.6 MT gegenüber LXX für ursprünglich: "The first two omissions may reflect simply the translator's unwillingness to render each verb of destruction separately, as evidently in v 4. The last clause could easily have been overlooked by homoeoarcton of נ and homoeoteleuton of כם." Zimmerli hält וְיֶאְשְׁמוּ für ein "jüngeres Interpretament nach 4a" (Zimmerli [1969a] S. 140). Gleiches gilt nach Zimmerli ebd. für וְנִמְחוּ מַעֲשֵׂיכֶם, וְנִשְׁבְּתוּ hält er für eine Verdopplung von וְנִשְׁבְּרוּ; Pohlmann (1996) S. 102ff. (Pohlmann sieht in vv.1-3.6aβ.7 die ursprüngliche Redeeinheit [vgl. ebd. S.105], der Rest der vv.1-7* ist wohl Überarbeitung). Eichrodt (1959) S. 35 Anm. 1 hält die Verse 5-7a insgesamt für einen "Zusatz, der z. T. Zitate aus anderen Reden enthalten mag, in der Hauptsache aber das vorher Gesagte in Form einer Anrede der Israeliten variiert, ohne einen neuen Gedanken zu bringen." Fuhs (1984) scheint lediglich וְנִמְחוּ מַעֲשֵׂיכֶם für eine Glosse zu halten, er bemerkt zu v.6: "eure Machwerke vernichtet (wörtlich: »weggewischt«): Ausdruck Ez fremd; fehlt zudem in G: jüngere Erweiterung" (ebd. S. 41).

[2] Vgl. zur Stelle auch oben S. 347.

[3] Gesenius/Kautzsch (1909) §109*k* faßt diese Form von ihrer Bedeutung her nicht als juss auf, sondern der juss stehe hier in der Bedeutung des gewöhlichen imperf; anders Brockelmann (1956) §43.

[4] Vgl. evtl. auch Brockelmann (1956) §43 zur Stelle.

[5] Vgl. auch oben S. 347 zur Stelle.

wird deutlich, daß hier zwei Satzgefüge vorliegen, die mit ן verbunden sind.

Demnach wird lediglich in sechs Belegen[1] (Ex 23,12; Jes 41,20; 43,10; Ps 9,15; 51,6 und Neh 6,13) למען + imperf durch ein oder mehrere syndetische imperf fortgeführt. Es handelt sich also um wesentlich weniger Belege als bei perf consec nach למען + imperf/inf cstr.

Häufig wird למען + imperf (in Dtn 29,12 und Mi 6,16 auch למען + inf cstr) durch ein w.x.imperf fortgeführt. W.x.imperf kann, wie oben in Kap. 5 gezeigt, sowohl ein w.kohort bzw. w.juss, als auch ein perf consec nach imp vertreten. Auffällig ist jedoch, daß למען + imperf, das durch ein w.x.imperf fortgeführt wird, höchstens noch durch ein perf consec, jedoch nie durch ein w.juss bzw. w.kohort fortgeführt wird. So z.B. in Ez 16,63: לְמַעַן תִּזְכְּרִי וָבֹשְׁתְּ וְלֹא יִהְיֶה־לָּךְ עוֹד פִּתְחוֹן פֶּה מִפְּנֵי כְּלִמָּתֵךְ בְּכַפְּרִי־לָךְ לְכָל־אֲשֶׁר עָשִׂית נְאֻם אֲדֹנָי יְהוִה *damit du daran denkst und dich schämst, und nicht mehr für dich eine Öffnung des Mundes (da) ist vor Scham, wenn ich dir alles, was du getan hast, vergebe. – Ausspruch des Herrn Jahwe.* Oder Ez 14,11: לְמַעַן לֹא־יִתְעוּ עוֹד בֵּית־יִשְׂרָאֵל מֵאַחֲרַי וְלֹא־יִטַּמְּאוּ עוֹד בְּכָל־פִּשְׁעֵיהֶם וְהָיוּ לִי לְעָם וַאֲנִי אֶהְיֶה לָהֶם לֵאלֹהִים נְאֻם אֲדֹנָי יְהוִה *damit das Haus Israel nicht mehr von mir abirrt und sie sich nicht mehr verunreinigen durch all ihre Vergehen, und sie mir zum Volk werden, und ich ihnen zum Gott werde – Ausspruch des Herrn Jahwe.* Weitere Belege:[2] Num 17,5; 36,8f.; Dtn 29,12[3]; Jer 51,39; Ez 11,20; 31,14; Mi 6,16; Ps 30,13; Prv 2,20.

An vier Stellen folgt auf למען + imperf/inf cstr ein (w.)x.perf: Ex 9,29f.; Dtn 17,16; Ez 22,9.12. Bei allen diesen Belegen führt das (w.)x.perf aber nicht למען + imperf/inf cstr im Sinne einer Satzkette fort, sondern stellt eine eigenständige Äußerung dar.

Aus den bisher gemachten Beobachtungen kann man folgende Schlußfolgerung ziehen: In der Regel wird למען + imperf (oder inf cstr) durch ein perf consec oder ein meist dieses vertretendes w.x.imperf fortgeführt. Ein syndetisches imperf kommt lediglich sechsmal vor. Von daher scheint למען + imperf wohl öfter ein perf consec und seltener w.kohort bzw. w.juss nach imp zu vertreten. Jedoch kann למען + imperf beides vertreten.

---

1 In Ps 9,15 folgt asyndetischer kohort, in 51,6 asyndet. imperf.
2 In diesen Belegen folgt nicht überall ein perf consec.
3 In v.13 folgt ein begründender NS.

6.2.3   EXKURS: L.INF MIT DER SYNTAKTISCHEN FUNKTION: IMPLIZITE HYPOTAXE (FINAL/KONSEKUTIV) NACH IMP

Die hier behandelte Frage nach dem Verhältnis von impliziter und expliziter Hypotaxe zueinander wird dadurch kompliziert, daß es eine weitere Form der impliziten Hypotaxe (final/konsekutiv) in Satzketten mit imp gibt, für die ebenfalls eine explizite Form existiert. In vielen Fällen steht l.inf[1] mit der syntaktischen Funktion Implizite Hypotaxe (final/konsekutiv) nach einem imp bzw. in Satzketten des Typs < imp [- (w.)imp/w.kohort/w.juss/perf consec] - l.inf >.[2] So kommt l.inf nach einer Imperativkette in Prv 4,1 vor: שִׁמְעוּ בָנִים מוּסַר אָב וְהַקְשִׁיבוּ לָדַעַת בִּינָה *Hört, ihr Söhne, auf die Zucht des Vaters und merkt auf, um Einsicht zu lernen!*[3] Weitere Belege für l.inf nach imp:[4] Ex 28,1.42; 32,29[5]; Num 8,12[6]; Dtn 4,1?[1]; 10,11[2]; 24,8;[3] Jos 1,11?[4]; 10,18; 1Sam 2,36; 8,5.6;

---

[1]   Zu l.inf allgemein vgl. z.B. Jenni (2000b) S. 149-255; Soisalon-Soininen (1972); Sellin (1889) und die Grammatiken. — Für das Ugaritische vgl. Tropper (2000) S. 913: "Unterhalb der Satzebene werden finale Sachverhalte vornehmlich durch *l*-Präpositionalphrasen, insbesondere *l* + Inf./Verbalsubst. ausgedrückt [...]."

[2]   Vgl. auch Soisalon-Soininen (1972) S. 83 ("Als Bestimmung des Verbes steht der Infinitiv als direktes Objekt oder als Satzadverbial, im letzteren Fall meistens final, ziemlich oft auch in anderen Bedeutungen, von denen im allgemeinen zwei Möglichkeiten erwähnt werden, nämlich die konsekutive und die gerundive.") und die Grammatiken. — Es werden hier Satzketten des Typs < imp - l.inf >, < imp - w.kohort/juss - l.inf > und < imp - perf consec - l.inf > behandelt. Nicht behandelt werden Stellen, in denen l.inf nicht final/konsekutive Funktion ausübt, So z.B. 1Sam 2,15: תְּנָה בָשָׂר לִצְלוֹת לַכֹּהֵן *Gib Fleisch zum Braten für den Priester* (vgl. Jenni [2000b] S. 154 Nr. 74: "Admissonale Verknüpfung"). Oder 1Sam 14,34: הַגִּישׁוּ אֵלַי אִישׁ שׁוֹרוֹ וְאִישׁ שְׂיֵהוּ וּשְׁחַטְתֶּם בָּזֶה וַאֲכַלְתֶּם וְלֹא־תֶחֶטְאוּ לַיהוָה לֶאֱכֹל אֶל־הַדָּם *Jeder bringe zu mir sein Rind und sein Schaf, dergestalt daß ihr es hier schlachtet und eßt, daß/damit ihr nicht sündigt vor Jahwe, indem ihr das Blut eßt.* Hier hat l.inf nicht final/konsekutive Bedeutung, sondern gerundive (vgl. Soisalon-Soininen [1972] S. 87) bzw. explikative/spezifizierende (vgl. Jenni [2000b] S. 161). In Jer 49,8.30 hat der l.inf adverbiale Funktion (vgl. Bergsträsser [1929] S. 58*n*: "Akkusativisch steht der Inf. mit לְ [...] sehr häufig nach Verben (meist Hif.), die eine Modifikation der im Inf. liegenden Handlung ausdrücken (deutsch meist Adverb)." und S. 59*n** zur Stelle). Nach Jenni (2000b) S. 239f. liegt 'Intensivierung' vor. Zur besonderen Form des imp הַעֲמִיקוּ vgl. Bergsträsser (1929) S. 106*l* und Gesenius/Kautzsch (1909) §63*o* bzw. App. BHS. Ferner kommt in v.8 ein seltener imp hof. vor (vgl. Joüon/Muraoka [1991] §48*a*; Waltke/O'Connor [1990] S. 452 Anm. 6).

[3]   Übersetzung in Anlehnung an Plöger (1984) S. 44

[4]   An zwei Stellen ist l.inf nach imp auch im inschriftlichen Material belegt, auch hier ist der l.inf final/konsekutiv zu verstehen: Arad(6):5,2-6; Lak(6):1.13,1. Arad(6):5 ist allerdings so stark beschädigt, daß nicht klar ist, ob der l.inf den imp wirklich fortführt (vgl. Renz [1995b] Taf. XLII Nr. 5).

[5]   Hier steht וְלָחֵם, also ein syndetischer l.inf (vgl. aber App. BHS).

[6]   Vgl. aber App. BHS.

19,15; 2Sam 7,29; 15,14[5]; Jes 34,1; 42,18; 56,9; Ez 21,24; Am 4,4?[6].12[7]; Ps 31,3; 40,14[8]; 59,6; 70,2[9]; 71,3; 86,11[10]; 106,4f.47; 142,8; 143,10; Prv 5,1f.; 19,27?[11]; Est 5,5; Neh 8,15; 1Chr 16,35; 22,19 (2x)[12]; 29,19[13]; 2Chr 24,5 u.ö.

Ein l.inf führt aber auch Satzketten des Typs < imp - w.kohort/juss > fort, so in Num 31,3b: *Da redete Mose zum Volk:* הֵחָלְצוּ מֵאִתְּכֶם אֲנָשִׁים לַצָּבָא וְיִהְיוּ עַל־מִדְיָן לָתֵת נִקְמַת־יְהוָה בְּמִדְיָן *Rüstet Männer unter euch zum Krieg, und sie sollen gegen Midian sein, um die Rache Jahwes an Midian zu vollstrecken.* Weitere Belege: Lev 24,2; 2Reg 22,4-7; Ps 37,34.

---

[1] Es ist unklar, ob לַעֲשׂוֹת den imp oder den vorausgehenden Relativsatz fortführt: וְעַתָּה יִשְׂרָאֵל שְׁמַע אֶל־הַחֻקִּים וְאֶל־הַמִּשְׁפָּטִים אֲשֶׁר אָנֹכִי מְלַמֵּד אֶתְכֶם לַעֲשׂוֹת *Und nun Israel: Höre auf die Gesetze und die Ordnungen, die ich euch zu tun lehre* oder *Höre auf die Gesetze und die Ordnungen, ..., um sie zu tun.* Vgl. auch Ex 24,12.

[2] Nach Gesenius/Buhl (1915) Sp. 441a und Bauer/Leander (1922) S. 367 handelt es sich bei לְמַסַּע um l.inf, vgl. auch HALAT Sp. 574a.

[3] Nach Jenni (2000b) S. 164 explikativ.

[4] Vgl. Anm. zu Dtn 4,1; hier allerdings mit כִּי-Satz. — Vgl. auch Jenni (2000b) S. 189 zur Stelle, der den l.inf zum vorausgehenden NS כִּי בְּעוֹד שְׁלֹשֶׁת יָמִים אַתֶּם עֹבְרִים אֶת־הַיַּרְדֵּן הַזֶּה zieht.

[5] Jenni (2000b) S. 235 ordnet l.inf unter die Rubrik "Einbettung in Verbalsätzen: Teilaspekt)" ein und übersetzt "macht euch eilends auf den Weg".

[6] Nach Jenni (2000b) S. 239: "Einbettung in Verbalsätzen: Teilaspekt", hier Intensivierung.

[7] Jenni (2000b) ordnet die Stelle unter Rubrik 8216 לִקְרַאת 'entgegen'" ein, m.E. ist der l.inf aber final, wenn כוּן ni. hier *sich bereit machen* (vgl. Gesenius-Buhl [1915] Sp. 337b; HALAT Sp. 443a: *sich hinstellen, bereithalten*) bedeutet.

[8] Nach Jenni (2000b) S. 190 und 248 ist nur der l.inf in v.14b final aufzufassen (vgl. ebd. S. 190), hier folgt der l.inf auf den imp (Chiasmus zu v.14a). In v.14a liegt nach Jenni "Einbettung in Verbalsätzen: 'Wollen'" vor (ebd. S. 248).

[9] Hier geht der l.inf dem imp voraus. Allerdings geht auch לְ gefolgt von einem Nomen voraus (vgl. auch Mitchell [1879] S. 7 zur Stelle).

[10] Es handelt sich hierbei um das einzige Vorkommen des imp יְחַד. Die Stelle ist textkritisch und exegetisch unsicher, vgl. z.B. Kraus (1989b) S. 760; Gunkel (1926) S. 377; Tate (1990) S. 376 Anm. 11.b.; Jenni (1968) S. 188 mit Hinweis auf Kraus; Duhm (1922) S. 329 konjiziert zu יִחַד; Anderson (1981) S. 617; Briggs/Briggs (1907) S. 237.

[11] Die Stelle ist textkritisch schwierig, vgl. App. BHS – vgl. auch Gemser (1937) S. 61; Meinhold (1991) S. 324 Anm. 80; Plöger (1984) S. 219. — Wahrscheinlich ist חֲדַל statt חָדֵל zu lesen. Jenni (2000b) S. 226 (und 234) hält den l.inf nicht für final. — Ausführlicher Anm. 6 auf S. 359.

[12] Jenni (2000b) S. 254 ordnet den ersten l.inf לִדְרוֹשׁ unter der Rubrik "Einbettung in Verbalsätzen: 'Wollen'" ein.

[13] Jenni (2000b) S. 254 ordnet die Stelle unter der Rubrik "Einbettung in Verbalsätzen: 'Wollen'" ein.

Ein l.inf steht auch in Satzketten des Typs < imp - perf consec >, so in Ez 20,19f.:

19 ... בְּחֻקּוֹתַי לֵכוּ וְאֶת־מִשְׁפָּטַי שִׁמְרוּ וַעֲשׂוּ אוֹתָם 20 וְאֶת־שַׁבְּתוֹתַי קַדֵּשׁוּ וְהָיוּ לְאוֹת בֵּינִי וּבֵינֵיכֶם לָדַעַת כִּי אֲנִי יְהוָה אֱלֹהֵיכֶם

19 ... *in meinen Gesetzen wandelt und meine Gebote bewahrt und tut sie,* **20** *und meine Sabbate heiligt, dergestalt daß sie zum Zeichen zwischen mir und euch sind, um zu erkennen, daß ich Jahwe, euer Gott, bin.*
Weitere Belege:[1] Num 35,2; Dtn 5,1[2].

Es fällt auf, daß der l.inf so gut wie nie ein Subjekt trägt.[3] Nur in wenigen Ausnahmen ist dies der Fall, so z.B. in Ex 28,1: וְאַתָּה הַקְרֵב אֵלֶיךָ אֶת־אַהֲרֹן אָחִיךָ וְאֶת־בָּנָיו אִתּוֹ מִתּוֹךְ בְּנֵי יִשְׂרָאֵל לְכַהֲנוֹ־לִי אַהֲרֹן נָדָב וַאֲבִיהוּא אֶלְעָזָר וְאִיתָמָר בְּנֵי אַהֲרֹן *Du aber laß deinen Bruder Aaron und seine Söhne mit ihm zu dir treten aus der Mitte der Israeliten, daß/damit er mir als Priester diene, d.h.*[4] *Aaron und die Söhne Aarons: Nadab, Abihu, Eleasar und Itamar.* Bei dem l.inf לְכַהֲנוֹ übernimmt das sf die Funktion des Subjektes eines finalen Nebensatzes.[5] In der Regel stellt ein solches sf aber das Objekt dar,[6] vgl. 1Sam 8,5: *Siehe, du bist alt und deine Söhne gehen nicht auf deinen Wegen.* עַתָּה שִׂימָה־לָּנוּ מֶלֶךְ לְשָׁפְטֵנוּ כְּכָל־הַגּוֹיִם *Nun: Setze uns einen König ein, damit er uns richte, entsprechend allen Völkern.*[7] In Ez 21,24 steht חֶרֶב als Subjekt nach einem l.inf וְאַתָּה בֶן־אָדָם שִׂים־לְךָ שְׁנַיִם דְּרָכִים לָבוֹא חֶרֶב מֶלֶךְ־בָּבֶל *Du aber, Menschensohn, lege vor dich zwei Wege, daß/damit das Schwert des Königs von Babel (darauf) kommen kann.* Aber auch dies ist eher

---

1 In beiden Stellen führt der l.inf ein perf consec nach imp fort.
2 Nach Jenni (2000b) S. 239 nicht final, sondern "Einbettung in Verbalsätzen: Teilaspekt" - "Intensivierung".
3 Dies wurde aber nur für Satzketten des Typs < imp [- (w.)imp] - l.inf >, < imp - w.kohort/juss - l.inf > und < imp - perf consec - l.inf > untersucht.
4 אַהֲרֹן נָדָב וַאֲבִיהוּא אֶלְעָזָר וְאִיתָמָר בְּנֵי אַהֲרֹן ist hier eine Badal-Apposition.
5 Vgl. hierzu und zum folgenden Richter (1980) S. 198: "Ist erstes Syntagma [sc. Subjekt] ein PPron [sc. Personalpronomen] und zweites [sc. Objekt] ein Sub[stantiv] oder sind erstes und zweites/drittes Syntagma pronominalisiert, tritt das erste Syntagma als ePP [sc. enklitisches Personalpronomen = Suffix] an den Inf cs, das zweite/dritte steht nach Präp[position] [...] als ePP. Wird das erste Syntagma nicht ausgedrückt, so tritt das zweite als Sub oder ePP an den Inf cs.". — Vgl. auch Sellin (1889) S. 76-83.
6 Zur Verwendung von sf am inf cstr als Subjekt und Objekt vgl. z.B. Grether (1955) §36z und die Grammatiken.
7 Weitere Belege für finalen l.inf mit sf nach imp, wobei das sf das Objekt darstellt: 1Sam 8,6; 19,15; Jer 35,15 (nach al.juss); Ps 31,3; 40,14 (nach Jenni [2000b] S. 190 und 248 ist nur der l.inf in v.14b final aufzufassen [vgl. ebd. S. 190], hier folgt der l.inf auf den imp [Chiasmus zu v.14a]. In v.14a liegt nach Jenni "Einbettung in Verbalsätzen: 'Wollen'" vor [ebd. S. 248].); 70,2? u.ö.

ungewöhnlich. In der Regel trägt l.inf nach imp lediglich Objekte[1], Zeitangaben[2], Ortsangaben[3], Präpositionalgruppen[4] usw., vgl. z.B. 1Sam 2,36: סְפָחֵנִי נָא אֶל־אַחַת הַכְּהֻנּוֹת לֶאֱכֹל פַּת־לָחֶם *Geselle mich doch zu einem der Priesterämter, um einen Bissen Brot zu haben.* An vielen Stellen steht l.inf auch ohne Erweiterungen, so z.B. in Jes 42,18: הַחֵרְשִׁים שְׁמָעוּ וְהַעִוְרִים הַבִּיטוּ לִרְאוֹת *Hört, ihr Tauben, und schaut her, ihr Blinden, daß/damit ihr seht.*[5]

Auffällig ist, wie bereits erwähnt, daß der l.inf fast nie Subjekte,[6] dafür aber Objekte, Zeitangaben usw. trägt. Es legt sich daher der Schluß nahe, daß dann, wenn in einem finalen Satzgefüge die Person nicht sehr betont wird, l.inf eingesetzt wird.[7] Dies gilt auch – aber leider nur annäherungsweise – für לְמַעַן + inf cstr,[8] denn hier trägt der inf cstr oft ein Subjekt:[9] Gen 18,19; Ex 10,1; 11,9; Dtn 29,18?[10]; 30,6; Jos 4,24[11]; 1Reg 8,60; 11,36; Jer 27,15; 44,8bβ; Ez 21,15b?[12]; 38,16; Mi 6,16. Allerdings

---

1   Weitere Belege (mit אֵת markierte Objekte werden mit einem "m" nach der Stellenangabe ausgewiesen): Num 31,3; 1Sam 19,15; 2Reg 22,4-6m; Am 4,12; Ps 37,34; 59,6; 86,11; 142,8; Prv 4,1; Neh 8,15; 2Chr 24,5m u.ö. (hier sind auch Belege der anderen Satzkettentypen aufgeführt).

2   Vgl. z.B. 2Sam 7,29 לִהְיוֹת לְעוֹלָם לְפָנֶיךָ; Ps 71,3 לָבוֹא תָּמִיד.

3   Vgl. evtl. Jos 10,19 לָבוֹא אֶל־עָרֵיהֶם (nach al.juss); allerdings ist der l.inf hier evtl. nicht final (vgl. Jenni [2000b] S. 246 zur Stelle: "Einbettung in Verbalsätzen: 'Können'").

4   Vgl. z.B. Ps 103,20 (die Stelle ist nach Jenni [2000b] S. 162 nicht final, sondern explikativ).

5   Weitere Belege: Num 35,2?; Jes 34,1; 56,9 u.ö.

6   Die beiden oben besprochenen Stellen sind m.W. die einzigen Belege für l.inf mit Subjekt nach imp. Jdc 20,38 ist textkritisch unklar und kann nicht herangezogen werden.

7   Es kann sogar das Subjekt gänzlich unbestimmt sein, so Ps 103,20: בָּרְכוּ יְהוָה מַלְאָכָיו גִּבֹּרֵי כֹחַ עֹשֵׂי דְבָרוֹ לִשְׁמֹעַ בְּקוֹל דְּבָרוֹ *Preist Jahwe, (ihr) seine Engel, (ihr) kräftigen Helden, die sein Wort ausführen, daß man auf die Stimme seines Wortes höre.* Nach Jenni (2000b) Sp. 332e gehört die Stelle unter die Rubrik "explikativ". — Joüon/Muraoka (1991) §168c nennt einen weiteren Unterschied: "A purpose, especially with a rather weak force, can be expressed by ל with an infinitive construct […]."

8   Richter nennt l.inf und לְמַעַן+inf cstr in einem Atemzug: "Folgende Funktionen drückt die Formation vor allem aus: […] Satz - Präp[osition] des Zwecks/der Folge (l·=, l·=maᶜn, neg. biltī, min) + Inf[initiv]-Formation: Zweck-/Folgesatz." (Richter [1980] S. 198).

9   Jdc 3,2 ist textkritisch unklar. Wahrscheinlich ist der inf cstr zu streichen. לְמַעַן hat dann die Bedeutung *wegen.*

10   Es ist unklar, ob סָפָה an dieser Stelle transitiv (so Gesenius/Buhl [1915] Sp. 549a zur Stelle) oder intransitiv (so HALAT Sp. 721a zur Stelle mit Verweis auf Blau [1957] S. 99f., der hier die Wurzel שׁפה annimmt) gebraucht wird.

11   Vgl. auch S. 344 zur Stelle.

12   Zur Problematik dieser Stelle vgl. oben S. 344.

kommt לְמַעַן + inf cstr ohne Subjekt wesentlich häufiger vor:[1] Gen 37,22; 50,20; Ex 1,11[2]; 9,16?; Lev 20,3; Dtn 2,30; 6,23; 8,2.3.16 (2x); 8,18; 9,5; 17,16; 29,12; Jos 11,20; Jdc 2,22; 1Sam 15,15; 17,28; 1Reg 12,15; 2Reg 10,19; 22,17; 23,24; Jes 30,1[3]; Jer 7,10.18; 11,5; 25,7[4]; 27,10; 32,29.35; 43,3; 44,8bα; 50,34[5]; Ez 21,15a.33?[6]; 22,6.9.12; 39,12; 40,4; Joel 4,6; Am 1,13; 2,7; Mi 6,5; Hab 2,15; Sach 13,4; Prv 15,24; 2Chr 10,15; 25,20; 34,25.

Es entsteht der Verdacht, daß לְמַעַן + inf cstr im Grunde genommen die gleiche Funktion ausübt wie l.inf.[7] Dies wird dadurch bestätigt, daß לְמַעַן + inf cstr sehr oft durch l.inf fortgeführt wird, so z.B. in Dtn 6,23: *Uns aber hat er herausgeführt von dort,* לְמַעַן הָבִיא אֹתָנוּ לָתֶת לָנוּ אֶת־ הָאָרֶץ אֲשֶׁר נִשְׁבַּע לַאֲבֹתֵינוּ *damit er uns hineinbringt (und) uns das Land*

---

[1] In Ez 36,5 ist der Ausdruck לְמַעַן מִגְרָשָׁה לָבַז unklar (vgl. Ehrlich [1912b] S. 133, der in "לְמוֹרָשָׁה וּלְבַז" ändert; Block [1998] S. 326 Anm. 21; Cooke [1937] S. 394; Eichrodt [1966] S. 340 Anm. 3; Zimmerli [1969b] S. 855 u.a.).

[2] Statt eines sf 3. pers. sg. haben einige Handschriften ein sf pl. am inf cstr (vgl. App. BHS).

[3] Statt סְפֹות ist wohl eher סְפֹת zu lesen, vgl. Bauer/Leander (1922) S. 379q zur Stelle.

[4] Mit Qere, vgl. oben S. 344 zur Stelle.

[5] Zur Form des inf הַרְגִּיעַ und וְהִרְגִּיעִי vgl. Gesenius/Kautzsch (1909) §53l und Bauer/Leander (1922) S. 333i'.

[6] Hier ist בָּרָק evtl. in בְּרֹק zu konjizieren (vgl. App. BHS; Allen [1990] S. 21; Block [1997] S. 693 Anm. 199; Zimmerli [1969a] S. 484. Anders Ehrlich [1912b] S. 84, nach ihm ist הַרְגִּי für ברק zu lesen. Mit letzterem lässt sich nichts anfangen.").

[7] Vgl. auch Soisalon-Soininen (1972) S. 82f.: "Die dritte Hauptgruppe bilden die als eine Bestimung eines Verbs (bzw. eines ganzen Satzes) stehenden Infinitive. In diesen Fällen kann in ungefähr derselben Bedeutung mit ל auch לְמַעַן oder לְבַעֲבוּר und als Negierung לְבִלְתִּי gebraucht werden." Später bemerkt Soisalon-Soininen (ebd. S. 83): "Der als Satzadverbial stehende *inf. cstr.* ist immer mit der Präposition ל bzw. לְבִלְתִּי, לְבַעֲבוּר, לְמַעַן versehen. Der Gebrauch dieser Präpositionen ist wohl innerhalb dieser Gruppe entstanden und er hat sich dann dermaßen erweitert, daß nun der *inf. cstr.* mit ל als der normale Infinitiv im Hebräischen gilt. Die Bedeutung der Präposition ל eignet sich besonders gut für den finalen Infinitiv. Doch ist es fraglich, ob der Gebrauch des Infinitivs von dieser Bedeutung aus sich in die übrigen Bedeutungen des Satzadverbials verbreitet hat oder ob die Bedeutung ursprünglich alle Fälle enthalten hat." — Mitchell (1879) S. 22 sieht folgenden Unterschied zwischen l.inf und לְמַעַן: "The difference between it [sc. לְמַעַן] and the simple preposition when used to denote a purpose is just that which arises out of the distinction between 'bearing' and 'direction'. The former denotes a constant, the latter a transient purpose." Jenni (2000b) S. 291 bemerkt folgendes: "Sowohl bei gleichem wie auch bei ungleichem Agens im Haupt- und Nebensatz wird in den לְמַעַן-Sätzen das intendierte Geschehen nicht wie in den finalen Infinitiven mit ל als vorläufige Möglichkeit (im modus non-realis) dargestellt, sondern als zu erwartende reale Folge assertiert. Das Nomen מַעַן, das nicht wie ein Verbum in seiner Wirklichkeit irgendwie modifiziert wird, setzt die von ihm abhängigen Verben gewissermaßen auf ihren Normalwert zurück."

gibt, wie er unseren Vätern geschworen hat. Weitere Belege:[1] Lev 20,3[2]; Jer 43,3.

Brongers weist mit Recht darauf hin, daß oft ein Unterschied zwischen l.inf und למען+inf cstr nicht zu erkennen ist: "Tatsächlich gibt es manchmal keinen Unterschied zwischen לְ und לְמַעַן (Deut. viii 2; vgl. v 6). Neben לְהַכְעִיסֵנִי (1 Kön. xiv 9; xvi 2; Jer. xi 17; xxxii 32; xliv 3. 8; Ez. viii 17, xvi 26) findet sich לְמַעַן הַכְעִיסֵנִי (2 Kön. xxii 17; Jer. vii 18; xxv 7)."[3]

Dies ist allerdings nicht uneingeschränkt richtig, denn לְמַעַן + inf cstr übernimmt wohl auch die Funktion von perf consec, denn es wird durch dieses teilweise fortgeführt (allerdings nur in Jer) und es ist kein Bedeutungsunterschied zu erkennen. So z.B. in Jer 27,10: *Denn Lüge weissagen sie euch,* לְמַעַן הַרְחִיק אֶתְכֶם מֵעַל אַדְמַתְכֶם וְהִדַּחְתִּי אֶתְכֶם וַאֲבַדְתֶּם *daß/damit man euch entferne aus eurem Land, und ich euch verstoße, und ihr zu Grunde geht.* Weitere Belege: Jer 27,15; 50,34?[4]. An zwei Stellen wird לְמַעַן + inf cstr durch ein w.x.imperf fortgeführt: Dtn 29,12 und Mi 6,16[5]. In Dtn 29,12 vertritt das w.x.imperf wohl ein perf consec: לְמַעַן הָקִים־אֹתְךָ הַיּוֹם לוֹ לְעָם וְהוּא יִהְיֶה־לְּךָ לֵאלֹהִים ... *daß/damit er dich heute aufstelle für ihn zum Volk, und er für dich zum Gott sei, wie er gesagt hat, und wie er es deinen Vätern Abraham, Isaak und Jakob geschworen hat.* V.12 spezifiziert dabei die vorausgehende Äußerung in vv.9-11:

9 אַתֶּם נִצָּבִים הַיּוֹם כֻּלְּכֶם לִפְנֵי יְהוָה אֱלֹהֵיכֶם רָאשֵׁיכֶם שִׁבְטֵיכֶם[6] זִקְנֵיכֶם וְשֹׁטְרֵיכֶם כֹּל אִישׁ יִשְׂרָאֵל 10 טַפְּכֶם נְשֵׁיכֶם וְגֵרְךָ אֲשֶׁר בְּקֶרֶב מַחֲנֶיךָ מֵחֹטֵב עֵצֶיךָ עַד שֹׁאֵב מֵימֶיךָ 11 לְעָבְרְךָ בִּבְרִית יְהוָה אֱלֹהֶיךָ וּבְאָלָתוֹ אֲשֶׁר יְהוָה אֱלֹהֶיךָ כֹּרֵת עִמְּךָ הַיּוֹם

---

[1] Jdc 3,2 ist textkritisch unsicher, in Dtn 8,2.16 ist der l.inf dem vorausgehenden לְמַעַן + inf cstr untergeordnet.

[2] Mit syndetischem l.inf.

[3] Brongers (1973) S. 84; vgl. auch Blau (1976) §96.2 mit Hinweis auf Gen 37,12 wo לְמַעַן + inf cstr und l.inf nebeneinander vorkommen. — Vgl. zu Jer 25,7 oben S. 344. Hier sind noch zu nennen: Jer 32,29 und 2Chr 34,25. — Soisalon-Soininen (1972) S. 89 nimmt für Dtn 4,25 לְהַכְעִיסוֹ eine modal-epexegetische Bedeutung an. Jenni ordnet einige Stellen ebenfalls anders ein (vgl. Jenni [2000b] zu den jeweiligen Stellen). Eine final/konsekutive Deutung liegt aber m.E. durch den Vergleich der oben genannten Stellen näher. Weitere Belege für לְהַכְעִיסוֹ: Dtn 9,18; 31,29; 1Reg 16,7; 2Reg 17,17; 2Chr 33,6.

[4] Vgl. S. 349 zur Stelle.

[5] Allerdings ist der ganze Vers textkritisch unklar (vgl. App. BHS; Ehrlich [1912b] S. 288; Smith [1911] S. 131; Rudolph [1975] S. 117 nimmt nur wenige Änderungen vor).

[6] רָאשֵׁיכֶם שִׁבְטֵיכֶם ist textkritisch unklar. Entweder ist hier שָׂ רָאשֵׁי *die Oberen eurer Stämme* oder שֹׁפְטֵיכֶם ר *eure Oberen, eure Richter* zu konjizieren (vgl. App. BHS).

9 *Ihr steht heute alle vor Jahwe, eurem Gott: eure Oberen, eure Richter,*
eure Ältesten und eure Beamten, jeder Mann Israels, 10 eure Kinder,
eure Frauen und dein Fremdling, der mitten in deinem Lager ist, von
deinem Holzhauer bis zu deinem Wasserschöpfer, 11 damit du eintrittst
in den Bund Jahwes, deines Gottes, und in seinen Eid, den Jahwe, dein
Gott, heute mit dir schließen wird, ...

Das Aufstellen zum Volk für Jahwe und das Gottsein Jahwes für sein
Volk ist eine Spezifikation, eine Näherbestimmung des Schließens des
Bundes.

למען + inf cstr übernimmt wohl auch die Funktion des perf consec,
nicht nur von l.inf.[1] Es bleibt aber an dieser Stelle festzuhalten, daß
למען + inf cstr häufiger durch l.inf als durch perf consec fortgeführt wird.
Es ist also hier die Tendenz zu erkennen, daß למען + inf cstr die gleiche
oder eine ähnliche Funktion wie l.inf ausübt.

Auffällig ist aber, daß l.inf nach imp oft[2] durch (w.)l.inf fortgeführt
wird[3]. So z.B. in 1Chr 16,35: הוֹשִׁיעֵנוּ אֱלֹהֵי יִשְׁעֵנוּ וְקַבְּצֵנוּ וְהַצִּילֵנוּ
מִן־הַגּוֹיִם לְהֹדוֹת לְשֵׁם קָדְשֶׁךָ לְהִשְׁתַּבֵּחַ בִּתְהִלָּתֶךָ *Hilf uns, Gott, unsere*
Hilfe, und sammle uns und rette uns von den Völkern, damit wir deinen
heiligen Namen preisen, (und damit) wir uns deines Ruhmes rühmen.
Weitere Belege: Jos 1,11?[4]; Ps 106,4f.47. Folgende Stellen werden von
Jenni anders eingeordnet:[5] Dtn 24,8; Jos 1,7; 22,5; Prv 19,27[6]; 1Chr
29,19.

---

[1] An einigen Stellen führt ein l.inf למען + (x.)imperf fort. Diese Stellen werden allerdings von Jenni nicht unter finale l.inf eingeordnet (vgl. Jenni [2000b] zu den jeweiligen Stellen): Dtn 6,2; 17,19 (der erste l.inf ist dem למען + imperf untergeordnet);
Jos 1,8; 1Reg 8,43 par. 2Chr 6,33; 2Chr 6,31 (in der Parallelstelle 1Reg 8,40 fehlt der
l.inf). — In Num 17,5; Dtn 20,18 ist der l.inf dem vorausgehenden למען + (x.)imperf
untergeordnet. Ad Dtn 31,12f. vgl. S. 348 zur Stelle (nach Jenni [2000b] S. 239 liegt
hier nicht finale Bedeutung des l.inf, sondern "Einbettung in Verbalsätzen: Teilaspekt" "Intensivierung" vor).

[2] In Prv 5,1f. steht ein w.x.imperf: בְּנִי לְחָכְמָתִי הַקְשִׁיבָה לִתְבוּנָתִי הַט־אָזְנֶךָ 1 2 לִשְׁמֹר
מְזִמּוֹת וְדַעַת שְׂפָתֶיךָ יִנְצֹרוּ 3 כִּי ... 1 *Mein Sohn: auf meine Weisheit merke auf und*
zu meiner Klugheit neige dein Ohr, 2 um Gewandtheit(en) zu bewahren, und daß
deine Lippen Erkenntnis bewahren, 3 denn .... Hierbei ist zu beachten, daß in יִנְצֹרוּ
eine sog. Rösslerform (vgl. hierzu S. 218 Anm. 6) vorliegt.

[3] Dies gilt nur für l.inf in Satzketten mit imp als erstem Satzkettenglied. Für andere
Satzkettentypen wurde dies nicht untersucht.

[4] Hier ist unklar, ob die l.inf לָבוֹא לָרֶשֶׁת den imp oder den vorausgehenden כִּי-Satz
fortführen (letzteres ist wahrscheinlicher).

[5] Vgl. Jenni (2000b) zu den jeweiligen Stellen.

[6] Wahrscheinlich ist hier חֲדַל statt חָדַל zu lesen (vgl. App. BHS). Der erste l.inf ist
nicht final, sondern "Einbettung in Nominalsätzen" (vgl. Jenni [2000b] S. 226 zur
Stelle). Jenni übersetzt konditional (vgl. ebd.), ein finales Verständnis des zweiten
l.inf würde aber die Aussage des Verses m.E. noch unterstreichen: חֲדַל־בְּנִי לִשְׁמֹעַ
מוּסָר לִשְׁגוֹת מֵאִמְרֵי־דָעַת *Laß ab, mein Sohn, auf Zucht zu hören, um von Worten der*

Ein l.inf wird wahrscheinlich dann verwendet, wenn die handelnde Person im Finalsatz in den Hintergrund tritt.

6.2.4   ERGEBNIS: FINALE/KONSEKUTIVE SATZGEFÜGE

Finale bzw. konsekutive Satzgefüge können auf ganz unterschiedliche Weisen nach einem imp ausgedrückt werden, so z.B. durch implizite Hypotaxen mit Satzketten des Typs < imp - (w.)imp >, < imp - w.kohort/ juss >, < imp - perf consec > oder < imp [- (w.)imp/w.kohort/w.juss/perf consec] - l.inf >, oder durch explizite Hypotaxen, so z.B. durch < imp - l^{e}ma^{c}an + x >. Ein genauer Unterschied zwischen den einzelnen Realisierungsformen final/konsekutiver Satzgefüge läßt sich kaum erweisen.[1] Man kann lediglich sagen, daß explizit finale/konsekutive Satzgefüge mit למען die Tendenz aufzeigen, perf consec zu vertreten. Ferner scheint bei l.inf und evtl. auch bei למען + inf cstr die handelnde Person, die durch den Kontext klar gegeben ist, in den Hintergrund zu treten.[2]

Erkenntnis abzuirren. D.h., der finale l.inf gibt die unausweichliche Folge des Ablassens von Zucht an. Plöger (1984) S. 219 hält den l.inf für schwierig: "Will man die infinitivische Fortsetzung in der zweiten Vershälfte beibehalten, wird man ein verbum finitum ergänzen bzw. statt des Infinitivs יִשְׁגֶּה (»... du wirst abirren ...«) lesen sollen." Gemser (1937) S. 60 übersetzt: "Läßt du ab, mein Sohn, auf Zucht zu hören, irrst du ab von der Erkenntnis Worten" (vgl. auch ebd. S. 61). Meinhold (1991) S. 324 übersetzt mit dem Hinweis auf zahlreiche Änderungsversuche (vgl. ebd. Anm. 80): "Laß ab, mein Sohn, auf Zucht zu hören, um (dann doch) von den Worten der Erkenntnis abzuirren!"

[1]   Außer den Unterschieden zwischen Satzketten des Typs < imp - (w.)imp > bzw. < imp - w.kohort/juss > und < imp - perf consec > (vgl. hierzu oben Kap. 6.2.1).

[2]   Es ist auffällig, daß in den hebräischen Inschriften die Konjunktion nicht belegt ist, l.inf allerdings häufig benutzt wird (vgl. Schüle [2000] S. 136f.).

7. Zusammenfassung

7.1 ERGEBNISSE DER KAP. 2-6 DER UNTERSUCHUNG

Die Ergebnisse der vorliegenden Arbeit können wie folgt zusammengefaßt werden:

a) Bei Satzketten des Typs < imp - (w.)imp > mit Wertigkeitsgefälle trägt der letzte imp den Ton der Kette und ist dem/den vorausgehenden imp übergeordnet.[1] Ferner können Satzketten dieses Typs konditionale und final/konsekutive (u.a.) Satzgefüge ausdrücken.[2] Satzketten mit gleichwertigen Satzkettengliedern kommen nicht so häufig vor.[3]

Die Satzkettenglieder müssen syndetisch verbunden sein, wenn der vorausgehende imp eine Erweiterung trägt (dies aber wohl nur in erzählender Rede). Dies gilt nicht, wenn ein Vokativ (oder נא) diesem imp folgt.[4]

b) Satzketten des Typs < imp - w.kohort/juss > sind analog zu den reinen Imperativketten aufzufassen. Auch hier trägt das letzte Satzkettenglied den Ton der Kette. Satzketten diesen Typs werden eingesetzt, wenn ein Personenwechsel von der 2. zur 1. oder 3. pers. stattfindet.[5] Indikativisches w.imperf ist nach imp nicht belegt.[6]

Analog zu reinen Imperativketten können auch diese Satzketten konditionale und final/konsekutive Satzgefüge ausdrücken.[7] Darüber hinaus können aber auch andere implizite Hyptaxen realisiert werden, so z.B. Objektsätze usw.[8]

c) Anders ist die Sachlage bei Satzketten des Typs < imp - perf consec >. Hier trägt das letzte Satzkettenglied (perf consec) *nicht* den Ton der Kette, sondern der vorausgehende imp,[9] d.h. diese Satzketten sind immer implizit hypotaktisch.[10]

d) Imperfekte, die durch einen Einschub vom vorausgehenden ו getrennt sind, können sowohl w.kohort/juss als auch perf consec vertreten. W.x.imperf tritt dann ein, wenn eine Verneinung steht, der Progreß unterbrochen wird oder das topikalisierte Element fokussiert wird etc.[11]

---

1 Vgl. Kap. 2.3.1.
2 Vgl. Kap. 2.4.
3 Vgl. Kap. 2.3.2.
4 Vgl. Kap. 2.1.
5 Vgl. Kap. 3.1.2, 3.3 und 3.5.
6 Vgl. Kap. 3.1.1.
7 Vgl. Kap. 3.5.
8 Vgl. Kap. 3.5.4 und 3.5.5.
9 Vgl. Kap. 4.3.
10 Vgl. Kap. 4.4.
11 Vgl. Kap. 5.

e) Es besteht ein deutlicher Unterschied zwischen explizit konditionalen (< ʾim + x - imp >) und implizit konditionalen (< imp - (w.)imp >; < imp - w.kohort/juss > und < imp - perf consec >) Satzgefügen. Bei ersteren wird in der Protasis ein REPRÄSENTATIV ausgedrückt, es muß die Existenz eines Sachverhaltes festgestellt werden; bei letzteren wird in der Protasis ein DIREKTIV ausgedrückt, es muß der Adressat der Äußerung erst einen Sachverhalt herstellen.[1]

Bei final/konsekutiven Satzgefügen ist ein solcher Unterschied nicht feststellbar.[2] Es muß allerdings darauf hingewiesen werden, daß explizit final/konsekutive Hypotaxen nicht häufig im Hebräischen existieren (so kommt לְמַעַן lediglich 172, בַּעֲבוּר lediglich 49 Mal[3] in der BHS vor).

7.2 KOMPLEXERE SATZKETTEN

Die vorgenannten Ergebnisse lassen sich auch bei komplexeren Satzketten verifizieren.[4] Dies sei nun exemplarisch an einigen Fällen gezeigt. Hier ist z.B. Ex 7,19 zu nennen.[5] *Da sprach Jahwe zu Mose: Sage zu Aaron:* קַח מַטְּךָ וּנְטֵה־יָדְךָ עַל־מֵימֵי מִצְרַיִם עַל־נַהֲרֹתָם עַל־יְאֹרֵיהֶם וְעַל־אַגְמֵיהֶם וְעַל כָּל־מִקְוֵה מֵימֵיהֶם וְיִהְיוּ־דָם וְהָיָה דָם בְּכָל־אֶרֶץ מִצְרַיִם וּבָעֵצִים וּבָאֲבָנִים *Nimm deinen Stab und recke deine Hand über die Wasser Ägyptens, über ihre Ströme, über ihre Flüsse, über ihre Wasserlachen und über ihre ganzen Wasseransammlungen, daß/damit sie zu Blut werden, dergestalt daß Blut sei im ganzen Land Ägypten, (sogar) in hölzernen (Gefäßen) und in steinernen.* Hier liegt folgende Satzkettenformel vor: < imp - w.imp - w.juss - perf consec >. Das Wichtige, was hier ausgesagt werden soll, ist, daß alle Wasserlachen und Wasseransammlungen usw. in Ägypten zu Blut werden, der w.juss trägt also deutlich den Ton der Kette. Das perf consec, das diesem folgt, spezifiziert diesen nur dahingehend, daß dies wirklich für *ganz* Ägypten gilt, sogar für hölzerne und steinerne Gefäße.

In Jdc 19,9 versucht ein Schwiegervater seinen Schwiegersohn mit folgenden Worten zum Bleiben zu überreden: הִנֵּה נָא *der Tag hat sich geneigt, um Abend zu werden. Bleibt doch!* הִנֵּה *der Tag hat sich geneigt.*[6] לִין פֹּה וְיִיטַב לְבָבֶךָ וְהִשְׁכַּמְתֶּם מָחָר לְדַרְכְּכֶם וְהָלַכְתָּ לְאֹהָלֶךָ *Bleibe hier, und dein Herz sei guter Dinge, und macht euch dann morgen früh auf auf euren Weg, und geh zu deinem Zelt.* Der Schwiegervater versucht seinen Schwiegersohn damit zu überreden, daß er sein Herz guter Dinge sein

---

[1] Vgl. Kap. 6.1.
[2] Vgl. Kap. 6.2.
[3] Vgl. Even-Shoshan (1987) Sp. 193c-194a.
[4] Einige komplexere Satzketten sind schon in der Arbeit zur Sprache gekommen. — Es wird hier lediglich auf erzählende Rede verwiesen.
[5] Vgl. hierzu S. 188 die Anm. zu Ex 7,19; 10,12.21; 14,16.26.
[6] Dieser Satz ist evtl. eine Dublette (vgl. App. BHS).

lassen soll. Lediglich als Nebenargument dient ihm der morgendliche Aufbruch. Auch bei expliziten Hypotaxen läßt sich dies zeigen, so in Ez 43,11: ‏וְאִם־נִכְלְמוּ מִכֹּל אֲשֶׁר־עָשׂוּ צוּרַת הַבַּיִת וּתְכוּנָתוֹ וּמוֹצָאָיו וּמוֹבָאָיו‎ ... ‏וְכָל־צוּרֹתָו וְאֵת כָּל־חֻקֹּתָיו וְכָל־צוּרֹתָיו [צוּרֹתָיו] וְכָל־תּוֹרֹתוֹ [תּוֹרֹתָיו]‎[1] ‏הוֹדַע אוֹתָם וּכְתֹב לְעֵינֵיהֶם וְיִשְׁמְרוּ אֶת־כָּל־צוּרָתוֹ וְאֶת־כָּל־חֻקֹּתָיו וְעָשׂוּ אוֹתָם‎

... (und) wenn sie sich schämen wegen allem,[3] was sie getan haben, dann tue ihnen die Gestalt[4] des Hauses, seine Ausstattung,[5] seine Ausgänge, seine Eingänge,[6] seine ganze Gestalt,[7] alle seine Gebote, seine ganze Gestalt und seine ganzen Satzungen kund, und schreibe sie vor ihren Augen auf, damit sie seine ganze Gestalt[8] und alle seine Gebote[9] bewahren, dergestalt daß sie sie tun. Leider ist dieser Beleg textkritisch äußerst schwierig (vgl. die Anmerkungen zur Übersetzung). Dennoch zeigt sich hier, daß die in der vorliegenden Arbeit gefundenen Ergebnisse auch auf komplexere Satzketten sogar in expliziten Hypotaxen

---

[1] Vgl. die folgende Anmerkung.

[2] Ketib und Qere bleiben hier erwähnt, da der Text insgesamt textkritisch schwierig ist. Ob ein sf 1. pers oder 3. pers zu lesen ist, ist für die verhandelte Fragestellung unerheblich. Analoges gilt auch für die folgenden textkritischen Bemerkungen.

[3] Nach Zimmerli (1969b) S. 1073 ist hier in Anlehnung an LXX ‏יכלמו‎ ‏והם‎ zu lesen (vgl. z.B. auch Block [1998] S. 586f. Anm. 67; Eichrodt [1966] S. 390 Anm. 6). Dies schließe sich dann an v.10 an. Ein konditionales Satzgefüge oder eine durch ‏אם‎ eingeleitete Schwurformel stören nach Zimmerli (ebd.) den Text.

[4] Die LXX übersetzen hier καὶ διαγράψεις. Nach Zimmerli (1969b) S. 1073 ist ‏צורת‎ ‏הבית‎ "unter Umstellung der zwei ersten Kons. als ‏וצרת‎ gelesen und synonym zu dem später folgenden ‏וכתב‎, das mit dem gleichen Wort wiedergegeben wird, verstanden worden." Zimmerli hält aber am MT fest (vgl. ebd.).

[5] ‏ותכונתו‎ wird von den LXX übergangen (vgl. z.B. Zimmerli [1969b] S. 1073).

[6] Bei ‏ומובאיו‎ liegt wohl eine Lautangleichung an das vorausgehende ‏ומוצאיו‎ vor (vgl. Gesenius/Buhl [1915] Sp. 404a; HALAT [1974] Sp. 526a; Zimmerli [1969b] S. 1073). Die LXX lassen dieses Wort unübersetzt (vgl. auch Zimmerli [1969b] S. 1073).

[7] Hierzu und zu den folgenden Begriffen bemerkt Zimmerli (1969b) S. 1073: "In den folgenden vier Ausdrücken des ‏וכל צורתו ואת כל חקתיו וכל צורתו וכל תורתו‎ m fällt nicht nur die zweimalige Wiederkehr der schon zu Beginn der Aufzählung auftretenden ‏צורה‎ auf, sondern ebenso die Preisgabe der Sach-Paarung der Begriffe, die zuvor eingehalten war. Das in 44 5 (neben ‏מוצא–מבוא‎) belegte Paar ‏תורה–חקות‎ ist hier durch die Voranstellung eines ‏וכל צורתו‎ vor jeden der beiden Ausdrücke zerrissen. So gewinnt die Vermutung große Wahrscheinlichkeit, daß die beiden ‏וכל‎ ‏צורתו‎, die auch sachlich nach dem vorausgehenden ‏צורת הבית‎ und zudem durch ihre plur. Form aus dem Zusammenhang herausfallen, nicht die ursprüngliche Lesung darstellen. Dann ist aber wohl das dem ‏הודע‎ unmittelbar vorausgehende ‏וכל‎ ‏צורתו וכל תורתו‎ als sek. in den Text geratene korrigierende Stichwortglosse zu der vorausgehenden Fehllesung ‏וכל צורתו‎ zu verstehen, die vorschlägt, statt ‏וכל צורתו‎ ein ‏וכל תורתו‎ zu lesen. [...] Das führt dann allerdings abweichend von 44 5 auf eine Reihenfolge: 1) ‏תורתו‎, 2) ‏חקתיו‎. Diese scheint hier aber auch in b vorzuliegen [...]."

[8] Die LXX übersetzen hier πάντα τὰ δικαιώματά μου.

[9] Die LXX übersetzen hier καὶ πάντα τὰ προστάγματά μου.

angewendet werden können. Hier liegt das ganze Gewicht der Aussage auf dem w.juss, denn es gilt ja gerade, nun allen Satzungen zu entsprechen. Vorher, in vv.7-9, werden die frevelhaften Taten der Israeliten berichtet. Das perf consec וְעָשׂוּ spezifiziert diesen w.juss dann und zeigt, worin das Bewahren der Gestalt (bzw. der Satzungen) liegt, nämlich darin, sie zu tun.

Eine interessante Stelle ist Dtn 10,1f.:[1] 1 *Zu dieser Zeit sagte Jahwe zu mir:* פְּסָל־לְךָ שְׁנֵי־לוּחֹת אֲבָנִים כָּרִאשֹׁנִים וַעֲלֵה אֵלַי הָהָרָה וְעָשִׂיתָ לְּךָ אֲרוֹן עֵץ 2 וְאֶכְתֹּב עַל־הַלֻּחֹת אֶת־הַדְּבָרִים אֲשֶׁר הָיוּ עַל־הַלֻּחֹת הָרִאשֹׁנִים אֲשֶׁר שִׁבַּרְתָּ וְשַׂמְתָּם בָּאָרוֹן *Behaue dir zwei Tafeln aus Stein wie die ersten und steig herauf zu mir auf den Berg – und mache dir auch einen Kasten aus Holz –, 2 damit ich auf die Tafeln die Worte schreibe, die auf den ersten Tafeln waren, die du zerbrochen hast, und (dann) lege sie in den Kasten.* Das Ziel dieser Satzkette ist der w.kohort. Wichtig ist, daß Jahwe erneut die Worte auf zwei Tafeln schreiben will, die auf den zerbrochenen Tafeln waren. Daß Mose dazu erst zwei neue Tafeln anfertigen und auf den Berg steigen muß, ist nur die Voraussetzung dafür. Interessanterweise wird dem Bau der Lade und dem Legen der Tafeln in die Lade nur am Rande Bedeutung beigemessen.[2]

Weitere Belege:[3] Gen 27,9f.[4]; 28,1-4[5]; Jos 18,4f.[6]; Jdc 1,3[7]; 11,6[8]; 2Reg 5,10[9].

7.3 ZUM VERSTÄNDNIS VON GEN 12,1-3

1 וַיֹּאמֶר יְהוָה אֶל־אַבְרָם לֶךְ־לְךָ מֵאַרְצְךָ וּמִמּוֹלַדְתְּךָ וּמִבֵּית אָבִיךָ אֶל־הָאָרֶץ אֲשֶׁר אַרְאֶךָּ 2 וְאֶעֶשְׂךָ לְגוֹי גָּדוֹל וַאֲבָרֶכְךָ וַאֲגַדְּלָה שְׁמֶךָ וֶהְיֵה בְּרָכָה 3 וַאֲבָרֲכָה מְבָרְכֶיךָ וּמְקַלֶּלְךָ אָאֹר וְנִבְרְכוּ בְךָ כֹּל מִשְׁפְּחֹת הָאֲדָמָה

Aus den in der vorliegenden Arbeit gemachten Beobachtungen kann man einige Schlüsse für das Verständnis von Gen 12,1-3 ziehen.

---

[1] Vgl. auch S. 286 zur Stelle.

[2] Im Bericht der Durchführung (vv.3-5) werden allerdings alle Satzkettenglieder aufgenommen.

[3] In Jdc 19,13 ist לְךָ wahrscheinlich eine sekundäre Interjektion (vgl. Diehl [2000] S. 122) und kann hier nicht als Beleg herangezogen werden; so auch in Gen 37,20.

[4] Vgl. auch S. 173 zur Stelle.

[5] Vgl. auch S. 187 die Anm. zur Stelle.

[6] Vgl. S. 176 zur Stelle.

[7] Vgl. S. 252 und 287 zur Stelle.

[8] Vgl. S. 165 zur Stelle.

[9] Hierbei besteht die Schwierigkeit, daß das erste DIREKTIVE Satzkettenglied durch einen inf ausgedrückt wird. Der letzte imp trägt hier allerdings den Ton, die vorausgehenden perf consec sind spezifizierend.

Betrachtet man die Gottesrede in Gen 12,1-3 als eine Satzkette und verzichtet man auf die Konjektur des imp וְהָיֵה zu perf consec, so läßt sich folgendes sagen:

1. Es handelt sich bei den imperf in allen Fällen um syndetische kohort[1] bis auf וּמְקַלֶּלְךָ אָאֹר, hier liegt ein w.x.imperf vor,[2] das wohl einen w.kohort ersetzt, da es zu וַאֲבָרְכָה parallel steht.[3]

2. Es ist eine Steigerung innerhalb dieser Satzkette zu beobachten, die ihren Höhepunkt aber nicht in dem perf consec in v.3b,[4] sondern in וַאֲבָרְכָה מְבָרְכֶיךָ וּמְקַלֶּלְךָ אָאֹר hat.[5] Bei diesen beiden Satzkettengliedern handelt es sich um gleichwertige Glieder, was der Chiasmus andeutet.[6]

3. V.1 gibt lediglich die Voraussetzung für die tontragenden Glieder an.[7]

4. Die dem imp in v.1 folgenden kohort und imp können final/konsekutiv (vielleicht sogar konditional[8]) aufgefaßt werden.[9]

5. Das perf consec stellt sehr wahrscheinlich eine Spezifikation der beiden vorausgehenden Satzkettenglieder dar[10] und kann deswegen nicht das Gewicht der Satzkette tragen.[11]

Diese Ergebnisse haben Folgen für die Interpretation des Textes, die hier aber lediglich angedeutet werden sollen.

Eine der großen Fragen in diesem Text ist, wer hier für wen zum Segen wird. Nach von Rad und Wolff gibt dieser Text in v.3b die Antwort auf die in Gen 11 aufgeworfene Frage nach dem ausstehenden Segen für die Völker.[12] Nach Wolff besteht in dieser Antwort das 'Kerygma des

---

[1] Vgl. Kap. 3.1.1.

[2] Vgl. Kap. 5.

[3] Vgl. hierzu Kap. 5.2.

[4] Wie dies Wolff (1973) S. 353 u.a. meinen.

[5] So wohl auch Schmidt (1973/74) S. 138; Scharbert (1964) S. 78. — Vgl. hierzu Kap. 3.4 und 5.2 (ein w.x.imperf kann einen w.kohort vertreten).

[6] Levin (1993) S. 135 deutet den Chiasmus dahingehend, daß Jahwe als Handelnder hier besonders betont wird.

[7] Gegen Vriezen (1973) S. 384, nach dem die folgenden durch syndetische kohort ausgedrückten Verheißungen v.1 untergeordnet sind.

[8] Vgl. Vriezen (1973) S. 386. Wolff (1973) S. 352 spürt allerdings, daß der imp in v.1 nicht in dem Maße eine Bedingung ausdrückt, wie die Protasis eines expliziten konditionalen Satzgefüges (vgl. Kap. 6.1), Wolff schließt ein solches Verständis sogar aus: "Dabei hat der vorausgehende Imperativ keinerlei konditionalen Unterton, als würde die Verheißung Jahwes vom Gehorsam Abrahams abhängig gemacht." Allerdings ist ein *implizit* konditionales Verständnis hier zumindest sprachlich nicht gänzlich auszuschließen.

[9] Vgl. Kap. 2.4; 3.5.

[10] Vgl. Schmidt (1973/74) S. 138.

[11] Vgl. Kap. 4.3.

[12] Vgl. hierzu oben Kap. 0.3.

Jahwisten'.[1] Von daher müsste das perf consec das entscheidende Satz-kettenglied sein. Dies ist aber nicht der Fall, sondern die beiden voraus-gehenden Satzkettenglieder tragen zumindest nach der vorliegenden syntaktischen Untersuchung das Gewicht der Gottesrede. In diesen bei-den Satzkettengliedern wird aber ausgesagt, daß der Segen für andere an der *Stellung derselben zu Abra(ha)m* hängt.[2] Dies ist die Hauptaussage des Textes und nur insofern könnte der Text die Frage aus Gen 11 be-antworten.[3] Coats weist mit Recht darauf hin, daß in der weiteren bei J berichteten Geschichte Abra(ha)m für andere nicht nur zum Segen wird, sondern durchaus auch zum Fluch werden kann.[4] Coats verweist hier z.B. auf die Hagar-Geschichte in Gen 16.[5]

Diese Ergebnisse legen folgende vorsichtige Paraphrase nahe:

1 *Da sprach Jahwe zu Abraham: Geh aus deinem Land und von dei-ner Sippe und aus dem Haus deines Vaters in ein Land, das ich dir zeigen werde, 2 und/daß/damit/so[6] will ich dich zu einem großen Volk machen und will dich segnen und deinen Namen groß machen, und/daß/damit/so sollst du zum Segen werden, 3 und/daß/damit/so will ich segnen, die dich segnen, und wer[7] dich schmäht,[8] will ich verfluchen, dergestalt daß in dir gesegnet werden/sich segnen alle Völkerstämme der Erde.*

---

[1] So Wolff (1973) ausdrücklich auf S. 353.

[2] Vgl. z. B. auch Coats (1981) S. 33: "But the blessing reflected in 12,3b still has its curse. And in this case the curse is the result of active relationship between the other people of the world and Abraham."; Schreiner (1962) S. 5: "Segen und Fluch, Heil und Gericht hängen für andere Menschen davon ab, ob sie ihre Verbundenheit, ihre Solidarität mit Abraham bezeugen oder nicht. Die göttliche Intention zielt jedoch auf das Heil, wie der Text auch in V. 3 mit einer feinen Schattierung des Ausdrucks (Singular - Plural) zu verstehen gibt."; vgl. auch Schmidt (1973/74) S. 135-139.

[3] Dies gilt aber nur, falls überhaupt ein Zusammenhang zwischen der jahwistischen Urgeschichte, Gen 11 und Gen 12,1-3 besteht (vgl. zu dieser Frage z.B. Witte [1998] S. 192ff.). — M.E. stellt der Text eher den Auftakt zur Vätergeschichte dar, wie auch in der Literatur meist beobachtet wird.

[4] So Coats (1981) S. 33ff. Vgl. z.B. auch Levin (1993) S. 134f.; Scharbert (1964) S. 80f.; Scharbert (1974) S. 11.

[5] Nach Coats (1981) S. 35f. gehören die vv.7-12 nicht mehr zu J; differenzierter Levin (1993) S. 151f.

[6] Für eine klare Einordnung der syntaktischen Funktion gibt es keine genauen Hin-weise. Deshalb ist hier offen gelassen, ob eine bloße Parataxe oder eine implizite Hypotaxe (final/konsekutiv oder konditional) vorliegt (vgl. Kap. 3.5.7).

[7] Auf den Wechsel von pl. zu sg. wurde mehrfach hingewiesen, vgl. z.B. Levin (1993) S. 135; Schmidt (1975) S. 137f. und teilweise konjiziert (vgl. z.B. Gunkel [1977] S. 164f.).

[8] Zur Wurzel קלל im Gegensatz zu ארר vgl. z.B. Scharbert (1973) S. 4f.; Steck (1971) S. 530 Anm. 18 u.a.

So möchte ich mit einem Wunsch schließen, den Ernst Sellin bereits 1889 in seiner Dissertation geäußert hat:

"Möchte es uns gelungen sein, wenn auch nur ein wenig Licht zu werfen auf Fragen, die bisher dunkel waren, und damit einen kleinen Teil des grossen Baues erhellt zu haben, der als ein ganzes, stattliches Gebäude vor uns steht, dessen Fundament aber sowie Art der Zusammenfügung seiner Steine, vor tausenden von Jahren vor sich gegangen, unserm Auge zunächst in undurchdringliches Dunkel gehüllt zu sein scheint."[1]

---

[1] Sellin (1889) S. 85

8. Literaturverzeichnis

Die Abkürzungen erfolgen nach Schwertner, Siegfried M.: Theologische Realenzyklopädie. Abkürzungsverzeichnis. Berlin/New York ²1994.
Darüber hinaus werden folgende Abkürzungen für Literatur in der vorliegenden Arbeit verwendet:

> EÜ   siehe unter "Die Bibel. Einheitsübersetzung der Heiligen Schrift Altes und Neues Testament."
> Luther (1984) siehe unter "Die Bibel. Nach der Übersetzung Martin Luthers."

- AARTUN, K.: Die Partikeln des Ugaritischen. 2. Teil. Präpositionen, Konjunktionen. (AOAT 21/2). Kevelaer/Neukirchen-Vluyn 1978.
- AHARONI, Y.: Arad Inscriptions. In Zusammenarbeit mit NAVEH, J. Jerusalem 1981.
- ALLEN, L. C.: Ezekiel 20-48. (World Biblical Commentary 29). Dallas 1990.
- ALLEN, L. C.: Ezekiel 1-19. (World Biblical Commentary 28). Dallas 1994.
- ANDERSEN, F. I.: The Sentence in Biblical Hebrew. (Janua Linguarum, Series Practica 231). Paris 1974.
- ANDERSEN, F. I. und FORBES, A. D.: On Marking Clause Boundaries. In: Association Internationale Bible et Informatique (AIBI): Akten des Dritten Internationalen Kolloquiums Bibel und Informatik. Interpretation und Hermeneutika. Tübingen 26.-30.8.91. Paris/Geneve 1992. S. 181-202.
- ANDERSEN, F. I. and FREEDMAN, D. N.: Amos. A New Translation with Introduction and Commentary. (AncB 24A). New York/London/Toronto/Sydney/Auckland 1989.
- ANDERSON, A. A.: The Book of Psalms. Volume II. Psalms 73-150. (NCBC). Grand Rapids/London, Ersterscheinung 1972, Softback 1981 (Nachdruck 1992).
- ANDERSON, A. A.: 2 Samuel. (World Biblical Commentary 11). Dallas 1989.
- ASHLEY, T. R.: The Book of Numbers. (NIC). Grand Rapids 1993.
- AUSTIN, J. L.: Zur Theorie der Sprechakte. (How to do things with words). Deutsche Bearbeitung von SAVIGNY, E. von. Stuttgart ²1989. (Übersetzung von AUSTIN, J. L.: How to Do Things with Words. Oxford 1962 und ²1975).
- BALDWIN, J. G.: Daniel. An Introduction and Commentary. (TOTC). Leicester 1978 (1. Nachdruck 1979).
- BALTZER, K.: Deutero-Jesaja. (KAT X,2). Gütersloh 1999.
- BARTELMUS, R.: *HYH*. Bedeutung und Funktion eines hebräischen »Allerweltswortes«. (ATSAT 17). St. Ottilien 1982.

- BARTELMUS, R.: Ez 37,1-14, die Verbform $w^e qatal$ und die Anfänge der Auferstehungshoffnung. ZAW 97 (1985). S. 366-389.
- BARTELMUS, R.: Einführung in das Biblische Hebräisch. Ausgehend von der grammatischen und (text-) syntaktischen Interpretation des althebräischen Konsonantentextes des Alten Testaments durch die tiberische Masoreten-Schule des Ben Ascher. Mit einem Anhang: Biblisches Aramäisch für Kenner und Könner des biblischen Hebräisch. Zürich 1994.
- BAUER, H. und LEANDER, P.: Historische Grammatik der Hebräischen Sprache des Alten Testaments. Erster Band: Einleitung. Schriftlehre. Laut- und Formenlehre. Halle 1922 (Nachdruck Hildesheim 1962).
- BAUMGARTNER, W. (Hg.): Hollenberg-Budde. Hebräisches Schulbuch. Basel/Stuttgart [21]1957.
- BECKER, U.: Richterzeit und Königtum. Redaktionsgeschichtliche Studien zum Richterbuch. (BZAW 192). Berlin/New York 1990.
- BERTHOLET, A.: Hesekiel. Mit einem Beitrag von Kurt Galling. (HAT, Erste Reihe 13). Tübingen 1936.
- BEYER, K.: Althebräische Grammatik. Laut- und Formenlehre. Göttingen 1969.
- BERGSTRÄSSER, G.: Hebräische Grammatik. II. Teil: Verbum. Leipzig 1929 (Nachdruck Hildesheim/Zürich/New York 1985).
- Die Bibel. Einheitsübersetzung der Heiligen Schrift. Altes und Neues Testament. Herausgegeben im Auftrag der Bischöfe Deutschlands, Österreichs, der Schweiz, des Bischofs von Luxemburg, des Bischofs von Lüttich, des Bischofs von Bozen-Brixen. Für das Neue Testament und die Psalmen auch im Auftrag des Rates der Evangelischen Kirche in Deutschland und des Evangelischen Bibelwerkes in der Bundesrepublik Deutschland. Stuttgart 1980.
- Die Bibel. Nach der Übersetzung Martin Luthers. Bibeltext in der revidierten Fassung von 1984. Herausgegeben von der Evangelischen Kirche in Deutschland und vom Bund der Evangelischen Kirchen in der DDR. Stuttgart 1985.
- Biblia Hebraica Stuttgartensia. Hg.: ELLIGER, K. und RUDOLPH, W. Stuttgart [2]1984; [3]1987; [4]1990.
- Biblia Sacra iuxta Vulgatam Versionem. Hg: WEBER, R. Stuttgart [3]1985.
- BLAKE, F. R.: A Resurvey of Hebrew Tenses. With an Appendix: Hebrew Influence on Biblical Aramaic. (SPIB 103). Rom 1951.
- BLAU, J.: Über Homonyme und angebliche Homonyme II. VT 7 (1957). S. 98-102.
- BLAU, J.: Studies in Hebrew Verb Formation. HUCA 42 (1971). S. 133-158.

- BLAU, J.: A Grammar of Biblical Hebrew. (PLO NS XII). Wiesbaden 1976.
- BLOCH, A.: Zur Nachweisbarkeit einer hebräischen Entsprechung der akkadischen Verbform iparras. ZDMG 113 (1963). S. 41-50.
- BLOCK, D. I.: The Book of Ezekiel: Chapters 1-24. (NIC). Grand Rapids/ Cambridge 1997.
- BLOCK, D. I.: The Book of Ezekiel: Chapters 25-48. (NIC). Grand Rapids/Cambridge 1998.
- BLUM, E.: Die Komposition der Vätergeschichte. (WMANT 57). Neukirchen-Vluyn 1984.
- BOBZIN, H.: Die "Tempora" im Hiobdialog. Inaugural-Dissertation zur Erlangung der Doktorwürde des Fachbereichs 11 – Außereuropäische Sprachen und Kulturen – der Philipps-Universität Marburg/ Lahn. Marburg/Lahn 1974.
- BOLING, R. G.: Judges. Introduction, Translation and Commentary. (AncB 6A). Garden City 1975.
- BRIGGS, C. A. und BRIGGS, E. G.: A Critical and Exegetical Commentary on the Book of Psalms. Volume II. (ICC). New York 1907.
- BRIGHT, J.: Jeremia. Introduction, Translation, and Notes. (AncB 21). Garden City 1965.
- BROCKELMANN, C.: Grundriss der vergleichenden Grammatik der semitischen Sprachen. II. Band: Syntax. Berlin/London/Paris/New York 1913 (3. Nachdruck Hildesheim/Zürich/New York 1982).
- BROCKELMANN, C.: Hebräische Syntax. Neukirchen-Vluyn 1956.
- BRONGERS, H. A.: Bemerkungen zum Gebrauch des adverbialen $w^{e\,c}att\bar{a}h$ im Alten Testament. (Ein lexikologischer Beitrag). VT 15 (1965). S. 289-299.
- BRONGERS, H. A.: Die Partikel לְמַעַן in der biblisch-hebräischen Sprache. OTS 18 (1973). S. 84-96.
- BUDD, P. J.: Numbers. (World Biblical Commentary 5). Waco 1984.
- BUDDE, K.: Die Bücher Samuel. (KHC VIII). Tübingen/Leipzig 1902.
- BÜNTING, K. D. und BERGENHOLZ, H.: Einführung in die Syntax: Grundbegriffe zum Lesen einer Grammatik. (Studienbücher Linguistik). Weinheim [3]1995.
- BUSSMANN, H.: Lexikon der Sprachwissenschaft. (Körners Taschenausgabe 452). Stuttgart [2]1990.
- BUTLER, T. C.: Josua. (World Biblical Commentary 7). Waco 1983.
- CARROLL, R. P.: Jeremiah. A Commentary. (OTL). Philadelphia 1986.
- CLINES, D. J. A.: Job 1-20. (World Biblical Commentary 17). Dallas 1989.

- CLINES, D. J. A. (Hg.): The Dictionary of Classical Hebrew. Band 1-5. Sheffield 1993ff.
- COATS, G. W.: The Curse in God's Blessing. Gen 12,1-4a in the Structure and Theology of the Yahwist. In: JEREMIAS, J.; PERLITT, L. (Hg.): Die Botschaft und die Boten. Festschrift für Hans Walter Wolff zum 70. Geburtstag. Neukirchen-Vluyn 1981. S. 31-41.
- COOKE, G. A.: A Critical and Exegetical Commentary on the Book of Ezekiel. Volume II. (ICC). New York 1937.
- CRAIGIE, P. C.: Psalms 1-50. (World Biblical Commentary 19). Waco 1983.
- DAHMEN, U.: Der Infinitivus absolutus als Imperativ – ein redaktions-kritisches Kriterium? BN 76 (1995). S. 62-81.
- DAHOOD, M.: Psalms I. 1-50. Introduction, Translation, and Notes. (AncB 16). Garden City 1966.
- DAHOOD, M.: Yiphil Imperative *yaṭṭī* in Isaiah 54,2. Or. NS 46 (1977). S. 383f.
- DAVIDSON, A. B.: Introductory Hebrew Grammar. Hebrew Syntax. Edinburgh [3]1901 (Nachdruck 1981).
- DAVIDSON, B.: The Analytical Hebrew and Chaldee Lexicon. London [2]1850 (Nachdruck Grand Rapids Michigan 1987).
- DAVIES, E. W.: Numbers. (NCBC). London/Grand Rapids 1995.
- DEISSLER, A.: Zwölf Propheten. Hosea. Joël. Amos. (NEB.AT 4. Lieferung). Würzburg 1981.
- DELITZSCH, F.: Neuer Commentar über die Genesis. Leipzig 1887.
- DELITZSCH, F.: Commentar über das Buch Jesaja. (BC, 3. Teil, 1. Band). Leipzig [4]1889.
- DELITZSCH, F.: Die Lese- und Schreibfehler im Alten Testament. Nebst den dem Schrifttexte einverleibten Randnoten klassifiziert. Ein Hilfsbuch für Lexikon und Grammatik, Exegese und Lektüre. Berlin und Leipzig 1920.
- DIEDRICH, F.: Zur Literarkritik von Gen 12,1-4a. BN 8 (1979) S. 25-35.
- DIEHL, J. F.: "Steh auf, setz dich und iß!" – Imperative zwischen Begriffswort und Interjektion. (Kleine Untersuchungen zur Sprache des Alten Testaments und seiner Umwelt [KUSATU] 1). Waltrop 2000. S. 101-132.
- DILLARD, R. B.: 2 Chronicles. (World Biblical Commentary 15). Waco 1987.
- DOBBS-ALLSOPP, F. W.: Ingressive *qwm* in Biblical Hebrew. ZAH 8 (1995). S. 31-54.
- DONHAUSER, K.: Der Imperativ im Deutschen. Studien zur Syntax und Semantik des deutschen Modussystems. (Bayreuther Beiträge zur Sprachwissenschaft 6). Hamburg 1986.

- DRIVER, S. R.: A Treatise on the Use of the Tenses in Hebrew. And some other Syntactical Questions. Oxford ³1892 (Nachdurck 1969).
- DRIVER, S. R.: A Critical and Exegetical Commentary on Deuteronomy. (ICC). New York 1902.
- DRUMMOND, S. J.: A Historical Critique of the Problem of Conditional Discourse in Hebrew. Louisville, Ky., Southern Baptist Theological Seminary, Diss. 1986.
- DUHM, B.: Die Psalmen. (KHC XIV). Tübingen ²1922.
- DUHM, B.: Das Buch Jesaja. Mit einem biographischem Geleitwort von BAUMGARTNER, W. Göttingen ⁵1968 (die 1.-4. Auflage [1892-1922] erschien im HK, III. Abteilung, 1. Band).
- DURHAM, J. I.: Exodus. (World Biblical Commentary 3). Waco 1987.
- EHLICH, K.: Verwendungen der Deixis beim sprachlichen Handeln. Linguistisch-philologische Untersuchungen zum hebräischen deiktischen System. (Forum Linguisticum 24). 2 Teilbände. Frankfurt am Main/Bern/Las Vegas 1979.
- EHLICH, K.: Der Satz. Beiträge zu einer pragmatischen Rekonstruktion. In: REDDER, A. und REHBEIN, J. (Hg.): Grammatik und mentale Prozesse. Tübingen 1999. S. 51-68.
- EHRLICH, A. B.: Randglossen zur Hebräischen Bibel. Textkritisches, Sprachliches und Sachliches. 4. Band: Jesaia, Jeremia. 5. Band: Ezechiel und die kleinen Propheten. Leipzig 1912 (Nachdruck Hildesheim 1968). (Band 4 zitiert als Ehrlich [1912a], Band 5 zitiert als Ehrlich [1912b]).
- EICHRODT, W.: Der Prophet Hesekiel. Kapitel 1-18. (ATD 22/1). Göttingen 1959.
- EICHRODT, W.: Der Prophet Hesekiel. Kapitel 19-48. (ATD 22/2). Göttingen 1966.
- EVEN-SHOSHAN, A.: A new Concordance of the Bible. Thesaurus of the Language of the Bible. Hebrew and Aramaic. Roots, Words, Proper Names. Phrases and Synonyms. Jerusalem 1987.
- EWALD, H.: Ausführliches Lehrbuch der Hebräischen Sprache des Alten Bundes. Göttingen ⁸1870.
- FASSBERG, S. E.: Studies in Biblical Syntax. Jerusalem 1994.
- FERGUSON, H.: An Examination of the Use of the Tenses in Conditional Sentences in Hebrew. JBL 2 (1882). S. 40-94.
- FINLEY, T. J.: The Proposal in Biblical Hebrew: Preliminary Studies Using a Deep Structure Model. ZAH 2 (1989). S. 1-13.
- FISCHER, J.: Das Buch Isaias. II. Teil: Kapitel 40-66. (HSAT VII, 1. Abteilung, 2. Teil). Bonn 1939.
- FOHRER, G.: Ezechiel. Mit einem Beitrag von GALLING, K. (HAT, Erste Reihe 13). Tübingen 1955.

- FOHRER, G.: Das Buch Jesaja. 1. Band Kapitel 1-23. (ZBK.AT 19.1). Zürich [2]1966.
- FOHRER, G.: Jesaja 40-66. Deuterojesaja/Tritojesaja. (ZBK.AT 19.3). Zürich [2]1986 (1964).
- FREEDMAN, D. N.: Notes on Genesis. ZAW 64 (1952). S. 190-194.
- FRIEDRICH, P.: Die hebräischen Conditionalsätze. Königsberg 1884.
- FRIES, N.: Art. Imperativ. In: GLÜCK, H. (Hg): Metzler Lexikon Sprache. Stuttgart/Weimar 1993. Sp. 257af.
- FRITZ, V.: Das erste Buch der Könige. (ZBK.AT 10.1). Zürich 1996.
- FRITZ, V.: Das zweite Buch der Könige. (ZBK.AT 10.2). Zürich 1998.
- FUHS, H. F.: Ezechiel 1-24. (NEB.AT 7. Lieferung). Würzburg 1984.
- GEMSER, B.: Sprüche Salomos. (HAT, Erste Reihe 16). Tübingen 1937.
- GERLEMANN, G.: Art. דָּבָר dābār Wort. In: THAT Band I ([4]1984). Sp. 433-443.
- GERTZ, J. C.: Tradition und Redaktion in der Exoduserzählung. Untersuchungen zur Endredaktion des Pentateuch. (FRLANT 186). Göttingen 2000.
- GESENIUS, W.: Wilhelm Gesenius' Hebräisches und Aramäisches Handwörterbuch über das Alte Testament. Bearbeitet von BUHL, F. 17. Aufl. 1915 (Nachdruck Berlin/Göttingen/Heidelberg 1962).
- GESENIUS, W.: Geschichte der hebräischen Sprache und Schrift. Eine philologisch-historische Einleitung in die Sprachlehren und Wörterbücher der hebräischen Sprache. Leipzig 1815 (Nachdruck Hildesheim 1973).
- GESENIUS, W. und KAUTZSCH, E.: Wilhelm Gesenius' Hebräische Grammatik. Völlig umgearbeitet von KAUTZSCH, E. Leipzig [28]1909 (Nachdruck Hildesheim/Zürich/New York 1985).
- GESENIUS, W. und RÖDIGER, E.: Wilhelm Gesenius' Hebräische Grammatik. Neu bearbeitet und herausgegeben von RÖDIGER, E. Leipzig [21]1872.
- GIBSON, J. C. L.: Davidson's Introductory Hebrew Grammar. Syntax. Edinburgh [4]1994 (Nachdruck 1997).
- GLÜCK, H. (Hg): Metzler Lexikon Sprache. Stuttgart/Weimar 1993.
- GOETTSBERGER, J.: Das Buch Daniel. (HSAT VIII, 2. Abteilung). Bonn 1928.
- GOETTSBERGER, J.: Die Bücher der Chronik. (HSAT IV, 1. Abteilung). Bonn 1939.
- GOLDINGAY, J. E.: Daniel. (World Biblical Commentary 30). Dallas 1989.
- GÖRG, M.: Josua. (NEB.AT 24. Lieferung). Würzburg 1991.

- GOSLING, F. A.: An Interesting Use of the Waw Consecutive. ZAW 110 (1998). S. 403-410.
- GRAY, G. B.: A Critical and Exegetical Commentary on Numbers. (ICC). New York 1903 (3. Nachdruck 1956).
- GRAY, G. B. and PEAKE, A. S.: A Critical and Exegetical Commentary on the Book of Isaiah. I-XXXIX by GRAY, G. B. XL-LXVI by PEAKE, A. S. In two Volumes. Vol. 1. Introduction, and Commentary on I-XXVII. (ICC). New York 1912. (Zitiert als Gray [1912]).
- GRAY, J.: I & II Kings. A Commentary. (OTL). 2. revised Edition. London 1970.
- GREENBERG, M.: Ezekiel 1-20. A New Translation with Introduction and Commentary. (AncB 22). Garden City 1983.
- GREENBERG, M.: Ezekiel 21-37. A New Translation with Introduction and Commentary. (AncB 22A). New York/London/Toronto/Sydney/ Auckland 1997.
- GREENFIELD, J. C.: The 'Perifrastic Imperative' in Aramaic and Hebrew. IEJ 19 (1969). S. 199-210.
- GRETHER, O.: Hebräische Grammatik für den akademischen Unterricht. München ²1955.
- GROSS, H.: Ijob. (NEB.AT 13. Lieferung). Würzburg 1986.
- GROSS, W.: Verbform und Funktion. wayyiqtol für die Gegenwart. Ein Beitrag zur Syntax poetischer althebräischer Texte. (ATSAT 1). St. Ottilien 1976.
- GROSS, W.: Zur Funktion von qatal. Die Verbfunktionen in neueren Veröffentlichungen. BN 4 (1977). S. 25-38.
- GROSS, W.: Otto Rössler und die Diskussion um das althebräische Verbalsystem. BN 18 (1982). S. 28-78.
- GROSS, W.: Zum Problem der Satzgrenzen im Hebräischen - Beobachtungen an Pendenskonstruktionen. Wolfgang Richter zum 60. Geburtstag. BN 35 (1986). S. 50-72.
- GROSS, W.: Die Pendenskonstruktion im Biblischen Hebräisch. Studien zum althebräischen Satz I. (ATSAT 27). St. Ottilien 1987.
- GROSS, W. unter der Mitarbeit von DISSE, A. und MICHEL, A.: Die Satzteilfolge im Verbalsatz alttestamentlicher Prosa. Untersucht an den Büchern Dtn, Ri und 2Kön. (FAT 17). Tübingen 1996.
- GROSS, W.: Doppelt besetztes Vorfeld. Syntaktische, pragmatische und übersetzungstechnische Studien zum althebräischen Verbalsatz. (BZAW 305). Berlin/New York 2001.
- GRÜNEBERG, K. N.: Abraham, Blessing and the Nations. A Philological and Exegetical Study of Genesis 12:3 in its Narrative Context. (BZAW 332). Berlin/New York 2003.
- GUNKEL, H.: Die Psalmen. (HK, II. Abteilung, 2. Band, 4. Auflage). Göttingen 1926.

- GUNKEL, H.: Genesis. Mit einem Geleitwort von BAUMGARTNER, W. Göttingen [9]1977 (Nachdruck der 3. Auflage 1910, die 1.-5. Auflage [1901-1922] erschien im HK, I. Abteilung, 1. Band).
- HAAG, E.: Daniel. (NEB.AT 30. Lieferung). Würzburg 1993.
- HABEL, N. C.: The Book of Job. A Commentary. (OTL). Philadelphia 1985.
- HAMILTON, V. P.: The Book of Genesis. Chapters 1-17. (NIC). Grand Rapids 1990 (Nachdruck 1991).
- HAMILTON, V. P.: The Book of Genesis. Chapters 18-50. (NIC). Grand Rapids 1995.
- HAMMER, R.: The Book of Daniel. (CNEB). Cambridge/London/New York/Melbourne (1976).
- HARTMAN, L. F. und DI LELLA, A. A.: The Book of Daniel. A New Translation with Notes and Commentary on Chapters 1-9 by †HARTMAN, L. F. Introduction, and Commentary on Chapters 10-12 by DI LELLA, A.A. (AncB 23). Garden City 1978 (3. Nachdruck 1983).
- Hebräisches und aramäisches Lexikon zum Alten Testament. 3. Auflage. Lieferung 1 unter der Mitarbeit von HARTMANN, B. und KUTSCHER, E. Y. neu bearbeitet von BAUMGARTNER, W.; Lieferung 2 unter der Mitarbeit von Benedikt HARTMANN und E. Y. KUTSCHER neu bearbeitet von BAUMGARTNER, W. Hg. von HARTMANN, B.; REYMOND, P. H. und STAMM, J. J.; Lieferung 3 unter der Mitarbeit von BEN-ḤAYYIM, Z.; HARTMANN, B. und REYMOND, P. H. neu bearbeitet von BAUMGARTNER, W. und STAMM, J. J.; Lieferung 4 unter der Mitarbeit von BEN-ḤAYYIM. Z.; HARTMANN, B. und REYMOND, P. H. neu bearbeitet von STAMM, J. J. Leiden (ab 1990 Leiden/New York/København/Köln) 1967-1990.
- HEINISCH, P.: Das Buch Ezechiel. (HSAT VIII, 1. Abteilung). Bonn 1923.
- HEINISCH, P.: Das Buch Genesis. (HSAT I, 1. Abteilung). Bonn 1930.
- HEINISCH, P..: Das Buch Numeri. (HSAT II, 1. Abteilung). Bonn 1936.
- HELFMEYER, F. J.: Art. הָלַךְ *hālak*. In: THWAT Band II (1977). Sp. 415-433.
- HENTSCHEL, G.: 1 Könige. (NEB.AT 10. Lieferung). Würzburg 1984.
- HERRMANN, J.: Ezechiel. (KAT XI). Leipzig/Erlangen 1924.
- HERTZBERG, H. W.: Die Samuelbücher. (ATD 10). Göttingen [4]1968.
- HERTZBERG, H. W.: Die Bücher Josua, Richter, Ruth. (ATD 9). Göttingen [6]1985.
- HESSE, F.: Hiob. (ZBK.AT 14). Zürich 1978.
- HOFTIJZER, J.: Die Verheissungen an die drei Erzväter. Leiden 1956.

- HOFTIJZER, J.: The Function and Use of the Imperfect Forms with Nun Paragogicum in Classical Hebrew. (SSN 21). Assen/Maastricht 1985.
- HOLLADAY, W. L.: Jeremiah 1. A Commentary on the Book of the Prophet Jeremiah. Chapters 1-25. (Hermeneia). Philadelphia 1986.
- HOLLADAY, W. L.: Jeremiah 2. A Commentary on the Book of the Prophet Jeremiah. Chapters 26-52. (Hermeneia). Minneapolis 1989.
- HOLZINGER, H.: Genesis. (KHC I). Leipzig/Tübingen 1898.
- HORST, F.: Hiob. 1. Teilband. (BK XVI/1). Neukirchen-Vluyn 1968.
- HOSPERS, J. H.: Some Remarks about the So-called Imperative Use of the Infinitive Absolute (Infinitivus pro Imperativo) in Classical Hebrew. In: JONGELING, F. H.; MURRE-VAN DEN BERG, H. L. und ROMPAY, L. van (Hg.): Studies in Hebrew and Aramaic Syntax. Presented to Professor J. Hoftijzer on the Occasion of his Sixty-fifth Birthday. (SStLL 17). Leiden/New York/København/Köln 1991. S. 97-102.
- HOSPERS, J. H. und GEUS, C. H. J. de: XI. Hebrew. In: HOSPERS, J. H.: A Basic Bibliography for the Study of the Semitic Languages. Band 1. Leiden 1973. S. 176-282.
- HUEHNERGARD, J.: The Early Hebrew Prefix-Conjugations. HebStud 29 (1988). S. 19-23.
- HUESMAN, J.: The Infinitive Absolute and the Waw + Perfect Problem. Bib. 37 (1956). S. 410-434.
- IRSIGLER, H.: Gottesgericht und Jahwetag. Die Komposition Zef 1,1-2,3 untersucht auf der Grundlage der Literarkritik des Zefanjabuches. (ATSAT 3). St. Ottilien 1977.
- IRSIGLER, H.: Einführung in das Biblische Hebräisch. I. Ausgewählte Abschnitte der althebräischen Grammatik. (ATSAT 9/1). St. Ottlien 1978 (Nachdruck mit Druckfehlerberichtigung 1981).
- IRSIGLER, H.: Psalm 73 – Monolog des Weisen. Text, Programm, Struktur. (ATSAT 20). St. Ottilien 1984.
- IRSIGLER, H.: Großsatzformen im Althebräischen und die syntaktische Struktur des Königs Mescha von Moab. In: Ders. (Hg.): Syntax und Text. Beiträge zur 22. Internationalen Ökumenischen Hebräisch-Dozenten-Konferenz 1993 in Bamberg. (ATSAT 40). St. Ottilien 1993. S. 81-121.
- IRSIGLER, H.: Art. Hebräisch. In: NBL Band II (1995). Sp. 69-81.
- JAGERSMA, H.: Some Remarks on the Jussive in Numbers 6,24-26. In: DELSMAN, W. C. u.a. (Hg.): Von Kanaan bis Kerala. Festschrift für Prof.Mag.Dr.Dr.J.P.M. van der Ploeg O.P. zur Vollendung des siebzigsten Lebensjahres am 4. Juli 1979. (AOAT 211). Neukirchen-Vluyn 1982. S. 131-136.

- JASTROW, M.: A Dictionary of the Targumim, the Talmud Babli and Yerushalmi, and the Midrashic Literature. With an Index of Scriptural Quotations. Vol. I-II. New York 1903 (Nachdr. 1950; 1996).
- JENNI, E.: Das hebräische Pi'el. Syntaktisch-semasiologische Untersuchung einer Verbalform im Alten Testament. Zürich 1968.
- JENNI, E.: Lehrbuch der Hebräischen Sprache des Alten Testaments. Basel/Frankfurt am Main 1981.
- JENNI, E.: Hebraistische Neuerscheinungen. ThR 50 (1985). S. 313-326.
- JENNI, E.: Die hebräischen Präpositionen. Band 1: Die Präposition Beth. Stuttgart/Berlin/Köln 1992.
- JENNI, E.: Ein Querschnitt durch die neuere Althebraistik. ThR 65 (2000). S. 1-37. (Zitiert als Jenni [2000a]).
- JENNI, E.: Die hebräischen Präpositionen. Band 3: Die Präposition Lamed. Stuttgart/Berlin/Köln 2000. (Zitiert als Jenni [2000b]).
- JEREMIAS, J.: Der Prophet Hosea. (ATD 24/1). Göttingen 1983.
- JEREMIAS, J.: Art. נָבִיא nābīʾ Prophet. In: THAT Band II ([3]1984). Sp. 7-26.
- JEREMIAS, J.: Der Prophet Amos. (ATD 24/2). Göttingen 1995.
- JOHNSON, B.: Hebräisches Perfekt und Imperfekt mit vorangehendem w^e. (CB.OT 13). Lund 1979.
- JONES, G. H.: 1 and 2 Kings. Volume II. 1 Kings 17:1 - 2 Kings 25:30. (NCBC). Grand Rapids/London 1984 (Nachdruck 1994).
- JOOSTEN, J.: Biblical Hebrew $w^e q\bar{a}tal$ and Syriac $q\bar{a}tel$ expressing repetition in the past. ZAH 5 (1992). S. 1-14.
- JOOSTEN, J.: The Lengthened Imperative with Accusative Suffix in Biblical Hebrew. ZAW 111 (1999). S. 423-426.
- JOÜON, P. P.: Grammaire de L'Hébreu Biblique. Rom [2]1947.
- JOÜON, P. P.: A Grammar of Biblical Hebrew. Translated and Revised by MURAOKA, T. 2 Bände. (SubBi 14/I und II). Rom 1991. [Neubearbeitung von: JOÜON, P. P.: Grammaire de L'Hébreu Biblique. Rom [2]1947]
- KAISER, O.: Der Prophet Jesaja. Kapitel 13-39. (ATD 18). Göttingen 1973.
- KAISER, O.: Das Buch des Propheten Jesaja. Kapitel 1-12. (ATD 17). Göttingen [5]1981.
- KAISER, O.: Klagelieder. In: MÜLLER, H.-P.; KAISER, O. und LOADER, J. A.: Das Hohelied/Klagelieder/Das Buch Ester. (ATD 16/2). Göttingen [4]1992.
- KEIL, C. F.: Biblischer Commentar über die Prophetischen Geschichtsbücher des Alten Testaments. 1. Band. Josua, Richter und Ruth. (BC, 2. Teil, 1. Band). Leipzig [2]1874.

- KELLER, C. A. und WEHMEYER G.: Art. ברך *brk* pi. segnen. In: THAT Band I (⁴1984). Sp. 353-376.
- KELLY, F. T.: The Imperfect with Simple Waw in Hebrew. JBL 39 (1920). S. 1-23.
- KILIAN, R.: Die vorpriesterlichen Abrahams-Überlieferungen. Literarkritisch und traditionsgeschichtlich untersucht. (BBB 24). Bonn 1966.
- KILIAN, R.: Jesaja II. 13-39. (NEB.AT 32. Lieferung). Würzburg 1994.
- KLEIN, R. W.: 1 Samuel. (World Biblical Commentary 10). Waco 1983.
- KNAUF, E. A.: War "Biblisch-Hebräisch" eine Sprache? Empirische Gesichtspunkte zur linguistischen Annäherung an die Sprache der althebräischen Literatur. ZAH 3 (1990). S. 11-23.
- KÖNIG, Fr. E.: Historisch-Comparative Syntax der Hebräischen Sprache. Schlusstheil des Historisch-Kritischen Lehrgebäudes des Hebräischen. Leipzig 1897.
- KÖRNER, J.: Hebräische Studiengrammatik. Leipzig ⁴1990.
- KOSCHMIEDER, E.: Zur Bestimmung der Funktionen grammatischer Kategorien. Vorgetragen am 8. Juli 1944. (ABAW.PH 25). München 1945.
- KOTTSIEPER, I.: *yaqattal* – Phantom oder Problem? Erwägungen zu einem hebraistischen Problem und zur Geschichte der semitischen Sprachen. (Kleine Untersuchungen zur Sprache des Alten Testaments und seiner Umwelt [KUSATU] 1). Waltrop 2000. S. 27-100.
- KRATZ, R. G.: Die Komposition der erzählenden Bücher des Alten Testaments. Grundwissen der Bibelkritik. (UTB.W 2157). Göttingen 2000.
- KRAUS, H.-J.: Klagelieder (Threni). (BK XX). Neukirchen Kreis Moers ²1960.
- KRAUS, H.-J.: Psalmen. 1. Teilband. Psalmen 1-59. (BK XV/1). Neukirchen Kreis Moers ⁶1989. (Zitiert als Kraus [1989a])
- KRAUS, H.-J.: Psalmen. 2. Teilband. Psalmen 60-150. (BK XV/2). Neukirchen-Vluyn ⁶1989. (Zitiert als Kraus [1989b])
- KROPAT, A.: Die Syntax des Autors der Chronik verglichen mit seinen Quellen. Ein Beitrag zur historischen Syntax des Hebräischen. (BZAW 16). Gießen 1909.
- KUHR, E.: Die Ausdrucksmittel der konjunktionslosen Hypotaxe in der ältesten hebräischen Prosa. Ein Beitrag zur historischen Syntax des Hebräischen. (BSPL 7). Leipzig 1929.
- LABUSCHAGNE, C. J.: Art. ענה *ʿnh* I antworten. In: THAT Band II (³1984). Sp. 335-341. (Zitiert als Labuschagne [1984a]).

- LABUSCHAGNE, C. J.: Art. קָרָא *qrʾ* rufen. In: THAT Band II (^{3}1984). Sp. 666-674. (Zitiert als Labuschagne [1984b]).
- LAMBDIN, T. O.: Introduction to Biblical Hebrew. Upper Saddle River 1971.
- LAMBDIN, T. O.: Lehrbuch Bibel-Hebräisch. Hg.: SIEBENTHAL, H. von. Giessen/Basel ^{3}1999. [Übersetzung und Bearbeitung von: LAMBDIN, T. O.: Introduction to Biblical Hebrew. Upper Saddle River 1971.]
- LAMBERT, M.: Sur la Syntaxe de l'impératif en Hébreu. REJ 35 (1897). S. 106-109.
- LAMBERT, M.: De l'emploi des suffixes pronominaux avec *Noun* et sans *Noun* au futur et a l'impératif. RÉJ 46 (1903). S. 178-183.
- LEBRAM, J.-C.: Das Buch Daniel. (ZBK.AT 23). Zürich 1984.
- LEEUWEN, C. van: Die Partikel אִם. OTS 18 (1973). S. 15-48.
- LEHMANN, R. G.: Überlegungen zur Analyse und Leistung sogenannter Zusammengesetzter Nominalsätze. In: WAGNER, A. (Hg.): Studien zur hebräischen Grammatik. (OBO 156). Freiburg/ Göttingen 1997.
- LEIMBACH, K. A.: Die Bücher Samuel. (HSAT III, 1. Abteilung). Bonn 1936.
- LEVIN, C.: Der Jahwist. (FRLANT 157). Göttingen 1993.
- LEVINE, B. A.: Numbers 1-20. A New Translation with Introduction and Commentary. (AncB 4). New York/London/Toronto/Sydney/ Auckland 1993.
- LEVINE, B. A.: Numbers 21-36. A New Translation with Introduction and Commentary. (AncB 4A). New York/London/Toronto/Sydney/ Auckland 2000.
- LUNDBOM, J. R.: Jeremiah 1-20. A new Translation with Introduction and Commentary. (AncB 21A). New York/London/Toronto/Sydney/ Auckland 1999.
- LUTHER, M.: Vom Abendmahl Christi, Bekenntnis 1528. Hg.: THIELE, E. und BRENNER, O. (WA 26). Weimar 1909. S. 241-509.
- MCCARTER, P. K., Jr.: I. Samuel. A New Translation with Introduction, Notes & Commentary. (AncB 8). Garden City 1980 (4. Druck 1984).
- MCCARTER, P. K., Jr.: II. Samuel. A New Translation with Introduction, Notes and Commentary. (AncB 9). Garden City 1984.
- MCFALL, L.: The Enigma of the Hebrew Verbal System. Solutions from Ewald to the Present Day. (HTIBS 2). Sheffield 1982.
- MCKANE, W.: A Critical and Exegetical Commentary on Jeremiah. In Two Volumes. Volume I: Introduction and Commentary on Jeremiah I-XXV. (ICC). Edinburgh 1986.

- MCKENZIE, J. L.: Second Isaiah. Introduction, Translation, and Notes. (AncB 20). Garden City 1968.
- MEEK, T. J.: Result and Purpose Clauses in Hebrew. JQR 46 (1955/56). S. 40-43.
- MEINHOLD, A.: Die Sprüche. Teil 2: Sprüche Kapitel 16-31. (ZBK.AT 16.2). Zürich 1991.
- MERWE, C. H. J. van der: The Old Hebrew "particles" ʾak and raq (in Genesis to 2 Kings). In: GROSS, W.; IRSIGLER, H. und SEIDL, T. (Hg.): Text, Methode und Grammatik. Wolfgang Richter zum 65. Geburtstag. St. Ottilien 1991. S. 297-311.
- MEYER, R.: Art. Bibel. I. Altes Testament. C. Sprache und Schriftzeichen des AT. In: RGG³ Band I (1957). Sp. 1126-1130.
- MEYER, R.: Auffallender Erzählungsstil in einem angeblichen Auszug aus der "Chronik der Könige von Juda". In: ROST, L. (Hg.): Festschrift Friedrich Baumgärtel zum 70. Geburtstag 14. Januar 1958. Erlangen 1959. S. 114-123.
- MEYER, R.: Hebräische Grammatik. [Die 'Hebräische Grammatik' wurde von BEER, G. verfaßt und erschien 1915; 2., völlig neu bearbeitete Auflage von MEYER, R. 1952-1955.] 3., neubearbeitete Aufl. Berlin/New York. Bd. I: Einleitung, Schrift und Lautlehre. 1982; Bd. II: Formenlehre, Flexionstabellen. 1969; Bd. III: Satzlehre. 1972; Bd. IV: Register. 1972. Unverändert nachgedruckt in einem Band als: MEYER, R.: Hebräische Grammatik. Mit einem bibliographischen Nachwort von RÜTERSWÖRDEN Udo. Berlin/New York 1992.
- MICHEL, D.: Tempora und Satzstellung in den Psalmen. (AET 1). Bonn 1960.
- MICHEL, D.: Grundlegung einer hebräischen Syntax. Teil 1. Sprachwissenschaftliche Methodik, Genus und Numerus des Nomens. Neukirchen-Vluyn 1977 (Nachdruck Neukirchen-Vluyn 2004).
- MICHEL, D.: Art. Hebräisch. I. Altes Testament. In: TRE Band 14 (1985). S. 505-510.
- MICHEL, D.: Qohelet. (EdF 258). Darmstadt 1988.
- MICHEL, D.: Untersuchungen zur Eigenart des Buches Qohelet. (BZAW 183). Berlin/New York 1989.
- MICHEL, D.: Probleme des Nominalsatzes im biblischen Hebräisch. ZAH 2 (1994). S. 215-224.
- MICHEL, D.: "Warum" und "Wozu"? Eine bisher übersehene Eigentümlichkeit des Hebräischen und ihre Konsequenz für das alttestamentliche Geschichtsverständnis. In: MICHEL, D.: Studien zur Überlieferungsgeschichte alttestamentlicher Texte. Hg.: WAGNER, A. u.a. (TB 93). München 1997. S. 13-34 (Ersterscheinung 1988).

- MICHEL, D.: Grundlegung einer Hebräischen Syntax Teil 2. Der hebräische Nominalsatz. Hg.: BEHRENS, A. u.a. Neukirchen-Vluyn 2004.
- MILLER, C. L.: The Pragmatics of *waw* as a Discourse Marker in Biblical Hebrew Dialogue. ZAH 12 (1999). S. 165-191.
- MITCHELL, H. G. T.: An Examination of some of the Final Constructions of Biblical Hebrew. A Part of a Dissertation. Leipzig 1879.
- MOORE, G. F.: A Critical and Exegetical Commentary on Judges. (ICC). New York 1901.
- MORAN, W. L.: Early Canaanite *yaqtula*. Or. 29 (1960). S. 1-19.
- MORAN, W. L.: The Hebrew Language in its Northwest Semitic Background. In: WRIGHT, G. E. (Hg.): The Bible and the Ancient Near East. Essays in Honor of William Foxwell Albright. Garden City 1961 (Nachdruck Winona Lake 1979). S. 54-72.
- MÜLLER, A.: Proverbien 1-9. Der Weisheit neue Kleider. (BZAW 291). Berlin/New York 2000.
- MÜLLER, H.-P.: Imperativ und Verheißung im Alten Testament. Drei Beispiele. EvTh 28 (1968). S. 557-571.
- MÜLLER, H.-P.: Art. Bibel. 3. Sprachen des Alten Testaments. In: RGG Band I (^{4}1998). Sp. 1412-1417.
- MUILENBURG, J.: Abraham and the Nations. Blessing and World History. Interpr. 19 (1965). S. 387-398.
- MULDER, M. J.: Die Partikel יַעַן. OTS 18 (1973). S. 49-83.
- MURAOKA, T.: The *Nun Energicum* and the Prefix Conjugation in Biblical Hebrew. AJBI 1 (1975). S. 63-71.
- MYHILL, J.: A Study of Imperative Usage in Biblical Hebrew and English. Studies in Language 22 (1998) S. 391-446.
- NICCACCI, A.: A Neglected Point of the Hebrew Syntax: Yiqtol and Position in the Sentence. LASBF 37 (1987). S. 7-19.
- NICCACCI, A.: The Syntax of the Verb in Classical Hebrew Prose. (JSOT.S 86). Sheffield 1990.
- NIELSEN, E.: Deuteronomium. (HAT, Erste Reihe 6). Tübingen 1995.
- NÖTSCHER, Friedrich: Das Buch Jeremias. (HSAT VII, 2. Abteilung). Bonn 1934.
- NORTH, R.: Could Hebrew have been a cultic Esperanto? ZAH 12 (1999). S. 202-217.
- NOTH, M.: Überlieferungsgeschichte des Pentateuch. Darmstadt ^{2}1960.
- NOTH, M.: Das zweite Buch Mose. Exodus. (ATD 5) Göttingen ^{7}1984.
- NOTH, M.: Das vierte Buch Mose. Numeri. (ATD 7). Göttingen ^{4}1982.

- OAKTREE SOFTWARE. acCordance™. Software for Biblical Studies. Version 2.1. Altamonte Springs 1996.
- ORELLI, K. von: Die Propheten Jesaja und Jeremia. (KK, A. Altes Testament, 4. Abteilung). Nördlingen 1887.
- ORLINSKY, H. M.: On the Cohortative and Jussive after an Imperative or Interjection in Biblical Hebrew. JQR 31 und 32 (1940/41 und 1941/42). Band 31: S. 371-382; Band 32: 191-205 und 273-277.
- OSWALT, J. N.: The Book of Isaiah. Chapters 1-39. (NIC). Grand Rapids 1986.
- OSWALT, J. N.: The Book of Isaiah. Chapters 40-66. (NIC). Grand Rapids/Cambridge 1998.
- PLÖGER, O.: Sprüche Salomos. Proverbia. (BK XVII). Neukirchen-Vluyn 1984.
- POHLMANN, K.-F.: Das Buch des Propheten Hesekiel (Ezechiel). Kapitel 1-19. (ATD 22/1). Göttingen 1996.
- POLENZ, P. von: Deutsche Satzsemantik. Grundbegriffe des Zwischen-den-Zeilen-Lesens. (SG 2226). Berlin/New York ²1988.
- POPE, M. H.: Job. Introduction, Translation, and Notes. (AncB 15). Garden City/New York ²1965.
- PORTEOUS, N. W.: Das Danielbuch. (ATD 23). Göttingen 1962.
- PROCKSCH, O.: Die Genesis. (KAT I). 2. und 3. Aufl. Leipzig/Erlangen 1924.
- PROCKSCH, O.: Jesaja. Erste Hälfte. Kapitel 1-39. (KAT IX). Leipzig 1930.
- PUTNAM, F. C.: A Cumulative Index to the Grammar and Syntax of Biblical Hebrew. Winona Lake 1996.
- QIMRON, E.: Consecutive and Conjunctive Imperfect: The Form of the Imperfect with *Waw* in Biblical Hebrew. JQR 77 (1986/87). S. 149-161.
- RAD, G. von: Das fünfte Buch Mose. Deuteronomium. (ATD 8). Göttingen ⁴1983.
- RAD, G. von: Das erste Buch Mose. Genesis. (ATD 2-4). Göttingen ¹²1987. (Zitiert als von Rad [1987a]).
- RAD, G. von: Theologie des Alten Testaments. Die Theologie der geschichtlichen Überlieferungen Israels. Band 1. (KT 2). München ⁹1987. (Zitiert als von Rad [1987b]).
- RAINEY, A. F.: The Ancient Hebrew Prefix Conjugation in the Light of Amarnah Canaanite. HebStud 27 (1986). S. 4-19.
- RENZ, J. und RÖLLIG, W.: Handbuch der althebräischen Epigraphik. Band I. RENZ, J.: Die Althebräischen Inschriften. Teil 1 - Text und Kommentar. Darmstadt 1995. (Zitiert als Renz [1995a]).

- RENZ, J. und RÖLLIG, W.: Handbuch der althebräischen Epigraphik. Band III. RENZ, J.: Texte und Tafeln. Darmstadt 1995. (Zitiert als Renz [1995b]).
- REVELL, E. J.: Stress and the *WAW* "Consecutive" in Biblical Hebrew. JAOS 104 (1984). S. 437-444.
- REVELL, E. J.: The Conditioning of Stress Position in *WAW* Consecutive Perfect Forms in Biblical Hebrew. In: AHARONI, R. (Hg.): Biblical and other Studies in Memory of Shelmo Dov Goitein. HAR 9 (1986). S. 277-300.
- REVELL, E. J.: The System of the Verb in Standard Biblical Prose. HUCA 60 (1989). S. 1-37.
- RICHTER, W.: Grundlagen einer althebräischen Grammatik. Band 1. (ATSAT 8). St. Ottilien 1978.
- RICHTER, W.: Grundlagen einer althebräischen Grammatik. Band 2. (ATSAT 10). St. Ottilien 1979.
- RICHTER, W.: Grundlagen einer althebräischen Grammatik. Band 3. (ATSAT 13). St. Ottilien 1980.
- RICHTER, W.: Biblia Hebraica Transcripta. (ATSAT 34,1-16). St. Ottilien 1991-1993.
- RIES, J.: Was ist ein Satz? Prag 1931.
- ROSE, M.: 5. Mose. Teilband 2: 5. Mose 1-11 und 26-34. Rahmenstücke zum Gesetzeskorpus. (ZBK.AT 5.2). Zürich 1994.
- RÖSSLER, O.: Eine bisher unbekannte Tempusform im Althebräischen. ZDMG 111, NF 36 (1961). S. 445-451.
- RÖSSLER, O.: Die Präfixkonjugation Qal der Verba I^{ae} Nûn im Althebräischen und das Problem der sogenannten Tempora. ZAW 74 (1962). S 125-141.
- RÖSSLER, O.: Zum althebräischen Tempussystem. Eine morpho-syntaktische Untersuchung. In: Ders. (Hg.): Hebraica. (MSAA.As 4). Berlin 1977. S. 33-57.
- ROTHSTEIN, D.: Art. Das Buch Ezechiel. In: HSAT[K] Band 1 ([3]1909). S. 813-952.
- ROWLEY, H. H.: The Book of Job. (NCBC). Grand Rapids/London. Ersterscheinung 1970, als Softback 1980 (Nachdruck 1983 und 1992).
- RUBINSTEIN, A.: The Anomalous Perfect with *Waw*-Conjunctive in Biblical Hebrew. Bib. 44 (1963). S. 62-69.
- RUDOLPH, W.: Jeremia. (HAT, Erste Reihe 12). Tübingen [3]1968.
- RUDOLPH, W.: Joel – Amos – Obadja – Jona. Mit einer Zeittafel von JEPSEN, A. (KAT XIII,2). Gütersloh 1971.
- RUDOLPH, W.: Micha – Nahum – Habakuk – Zephanja. Mit einer Zeittafel von JEPSEN, A. (KAT XIII,3). Gütersloh 1975.

- RUPRECHT, E.: Vorgegebene Tradition und theologische Gestaltung in Genesis XII 1-3. VT 29 (1979). S. 171-188. (Zitiert als Ruprecht [1979a]).
- RUPRECHT, E.: Der Traditionsgeschichtliche Hintergrund der einzelnen Elemente von Genesis XII 2-3. VT 29 (1979). S. 444-464. (Zitiert als Ruprecht [1979b]).
- SCHARBERT, J.: Heilsmittler im Alten Testament und im Alten Orient. (QD[I] 23/24). Freiburg/Basel/Wien 1964.
- SCHARBERT, J.: »In te benedicentur universae cognotationes terrae«. In: FLECKENSTEIN, H. u.a. (Hg.): Ortskirche, Weltkirche. Festgabe für Julius Kardinal Döpfner. Würzburg 1973. S. 1-14. (Zitiert als Scharbert [1973a]).
- SCHARBERT, J.: Art. בְּרָכָה ברך. In: ThWAT Band I (1973). Sp. 808-841. (Zitiert als Scharbert [1973b]).
- SCHARBERT, J.: Genesis 12-50. (NEB.AT 16. Lieferung). Würzburg 1986.
- SCHARBERT, J.: Exodus. (NEB.AT 24. Lieferung). Würzburg 1989.
- SCHARBERT, J.: Numeri. (NEB.AT 27. Lieferung). Würzburg 1992.
- SCHMID, H. H.: Art. אמר *mr sagen. In: THAT Band I ([4]1984). Sp. 211-216.
- SCHMIDT, L.: Israel ein Segen für die Völker? (Das Ziel des jahwistischen Werkes – eine Auseinandersetzung mit H. W. Wolff). ThViat 12 (1973/74). S. 135-151.
- SCHMIDT, W. H.: Art. דָּבָר *dābār II.-V. In: ThWAT Band II (1977). Sp. 101-133.
- SCHMOLDT, H.: Art. Efrata/Efrat. In: KOCH, K. u.a. (Hg.): Reclams Bibellexikon. Stuttgart [5]1992. Erstauflage 1978. Sp. 115b.
- SCHNEIDER, W.: Grammatik des Biblischen Hebräisch. Völlig neue Bearbeitung der »Hebräischen Grammatik für den akademischen Unterricht« von Oskar Grether. München [8]1993 (1974).
- SCHÖNECK, W.: Art. Austauschprobe. In: GLÜCK, H. (Hg.). Metzler Lexikon Sprache. Stuttgart/Weimar 1993. Sp. 72b-73a.
- SCHOORS, A.: The Verb ראה in the Book of Qohelet. In: DIESEL, A. A. u.a. (Hg.): "Jedes Ding hat seine Zeit …". Studien zur israelitischen und altorientalischen Weisheit. Diethelm Michel zum 65. Geburtstag. (BZAW 241). Berlin/New York 1996. S. 227-241.
- SCHOTTROFF, W.: Der altisraelitische Fluchspruch. (WMANT 30). Neukirchen-Vluyn 1969.
- SCHOTTROFF, W.: Art. פקד *pqd heimsuchen. In: THAT Band II ([3]1984). Sp. 466-486.
- SCHREINER, J.: Segen für die Völker in der Verheißung an die Väter. BZ NF 6 (1962). S. 1-31.

- SCHREINER, J.: Jeremia. 1-25,14. (NEB.AT 3. Lieferung). Würzburg 1981.
- SCHREINER, J.: Jeremia II. 25,15-52,34. (NEB.AT 9. Lieferung). Würzburg 1984.
- SCHÜLE, A.: Die Syntax der althebräischen Inschriften. Ein Beitrag zur historischen Grammatik des Hebräischen. (AOAT 270). Münster 2000.
- SCHULZ, A. O.: Über das Imperfekt und Perfekt mit ·ן (ן) im Hebräischen. Kirchhain 1900.
- SCHULZ, A.: Das Buch der Richter und das Buch Ruth. (HSAT II, 4. und 5. Abteilung). Bonn 1926.
- SCHWIDERSKI, D.: Handbuch des nordwestsemitischen Briefformulars. Ein Beitrag zur Echtheitsfrage der aramäischen Briefe des Esrabuches. (BZAW 295). Berlin/New York 2000.
- SEARLE, J. R.: Sprechakte. (stw 458). Frankfurt/Main ⁵1992 (Ersterscheinung Cambridge 1969).
- SEARLE, J. R.: Linguistik und Sprachphilosophie. In: BARTSCH, R. und VENNEMANN, T. (Hg.): Linguistik und Nachbarwissenschaften. Kronberg, Ts. 1973. S. 113-125.
- SEDLMEIER, F.: Studien zu Komposition und Theologie von Ezechiel 20. (SBB 21). Stuttgart 1990.
- SEEBASS, H.: Elia und Ahab auf dem Karmel. Karl Gerhard in Dankbarkeit. ZThK 70 (1973). S. 121-136.
- SEFFER, G. H.: Elementarbuch der Hebräischen Sprache: Eine Grammatik für Anfänger. 8. Aufl., besorgt von SEBALD, F. Leipzig 1886.
- SEIDEL, E.: Geschichte und Kritik der wichtigsten Satzdefinitionen. Jena 1935.
- SELLIN, E.: Die verbal-nominale Doppelnatur der hebräischen Participien und Infinitive und ihre darauf beruhende verschiedene Construktion. Leipzig 1889.
- SEO, S.-A.: Psalm 22: Ein Klagelied als eine theologische Auseinandersetzung in der nachexilischen Gemeinde. (Eine struktur- und formanalytische Untersuchung). Universität Mainz, Diss. 2000.
- SEOW, C. L.: A Grammar for Biblical Hebrew. Nashville 1995 (Revised Edition).
- Septuaginta. Id est Vetus Testamentum graece iuxta LXX interpretes. Hg: RAHLFS, A. Stuttgart 1979.
- SETERS, J. van: Abraham in History and Tradition. New Haven/London 1975.
- SHULMAN, A.: The Function of the 'Jussive' and 'Indicative' Imperfect Forms in Biblical Hebrew Prose. ZAH 13 (2000). S. 168-180.

- SHULMAN, A.: Imperative and Second Person Indicative Forms in Biblical Hebrew Prose. HebStud 42 (2001). S. 271-287.
- SIEDL, S. H.: Gedanken zum Tempussystem im Hebräischen und Akkadischen. Wiesbaden 1971.
- SMELIK, K. A. D.: Historische Dokumente aus dem alten Israel. (KVR 1528). Göttingen 1987.
- SMITH, H. P.: A Critical and Exegetical Commentary on the Books of Samuel. (ICC). New York 1902.
- SMITH, J. M. P.: A Critical and Exegetical Commentary on the Books of Micah, Zephaniah and Nahum. In: SMITH, J. M. P.; WARD, W. H. und BEWER, J. A.: A Critical and Exegetical Commentary on Micah, Zephaniah, Nahum, Habakkuk, Obadiah and Joel. (ICC). New York 1911.
- SOGGIN, J. A.: Josua. A Commentary. (OTL). London 1972 (Nachdruck 1982).
- SOGGIN, J. A.: Judges. A Commentary. (OTL). Philadelphia 1981.
- SOISALON-SOININEN, I.: Der Infinitivus Constructus mit ל im Hebräischen. VT 22 (1972). S. 82-90.
- SPEISER, E. A.: Genesis. Introduction, Translation, and Notes. (AncB 1). Garden City 1964.
- SPIECKERMANN, H.: Juda unter Assur in der Sargonidenzeit. (FRLANT 129). Göttingen 1982.
- STADE, B.: Miscellen. 10. Anmerkungen zu 2 Kö. 10-14. ZAW 5 (1885). S. 275-297.
- STÄHLI, H.-P.: Hebräisch – Kurzgrammatik. Göttingen [3]1992.
- STECK, O. H.: Genesis 12[1-3] und die Urgeschichte des Jahwisten. In: Wolff, H. W. (Hg.): Probleme biblischer Theologie. FS Gerhard von Rad. München 1971. S. 525-554.
- STECK, O. H.: Bemerkungen zur Abschnittsgliederung in den Jesaja-Handschriften aus der Wüste Juda. Ein Vergleich auf der Grundlage von 1QIsa[a]. Jörg Jeremias zum 60. Geburtstag. In: DAHMEN, U.; LANGE, A. und LICHTENBERGER, H.: Die Textfunde vom Toten Meer und der Text der Hebräischen Bibel. Neukirchen-Vluyn 2000. S. 52-90.
- STEUERNAGEL, C.: Hebräische Grammatik mit Paradigmen, Literatur, Übungsstücken und Wörterverzeichnis. (PLO 1). Berlin [5]1917.
- STEUERNAGEL, C.: Das Deuteronomium. (HK, I. Abteilung, 3. Band, 1. Teil). Göttingen [2]1923.
- STOEBE, H. J.: Das erste Buch Samuelis. (KAT VIII,1). Gütersloh 1973.
- STOEBE, H. J.: Das zweite Buch Samuelis. Mit einer Zeittafel von JEPSEN, A. (KAT VIII,2). Gütersloh 1994.

- STOLZ, F.: Das erste und zweite Buch Samuel. (ZBK.AT 9). Zürich 1981.
- STOLZ, F.: Art. בוֹשׁ *bōš* zuschanden werden. In: THAT Band I ([4]1984). Sp. 269-272.
- STRACK, H. L.: Die Bücher Genesis, Exodus, Leviticus und Numeri. (KK A, Erste Abteilung). München 1894.
- STRACK, H. L.: Hebräische Grammatik. Mit Übungsbuch. 10./11. Aufl. (Clavis Linguarum Semiticarum. Pars I). München 1911.
- STRACK, H. L.: Hebräische Grammatik. Mit Übungsbuch. 14. Aufl. Neubearbeitet von JEPSEN, A. (Clavis Linguarum Semiticarum. Pars I). München 1930.
- STURDY, J.: Numbers. (CNEB). Cambridge 1976.
- SZCZYGIEL, P. P.: Das Buch Hiob. (HSAT V, 1. Abteilung). Bonn 1931.
- TATE, M. E.: Psalms 51-100. (World Biblical Commentary 20). Dallas 1990.
- TROPPER, J.: Ugaritische Grammatik. (AOAT 273). Münster 2000.
- ULLENDORFF, E.: Is Biblical Hebrew a Language? In: Ders.: Is Biblical Hebrew a Language? Studies in Semitic Languages and Civilizations. Wiesbaden 1977. S. 3-17 (Ersterscheinung: BSOAS 1971).
- VANONI, G.: Literarkritik und Grammatik. Untersuchung der Wiederholungen und Spannungen in 1 Kön 11-12. (ATSAT 21). St. Ottilien 1984.
- VANONI, G.: Zur Bedeutung der althebräischen Konjunktion *w·=*. Am Beispiel von Psalm 149,6. In: GROSS, W.; IRSIGLER, H. und SEIDL, T. (Hg.): Text, Methode und Grammatik. Wolfgang Richter zum 65. Geburtstag. St. Ottilien 1991. S. 561-576.
- VOLZ, P.: Der Prophet Jeremia. (KAT X). Leipzig [2]1928.
- VRIEZEN, Th. C.: Bemerkungen zu Genesis 12:1-7. In: BEEK, M. A. (Hg.): Symbolae biblicae et Mesopotamicae. F. M. Th. de Liagre-Bohl dedicatae. Leiden 1973. S. 380-392.
- WAGNER, A.: Sprechakte und Sprechaktanalyse im Alten Testament. Untersuchungen im biblischen Hebräisch an der Nahtstelle zwischen Handlungsebene und Grammatik. (BZAW 253). Berlin/New York 1997.
- WAGNER, S.: Art. אָמַר. In: ThWAT Band I (1973). Sp. 353-373.
- WALDMAN, N. M.: The Recent Study of Hebrew. A Survey of the Literature with selected Bibliography. Cincinnati/Winona Lake 1989.
- WALTKE, B. K. und O'CONNOR, M. P.: An Introduction to Biblical Hebrew Syntax. Winona Lake 1990.
- WATTS, J. D. W.: Infinitive Absolute as Imperative and the Interpretation of Exodus 20 8. ZAW 74 (1962). S. 141-145.

- WATTS, J. D. W.: Isaiah 1-33. (World Biblical Commentary 24). Waco 1985.
- WATTS, J. D. W.: Isaiah 34-66. (World Biblical Commentary 25). Waco 1987.
- WEHMEYER, G.: Der Segen im Alten Testament. Eine semasiologische Untersuchung der Wurzel brk. (ThDiss VI). Basel 1970.
- WEIMAR, P.: Untersuchungen zur Redaktionsgeschichte des Pentateuch. (BZAW 146). Berlin/New York 1977.
- WEIPPERT, M.: Die Petition eines Erntearbeiters aus Məṣad Ḥăšavyāhū und die Syntax althebräischer erzählender Prosa. In: BLUM, E.; MACHOLZ, C. und STEGEMANN, E. W. (Hg.): Die Hebräische Bibel und ihre zweifache Nachgeschichte. Festschrift für Rolf Rendtorff zum 65. Geburtstag. Neukirchen-Vluyn 1990. S. 449-466.
- WEISER, A.: Das Buch der zwölf kleinen Propheten. I. Die Propheten Hosea, Joel, Amos, Obadja, Jona, Micha. (ATD 24,1). Göttingen ^{2}1956.
- WEISER, A.: Das Buch Hiob. (ATD 13). Göttingen ^{3}1959.
- WEISER, A.: Das Buch des Propheten Jeremia. Kapitel 25,15-52,34. (ATD 21). Göttingen ^{3}1960.
- WEISER, A.: Die Psalmen. Erster Teil: Psalm 1-60. (ATD 14). Göttingen/Zürich ^{10}1987.
- WENHAM, G. J.: Genesis 16-50. (World Biblical Commentary 2). Dallas 1994.
- WESTERMANN, C.: Genesis. 2. Teilband. Genesis 12-36. (BK I/2). Neukirchen-Vluyn 1981.
- WESTERMANN, C.: Genesis. 3. Teilband. Gensis 37-50. (BK I/3). Neukirchen-Vluyn 1982.
- WESTERMANN, C.: Das Buch Jesaja. Kapitel 40-66. (ATD 19). Göttingen ^{5}1986.
- WESTERMANN, C.: Bedeutung und Funktion des Imperativs in den Geschichtsbüchern des Alten Testaments. In: MOSIS, R. und RUPPERT, L.: Der Weg zum Menschen. Zur philosophischen und theologischen Anthropologie. Festschrift Alfons Deissler. Freiburg im Breisgau/ Basel/Wien 1989. S. 13-27.
- WILDBERGER, H.: Jesaja. 1. Teilband. Jesaja 1-12. (BK X/1). Neukirchen-Vluyn ^{2}1980.
- WILDBERGER, H.: Jesaja. 2. Teilband. Jesaja 13-27. (BK X/2). Neukirchen-Vluyn ^{2}1989.
- WILLIAMS, R. J.: Hebrew Syntax. An Outline. Toronto ^{2}1976 (5. Nachdruck 1986).
- WILLIAMSON, H. G. M.: 1 and 2 Chronicles. (NCBC). Grand Rapids/London 1982.

- WITTE, M.: Philologische Notizen zu Hiob 21-27. (BZAW 234). Berlin/New York 1995.
- WITTE, M.: Die biblische Urgeschichte. Redaktions- und theologiegeschichtliche Beobachtungen zu Genesis 1,1-11,26. (BZAW 265). Berlin/New York 1998.
- WOLFF, H. W.: Das Kerygma des Jahwisten. In: Ders.: Gesammelte Studien zum Alten Testament. (TB 22). München ²1973 (Ersterscheinung 1964). S. 345-373.
- WOLFF, H. W.: Anthropologie des Alten Testaments. München ⁴1984.
- WOUDSTRA, M. H.: The Book of Joshua. (NIC). Grand Rapids 1981.
- WÜRTHWEIN, E.: Das erste Buch der Könige. Kapitel 1-16. (ATD 11,1). Göttingen ²1985 (1977).
- WÜRTHWEIN, E.: Die Bücher der Könige. 1. Kön. 17 - 2. Kön. 25. (ATD 11,2). Göttingen 1984.
- YOUNG, I.: Diversity in Pre-Exilic Hebrew. (FAT 5). Tübingen 1993.
- ZENGER, E.: Jahwe, Abraham und das Heil aller Völker. Ein Paradigma zum Thema Exklusivität und Universalismus des Heils. In: KASPER W.: Absolutheit des Christentums. (QD[I] 79). Freiburg u.a. 1977. S. 39-62.
- ZEVIT, Z.: Matres Lectionis in Ancient Hebrew Epigraphs. (American Schools of Oriental Research, Monograph Series 2). Cambridge 1980.
- ZIMMERLI, W.: Ezechiel. 1. Teilband. Ezechiel 1-24. (BK XIII/1). Neukirchen-Vluyn 1969. (Zitiert als Zimmerli [1969a]).
- ZIMMERLI, W.: Ezechiel. 2. Teilband. Ezechiel 25-48. (BK XIII/2). Neukirchen-Vluyn 1969. (Zitiert als Zimmerli [1969b]).
- ZIMMERLI, W.: 1. Mose 12-25: Abraham. (ZBK.AT 1.2). Zürich 1976.
- ZUBER, B.: Das Tempussystem des biblischen Hebräisch. Eine Untersuchung am Text. (BZAW 164). Berlin/New York 1986.
- ZWICKEL, W.: Der Beitrag der *Ḫabiru* zur Entstehung des Königtums. In: DIETRICH, M. und LORETZ, O.: Ugaritforschungen Internationales Jahrbuch für die Altertumskunde Syrien-Palästinas. UF 28 (1996). S. 751-766.
- ZWICKEL, W.: Calwer Bibelatlas. Stuttgart 2000.
- ZWICKEL, W.: Art. Horma. In: CBL 6. Auflage. Stuttgart (2003). S. 590.

9. Index

Es werden hier alle (bis auf die Belegstellenliste S. 128-131) im Text aufgenommen Belegstellen verzeichnet, die Belegstellen in den Anmerkungen wurden nur da, wo es wichtig erschien, aufgenommen. Fette Seitenzahlen weisen auf ausführliche Behandlung, kursive Seitenzahlen auf Aufnahme in Anmerkungen, fett/kursive Seitenzahlen auf ausführliche Behandlung in Anmerkungen.

Versangaben in Klammern "(…)" weisen auf den Kontext der behandelten Stelle.

Die Inschriftlichen Belege

Ugarit-Verlag Münster

Ricarda-Huch-Straße 6, D-48161 Münster (www.ugarit-verlag.de)

Lieferbare Bände der Serien AOAT, AVO, ALASP(M), FARG, Eikon und ELO:

Alter Orient und Altes Testament (AOAT)

Herausgeber: *Manfried* DIETRICH *- Oswald* LORETZ

43 Nils P. HEEßEL, *Babylonisch-assyrische Diagnostik.* 2000 (ISBN 3-927120-86-3), XII + 471 S. + 2 Abb., ∈ 98,17.

245 Francesco POMPONIO - Paolo XELLA, *Les dieux d'Ebla. Étude analytique des divinités éblaïtes à l'époque des archives royales du IIIe millénaire.* 1997 (ISBN 3-927120-46-4), VII + 551 S., ∈ 59,31.

246 Annette ZGOLL, *Der Rechtsfall der En-ḫedu-Ana im Lied nin-me-šara,* 1997 (ISBN 3-927120-50-2), XII + 632 S., ∈ 68,51.

248 *Religion und Gesellschaft. Veröffentlichungen des Arbeitskreises zur Erforschung der Religions- und Kulturgeschichte des Antiken Vorderen Orients (AZERKAVO), Band 1.* 1997 (ISBN 3-927120-54-5), VIII + 220 S., ∈ 43,97.

249 Karin REITER, *Die Metalle im Alten Orient unter besonderer Berücksichtigung altbabylonischer Quellen.* 1997 (ISBN 3-927120-49-9), XLVII + 471 + 160 S. + 1 Taf., ∈ 72,60.

250 Manfried DIETRICH - Ingo KOTTSIEPER, Hrsg., *"Und Mose schrieb dieses Lied auf". Studien zum Alten Testament und zum Alten Orient. Festschrift Oswald Loretz.* 1998 (ISBN 3-927120-60-X), xviii + 955 S., ∈ 112,48.

251 Thomas R. KÄMMERER, *Šimâ milka. Induktion und Reception der mittelbabylonischen Dichtung von Ugarit, Emār und Tell el-'Amārna.* 1998 (ISBN 3-927120-47-2), XXI + 360 S., ∈ 60,33.

252 Joachim MARZAHN - Hans NEUMANN, Hrsg., *Assyriologica et Semitica. Festschrift für Joachim* OELSNER *anläßlich seines 65. Geburtstages am 18. Februar 1997.* 2000 (ISBN 3-927120-62-6), xii + 635 S. + Abb., ∈ 107,88.

253 Manfried DIETRICH - Oswald LORETZ, Hrsg., *dubsar anta-men. Studien zur Altorientalistik. Festschrift für W.H.Ph. Römer.* 1998 (ISBN 3-927120-63-4), xviii + 512 S., ∈ 72,60.

254 Michael JURSA, *Der Tempelzehnt in Babylonien vom siebenten bis zum dritten Jahrhundert v.Chr.* 1998 (ISBN 3-927120-59-6), VIII + 146 S., ∈ 41,93.

255 Thomas R. KÄMMERER - Dirk SCHWIDERSKI, *Deutsch-Akkadisches Wörterbuch.* 1998 (ISBN 3-927120-66-9), XVIII + 589 S., ∈ 79,76.

256 Hanspeter SCHAUDIG, *Die Inschriften Nabonids von Babylon und Kyros' des Großen.* 2001 (ISBN 3-927120-75-8), XLII + 766 S., ∈ 103,--.

257 Thomas RICHTER, *Untersuchungen zu den lokalen Panthea Süd- und Mittelbabyloniens in altbabylonischer Zeit* (2., verb. und erw. Aufl.). 2004 (ISBN 3-934628-50-8; Erstausgabe: 3-927120-64-2), XXI + 608 S., ∈ 88,--.

258 Sally A.L. BUTLER, *Mesopotamian Conceptions of Dreams and Dream Rituals.* 1998 (ISBN 3-927120-65-0), XXXIX + 474 S. + 20 Pl., ∈ 75,67.

259 Ralf ROTHENBUSCH, *Die kasuistische Rechtssammlung im Bundesbuch und ihr literarischer Kontext im Licht altorientalischer Parallelen.* 2000 (ISBN 3-927120-67-7), IV + 681 S., ∈ 65,10.

260 Tamar ZEWI, *A Syntactical Study of Verbal Forms Affixed by -n(n) Endings . . .* 1999 (ISBN 3-927120-71-5), VI + 211 S., ∈ 48,06.

261 Hans-Günter BUCHHOLZ, *Ugarit, Zypern und Ägäis - Kulturbeziehungen im zweiten Jahrtausend v.Chr.* 1999 (ISBN 3-927120-38-3), XIII + 812 S., 116 Tafeln, ∈ 109,42.

262 Willem H.Ph. RÖMER, *Die Sumerologie. Einführung in die Forschung und Bibliographie in Auswahl* (zweite, erweiterte Auflage). 1999 (ISBN 3-927120-72-3), XII + 250 S., ∈ 61,36.

263 Robert ROLLINGER, *Frühformen historischen Denkens. Geschichtsdenken, Ideologie und Propaganda im alten Mesopotamien am Übergang von der Ur-III zur Isin-Larsa Zeit* (ISBN 3-927120-76-6)(i.V.)

264 Michael P. STRECK, *Die Bildersprache der akkadischen Epik.* 1999 (ISBN 3-927120-77-4), 258 S., ∈ 61,36.

265 Betina I. FAIST, *Der Fernhandel des assyrischen Reichs zwischen dem 14. und 11. Jahrhundert v. Chr.*, 2001 (ISBN 3-927120-79-0), XXII + 322 S. + 5 Tf., € 72,09.

266 Oskar KAELIN, *Ein assyrisches Bildexperiment nach ägyptischem Vorbild. Zu Planung und Ausführung der „Schlacht am Ulai".* 1999 (ISBN 3-927120-80-4), 150 S., Abb., 5 Beilagen, € 49,08.

267 Barbara BÖCK, Eva CANCIK-KIRSCHBAUM, Thomas RICHTER, Hrsg., *Munuscula Mesopotamica. Festschrift für Johannes RENGER.* 1999 (ISBN 3-927120-81-2), XXIX + 704 S., Abb., € 124,76.

268 Yushu GONG, *Die Namen der Keilschriftzeichen.* 2000 (ISBN 3-927120-83-9), VIII + 228 S., € 44,99.

269/1 Manfried DIETRICH - Oswald LORETZ, *Studien zu den ugaritischen Texten I: Mythos und Ritual in KTU 1.12, 1.24, 1.96, 1.100 und 1.114.* 2000 (ISBN 3-927120-84-7), XIV + 554 S., € 89,99.

270 Andreas SCHÜLE, *Die Syntax der althebräischen Inschriften. Ein Beitrag zur historischen Grammatik des Hebräischen.* 2000 (ISBN 3-927120-85-5), IV + 294 S., € 63,40.

271/1 Michael P. STRECK, *Das amurritische Onomastikon der altbabylonischen Zeit I: Die Amurriter, die onomastische Forschung, Orthographie und Phonologie, Nominalmorphologie.* 2000 (ISBN 3-927120-87-1), 414 S., € 75,67.

272 Reinhard DITTMANN - Barthel HROUDA - Ulrike LÖW - Paolo MATTHIAE - Ruth MAYER-OPIFICIUS - Sabine THÜRWÄCHTER, Hrsg., *Variatio Delectat - Iran und der Westen. Gedenkschrift für Peter CALMEYER.* 2001 (ISBN 3-927120-89-8), XVIII + 768 S. + 2 Faltb., € 114,53.

273 Josef TROPPER, *Ugaritische Grammatik.* 2000 (ISBN 3-927120-90-1), XXII + 1056 S., € 100,21.

274 Gebhard J. SELZ, Hrsg., *Festschrift für Burkhart Kienast. Zu seinem 70. Geburtstage, dargebracht von Freunden, Schülern und Kollegen.* 2003 (ISBN 3-927120-91-X), xxviii + 732 S., € 122,--.

275 Petra GESCHE, *Schulunterricht in Babylonien im ersten Jahrtausend v.Chr.* 2001 (ISBN 3-927120-93-6), xxxiv + 820 S. + xiv Tf., € 112,48.

276 Willem H.Ph. RÖMER, *Hymnen und Klagelieder in sumerischer Sprache.* 2001 (ISBN 3-927120-94-4), xi + 275 S., € 66,47.

277 Corinna FRIEDL, *Polygynie in Mesopotamien und Israel.* 2000 (ISBN 3-927120-95-2), 325 S., € 66,47.

278/1 Alexander MILITAREV - Leonid KOGAN, *Semitic Etymological Dictionary. Vol. I: Anatomy of Man and Animals.* 2000 (ISBN 3-927120-90-1), cliv + 425 S., € 84,87.

279 Kai A. METZLER, *Tempora in altbabylonischen literarischen Texten.* 2002 (ISBN 3-934628-03-6), xvii + 964 S., € 122,--.

280 Beat HUWYLER - Hans-Peter MATHYS - Beat WEBER, Hrsg., *Prophetie und Psalmen. Festschrift für Klaus SEYBOLD zum 65. Geburtstag.* 2001 (ISBN 3-934628-01-X), xi + 315 S., 10 Abb., € 70,56.

281 Oswald LORETZ - Kai METZLER - Hanspeter SCHAUDIG, Hrsg., *Ex Mesopotamia et Syria Lux. Festschrift für Manfried DIETRICH zu seinem 65. Geburtstag.* 2002 (ISBN 3-927120-99-5), XXXV + 950 S. + Abb., € 138,--.

282 Frank T. ZEEB, *Die Palastwirtschaft in Altsyrien nach den spätaltbabylonischen Getreidelieferlisten aus Alalaḫ (Schicht VII).* 2001 (ISBN 3-934628-05-2), XIII + 757 S., € 105,33.

283 Rüdiger SCHMITT, *Bildhafte Herrschaftsrepräsentation im eisenzeitlichen Israel.* 2001 (ISBN 3-934628-06-0), VIII + 231 S., € 63,40.

284/1 David M. CLEMENS, *Sources for Ugaritic Ritual and Sacrifice. Vol. I: Ugaritic and Ugarit Akkadian Texts.* 2001 (ISBN 3-934628-07-9), XXXIX + 1407 S., € 128,85.

285 Rainer ALBERTZ, Hrsg., *Kult, Konflikt und Versöhnung. Veröffentlichungen des AZERKAVO / SFB 493, Band 2.* 2001 (ISBN 3-934628-08-7), VIII + 332 S., € 70,56.

286 Johannes F. DIEHL, *Die Fortführung des Imperativs im Biblischen Hebräisch.* 2004 (ISBN 3-934628-19-2), XIV + 409 S. (i.D.)

287 Otto RÖSSLER, *Gesammelte Schriften zur Semitohamitistik,* Hrsg. Th. Schneider. 2001 (ISBN 3-934628-13-3), 848 S., € 103,--.

288 A. KASSIAN, A. KOROLËV†, A. SIDEL'TSEV, *Hittite Funerary Ritual šalliš waštaiš.* 2002 (ISBN 3-934628-16-8), ix + 973 S., € 118,--.

289 Zipora COCHAVI-RAINEY, *The Alashia Texts from the 14th and 13th Centuries BCE. A Textual and Linguistic Study.* 2003 (ISBN 3-934628-17-6), xiv + 129 S., € 56,--.